U0905106

汉译世界学术名著丛书

十五至十八世纪的物质文明、经济和资本主义

第三卷

世界的时间

〔法〕费尔南·布罗代尔 著

顾良 施康强 译

2017年·北京

汉译世界学术名著丛书
（120年纪念版·珍藏本）
出 版 说 明

2017年2月11日，商务印书馆迎来120岁的生日。120年前，商务印书馆前贤怀揣文化救国的理想，抱持“昌明教育，开启民智”的使命，立足本土，放眼寰宇，以出版为津梁，沟通中西，为中国、为世界提供最富智慧的思想文化成果。无论世事白云苍狗，潮流左右激荡，甚至战火硝烟弥漫，始终践行学术报国之志，无改初心。

迻译世界各国学术名著，即其一端。早在20世纪初年便出版《原富》《天演论》等影响至今的代表性著作，1950年代后更致力于外国哲学和社会科学经典的译介，及至1980年代，辑为“汉译世界学术名著丛书”，汇涓为流，蔚为大观。丛书自1981年开始出版，历时三十余年，迄今已推出七百种，是我国现代出版史上规模最大、最为重要的学术翻译工程。

丛书所选之书，立场观点不囿于一派，学科领域不限于一门，皆为文明开启以来，各时代、各国家、各民族的思想与文化精粹，代表着人类已经到达过的精神境界。丛书系统译介世界学术经典，引领时代思想，为本土原创学术的发展提供丰富的文化滋养，为推动中国现代学术和现代化进程做出了突出的贡献。

为纪念商务印书馆成立120周年，我们整体推出“汉译世界学术名著丛书”120年纪念版的珍藏本，寄望既利于文化积累，又便于研读查考，同时向长期支持丛书出版的译者、编者和读者致以敬意。

两甲子后的今天，商务印书馆又站在了一个新的历史时间节点上。我们不仅要铭记先辈的身影和足迹，更须让我们的步伐充满新的时代精神。这是商务人代代相传的事业，更是与国家和民族的命运始终紧密相连的事业。我们责无旁贷，必须做好我们这代人的传承与创造，让我们的努力和成果不仅凝聚成民族文化的记忆，还能成为后来人可以接续的事业。唯此，才能不负前贤，无愧来者。

商务印书馆编辑部

2017年10月

献给克列孟斯·艾莱尔

目　　录

前言 …… 1
第一章　在欧洲划分空间和时间 …… 7
地域与经济：经济世界 …… 7
经济世界 …… 8
自古以来的经济世界 …… 11
一些倾向性规律 …… 12
第一条规律：变动缓慢的一块地域 …… 13
第二条规律：有一个占统治地位的资本主义城市作中心 …… 16
第二条规律（续）：首要城市的地位更替 …… 21
第二条规律（续完）：城市统治的完备程度不尽相同 …… 25
第三条规律：地区的等级差异 …… 26
第三条规律（续）：符合屠能的解释的区域 …… 29
第三条规律（续）：经济世界的地域图形 …… 31
第三条规律（续）：有无中立地带？ …… 35
第三条规律（续完）：外壳和骨架 …… 37
经济世界：面对其他几种秩序的一种秩序 …… 39
经济秩序及国际劳动分工 …… 42

国家是政治权，也是经济权 …… 46
帝国和经济世界 …… 51
从经济世界的区划看战争 …… 54
社会与经济世界 …… 60
文化秩序 …… 65
经济世界内的区划肯定是有效的 …… 71
经济世界面对时间的划分 …… 72
经济形势的节奏 …… 73
波动和谐振场 …… 76
百年趋势 …… 80
经济世界的解释性年表 …… 82
康德拉捷夫周期和百年趋势 …… 84
长期经济形势是否可以解释？ …… 86
昨天和今天 …… 91
第二章　城市统治下的欧洲旧经济：威尼斯以前和以后的情况 …… 96
欧洲的第一个经济世界 …… 99
从 11 世纪开始的欧洲扩张 …… 100
经济世界以及两极化 …… 104
北方地区：布鲁日的兴盛 …… 107
北方地区：汉萨同盟的兴起 …… 111
欧洲的另一极：意大利诸城邦 …… 118
香巴尼交易会的插曲 …… 124
法国错过了一次机会 …… 129

威尼斯后来居上 …… 131
热那亚同威尼斯的争夺 …… 132
威尼斯的强盛 …… 134
以威尼斯为中心的经济世界 …… 141
威尼斯的责任 …… 142
帆桨商船 …… 143
威尼斯的资本主义 …… 146
劳动的情形 …… 152
工业至上 …… 155
土耳其的祸患 …… 157
葡萄牙的鸿运高照，经济中心从威尼斯迁往安特卫普 …… 160
传统的解释 …… 160
崭新的解释 …… 162
安特卫普：依靠外力建立的世界首府 …… 166
安特卫普繁荣的各阶段 …… 169
第一次高涨，第一次失望 …… 173
安特卫普第二次时来运转 …… 175
工业高涨 …… 179
安特卫普的独特之处 …… 180
重新估量热那亚时代的重要地位 …… 184
“一道荒瘠山丘” …… 184
远离本地活动 …… 187
弄巧走险之术 …… 190
热那亚不露声色地统治欧洲 …… 193

热那亚成功的原因 …… 196
热那亚的退却 …… 200
热那亚的苟延残喘 …… 201
再谈经济世界 …… 205
第三章　城市统治下的欧洲旧经济:阿姆斯特丹 …… 207
联合省在自己家里 …… 209
幅员褊狭,土地贫瘠 …… 209
农业的壮举 …… 211
高度活跃的城市经济 …… 213
阿姆斯特丹 …… 214
五方杂处之地 …… 218
先说渔业 …… 224
荷兰的船队 …… 226
联合省是个“国家”吗? …… 230
基本不变的内在结构 …… 233
针对穷人的捐税 …… 238
面对其他各国 …… 241
商业王国 …… 244
抓住欧洲,抓住世界 …… 247
1585 年前大局已定 …… 247
欧洲其他地区和地中海 …… 252
荷兰人向葡萄牙人挑战:取代别人的地位 …… 253
荷兰海外领地的贸易 …… 260
在亚洲成功,在美洲失败 …… 265

斗争和成功的时代 …… 266
荷兰东印度公司的兴衰 …… 269
如何解释 18 世纪的破产? …… 274
有限的成就:尼德兰在新大陆遭到失败 …… 279
领先地位与资本主义 …… 284
在阿姆斯特丹,货栈兴旺,一切全都兴旺 …… 285
商品和信贷 …… 289
委托贸易 …… 291
承兑期票的缘由 …… 294
举债之风盛行,资金使用不当 …… 297
离开阿姆斯特丹,从另一个角度观察 …… 301
波罗的海沿岸 …… 302
法国与荷兰的一场并非势均力敌的较量 …… 312
英国和荷兰 …… 316
离开欧洲,来到南洋群岛 …… 319
能否作个归纳? …… 321
阿姆斯特丹的衰落 …… 324
1763 年、1772 至 1773 年和 1780 至 1783 年的危机 …… 326
巴达维亚的革命 …… 335
第四章　民族市场 …… 340
初级单位与高级单位 …… 343
大大小小的地域 …… 344
省区和省级市场 …… 350
究竟有无民族市场? …… 353

国内关卡林立 …… 355
反对凭空设想 …… 361
领土经济和城市经济 …… 363
计量 …… 367
三个变量，三个数量级 …… 368
三个模糊的概念 …… 374
数量级和相关系数 …… 376
国债与国民生产总值 …… 379
另一些比例关系 …… 380
从消费推算国民生产总值 …… 384
弗朗克·斯普纳的计算 …… 386
明显的连贯性 …… 388
巨人症使法国深受其害 …… 390
多样性和统一性 …… 391
天然的和人为的联系 …… 396
首先是政治因素 …… 399
地域过大 …… 402
巴黎加里昂，还是里昂加巴黎？ …… 405
巴黎获胜 …… 410
地区间的历史差异 …… 416
赞成或反对从鲁昂到日内瓦划线 …… 419
海疆和边塞 …… 421
“另一个法国”的城市 …… 428
内地 …… 431

外国征服腹地 …… 437
英国的商业领先地位 …… 438
英国怎样变成一个岛国 …… 439
英镑 …… 443
伦敦创造民族市场,也由民族市场所创造 …… 455
英格兰怎样变成大不列颠 …… 461
英国的强大国力及公债 …… 469
从凡尔赛条约(1783年)到艾登条约(1786年) …… 474
统计说明问题,但不解决问题 …… 478

第五章　世界支持欧洲或是反对欧洲 …… 483
美洲是关键的关键 …… 485
既敌对又友好的广袤大地 …… 485
地区市场或民族市场 …… 489
层出不穷的奴役 …… 492
对欧洲的顺从 …… 500
对欧洲的反抗 …… 504
工业纠纷 …… 506
英国殖民地选择自由 …… 509
商人间的争执和竞争 …… 514
西班牙和葡萄牙在美洲的开发 …… 519
重新考虑西属美洲 …… 520
西班牙帝国重新控制局面 …… 524
宝中之宝 …… 527

既非封建主义，又非资本主义？ …… 535
黑非洲被占领并非纯属外因 …… 540
只看西非 …… 542
一个与世隔绝但又并非不可进入的大陆 …… 545
从沿海到内地 …… 549
三角贸易与进出口货价比率 …… 551
奴隶制的结束 …… 554
俄国长期单独构成一个经济世界 …… 555
俄国经济迅速回到差不多自给自足的状态 …… 556
一个强大的国家 …… 559
俄国农奴制的加剧 …… 562
市场与乡下人 …… 565
说是城市，更像小镇 …… 569
俄国是什么样的经济世界？ …… 572
发明西伯利亚 …… 574
劣势与弱点 …… 581
欧洲入侵的代价 …… 583
土耳其帝国的情况 …… 589
经济世界的基础 …… 589
欧洲的地位 …… 596
驮商的世界 …… 599
长期得以固守的海域 …… 601
商人为土耳其人效劳 …… 605
经济衰落和政治衰落 …… 608

幅员最大的经济世界:远东 …… 610

第四个经济世界 …… 614

印度被其自身所征服 …… 616

金银究竟体现力量还是软弱? …… 619

与众不同的商人:来者不善 …… 621

支行、分行、分理处、巡回商人 …… 623

怎样把握远东的历史底蕴 …… 626

印度的村落 …… 628

手工工匠及工业 …… 635

一个民族市场 …… 643

莫卧儿帝国的重量 …… 645

莫卧儿帝国灭亡的政治原因和非政治原因 …… 647

印度19世纪的落伍 …… 654

印度和中国合为一个超级经济世界 …… 660

马六甲早期的繁荣 …… 662

远东的新中心 …… 669

能否作个结论? …… 673

第六章　工业革命与经济增长 …… 677

有益的比较 …… 677

革命是个含义复杂而模糊的名词 …… 678

先看下游:不发达国家 …… 681

再看上游:夭折的革命 …… 685

亚历山大城鼎盛时期的埃及 …… 686

欧洲首次工业革命:11、12、13世纪的马和磨坊 …… 687

阿格里哥拉和达·芬奇时代的革命 …… 692
约翰·内夫与1560至1640年的英国首次工业革命 …… 696
工业革命在英国各部门的表现 …… 703
首要因素是农业 …… 705
人口增长 …… 713
技术是必要的条件,但单靠技术还不够 …… 716
不可小看棉纺织业革命的意义 …… 722
远程贸易的胜利 …… 726
国内运输的发展 …… 735
缓慢的演变 …… 741
超越工业革命 …… 743
各种不同的经济增长 …… 744
应该怎样解释增长? …… 747
劳动分工与增长 …… 748
劳动分工:外包工制的末日 …… 750
工业家 …… 753
英国社会的产业划分 …… 757
劳动分工与英国地理 …… 759
金融与资本主义 …… 761
经济形势起什么作用? …… 771
物质进步和生活水平 …… 781
权充结论:历史实在和现时实在 …… 785
长时段 …… 787
无所不包的社会 …… 791
资本主义是否将继续存在? …… 795

真正的结论：面对市场经济的资本主义 …………………… 798
注释……………………………………………………………… 804
索引……………………………………………………………… 868

图表目录

1. 经济世界还是向外扩展的世界？ …… 14
2./3.全球范围内的欧洲经济世界 …… 18
4. 哥特式风格的扩展图 …… 41
5. 正规战争的讲授和学习 …… 57
6. 18 世纪的欧洲对凡尔赛风格的模仿 …… 68
7. 怎样把价格分解为多种运动 …… 76
8. 价格有传导波吗？1639 至 1660 年间欧洲的小麦危机 …… 78
9. 康德拉捷夫周期和百年趋势 …… 87
10. 中欧城市的兴建 …… 101
11. 北“极”的工业分布 …… 106
12. 汉萨同盟 1400 年前后的贸易 …… 116
13. 与香巴尼交易会保持联系的各城市(12 至 13 世纪) …… 127
14. 从财政收支情形来看，威尼斯比其他国家更能抵抗危机 …… 136
15. 威尼斯帆桨商船航行图 …… 145
16. 安特卫普的贸易要道 …… 168
17. 1450 至 1585 年间在安特卫普的法国商人人数统计 …… 182
18. 从 1510 到 1625 年，热那亚的资金过剩 …… 197
19. 1500 年间勃艮第统治下的尼德兰 …… 212

20. 城市人口的增长 …… 222
21. 联合省和西班牙对峙 …… 242
22. 从账目看荷兰东印度公司的命运 …… 271
23. 从法国各港口驶抵阿姆斯特丹外港泰瑟尔的船只数量(1774 年) … 313
24. 波尔多同欧洲各港口的联系 …… 315
25. 1681 至 1790 年香巴尼地区五个村庄的婚姻关系 …… 345
26. 从 1702 年的一份地图看曼图亚公国 …… 349
27. 一个省及其“地区”:18 世纪的萨瓦 …… 350
28. 五大包税所辖区 …… 358
29. 工商业推动货币经济的发展 …… 366
30. 厄内斯特·瓦杰曼的界线 …… 377
31. 1500 至 1750 年法国的国民收入、货币储备和预算 …… 387
32. 法国国土辽阔,民族市场不易形成 …… 392
33. 即使在亨利四世登基后,宗教战争也未能一下子燃遍辽阔的法兰西王国全境 …… 404
34. 称四次重量 …… 422
35. 1745 年法国人口密度 …… 433
36. 18 世纪法国“居民贫富状况” …… 434
37. 市场密布的地区就在伦敦的肘腋之下 …… 456
38. 民族市场与通航河道(1660—1700 年) …… 457

39. 1660 年英国人和荷兰人在北美 …… 488
40. 美洲英属殖民地与宗主国的贸易结算对大不列颠有利 …… 518
41. 全欧洲协力开发西属美洲 …… 522
42. 美洲白银的两个周期 …… 531
43. 美洲黄金生产的两个周期 …… 532

44. 葡萄牙征服非洲沿海地带(15 至 16 世纪) …………………… 544
45. 俄国贸易盈亏(1742—1785 年) ………………………………… 584
46. 土耳其的物价随着经济形势涨落 ………………………………… 598
47. 18 世纪中期印度的道路及纺织工业 ……………………………… 640
48. 马六甲尽得天时地利之便 ………………………………………… 663
49. 南洋群岛向欧洲人提供其富源 …………………………………… 667
50. 英国小麦和面粉的进出口数量 …………………………………… 708
51. 英格兰的死亡率和出生率 ………………………………………… 715
52. 1700 年英国的两个部分 …………………………………………… 728
53. 1800 年英国地域的重新划分 ……………………………………… 729
54. 1830 年前后的主要航道 …………………………………………… 741 前
55. 1792 年大不列颠在世界的贸易 …………………………………… 762
56. 1710 至 1790 年间英法两国的价格 ……………………………… 775
57. 英国价格的长时段运动 …………………………………………… 776
58. "菜篮子" ……………………………………………………………… 779

插图目录

17 世纪的威尼斯 …… 9
阿尔玛达无敌舰队 …… 23
圆身船在威尼斯 …… 30
一名“生番” …… 34
一名西方商人及香料生产 …… 36
但泽商业寓意画 …… 44
威尼斯城邦的仪注 …… 49
布雷达投降 …… 58
巴西的家奴 …… 64
1746 年的宁芬堡 …… 70
财富在 16 世纪是由一袋袋小麦积累起来的 …… 89
威尼斯海外领地的四种形象 …… 97
在城市摆小摊的农民 …… 103
1562 年的布鲁日地图 …… 110
安特卫普的汉萨会馆 …… 117
阿马尔菲鸟瞰图 …… 119
圣马克之狮 …… 133
威尼斯的圣雅克小教堂 …… 140

威尼斯商人在东方 …… 150
威尼斯的“贡都拉”船夫 …… 154
葡萄牙船在澳门 …… 164
安特卫普旧港 …… 170
1540 年间安特卫普一瞥 …… 178
热那亚的港口(1485 年) …… 188
15 世纪热那亚的大船 …… 195
热那亚的印花布样品 …… 203
联合省 1651 年的联省会议 …… 208
联合省与水患 …… 216
阿姆斯特丹港 …… 219
阿姆斯特丹的鱼市 …… 226
荷兰的载重船 …… 228
1659 年阿姆斯特丹“勒当”广场 …… 236
荷兰西印度公司劫夺满载白银的西班牙船只 …… 246
扬马延岛生产鲸油的设施 …… 251
荷兰战舰对西里伯斯岛的望加锡展开攻击 …… 257
荷兰东印度公司在孟加拉的一家分号 …… 264
巴达维亚海湾内的东印度公司船只 …… 268
荷兰人在中国人心目中的形象 …… 275
荷兰人在出岛 …… 279
1700 年前后的鹿特丹 …… 287
荷兰货币兑换商 …… 290
瑞典于利塔布鲁埃克的军火工业 …… 303
1781 年瑞典的铸铁厂 …… 309
1764 年巴达维亚港锚地和蓄水塔 …… 322

“爱国党”革命 …… 336
英格兰的一条道路 …… 342
墨西拿海湾及港口景色 …… 352
英国一条大路上的路卡 …… 360
联合省的“生活资料” …… 370
纳税图 …… 381
1610 年的卢万河畔莫雷城 …… 394
里昂新交易所 …… 408
苏瓦松府邸 …… 415
17 世纪的圣马洛 …… 431
图卢兹的巴扎克尔塔楼和磨坊 …… 438
1644 年的伦敦交易所 …… 442
18 世纪的伦敦 …… 452
18 世纪爱丁堡的集市广场 …… 463
1700 年伦敦的咖啡馆 …… 470
1792 年一幅有关法国和英国的漫画 …… 479

乔治亚州斯瓦那庄园的建设 …… 491
1640 年的帕拉伊巴州 …… 495
里约热内卢的奴隶铺子 …… 501
秘鲁的刺绣工场 …… 507
1801 年的波士顿 …… 512
1748 年巴拿马的大广场 …… 528
1830 年左右新英格兰的一座“工业村” …… 538
好望角的荷兰殖民地 …… 541
伊斯兰的奴隶制 …… 549

17 世纪的阿尔汉格尔斯克港 …… 558
诺夫哥罗德和特维尔之间的伏尔加河 …… 567
卖肉馅饼的小贩 …… 571
俄国和中国商人在恰克图 …… 579
1754 年阿斯特拉罕城市地图 …… 580
1778 年的圣彼得堡港 …… 588
18 世纪的安卡拉城及其商场 …… 592
骡马店投宿图 …… 595
驮马和骆驼商队离开安卡拉 …… 599
伊斯坦布尔托普-哈内广场 …… 607
孟买港内的印度船 …… 613
恒河三角洲 …… 615
1606 年攻克蒂多雷岛 …… 620
马拉巴尔沿海的土著海盗 …… 622
大莫卧儿宫廷 …… 631
印度驮牛商队 …… 632
果阿的铁匠 …… 637
16 世纪印度行旅图 …… 644
大莫卧儿皇帝出猎图 …… 651
东印度公司的职员 …… 658
17 世纪初的澳门 …… 671
詹姆斯·瓦特 …… 678
13 世纪粉碎粮食的磨轮 …… 689
库特纳霍拉银矿 …… 694
1607 和 1833 年的拈丝机 …… 697
18 世纪的英国铁路 …… 701

18 世纪的英国砖窑 …… 706
英国农妇 …… 711
18 世纪科尔布鲁克代尔的高炉 …… 719
森德兰城威尔河上的铁桥 …… 722
新拉纳克的纺纱厂 …… 727
18 世纪初布里斯托尔港 …… 732
布里奇沃特公爵在他开凿的运河边上 …… 738
19 世纪初伦敦西印度码头 …… 742
苏格兰高地的呢绒制造 …… 752
英国的织布工场 …… 755
伦敦煤炭交易所 …… 764

前　言 7

本书的第三卷，也是最后的一卷，旨在提出一种推测，实现一种奢望。这种推测和奢望正是本书的意义所在。借用沃尔弗朗·埃贝哈德[1]的一个巧妙说法，我用《世界的时间》作为本卷的标题；标题确实漂亮，虽然内容不一定与之相称。

所谓"推测"，是说我对尽可能广泛地向历史求助满怀信心，历史在这里将按时间顺序展开，并按不同时段加以考察。这是以历史为依托，根据历史的倾向和逻辑，接受各种考验中最严峻的考验，从而验证本书前两卷的研究是否正确。可见，推测与某种奢望混杂在一起，也就是说，认为历史能为自己同时提供一种最有说服力的解释和一种验证，唯有这种验证真正能脱离抽象的推理，先验的逻辑以及常识不断为我们设置的种种陷阱。也许还有另一个奢望，那是想从很不完整，但又数量太多，不能兼容并蓄的素材出发，为世界史描绘一幅合乎情理的草图。

本卷的意图就此揭出。读者在阅读过程中将发现有关的陈述、叙述、形象、演变、断裂和规律，但从头到尾，我始终注意避免作过多的陈述，防止仅仅为了标出一条线、一个点或者为强调一个有意义的细节而叙述。我只是试图通过观察和说明去弄清问题，也就是说，去进行验证。我朝这个方向坚持不懈地努力，似乎在努力的尽头，我的研究的价值，进一步说，历史学家这个行当的价值，就能得到证明。

8 要写一部完整的世界史，此事确能使最勇敢乃至最天真的人望而生畏。不是可以把世界史比作一条无边无际、无头无尾的河流吗？这个比喻还不够恰当：世界史不是一条河流，而是几条河流。历史学家幸好已习惯于面对繁多的素材。他们将素材简化，同时把历史分成几个门类（政治史、经济史、社会史、文化史）。尤其，他们从经济学家那里得知，时间可划分为各种各样的时段，时间因此可被驯服和变得容易对付，例如有长时段或超长时段，有比较慢和不太慢的形势演变，有迅速的甚至瞬息即逝的偏离，最短的时段往往是最易捕捉的时段。为了简化世界史，并使之条理化，总的说来，我们拥有的手段不容低估。我们能推导出一种世界规模的经验时间：世界的时间，但它既不是，而且也不应该是人类历史的总和。这种非同寻常的时间在不同时代和地点控制着某些空间和某些实在。但其他的实在，其他的空间却不受它的支配，仍与它格格不入。

例如，印度单独构成一块大陆；这里不妨画四条线：科罗曼德尔海岸，马拉巴尔海岸，从苏拉特到德里的轴线，从德里到恒河三角洲的轴线。这样，印度就被封闭在一个四边形里。[2]在这四边形中，唯有边缘地带真正按世界的时间生活，接受世界的贸易和节奏，虽然并非没有抗拒和仍然落后于形势。世界的时间优先使这类边沿地带变得活跃。那么，四边形的中心有没有反应呢？在个别地点，反应无疑是有的，但也可以说，基本上没有反应。印度“大陆”所发生的事在地球上所有有人居住的地区，甚至在产业革命时代的不列颠诸岛重演。到处都有一些角落，世界史在那里竟毫无反响，那是一些寂静的、无声无息的地方。经济学家安东尼奥·詹诺韦西(1712—1769)写道："同我国〔那不勒斯王国〕的某些地区相比，萨莫叶特人显得更有文化和更加文明。"[3]乍眼看来，我们感到茫然：摆在我们面前的是一张简化了的世界地图，上面有许多无声无息的空白，正是这些地区处在本书第一卷优先谈到的轰轰烈烈的历史之外。

"世界的时间"将因此成为总体历史的一种上层结构和一种归宿：这种上层结构似乎由在它下面活动的力量所创造和支撑，虽然它的重量对基础也产生着影响。根据不同的地点和时代，这种自下而上和自上而下的双重作用具有不同程度的重要性。但即使在经济和社会领域领先的国家里，世界的时间也没有渗透到每一个角落。

本书的基线原则上偏重历史的一个门类：物质的和经济的历史。在这第三卷也是最后一卷中，我想把握的主要是 15 至 18 世纪期间的世界经济史。这样做是为了简化我的任务，而且事情本来也应该如此。我们已有几十部很好的经济通史，有的简明扼要，[4]有的资料丰富。我引用了约瑟夫·库里谢先后于 1928 和 1929 年出版的《德意志经济史》两卷本，[5]这部著作今天依旧是最好的指南和最可靠的资料索引。我还引用了威纳尔·桑巴特的《论现代资本主义》(1928 年最新版)，这部巨著是他大量阅读和思 9
考的总结。但所有这些一般性论著往往局限于欧洲的范围。而我深信，研究历史最好应采用比较方法，世界史是唯一站稳脚跟的历史。弗里德里希·诺瓦里斯(1772—1801)曾经说过："一切历史必

然是世界的历史。”[6]世界的经济史确实比欧洲的经济史明白易懂。但是否能够说，更加简单呢？

尤其，经济学家（至少从50年代以来）[7]和历史学家（很久以来）都不再认为，经济是个独立的领域，经济史是个可以抱残守缺、不问其他的孤立领域。在这个问题上，今天的意见显然是一致的。维托德·库拉认为，“关于发达资本主义的独立经济理论不过是为教学方便而制造的公式”，[8]我想再补充一句，关于资本主义初期的独立经济理论也是这样一种公式。胡塞·让迪·达·希尔瓦认为，“历史上一切都是相互关联的，特别是经济活动，它不能脱离周围的政治和信仰环境，不能离开当时当地的可能和限制而孤立存在”。[9]社会的人究竟是不是经济的人？W.W.罗斯托夫[10]回答说，当然不是。格奥尔基·卢卡奇[11]指出，以为经济问题“果真能与社会、意识形态和政治等其他问题相脱离”，这种想法是可笑的。雷蒙·弗思认为，人的全部活动“不仅在经济方面、社会方面、文化方面”，肯定也在政治方面，有所表现。[12]约瑟夫·熊彼得主张，经济史“不能只谈经济”，[13]民族学家让·普瓦利埃说：“经济学家如果不走出经济的圈子，就不能充分掌握经济事实”。[14]一位当代经济学家甚至声称，“与其他社会科学相割裂，这在政治经济学是不允许的”，[15]让-巴蒂斯特·萨依于1828年已说过类似的话：“似乎仅仅以物质财富为研究对象的政治经济学，其实应包括整个社会体系，它涉及社会上的一切。”[16]

世界经济史要从经济这个特定的角度去观察世界的全部历史。选择一个观察角度，而不是另一个角度，就等于先入为主地对一种片面的解释方式（因而也是危险的）有所偏爱，我并且事先知

道，自己将不能完全摆脱这种解释方式。对所谓经济事实的偏爱不能不受到惩罚。无论人们怎样注意去控制、约束和超越这些经济事实，难道人们能够逃脱无孔不入的“经济主义”和躲开历史唯物主义的问题吗？结果只能像是陷进一片流沙之中，越陷越深。

因此，如同往常那样，我们试图用适当的论据去扫清横在我们前进道路上的困难。但我们才刚动手，困难又顽固地卷土重来。应该承认，如果没有困难，人们也就不会对历史如此重视了。

读者在阅读本书过程中将能看到我怎样试图去克服这些困难。

我必须首先阐明要点。因此，陈述理论的第一章——空间和时间的划分——旨在确定经济在时间和空间中的位置，看它究竟位于与它共享这一时间和这一空间的其他因素（政治、文化、社会）的上面、下面或者旁边。

随后的五章（第二至第六章）试图把握时间，时间从此已是我 10
们的主要对手，甚至唯一的对手。我又一次把赌注压在“长时段”上。[17]这样做肯定能使我们高瞻远瞩，而不必着眼某些只是昙花一现的事物。读者在后面的章节里将见不到雅克·克尔的传记或者富商雅科布·富格尔的肖像，甚至还见不到关于约翰·劳体系的第一千零一种解释。这些都是缺点。但舍此又有什么办法能合乎逻辑地做到简明扼要？

此外，根据一个惯用的和值得推崇的办法，我首先参照欧洲的种种经验，把“世界的时间”分成几个长时段。将用两章篇幅讲述城市统治下的旧经济（第二章为威尼斯，第三章为阿姆斯特丹）。以“民族市场”为标题的第四章研究18世纪各民族经济的繁荣，特别是法国和英国的经济。第五章“世界赞成或反对欧洲”全面介绍了所谓启蒙时代的世界各地状况。题为“工业革命与经济高涨”的第六章是本书的最后一章，它研究的那个巨大的突变开创了我们今天仍生活其中的世界。结论拖得很长，占去整整一章的篇幅。

我希望通过对这些不同历史经验仔细而从容的观察，能使上一卷中的分析得到验证。约瑟夫·熊彼得在其《经济分析史》（1954 年版，我们历史学家认为这是他的代表作）中说过，人们可以用三种方式[18]去研究经济：通过历史、通过理论和通过统计。但是，假如能够重新开始自己的事业，熊彼得说不定会当一名历史学家。我还欢迎社会科学的专家们也把历史看作是认识和探索的一个非同寻常的手段。现时多半要受不甘灭亡的过去的蹂躏，而过去则通过规律及其异同方面，为真正懂得现时提供不可缺少的钥匙。

第一章 11

在欧洲划分空间和时间

正如标题所宣布的，这一章的理论阐述包括两个方面：先试图划分空间，然后再划分时间。问题是要先根据空间，然后根据时间，来提前确定经济实在的位置，以及伴随着经济实在的社会实在的位置。有关的论证将拖得很长，特别是第一部分，这为便于理解第二部分是必要的。但我觉得两个部分都有用处：它们为随后的阐述设置路标，说明遵循这一道路的理由，并提供适用的词汇。在所有严肃的论证中，恰当的用词至关重要。

地域与经济：经济世界 12

地域作为说明的本源，同时涉及历史的全部实在，涉及整体的所有组成部分：国家、社会、文化、经济等。根据人们选择这些集合[1]中的这个集合或那个集合，地域的意义和作用便有所变化，当然不是彻底的变化。

我想首先观察经济，并且暂且仅仅观察经济。然后，我将试图确定其他集合的位置和作用。从经济开始不仅符合本书的纲要；

我们将看到，在地域的所有组成部分中，经济的位置最容易确定，所占的面积也最宽广。经济并不单独决定世界物质时间的节奏：当经济开展活动时，所有对它有利的或不利的社会实在都不断起作用，并且起码可以说，反过来受到它的影响。

经济世界

为了展开讨论，必须说明两个容易混淆的术语：世界经济，经济世界。

“世界经济”(économie mondiale)延伸到全球；正如西斯蒙第所说，它呈现“全世界的市场”，[2]显示“整个人类或共同从事贸易并在今天只形成单一市场的那部分人类”。[3]

“经济世界”(économie-monde，在法语中是个令人感到意外和不受欢迎的术语；在没有更好选择的情况下，我不能过多地考虑逻辑，生造了这个术语，以体现德语中“Weltwirtschaft”的特殊用法[4])只涉及世界的一个局部，它在经济上独立，基本能自给自足，内部的联系和交流赋予它某种有机的整体性。[5]

例如，很久以前，我曾研究作为“舞台世界”(Welttheater)或“经济世界”(Weltwirtschaft)的16世纪的地中海，[6]这里说的不仅是大海本身，而且指其贸易活动波及的离海岸距离远近不等的地方。这是一个单独的天地，一个整体。的确，地中海区域虽然在政治上、文化上和社会上四分五裂，但在某种程度上却构成一个经济整体。实际上，这个整体是从北意大利的主要城市出发，自上而下地建立起来的，首先是威尼斯，此外还有米兰、热那亚和佛罗伦萨。[7]这个整体的经济不等于是地中海及其附属地区的全部经济

13

威尼斯原是15世纪欧洲经济世界的中心，到17世纪末和18世纪初，它仍是东方人宾至如归的国际城市。卢卡·卡勒瓦里作画：《广场》(细部)。

生活。从某种意义上说，它是经济生活的上层，根据不同的地点，它的影响或强或弱地在沿海各地都能找到，有时甚至深入到遥远的内陆。这种活动超越各帝国的疆界：西班牙帝国的边界将在查理五世皇帝（1519—1556 年在位）时期最终划定，而土耳其帝国的推进发生在占领君士坦丁堡（1453 年）以前。这种活动还超越把地中海区域划分为多种文明并形成强烈差别的界线：在土耳其的压制下蒙受屈辱和节节退让的希腊文明；以伊斯坦布尔为中心的
14 穆斯林文明；同时归附于佛罗伦萨和罗马的基督教文明（文艺复兴的欧洲，反宗教改革的欧洲）。伊斯兰教和基督教沿着一条南北分界线迎面相遇，这条把地中海分为东、西两部分的界线，经亚得里亚海岸和西西里沿岸，抵达今天突尼斯沿海一带。异教徒和基督教徒之间的所有重大战役都在这条分界线上进行。但商船仍不断越过这条分界线。

我们回顾了 16 世纪地中海的概貌，这个特殊的经济世界的特点正是它横跨几条政治和文化边界，而每条边界又分别以自己的方式，切割地中海世界，并显示其差别。例如基督教地区的商人于 1500 年在叙利亚、埃及、伊斯坦布尔和北非出现；勒旺地区的土耳其与亚美尼亚商人随后在亚得里亚海四出活动。无孔不入的经济推动着货币流通和交换，经济趋向于创造某种整体性，而其他一切却又促成建立彼此差别的集团。甚至地中海世界大体上也分为两个区域：一方面是在大部分地区实行领主制的基督教社会，另一方面是以恩赏制（把领地赐予能征惯战和功勋显赫的军人，供其终身受益）为主的穆斯林社会；在受赏人去世后，所得利益和职位由国家收回，重新进行分配。

总之，通过对特殊事例的考察，我们可以推断，经济世界是在它集合下的各具特色的经济空间和非经济空间的总和，它占有辽阔的地域（原则上它是一个具有严密内在结构的区域，出现在某个时代和地球的特定部位），通常超越历史的其他门类的界线。

自古以来的经济世界

如同社会、文明、国家乃至帝国一样，自古以来，至少很久以来，经济世界业已形成。自远届近纵览历史，我们可以说，拥有辽阔海外领地的腓尼基便是经济世界的雏形。鼎盛时代的迦太基也是如此。同样还有古希腊，古罗马勉强也够格。还有在取得惊人成就后的伊斯兰。到公元 9 世纪，地处西欧边沿的诺曼底人异军突起，形成一个脆弱的经济世界雏形，不久便被其他雏形所代替。欧洲从 11 世纪开始孕育第一个经济世界，其他的经济世界随后出现，直到今天。东部与印度、中国、中亚和西伯利亚接壤的莫斯科公国本身就是个经济世界，至少直到 18 世纪为止。中国很早就控制了广大邻近地区，同样是个经济世界，朝鲜、日本、南洋群岛、越南、云南、西藏、蒙古与中国休戚相依，如附庸一般簇拥在它周围。印度更加早熟，它把从非洲东海岸到南洋群岛的印度洋改造成了供它使用的内海。

简单地说，我们面对一些周而复始的过程，几乎总是后来居上，历史留下的痕迹到处可见。即使拿罗马帝国这个最初看来并
不典型的例子来说，它的经济也冲出了繁荣的莱茵河和多瑙河沿 15
线的边界，或向东一直伸展到红海和印度洋。老普林尼认为，罗马在其与远东的贸易中，每年约损失一亿赛斯泰尔斯。古罗马货币

今天在印度经常被发现。[8]

一些倾向性规律

迄今以来的历史向我们提供了经济世界的一系列例子。例子
16 不算很多，但足资比较。此外，由于每个经济世界都有很长的时间跨度，它与自己相比已有所进化和演变，它所经历的不同年龄以及各个发展阶段也要求我们进行比较。结果是材料相当丰富，足以使我们对经济世界进行某种分类考察，并至少推导出阐明经济世界与地域之间的关系的一系列倾向性规律。[9]

首先，为了解释任何一个经济世界，必须划定它所占领的地域。经济世界的界线通常容易被认出，因为变动较为缓慢。它所包容的区域是其存在的首要条件。没有一块具有以下多项特征的特定地域，便没有经济世界。

——这块地域是有界线的，界线包围地域，并赋予它意义，犹如海岸解释大海一样。

——这块地域要求以一个城市为中心，资本主义（不论什么形式）在那里占统治地位。多中心或者是不成熟的表现，或者是衰退中和变革中的形态。在外力和内力的作用下，确实可能出现偏心倾向，并进一步发生中心转移。一些国际性城市，具有世界影响的城市，不断在互相竞争和互相替代。

——这块地域内部具有等级的差异，它是许多独特的经济区的总和，其中有些贫穷，另一些属于一般，唯独其中心比较富裕。由此产生的不平衡以及压差是整个经济结构赖以运转的保证。由此便出现了“国际劳动分工”；保尔·斯威泽告诉我们，马克思没有

预见到，这种分工将“具体地表现为发达与不发达地域对立的模式，根据这个模式，人类将分为‘有’和‘无’两个对立的阵营，两大阵营之间的鸿沟比先进的资本主义国家中资产阶级和无产阶级的隔阂更加根深蒂固”。[10]然而，这不是一次“新的”分化，而是一种大概永远不能治愈的旧伤。早在马克思以前，这道伤口已经存在。

可见，这里有三组条件，每组条件各有其普遍意义。

第一条规律：变动缓慢的一块地域

一个经济世界与同类型的另一个经济世界分别位于一条边界或一个边缘区域的两侧，遥相呼应，除开个别例外，翻越边界从经济上看没有什么好处。两个经济世界之间的大部分贸易对双方都是“得不偿失”。[11]因此，按照一般规律，经济世界的边界是些人烟稀少的不毛之地，犹如难以突破的、厚实的外壳，往往是“无人的陆地”“无人的海域”这类天然屏障。撒哈拉横亘在黑非洲和白非洲之间，难得有沙漠商队通过。非洲以南和以西的大西洋波涛浩淼，几百年间交通阻绝，而印度洋上（至少在其北部）早已展开贸易。太平洋亦然，以征服者自居的欧洲很难降服它。麦哲伦的远航归根到底只是发现了进入南海的一扇门，此门能进而不能出，即不能从原路返回。麦哲伦为返回欧洲，最后不是走了从好望角到葡萄
牙的那条路吗？甚至马尼拉大帆船于1572年初进行的远航也没 17
有真正打破南海的可怕障碍。

在皈依基督教的欧洲和归附土耳其的巴尔干之间，在俄国和中国之间，在欧洲和莫斯科公国之间，都有崇山峻岭相隔。欧洲经济世界的东部边界在17世纪曾推进到波兰以东，但把辽阔的莫斯

科公国排除在外。在欧洲人看来，莫斯科公国是世界的尽头。一位旅行家[12]1602年在前往波斯途中，从斯摩棱斯克出发，进入俄国领土，他认为莫斯科公国是个“辽阔和广大”的国家，那里不是“泥坑遍布、荆棘丛生”的荒地，便是古木参天的森林，“通过沼泽地

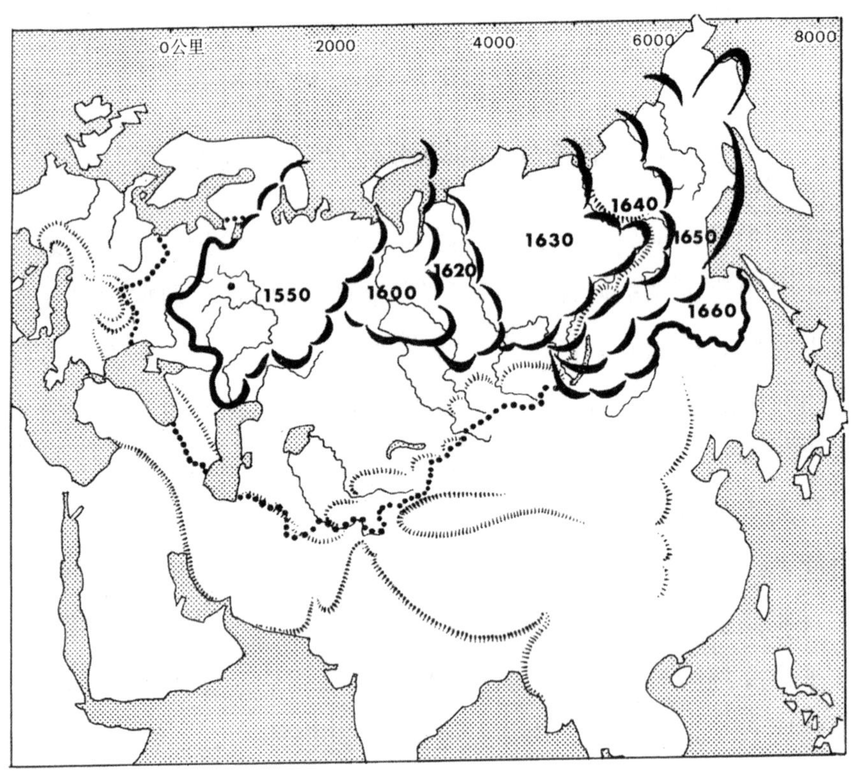

1. 经济世界还是向外扩展的世界?

俄国花一个世纪的时间，占有了包括西部易涝区、中部高原和东部山地在内的广大西伯利亚，俄国向西伯利亚东部的扩张曾遇到困难，向南部扩展困难更大，因为与中国相撞。究竟该说是经济世界还是向外扩展的世界?这是要与伊曼纽尔·沃勒斯坦讨论的问题。我们姑且接受华莱斯坦的见解，承认西伯利亚首先被武力所征服，经济(也就是后勤供应)只是接踵而来。虚线表示苏联目前的边界。

的道路用砍下的树干铺成”（据他的计算，斯摩棱斯克和莫斯科之间有“六百多条这类道路”“维护往往很差”）；这是个一无所有的空旷地区（“走上二三十英里路，还见不到一个城市或村庄”）；那里的道路简直糟透，气候好的季节通行也很困难；最后，这是个“对外严密封闭”的地区，“没有大公的许可和安全通行证，任何人不得擅自出入”。根据一位西班牙人的印象，这是个令人捉摸不透的国家；这位西班牙人在回顾1680年前后从维尔纽斯经斯摩棱斯克至莫斯科的一次旅行时说，“整个莫斯科公国是连绵不断的森林”，偶尔见到的乡村是人用斧子开辟的。[13]直到18世纪中叶，旅客在过了库尔兰公国首府米塔瓦以后，除了犹太人开设的“虱子客店”以外，没有别的歇息地点，“在客店里，只得与鸡鸭猪牛以及许多以色列人横七竖八躺在一起，屋里的炉子总是烧得太热，人畜的臭气扑鼻难闻”。[14]

这里值得再次测量一下这些给人制造重重障碍的距离，经济世界正是在这些困难中建立、壮大、绵延和演变。为了掌握地域，经济世界就必须战胜地域，而地域又不断进行反扑，迫使经济世界作出新的努力。由于15世纪末的地理大发现，欧洲一鼓作气地（或几乎如此）挪动了自己的疆界，从而创造了奇迹。但在扩展了地域以后，还必须加以控制，不管这是大西洋的波涛还是美洲的土地。控制人迹罕至的大西洋和一半无人居住的美洲诚然很不容易，而开辟通向另一个经济世界的道路同样殊非易事。在两个互相警惕和对立的经济世界之间，为使勒旺贸易的大门在几个世纪里始终洞开，这要具备多少条件……假如事先没有长时间的准备，好望角之路的发现便是不可思议的。请看，这一成就需要付出多少努力和创造多少条件：最早着手开辟道路的葡萄牙为此简直搞得精疲力竭。伊斯兰商队穿越沙漠的胜利也是一项了不起的功绩，这一功绩是在逐渐建造了绿洲和饮水网点后终于取得的。

第二条规律：有一个占统治地位的资本主义城市作中心

每个经济世界都有一个极点，都有一个城市作为其商业活动的后勤中心：信息、货物、资金、信贷、商人、指令和商业信件潮水般地向这里涌来，又纷纷向各地四散。大商人在这里发号施令，他们往往极其富有。

一些中转城市包围着极点，与极点相隔或长或短的距离，但它
20 们都配合极点的活动，更经常的则是（甘心）扮演次等角色。它们的活动依中心城市的活动为转移，分发或转运中心城市交托它们的物品，依赖或接受中心城市的信贷。威尼斯不是孤立的城市，安特卫普以及随后的阿姆斯特丹也不是孤立的城市。每当中心城市崛起时，总有一串城市随后簇拥；里哈尔特·哈普克说它们是“群岛式城市”，这个词用得相当形象。斯丹达尔曾产生错觉，以为意大利大城市出于慷慨，给予较小的城市以照顾。[15]大城市怎么可能会去消灭较小的城市呢？奴役小城市，这倒是真的，但仅此而已，因为大城市需要小城市为它效力。不牺牲其他城市（不论是有意的或无意的），一个城市世界便不能达到和维持很高的生活水平。中心城市与其他城市有相似之处：它毕竟也是城市；但它与其他城市也有区别：它是一个超级城市。辨认超级城市的第一个标记，恰恰就是它有其他城市为它效力和服务。

这些为数极少的超级城市与众不同，神秘莫测，光彩夺目。

例如，菲力浦·德·科明尼斯于1495年说，威尼斯“是我见到过的最辉煌的城市”。[16]又如，据笛卡儿的判断，阿姆斯特丹是“万物辐辏”之地，他于1631年5月5日写信给盖茨·德·巴尔扎克说：“世界上还能找出什么地方，能像这里一样，人们所歆羡的各种舒适和珍奇，竟是垂手可得？”[17]不过，这些光彩夺目的城市也有令人困惑之处；它们不让别人看穿自己的秘密。在伏尔泰或孟德斯鸠的时代，有哪个外国人，特别是法国人，不竭力去理解和弄清伦敦？作为一种文学体裁，英格兰游记力图有所发现，却始终弄不清伦敦何以有喜爱讥讽的特点。在今天，谁又能告诉我们纽约的真正秘密呢？

略为大一点的城市，如果又濒临海洋，就像德·勃洛斯[18]对里窝那的品评一样，是个“诺亚方舟”“真正的假面狂欢节”和“巴别尔通天塔”。至于真正的中心城市，又该怎么形容呢？无论是伦敦或伊斯坦布尔，伊斯法罕或马六甲，苏拉特或加尔各答(加尔各答从其最初的成就开始)，它们全以五方杂处为特征。阿姆斯特丹交易所是商业世界的缩影，在交易所的拱廊下，听得到世界的各种方言。在威尼斯，“如果你很好奇，想看来自世界各地、穿着不同服饰的人，就请前往圣马克广场或里亚托广场，你将在那里遇到各种各样的人”。

来自天南海北的各种人混杂在一起，必须使他们能够相安无事。诺亚方舟意味着必要的宽容。雅克·维亚蒙[19]在谈到威尼斯时说：“在整个意大利，没有一个地方能比那里生活得更自由……首先因为市政会议轻易不作死刑判决；其次，武器不受禁止；[20]第三是不因信仰而受追究，结果是每人都能随心所欲地生

18

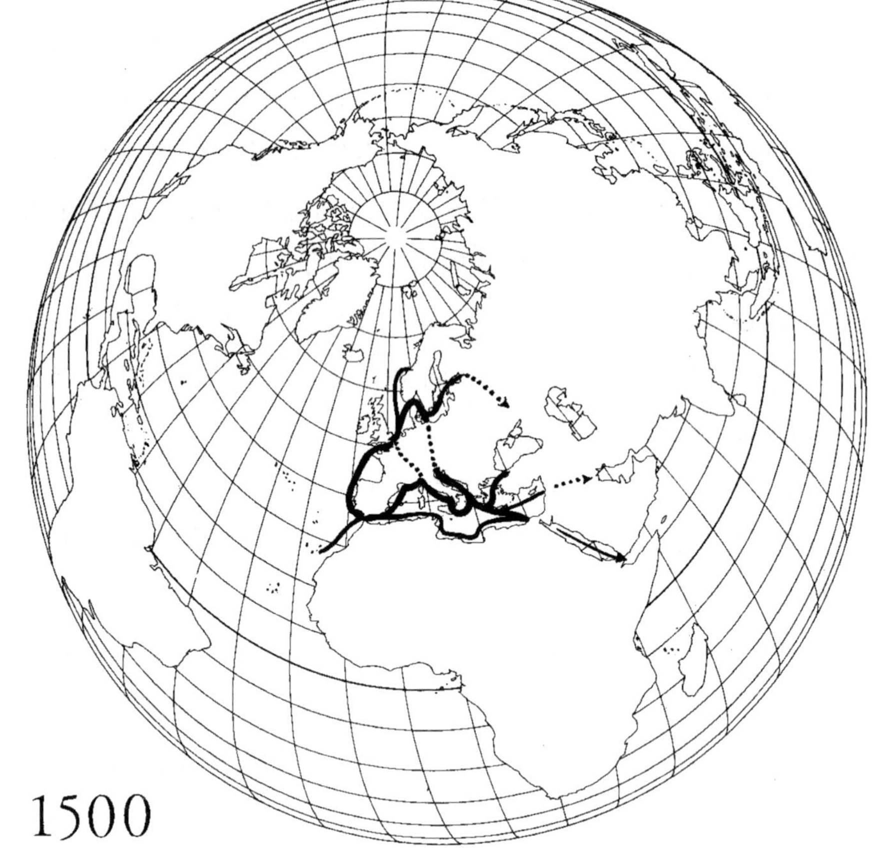

2./3. 全球范围内的欧洲经济世界

从欧洲在全世界范围内的主要贸易活动看正在扩张中的欧洲经济。1500年，从威尼斯出发的经济扩张，矛头直接指向地中海（见104页*的商船网）和西欧；通过一些中转站，再向波罗的海和挪威延伸，又通过地中海东岸诸港，向印度洋延伸。

---

* 此页码为原书页码，即本书边码。余同。——编者注

19

1775年，欧洲贸易的触角伸向全世界：根据不同的出发点可以分辨英国、尼德兰、西班牙、葡萄牙和法国的贸易活动。就法国与非洲和亚洲的贸易而言，必须设想它们与欧洲其他国家的贸易混在一起。问题是要首先弄清大不列颠的联络路线的作用。伦敦已成为世界的中心。在地中海和波罗的海，仅显示了各商业国的所有船只全都遵循的基本路线。

活，都有信仰自由，因而许多具有自由精神的法国人[21]都在那里定居，以便不受追查和监督，并且称心如意地生活”。威尼斯这种天生的宽容精神，我想能部分说明它那“著名的反教权主义”，[22]或用一个更好的说法，它与罗马教会不妥协主义的一贯对抗。凡在商人云集的地方，必定出现宽容的奇迹。在阿明尼乌教派和戈马尔教派之间发生暴力冲突（1619—1620 年）后，阿姆斯特丹坚持实行宽容，这一功绩不容抹煞。伦敦的宗教机构可谓五光十色。一名法国旅行者[23]于 1725 年说：“那里有犹太教徒，有德国、荷兰、瑞典、丹麦和法国的新教徒；有路德派、再洗礼派、千禧年派〔原文如
21 此〕、勃朗派、独立派或清教派以及贵格派。”此外还要加上安立甘宗、长老宗以及天主教徒，后者不论英国人或外国人，习惯在法国、西班牙或葡萄牙大使的小教堂里望弥撒。每个教派各有自己的教堂或会面地点。每个教派又各有区别于其他教派的标记。贵格派“在四分之一法里外从服饰即可认出：平顶帽，小领带，上衣扣子钉得很高，经常闭着双眼”。[24]

这些超级城市最鲜明的另一个特点也许是过早的和突出的社会分化。这些城市中居住着无产者、资产者和城市贵族；城市贵族有钱有势，骄矜自负，他们很快不必再像在威尼斯或热那亚的时代，竭力用贵族头衔装饰自己。[25]总而言之，城市贵族和无产阶级正在“两极分化”，富的变得更富，穷的变得更穷；压强很高的资本主义城市的一大痼疾，正是生活程度很高，以及永无休止的膨胀。膨胀是由超级城市的本性所决定的，它们注定要控制毗邻地区的经济。经济生活自动朝着超级城市高物价的方向集中和转移。但在压强过高的情况下，城市以及以城市为归宿的经济便有自焚的

危险。在伦敦或阿姆斯特丹，生活程度之高不时超过了人们的承受限度。为了逃避地方税和高额税率，纽约的工商企业今天纷纷撤离这个城市。

然而，中心城市打动人们的逐利之心，唤醒人们的想象力，其号召力之大令人不可抗拒，似乎人人都希望参与盛会，分享奢华，并忘却日常生活的众多困难。中心城市不是展示壮观的场面吗？如果在回顾时加上幻想成分，场面之大就会达到荒唐的程度。1643 年的一份游览指南[26]对上个世纪的安特卫普作了如下回顾：城市共有居民 20 万人，“包括本国人和外国人”，有时“在港口一下集中 2500 艘船，因不能卸货，停泊一月之久”；城市富冠全球，曾交给查理五世皇帝“300 吨黄金”，每年收入“银币 5 亿，金币13 000 万”“像海水一样来回流动的汇款不计在内”。这些都是梦幻，是顷刻化为乌有的烟霭！不过，难得这一次，谚语说得对：无火不起烟！阿朗索·莫高铎 1587 年在其《塞维利亚史》中声称，“从外地运来城里的珍宝之多，简直能用金块和银块铺设所有的路面”！[27]

第二条规律（续）：首要城市的地位更替

占统治地位的城市不是垂之万世的，这一地位可被其他城市所替代。在城市的最高一级是如此，在所有其他各级也是如此。这些地位更替，不论发生在什么部位（在顶峰或者在半山腰），不论出自何种原因（纯经济的原因或者不是），无不说明问题；它们打破历史的平静，展示一些因其稀少而显得尤其珍贵的过程。阿姆斯特丹替代安特卫普，伦敦接替阿姆斯特丹，或者纽约于 1929 年左右超过伦敦，都是一大块历史板块的倾斜，从而暴露出以往平衡的脆弱，以及即将建立的平衡的力量。整个经济世界都受其影响，而且影响从不仅限于经济方面，这是人们事先可以意想得到的。

22 明朝于1421年决定迁都，放弃了因有长江之利而对航海开放的南京，为应付满族和蒙古族入侵边界的危险而定鼎北京：作为一个经济世界，庞大的中国无可挽回地实现了中心的转移；在某种意义上，它背离了利用大海之便发展经济和扩大影响的方针。北京扎根在陆地的中心，是个沉闷、闭塞和十分内向的城市。不论这一选择出于有意或者无意，它肯定具有决定性作用。正是在这时候，中国在争夺世界权杖的比赛中输了一局；中国于15世纪初从南京出发进行海上远航时便投入角逐，虽然它对此并不十分清楚。

这场冒险的意义与菲力浦二世于1582年作出的抉择不相上下。利用西班牙在欧洲的政治优势，菲力浦二世于1580年征服葡萄牙，把政府搬到里斯本，在那里住了将近三年。里斯本因此取得了举足轻重的地位。该城市濒临大海，是进而控制和统治世界的理想场所，国王和政府迁来这里更使它身价倍增。西班牙舰队于1583年把法国人从亚速尔群岛赶走，俘虏均不经审判，被挂在船只桅桁上吊死。1582年离开里斯本，也就等于放弃了控制海外经济的一个哨所，从而让西班牙的力量困守卡斯蒂利亚几乎静止不动的心脏马德里。这是犯了多么荒唐的错误！由此造成了1588年阿尔玛达无敌舰队的覆灭。西班牙的失利与国都退居内陆有关，当时的人都能清醒地意识到达一点。在菲力浦四世的时代，还有人主张天主教国王[28]重温“葡萄牙的旧梦”，把王国的中心从马德迁往里斯本。其中的一位写道：“海上权力对西班牙国王比对任何一国的君主更加重要，因为唯有通过海军，才能使相距如此遥远

23

英国跃居海上强国的象征：阿尔玛达无敌舰队的失败。格林威治国立航海博物馆（伦敦）一无名氏画作的细部。

的各省联成一个整体。”[29]一位军事著作家1638年接受同样的见解，走在海军上将马汉的前面，说了以下的话：“最适合西班牙的武力是海军，但这件国家大事已经众所周知，不用我再多费唇舌，虽然在我看来，在这里议论一番并非多此一举。”[30]

评论可能发生而实际并未发生的事件，未免流于儿戏。唯一可以肯定的是，假如里斯本在天主教国王的臂助下取得了胜利，就不会出现阿姆斯特丹，至少出现得不会那么早。因为在一个经济世界的中心，只可能有一个极点。一个极点取得成功，意味着在相当长的时间内，另一个极点的后退。在奥古斯都的时代，亚历山大在地中海地区与罗马抗衡，后来罗马取胜。中世纪时代，热那亚和威尼斯为争夺东方富源，相持不下，直到基奥贾战争（1378—1381年）结束，才以威尼斯的突然胜利而告终。意大利各城邦互相争夺霸权，其激烈程度为后来的民族国家所不及。

这些胜败进退势必引起真正的动荡。当经济世界的中心都城陷落时，边缘地区也会感到强烈的震动。正是在这些边缘地区（无论是不是真正的殖民地），每次发生的事恰巧最能说明问题。威尼斯丧失了权杖，也就失去对海外的统治：埃维亚于1540年；塞浦路斯（是其王冠上的宝石）于1572年；康提亚于1669年。随着阿姆斯特丹确立了优势地位，葡萄牙便丧失其远东领地，后来又差一点丢失巴西。从1762年起，法国在与英国的竞争中遭受第一次重大失利，因而放弃了加拿大，并从此在印度一蹶不振。伦敦于1815
24 年显示了自己充足的实力：西班牙恰好丢失了或即将丢失美洲。同样，1929年后，不久前还以伦敦为中心的世界开始以纽约为中心；结果在1945年后，欧洲各殖民帝国——英国、荷兰、比利时、法国、西班牙(剩下的殖民地)以及今天的葡萄牙——纷纷解体。殖民地这样接二连三地丢失,并非事出偶然。这是因为拴住它们的链环已经断裂。今天,假如美国霸权的末日来到,人们不难想象这会给整个世界带来什么影响。

第二条规律(续完):城市统治的完备程度不尽相同

说到城市统治,我们不要以为它们的成就和力量可归纳为同一种类型:在历史上,这些中心城市的武力强弱不尽相同,仔细研究起来,它们的相对差异和相对不足还有待作出恰当的重新解释。

如果按传统顺序对占统治地位的西方城市(威尼斯、安特卫普、热那亚、阿姆斯特丹、伦敦)进行研究,前三个城市没有实行经济统治的整套设施(关于这些城市,我们以后还要详谈)。在14世纪末,威尼斯是个欣欣向荣的商业城市,但一半是受工业的影响和推动;城市虽然拥有金融和银行机构,但这个信贷体系仅在威尼斯经济内部起作用,这是一台由内力带动的机器。几乎没有海军的安特卫普是欧洲商业资本主义的庇护所,是供过往客商歇脚的一家西班牙客店,客人带来什么,客店也就有什么。后来的热那亚只在银行方面占优势,就像13和14世纪的佛罗伦萨一样;它之所以扮演主角,是因为有掌握贵金属的西班牙国王作它的主顾,同时还因为,在16和17世纪期间,欧洲的中心似乎不易确定:安特卫普已不再充当中心,阿姆斯特丹还没有登上舞台,因而热那亚至多是在幕间休息时上场。在阿姆斯特丹和伦敦成为中心城市后,经济世界便有了实行经济统治的整套设施,它把一切都抓到手里,从航行监督到商业扩张和工业扩张,还有信贷的全部设施。

随着占统治地位的城市的变化，政治实力作为经济世界的架构所起的作用也有变化。从这个角度看，威尼斯是个独立的强国；15 世纪初，它占有邻近的威尼西亚广大地区；1204 年以来，它支配着一个殖民帝国。相反，安特卫普却几乎不掌握任何政治实力。由于领土极为逼仄，热那亚放弃政治独立，孤注一掷，寄希望于另一种统治工具——金钱。阿姆斯特丹在一定程度上把联合省的财产据为己有，不管后者愿意与否。归根到底，它的“王国”比威尼西亚大不了多少。伦敦的情形完全不同，因为这个大城市支配着英格兰的民族市场以及随后的整个大不列颠诸岛，直到那么一天，世界的量度发生了变化：面对美国这个庞然大物，小小英格兰所集结的力量自然显得微不足道。

简单地说，欧洲占统治地位的城市 14 世纪以来先后更替的这段历史，大体上反映着潜在的、不同程度地互为联系和互为制约的各经济世界在强大的中心和软弱的中心之间往返摇摆的演变过
25 程。这种前后更替顺便也说明了统治武器的可变价值：航运、贸易、工业、信贷、政治强力或政治暴力……

第三条规律：地区的等级差异

经济世界的不同地区都朝着同一个中心点看齐：受极点吸引的各地区组成一个具有多种严密结构的整体。马赛的商会（1763 年）说得好：“所有的贸易全都联结在一起，并且可以说，互相携手帮助。”[31] 比这早一个世纪，阿姆斯特丹已有人从对荷兰情况的观察中得出推断，“世界贸易各部分之间紧密相联，不了解某个部分也就等于对其他部分不甚了然”。[32]

而且，联系一经建立，就要延续下去。

凭着一股热情，我曾专攻16世纪下半叶地中海的历史。我首先设想了这半个世纪里地中海各港口的航行、停泊以及购销状况。接着，我应该研究17和18世纪地中海的历史。我以为这段特殊的历史会使我感到陌生。为了摸清路数，我必须从头学起。但我很快发现，我对1660、1670或1750年地中海的情形，竟有旧地重游之感。基础设施、旅行路线、路途时间、土特产品、易货品名、停歇地点，这一切差不多全都保持原状。个别地方曾出现一点变动，但几乎纯粹属于上层建筑的领域，这既关系重大，但又微不足道，即使这些微不足道的东西，即金钱、资本、信贷以及对这种或那种产品的需求的增减，可能左右着自发的、平庸的和“自然而然的”日常生活。人们照旧居家度日，而不明白真正的主人已不再是昨天的主人，或至少对此并不十分在乎。普利亚的食油18世纪经的里雅斯特、安科纳、那不勒斯和费拉拉向北欧出口，对威尼斯出售的数量大大减少，[33]这确实是件重要的事，但对种植油橄榄的农民说来，这又有什么关系？

正是从这一经验中，我懂得了经济世界的构造以及资本主义和市场经济赖以同时存在、互相渗透而又始终不相混同的运行机制。几百年间陆续出现的大小水陆码头形成了地方的和地区的集市网。这种因循守旧的、以本地区为中心的地方经济，由其命运所决定，每隔一段时间便得接受“合理调整”，被一个占统治地位的地区和城市所兼并，这种状况在维持一二百年以后，再进行新的调整。似乎资源和财产的集中和向心活动[34]必然有利于某些得天独厚的积累场所。

仍以前面的例子来看，有件发人深省的事，就是亚得利亚海为威尼斯效力。威尼斯市政会议至少从 1383 年攻克科孚那时开始，便控制了亚得利亚海；在威尼斯看来，亚得利亚海地区是它的民族市场，并声称这是它用鲜血作代价所夺得的“海湾”。只是在冬季的风暴天气，它才停止船首金饰眩目的帆桨船的巡航。然而，亚得利亚海以及沿海各城市并不是威尼斯凭空制造出来的；沿海各国的生产、交换以及从事航海的民众都是原已存在的。威尼斯只需
26 要把在它入侵前已有的贸易往来全都抓到手里：普利亚的食油，加尔加诺山森林的船用木材，伊斯特里亚的石料，两岸人畜所需的盐、葡萄酒、小麦等。威尼斯还集中了商旅，千百条帆船，随后根据自己的意愿对这一切进行改造，统统并入自己的经济。这种带有明显垄断倾向的控制是任何经济世界建成时的“典型”过程。威尼斯市政会议声称，亚得利亚海的所有货物不论运向何地，都应首先运往它的港口，接受它的检查，为达此目的，它不但与萨格纳和阜姆这两个海盗巢穴为敌，而且坚持不懈地同的里雅斯特、拉古萨和安科纳等商业对手相竞争。[35]

威尼斯建立统治的方式在别的场所也可见到。这种统治主要建立在一种摇摆不定的辩证关系的基础之上：一方面是自发地、几乎自动地发展起来的市场经济，另一方面是控制、引导和摆布这些细小活动的一种高高在上的经济。我们刚才谈到长期被威尼斯所垄断的普利亚的食油。可是不要忘记，威尼斯为此于 1580 年前后在产地派驻了五百多名贝加莫商人，[36]专门从事收购、存储和发运工作。可见，高级经济必定控制生产和指导产品销售。它为取得成功而不择手段，特别是有意识地发放信贷。英国人在梅森协定

(1703年)后正是通过这种方式在葡萄牙建立了自己的统治。第二次世界大战后,美国也以这种方式把英国人从南美排挤走。

第三条规律(续):符合屠能的解释的区域

与马克思同为19世纪德国最伟大的经济学家的约翰·亨利希·冯·屠能(1780—1851)能够给我们提供一种解释(不是唯一的解释)。[37]每个经济世界无不符合他在《孤立国》一书(1826年)中描绘的草图。他写道:“不妨设想,在一块肥沃平原的中间有个城市,没有可通航的河流或运河穿过这块平原。平原的土质完全相同,且适于耕作。在离城市相当远的地方,平原的边缘与一块尚未开垦的荒漠接壤,这块荒漠使我们的国家与世界其他地方完全隔绝。此外,除开上面提到的那个大城市,平原中不再有其他城市。”[38]我们暂且先根据经济学的需要而离开实际,以便随后更好地理解实际。[39]

独一无二的城市和独一无二的乡村在与外界隔绝的条件下互相影响。每项活动既然都仅仅由距离所决定(土质绝对相同,因而不存在某个地区适宜于某种特殊作物的问题),于是便以城市为中心,自动画出几道圆圈;第一道圈是种植蔬菜的菜园(菜地紧靠市区,甚至侵占市内空地),再加上奶制品生产;第二和第三道圈负责生产粮食和经营畜牧。正如G.尼埃梅耶[40]所说,我们眼下这个小天地代表的典型能适用于塞维利亚和安达卢西亚;我们曾经说过,这个范例也能适用于伦敦或巴黎的食物供应区,[41]其实对任何其他城市都能适用。理论与实际相贴近,因为提供的范例几乎空无内容。不妨再用西班牙客店的形象比喻:旅客需用的一切完全自备。 28

27

圆身船在威尼斯靠岸。V.卡帕乔:《圣女乌尔苏拉传奇》,修女动身的细节。

我并不责备屠能的范例只字不提工业的建立和发展(早在18世纪英国革命前,工业已经存在),也不责备它满足于描绘抽象的乡村,在这个乡村中,距离——戏不够,神仙救(deus ex machina)——自动画出一个又一个活动圈,乡镇和村庄杳无影踪,就是说,不存在市场显示的任何人类实在。实际上,只要把这个过分简单的典型引入现实生活,就能把这些缺少的成分补充进去。我所要批评的,反而是在图样中丝毫没有提到不平衡概念。区域之间的不平衡明显地存在着,但未作解释就被接受了下来。“大城市”统治着乡村,承认这个事实,也就万事大吉。但为什么城市统治乡村呢?制造经济躯体血液循环的城乡交换,不管亚当·斯密[42]作何解释,总是不平等交换的典型例子。这种不平等有其起源和形成过程。[43]在这方面,经济学家过分轻视历史演变,而历史演变无疑很早就对经济施加影响。

第三条规律(续):经济世界的地域图形

一切经济世界都由若干互相联系但又位于不同水平上的区域排列和榫合而成的。这里出现的至少有三块“场地”,分属三种类型:一个狭小的中心,一些相当发达的次等地区,最后是广大的外围地带。只要从一个区域转入另一个区域,社会、经济、技术、文化和政治秩序势必跟着发生质的变化。我们掌握了一种具有广泛意义的解释,伊曼纽尔·沃勒斯坦的《现代世界体系》(1974年)正是建立在这一解释的基础之上。

中心或“心脏”汇集着各种最先进的东西。下一个环节,即所谓“能干的副手”,虽然也处于有利地位,但仅能得到部分利益。广大的边缘地区人口稀少，保存着落后的古代形态，容易陷于被剥削的境地。直到今天，这种歧视性地理区划既解释了世界通史，又使人觉得世界通史不易理解，虽然世界通史本身有时也配合默契，故意制造一些让人上当的陷阱。

中心区域并无丝毫神秘可言：当阿姆斯特丹充当世界的“货物集散地”时，联合省（或至少其中最活跃的地区）是中心区域；当伦敦推行其霸权时，英格兰（如果不是大不列颠诸岛）处在整体的中心位置。16 世纪初，当安特卫普一觉醒来成为欧洲贸易中心时，尼德兰便如昂利·比兰纳所说，成为“安特卫普的近郊”，[44]而广大的世界，则是它的远郊。“这些经济发展中心的向心吸引力”[45]是显而易见的。

相反，要弄清和确定与中心区域相邻的广大地区的位置却大不容易。紧贴中心的地区位置低于中心，但有时低得不多，趋向于同中心连成一片，从四面八方向中心挤压，它们的变动比其他地区更加大些。位置的高低差异并不始终十分明显：保尔·贝洛什认为，[46]这些经济区域之间的水平差异昨天比今天更小；赫尔曼·凯伦本兹甚至对差异的存在持怀疑态度。[47]无论是大是小，差异毕竟
29 存在，只要手头掌握数字，价格、工资、生活水平、国民产值、人均收入、贸易结余都可以作出证明。

最简单的（如果不是最好的）、最容易让人接受的标准，是要看在这个或那个地区有没有外国侨民经商。如果外国商人在某个城市或某个地区居显赫地位，这已表明该城市或该地区落后于这些商人所属国家的经济。我们掌握的例子十之八九都能作证：菲力浦二世时代在马德里的热那亚银行家；17 世纪在莱比锡的荷兰商

人;18 世纪在里斯本的英国商人;特别是旅居布鲁日、安特卫普、里昂和巴黎的意大利商人(至少直到马扎林时代)。1780 年前后,在里斯本和卡迪斯,“所有商号全是外国公司”。[48] 18 世纪的威尼斯差不多也是同样情况。[49]

一进入边缘地区,任何含混便全都消失。这里不可能搞错:边缘地区贫穷落后,占统治地位的社会体制往往是农奴制,或甚至是奴隶制(只在西方的中心,才有自由农民或所谓的自由农民)。在这些进入货币经济不久的地区,劳动分工才刚开始,农民兼顾各种营生;产品的货币价值十分低下。何况,生活程度过低本身就是不发达的表现。一位名叫马提诺·斯泽普西·康波尔的匈牙利传教士于 1618 年回国,根据他的观察,“荷兰和英国的食品价格很高;情形到法国开始有所变化,随后沿着旅途,历经德国、波兰和波希米亚直到匈牙利,面包价格不断下降”。[50] 匈牙利已几乎到了楼梯的下层。当然还能走得更远:在西伯利亚的托博尔斯克,“生活必需品极其便宜,普通百姓每年有十卢布,就可以生活得很好”。[51]

欧洲边缘的落后地区提供了许多经济不发达的范例:18 世纪“封建的”西西里;任何时代的撒丁;土耳其统治下的巴尔干;梅克伦堡、波兰、立陶宛等被西方市场搜刮一空的广大地区,它们的产品注定要用来供应外部市场,而不是满足当地需要;受俄罗斯经济世界剥削的西伯利亚。此外还有威尼斯在勒旺地区的各个岛屿,那里生产的葡萄干和葡萄甜烧酒甚至远销英国,外部需求使当地从 15 世纪起推广单一作物,从而破坏了种植平衡。

当然,世界各地都有边缘区域。在华斯哥·达·伽马远航印度的前后,非洲东部沿海莫诺莫塔帕原始部落从事淘金和捕猎的黑人就用黄金和象牙换取印度的棉布。中国不断开拓疆土，并侵占所谓“蛮夷”之地。正如古希腊时代称不讲希腊语的居民为蛮族一样，在中国的眼里，越南和南洋群岛只存在番夷。但在越南，中国人把番夷分为已汉化和未汉化两类。据 16 世纪一位中国历史学家说，他的同胞“称不服羁縻、蛮俗未改者为生番，视归化华夏、臣事天子者为熟番”。这一区别中，政治、文化、经济、社会模式等
30 因素统统都已考虑进去。雅克·杜恩解释说，生和熟在这里还有文化和天然相对立的含义，生首先表现为赤身裸体：“据山为王的部落首领向安南王宫纳贡时，王宫即赐以衣服蔽体。”[52]

一名“生番”。这幅中国画上画着一个手持海螺、上身赤裸的柬埔寨人，选自木刻《耕织图》。

依附关系在与中国南方隔海相望的海南岛也可清楚看到。该岛中部多山，与外界隔绝，居住着还很原始的非汉族山民，而阡陌纵横的低洼稻田已归汉族农民经营。山民掳掠成性，但有时也像野兽一般遭到捕猎，他们愿意通过一种沉默的贸易方式，用硬木(沉香木)和金屑换取别的物品，汉族商人“率先把针线布料放置山上”。[53]撇开不开口的贸易不谈，这些物物交换与航海家亨利时代撒哈拉大西洋沿岸的交换十分相似，在那时候，柏柏尔游牧者开始用他们带到海边的金屑和黑奴换取葡萄牙的棉毛织物和毯子。

第三条规律(续)：有无中立地带？

然而，落后地区并不专门分布在真正的边沿地带。事实上，中心地区也夹杂众多的黑点，黑点并不太大，可以是一个乡或一个区，可以是孤立的山谷或交通不便的区域。所有的先进经济地区
都曾有许多跟不上世界时间的窟窿；历史学家在那里探究几乎始 31
终捉摸不到的过去，感到就像潜入深海捕鱼一样。近年来，我竭力想弄清这些初级地区的命运，为此所费的力气比写作本书头两卷还要大些；我想了解位于市场之下或市场之外的这些特殊的历史结构(既然交换经济绕过这些与众不同的地区)，虽然这些地区居民的命运，我曾多次说过，并不比别的地区更加幸运或更加不幸。

但这种潜水捕鱼作业很少取得成果：资料不足，收集到的有趣细节多于有用的细节。而我们汇集素材的目的是要判断零位附近的经济生活的厚度和本质。这当然是件强人所难之事。然而，可以肯定的是，这些几乎脱离交换、不与外界接触的“中立”地区确实存在。就法国而言，甚至在 18 世纪，这些被遗忘的阴暗角落无论

在布列塔尼的内地或在阿尔卑斯山的瓦桑高原，[54]在蒙泰山口外侧的莫尔济讷山谷[55]或在开放登山运动前对外部世界封闭的沙莫尼山谷，都可以遇到。1970 年，在布里扬索内地区的赛尔维埃尔，一位名叫科莱特·博都瓦的女历史学家遇见一群山区农民，他们"继续保留过去的心态，以祖先的节奏生活作息，使用在邻近地区已经普遍失传的古老农业技术进行生产"。[56]这次难得的机会使她获益匪浅。

总之，如果说这些"孤岛"能在 1970 年的法国存在，那么在产业革命前夕的英格兰，旅行者或调查者经常撞上一些落后地区，也

两个经济世界的会合：一名西方商人亲临香料产地。《马可·波罗游记》插图，15 世纪。

就不足为奇了。大卫·休谟[57](1711—1776)于18世纪中叶指出，大不列颠和爱尔兰有不少地区的生活水准同法国一样低。这无非是用婉转的方式指出我们今天所说的“不发达”地区，那里仍保持传统的生活方式，农民有丰盛的猎物享用，鲑鱼和鳟鱼充斥江河。至于那里的人，应该说处于未开化状态。例如，在沃什湾附近的费恩地区，17世纪初，曾照荷兰的方式，展开了大规模的土壤改良工程，兴修水利使那里出现了一些资本主义乡村；而在这以前，原来只有一些习惯于捕鱼和狩猎水上野物的自由人。这些原始人为求自保而拼死搏斗，袭击施工的工程师和小工，挖开大堤，杀害可恶的工人。[58]现代化与古老传统的这种冲突仍反复展现在我们的眼前，无论在坎帕尼亚内地或在世界的其他地区。[59]但暴力行为毕竟相对地要少一些。一般说来，在需要时，“文明”总有种种手段来诱惑和打进那些长期被它抛弃，听其自生自灭的地区。但结果又有多大的不同呢？

第三条规律(续完):外壳和骨架 32

经济世界看来像是一个庞大的外壳。鉴于以往的交通条件，它必须首先集中巨大的力量，才能保证自己的正常运转。经济世
界无疑在运转着，虽然它只在其中心区域和四周的邻近地区，才有 33
足够的密度和厚度，以及有效的实力和援力。即便如此，如果你在威尼斯、阿姆斯特丹或伦敦的圈子中进行观察，所谓邻近地区也还包括一些经济不够活跃、与决策中心联系不够紧密的区域。美国国内今天就存在着一些不发达地区。

因此，无论从其在地球表面的铺展或者从其在中心地区的纵深来考察一个经济世界，人们不能不惊奇地看到：机器始终在运转，尽管功率不大（请首先想一想欧洲历史上最早几个占统治地位的城市）。经济世界怎么可能成功呢？这一问题将反复提出，贯彻本书首尾，但我们始终不能作出断然的答复：荷兰得以把它的商业利益打进路易十四统治下的敌对的法国，英国夺得辽阔的印度，这些确实都是了不起的壮举，但也几乎让人不能理解。

借助一个形象，我们能否提供一个初步的解释？

这里是一块大理石，[60]被米开朗琪罗或他的一位同时代人在卡拉拉采石场选中，石块又大又重，使用简陋的手段开采，随后依靠相当微薄的力量搬动：早就在采石场和矿山中使用的少量火药，两三根杠杆，十来个人（不一定有那么多），几捆绳索，一套挽具，几根圆木，沿斜面铺上圆木滚动前进，事情就此办成！这是因为巨大石块的重力使它矗立在地面上，重力很大，但处于静止的状态，因而被抵消了。大量的基本经济活动不也正是掉进陷阱的猎物，不也正是矗立在地面，因而更容易从上面加以推动吗？使这些壮举得以成功的器材和杠杆，就是抵达但泽或墨西拿的一点现金和白银，提供信贷（所谓“人为的货币”）或珍稀产品的诱人许诺。再或者是市场体系本身。商业锁链终端的高物价不断使人为之动心：每有风吹草动，整个机器就开动起来。还得加上习惯势力：几个世纪中，胡椒和香料总是运到勒旺地区的门口，在那里与贵金属白银会面。

暴力当然也是存在的：早在“炮舰时代”以前，葡萄牙或荷兰的舰队已帮助商业活动的开展。但在更多的情况下，一些表面上无足轻重的手段却暗中操纵着附属的经济。这个形象实际上适用于经济世界的各种机制：无论就中心对边缘来讲，或者是中心对自身而言。让我们再说一遍，中心是针对自己而分片和分层的。边沿也同样如此。一位俄国领事写道："明显的是，巴勒莫的几乎一切货物都比那不勒斯贵50％。"[61]但他忘记说明所谓"货物"指的是什么，"几乎"一词又意味着有什么例外。意大利南部不发达地区这两个王国的首都之间的水平差异究竟能产生什么运动？问题的答案要靠我们去猜想。

经济世界：面对其他几种 34
秩序的一种秩序

不论经济依附是多么显而易见，不论这些依附产生什么后果，如果以为经济世界的秩序主宰整个社会，并单独决定社会的其他秩序，那就错了。除开经济秩序以外，还有其他的秩序。经济从不是孤立的。经济活动场所也是其他实体——文化、社会、政治——的安身之地，其他实体不断向经济渗透，以便推进或者阻碍经济的发展。这些实体很难互相分开，因为我们所观察到的经验实在，或如弗朗斯瓦·佩鲁所说的"实在之实在"，[62]构成一个整体，即我们曾确指为典型社会的"集合之集合"。[63]为便于理解而区分出来的每个特殊集合，[64]在实际生活中，仍与其他集合相混杂。我从不相信维伦[65]的见解，说在经济史和社会史之间有一个"无人区"。人们可以随意朝各个方向写出以下的方程：经济是政治，是文化，是社会；文化是经济，是政治，是社会，如此等等。或者还可以承认，在某个特定社会里，政治指导经济，反之亦然；经济有利于或不利于文化的发展，反之亦然。甚至可以接受皮埃尔·勃吕内尔[66]的说法，“与人有关的一切都是政治，因而任何文学（甚至马拉梅的晦涩诗篇）无不是政治”。如果说经济的一个特点是它超越其空间，是否可以说其他集合也同样如此？所有集合全都吞食空间，尽力扩张，画出一层又一层的屠能式圆圈。

例如，一个国家可分为三个区域：首都、外省和殖民地。这个图形符合15世纪威尼斯的情形：威尼斯市及其市郊——总督辖区（Dogado）[67]；威尼西亚共和国各城市和领土；海外的殖民地。就佛罗伦萨而言，则分为城市、郊区（Contado）和国家（Stato）。[68]我把佛罗伦萨从锡耶纳和比萨夺得的部分国土列入所谓殖民地的范围，也许不算太过分。17、18、19和20世纪的法国不用说可以分作三部分，英国或联合省也是如此。但在整个欧洲的规模上，历史学家特别喜欢研究的欧洲平衡系统，[69]不正是经济世界的一种政治复制品吗？所谓欧洲的平衡，其目的是要控制那些始终处于剑拔弩张状态的边缘区和半边缘区，以使中心的统治免受威胁。因为政治也有自己的“心脏”，有一块狭小的地方，从那里注视远近事态的演变：等待和观察。

社会形态也有它们的级差地理。例如，奴隶制、农奴制和封建社会在当地究竟会发展到什么程度？在不同的地域，社会以完全不同的面貌而出现。当杜邦·德·纳穆尔同意为查托里斯基亲王之子当家庭教师时，他惊异地发现波兰竟是这样一个农奴制国家；有些农民仅知道有领主，不知道有国家，有些亲王像拉济维乌一样仍保留平民的作风，管辖的领地“比洛林还大”，却是席地而卧。[70]

文化同样也用一个又一个圆圈不断分割空间：文艺复兴时代

35

● 早期的哥特式艺术（12世纪）
△ 已遭破坏的建筑
o 哥特式艺术在13世纪的扩张

4. 哥特式风格的扩展图

选自乔治·杜比主持编绘的《历史地图集》(拉罗斯出版社 1978 年版)。

的佛罗伦萨、意大利、欧洲其他地区分别代表三个圆圈，这些圆圈
36 当然反映着地域的扩展。请看“法兰西”艺术，即哥特式教堂的艺术，怎样从塞纳河和卢瓦河之间的地区出发，然后向欧洲传布。作为反宗教改革的产物，巴洛克风格以罗马和马德里为起点，征服整个大陆，甚至传布到信奉新教的英格兰。法语在 18 世纪变成有教养的欧洲人的共同语言。穆斯林的建筑和艺术从德里出发，风靡印度全境，不管该地区信奉印度教还是伊斯兰教，然后又跟着印度商人，来到受伊斯兰影响的南洋群岛。

人们自然可以分别就社会的不同秩序绘制其地域分布图，确定各自的极点、中心区域和势力范围。每种秩序各有其独特的历史，各有其辖制的领域。所有秩序全都互相影响。任何秩序均不始终居压倒一切的地位。如果硬要排列顺序，它们的地位在不断变化，变化虽然缓慢，但毕竟是在变化着。

经济秩序及国际劳动分工

然而，随着近代的到来，经济秩序的砝码变得越来越重：经济指导、干扰和影响其他秩序。经济的优势使不平衡现象更趋加剧，使同一经济世界中的伙伴停留在或穷或富的地位，似乎角色一旦分配完毕，便要延续很长时间。一名经济学家[71]相当认真地说过：“穷国穷，就是因为穷。”一名历史学家[72]则说：“扩张会带来新的扩张”，这就等于说：“富国富，正是因为已经富。”

这些故意简化了的明显事实，在我看来，其意义最后超过了大卫·李嘉图（1817 年）的所谓“颠扑不破”的定理。[73]大家知道，这条定理说：两个特定国家之间的关系取决于各自实行的可比生产

成本；任何对外交换都趋向相互平衡，并只能对双方有利（在最糟的情况下，交换对一方比对另一方更有利），因为“对外交换通过利益的共同纽带，通过友好关系，把文明世界的各民族联合成一个大社会。法国和葡萄牙酿酒，波兰和美国种麦，英国提供小五金和其他货物，正是根据这个原则办事”。[74]此情此景确实让人放心，但又未免有粉饰太平之嫌。有个问题必须要问：李嘉图于 1817 年描绘为顺理成章的这种分工是什么时候建立的？其原因是什么？

分工不是所谓“顺乎自然”的天性所趋，而是一种遗产，是在历史上逐渐形成的一种原有状态的巩固。世界规模（或经济世界规模）的分工不是平等伙伴之间协商一致的、随时可以修改的关系，而是逐渐形成的一系列从属关系。不平等交换制造了世界的不平衡，反过来说，世界的不平衡也制造了不平等交换，这是古已有之的实际。在经济牌局中，总有人拿到比别人更好的牌，何况往往还有作弊。有些活动比其他活动利润多：种葡萄比种小麦收益多（至少要假定有人愿意代你种小麦）；第二产业的活动比第一产业收益多，第三产业又比第二产业多。在李嘉图的时代，英格兰和葡萄牙的交换之所以表现为前者提供呢绒及其他工业产品，后者提供葡 38
萄酒，那是因为葡萄牙经营第一产业，地位低于英格兰。几百年以前，早在伊丽莎白统治期间，英国已停止出口原料，借以促进其工业和商业；至于需求原已得到满足的葡萄牙，却朝另一个方向演变，或不得不这样做。在埃尔切拉公爵时代，葡萄牙政府为保护自己，用重商主义的甲胄披挂起来，促进本国工业的发展。但在公爵死后两年（1690 年），全部防卫被抛在一边；十来年过后，又签订了梅森协定。谁敢断言，英葡关系是由“利益的共同纽带”联结的朋

37

《但泽商业寓意画》，伊萨克·旺·德路克作画（1608 年），汉萨公所（今但泽市政厅）的藻井装饰。城市的全部活动围绕维斯杜拉河上的小麦展开，该河经由运河（细节见本书第一卷和第二卷），与画上方的码头和船只连通。在画下方，从服饰可以认出波兰商人和西方商人，正是他们造成了波兰对阿姆斯特丹的依附。

友之交，而不是由难以颠倒的力量对比所决定？

各国之间的力量对比有时起源于相当古老的事态。就一种经济、一个社会、一种文明或甚至一个政治实体而言，以往经历过的依附关系是很难切断的。意大利南部地区的落后无疑由来已久，至迟从12世纪开始。有位西西里人不无夸大地说："二千五百年来，我们一直是个殖民地。"[75]自1822年获得独立的巴西过去和现在始终觉得处于"殖民地"状态，并非面对葡萄牙，而是面对欧洲和美国。有一句今天常说的玩笑话："我们不是巴西合众国，而是〔美利坚〕合众国的巴西。"

同样，法国19世纪以来显而易见的工业落后，如果不追溯到相当久远的过去，也不能得到解释。据某些历史学家认为，[76]由于大革命和拿破仑统治，法国错过了工业变革的良机，在与英国争夺欧洲和世界第一把交椅的竞赛中遭到了失败。确实，在当时形势的推动下，法国把整个世界拱手让给大不列颠的商人；同样确实的是，特拉法尔加和滑铁卢的后果具有重大的影响。但难道能忘记早在1789年前业已丧失的机遇吗？在西班牙王位继承战争结束后，法国于1713年不是从此失去取得西属美洲白银的可能了吗？1722年约翰·劳试验的失败使法国从此（直到1776年）不再有中央银行。[77]1762年，早在巴黎协定前，法国已失去了加拿大，印度实际上也已经是别人的天下。在更加久远的历史上，法兰西在13世纪因香巴尼交易会的陆路贸易而一度繁荣发达，到14世纪初，随着意大利和尼德兰之间经由直布罗陀建立了海上联系，法国就丧失了这一有利地位，于是便被排除在欧洲主要"资本主义"路线之外（我们在后面再作解释[78]）。这里得出的教训是：一次不能定

成败。成功取决于在一个特定时代中是否赶上机会以及反复和接连遇到机会。国力同金钱一样是可以积累起来的，我因此认为努斯克和谢努的乍看似乎不言自明的认识是正确的。“穷国穷，就是因为穷”，我们不妨更加直截了当地说，因为穷国原本就穷，或者采用努斯克的说法，[79]因为穷国预先陷入“贫穷的恶性循环”之中。“扩张会带来新的扩张”，一个国家之所以发达，是因为它已经发达，因为它已卷入到有利于它发达的运动中去。可见历史始终有它的一份发言权。世界的不平衡产生于结构性的原因，结构的形成十分缓慢，消失也十分缓慢。

国家是政治权，也是经济权

39 国家在今天身价很高。甚至哲学家们也在帮它抬高身价。于是，凡不夸大国家作用的见解都不再时行，时髦虽说难免过火和简单化，但它至少有个好处，就是强迫某些法国历史学家回过头来，要他们喜欢已经被他们烧掉或至少已经丢在路边的东西。

虽然如此，15 至 18 世纪期间的国家远没有填满全部社会空间，它没有现在那种“魔鬼般的”渗透力，它的力量尚嫌不足。尤其它又直接经受了 1350 至 1450 年间的长期危机。只是到了 15 世纪下半叶，它才开始重新上升。城邦走在领土国家的前面，直到 18 世纪初仍扮演着主角，它们当时完全是商人手中的工具。至于力量正在逐渐恢复的领土国家，情形就远不是那么简单。但首先形成民族市场或民族经济的领土国家英格兰，在 1688 年革命后，迅速转入商人统治之下。因而，在前工业化时期的欧洲，如果某种决定论使政治实力与经济实力恰相重叠，这丝毫也不足为怪。总而言之，经济世界的地图及其作为极点的中心区和一层又一层的同心圆，很可能与欧洲的政治地图有颇多的重合之处。

在经济世界的中心，总有一个强大的、咄咄逼人的和享有特权的国家，这个与众不同的国家充满活力，既使人害怕，又令人钦佩。15 世纪的威尼斯就是如此，17 世纪的荷兰，18 和 19 世纪的英国，以及今天的美国，都是如此。这些"中心国家"的政府可能是不强大的吗？伊曼纽尔·沃勒斯坦竭力要证明 17 世纪的联合省不是如此，当时的人和历史学家反复指出，这个政府几乎并不存在。好像中心地位本身不创造、不要求具备一个有效的政府。[80]好像政府和社会不是同一个集合体。好像金钱不创造一种社会纪律，不提供一种非同寻常的行动方便！

但在威尼斯、阿姆斯特丹和伦敦，确实存在强有力的政府，它们在国内能够做到令行禁止，强制城市居民服从纪律，必要时加重税收负担，保障信贷和商业自由。它们在国外也能做到说一不二：这些政府使用暴力绝不手软，对它们我们满可以使用"殖民主义"和"帝国主义"的字眼，而无颠倒时间次序之嫌。相反，这并不妨碍以上的政府程度不同地依附于业已野心勃勃地到处伸手的资本主义。政府和资本家平分权力。国家陷入经济世界本身的运动中去，但还不到不能自拔的地步。国家在为别人和为金钱出力的同时，也为自己效劳。

一旦走出中心，来到经济活跃但发达程度较差的区域，情形立即就变化了，这里的国家长期是传统的君权神授和近代的组织机构的混合。政府受社会、经济乃至守旧的文化的掣肘，很难从广阔的世界呼吸新鲜空气。欧洲大陆上的各国君主不得不与周围的贵

41 族一起，并且违背贵族的意愿，勉强进行统治。没有贵族，残缺不全的国家（即使是路易十四的法国）难道能承担自己的任务吗？“资产阶级”的地位显然在上升，国家审慎地给予支持，但社会变革的进程十分缓慢。与此同时，这些国家看到作为贸易集散地的商业国家的成就，意识到自己的处境不佳，因而它们认为，重要的是尽可能赶上先进国家，使自己上升到中心的地位。一方面是力求依样画葫芦和窃取成功秘方：英国对荷兰长期如此，几乎念念不忘。另一方面是创造收益和开发资源，以满足进行战争和奢侈铺张的需要，后者也不失为一种统治手段。事实表明，任何国家只要与经济世界的中心相邻，就变得易怒好斗，似乎这种相邻关系使它大动肝火。

不过，我们且别搞错，在 17 世纪近代的荷兰与法国、西班牙等大国之间，仍有很大的距离。这一距离表现为政府对当时被看作万应灵药，事后被我们称作“重商主义”的经济政策的态度。我们历史学家在创造这个词的时候，赋予它多种含义。如果应有一种含义胜过其他含义的话，那就是防备别人的意思，因为重商主义首先是保护自己的一个法门。推行重商主义政策的君主或国家无疑在迎合一种时尚，但在更大程度上是承认有一种劣势需要加以弥补或缩小。荷兰难得实行重商主义，每逢实行时，它必定发现了外来的威胁。如果没有势均力敌的对手，它通常可以实行自由竞争，这对它只会有利，不会有任何损害。英国于 18 世纪不再坚持重商主义，我认为这足以证明，世界的时钟已敲响大不列颠强盛的钟声。再过一百年后（1846 年），英国能够开放自由贸易，不冒任何风险。

40

威尼斯城邦的正式仪注:一名大使向总督辞行。V. 卡帕乔:《圣女乌尔苏拉传奇》(1500 年前后)。

在经济世界的边沿区，情形变化更大。那里是殖民地，沦为奴隶的居民被剥夺了自己管理自己的权利：宗主国作为主人，设法通过虽然形式不同但却普遍存在的专营贸易制，保住自己的商业利益。宗主国确实离得很远，占统治地位的城市和少数人集团在地方生活的圈子中主宰一切。但这种地方主义和地方当局的力量，即所谓美国的民主，无非是一种基本的统治形式，至多可被看成是古希腊城邦的统治形式，那也还有点勉强！人们将能发现，殖民地的独立造成突然的权力空缺。在结束了殖民地的假国家以后，必须从无到有地制造一个新国家。于 1787 年建立的合众国花费了很长时间，才使联邦政府成为一个协调和有效的政府。这个过程在其他美洲国家也很缓慢。

在并非殖民地的边沿区，特别在东欧，至少已有一些国家存在。但那里的经济被与外国相联系的某个集团所控制，因而国家只剩下一个空架子，例如波兰就是如此。18 世纪的意大利同样不再有真正的政府。马费伊伯爵于 1736 年说："人们议论意大利和意大利人，就像议论羊群或其他下贱牲畜一般。"[81]在帕萨罗维茨和约签订后（1718 年），甚至威尼斯也甘心或乐于坚持"中立"立场，换句话说，开始自暴自弃了。[82]

所有这些失败者除了求助于暴力、侵略和战争，便没有获救的
42 途径。古斯塔夫·阿道夫的瑞典就是一个典型的例子。还有更好的例子：非洲的柏柏尔海盗。柏柏尔人确实不属于欧洲经济世界的范围，而在土耳其帝国的政治和经济势力范围之内，关于土耳其帝国单独构成的经济世界，我在后面另辟一章专门叙述。但阿尔及尔国家是个独具一格的范例，它位于欧洲和土耳其两大经济世

界的接合部，不服从其中任何一个经济世界；它基本上切断了对伊斯坦布尔的臣属关系，而无孔不入的欧洲商船又把它排斥在地中海贸易之外。海盗行径是阿尔及尔对付欧洲霸权的唯一出路，是摆脱控制的唯一可能。位于欧洲和俄罗斯接壤处的瑞典与阿尔及尔的情形大致相同，它不是也被排斥在波罗的海的直接利益之外吗？战争是它获救的唯一生路。

帝国和经济世界

帝国，或者说超级国家，覆盖一个经济世界的整个疆域，提出一个整体性的问题。大体上讲，华莱斯坦所说的“帝国世界”无疑是些政治压倒经济而造成的古老形态。但在本书研究的这个历史阶段内，除开西方以外，这些古老形态存在于印度（大莫卧儿帝国）、中国、伊朗、奥斯曼帝国和沙皇的莫斯科公国。伊曼纽尔·沃勒斯坦认为，凡有帝国存在时，潜在的经济世界便不能发展，其扩张也因此停滞不前。还可以用别的说法，这就是约翰·希克思讲课中所说的“主导经济”或马克思关于“亚细亚生产方式”的过时解释。

经济确实很难适应没有制衡力量的帝国政治的要求和限制。任何商人，任何资本家，在帝国内从不能完全行动自由。1578 年 3 月 13 日，根据苏丹的命令，奥斯曼帝国中的富格尔式人物米歇尔·康塔库杰恩未经审判，即被吊死在他自己位于伊斯坦布尔安乔里的华丽府邸的门口。[83]在中国，[84]乾隆皇帝死后，他的宠臣、富可敌国的和珅随即被处死，家产也被籍没。在俄国，[85]西伯利亚总督加加林亲王因贪污受贿于 1720 年被斩首。人们显然还想到雅克·克尔、桑布朗赛的案件和富凯被处决:人们在一定程度上可以从中看到法国当时的政治和经济状况。唯独资本主义制度(即便属于旧类型)才有吞下和消化丑闻的肚量。

然而,我个人认为,甚至在很少顾及其不同领地的特殊利益和专事镇压的帝国的束缚下,备受监视和虐待的经济世界仍然能够生存和开展其经济扩张:罗马人在红海和印度洋进行贸易;伊斯法罕郊区朱尔法的亚美尼亚商人足迹几乎遍布全世界;印度的婆罗门商人远抵莫斯科;中国商人经常光顾南洋群岛各地;莫斯科公国以空前短促的时间实现了对其边沿区,辽阔无垠的西伯利亚的统
43 治。维特福格尔[86]正确指出,在南亚和东亚各帝国的政治高压区,“国家比社会更加强大”。不错,这是与社会相比,而不是与经济相比。

回到欧洲方面来,欧洲不是很早就挣脱了帝国的束缚吗?罗马帝国的势力所及,既比欧洲大,又比欧洲小;加洛林王朝和奥托王朝不能完全影响正处于衰退中的欧洲。教会虽然得以在整个欧洲疆域推广基督教文化,最后却未能在整个欧洲建立其政治优势。既然如此,是否应该大书特书查理五世皇帝(1519—1556 年在位)和菲力浦二世(1555—1598 年在位)的扩张尝试的经济意义呢?这样突出西班牙的王朝优势,或者确切地说,伊曼纽尔·沃勒斯坦把哈布斯堡王朝的垮台(略为勉强地把日期定在 1557 年的破产)硬是当作欧洲经济世界诞生的日期,我觉得这不是探讨问题的好办法。在我看来,对于哈布斯堡王朝华而不实、游移不定、外强中干和不合时宜的政策,人们总是过于夸大其作用。哈布斯堡王朝的图谋不仅遭到法国(哈布斯堡王朝的疆域七零八碎,法国恰位于

其中心)的抵制,而且遭到欧洲的共同反对。欧洲平衡的这一协调行动并不是新鲜事,正如人们所说,早在查理八世出征意大利时(1494年),就已初露端倪;W.吉纳斯特正确指出,[87]这一过程由来已久,实际上始于卡贝王朝和金雀花王朝的冲夺;费德里奇·夏博认为甚至要更早些。可见要征服欧洲殊非易事,几百年来,欧洲各地布满了政治和经济的防卫设施。最后也是最主要的,欧洲已经向全世界散布其影响,早在11世纪已到达地中海,又由于哥伦布(1492年)和华斯哥·达·伽马(1498年)的传奇般的远航而走向大西洋。总之,欧洲作为经济世界的命运,早于那位愁容满面的皇帝的命运。假定查理五世皇帝能像当时最杰出的人文主义者所希望的那样取得胜利,已在安特卫普、里斯本、塞维利亚、热那亚等地——孕育中的欧洲经济世界的要冲——安身立命的资本主义难道就不能应付局面吗?假定热那亚商人不为菲力浦二世国王,而为菲力浦二世"皇帝"经管财政,他们不是也照样能控制欧洲交易会的运动吗?

我们且把喜剧性的插曲放过,还是就实质问题进行讨论。问题是要知道,在什么时候欧洲由于几股强大潮流的汇合,变得足够活跃和优越,因而几种不同的经济能够在那里和平共存和互相抗衡。一种国际性协调很早——从中世纪起——已经开始,并且将持续几个世纪;可见,欧洲很早就出现了地区间的协调配合以及生产和交换的发展差异,经济世界几乎从一开始便具备有效的结构。查理五世皇帝竭尽毕生精力而未能成功的事,安特卫普却随着16世纪初经济世界中心的转移,不费力气就完成了。这个城市当时控制了整个欧洲以及世界上已受欧洲大陆左右的其他地区。

通过欧洲的各种政治变迁，正因为或尽管有过这些变迁，欧洲的经济秩序，或不如说西欧的经济秩序，很早已经形成，同时突破了大陆的界线，并利用了大陆不同地区的压强差异。欧洲的“心脏”很早被一个邻近的半边沿区和一个遥远的边沿区所包围。半边沿区——14 和 15 世纪威尼斯附近的意大利北部地区，安特卫普附近的尼德兰——对心脏施加压力，强迫心脏跳得更快，这无疑是欧洲结构的基本特征。在北京、德里、伊斯法罕、伊斯坦布尔乃至莫斯科的周围，似乎没有类似的半边沿区。

44 在我看来，欧洲经济世界诞生很早，而且我不像伊曼纽尔·沃勒斯坦那样，两眼死盯住 16 世纪。他为之苦恼的问题其实就是马克思曾提出的问题。我们再次引证那句名言：“资本的历史自 16 世纪揭开。”沃勒斯坦认为，欧洲经济世界是资本主义过程的母型。在这个问题上，我不反对他的见解，因为说中心区或者说资本主义，其实是一码事。同样，说 16 世纪在欧洲建立的经济世界并不是在这块狭窄而神奇的大陆上建立的第一个，这也就等于断言，资本主义没有一直等到 16 世纪才首次出现。我因此同意马克思的见解，他曾说过（后来又反悔），欧洲资本主义（他甚至说资本主义生产）始于 13 世纪的意大利。如何评价这场讨论，可有各种意见，但绝不能说它没有意义。

从经济世界的区划看战争

历史学家逐一研究历次战争，但在历史的长河中，战争本身很少使历史学家感兴趣，即使在汉斯·德尔布吕克的那部当之无愧的名著[88]中也是如此。战争始终存在着，顽固地强加于不同的历史时代。战争意味着一切：周密的筹划，勇敢和胆怯；威纳尔·桑巴特认为，战争制造资本主义，这话反过来说也对；战争有助于确定国家的特征，而对国家来说，战争是真理的天平，武力的较量，永不平息的疯狂的象征。战争是作战双方力量消长的指示器，是人类历史中一往无前的运动，因而把战争重新放到经济世界的范围中去考察，就能发现人与人冲突的另一种意义，并赋予伊曼纽尔·沃勒斯坦的公式一个意想不到的理由。

战争并非只有一副面孔。地理为它分门别类，装点色彩。许多种战争形式（原始的和现代的）同时并存，正如奴隶制、农奴制和资本主义共处一样。人人都从事他力所能及的战争。

威纳尔·桑巴特曾正确地指出，技术使战争面目一新。作为现代技术的缔造者，战争促进了资本主义制度的加速建立。从16世纪起，就有一种新式的战争，它猛烈地调动信贷、智慧和技巧，甚至根据不可抗拒的时尚逐年改变自己，虽说这种时尚的改变肯定不如时装式样的改变那么有趣。但这种既是进步之母又是进步之女的战争仅在经济世界的中心存在。必须拥有充足的人力物力，才能打仗。如果离开剧场的中心，离开这个得天独厚地被大量信息和历史著作照明的舞台，如果前往贫穷的有时还很原始的边沿区，光荣的战争在那里不可能栖身，或者它会变得荒唐可笑和毫无效能。

奥兰的士兵兼专题作家迪戈·苏亚雷斯在这方面提供了一个很好的见证。[89] 1590年前后，西班牙政府动了一个荒唐的念头。居然从佛兰德战争中抽调一队精兵，派驻非洲的小堡垒；在当时，佛兰德是典型的正规战争的战场。就在这伙“新兵”——奥兰守卫

部队的老兵认为他们是新兵——首次出击的那天，几名阿拉伯骑兵刚在地平线上出现，他们立即排列成方阵。但军事艺术在这里
45 根本用不上：敌人避免与这些斗志昂扬的战士交手。守卫部队的老兵对这次劳而无功的行动肆意嘲笑。

其实，正规战只是当作战双方都采用这种方法时方才成为可能。于 1630 至 1654 年进行的巴西东北部战争是个极好的证明；关于这场战争，巴西一位青年历史学家的近著[90]作了出色的介绍。

那里无疑到达了最广义的欧洲的边界。于 1630 年武装占领累西腓的荷兰人未能完全控制盛产食糖的伯南布哥省。他们困守城市达二十年之久，从大洋取得食物、弹药和援军，甚至建屋的砖石。这一长期冲突合乎逻辑地于 1654 年以葡萄牙人取胜而告终；更确切地说，得胜者是葡萄牙人兼巴西人，正是他们解放了累西腓，宣布此事并记入史册。

西班牙国王于 1580 年征服葡萄牙后，其统治一直维持到 1640 年为止，长达半个多世纪。被派往远方战场的官兵是些经历过佛兰德战争的西班牙人或意大利人。在当地招募的部队（步兵）和来自欧洲的正规军之间，立即出现了全面的纠纷。远征军指挥
46 官巴格努洛伯爵，一名那不勒斯人，没完没了地臭骂当地士兵，终日闷闷不乐，借酒浇愁。至于他的愿望，那是要像指挥佛兰德战争一样来指挥巴西的战争，按照通用的规则进行要塞的攻守战。因此，在帕拉伊巴城被荷兰人夺走后，他认为有必要给他们写信说："愿大人在攻城略地中颇有斩获。随书谨送上俘虏五名……"[91]这是正规战，因而还要做到彬彬有礼，就像委拉斯开兹在他的画作

FIGVRE DV CORPS
D'ARMEE CARRE': COMME IL FORME
l'ordre de bataille.

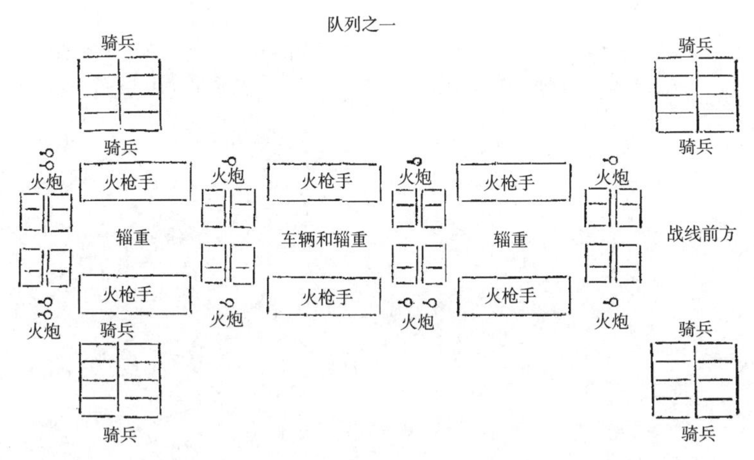

5. 正规战争的讲授和学习

普吕尼领主德·比永的《军事艺术的原则》一书根据“杰出名将、拿骚的莫里斯的规则”评述和介绍的无数行军、展开和作战队列之一(第 44 页)。

中展现的 1625 年布雷达投降的场面。

但巴西的战争不可能是佛兰德战争,尽管老兵们颇多埋怨,自叹英雄无用武之地。印第安人和巴西人在偷袭方面是无与伦比的专家,他们硬是要打游击战。在大举进攻前,巴格努洛为给他们壮胆,出了个分发甘蔗烧酒的主意,士兵们因此喝得酩酊大醉,昏睡不醒。更何况,经不起一言半语,这些脾气古怪的士兵就离开队列,在丛林或沼泽地中跑个无影无踪。荷兰人也想按欧洲的规则打仗,但被这些飘忽不定的敌人搞得晕头转向:敌人并不摆开阵

布雷达投降(1625 年),委拉斯开兹的画作:《斯皮诺拉接受城市的钥匙》。

势,正大光明地迎战,而是避实就虚,设置埋伏。这是些多么卑劣的胆小鬼!西班牙人对此完全同意。他们的一名老兵说:“我们不是猴子,总不能藏在丛林里作战!”不过,这些老兵对于能在战线后方生活,得到卫兵和非正规部队的精心保护,也许并不生气;这些卫兵具有非凡的素质,警惕性高,而非正规部队则机动灵活,擅长打遭遇战,或所谓“丛林战”,或用更风趣的说法,叫作“飞行战”。

到了 1640 年,葡萄牙起而反抗西班牙,于是伊比利亚半岛便分成两个王国。里斯本和马德里之间开始了一场三十年战争,战争持续了差不多那么长的时间,直到 1668 年为止。西班牙舰队当然不再掩护巴西。从此不再有老兵前来增援，不再有昂贵的物资补给。在巴西这方面，从此只剩下“飞行战”，适合于穷人打的战争。结局却违背一切合理的预测，荷兰人于1654年终于丧失耐心。话说回来，联合省开始了第一次对英作战，因而在军事方面十分软弱。此外，葡萄牙明智地以高额代价——交售食盐——换取垂手可得的和平。

艾瓦尔多·卡布拉尔·德·梅卢的著作把一种根深蒂固的传统说法讲得似乎确有其事：据说加里波第在其青年时代曾投身巴西战争的冒险（这是指1838年的“褴褛者”起义），从中学会一种奇怪的作战方法：从十条不同的道路出发，集中到一个据点，给予有力的打击，然后尽可能迅速地和悄悄地分散，以便扑向另一个据点。这种作战方法，正是1860年红衫军在西西里登陆后采用的方法。[92]但“丛林战”并非巴西所特有。游击战今天依然存在，读者想必已用最近的例子进行比较。加里波第完全可以在巴西以外的地方学习这种战术。在法属加拿大对英作战期间，一名正规军军官严厉批评他的同胞法属加拿大人从事埋伏战，像捕猎野兽一样设伏对付敌人；他说：“这不是战争，而是谋杀。”[93]

欧洲则相反，在中心区附近进行的战争声势浩大，部队调动频 47
繁，进退布阵井然有序。17世纪的战争是不折不扣的围城战：炮火攻击，后勤补给，列阵对垒。一场战争耗费之巨，简直是个无底洞。幅员过小的国家负担不起，特别是城邦，不论它们在采买武器和招募雇佣兵时多么精打细算。近代国家的强大，现代资本主义的立足生根，往往都以战争为工具。但这种战争还丝毫不是总体战：互换俘虏，富有的需付赎金，作战时循规蹈矩，并不注重杀伤敌

人。一位名叫罗杰·博伊尔的英国人，[94]奥兰利伯爵，于1677年明确声称："我们的作战方式更像狐狸，不像狮子，而你们能打二十次攻城战，却难得打一次野战。"毫不留情的战争只是从弗里德里希二世那时开始，或更正确地说，从大革命和拿破仑帝国那时开始。

这种高级战争的一项主要规则，就是坚持把战争引向较弱的邻国。如果战争因反冲力而返回最神圣的中心，原来的优胜地位便告破产。这条规律很少出现例外：所谓意大利战争使原占统治地位的半岛从此畏缩不前。荷兰1672年未被路易十四打败，这值得为它喝彩！但它于1795年终究被皮什格吕的骑兵打垮；这是因为荷兰已不再是欧洲的中心。无论在19或20世纪，任何人都横渡不了英吉利海峡或北海。实力雄厚的英国由其岛国地位所保
48 护，依靠它向其盟国分配的大批援助，进行远距离战争。如果本国强大，战争就将在别国进行。在布洛涅兵营那时，英国贷款分给了奥地利，于是帝国大军就像得到命令一样，转身向多瑙河开拔。

社会与经济世界

社会的进化十分缓慢，这毕竟便于历史的观察。中国历来实行科举制度，不知何时会抛弃它。印度至今保留种姓制；大莫卧儿帝国灭亡前还有"扎吉尔达尔"(jagindars)，其地位大体上接近土耳其的"西帕希"(sipahis)贵族。即使变动最大的西方社会也演变缓慢。英国社会自红白蔷薇战争那时开始形成，但在三百年以后，18世纪的英国社会仍使来自大陆的欧洲人感到惊讶，正如它今天使非英国的历史学家感到惊讶一样(我凭经验而说)。欧洲在美洲

殖民地恢复的奴隶制直到1865年才在美国消灭；巴西则在1888年，可以说就像是昨天的事。

一般说来，我不相信有什么快速的、戏剧性的社会变动。甚至革命也不是什么彻底的决裂。至于社会地位的提高，它只是随着经济高涨而加快，但资产阶级从不是成群结队地获得社会地位的晋升，因为在居民总数中，特权者的比例总是有限的。遇到经济前景阴郁，上层阶级牢牢守住既有阵地，想要打开一个缺口，委实太不容易。这正是法国1590年间发生的事。或者，1628和1629年间的卢卡共和国，虽是蕞尔小国，也可作为一个例子。[95]同人们常说的相反，国家只是在必要时，才断续地促进资产阶级社会地位的提高。如果人数有限的统治阶级并无逐年减员趋势，社会地位提高的速度还将更加放慢，虽说在法国或在别处，“第三等级总是竭力模仿贵族，不断以令人难以置信的努力，试图上升到贵族的地位”。[96]提高社会地位既是如此困难和长期令人垂涎三尺，人数始终不多的新贵理所当然地只会加强现存秩序。即使在教廷控制下的马尔凯地区的小城市里，牢牢抱住特权不放的少数贵族也只同意慢慢地接纳新成员，并且以不危及现存社会体制为条件。[97]

因此，如果在经济世界范围内流动的社会物质归根到底将适应经济世界的环境，逐渐凝固起来，并与环境融为一体，这丝毫也不值得奇怪。社会物质始终有足够长的时间去适应周围的环境，也有足够长的时间让环境去适应自己的平衡。社会物质改变环境意味着，在所属经济世界的范围内，从雇佣制同时向农奴制和奴隶制推进，这一过程长达几百年时间。与经济的基本需要相一致，社会秩序不断以相当单调的方式建立起来。一项任务，每当在国际劳动分工中被分配后，便建造其特殊的控制机制，这一控制机制确立、规定社会形态。18 世纪末，作为经济中心的英国是雇佣劳动同时向乡村和城市活动进行渗透的国家；一切都难逃雇佣制的控制。在大陆上，雇佣制的扩展程度也是衡量现代化程度的尺度，但
49 独立手工业者仍然很多；分成制租佃占重要地位：这是农庄主和过去的农奴之间妥协的结果；小自耕农在大革命时期的法国滋生繁殖……最后，农奴制以强大的生命力向封建复辟后的东欧，向土耳其统治下的巴尔干蔓延，而奴隶制则于 16 世纪轰动一时地进入新大陆，似乎在那里一切都应从零平面重新开始。每次出现这种情形，社会就得适应一种不同的经济要求，并且一旦适应以后就舍此不知有别的要求。在不同的地点，社会之所以不同，这是因为社会所体现的一种可能方案（或唯一可能方案），"最能适应（假定其他因素相同）它所面对的特殊生产类型。"[98]

社会对经济的这种适应当然丝毫不是机械的或自动的，虽然存在一些整体要求，但也根据文化乃至地理环境的不同，而有一些反常、出格和差异。任何模式都不能十全十美地完全符合实际。我曾多次请大家注意委内瑞拉这个范例。[99]委内瑞拉自从被欧洲人发现后，那里的一切几乎都从零开始。16 世纪中叶，在这块广阔的土地上，约有 2000 名白种人和18 000名土著。沿海养殖珍珠仅持续几十年时间。开发矿产，特别是亚拉奎的金矿，导致了第一期奴隶劳动：战争中抓获的印第安俘虏以及少量来自外部的黑人。畜牧业首先取得成功，特别在内陆的茫茫草原，几名白人地主兼领主和一些骑马放牧的印第安人组成一个封建型的原始社会。后来，特别在 18 世纪，沿海地区的可可种植园再次使用外来黑奴。

这里有两个委内瑞拉,一个实行“封建制”,另一个实行“奴隶制”,封建制的发展早于奴隶制。顺便指出,在18世纪,平原庄园吸收了相当多的黑奴。还应指出,从当时正在萌芽的城市和社会机构来看,委内瑞拉的殖民地社会远不能由这两个模式完全概括。

也许还要再次强调一些不言而喻的认识。据我看,历史学家和社会学家分析过的各种社会类型和“模式”很早便出现在我们眼下所见到的社会标本中。这里同时有阶级、种姓(这里指对外封闭的集团)和通常受国家优待的“等级”。阶级斗争的火焰很早已经点燃,并且此起彼伏地发展着。因为,没有力量冲突,也就没有社会。同样,没有等级制,就是说,不能强制社会大众接受劳动和服从,也就不能有社会。奴隶制、农奴制和雇佣制是历史和社会对一个基本不变的普遍问题作出的不同解答。我们可以就一种情形和另一种情形进行一些比较,不管比较是正确的或不正确的,是浅薄的或深刻的。麦卡特内[100]于1793年写道:“里伏尼亚一名大领主的仆役,或牙买加殖民主家中服役的黑奴,全都认为自己的地位大大高于在田地劳动的农民或黑奴。”就在同一个时期,博德里·台·洛齐埃尔大力声讨“亲黑奴的极端分子”,甚至声称,“奴隶一词在殖民地其实只是指生来特别适于干活的贫苦阶级;而穷人在欧洲大部分地区则比比皆是。在殖民地,奴隶依靠劳动为生,并且始终找得到赚钱的营生;在欧洲,穷人并不总是有活可干,往往因
贫困而死……请举一个例子,看在殖民地有谁因贫困而死,以野草 50
充饥或者因饥饿而自杀!在欧洲,因没有食物而饿死的例子可以举出很多……”[101]

我们这里触及问题的核心。社会的剥削方式互相更替和互为

巴西的家奴

补充。经济世界的中心由于劳力、交换和货币十分充裕而能做到的事，各个边缘地区便不能同样做到。从经济“领土”的一点到另一点，总是有历史的后退。但我以为，现制度几乎总是因袭源自历史差异的结构不平衡，只是稍加变化而已。中心地区长期从边沿区吸取人力：边缘区是补充奴隶的理想区域。今天，欧洲、美国或苏联工业区域的非熟练工人是从哪儿来的？

伊曼纽尔·沃勒斯坦认为，经济世界内的区域划分，从其社会表现来看，证明有着从奴隶制到资本主义制的各种“生产方式”的共存，资本主义只是在其他生产方式的簇拥下，并牺牲其他生产方式，才能生存。罗莎·卢森堡在这方面的看法是正确的。

以上种种证实了我逐渐形成的一种看法。资本主义首先意味着梯级的存在，它自己处在这个梯级的顶端，不论梯级是否由它亲自制造。凡是资本主义只在赛跑结束时才出现的地方，它只要有一个接力站，有一个陌生的但又在暗中相助的社会梯级，就能延伸 51
自己的活动：一名关心但泽市场的波兰大贵族，一名与里斯本、波尔图或阿姆斯特丹的商人有联系的巴西东北部的糖厂主，一名与伦敦商人有往来的牙买加种植园主，每当联络建立起来，电路也就接通。这些接力站显然具有资本主义的性质，甚至就是资本主义的组成部分。此外，依靠中心的“前哨”和“触角”的帮助，资本主义主动进入从生产到大商业的各个环节，并非为了包办一切，而是为了占领战略要点，控制积累的关键部门。一切与整体相连的社会演变都极其缓慢，难道因为这根多环节链条的展开过程竟是没完没了地长吗？或者用彼得·拉斯莱脱的说法，意思还是一样：难道因为压在人们肩上的大部分一般性经济任务竟是过分沉重？[102] 无论如何，总有一些特权者（以不同的名义）把为所有人生活所必需的繁重劳务交给别人去做。

文 化 秩 序

文化（或者说文明：不管人们作何议论，两个词在多数情况下可以交换使用）与经济一样，也是构成空间的一个范畴。文化与经济既有相同之处（特别因为一个经济世界的整体，在它的全部疆域内，趋向于分享同一种文化，至少是同一种文化的某些成分，以此与相邻的经济世界相区别），也有不同之处：文化地图和经济地图并不简单地相互重叠，这十分合乎逻辑。最基本的道理，可以说，是因为文化起源于一段无穷无尽的时间，这段时间之长远远超过经济世界那令人惊叹的长寿。文化是人类历史上年龄最高的老人:经济形态曾前后更换,政治体制可被摧毁,社会可以新旧接替,但文明继续走自己的路。罗马帝国于公元5世纪崩溃,罗马教会则延续至今。印度教18世纪对伊斯兰的反抗引起一场浩劫,英国征服者得以趁虚而入,但两种文明的斗争及其种种后果至今还在我们眼前,而英属印度不再存在已有三分之一的世纪。文明是位老人,是世界史上备受尊敬的长者。

宗教价值的确切位置在一切文化的中心,它是个源远流长的实在。天主教会在中世纪以及后来之所以反对高利贷和金钱的统治,因为教会代表着一个过去的时代,一个远在资本主义之前的时代,而新事物对它如芒刺在背。但宗教单独实在不等于全部文化,文化还包括精神、生活方式(取这个名词的所有含义),以及文学、艺术、意识形态、觉悟等。文化由众多的物质财富和精神财富所组成。

为使一切变得更加复杂,文化同时又是社会、政治以及经济扩张。社会所办不到的事,文化却能办到;经济变革的是否可能,也受文化的制约,如此等等。何况一切可被辨认的文化界线,无不是对众多已完成过程的证明。在本书涉及的年代中,莱茵河和多瑙河的边界是一条标准的文化边界:一方面是古老的基督教欧洲,另
52 一方面是新近被征服的“基督教边沿区”。宗教改革发生时,基本上沿着这条界线发生断裂,基督教在这断层沿线一分为二:一边为新教,另一边为天主教。这条线显然也是罗马帝国原来的边界。许多其他例子也说明类似的问题,甚至罗马艺术和哥特艺术的扩展,都为西方——其实是一个文化世界,一个文明世界——文化统

一的趋势提供见证,例外正好证实规律。

文明世界和经济世界势必互相汇合,甚至互相帮助。征服新大陆也是欧洲文明以各种形式进行的扩张,文明扩张是殖民扩张的支柱和保障。即使在欧洲,文化的统一有助于经济交换,反之亦然。哥特艺术在意大利锡耶纳城的首次出现,是光顾香巴尼交易会的锡耶纳大商人的一种直接引进。由此导致了市中心大广场的全部门面的改装。马克·布洛赫认为,基督教欧洲在中世纪的文化统一是欧洲易于适应和发展交换的原因之一,这个见解对中世纪以后仍然适用。

作为西方商业资本主义的主要武器,汇票几乎只在基督教世界内部流通,直到18世纪仍是这样,并不朝着伊斯兰、莫斯科公国或远东的方向越过界线。15世纪,在北非的一些商埠,确能见到热那亚的汇票,但汇票由一名热那亚人或意大利人签发,又由在奥兰、特兰姆森或突尼斯的基督教商人接受,[103]事情因而还是在自己人之间进行。同样,在18世纪,从巴达维亚、[104]英属印度或法兰西岛[105]汇回的款项仍是欧洲人之间的业务往来;收发双方都是欧洲人。威尼斯与勒旺地区曾有汇兑往来,但汇票的签发人或签收人往往是威尼斯驻君士坦丁堡的总督。[106]汇兑不在自己人——遵循同样原则和接受同样法律裁决的商人——之间进行,汇兑的风险就会超出合理的程度。这里并不涉及技术的困难,而是由于文化的隔阂,因为在西方以外,还有密集而有效的汇票流通渠道,供穆斯林商人、亚美尼亚商人或印度商人使用。这些流通渠道也分别到各自的文化边界为止。塔维尼叶介绍了人们怎样通过婆罗门商人的一系列汇票,从印度任何一个城市,把钱陆续转汇到东地

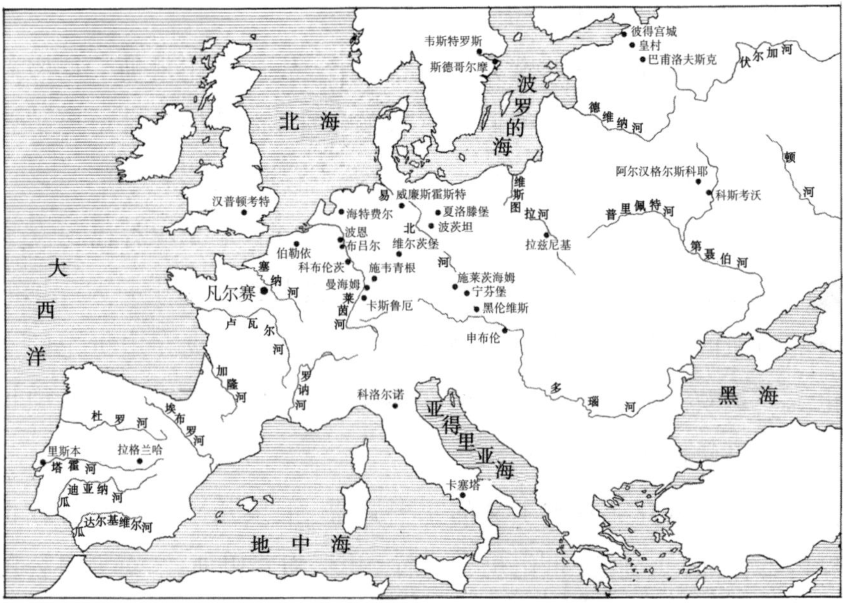

6. 18 世纪的欧洲对凡尔赛风格的模仿

这张地图显示从英格兰到俄罗斯，从瑞典到那不勒斯，大量出现的对凡尔赛建筑风格的模仿，由此可见法国在启蒙时代欧洲的文化优势。（摘自路易·雷奥：《法国在启蒙时代的欧洲》，1938 年版，第 279 页。）

中海地区。这是最后的转运站。文明世界和经济世界都在这里到达边界，汇兑因而也在这里遇到障碍。

相反，在任何经济世界内部，文化和经济的地理分布可以有很大差异，甚至互相对立。经济区域和文化区域各有中心，充分地说明了问题。在 13、14 和 15 世纪，主宰西方文明的并不是作为首要商埠的威尼斯或热那亚。佛罗伦萨领风气之先，发动了文艺复兴；与此同时，它把自己的方言托斯卡纳语强加于意大利文学。威尼西亚方言十分生动活泼，理应能够征服意大利文学，却在这方面甚至没有进行过尝试。难道因为一个取得了经济胜利的城市，或者一个具有明显优势的国家，不该包办一切吗？阿姆斯特丹于17世纪春风得意，但侵入欧洲的巴洛克风格却以罗马为中心；马德里勉强也可称是一个中心。18世纪的伦敦在文化方面同样未执牛耳。勒勃朗教士1733至1740年间访问伦敦，他在谈到伦敦圣保罗大教堂的建筑师克利斯托弗·瑞恩[107]时指出，“除了他没有把比例观察正确以外，他无非把罗马圣彼得大教堂的图样紧缩了三分之 53
二”。他接着又对英国乡间别墅评头品足，说它们“依旧是意大利风格，但运用并不始终恰到好处”。[108]在18世纪，英国不但受意大利文化的影响，而且更多地受欣欣向荣的法兰西文化的渗透。人们承认法国具有精神、艺术和时装的优势，这对它未能称霸世界无疑是个安慰。勒勃朗教士又写道：“英国人十分喜爱我国的语言，竟从法文版阅读西塞罗的著作。”[109]他听够了关于在伦敦受雇的法国仆役人数众多这类闲言碎语，不胜厌烦，就反驳说：“你们所以觉得在伦敦为你们服务的法国人太多，是因为你们的人有模仿我们穿衣、卷发和扑粉的癖好。你们的人硬是要赶我们的时髦，因而不惜重金聘用法国人来教会他们种种可笑的打扮。”[110]可见，作为世界中心的伦敦，尽管本国也有辉煌的文化，却在这方面一再向法国退让和借鉴。何况这样做并不始终心情舒畅：据我们所知，1770年前后，成立了一个抗拒法国风气的团体，入会者发的“第一个誓愿就是不穿法国制造的任何服装”。[111]但一个团体哪能抵挡时尚的流行？蒸蒸日上的英国没有动摇巴黎在知识方面的至高无上的地位，远届莫斯科的整个欧洲全都灵犀相通，硬是把法语当作上层社会的语言和欧洲思想的交流工具。同样，在19世纪末和

54 

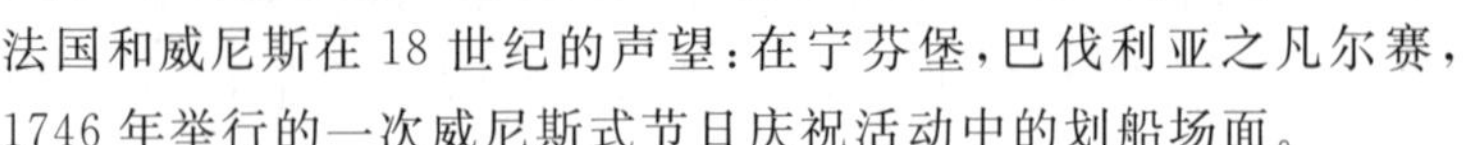

法国和威尼斯在 18 世纪的声望：在宁芬堡，巴伐利亚之凡尔赛，1746 年举行的一次威尼斯式节日庆祝活动中的划船场面。

20 世纪初，经济上远远落在欧洲后面的法国，却是西欧文学和绘画不容置疑的中心；意大利和德意志先后在音乐方面首屈一指，但两国当时在欧洲经济中均不占统治地位；就拿今天来说，美国巨大的经济进步并没有使它在文学艺术界独占鳌头。

然而，自古以来，技术总是优先在经济世界的中心区域发展
55 (虽然科学未必如此)。威尼斯的兵工厂于 16 世纪仍是技术的中心。荷兰以及随后的英国都分别继承了这双重优势。这一优势今天是在美国。但技术也许仅是文明的躯壳，而不是文明的灵魂。技术合乎逻辑地受到经济最发达地区的工业活动和高工资的推

动。相反，科学也许不是任何一国的专利，至少在过去是如此。今天的情况如何，我还感到怀疑。

经济世界内的区划肯定是有效的

我们已从几条主线和几个主要方面介绍了华莱斯坦提出的有关经济世界内的区域划分的论点。如同能产生一定反响的所有论点一样，这个论点于1975年发表后，引起了一些赞扬和批评。人们为它寻找先例，找到的先例之多超出了人们的想象。人们还发现，这一论点可作众多的推广和运用：甚至民族经济也再现经济世界的概貌，分散在民族经济四周的一些自给自足的地区，人们几乎可以说，它们就是“边沿区”，换句话说，就是经济不发达的条状和块状区域。把区域划分的模式应用于“一国”的局促地域内，人们将能在这个小范围内找到与一般性论点明显矛盾的一些例子，[112]例如苏格兰，作为英国的“边沿区”，于18世纪末开始经济起飞。至于查理五世皇帝1557年的失利原因，人们可能在我和华莱斯坦之间选择我的解释，甚至指责他（我也这样做了，只是没有明说）没有透过自己的模式对经济秩序以外的实在进行足够的考察。由于华莱斯坦的书在第一卷后接着还有三卷，第二卷正告完工，我已先睹为快读过部分重点章节，另外两卷将一直谈到现代，我们会有时间再次研究他的一套观点的合理性、新颖独到之处和局限性，这套观点也许过分刻板，但看来成果颇丰。

我们必须强调的正是这一成功。解释世界不平衡何以成为资本主义立足生根和进一步发展的原因，也就说明中心区域何以能高瞻远瞩，带动一切可能的进步；世界的历史是一连串生产方式的

共处，而我们却惯于依历史时代的先后顺序考察不同生产方式。其实，这些不同的生产方式是互相牵制着的。最先进的生产方式取决于最落后的，反之亦然：发达是不发达的背面。

伊曼纽尔·沃勒斯坦说，他在寻找适用范围最广而又不失其严密的衡量单位时得出了对经济世界的解释。但显而易见的是，这位社会学家兼非洲问题专家在同历史学进行的斗争中，并未完成自己的任务。根据地域进行划分，诚然不可缺少。但还必须有时间作为参照单位。因为在欧洲地域中好几个经济世界先后更替，或者不如说，欧洲经济世界从13世纪以来已多次改变了形式，转移了中心，改组了边沿区。难道就不必问一下，对一个经济世界来说，什么是最长的时间参照单位？作为时间的产物，这个单位尽管持续很久和变化众多，但它仍保持不可否认的连贯性。不论就空间或时间而言，没有连贯，就无从衡量。

56 经济世界面对时间的划分

如同空间一样，时间是可以划分的。问题是要通过历史学家所擅长的这些划分，更好地确定经济世界的时间位置，更好地理解这些历史的庞然大物。任务确实很不轻松，因为经济世界发展缓慢，在历史上只能确定大致的日期；其次，扩张的确切年代可能有十至二十年的出入，恐怕还不止这些；中心的确立或迁移有时经过一个多世纪方告完成：葡萄牙政府于1665年出让给英国人的孟买，直要等待一个多世纪以后，才取代苏拉特的商埠地位，苏拉特曾长期是印度西部的活动中心。[113] 我们面对放慢了节奏的历史，面对如此单调和如此漫长的旅行，实在很难再现其历程。这些几乎静止不动的庞然大物在向时间进行挑战：历史要花几个世纪才能去建设它们和破坏它们。

另一个困难，经济演变的历史主动为我们效劳，并强迫我们接受它的效劳，因为唯独它能照亮我们前进的道路。然而，这种历史更多关心短暂运动和短时间，而较少关心我们所需的“指示器”的缓慢波动和摇摆。因此，我们必须在预备性说明中撇开这些最易发现、最易解释的短暂运动。

经济形势的节奏

五十多年前，人文科学发现了这样一条真理，就是说，人类的全部生活随着无穷反复的周期运动而波动和摇摆。这些互相协调或互相冲突的运动使我们想起刚上学时学到的弦线或簧片的振动。G.H. 布斯盖[114]于 1923 年曾说过：“社会运动呈有节奏的波浪状，并非始终不变或经常在变，而是在一定的周期中，它们的强度有所增减。”这里所说的“社会运动”，是指推动社会发展，构成形势或环境的全部运动。与其说是单一的形势，不如说是多种形势组成的环境，因为这里牵涉到经济、政治和人口，还关系到人们的觉醒和集体心态，犯罪率的升降，艺术流派，文学潮流乃至时尚（服装的式样在西方随时变换，因而属于严格意义的历史事件的范畴）。关于单一的经济形势，我们即使还不能得出最后的结论，至少已进行了认真的研究。经济形势的历史可见十分复杂，很不完整。我们在作结论时将会发现这一点。

我们暂且先看单一的经济形势，特别是物价的起落，大量的研究就从这里开始。有关的理论已由经济学家根据现实数据于1929至1932年间确定。历史学家步经济学家的后尘:全靠我们的努力,历史追溯已走了相当一段路程。由此已得出了一些新概念、新认识
57 和整整一套语汇。整体的左右摆动被划分为一些特殊的运动,每一种运动都有自己的预兆、周期和意义,从而有别于其他运动。[115]

季节运动(例如1976年夏季的干旱)有时依旧起作用,但通常被我们今天壮实的经济所掩盖。可是在过去,痕迹并不十分容易抹掉,事情恰恰相反。坏收成或物质匮乏在几个月内所造成的物价飞涨堪与整个16世纪的物价大起大落相比!穷人不得不忍饥挨饿,直到新粮登场。季节运动的唯一好处,就是它很快就能过去。维托德·库拉说,暴风雨过后,波兰农民如同蜗牛一般,又从甲壳中探出身子。[116]

其他的运动,或经常所说的"周期运动",所需的时间要长得多。为便于区分,人们用几个经济学家的名字来称呼:"基钦"(Kitchin)是三至四年的短周期;"朱格拉"(Juglar)或十年内周期(旧制度下经济学的难题)持续六至八年;"拉布鲁斯"(Labrousse,也称"跨界周期"或"跨十年周期")持续十至十二年,甚至更长的时间,是一个"朱格拉"的下降部分(即三至四年)与另一个完整的"朱格拉"相衔接,后者错过了自己的上升运动,因而停留在同一高度上。总起来说,就是半个"朱格拉"加一个"朱格拉"。"拉布鲁斯"的常用例子是在法国大革命前夕造成经济衰退和停滞的1778至1791年间的"跨界周期",这个周期肯定推动了革命的爆发。以库兹涅茨(Kuznets)命名的超周期相当于"朱格拉"的两倍,持续时间约在二十年左右。"康德拉捷夫"周期[117](Kondratieff)长达半个

世纪，甚至更久。例如，从 1791 年开始的“康德拉捷夫”周期于 1817 年上升到顶点，随即下降，直到 1851 年，这在法国几乎已是第二帝国（1852—1870 年）的前夕。最后，再没有比百年趋势（trend séculaire）更长的周期运动了，百年趋势的问题确实还很少得到研究，我隔一会再仔细去谈。只要这个问题还没有被研究清楚，只要它的重要性还没有真正被认识，经济形势的历史仍是支离破碎的，无论写出了多少著作，那也无济于事。

所有这些周期当然都是共时的和同步的；它们并存共处，互相混杂，在整体的摆动中加上或减去它们的运动。但是，人们可设法把总体运动分成几种特殊运动，撇开其他，只留人们希望优先说明的一种运动，这在技术上是容易办到的。

一开始遇到的关键问题是要知道：从对现时经济的观察总结出来的这些周期在前工业化时期的旧经济中是否存在？例如，1791 年前，有没有“康德拉捷夫”周期？一名历史学家带着明显的嘲弄口吻对我们说，当人们在 19 世纪前寻找这种或那种形式的周期时，人们几乎肯定能够找到。[118] 提出警告是有益的，但有一个条件，即不否认进行寻找的重要性。确实，如果今天的周期同昨天的周期相当近似，这就表明旧经济和新经济之间有一定的连续性：一些在现实经验中所能找到的规律在过去也曾起作用。如果波动的幅度有大小的不同，如果波动的作用方式也各不相同，那就可能观察到一种有意义的演变。我认为皮埃尔·谢努在 16 世纪塞维利亚的港口贸易中找到的“基钦”周期并不是个无足轻重的细节。[119] 我还认为，1368 至 1797 年间科隆粮食和面包的价格曲线中接连出现的“康德拉捷夫”周期[120] 对连续性这个关键问题作出了决定性的见证。

58

波动和谐振场

价格(对于前工业化时期那几个世纪,人们主要用粮食价格)不断在变动。这些早已观察到的波动标志欧洲早已存在集市网,尤其这些波动在相当宽广的地域上几乎是同步进行的。在 15、16 和 17 世纪的欧洲,虽然还远没有完美的协调,但显然可发现一些整体节拍和某种秩序。

这正是使研究价格和工资的历史学家为之气馁的事:历史学

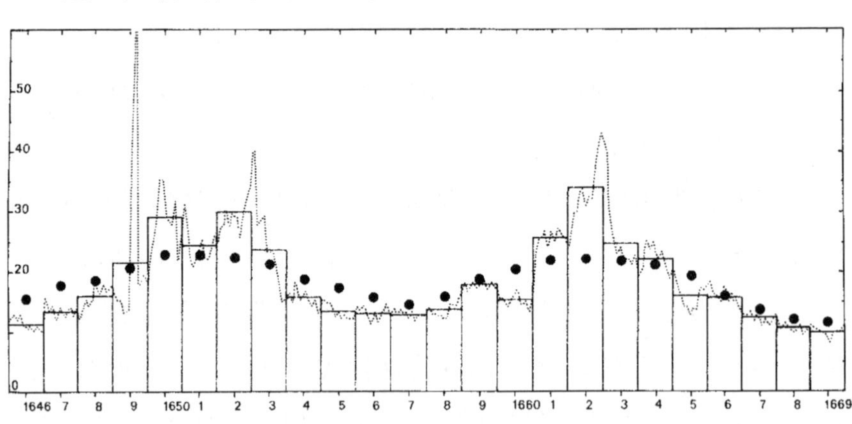

7. 怎样把价格分解为多种运动

巴黎中央菜场记录的每塞提埃小麦的三种不同价格同时显示在这张图表上:

——虚线表现每月的运动。正常年景相当平稳,灾荒和青黄不接时便猛然上升;

——直线表现按收获年度(8 月至次年 7 月)计算的年度平均价格的台阶式运动:坏年景(1648—1649 年至 1652—1653 年,发生投石党运动;1661—1662 年正值路易十四亲政)和好年景相交错;

——粗黑点表现按七年可变平均数计算的周期运动(1645—1646 年至 1655—1656 年,以及 1656—1657 年至 1668—1669 年)。向这些长周期运动的过渡使物价波动纳入百年趋势的演变。

家力图拼凑一些新颖的系列，但在他工作完成后，听到的总是陈腔老调。一项调查这么说，下项调查又再说一遍。从《剑桥近代经济史》[121]借用的下面这张图表说明这类协调一致现象，似乎价格波涛正在欧洲大地翻滚起伏，以至人们可能设想，它们的平面走向就像等压曲线在气象图上的位移一样。弗朗克·斯普纳曾试图展现这个过程，他所设计的图表相当清楚地表现了问题，虽然还不能解决问题。为了解决问题，还必须找到引起这些波浪运动的中心，假如确有中心的话。难道这是可能的？皮埃尔·谢努认为，“如果16 世纪已存在经济世界的第一个雏形……普遍的波动大概发源 60
于塞维利亚和韦拉克鲁斯之间的某个地方”。[122]如果必须选择的话，我倾向于认为这种谐振即使不是从安特卫普产生的，至少也是从安特卫普开始出现反响的，这个位于斯凯尔特河口的城市当时是欧洲的贸易中心。但实际情形也许过分复杂，难以让人接受任何一个单一的中心。

这些几乎同步波动的价格毕竟是对被货币变换所渗透、并在资本主义的布置下发展起来的结构严密的经济世界的最好见证。物价波动以当时交通工具所允许的速度迅速传播和达到“平衡”，是交换十分有效的证明。当时的速度，我们今天看来似乎可笑，但在每次国际交易会以后，送信的专差仍不惜累垮马匹，急于赶往各大商埠，送达有用的商情、价目表以及成捆的汇票；汇票命定就要乘驿传递。地方饥荒、商业破产这类坏消息传得飞快。里窝那是个活跃的港口城市，但肯定还算不上是欧洲生活的中心；1751 年 9 月，[123]从不同城市传来的大批商号倒闭的消息给里窝那商业造成巨大损害，利克先生和普雷斯科特先生在彼得堡破产，据说损失达

59

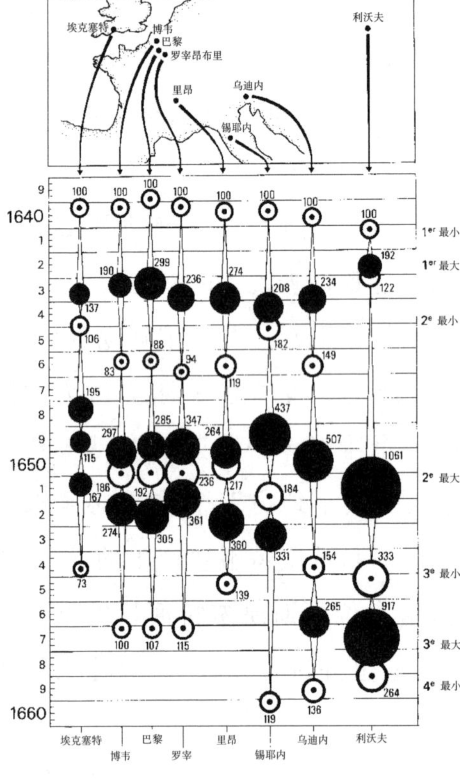

8. 价格有传导波吗？1639 至 1660 年间欧洲的小麦危机

左边的图表由弗朗克·斯普纳设计和制作(《剑桥经济史》，1967 年版，第四卷，第 468 页)，图上的黑圆圈表示接连四次危机期间的最高价格；这四次危机横扫从大西洋到波兰的整个欧洲大陆。基数一百是由 1639 年第四季度至 1641 年第一季度计算得出的。右首偏下的第二张图表(社会科学高等研究院制作)以更加概括的形式显示相同的价格波动。

50 万卢布，这对里窝那是个新的打击。人们还担心，热那亚当局作出的关于热那亚港恢复免税的决定，也会使里窝那的贸易受害不浅。这类消息难道还不使我们对欧洲的整体性确信无疑吗？欧洲的一切几乎都按节拍变动。

但最令人奇怪的是，欧洲经济形势的节奏超越其经济世界的严格界线，它在欧洲之外也有一定的遥控能力。就我们的眼光所及，莫斯科公国的价格于 16 世纪向西方的价格看齐，通过的渠道大概是在各处起着“传送带”作用的美洲金属。奥斯曼帝国的价格也由于同样原因与欧洲的价格取齐。美洲（至少是新西班牙和巴西）的物价也以遥远的欧洲为榜样在上下波动。路易·戴米尼甚至写道：“由皮埃尔·谢努[124]所论证的大西洋和太平洋的休戚与共关系并不仅仅适用于马尼拉。”[125]欧洲价格波动的传播超出了马尼拉大帆船的航线，影响甚至达到澳门等地。自从阿齐查·哈藏的文章发表后，我们知道 16 世纪欧洲的物价上涨在印度也引起了反响，时间差距是二十年左右。[126]

看到这些事实显然有以下的好处：如果确实像我所想的那样，强加的或传播的价格节奏是统治或臣服的标志，欧洲经济世界影响的扩张很早便超出人们所能设想的最远的边界。这就引起人们注意经济世界对外伸出的天线，这些天线是真正的高压电线，勒旺贸易肯定是最好的例子。人们往往低估这种贸易类型（伊曼纽尔·沃勒斯坦包括在内），往往认为这类贸易并不重要（因为交换的货物仅仅是奢侈品），以至可以取消这些贸易，而丝毫不影响居民的日常生活，这无疑是有道理的。但这些贸易位于最精巧的资本主义的中心，它们的后果势必会影响最日常的生活。例如会影

61 响物价，当然不单是物价。这就又一次引起人们对货币和贵金属的注意，作为统治工具和作战武器，它们所起的作用远比人们通常承认的更大。

百年趋势

在所有周期中，“百年趋势”持续时间之长首屈一指，但它肯定又最不受人重视。其部分原因是经济学家一般只关心中期形势；安德烈·马夏尔写道：“纯经济的长时段分析没有意义。”[127] 此外还因为百年趋势发展缓慢，不易为人发现。犹如支撑着整个价格的一块平板，百年趋势略向上倾、略往下斜或保持水平，这并不十分显眼，而其他的价格运动，中期形势的运动，则在基线上画出起伏很大的线条，甚至直上直下。百年趋势难道是通过计算除去其他运动后留下的余数？把它抬高到“指示器”（我还不说“动力因”）的地位，岂不有掩盖真实问题的危险（如同西米昂的甲乙两阶段一样，但其时间长度相差很大）？百年趋势果真存在吗？

一些经济学家，还有一些历史学家，似乎倾向于作出否定的答复。或者是为图省事，他们假定百年趋势不存在。难道这些审慎多疑的人错了吗？从 1974 年起看得比较清楚的、但在这以前已经开始的一场反常而又令人困惑的长期危机，一下使专家们的注意力又回到长时段方面来。莱昂·杜普里埃首先开火，举出大量事实，又提出许多警告。米歇尔·吕特法拉甚至主张“回到康德拉捷夫那儿去”。隆多·卡梅伦[128]提出了他所说的长达 150 至 350 年的“算法”周期。撇开名称不谈，这种周期与百年趋势果真有什么不同吗？现在该是我们为百年趋势进行辩护的时候了。

趋势在一时一刻是很难捉摸的，但它始终朝着同一个方向走自己的路，这是一个不断补充自己的积累过程，整个经过就像是：首先逐渐提高价格和推进经济活力，直到某个时候，开始朝相反的方向，以同样的固执，促使价格和经济活动缓慢地、不知不觉但又持续地下降。相隔一年，趋势几乎无足轻重；相隔一个世纪，趋势便以重要的角色出现。因此，如果我们试图更好地去衡量百年趋势，并在各方面使之与欧洲历史相对照（正如沃勒斯坦让百年趋势与经济世界的空间图样相对照一样），我们或许可以就某些经济潮流作出某种解释；直到今天，我们还跟着这些经济浪潮随波逐流，却不能十分确切地懂得它们，不能找到对付的办法。我当然不想，并且也不可能临时制造百年趋势的理论，而至多是借用詹妮·格里齐奥蒂·克雷斯特曼[129]和加斯东·安贝尔[130]的经典论著中的素材，并指出它们的可能后果。这只是澄清问题，而不是解决问题。

如同任何其他周期一样，百年趋势分起点、顶点和终点，但为 62
确定它们的界线，会有相当的误差，因为周期曲线的走向起伏很小。关于顶点，人们会说 1350 年左右，1650 年左右，如此等等。根据现有资料，[131]欧洲方面可分为四个长周期：1250〔1350〕1507—1510；1507—1510〔1650〕1733—1743；1733—1743〔1817〕1896；1896〔1974?〕……在每一个周期中，第一个和最后一个日期标志着上升开始和下降结束；方括号中的日期表示顶点，百年趋势的转折点，或者说危机点。

在所有这些日期中，第一个日期确实最不可靠。与其把起点选在 1250 年，我宁可选在 12 世纪初。困难在于这些遥远年代留下的价格记录既不完整，又不可靠，但从西方城乡发展的开端和十字军东征的情形来看，欧洲经济高涨的起点至少可提前五十年。

这些讨论以及细节的确定并非徒劳。它们预先指出，在我们仅支配三个长周期，而第四个周期只走了一半路程（假如我们对1970年前后的断裂没有搞错）的情况下，我们很难对各周期的期限进行判断和比较。不过，这些无休止的波浪似乎正趋向缩短。难道应该不问究竟，单凭表面现象，就把这归因于历史进程的加速吗？

我们的问题不在这里。让我们再说一遍，问题是要知道：为当代人认不清的这种运动是否记录或至少阐明经济世界的长久命运；尽管经济世界的地域辽阔，历时长久，或者正因为如此，它们终究要导致、维持和接受这些运动，并在解释运动的同时，由运动所解释。假如果真如此，事情就未免太好办了。为了避免长篇大论的引证，我想仅仅以1350年、1650年、1817年、1973至1974年这几个高峰为观测点。这些观测点原则上处在两个过程、两种对立景色的接合部位。这不是我们的选择，而是从客观计算出发而接受的事实；无论如何，这些观测点所记录的断层与历史学家采纳的各种历史分期相重合，这显然并非事出偶然。并非因为我们朝某一方向引申我们的观察，断层才与欧洲经济世界历史上的几次意义深远的决裂相重合。

经济世界的解释性年表

从这四个高峰展望空旷的地平线，仍不能说明欧洲的全部历史，但如果这几个制高点选择得恰当，它们既然处在这样的地位，便应促使人们对观察所得的全部经验进行有益的比较，甚至保证有益的比较得以进行。

1350 年的黑死病使 14 世纪上半叶业已开始的经济急剧衰退更趋严重。当时的欧洲经济世界使北部海域和地中海与中欧和西欧的陆地合为一体。这一欧洲—地中海体系显然正经历深刻的危机；基督教遇到伊斯兰的消极抵抗，人们对十字军东征已不再感兴趣，或者这场战争不能再继续下去，基督教于 1291 年退出了圣地
的最后一个重要据点圣让达克尔；1300 年左右，位于地中海和北 63
海中间的香巴尼交易会日趋衰落；1340 年间发生了另一件严重事件：威尼斯和热那亚通过黑海直达印度和中国的丝绸之路，或称“蒙古之路”，竟被切断。这条贸易要道穿越的伊斯兰地区再次成为一道实际的屏障，基督教国家的船只不得不又返回叙利亚和埃及等勒旺地区的传统港口。1350 年前后，意大利开始发展工业，为北方的呢绒坯料染色，向东方转销，并且着手自制呢绒。“毛织业”成了佛罗伦萨的主要行业。总之，圣路易的时代已经过去。在北海和地中海之间左右摇摆的欧洲体系逐渐向南倾斜，威尼斯的优势地位日趋稳固：中心朝威尼斯的方向转移，以威尼斯为中心的经济世界将确保它的相对繁荣，正当威尼斯欣欣向荣之时，衰弱的欧洲却明显倒退。

三百年过后，16 世纪的长期繁荣终告结束（经过了 1600 至 1630—1650 年的“圣马丁之夏”）。难道是提供矿产的美洲有所不满？难道是经济形势故意捣乱？就在那时候，经济世界再次出现了显而易见的、持续百年的、天翻地覆般的大衰退。地中海体系早已一蹶不振，首先垮下来的是与美洲的贵金属以及与哈布斯堡王

朝的金融家有着千丝万缕联系的西班牙和意大利，而新兴的大西洋体系也运转不灵，发生了故障。这场全面的退潮，就是历来引起无穷争论和得不出结论的“十七世纪危机”。正是在这时候，于17世纪初已跃居中心地位的阿姆斯特丹进一步巩固自己在世界的优势。从此，地中海确实不再扮演它曾几乎独占了几百年之久的历史主角。

不应盲目相信1817年这个确切日期。百年趋势的逆转在英国于1809或1810年开始；在法国则随拿破仑帝国末年的危机而到来。在美国，趋势的改变于1812年正式开始。同样，欧洲觊觎的墨西哥银矿猛然遭到了1810年革命的打击，生产随后未能得到恢复与当时的经济形势有一定关系。欧洲和世界一时白银奇缺。从中国到美洲的全世界的经济秩序陷于一片混乱之中。英国是这个世界的中心，尽管它打赢了战争，无疑也受连累，需花几年时间才能缓过气来。但它坐上了第一把交椅，再没有人对此提出异议（荷兰已在地平线上消失），再没有人能夺走它的这一地位。

至于1973—1974年，又该作何解释？难道如大多数经济学家所想的那样，这是中期性的经济危机？难道我们生不逢时，将眼看经济曲线向下倾斜？大政治家和经济专家的短期政策，其精确周密令人钦佩，但用它们治病未必有效：我们的孙子一辈也未必能熬过这场大病。现状正向我们招手，迫切要求我们思考这个问题。但在开始这一尝试前，我们还有一些题外话必须交代。

64 康德拉捷夫周期和百年趋势

我们已经说过，百年趋势所包含的运动不像趋势本身那么沉着、持久和平稳。这些运动直上直下，清晰易辨，引人注目。古往今来的日常生活充满着这些活跃的运动，必须使它们全都与趋势结合起来，才能衡量它们的整体。但我们这里将仅仅介绍著名的康德拉捷夫周期，康德拉捷夫周期历时很久，每个“周期”大致等于半个多世纪，相当于两代人的时间，一代人遇到良好的经济形势，另一代人就赶上险恶的形势。如果把百年趋势和康德拉捷夫周期这两种运动结合在一起，我们就能听到有关长期经济形势的二重奏乐曲。这既使我们的最初观察复杂化，但又使观察变得更加扎实，尤其是，同人们反复所说的相反，康德拉捷夫周期在欧洲舞台上的出现不是在 1791 年，而是在几个世纪以前。

康德拉捷夫周期与百年趋势的升降运动相结合，将加强或削弱趋势的升降运动。每两个康德拉捷夫周期的高峰中，必有一个高峰与趋势的高峰相重合。1817 年就属这种情形。1973—1974 年也属这种情形（如果我没有搞错）；1650 年可能也是如此。在 1817 和 65
1971 年之间，曾有两个独立的康德拉捷夫周期的高峰：1873 年，1929 年。假如这些材料能经得住一切批评（事情肯定不是如此），我们就可以说，1929 年发生的成为世界危机根源的断裂只是一个简单的康德拉捷夫周期的逆转而已，这个周期的上升部分从 1896 年开始，在经过了 19 世纪末年、20 世纪初年、第一次世界大战和战后阴沉的十年后，终于到达 1929 年的顶点。1929—1930 年的逆转使观察家和专家感到十分意外，惊愕的程度后者比前者更甚，因而着手进行了大量的解释工作，弗朗斯瓦·西米昂的书是最好的证据之一。

1973—1974 年曾是一个新的康德拉捷夫周期的逆转，这个周期的起点在 1945 年前后（就是说，按正常情形，上升部分占四分之一个世纪)，但除此以外是否像在1817年那样还有百年趋势的逆转与此重合呢？虽然没有任何证据予以证实，我倾向认为是有的。如果本书有一天落在2000年以后的某个读者的手里，他也许会对我以上的见解评头品足，正如我曾经对让-巴蒂斯特·萨伊不慎写下的某句蠢话故意渲染一样。

无论是双重的或者单一的逆转，1973—1974年的逆转总的说来是一次长期衰退的开端。凡经历过1929—1930年危机的人都记得，这是一场意外的、没有预兆、相对短暂的风暴。至今仍纠缠着我们的这场危机更加凶险，它使我们无从看到它的真实面貌，找到它的名称或确定它的类型，从而说明它的性质和让我们宽心。它不是一场风暴，而更像一次水灾，水面缓慢地、令人绝望地不断上升，天空始终阴云密布。经济生活的所有基础，古今以来的各种经验教训，如今全都成了问题。令人不解的是，同以往的规律相反，就在经济衰退、生产放慢和失业增多的同时，物价却继续直线上升。称这种现象为“滞涨”，并不因此就说明问题。到处扮演救世主角色的国家曾经遵循凯恩斯的教诲，克服了短暂的危机，并且以为能防止1929年危机的重演；难道国家应对这次危机的种种怪诞现象负责吗？或者工人斗争难道是工资和物价必定上升的原因？莱昂·杜普里埃[132]提出了这些问题，未能作出解答。我们找不到最后的答案，弄不清这些长周期的确切意义，它们看来服从为我们所不知道的某些规律或倾向性法则。

长期经济形势是否可以解释？

经济学家和历史学家确认和描绘经济形势的运动，他们既注

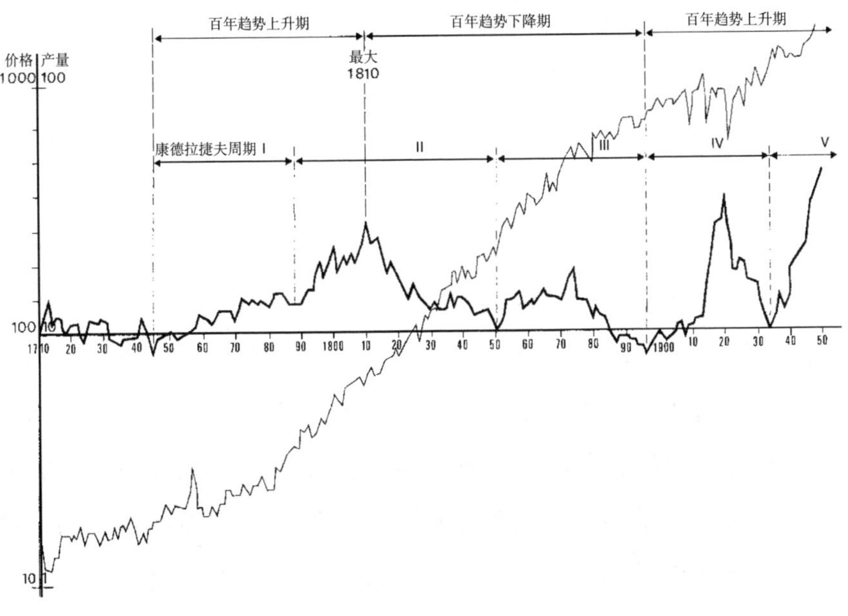

9. 康德拉捷夫周期和百年趋势

本图根据 1700 至 1950 年间的英国物价显示两种运动：康德拉捷夫周期和百年趋势。生产曲线是事后加上的：请注意它与物价曲线的不和谐。摘自加斯东·安贝尔：《康德拉捷夫的长周期运动》，1959 年版，第 22 页。

意这些运动怎样你追我赶，或用弗朗斯瓦·西米昂的形象说法，怎样追波逐浪，又注意运动带来的众多后果。他们对运动的波澜壮阔和持续不断始终感到惊奇。

但他们从未试图去解释为什么这些运动必然出现、发展和周而复始。在这方面，唯独对朱格拉周期有过一种见解：杰文斯认为，这与太阳黑子的活动有关！任何人都不会相信这二者之间会有紧密联系。其他周期又怎样解释？不仅有价格变动的周期，而
且有工业生产的周期（参看瓦尔特·霍夫曼的曲线），或者是 18 世 66
纪巴西黄金的周期，墨西哥白银的二百年周期（1696—1900 年），

塞维利亚港(在它控制大西洋经济命脉的时代)贸易额的起伏。且不说与百年趋势的变动紧密结合并互为因果的长时段人口运动。且不说历史学家和经济学家曾进行过大量研究的贵金属的消长。在这里,由于作用和相互作用的繁多,我们也要注意避免过于简单的决定论:计量理论诚然起作用,但我赞成皮埃尔·维拉尔的见解,认为一切经济高涨都能创造自己的货币和信贷。[133]

为了澄清问题(不是说要去解决不可能解决的问题),必须在头脑里想到基础物理学的谐振运动。其产生总是一种外来撞击和因撞击而振动的物体——不论是弦或是簧——作出反应的结果。小提琴的弦在琴弓的作用下振动。一种振动天然地能带来另一种振动:正步行进的队伍上桥时应打乱步伐节奏,否则会引起桥的共振,在一定条件下,桥就有坍塌的危险。我们不妨设想,在复杂的经济形势中,某种运动接二连三引起一连串谐振。

最重要的影响无疑是外来的影响。朱泽培·帕隆巴曾说过,旧制度时代的经济处在"历本"的压迫之下,也就是说,万事要受收成好坏所决定和影响;这当然是对的,但可再举一个例子:冬季不也是手工业者干活的最好季节吗?不以人的愿望以及政府当局的意志为转移的,还有收成的丰歉,集市贸易的波动(能向四方扩展),远程贸易的波动及其对国内物价的影响:外来因素和内在因素相会合,便打开一个缺口或造成一个伤口。

但是,接受撞击的场所与外来撞击同样重要,作为运动的场所而把其周期强加给运动的物体(这个词并不完全适用)又是什么?我记得早先(1950 年)与卢万大学经济学教授于尔班曾有一次谈话,他历来关注物价波动与波动面或波动总量如何结合起来。他

67

在 16 世纪，财富是由一袋袋小麦积累起来的。

认为，只有同一谐振场的价格才是可比的。在物价影响下发生谐振的，其实就是早已建立的联系网。在我看来，这些联系网是不折不扣的谐振场，是价格的“结构”（其含义与莱昂·杜普里埃赋予它的含义不尽相同）。读者想必明白我想说的是什么：经济世界是范围极广的谐振场，它不仅受经济形势的影响，而且在一定的深度，在一定的水平，制造着经济形势。总之，正是经济世界在辽阔的区域提供独一无二的价格，就像动脉向全身输送血液一样。经济世界本身是个有结构的整体。然而，尽管存在以上指出的巧合，百年趋势是否恰好就是谐振场的指示器，这个问题还是悬而未决。我以为，没有经济世界这个辽阔又有边界的场地，百年谐振便无从解释，正是百年趋势开创、打断、重新开创经济形势的复杂运动。

我不能断定历史研究或经济研究今天正转向这些长时段问
68 题。皮埃尔·莱翁[134]过去说过：“历史学家往往对长时段时间无动于衷。”拉布鲁斯在其论文[135]一开头就写道：“我们对长时段的运动无意作出任何解释。”就某个跨界周期而言，百年趋势显然可以忽略过去。维托德·库拉[136]注意研究长时段运动，认为它们能“通过积累的作用，造成结构的变革”。但他几乎是单枪匹马。持相反见解的米歇尔·莫里诺[137]主张，“让经验时间重新展现其色彩、密度与纷纭的事件”。皮埃尔·维拉尔[138]则提出不要忽视短时段，否则就是“系统地掩盖阶级冲突和阶级斗争；在资本主义制度下和旧制度的经济中，阶级斗争都呈现为短时段现象”。我们不必在这种无关宏旨的讨论中表明立场，因为我们应该全面地研究经济形势：如果不是既朝短时段的事件方面，又朝长时段的趋势方面，同时去寻求经济形势的界限，那将是令人遗憾的事。短时间和

长时间共存而不可分割。以短时间为其立论基础的凯恩斯说过一句经常被人引用的俏皮话:“在长时段中,我们都是死人”,撇开幽默不谈,这句话既平常又荒唐。因为我们同时在短时间中和长时间中生活:我所说的语言,我从事的职业,我的信仰,我周围的各色人等,都是从过去继承下来的;这一切先我而存在,等我死后也还将存在。我还不同意若昂·鲁宾逊[139]的见解,他认为短阶段“不是时段,而是某种事态”。照他的算法,“长阶段”又该是什么呢?所谓时间,无非是它的内容,是在其中发生的事情。这能说得通吗?贝萨德比较合乎情理地说,时间“既不是无辜的又不是无为的”;[140]如果时间并不创造其内容,它对其内容施加影响,赋予一定的形态和实在。

昨天和今天

作为一篇理论引论,或者作为一篇专题评论,本章在结束前必须逐步确定百年趋势各阶段的类型:上升阶段,下降阶段,标志着达到顶点的危机时刻。我们的这项工作得不到经济史或任何历史资料的助力。更何况,今后的研究也可能干脆把我试图提出的问题抛在一边。

在上升、危机、下降这三种情况下,我们必须按照华莱斯坦的三个圈进行分类,这样就能得出九种不同情形;由于我们又区分四种社会集合——经济、政治、文化、社会阶梯——,我们就会遇到36种情形。最后,预见到正规的类型划分不会完全行得通,如果我们拥有适当的资料,那就还要区分许多特殊情况。为谨慎计,我们将停留于一般情况,不论它们是怎样不可靠和值得争议。

我们且硬着头皮走简单化那条路。关于危机的问题，我们前面已作出了结论；危机标志着结构解体的开始：一种迄今为止顺利发展起来的、结构严密的世界体系开始或终于变坏，而另一种体系将慢条斯理地诞生。这样一种断裂表现为许多事故、故障、失调的
69 积累。我在本卷其他几章里将试图阐明一个体系怎样向另一个体系过渡。

如果赶上百年趋势的上升阶段，经济、社会秩序、文化和国家肯定都欣欣向荣。伊尔·汉密尔顿早年（1927 年）在锡曼卡斯与我多次见面，在我们的讨论中，他常说："16 世纪那时候，一切创口都能愈合，一切故障都能修复，一切倒退都能弥补"，而且这是在所有的领域：生产状况一般良好，国家拥有干预手段，社会让少数贵族发家致富，文化繁荣昌盛，经济在人口增长的支持下扩展流通渠道；而流通渠道的扩展则适应劳动分工的推广，推动物价上升：货币储存在增加，资本在积累。此外，一切上升都是保守的，它保护现存制度，扶植各种经济形态。正是在上升期间，众多的中心转移才有可能，例如 16 世纪时威尼斯、安特卫普和热那亚之间的中心转移。

当出现长久的和持续的下降时，景观必定改变：只是在经济世界的中心，经济还保持健康。经济逐渐紧缩，朝一个极点集中；国家变得容易发怒，几乎一触即跳。这就是弗朗克·斯普纳就法国的情形得出的"法则"，即上升阶段的经济趋向于分散和分化（参看宗教战争期间的情形），而经济萧条则使不同部分向一个表面上强有力的政府靠拢。但这条法则对法国的整个历史是否全都适用，或对其他国家同样适用，却还是个问题。至于上层社会，每逢经济

形势不景气，它们便蜷缩起来，韬光养晦（如在17世纪的日内瓦，推迟婚期，剩余青年外流，实行节育）。但文化的表现最为奇特：在长久的退潮期间，文化之所以进行有力的干预（如同国家一样），无疑因为文化的天职之一就是为整个社会填补空隙和堵塞缺口（文化果真是“平民的鸦片”吗？），并且也因为文化活动是花费最省的活动。请看，就在西班牙的衰败业已暴露的时候，由于文化在首都的集中，让人还有盛世尚存之感：所谓盛世，首先是指马德里及其宫廷和剧场的光辉灿烂。在奥利瓦雷斯大公统治期间，大兴土木，挥霍浪费之严重，几乎可以说视金钱如粪土！我不知道同一种解释对路易十四时代是否适用。但我注意到，百年趋势的逆转有助于文化爆炸（或者我们认为的各种文化爆炸现象。1600年后，意大利的晚秋之花在威尼斯、波洛尼亚和罗马盛开，1815年后，浪漫主义使已届暮年的欧洲焕发青春的热情。

以上匆促作出的判断至少提出了一般性问题，但照我看来，没有触及根本问题。虽然谈得很不充分，我们着重介绍了社会生活上层的进步或倒退，文化（精英人物的文化），社会秩序（在金字塔顶的特权者的秩序），国家的政府职能，投入流通的那一部分产品，最发达区域的经济。我们像所有历史学家一样，并非故意，而是极其自然地把绝大多数人的命运搁在一边。在百年趋势的消长起伏中，群众总的境况又怎样呢？

当根据诊断经济上一切都极其完美时，当生产的高涨显现其
效果时（生产增长使人口成倍增多，但又给各行各业的劳动者带来 70
更重的负担），群众的景况反而是出人意外的坏。正如依尔·汉密尔顿[141]所指出的，那时候，工资止步不前，物价和工资之间的距离

逐渐拉开。根据让·符拉斯蒂埃、勒内·格朗达米、威廉·阿贝尔的研究以及费尔普斯·布朗和歇拉·霍普金斯发表的文章，[142]那时的实际工资有所下跌。上层建筑的进步和经济潜力的扩大因而以广大群众的痛苦为代价，而人口则随生产同时增长，甚至增长得更快。也许当人口的增长以及交换和经济努力的增长不再被生产率的提高所补偿时，一切便松弛下来，危机于是出现，运动改变了方向，开始下降。奇怪的是，上层建筑的后退却带来群众生活的改善，实际工资又重新增加。例如，在欧洲 1350 至 1450 年经济衰退的年代，就普通百姓的日常生活来讲，却是一个黄金时代。

用某种历史的眼光（在夏尔·瑟涅博斯[143]的时代，这种历史或许可称之为"真诚的"历史）进行观察，最重大的事件，时间长、后果大的一次决定性断裂，就发生在 19 世纪中叶的工业革命过程中，当时的长期经济上升并未使群众的生活状况有任何深刻的恶化，相反使人均收入有所提高。在这个问题上表示意见，也许很不容易。但人们会想到，由机器带动的生产率急剧和大幅度提高，一下子使可能性的极限也大大提高。正是在这个新的天地里，世界人口一百多年的空前增加竟伴随着人均收入的改善。显而易见，社会的经济高涨已改变了方式。但是，自本世纪 70 年代以来开始的持续衰退又该作何解释？

过去，在百年趋势的逆转期间，群众生活得到保障是以事先作出大量牺牲为代价的：1350 年的代价少说也是几百万人的死亡；17 世纪则是人口增长严重停滞。确切地说，正是人口减少和经济松动才使劫后余生者的生活有明显的改善。目前的危机不以相同的征兆出现：世界规模的人口大幅度增长仍继续进行，生产放慢脚步，失业率居高不下，通货膨胀不可抑止，在此情况下，群众生活的改善又从何而来？饥荒和瘟疫已随农业和医疗的进步而被排除，这些过去用以治疗急病的重药今天已不再使用，人们对此并不感到遗憾；此外，出于某种休戚相关的感情，当今世界实行食物调剂，虽然还谈不上调剂其他资源。但人们会问：撇开表面现象，尽管近代世界坚信未来经济的持续发展，目前的问题在大体上是否与过去没有两样？人口的增长是否尚未达到（或超过）由工业革命在上个世纪所扩展的可能性限度？在新的革命（例如能源革命）尚未从根本上改变问题的提法前，人口是否暂时还能继续增加，而不致造成灾难性的结果？

71 # 第二章

城市统治下的欧洲旧经济：威尼斯以前和以后的情况

欧洲经济世界长期以某个幅员狭小、行动灵活但力量有限的城邦为中心；城邦为弥补自身的弱点，往往利用地域和集团之间的纠纷，挑动它们之间的互斗，借助几十个为它效力的城市、国家和经济区域。这些城市、国家和经济区域为它效力，或者事关利害，或者迫于无奈。

人们不能不问，从如此狭小的中心出发，怎么能在如此宽广的地区推行和维持这样的统治。尤其在其内部，处于严酷统治下的、往往“无产阶级化”的居民对当局的举动密切注视，不断反抗。全部权力集中在几个众所周知的大家族的掌握之下，它们理所当然地成为不满的对象；它们既然能掌握权力，也就可能在哪一天丧失权力。何况，这些大家族之间还在互相残杀。[1]

73 围在这些城市四周的经济世界本身确实只构成一个脆弱的联系网。联系网虽然容易被撕裂，但修复也不太困难。问题是要保持警觉，清醒地使用力量。帕麦斯顿或迪斯累里执政时的英国不就是这么做的吗？为了控制辽阔的区域，关键是要掌握战略据点

72

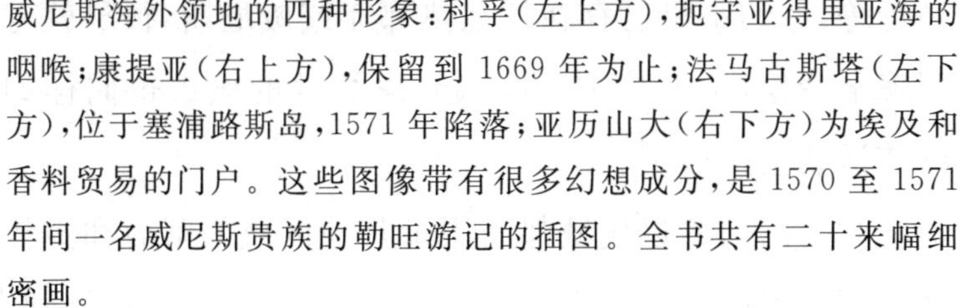
威尼斯海外领地的四种形象：科孚（左上方），扼守亚得里亚海的咽喉；康提亚（右上方），保留到1669年为止；法马古斯塔（左下方），位于塞浦路斯岛，1571年陷落；亚历山大（右下方）为埃及和香料贸易的门户。这些图像带有很多幻想成分，是1570至1571年间一名威尼斯贵族的勒旺游记的插图。全书共有二十来幅细密画。

(威尼斯于 1204 年夺得康提亚,1383 年占有科孚,1489 年占有塞浦路斯;英国于 1704 年偷袭直布罗陀,于 1800 年攻克马耳他);关键是要建立适当的垄断,并且像我们维修机器那样去维护垄断。这些垄断往往凭惯性就能运转,虽然它们势必遇到其他城市的竞争,这种竞争有时能造成巨大的困难。

然而,对于这些突出地表现为风云变幻的外部争夺,对于这些以政治对抗和社会运动为标志的内部冲突,历史学家不是十分重视的吗? 这些城市的对外争霸,有钱有势之人在城市中的至高无上地位,都是长期存在的事实;无论是为工资和就业进行的斗争或者党派之间的倾轧,这个小天地中一切的一切都从不能阻止为资本健康成长所必须的演变。即使在舞台上一片吵吵嚷嚷,有利可图的交易都在幕后顺利进行。

中世纪的商业城市都以获得利润为目标,并且朝这个方向去努力。有鉴于此,保尔·格鲁赛甚至说:“当代资本主义没有丝毫的发明。”[2]阿尔芒多·萨波利[3]进一步指出:“直到今天,人们不能找到任何东西,包括所得税[4]在内,在天才的意大利共和国中没有先例。”确实,汇票、信贷、铸币、银行、期货、财政金融、公债、资本主义、殖民主义以及社会动乱、劳动力的完善、阶级斗争、社会凶残、政治暴行等,一切都早已存在。在热那亚或威尼斯,很早就有大笔款项用现金清偿,至少从 12 世纪起,尼德兰的城市也同样如此。[5]但是信贷活动接踵而至。

走在时代前面的近代城邦利用了其他区域的落后和劣势。正是这些外部弱点的总和几乎使城邦注定要成长壮大,压倒别人,几乎为它们专门保留远程贸易的巨额利润,让它们置身于共同的规则之外。可能与之抗衡的对手，例如弗里德里希二世在南意大利草创的近代领土国家，发展很不顺利，或者至少不够迅速，而14世纪持久的经济衰退又给它带来危害。一系列国家因此遭到排斥，纷纷瓦解，使城邦重获自由发展的广阔天地。

城邦和国家毕竟是势均力敌的对手。究竟谁压倒谁呢？这是决定欧洲最初命运的大问题；城邦何以能长期统治，要解释清楚也并不容易。不管怎么说，让-巴蒂斯特·萨伊[6]对于“13世纪的威尼斯共和国在意大利没有一寸土地，竟能通过贸易致富，以至征服达尔马提亚、希腊的多数岛屿和君士坦丁堡”感到惊奇，并非没有道理。另外，认为城邦需要拥有地域、市场、流通区和保护区，就是说，需要有大片国土可供开发，这也并不有悖常理。城邦必须捕食猎物才能生存。没有拜占庭帝国，没有后来的土耳其帝国，威尼斯是不可想象的。这就是“敌我双方互为补充”的普通道理。

欧洲的第一个经济世界 74

为要解释城市的领先地位，必须把它们置于11至13世纪期间逐渐在欧洲形成的第一个经济世界的范围之内。正是在那时候，出现了相当广阔的流通区域，而城市则是流通的工具、转运站和受益者。作为研究世界历史的工具，欧洲经济世界的历史并不同本书一起从1400年开始，它的诞生至少比1400年要早二三个世纪，甚至更长的时间。

这里有必要走出本书的时间限度去追根究源，以便通过对其构成部分进行尚不完善的分级和组合，具体看到一个经济世界的诞生。欧洲历史的主线和脉络早在那个时候已勾画清楚，狭小的欧洲大陆的现代化（含义十分模糊的词）这个大问题，因此可从更宽广的视野和更正确的角度得到考察。随着中心区域的出现，几乎势必会形成一种原始的资本主义，而中心区域的现代化并不表现为一种状态向另一种状态的简单过渡，而是表现为一系列的过渡和阶段，其中最早的阶段出现在15世纪末文艺复兴以前。

从11世纪开始的欧洲扩张

在这长期的孕育过程中，城市自然起了主要作用，但并非仅仅城市起了作用。整个欧洲为城市撑腰，用伊萨克·品托[7]随口说出的话来讲，是“欧洲全体”，从政治到经济的全部欧洲。其中还有欧洲的全部过去，包括古罗马留下的、由欧洲继承和保存的遗产，包括在5世纪蛮族入侵后的扩张。那时候，罗马帝国的疆界从四面八方向外突破，抵达日耳曼和东欧，斯堪的纳维亚地区，以及本来已有一半被罗马占领的大不列颠诸岛屿。由波罗的海、北海、英吉利海峡和爱尔兰海构成的整片海域也陆续被占领。西方在这方面一举超过了罗马，后者虽有船舰驻扎在索姆河口和布洛涅，[8]却很少向海上发展。“波罗的海只给罗马人一点龙涎香而已。”[9]

旨在从伊斯兰和拜占庭那里夺回地中海的南征更加精彩。地中海是盛极一时的罗马帝国的中心和存在的理由，是“花园中的池塘”，[10]如今被意大利的船只和商人所收复。随着强大的十字军运动的兴起，这一事业终于成功。基督教为夺回地中海所作的努力，无论在西班牙（开始进展顺利，并于1212年获得托洛萨的拉斯纳瓦斯大捷，但随后止步不前），在从直布罗陀到埃及的广义上的北非，在勒旺地区（那里的圣地国处境不稳）或在希腊帝国（于 1204 年倾覆），都一再遇到抵抗。

阿契波德·刘易斯正确指出，“欧洲突破的最重要的边界是森林、沼泽、荒原的内部边界”。[11] 境内的空地随农民垦荒而逐渐减 75
少；更多的人开始使用水轮和风车；历来互不交往的地区逐渐建立联系；隔阂被打破；无数城市在商业往来的十字路口拔地而起或焕发活力，这肯定是个至关重要的事实。城市在欧洲雨后春笋般地

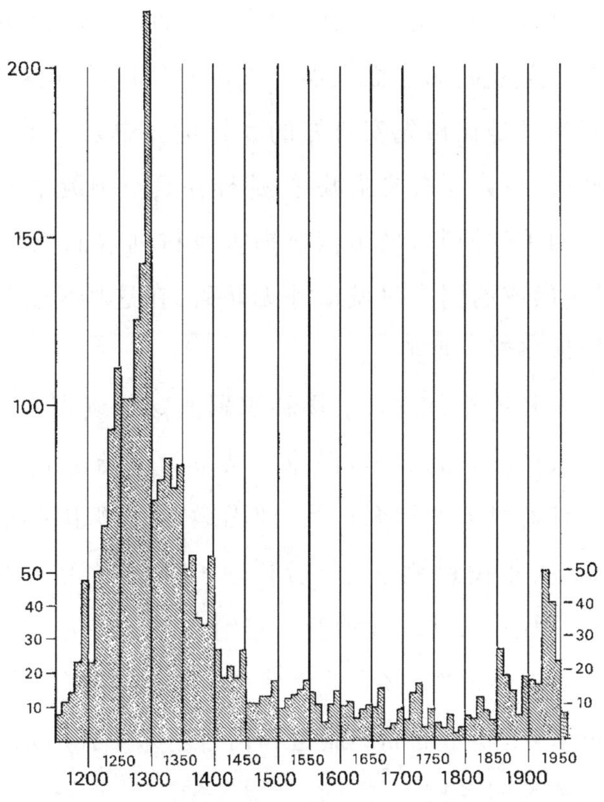

10. 中欧城市的兴建

图示城市的数量在 13 世纪以非同寻常的速度激增。（海因·斯托伯绘制；见威廉·阿贝尔著：《德意志农业经济史》，1962 年版，第 46 页。）

兴起。仅日耳曼地区就有三千以上。[12]有些城市虽然围有城墙，居民却不过二三百人，仍然像是村庄。但许多城市成长起来，这是一些前所未见的新型城市。古代曾经有过希腊式的自由城市，乡村居民可以随意出入和活动。中世纪的西方城市则相反，关在城墙里面，受墙的保护。德国谚语说："城墙使城里人同乡下人分开。"城市在其特权的庇护下，是个独立的天地（"城市的气息使人感到自由"），是个不甘寂寞、执意制造不平等交换的场所。根据不同的地点和时间，城市的活跃程度有所不同，然而正是城市如发面中的酵母一样促进着欧洲的全面发展。城市之所以能起这个作用，也许因为它们本身是在预先安排好的乡村世界中发展成长，而不像新大陆的城市（也许还有希腊城邦）那样在真空中诞生。乡村向西
77 欧城市提供加工的原料，城市依靠损害乡村利益而成长壮大。此外，正在缓缓形成的国家对城市并无妨碍：在这场龟兔赛跑中，兔子合乎逻辑地将轻易取胜。

城市依靠其道路、市场、工场和积累的财货确保自身的地位。农民带着剩余产品来到城里，保障了城市的市场供应："城市市场使领主庄园日益增多的剩余产品，即因缴纳实物租税而积累起来的大量产品，从此找到销路"。[13]斯利谢·旺·巴士认为，从1150年起，欧洲摆脱了"直接农业消费"（自给自足），转为随着剩余农产品进入流通而诞生的"间接农业消费"。[14]与此同时，城市把手工业活动吸引过来，垄断工业品的制造和销售。只是在后来，前工业化的浪潮又重新涌向乡村。

总之，"经济生活……尤其从13世纪起……改变了城市以农为主的旧面貌"。[15]在广大地区，家庭经济向市场经济的决定性过

76

在城市摆小摊的农民。罗伦佐·洛托的画作《圣巴巴拉的故事》，细部。

渡逐渐完成。换句话说，城市在周围的乡村中崛起，眼光从此看到自己的视野之外。这是一次“巨大的决裂”，第一次创立欧洲社会，并推动它走上成功之路。[16]勉强能与这次推动相比的，只有欧洲在美洲最早兴建的一大批城市，这些城市根据道路以及交换、指挥和防守的需要，互相连成一片。

我们可以赞同吉诺·吕扎托和阿尔芒多·萨波利的见解，[17]认为当时的欧洲正经历真正的复兴（尽管该词词义含混），这比人们通常所说的15世纪文艺复兴要早二三百年。但要说明何以出现这种扩张仍很困难。

人口确实有所增长。人们本可以用这条理由来解释一切，但这条理由本身却要用别的理由加以说明，其中特别要提到的，无疑是从公元9世纪开始的农业技术进步：耕犁的改进，三区轮作制以及休闲地用于放牧。里恩·怀特[18]认为农业进步是欧洲经济高涨的首要原因。莫里斯·隆巴尔[19]则强调商业进步：意大利很早就与伊斯兰和拜占庭建立商业联系，它加入东方业已十分活跃的货币经济，并把货币经济传播到欧洲各地。城市意味着货币，是所谓贸易革命的关键。乔治·杜比[20]和罗伯托·洛佩斯[21]的认识与里恩·怀特不谋而合（洛佩斯的观点有细微差别）：关键在于农业产品的过剩以及剩余产品的再分配。

经济世界以及两极化

所有这些理由其实都是相辅相成的。假如各个方面不是差不多同时进步，经济发展难道是可能的吗？必须等人口增长、农业技术改进、贸易复兴、工业高涨等条件同时具备了，才能终于在欧洲

各地建立起城市网，才能出现城市的上层建筑和城市间的联系，进
而囊括下层的经济活动，并把它们纳入到“市场经济”中去。这种
成交额不大的市场经济导致一场能源革命，推广磨坊的工业应用，78
最终导致欧洲经济世界的诞生。就 14 世纪末而言，费德里哥·梅
利斯[22]把布鲁日、伦敦、里斯本、费斯、大马士革、亚速和威尼斯之
间的多边形看作是第一个经济世界，多边形中 300 个商埠之间的
153 000封来往书信被保存在普拉托的商人弗朗赛斯科·达蒂尼
的档案中。亨利希·贝希特尔[23]曾说起里斯本、亚历山大、诺夫哥
罗德、贝尔根之间的四边形。弗里茨·勒里希[24]率先赋予德语
“Weltwirtschaft”一词以经济世界的含义，并划定它的东方边界从
伊尔门湖畔的诺夫哥罗德到拜占庭一线。众多的交流和兴旺的贸
易推动了这一广阔地区的经济统一。[25]

唯有一个问题悬而未决：经济世界何年何月何日真正开始存在？这是一个几乎无法解决的问题：只是当交换网的网眼相当稠密，交换活动相当经常和相当庞大，使中心区域得以诞生时，经济世界才可能存在。但在那遥远的过去，任何演变都并不迅速以明确无疑的形式显示出来。从 11 世纪开始的上升趋势为一切提供了方便，但又使几个中心同时冒头。只是到了 13 世纪初，随着香巴尼交易会的兴盛，欧洲才开始显示从尼德兰到地中海的整体一致性，从中得益的不是一般的城市和海上航线，而是交易会城市和千里迢迢的陆路。这是一个富有特色的序幕，或不如说，是一段插曲，因为它并不是真正的开端。如果没有尼德兰和北意大利这两个势必要汇合起来的经济活跃地区，如果没有它们事先的经济高涨，香巴尼交易会的情形又该怎样？

确实，在新欧洲才刚诞生时，必须看到以下两个整体的发展：北方的尼德兰以及北海和波罗的海，南方的意大利以及整个地中海。西欧包含着两个“极区”，而并非其中的任何一个；在几个世纪里，欧洲大陆就被夹在北意大利和尼德兰这两极之间。这是欧洲历史的一大特征，也许是最重要的特征。何况，谈到中世纪欧洲和近代欧洲，这就意味着使用两套语汇。同样的词，凡适用于北方的，从不适用于南方，反之亦然。

决定性变化大概是在公元9至10世纪发生的：在交往尚不频

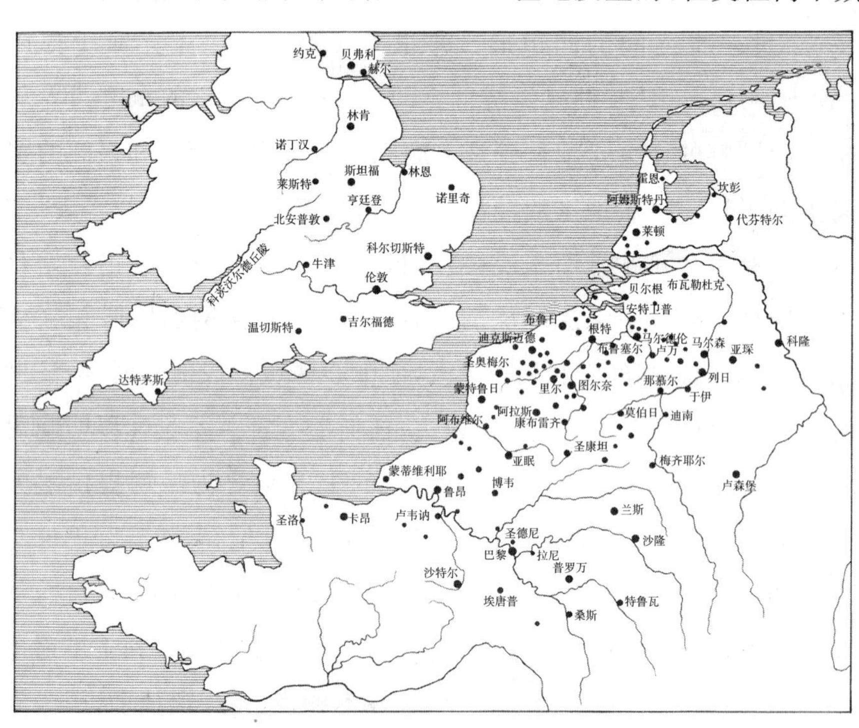

11. 北“极”的工业分布

从须德海到塞纳河谷，纺织工厂星罗棋布。关于香巴尼交易会兴盛期间南北两“极”总的情况，请看本书第127页的地图。（根据埃克托尔·阿曼：《黑西施地区史年鉴》，1958年第8期。）

繁的欧洲，两大经济区几乎互不相关地逐渐形成。北方的经济区形成十分迅速，几乎没有遇到什么抗拒；那是一些新开辟的原始地区。地中海附近的地区历史悠久，复兴的起步也许比较晚些，但随后的进展较快，特别是意大利的经济在伊斯兰和拜占庭的促进下，更是突飞猛进。因而两地大体上不相上下，北方偏重工业，但不如南方那么“精巧”，南方的商业比北方更加发达。总之，这是必定会互相吸引、互为补充的两个不同的地理区域和电极。它们的会合将通过南北间的陆路进行，13 世纪的香巴尼交易会正是这种会合的第一个重要表现。

这些联系并未取消两极的存在，反而使两极化更趋加剧。作为一个互相呼应的体系，两极通过交流而互相加强，分别使对方获得比欧洲其他地区更大的活力。在早期欧洲的繁华都会中，也有几个超级城市，它们无不位于这两个经济区中或在连接两极的轴线上：它们的位置画出了欧洲躯体的骨骼或血脉。

当然，欧洲经济世界的中心只能通过两“极”相争而形成。在地 79
中海仍是旧大陆中心的情况下，意大利到 16 世纪为止始终处于领先地位。但在 1600 年前后，欧洲的重心逐渐偏向北方。阿姆斯特丹的崛起肯定不是中心从安特卫普迁往荷兰的简单小事，而是一场极其深刻的危机：长期光彩夺目的地中海和意大利一时变得黯然失色，欧洲从此只剩下北方一个中心，几百年以来，甚至直到今天，正是相对于这个极点而言，才画出极不对称的线条和圆圈。因此，在进一步阐述以前，必须大致介绍这些关键地区的成长过程。

北方地区：布鲁日的兴盛 80

北方的经济是从零开始创建起来的。尼德兰就是这样一个创造物。昂利·比兰纳强调说:“意大利、法国、德国的莱茵河流域和奥地利的多瑙河流域的大多数城市在公元前已经存在,而列日、卢万、马林、安特卫普、布鲁塞尔、伊普尔、根特、乌得勒支只是在中世纪初方才出现。[26]

加洛林王朝建都艾克斯拉沙佩勒推动了该地区的第一次苏醒,诺曼人 820 至 891 年的骚扰破坏[27]曾打断了这个过程。但随着和平的恢复,以及与莱茵河东岸地区和北海沿海地区取得联系,尼德兰的经济生活得以重趋活跃。尼德兰不再是“天涯海角”,世界的尽头,武装的城堡和筑有城墙的城市纷纷出现。原来漂泊不定的商人改在城堡和城市附近安顿下来。到了 11 世纪中叶,低洼地区的织工陆续在城市定居。人口逐渐在增加,大农庄欣欣向荣,从塞纳河畔和马恩河畔到须德海,纺织工场的生产十分繁忙。

所有这一切终于促使了布鲁日财源兴旺。从 1200 年起,该市与伊普尔、图鲁和墨西拿一起,组成佛兰德交易会网。[28]因此,城市的地位被抬高到它自身之上:外国商人常来光顾,工业生产活跃,与英格兰和苏格兰建立了贸易联系,从那里取得羊毛,供本地毛织业使用,并转手向佛兰德其他毛织业城市出口。与英国的联系还帮助布鲁日同英国在法国拥有的省区展开贸易,例如取得诺曼底的小麦和波尔多的葡萄酒。最后,汉萨同盟的船只来到该城市,更奠定和推动它的繁荣。那时便出现了达默外港(早在 1180 年前),随后又在泽温湾口出现了斯勒伊斯船闸,船闸的建造不仅旨在清除布鲁日各河道沉积的泥沙,而且为接待汉萨同盟单桅高舷的载重帆船准备必要的深水泊位。[29]吕贝克和汉堡的几名使者以帝国侨民的名义,经过谈判,于 1252 年从佛兰德女伯爵那里得到某些特权。但女伯爵坚持不让吕贝克人在达默附近建立一个享有广泛自治权的商业据点，这种商业据点与英国人后来费了九牛二虎之力才终于拔除的伦敦“斯塔尔会馆”同出一辙。[30]

一些热那亚船只于1277年在布鲁日停泊；地中海和北海之间的这一定期海上联系意味着南方商人终于从海上来到北方。尤其，热那亚人还只是一支先遣部队：威尼斯的帆桨船将于1314年浩浩荡荡地开到。对布鲁日说来，此事同时意味压制和发展。之所以是压制，因为布鲁日本可能单独进行的发展，如今被南方商人夺走了；但这也是发展，因为地中海的海员、船只和商人的到达带来了众多的货物、资金以及商业和金融技术。一些意大利富商在市内定居；他们直接带来了勒旺的香料和胡椒，并用这些当时最珍贵的货物换取佛兰德的工业品。

布鲁日从此成了四通八达的中心，其冲要地位不亚于地中海、葡萄牙、法国、英国、德国的莱茵地区以及汉萨同盟。城市居民激增，1340年为35 000人，1500年可能达100 000万人。在让·旺艾克（约1380—1440年）和梅姆灵（1435—1494年）的时代，布鲁日无疑是世界最美的城市之一。[31]可以肯定，也是工业最发达的城市 82
之一。纺织工业不仅在本市站稳脚跟，并且侵入佛兰德其他城市，根特和伊普尔于是大放异彩；由此形成的工业地区在欧洲竟无匹敌。与此同时，在交易会之外和之上，于1309年建立了著名的布鲁日交易所，从事更高一级的活动。该交易所很早就成为先进的货币交易的中心。1399年4月26日，弗朗赛斯科·达蒂尼接到发自布鲁日的客户来信，信中写道：“看来热那亚目前现金充足，因此不要把我们的钱汇到那里，还是付不大的代价，把钱汇往威尼斯

81

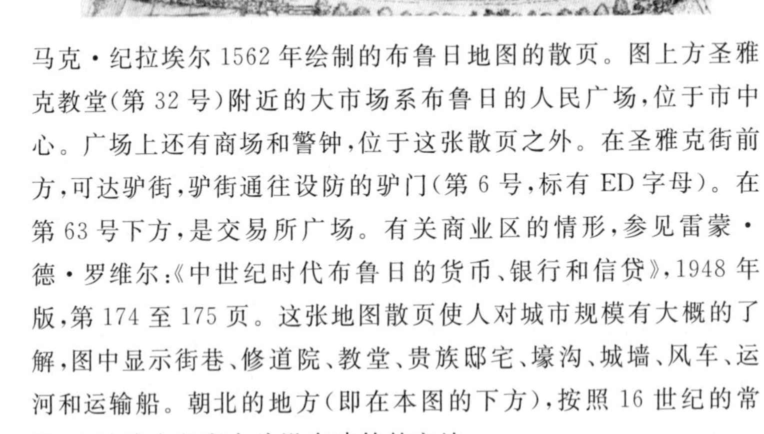

马克·纪拉埃尔 1562 年绘制的布鲁日地图的散页。图上方圣雅克教堂(第 32 号)附近的大市场系布鲁日的人民广场,位于市中心。广场上还有商场和警钟,位于这张散页之外。在圣雅克街前方,可达驴街,驴街通往设防的驴门(第 6 号,标有 ED 字母)。在第 63 号下方,是交易所广场。有关商业区的情形,参见雷蒙·德·罗维尔:《中世纪时代布鲁日的货币、银行和信贷》,1948 年版,第 174 至 175 页。这张地图散页使人对城市规模有大概的了解,图中显示街巷、修道院、教堂、贵族邸宅、壕沟、城墙、风车、运河和运输船。朝北的地方(即在本图的下方),按照 16 世纪的常规,在城墙内留有大片没有建筑的空地。

和佛罗伦萨，或汇到这里〔布鲁日〕、巴黎或蒙彼利埃，或把钱存放在您认为最适当的地方。”[32]

布鲁日的作用虽然十分重要，但我们不宜过事渲染。昂利·比兰纳认为布鲁日的“国际地位”超过了威尼斯，我们对此不能苟同。这是因为他的民族主义在作祟。何况比兰纳自己也承认，出入港口的多数船只“属于外国船主”，“本地居民在商业活动中只占很小的比重。他们只要在从四面八方拥来的商人之间充当掮客就够了。”[33]这就等于说，布鲁日商人仅仅起从属的作用，照 18 世纪的说法，该市的贸易是“消极的”。让·旺伍特因此在 1952 年发表了轰动一时的文章，指出布鲁日和安特卫普的区别在于前者系“国家级港口”，后者为“国际级港口”。[34]这也许朝另一个方向走得远了一点。我勉强可以接受里哈尔德·哈普克[35]和弗里茨·勒里希[36]的见解，承认布鲁日和吕贝克已是经济世界的中心市场，虽然还不完全是中心城市，换句话说，还不是群星拱卫的独一无二的太阳。

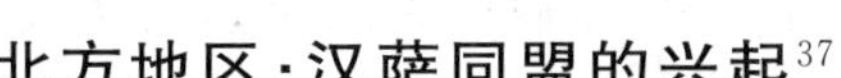

北方地区：汉萨同盟的兴起[37]

布鲁日只是从英格兰到波罗的海辽阔北方地区的据点之一，虽说是最重要的据点，但也不过是一个据点而已。这块宽广的海上商业区域（波罗的海、北海、英吉利海峡以及爱尔兰海）是汉萨同盟施展其海上商业才能的地方，特别是离波罗的海不远，位于特拉沃和瓦肯尼茨两块沼泽地之间的吕贝克城，自 1158 年建立不久便崭露锋芒。

但那里也并非完全白手起家。在公元 8 世纪和 9 世纪，诺曼人的征讨、侵犯和抢掠曾经抵达和超过北方沿海地区的界线。他们在欧洲的攻城略地终告烟消云散，但在所到之处毕竟留下一点痕迹。诺曼人入侵过后，斯堪的纳维亚一些轻巧、不装甲板的船只相当长时间在波罗的海和北海之间穿梭往返：挪威人甚至抵达英格兰海岸和爱尔兰海；[38]哥特兰岛农民的船只经常前往南方海港和内河，最远竟到达大诺夫哥罗德；[39]最近的考古成果表明，一些斯拉夫城市开始在日德兰半岛和荷兰一带出现；[40]俄罗斯商人抵达斯德丁，这在当时是个清一色的斯拉夫城市。[41]但在汉萨同盟前，不存在真正的国际性经济。依靠与王公的交换和协商，通过和
83 解，有时也采用暴力和强迫手段，波罗的海和北海一带海域逐渐被德意志的城市以及商人、士兵或农民所控制和掌握。

但是，切莫以为汉萨同盟诸城市生来就有紧密的联系。“汉萨”（商人的群体）[42]一词出现较晚，其正式的书写形式首次见于1267年英国国王的一份证书。[43]最初，该词确指从须德海到芬兰、从瑞典到挪威的一群商人和一群船。贸易的中央轴线从伦敦和布鲁日通过里加和雷瓦尔，然后取道陆路前往诺夫哥罗德、维捷布斯克或斯摩棱斯克。西方根据自己的需要，以北海为中间站，与波罗的海沿岸地区开展贸易，后者提供原料和食品。在布鲁日，以欧洲和地中海为基础的经济世界接待来自汉萨同盟的大船，这些搭接式结构的单桅船于13世纪末已经出现（地中海后来的“单桅船”就是依此仿造的）。[44]再后来又出现了双桅船，[45]这种平底大船能运输笨重的盐包和桶装葡萄酒，以及木材、木制品和散装的粮食。汉萨同盟诸城市拥有明显的海上优势，但远不能完全控制海洋：直到1280年，它们的船只避免穿越危险的丹麦海峡；在海峡航运[46]已

通行无阻后，连接吕贝克和汉堡的“地峡通道”(事实上是若干河段加一条运河)仍在使用，虽然在穿越这些河湾港汊时，船只航行十分缓慢。[47]

“地峡通道”促使吕贝克的地位达到登峰造极，因为波罗的海和北海之间的商品必须经过这个城市。1227 年，吕贝克经皇帝特准，成为易北河以东唯一的自由城市。[48]另一个有利条件是吕讷堡的岩盐矿近在咫尺，很早就在吕贝克的商人控制之下。[49]1227 年，通过博恩赫沃德之战打败了丹麦人，[50]吕贝克市初步奠定了优越地位；到了 1252 至 1253 年间，随着汉萨同盟获得在佛兰德经商的特权，吕贝克的优势地位更加巩固，[51]那时距 1356 年同盟各城市代表举行第一次议会和正式建立汉萨同盟，还有一个多世纪的时间。[52]但远在这个日期之前，吕贝克已是“汉萨同盟的象征……被公认为商业总同盟的首府……吕贝克的市徽——雄鹰——于 15 世纪成为整个汉萨同盟的徽饰”。[53]

然而，东欧和北欧的木材、石蜡、毛皮、黑麦、小麦和木制品只能转手向西欧出口才有价值。在另一方面，还必须换回食盐、呢绒和葡萄酒。这种简单而坚实的交换遇到不少困难。正是为了克服困难，各城市组成了汉萨同盟；这个集团可以说是既脆弱又坚实。之所以脆弱，因为它无非是 70 至 170 个城市的松散同盟，在召开议会时，各城市的代表并不到齐。在它的背后，既没有国家，又没有坚强的联盟，而仅有抱住各自特权不放并引以为骄傲的若干城市；在城墙的保护下，这些城市各有其商人、贵族、行会、船队、仓库和既得财富，城市之间有时持敌对态度。汉萨同盟的坚实则来自共同的利益，因为各城市必须进行相同的经济活动，也来自由于在波罗的海到里斯本这块欧洲最活跃的海域上从事贸易而培育的共同的文明，最后还来自共同的语言，这一因素对促进统一并非微不足道。这种共同的语言“以下德意志语（不同于南部的德语）为基础，适当吸收拉丁语、雷瓦尔的爱沙尼亚语、卢布林的波兰语、意大利语、捷克语、乌克兰语以及立陶宛语的一些成分”，[54]这是“少数
84 有财有势之人”的语言，使用这种语言“意味着属于某个特定的社会职业集团”。[55]此外，由于这些以经商为业的城市贵族很少流动，安格尔门德、魏金古森、苏斯特、吉埃斯、苏什吞等大家族在雷瓦尔、但泽、吕贝克和布鲁日的后裔分别相互保持着联系。[56]

所有这些联系造成某种协调一致和休戚与共，养成某些习惯和一种共同的自豪感，以及种种一般性束缚。在地中海，各城市的财富相当充裕，可以进行分别活动，互相展开激烈的竞争。在波罗的海和北海，事情就要困难得多。那些价格低、体积大的压舱货，利润十分微薄，而费用和风险很大。利润率至多在5%左右。[57]为此就必须比别处更加精打细算和厉行节约。取得成功的条件之一是要使供应和需求掌握在同一只手里——无论是向西欧出口或是反过来向东欧分发进口的货物。汉萨同盟设立的商站是所有商人共同的据点，不论是诺夫哥罗德的“圣彼得会馆”，贝尔根的“德意志桥”或伦敦的“斯塔尔会馆”，它们全都享有特权，得到坚强的防御。前来商站小住的德国商人服从严格的纪律。青年人在贝尔根充当“学徒”，为期长达十年，他们要学会各种语言以及本地的商业实践，并且应过独身生活。这个商站的一切事务由元老会和两名官吏处理。商人必须住在商站，但布鲁日是个例外，那里不可能实行以上办法。

结果是北方地区被置于一系列监视和制约之下。挪威的利益在贝尔根将不断遭到践踏。由于农产品不足，挪威受制于吕贝克商人从波梅拉尼亚和勃兰登堡运来的小麦。[58]挪威刚想削减汉萨同盟的特权，小麦禁运（如1284—1285年）便迫使它重新就范。由于进口小麦的竞争妨碍当地农业的发展，外国商人从挪威取得他们希望得到的咸肉，罗弗敦群岛的腌鳕鱼或鳕鱼干，以及木材、油脂、柏油、毛皮等。

在西欧，面对拥有较好自卫能力的对手，汉萨同盟也设法取得某些特权，他们在伦敦比在布鲁日得到的特权更多。设在英国首都伦敦桥附近的“斯塔尔会馆”拥有自己的码头和仓库，其规模堪与威尼斯的“德意志商馆”相比。汉萨同盟在那里免纳大部分捐税，任命自己的法官，甚至守卫城市的一座大门，这对它显然是一项荣誉。[59]

然而，吕贝克和汉萨同盟其他城市只是在很晚的时候，即在1370到1388年期间才达到兴旺的巅峰。1370年，汉萨同盟迫使丹麦国王接受斯特拉尔松德条约，[60]并占领了丹麦海峡一带的要塞；1388年，汉萨同盟同布鲁日发生纠纷，通过有效的封锁，迫使富裕的布鲁日市和尼德兰屈膝投降。[61]然而，在这些姗姗来迟的成功的掩盖下，一次突出的经济衰退即将开始。[62]

在这14世纪下半叶，一场大危机席卷西方世界，汉萨同盟诸城市怎能不受丝毫损失？尽管人口下降，西方对波罗的海产品的需求并未减少。尼德兰受黑死病的危害较少，西欧海运业的发展使人以为，木材进口量不应降低，而相反应该提高。但西欧的价格 85
运动对汉萨同盟起了不利作用。毛皮和粮食的价格先后自1300年

12. 汉萨同盟 1400 年前后的贸易

摘自 F.W. 普茨格:《世界历史地图集》,1963 年版,第 57 页。

和 1370 年后开始下跌,而工业品价格却在上涨。两大部类价格剪刀差的逆向运动对吕贝克和其他波罗的海城市的贸易十分不利。

万事都互为联系,汉萨同盟背靠的内陆发生了危机,使各地的王公、贵族、农民和城市互相对立。此外,遥远的匈牙利金矿和波希米亚银矿的产量急剧减少。[63]最后是一些领土国家纷纷出现或复活:勃艮第的瓦洛阿家族把丹麦、英格兰和尼德兰连成一片,波兰于 1466 年战胜条顿骑士团,伊凡雷帝的莫斯科公国于 1476 年结束了大诺夫哥罗德的独立。[64]此外,英国人、荷兰人和纽伦堡商人纷纷侵入汉萨同盟的海域。[65]一些城市进行了抵抗:例如,吕贝克于 1470 至 1474 年间打败了英国;另一些城市则与入侵者妥协。

德国历史学家用德意志的政治幼稚病解释汉萨同盟的衰落。

艾利·赫克谢尔[66]指出他们的看法是错的，但未加详细说明。人们可以想到，在城邦称雄的时代，一个强大的德国对汉萨同盟诸城市的帮助和妨碍也许不相上下。在我看来，汉萨同盟的衰落是这 86
些城市停滞不前的经济与西欧比较发达的经济迎面相遇的结果。就整体而言，无论如何不能把吕贝克置于威尼斯或布鲁日同等的地位。西欧正在急剧变动，东欧则变动较小，夹在中间的汉萨同盟固守资本主义的初级阶段。那里的经济在物物交换和货币交易之间摇摆，很少采用信贷，长期只接受银币。即使在当时资本主义的范围内，这些也都是落后的传统。14世纪末期的急风暴雨只会打

安特卫普的汉萨会馆：建于16世纪（1564年），反映了汉萨同盟在安特卫普贸易的复兴。卡特利夫的水彩画，1761年。

击处于最不利地位的经济。只有最强大的经济才能相对地少受损害。

欧洲的另一极：意大利诸城邦

伊斯兰于公元 7 世纪并未一举征服地中海。据 E.阿斯托尔[67]认为，伊斯兰的不断入侵甚至使商业活动全部撤离地中海。但在公元 8 世纪和 9 世纪，商业交换重新复活，地中海上的船只往来繁忙，沿岸居民不论贫富都得益匪浅。

在意大利和西西里沿海，不仅有威尼斯（当时规模不大），而且还有一二十个比威尼斯更小但十分活跃的港口。其中以阿马尔菲居首，[68]虽然临海的悬崖峭壁只给城市留出一块谷地，勉强能容纳海港、住房以及后来兴建的大教堂。阿马尔菲的领先地位，乍眼看
87 来，使人似乎难以理解，但可以用阿马尔菲优先与伊斯兰建立的联系来解释，土地贫瘠迫使这个小城市奋不顾身地投入到航海事业中去。[69]

这些小城市的命运就在离当地海域几百里以外的地方决定。对它们说来，成功就是做成一笔三角贸易：前往富有的沿海地区、伊斯兰城市或君士坦丁堡，取得埃及和叙利亚的第纳尔和金币，[70]换取拜占庭的华丽丝绸，再转运到西欧出售。这就等于说，当时的意大利还只是一个平庸的“边缘”地区，它以经商为手段，主动为欧洲的中心服务，向中心提供它能搞到的木材、小麦、麻布、食盐和奴隶。这一切都发生在十字军东征以前，在基督教和伊斯兰互相对抗以前。

这些活动唤醒了自罗马崩溃以来处于半休眠状态的意大利经

阿马尔菲鸟瞰图突出显示该城市在高山和大海之间处境逼仄。

济。阿马尔菲受到货币经济的渗透：一些公证文书表明，商人从公
元 9 世纪起已用金币购买土地。[71]从 11 到 13 世纪，阿马尔菲山谷
的景色有了彻底改观：栗树、葡萄、橄榄、柑橘、磨坊成倍增多。阿
马尔菲法规变成基督教各国地中海航运的重要准则之一，充分表
明该城市国际活动的兴旺发达。但在劫难逃：阿马尔菲市于 1100
年被诺曼人所征服；又于 1135 和 1137 年两次受比萨人的洗劫；最
后在 1343 年，近海城区毁于一次海啸。阿马尔菲虽然仍在海上活 88
动，但从此已从历史的前台退出。[72] 1250 年后，该市的贸易大大下
降，贸易额也许只及公元 950 至 1050 年间的三分之一；海上往来
的范围也逐渐缩小，最后只剩几十条双桅或单桅小船在意大利沿
海从事近海运输。

最初的威尼斯走的是同一条道路。早在公元 869 年，威尼斯总督尤斯丁尼·帕脱希巴齐奥留下的遗产竟达 1200 斤白银的巨

款。[73]就像夹在山谷中的阿马尔菲一样，由 60 来个大小岛屿组成的威尼斯是个安全但又生活不便的奇怪地方：没有淡水，没有食物，有的是盐，太多的盐！人们常说，威尼斯人“不耕地，不播种，不采摘葡萄”。[74]乔伐尼·索朗佐总督于 1327 年用以下的话描绘这个城市：“城市建在海上，完全没有葡萄园和耕地。”[75]这是个纯而又纯的城市，不属城市的东西在那里悉付阙如，为生存所需的一切全靠贸易取得：小麦、玉米、黑麦、活牲畜、奶酪、蔬菜、葡萄酒、食油、木材或石块无不如此，甚至饮用水也不例外。所有居民都不从事“第一产业”，而在前工业化时期的城市中，第一产业通常占相当大的比例。威尼斯展开的活动，用今天经济学家的行话来讲，属于“第二和第三产业”，即工业、商业和服务业，这些部门的劳动效益较农业活动为高。这就等于把利润较少的活计留给别人，并制造所有的大城市都将遇到的一种不平衡。佛罗伦萨土地富饶，自 14 和 15 世纪起，却要从西西里进口粮食，只在附近的丘陵上遍植葡萄树和橄榄树；17 世纪的阿姆斯特丹食用波罗的海地区的小麦和黑麦、丹麦的肉和多格滩“渔场”的鲱鱼。至于威尼斯、阿马尔菲和热那亚这类不真正拥有疆域的城市，它们起步伊始，就注定要按这种方式生活，它们别无选择。

公元 9 至 10 世纪，威尼斯商人的远程贸易逐渐走上正轨，当时的地中海由拜占庭、伊斯兰和西方基督教分享。乍眼看来，拜占庭似应是正在恢复中的经济世界的中心。但拜占庭背着太重的历史包袱，显得缺乏战斗性。[76]伊斯兰在与地中海的贸易中兴旺发达起来，通过沙漠商队的船队已向印度洋和中国方面扩展，影响所及超过了古代希腊帝国的都城。那么，难道伊斯兰将要控制一切吗？

不，拜占庭仍是一个障碍，因其既得的财富、经验和在一个四分五裂的世界中享有的权威，它是个任何人都不能任意支配的庞然大物。

热那亚、比萨和威尼斯等意大利城市慢慢挤进在海上称雄的经济霸主的行列。威尼斯的幸运也许是它不必像热那亚和比萨那样，需要求助于暴力和抢掠才能成为一个重要的商埠。威尼斯由于名义上处在希腊帝国的统治之下，它比别的城市更容易打进防御松弛的和庞大的拜占庭市场，它给希腊帝国很多帮助。甚至促进其防御。作为交换，威尼斯取得大量特权。[77]虽然资本主义在当地发展较早，威尼斯仍是一个并不起眼的城市。在长达几个世纪的时间里，圣马克广场被葡萄架、树木和违章建筑所堵塞，一条运河把广场一分为二，北半部是个果园（这个地方后来成为贵族会面的地点和制造政治阴谋和传布政治谣言的中心，仍保留“果园”的名称）。[78]街道用夯土铺设，桥和房屋一律为木结构，因而新兴的城
市把烧制玻璃的窑场迁往城外，以免发生火灾。商业活跃的迹象 89
无疑逐渐增多：铸造银币，按“伊佩贝尔”（拜占庭的金币）计数签订的借约，但物物交换仍然存在，贷款利率始终很高（所谓借五还六，即 20%），偿还的苛刻条件表明货币稀少和经济不够活跃。[79]

我们且不要把话说死。13 世纪以前的威尼斯历史还蒙在一片浓雾之中。从专家们讨论的情形来看，这段历史就像考证古罗马的起源一样难以弄清。一些住在君士坦丁堡、埃维亚和康提亚岛的犹太商人可能很早就来到威尼斯这个港口城市，尽管吉乌代尔岛不一定是他们必须逗留的地点。[80]同样，弗里德里希·巴巴罗萨和教皇亚历山大三世当年在威尼斯会晤时（1177 年），圣马克城

与德意志之间很可能已有商业联系，德意志矿区生产的白银很可能与拜占庭的黄金一样，在威尼斯起着重要的作用。[81]

但威尼斯要成为真正的威尼斯，还必须先后控制外国的潟湖，确保通往亚得里亚海附近各河流的自由通行，并打通前往勃伦纳的道路（这条道路于 1178 年前被维罗纳所控制）。[82]必须使威尼斯的商船和战舰成倍增多，使 1104 年建立的兵工厂[83]成为威震天下的武器中心，使亚得里亚海逐渐变成它的“海湾”，使科马基奥、费拉拉和安科纳以及亚得里亚海另一侧的斯普利特、扎拉和拉古萨等城市的竞争被粉碎或被排除。很早就同热那亚进行的斗争还不算在内。必须使威尼斯建立其税收、财政、货币、行政和政治等机构，使富人（G. 格拉古[84]心目中的“资本家”，他就早期的威尼斯写了一部振聋发聩的著作）在最后一任专制总督维塔尔·米奇尔去世以后（1172 年）[85]掌握政权。只是到那时候，威尼斯的强盛才初具规模。

然而，可以肯定的是，十字军东征的荒诞冒险加速了基督教地区和威尼斯的商业高涨。北方人纷纷来到地中海，带着马匹登上前往意大利城市的船只，为了纳付渡海开支而不惜破产。在比萨、热那亚或威尼斯，运输船越造越大，逐渐变成艨艟巨舰。一些基督教国家陆续在圣地建立，从而为夺取东方及其素负盛名的商品（胡椒、香料、丝绸、药材）打开一个缺口。[86]对于威尼斯，决定性的转折是可怕的第四次东征，[87]这次东征以攻克基督教城市扎拉为开端（1203 年），而以洗劫君士坦丁堡为结束（1204 年）。在这以前，威尼斯像是拜占庭帝国身上的寄生虫，从内部吞噬着这个帝国。到那时候，拜占庭几乎变成了威尼斯的俘虏。但意大利各城市无不从拜占庭的倾覆中得益；此外，1240 年后的蒙古入侵使黑海到中国和印度的陆上通道保持畅通达一百年之久，也给意大利城市带来不可低估的好处，使它们因此可以绕过伊斯兰的据点。[88]热那亚和威尼斯的对抗愈演愈烈，主战场就在黑海，在君士坦丁堡势必也有争夺。

十字军运动于 1270 年圣路易去世前已经停止，伊斯兰于 1291 年夺回了基督教在圣地的最后一个重要据点圣让达克尔。虽然如此，作为战略要地的塞浦路斯岛仍在勒旺地区各海域保护着信奉基督教的商人和海员。[89]原受基督教控制的大海仍然留在基督教的完全掌握之下，从而确定了意大利城市的统治地位。铸 90
造金币[90]——威尼斯于 1284 年，佛罗伦萨于 1250 年，热那亚更要早些——标志着摆脱对伊斯兰第纳尔的依赖和显示自身的经济实力。此外，这些城市毫不费力地操纵领土国家；热那亚于 1261 年推动帕莱奥洛格家族复辟希腊帝国，于 1282 年协助阿拉贡王室在西西里登基。维瓦尔迪兄弟[91]比华斯哥·达·伽马早两个世纪就出门去寻找好望角。热那亚和威尼斯当时都占有一些殖民地；但热那亚 1284 年在梅洛里亚战役中给比萨以致命的打击，又在亚得里亚海科尔丘拉岛前方的海域摧毁了威尼斯的帆桨战船（1298 年 9 月），似乎一切都将集中到热那亚的手里。据说，马可·波罗就是在后一场战役中被俘的。[92]在 13 世纪末，如果十人打赌，恐怕九人都会断定圣乔治城即将取得完全胜利。

打赌偏偏打输了，威尼斯最终获得了胜利。但重要的是，地中海上的斗争今后不再在基督教和伊斯兰之间进行，而在意大利北部依靠繁荣的海上贸易而发展起来的一系列工商业城市之间展

开。争夺的主要目标是勒旺地区的胡椒和香料，占有这些货物，其意义远远超出地中海的范围。这是意大利商人与北欧进行贸易的拳头商品，而北欧的兴起是与西地中海的复兴同时进行的。

香巴尼交易会的插曲

尼德兰和意大利这两个经济区域就这样几乎同时慢慢形成了。界于这两个极点或两个中心区域之间，曾经存在为时百年之久的香巴尼交易会。在欧洲经济世界的首次确立过程中，南北双方确实势均力敌(它们并不互争胜负)。在相当长的时间内，经济中心位于两极的中途，似乎为了使双方都能满意；香巴尼和布里每年举行六次交易会，两地每隔两个月就把球踢给对方。[93]“首先在元月举行马恩河畔拉尼交易会；随后在四旬斋第三个星期前的星期二举行奥布河畔巴尔交易会；5 月是第一次普罗万交易会，亦称圣吉里亚斯交易会；6 月是特鲁瓦的‘热交易会’；9 月为第二次普罗万交易会，亦称圣阿尤尔交易会，最后，作为周期的末尾，于 10 月举行特鲁瓦‘冷交易会’”。[94]商人们聚集在一起，从一城市迁往另一城市，不断进行贸易。这种从 13 世纪业已建立的周而复始的时钟体系并不是什么新发明，因为它可能是对佛兰德早已存在的循环交易会的模仿，[95]也可能在改造原先的地区集市网时继承了循环的传统。[96]

总之，香巴尼和布里的六次交易会，每次持续两个月，每年轮完一圈，形成一个没有竞争对手的“不停顿集市”。[97]老普罗万遗留至今的陈迹可使我们对过去仓库的规模有个概念。至于交易会的声望，有句俗话可以作证：“不知道香巴尼交易会”，意思是说不懂得人所共知的事。[98]交易会其实是全欧洲的聚会，是南北商品的聚会。用武装护卫的成群结队的商人朝着香巴尼和布里的方向集中，就像穿越伊斯兰辽阔沙漠的骆驼商队朝地中海进发一样。

就这些运输路线绘制一张地图，这在我们并不是不能做到 91
的事。香巴尼交易会相当合乎逻辑地在自己四周造成了许多繁荣的家庭作坊，从塞纳河和马恩河直到布拉邦特，家家户户都在加工棉毛织品。织好的呢绒布匹运往南方，在意大利各地销售，再通过各种途径向地中海出口。各种公证文书的档案表明，从12世纪下半叶起，就有北方织物从热那亚经过。[99]来自北方的本色呢绒在佛罗伦萨由"卡里马拉行会"[100]染色，该行会集中了当地最富有的商人。从意大利方面送到交易会来的有胡椒、香料、药材、丝绸、现金和信贷。商品从威尼斯和热那亚过海运到埃格莫特，然后沿罗纳河、索恩河和塞纳河的河谷北上。纯陆地的路线需翻越阿尔卑斯山，例如锡耶纳及许多其他城市与法国相连接的"法兰西之路"。[101]从伦巴第的阿斯蒂[102]动身，除押送人员外，还有经营高利贷和从事转手倒卖的大批小商人，他们在西欧各地留下的坏名声，使伦巴第人很快成了抵押放款人的代名词。除了上述各种人员外，还应加上来自法国各省以及来自英格兰、德意志和伊比利亚半岛的商人，伊比利亚半岛的货物取道圣地亚哥-德孔波斯特拉。[103]

香巴尼交易会的特色与其说是货物充裕，不如说是货币贸易和早期的信贷活动。交易会总是以拍卖呢绒为开始，头四个星期用作商品交易。但在后一个月，则是货币兑换商大显身手。到了那时候，一些表面上并不起眼的人物"在普罗万高城圣蒂博教堂前面的旧市场上”或者“在特鲁瓦圣让杜马歇教堂附近的中街和杂货市场上”[104]安顿下来。这些货币兑换商通常为意大利人，他们实际上真正操纵交易会的活动。他们的器材是一张“铺着桌毯的桌子”和一架天平，另外还有“装满金银货币”[105]的口袋。买进和卖出的货款互相抵销，贷款的延期交割，向贵族和王公贷款，支付本届交易会应予付清的汇票，签发新的汇票，这些事务都由他们经手。因此，香巴尼交易会上国际性的和最具现代性的活动在不同程度上受意大利商人的控制，而这些商人开设的商行往往是些大企业，如布翁齐诺利的“大桌”公司堪称锡耶纳的路特希尔德。[106]

这种情况后来在日内瓦和里昂的交易会也将出现：各地商人云集交易会有利于意大利商人在广大的西欧市场开展信贷和收回现金。香巴尼交易会不设在西欧不容置疑的经济中心北意大利，而设在靠近北方客商的地方，难道不正是为了夺得欧洲的市场吗？或者，事情也是势在必然，因为从 11 世纪起，陆路交换的重心正朝北欧大工业的方向倾斜。总之，香巴尼交易会的位置就在巴黎、普罗万、沙隆、兰斯这个生产区的附近，那里从 12 世纪起就是纺织工业的中心。相反，13 世纪的意大利主要在商业方面欣欣向荣，其经商技术居欧洲之首。意大利把金币铸造、汇兑技术和信贷实践引入欧洲，但意大利的工业只是在下一个世纪，即在 14 世纪的危机以后，才真正发展起来。[107]在这以前，北方的呢绒是意大利与勒旺地区贸易的必备货物，而意大利的财富主要来自与勒旺的贸易。

历史学家往往提到香巴尼伯爵的开明政策，[108]但贸易的需
93 要比开明政策的吸引力起着更大的作用。商人总是向往自由，香

92

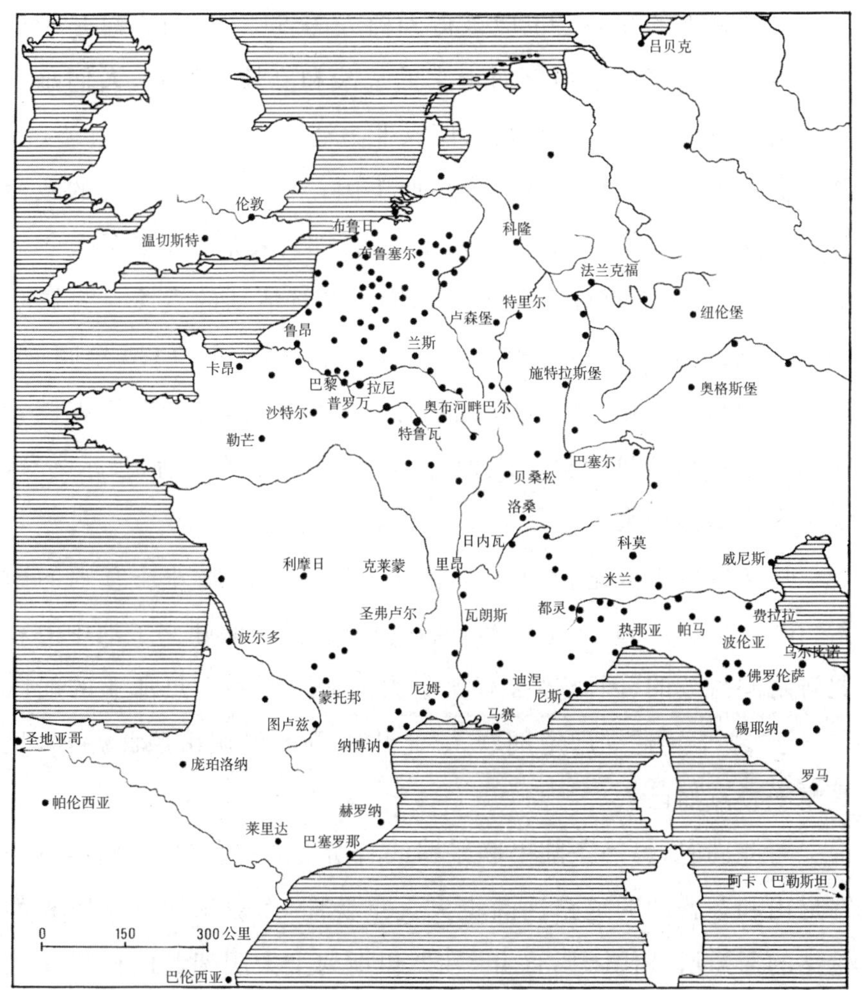

13. 与香巴尼交易会保持联系的各城市(12 至 13 世纪)

这张地图表明 13 世纪的欧洲经济状况及其两极：北方的尼德兰和南方的意大利。(根据埃克托尔·阿曼：《黑西施地区史年鉴》，1958 年第 8 期。)

巴尼伯爵恰巧向他们提供了自由；法兰西国王在香巴尼名义上享有宗主权，但伯爵对很多事情可以自己作主。根据相同的理由，佛兰德伯爵领地的交易会也应该得到商人的青睐，[109]商人总是希望避开通常因国家过于强盛而带来的危险和麻烦。然而，人们难道能相信，香巴尼于 1273 年被大胆汉菲力浦所占领，然后于 1284 年并入美男子菲力浦统治下的法兰西王国，[110]竟是对交易会的致命打击？交易会在整个 13 世纪开始一帆风顺，只是到了最后几年才渐趋衰落，这里面有许多其他的原因。经济活动的迟缓首先影响到商品；信贷业务能维持较长的时间，直到 1310 至 1320 年间。[111]这些日期与一场相当持久和猛烈的危机相吻合，这场危机震撼着从佛罗伦萨到伦敦的整个欧洲，并且早在黑死病之前，预示着 14 世纪大衰退的到来。

这场危机极大地影响了交易会的繁荣。但此外还有别的因素：在 13 世纪末和 14 世纪初，通过直布罗陀海峡建立了地中海和北海之间持续的、因而势必有竞争力的海上联系。热那亚的船队首先于 1277 年建立起定期联系，地中海的其他城市照此办理，只是略晚一点而已。

与此同时，另一条陆上联系路线有所发展；阿尔卑斯山西侧经塞尼山和辛普朗的道路逐渐丧失其重要性，而被东侧圣戈塔和勃伦纳的通道所替代。1237 年，在罗伊斯河上大胆架起的桥梁使圣戈塔的道路得以畅通。[112]更多的过往客商从此取道“德意志地峡”。随着银矿和铜矿的兴旺、农业的进步、纺织工业的建立以及集市和交易会的发展，德意志和中欧的经济取得了全面的高涨。德意志商人的扩张无论在西欧或东欧，在波罗的海地区、香巴尼交易会或威尼斯，都有突出的表现，威尼斯的“德意志商馆”大概就是在 1228 年建立的。[113]

威尼斯很晚（直到 1314 年）才像热那亚那样从海路前往布鲁日，也许因为取道勃伦纳进行贸易时威尼斯更具吸引力。由于白银在勒旺贸易中的作用，意大利各城市无疑都首先关注德意志的银矿生产。更何况，货币兑换网在上德意志和莱茵地区各城市很早已经普及，起着布鲁日或香巴尼的银行家的作用。[114] 商人们原来设在法国的会面地点因而被抄了后路，遇到海路和陆路的一系列竞争。

有人认为，一场“商业革命”使香巴尼交易会深受其害；随着一种新型贸易的兴起，商人留在自己的店铺或商站，委托驻在固定地点的职员或专业运输商代理各项事务，通过查账和寄发信件（下达指示，通报消息和指摘过失）在远处指挥一切。但实际上，早在香巴尼交易会以前，贸易已具有双重形式：一种是四处流动的，另一种是株守一地的。这种新型贸易没有理由不能在普罗万或特鲁瓦立足生根。

法国错过了一次机会 94

有谁能说清，香巴尼交易会的繁荣对法兰西王国，特别对巴黎，带来多大的好处？

从菲力浦·奥古斯特（1180—1223 年在位）的时候起，法兰西王国的政治结构已趋完善；在圣路易（1226—1270 年在位）即位前，法国更无可争议地成为欧洲最光辉灿烂的国家。这不但由于欧洲的经济普遍高涨，而且也因为欧洲世界的重心就在离法国首都仅一两天路程的地方。巴黎成为一个大商业都会，并保持这个地位直到 15 世纪。与众多的商人为邻，对巴黎大有好处。同时，首都集中了法国君主统治的各种机构，众多的名胜建筑以及欧洲最杰出的大学；在这些大学里，随着亚里士多德思想的重新传播，合乎逻辑地爆发了一场科学革命。奥古斯托·古佐说，在这“伟大的世纪〔13 世纪〕，所有人的眼睛都盯着巴黎。许多意大利人曾在巴黎求学乃至执教，例如圣波拿文都拉和圣托马斯”。[115]能否说当时已形成了“巴黎的时代”？人文主义历史学家朱泽培·托法南的论战性著作就以此为标题，在他看来，13 世纪是“没有罗马的时代”。[116]总之，哥特式风格、法兰西艺术正从法兰西岛向四面八方传播，而把这些东西装进行李带回本国的，不单是香巴尼交易会的常客锡耶纳商人。既然一切都有关联，法国的市镇趁机发展了起来，在国王的支持下，巴黎四周的叙西昂布里、布瓦西、奥利等地于 1236 至 1325 年间加快了解决农民的步伐。[117]正是在那时候，法国国王圣路易在地中海接手主持十字军东征，这在基督教世界是个荣誉的职位。

在欧洲和法国的历史上，香巴尼交易会毕竟只是一段插曲。建立在欧洲基础上的经济联合体促成一系列内陆城市举行交易会，这是第一次，也是最后的一次。西欧的经济中心迁到法国境内，这也是第一次和最后一次。法兰西命运的主宰对于法国得到和丧失这一宝贵机会竟没有觉察。[118]然而，卡佩王朝最后几个国王治下发生的事情，将使法兰西王国长期被排斥在贸易渠道之外。随着德意志和意大利之间南北陆路的打通，地中海和北海之间海上联系的发展，发展资本主义和现代化的优越路线在 13 世纪结束前即已确定：这条路线围绕着法国，但始终保持相当距离，并不触及法国。除马赛和埃格莫特外，这条路线所载运的大宗贸易和资本主义几乎完全处在法国版图之外。在灾难深重的百年战争期间以及后来的一段时间，法国对于大宗外贸只是打开一道门缝而已。

但在与百年战争相呼应的经济萧条以前，法兰西国家已与法国经济一起退出了竞争。假如法兰西王国始终坚强有力和贯彻始终，意大利资本主义的发展恐怕未必如此顺利。反过来说，资本主义的新通道意味着意大利城邦和尼德兰实行强有力的垄断，以致英国、法国、西班牙等新兴的领土国家势必相形见绌。

威尼斯后来居上 95

法国在香巴尼错过的良机，又落到了谁的手里？既不是佛兰德交易会，又不是布鲁日（与朗贝尔托·印卡纳迪的见解相反[119]），虽然该市于1309年成立了著名的交易所。我们已经说过，布鲁日的船只、商人、贵重商品、货币和信贷主要来自南方。朗贝尔托·印卡纳迪自己也承认："那里专营信贷的大多是意大利人[120]直到15世纪末，甚至更晚的时候，尼德兰的贸易结算始终对南方客商有利。[121]

假如重心仍留在亚得里亚海和北海的中途，它本可以固定在十几条大路的会合点纽伦堡，或者在最大的德意志城市科隆。可是，不论是布鲁日，或者是与香巴尼交易会类似的某个中间区域，都未能夺得有利地位，这也许因为意大利已在佛罗伦萨、米兰等地建立起自己的工业中心，商人可以就近取得工业品，不再需要前往北方。佛罗伦萨的手工业早先集中为北方的呢绒坯料染色，印染业后来逐渐发展为毛织业，工业发展惊人的迅速。

另一个因素是连续几年的萧条为黑死病灾难铺平道路，一场经济退潮又接踵而至。我们已经说过，[122]经济危机以及经济形势的逆转造成原有经济体系的崩溃，弱者将因此被淘汰，强者则相对变得更强，虽然他们也逃不过危机。受到风暴的袭击和震荡，意大利的成就逐渐减少。但即便韬光养晦，意大利仍留在地中海这个国际贸易最活跃的地区和最有利可图的中心。当西方普遍衰退时，意大利却是如经济学家所说的一个"避风港"：它仍有最好的生意可做；它从事的黄金买卖，[123]它在货币和信贷方面的经验，都使它免受损失；灵活机动的城邦比臃肿笨重的领土国家容易治理得多，城邦能在狭窄的经济环境中应付裕如。困难推给了别人，特别是推给那些病痛缠身的庞大领土国家。地中海与欧洲只剩下意大利城市像是普遍衰退中保持活跃的一群孤岛。

因此，毫不值得奇怪，在欧洲经济中心转移的酝酿过程中，只是在意大利城市之间进行竞争。特别是威尼斯和热那亚，这两个城市受各自的狂热的驱使，为着各自的利益，在争夺权杖。它们都很可能取胜。那么，为什么是威尼斯胜利了呢？

热那亚同威尼斯的争夺

1298 年，热那亚在科尔丘拉前方的海域击溃了威尼斯的舰队。八十年以后，热那亚于 1379 年 8 月夺得基奥贾，这个小渔港是扼守威尼斯潟湖通往亚得里亚海的门户。[124]骄傲的圣马克城似乎垮台了，但经过一次出人意外的挣扎，竟使形势彻底改观：费托尔·皮萨尼于 1380 年 6 月收复基奥贾，一举消灭热那亚舰队。[125]
96 次年在都灵签订的和约未给威尼斯任何实际的利益。[126]但这是热那亚节节后退和威尼斯确立优势的开端，热那亚舰队从此将不再在亚得里亚海出现。

弄清威尼斯先败后胜的原因并不容易。更何况，在基奥贾失败后，热那亚并未被逐出富强城市的行列。那么，地中海这个辽阔的封闭战场上，为什么竟彻底停止了战斗？敌对双方过去曾长期互相攻击，劫掠沿海地带，拦截商船，摧毁战舰，并利用安茹、匈牙利、帕莱奥洛格、阿拉贡等王公的斡旋，纵横捭阖，与对方为敌。

但是，也许由于长期的经济繁荣以及贸易的蒸蒸日上，这些激烈的战役并未造成任何致命后果，似乎伤口每次都能自动愈合。基奥贾之战所以使战争至此告一段落，无非因为长期经济高涨的势头到 1380 年间发生了不可挽回的逆转。小打也罢，大打也罢，战争开支变得过分昂贵。和平共处已势在必行。尤其，作为商业大国和殖民大国（因已达到先进资本主义的阶段），热那亚和威尼斯

圣马克之狮，1516 年，威尼斯公爵府。

97 从自己的利益出发，不宜拼个你死我活：资本主义之间的对抗，即使在坚定的对手之间进行，也始终存在一定程度的妥协。

总之，我以为威尼斯的崛起并不在于其资本主义的无比优越。它所实行的资本主义，并不如奥利维·柯克斯[127]所说，意味着一种独特典型的诞生。热那亚开风气之先，单枪匹马朝资本主义的路上走去，任何历史学家对此都不会怀疑。从这个角度看，热那亚比威尼斯更加现代化，也许正是这种领先地位造成热那亚的某种弱点。威尼斯的优点之一也许恰恰在于，它更加通情达理，不那么盲动冒险。地理位置显然对它十分有利。一出潟湖，便到亚得里亚海，这对威尼斯人来讲，就像还留在自己家里。对于热那亚人，离开了城市，便到海面广阔、不能有效控制的第勒尼安海，这里实际上是个公海。[128]由于东方是财富的主要源泉，威尼斯有通向东方的海岛之路的方便，处于有利的地位。当"蒙古之路"于1340年间被切断后，威尼斯捷足先登，于1343年率先来到叙利亚和埃及的门口，并发现大门没有关上。[129]最后，在所有意大利城市中，威尼斯与德意志和中欧建立了最好的联系，而德意志和中欧又是用白银购买棉花、胡椒和香料的最可靠的主顾，因而也是勒旺贸易的关键。

威尼斯的强盛

到了14世纪末，威尼斯的优势地位已经巩固。它于1383年占领了扼守亚得里亚海咽喉的科孚岛。1405至1427年间，又顺利地（虽然并不少付代价[130]）占领了帕多瓦、维罗纳、布雷西亚、贝加莫等内陆城市。[131]面对意大利，威尼斯如今得到由城市和陆地构成的一块开阔地的保护。这块开阔地很早就在威尼斯的经济影响之下，威尼斯占领这个地区属于一个意义深远的整体运动的组成部分。与此同时，米兰扩张成伦巴第；佛罗伦萨控制了托斯卡纳，并于1405年占领了与它为敌的比萨；热那亚成功地朝地中海东西两个方向扩张其优势，并且把与它为敌的萨沃纳港一举填平。[132]意大利的大城市通过削弱小城市而加强自己。这一过程说来也是相当普通的事。

在这以前，威尼斯早已建立起自己的海外领地，虽说版图不大，但因其纵贯勒旺通路沿线，战略地位和商业地位极其重要。这些七零八碎的领地，如果作个不相称的比较，很像葡萄牙人或荷兰人后来在印度洋各地按照英美国家所谓“贸易据点”格式拼凑的殖民体系：一系列商业据点共同组成一根很长的资本主义触角。我们几乎可以说，这是一个“腓尼基式”的帝国。

富裕与强盛齐头并进。这种富裕（因而也是强盛）可以在市政会议的预算[133]中，以及在老总督托马索·莫塞尼戈于1423年去世前所作的著名训词中得到证实。

威尼斯城当时的财政收入高达75万杜加。如果我们在别处使用的系数[134]——预算收入约等于国民收入的5%到10%——
在这里同样适用，城市的国民收入毛值约在750万至1500万之 98
间。威尼斯市及其市辖区（包括基奥贾在内的郊区）的人口据估计略多于15万，城市的人均收入约在50至100杜加之间，这是一个很高的水平；即使按50计也令人难以置信。

如果与当时的各国经济作个比较，人们对威尼斯收入之高，就会有更清楚的认识。威尼斯的一份文件[135]恰好提供了关于15世纪欧洲各国财政收入状况的一张清单,其数字分列于后面的图表。威尼斯的财政收入约达 75 万至 80 万杜加,法兰西王国当时的境遇相当可悲,收入不过 100 万左右;威尼斯与西班牙(但那是怎样的西班牙啊!)平起平坐,与英格兰不相上下,远远超过米兰、佛罗伦萨、热那亚等自称在威尼斯背后紧跟不舍的许多其他意大利城市。就热那亚而言,这个城市的财政收支数字确实不说明什么问题,私人利益已把很大部分的财政收入据为己有。

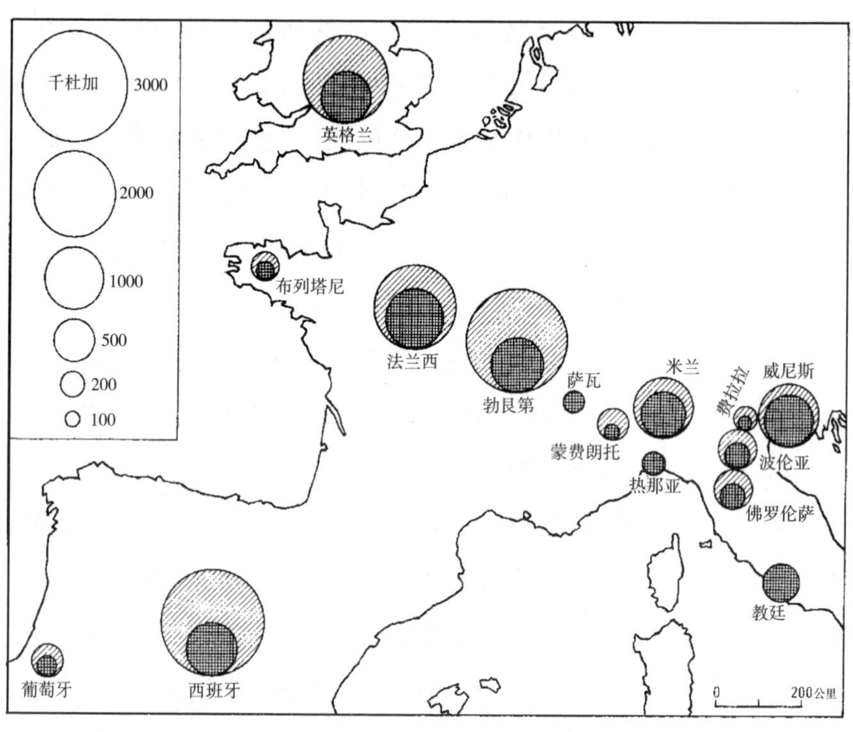

14. 从财政收支情形来看,威尼斯比其他国家更能抵抗危机

这张图表(《结算》,第一卷,1910 年版,第 98—99 页)同时显示欧洲各国的财政收支总额及其在 15 世纪的下降情形。前面在正文中提到的数字较为可靠,在图中用深色圆圈表示,无疑反映 1423 年的情形。浅色的圆圈反映以往年度的财政收支状况,总额显然更大。

这里还只是说到威尼斯及其市辖区。在市政当局的收入（75万杜加）之上，还需加上威尼西亚芝和国的收入（46.4 万），以及海外领地的收入（37.6 万）。威尼斯的收入总额（161.5 万杜加）跃居欧洲的首位。实际数额更要大得多。如果把整个威尼斯（威尼斯市加上威尼西亚共和国，再加上海外领地）的人口算作 150 万，把查理六世统治下的法国人口大致算作（为便于计算）1500 万，人口等于威尼斯十倍的法国，在同样富有的情况下，财政收支理应等于威尼斯的十倍，就是 1600 万杜加。法国实际财政收入仅 100 万左右，这就表明城邦比领土国家有着极大的优越性，并且使人想到资本集中在城市少数人手中究竟意味着什么。另一项比较同样值得重视，如果并非不容置疑：我们的文件表明，各国财政收支于 15 世纪趋向衰退，不幸又没有确切说出衰退究竟从哪个日期开始。同原先的指标相比，英国约下降 65％，西班牙（但这又是怎样的西班牙？）减少 73％，威尼斯仅下降 27％。

第二项检验见于莫塞尼戈总督的著名演说。这篇演说同时是遗嘱、统计材料和政治攻击。[136]老总督在临死前拼命要阻止弗朗赛斯科·福斯卡里上台，好战的福斯卡里于 1423 年 4 月 15 日继任总督，主宰威尼斯的命运，直到 1457 年 10 月 23 日卸职为止。老总督向听众说明，和平对于维持国家和个人的财富是多么重要。如果你们推举福斯卡里，他说，“不用很久，你们就会打仗。有一万杜加收入的将只剩一千，有十所房屋的将只剩一所，有十件衣服的将只剩一件，其他的裙、裤、衬衣等物件也依此类推……”相反，如果维持和平，“如果你们听从我的劝告，你们将看到，基督徒的黄金将归你们所有”。

这篇演说词确实令人惊奇。它意味着，威尼斯当时有一些人能够懂得：保住自己的杜加、房屋、裤子等，是真正的自强之道；通过商品流通，不靠武力，可以使“基督徒的黄金归自己所有”，就是说，可以左右整个欧洲经济。据莫塞尼戈的估计，每年投入商业的资本约达1000万杜加（他的数字一度曾引起争议，今天已不再有异议了）。
99 这笔款子除200万利息外，还有200万商业利润。我们要注意，这里把利息同商业利润分开，都按20%的比率计算。可见，照莫塞尼戈计算，威尼斯从远程贸易中获利的比率高达40%，这也就说明威尼斯的资本主义何以欣欣向荣的原因了。对那些竟敢声称12世纪的威尼斯已有资本主义的人，桑巴特可以斥之为“幼稚”，但到了15世纪，在莫塞尼戈演说中隐约可见的那个世界，又该给它什么名称？

威尼斯总督估计年商业收入为400万，这个数字据我估计只占城市总收入的一半到四分之一。莫塞尼戈的演说顺便提到有关威尼斯贸易和海运的几个估计数字。它们可以确证我在计算中所使用的数量级。这些数量级也符合人们了解的威尼斯“造币所”（造币所出现的时间要晚得多，当时正值通货膨胀，即有些人称之
100 为“威尼斯之衰落”的时期）的活动情况。造币所在16世纪末年每年约铸造200万杜加，金币和银币各占一半。[137] 人们据此可以猜想，当时流通的货币总额该达4000万，[138] 这批货币只是在威尼斯通过，但每年都有所更新。既然威尼斯商人紧紧掌握着胡椒、香料、叙利亚棉花、小麦、葡萄酒和食盐等海上大宗贸易，这么高的货币流通量丝毫也不令人感到奇怪。皮埃尔·达吕在《威尼斯史》（1819年）[139] 这部至今有用的传世之作中已经指出，“食盐贸易给威尼斯带来的收益不可胜数”。为此，市政会议十分注意控制亚得

里亚海和塞浦路斯沿海的盐场。仅伊斯特里亚一地生产的食盐，每年就有四万多匹马从匈牙利、克罗地亚以及德国前来装运。[140]

威尼斯的富有还可以从兵工厂看出，那里集中着大批帆桨船和载重船；关于帆桨商船系统，我们下面再谈。[141]城市的不断美化又是另一明证，就在15世纪期间，威尼斯逐渐改变了面貌；原来的夯土路改铺石子路面，运河上的木桥和木板码头一律改砌石块（城市设施的"石块化"虽说是种奢侈，却也十分必要），其他市政建设还不算在内，如开挖水井，[142]清理有时变得奇臭难闻的市内运河。[143]

这一切都是为了建立政治威望，对国家、城市或个人来讲，政治威望可以成为一种统治手段。威尼斯政府完全意识到美化城市的必要性，"不对美化城市的开支斤斤计较"。[144]总督府的重建工程虽然旷日持久，但工程几乎不断在进行；1459年，在老里亚托广场德意志商馆的对面，兴建了充当商人集会地点的新"会堂"。[145]1421至1440年间，孔塔里尼家族在大运河沿岸建造了"金屋"以后，新盖的华丽建筑在这一带日渐增多。这种建筑狂热在意大利和别国的许多城市中无疑普遍存在着。但在威尼斯，用几千根橡木作为桩基打进潟湖的泥沙之中，又从伊斯特里亚运来石块，建筑所费的开支实在昂贵。[146]

威尼斯的力量自然还鲜明地表现在政治方面。威尼斯对政治
艺术十分精通，很早就派出大使进行"游说"。还有为其政治服务 101
的雇佣军：只要有钱，就能雇佣或收买，放在战争的棋盘上使用。雇佣军并不始终是最好的士兵，"队长"们发明了一种脱离接触、互相和睦相处的战争形式，[147]就像1939至1940年间的"滑稽战争"一样。但威尼斯毕竟遏制了米兰的称霸企图；参与了旨在建立或

维持意大利列强间平衡的洛迪和约(1454 年);1482 至 1483 年第二次费拉拉战争期间,威尼斯轻松地抗击了敌人的进攻,而敌人的企图是,如其中之一所说,把威尼斯赶回海里,既然威尼斯过去对海战十分内行;[148] 1495 年,威尼斯策划了种种交易,让科明尼斯大吃一惊,使在上一年不费吹灰之力就直逼那不勒斯的法国国王查理八世灰溜溜地退回本国:这些事例充分说明一个极其富有的城邦又是何等的强大。普里乌利在他的《日记》[149]中,回顾欧洲各国的大使及苏丹代表的这次异乎寻常的会议时,未免踌躇满志。会议的结果是于 1495 年 3 月 31 日缔结了旨在保卫意大利免受侵犯的反法同盟,而威尼斯人则以"基督教保卫者"和意大利之父自居。[150]

乔伐尼·安东尼奥·卡纳莱托(1697—1768):《圣雅克小教堂》,大商人会面的地点就在里亚托广场尽头的这座小教堂的廊下。

以威尼斯为中心的经济世界

以强盛的威尼斯为中心的经济世界在欧洲地图上没有明确划定的界线。到波兰和匈牙利为止的东部边界相当清晰，而在巴尔干地区，由于土耳其在夺取君士坦丁堡（1453 年）以前即已进行征讨，并且势如破竹般地向北扩张，边界变得模糊不清：安德里诺波尔于 1361 年被占领；庞大的塞尔维亚帝国 1389 年在科索沃战役
中惨遭失利。朝西面去，没有问题，整个欧洲都在威尼斯支配之 102
下。包括君士坦丁堡（直到 1453 年为止）在内的地中海，也是如此，在更远的地方，黑海海域曾有几年归西方控制。尚未被土耳其人占领的伊斯兰地区（北非、埃及和叙利亚），即从 1415 年变为葡萄牙属地的休达直到贝鲁特和特里波利的狭长形沿海地带，向西方商人开放。但通往黑非洲、红海和波斯湾等纵深地区的道路仍对外关闭。香料、药材、丝绸均运往东地中海诸港口，西方商人只得在那里等待。

比确定整个边界走向更加复杂的是划分不同的组成地区。中心地区比较容易被认出；前面引证的托马索·莫塞尼戈的讲话表明，威尼斯与米兰、伦巴第诸城市、热那亚和佛罗伦萨具有优先的联系。南达佛罗伦萨和安科纳一线，北抵阿尔卑斯山沿线，这个城市群不容争议地就是以威尼斯为首的经济世界的中心。但这一星云状城市群向北延伸，在阿尔卑斯山的另一侧，又形成一个银河状商业城市群：奥格斯堡、维也纳、纽伦堡、雷根斯堡、乌尔姆、巴塞尔、斯特拉斯堡、科隆、汉堡乃至吕贝克，还有始终很有实力的尼德兰城市群（布鲁日仍居领先地位），以及伦敦和南安普顿这两个英

国港口。

因此，从威尼斯到布鲁日再到伦敦这样一条南北向轴线横贯欧洲，并把欧洲切成东西两大块，这两块地区远不如主轴线附近的经济那么活跃，属于边缘区域。与曾经促使香巴尼交易会兴旺的基本法则相反，经济世界的中心这次位于轴线的南端，其实也是在与地中海轴线的会合处，由西向东的地中海轴线是欧洲远程贸易的主线，也是其利润的重大源泉。

威尼斯的责任

关于中心在意大利形成的方式，另有一条补充理由：在伊斯兰国家经商的威尼斯商人要忍受困守“货栈”（一条街或一系列房屋）的痛苦，[151]威尼斯把这个办法照搬过来，作为自己的经济政策。它为德意志商人设立了一个对外隔离的强制性集中地点，即在商业区中心、里亚托桥对面的“德意志商馆”。[152]所有德意志商人均得在那里存放货物，住进为此预订的一间屋子，在当局严密监视下出售货物，再把售货所得的钱用来购买威尼斯商品。德意志商人对这种严格的管理不断有所抱怨：威尼斯正是通过这个办法，把远程大宗贸易作为禁脔留给本市的公民（包括市内和市外），而把德国商人排斥在外。德国商人若敢插手，其货物即被没收。

另一方面，威尼斯实际上也禁止自己的商人直接去德国经商。[153]结果是德国人势必要亲自来威尼斯购买呢绒、棉花、羊毛、丝绸、香料、胡椒、黄金等。在华斯哥·达·伽马的航行后，葡萄牙
103 商人则反其道而行之，他们在安特卫普设立商站，[154]亲自把胡椒

和香料送到北方顾客的手里。当然，德国顾客也可前往热那亚，他们实际上也去那里，热那亚对他们洞开门户，不加太多的限制。但是，热那亚主要与西班牙、葡萄牙和北非保持联系。除此以外，威尼斯是世界的货仓（如同日后规模更大的阿姆斯特丹一样），凡在威尼斯找不到的东西，在热那亚也不可能找到。作为一个经济世界的中心，威尼斯的便利和诱惑怎能让人抗拒？整个德意志都参与对威尼斯的贸易，德国交给威尼西亚商人的货物有铁、五金、条绒（棉麻织品），还有15世纪中叶后数量日益增多的白银，威尼斯把部分白银送往突尼斯，在那里换取金屑。[155]

这是威尼斯的一项有意识的政策，人们对此不可能产生怀疑，因为威尼斯把这项政策强加于多少受它控制的所有城市。威尼西亚共和国的所有交易，勒旺各岛屿或亚得里亚海各城市的全部出口（即使是送往西西里或英国的货物）都必须经威尼斯港转口。威尼斯有意识地设计了让附庸经济（其中包括德意志经济在内）就范的陷阱；它从附庸经济中攫取利润，阻止附庸经济根据自己的意愿和逻辑行事。在地理大发现后不久，假如里斯本强迫北方的船只前往葡萄牙购买香料和胡椒，安特卫普的优势就不会很快确立，至少也会受到阻挠。但里斯本也许缺乏足够的力量，没有意大利城市的商业经验和银行经验。“德意志商馆”的圈套难道不正是威尼斯优势地位的原因和结果吗？

帆桨商船

威尼斯同勒旺和欧洲的联系，即使在圣马克城的鼎盛时期，也存在不少问题，特别是地中海和大西洋的运输问题，因为贵重商品的分销遍及全欧洲。在顺利的经济形势下，一切困难都会迎刃而解。每当形势恶化，就必须大动干戈。

帆桨商船系统正是威尼斯国家在经济萧条时期采用的一种经济统制措施。商船系统创设于14世纪，旨在推行某种“倾销”（用吉诺·吕扎托的话来说），以对付旷日持久的危机；它既是一种国营企业，又包括私人的有效合作，是出口商为了降低运输费用和维护对外国商人的竞争地位乃至立于不败之地而设置的真正海上联营机构。[156]可以肯定，从1328年起（也可能从1314年已经开始），市政会议让兵工厂制造帆桨商船（最初为100吨，后来增到300吨），底舱装货容量相当于50节火车车皮。在进出港口时，帆桨船使用划桨，其他时间则像普通圆头船一样扬帆航行。它们算不上是当时最大的商船，因为热那亚的大帆船于15世纪达到或超过1000吨。[157]但它们结队航行，并由弓箭手和投石手守卫，后来更在

104 船上架设大炮，因而相当可靠。市政会议在穷贵族中招募投石手，也是帮助他们维持生活的一项办法。

国家船只的租赁每年以投标方式进行。中标的城市贵族又从其他商人那里收纳与托运货物相应的租金。“私方”由此便使用“公方”建造的工具。使用者或者随船航行，在旅程中均摊开支，“只记一笔账”（就是说，实行联营），或者组成一家公司，租用一条船，往返装载货物。市政会议鼓励这些保证参与者原则上机会均等的做法。同样，为在叙利亚购买棉花，或在埃及的亚历山大购买胡椒，又经常采用对所有商人开放的联营方式。相反，对于它认为有垄断倾向的特殊集团，市政会议一概予以解散。

根据威尼斯国家档案馆保存的文件，我们可以复原帆桨商船

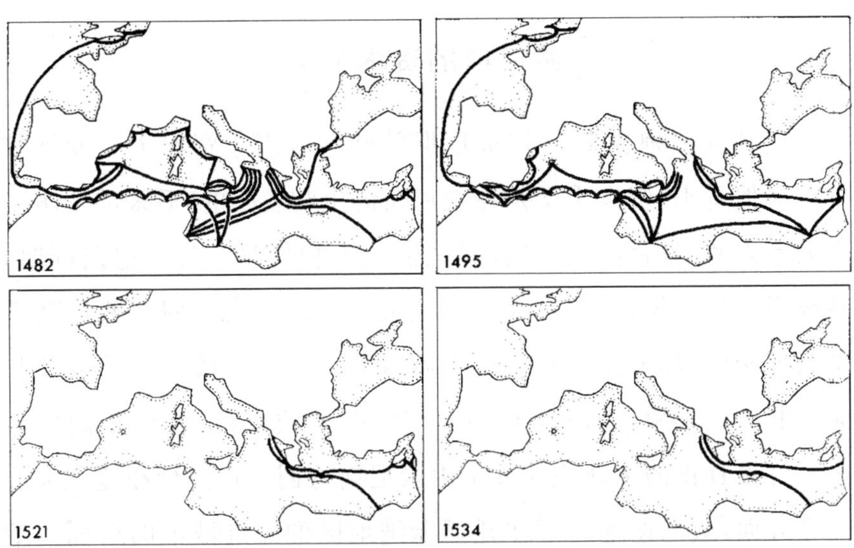

15. 威尼斯帆桨商船航行图

上面四张草图选自阿尔贝托·泰伦第和科拉铎·维旺第于 1961 年在《经济、社会、文明年鉴》发表的一系列照片，概括展示帆桨商船系统及其护航手段衰颓的各阶段（通往佛兰德、埃格莫特、柏柏尔、特拉法尔加、亚历山大、贝鲁特、君士坦丁堡）。这些路线在 1482 年全都通行。在 1521 和 1534 年，只剩下与勒旺的富有成果的联系。为简化草图，路线起点只画到亚得里亚海，而不画到威尼斯。

逐年的航行路线，并且看到威尼西亚共和国遍布地中海各地的商业活动正逐渐在变化。从 1314 年起，随着“佛兰德帆桨船队”的成立，威尼斯朝布鲁日的方向（确切说是朝其外港）伸出了章鱼的腕足。读者可参看上面的解释性简图。商船系统的鼎盛时期大约就在 1460 年前后，[158]市政会议在那时组建了特拉费戈船队，从而加强朝北非方向的活动，以取得苏丹的黄金。后来，商船系统遇到几 105
次挫折，并于 16 世纪衰落。但我们这里所关心的，并不是商船系统的衰退，而是衰退前的成功。

威尼斯的资本主义

奥利维·柯克斯[159]把威尼斯的胜利归因于资本主义发展较早。在他看来，资本主义是在威尼斯诞生和发明的，后来的资本主义无不以威尼斯为师。这种说法能让人相信吗？与威尼斯同时，甚至更早的时候，就有其他资本主义城市的存在。假如威尼斯不坐头把交椅，热那亚大概会毫无困难地占据它。威尼斯的成长壮大并非孤立现象，当时还有一系列活跃的城市，也面临相同的命运。许多真正的革新往往并不由威尼斯首创。在银行和建立大公司等方面，威尼斯远远落在托斯卡纳地区的先进城市的后面。最早铸造金币的不是威尼斯，而是热那亚（13世纪初）以及佛罗伦萨（1250年开始，而杜加于1284年才出现，不久被称作"色庚"[160]）。发明支票或股份的也不是威尼斯，而是佛罗伦萨。[161]最早使用复式簿记的不在威尼斯，而在佛罗伦萨；在佛罗伦萨的费尼公司和法罗尔费公司的档案里，至今保存着13世纪末最早的复式簿记样本。[162]不经公证人的介绍直接订立航海保险协议（这可简化许多手续），最早从佛罗伦萨（而不是航海城市）开始。[163]还是在佛罗伦萨，最大限度地发展了工业，并且毋庸置疑地达到了制造厂的阶段。[164]热那亚最早于1277年通过直布罗陀与佛兰德建立了定期海上联系（这是一项巨大的创新）。热那亚的维瓦尔迪兄弟领革新风气之先，于1291年首先想到寻找一条直通印度的道路。1407年底，热那亚商人马尔方特，似乎为赶在葡萄牙人远航的前面，深入图瓦特绿洲勘查黄金产地。[165]

在发展技术和兴办资本主义企业等方面，威尼斯与其说是领

先，不如说是落后。其原因或许在于：威尼斯历来主要与东方往来，而意大利其他城市则更多地同西方（正在创造中的世界）打交道。威尼斯的财富既然得来容易，人们也就拘泥于陈规旧例；其他城市面对的形势往往变幻莫测，人们只能多想对策，因而变得更加精明。虽说如此，在威尼斯建立起来的制度一开始就提出了有关资本、劳动和国家之间关系的所有问题，在资本主义今后的长期演变过程中，这些关系势必与资本主义一词有关。

从 12 世纪末和 13 世纪初开始，尤其在 14 世纪，威尼斯已拥有经济活动的各种工具：集市、店铺、仓库、拉桑萨交易会、造币所、总督府、兵工厂、海关等。每天早晨，在里亚托广场上，当货币兑换商和银行家在圣雅克小教堂[166]前面开始营业时，来自威尼西亚共和国、意大利其他地区或阿尔卑斯山另一侧的本国和外国大商人纷纷到此会面。银行家手里拿着笔和小本，随时准备签发银行划账单。这是商人之间通过划账当场结清交易的好方法，不必借助货币，也不用等到下次交易会再清账。转账银行（banchi di scrit- 106
ta）[167]甚至允许某些顾客透支，有时也发行某种银行券。[168]客户存在银行的存款，不是借给国家，便是用于商业投机。

里亚托广场上举行的“交易所”集会确定各种货物以及市政会议公债的行市（市政会议的收入最初来自税收，后来逐渐依靠公债），[169]此外还确定海上保险率。直到今天，在里亚托广场附近，“保险巷”仍使人回想起 14 世纪的保险人。所有的重大交易就在里亚托桥附近的街巷中进行。假如有位商人被“剥夺前往里亚托广场的权利”，这项处罚“意味着，如许多赦免请求所说，被剥夺从事大商业的权利”。[170]

商人的等级迅速形成。已知的关于威尼斯纳税人的第一份调查(1379—1380 年)[171]表明,在纳税的贵族(共计 1211 户)中,约有 20 至 30 户富豪,还发现几户平民财主(共计 6 户),再加上几家殷实铺主:肉店、鞋店、营造行、肥皂作坊、首饰铺和香料店,其中以香料店地位最高。

威尼斯的财富分配已经十分多样化,商业收益在富有程度不同的阶层中不断积聚,并反复转化为投资。正如佩特拉克后来所说,船舶像是漂浮的房屋,它几乎总被划分为 24"开"(每名船东拥有一定数量的"开")。船舶经营因而几乎从一开始便具有资本主义性质。载运的货物通常是赊来的。至于所谓"互助"(mutuo)借款,则是历史就已存在,同人们的设想相反,它并未陷入高利贷的泥潭。威尼斯人很早"按照生意人的规矩",接受"信贷业务的合法性"。[172]这并不等于说,我们前面说到的高利贷就绝对不高;当时的借贷息率也很高(正常的息率已达 20%),此外还需实物抵押,归放款人掌握。通过这些办法,齐亚尼家族自 12 世纪起攫取了圣马克广场四周和"服饰用品街"沿线的大部分土地。在现代化银行建立前,各地的高利贷难道不都是必要的邪恶吗?基奥贾战后不久,经受巨大创痛的威尼斯只得让第一批犹太高利贷者在市内定居(1382—1387 年),[173]他们向一般百姓,有时甚至向贵族放账。

"商业互助"(mutuo ad negotiandum)则是另一回事。作为贸易的一个不可缺少的工具,这种借贷息率虽高,却不被看作是高利贷,因为息率通常与银行利率持平。商业融资十之八九与迟于 1072 至 1073 年间[174]出现的所谓"协作"(colleganza)契约相联系。

契约不久以两种形式出现。或者是单边协作：放款人又称“留在陆地的合伙人”（socius stans），他向“登船出海的合伙人”（socius procertans）提供一笔贷款；后者在返航算账时，除偿还动身时所借的款项外，自己留下四分之一的收益，其余都归资本家。或者是双边协作：放款人只拿出资本的四分之三，“登船出海的合伙人”提供劳务，外加四分之一的资本。在此情况下，获利由二人平分。吉
诺·吕扎托[175]认为，这第二种协作形式不止一次被用于掩盖单边 107
协作的高利贷嫌疑。“协作”一词在这里名不符实，它的形式与意大利其他城市的“合约”（commenda）十分相像，人们早先和后来在马赛和巴塞罗那都能找到类似的组织。由于 commenda 一词在威尼斯具有储蓄的含义，[176]我们必须另找一个词，用以确指海上借贷。

既然如此，安德列·赛约[177]于 1937 年采取的，并为包括马克·布洛赫[178]在内的大多数历史学家所接受的立场，也就可以被人们理解了：1050 至 1150 年间，资本与劳动在威尼斯已出现了分化。“留在陆地的合伙人”不就是不出远门的资本家吗？他那位登船出海的合伙人前往君士坦丁堡，随后再去塔纳或埃及的亚历山大……如果旅行顺利，当船返回时，出力干活的贩运人便送来所借的本金和赚得的利润。一方为资本，另一方是劳动。但于 1940 年
发现的新资料[179]迫使我们修正这个过分简单的解释。首先，“留 108
在陆地的合伙人”虽有这个名称，却不断在流动，就我们观察的那段时间看（1200 年前后），他们前往埃及的亚历山大以及圣让达克尔和法马古斯塔，君士坦丁堡更是常来常往（这个细节足以表明，威尼斯在多大程度上靠打入拜占庭经济的内部而发了财）。至于

“登船出海的合伙人”，他丝毫不像服劳役的农奴那样任人支配，每次出门总随带十来份“协作契约”（这就事先保证他在顺利情况下有丰厚的利润可得）；此外，他在一份契约中是借款人，而在另一份契约中，又往往是放款人。

如果知道放款人的姓名，我们会看到，在放款人的名义下，有一系列大小不等的资本家，其中有些掌握的资本为数很小。[180] 几乎可以说，威尼斯全体居民都给商人贷款，不断在创建和重建遍布整个城市的商行。这种自发提供的、到处都能得到的贷款使商人单枪匹马或与二三人临时合伙，就能开展商业活动，而不必像佛罗伦萨上层人士那样，组建长期存在的和积聚资本的公司。

威尼斯商人用呢绒换取东方产品。马可·波罗：《马可·波罗游记》。

也许正是这种完美、便利的组织形式，正是资本的这种自给自足，说明了威尼斯发展资本主义的局限性。威尼斯的银行家通常不是本市的市民，他们“一门心思只注意城市的集市活动，想不到把他们的活动向外地转移，以寻找新的主题”。[181] 因此，像佛罗伦萨在英国投资以及热那亚在塞维利亚或马德里投资这类冒险的事，威尼斯压根就没有经历过。

信贷和经营的便利还使商人能够挑三拣四和随聚随散：船只启航时几人开始合伙，返航后立即散伙。下次再重新开始。总之，威尼斯人进行的投资数额大，但时间短。长期的借贷和投资自然迟早总会出现，不仅为开辟远洋航运，如前往佛兰德地区，而且更多地为城市的工业和其他持久性活动服务。期限起初很短的互助借贷(mutuo)终于可反复展期，有时可延长至数年之久。另一方面，直到13世纪才慢慢出现和推广的汇票[182]往往也是一种短期信贷手段，其有效时间等于在两个商埠间的一次往返。

威尼斯的经济气候可见十分特殊。紧张的经济活动在那里被分解成众多的小笔交易。虽然也曾出现过几家寿命较长的商行，但佛罗伦萨的那种大公司在威尼斯始终找不到发展的适当场所。也许因为政府和城市贵族从未像在佛罗伦萨那样遇到真正的挑战，威尼斯城毕竟是个可靠的地点。或者因为很早过着小康生活的商人满足于行之有效的传统经商手段。但交易的性质在这里也有关系。威尼斯的商业活动主要以勒旺为对象。这一贸易需要巨额资本：威尼斯的大批货币几乎全部都用了进去，以致帆桨船每次启航叙利亚时，市内的货币简直罗掘俱空，[183] 与后来塞维利亚的印度船队出发时的情形完全一样。[184] 但资金的周转相当迅速，期限在半年至一年之间。船只的往返决定着市内各项活动的节奏。
109 威尼斯之所以独具一格，这归根到底要用对勒旺的贸易来解释，勒旺贸易是决定商人行为的动因。例如，据我猜测，迟至1284年才铸造金杜加的原因，大概是威尼斯直到那时为止仍认为，继续使用拜占庭的金币比较省事。只是后者的急剧贬值，才迫使威尼斯改变政策。[185]

总的说来，威尼斯从一开始就因成功而故步自封。威尼斯的真正主宰不是总督，而是市政会议。后者反对各种变革势力，要求遵循以往的各种先例，犹如遵循摩西十诫一样。笼罩在强盛的威尼斯之上的阴影，恰巧正是威尼斯的强盛本身。事实确是如此。同样的道理不是对20世纪的英国也适用的吗？在经济世界范围内的领导权是对强权的一种经验，强权迟早会使胜利者变得盲目，看不见前进中的和正在实现中的历史。

劳动的情形

威尼斯是个大城市，人口在15世纪已超过10万，在16和17世纪时期约在14至16万之间。除开特权者（贵族、市民、僧侣）、穷苦无告者和流浪汉共几千人外，广大居民以双手劳动为生。

有两个劳动世界在威尼斯并存：一方面是不加入任何组织，也不受任何组织保护的不熟练工人，其中包括被弗雷德里克·劳恩称作“海上无产阶级”[186]的搬运工、装卸工、水手和划桨手；另一方面是行会的世界，行会是城市中各种手工工匠的基本组织。两个世界之间的界线有时不很清晰。历史学家并不始终知道该把他观察到的行业划在哪一边。属于第一类的大概有在大运河沿岸的葡萄酒码头、钢铁码头和煤炭码头从事装卸的工人；有几千名驾“贡都拉”船的船夫，其中大多数系大户人家的仆役；还有在总督府前面的劳动集市上应募充当水手的真正贫民。[187]应募的水手每人领取一笔津贴。如在指定日期不去报到，就会遇到追捕，被处以相当于津贴两倍的罚款，并被押送上船工作，工资用以抵销欠账。另外一大批不加入行会的劳动者是在丝织和毛织行业专干粗活的男女工人。相反，奇怪的是，那些从布伦塔河汲取淡水，然后再装船运抵威尼斯的“水夫”，驾驶平底驳船的“船夫”，流动的焊锡工匠乃至挨门串户送奶的“奶夫”却都照例组成行会。

理查·蒂尔登·拉普[188]曾试图计算这两大部分劳动者的人数，他们合在一起恰好是城市的全部劳动力。虽然数字来源不尽可靠，但我认为总的结果是相当可信的；由于在16和17世纪期间没有出现任何大变化，这些结果显示了威尼斯当时的就业结构，在1586年，城市约有居民15万人，劳动者人数略低于34 000人，换句话说，除开特权者集团约占10 000户外，如果每个劳动者按四口之家计算，几乎全体居民都以劳动为生。根据拉普的计算，在33 852名劳动者中间，22 504人为行会成员，11 348人为无组织的工人（还不好说是自由劳动者），分别占三分之二和三分之一。

这后一部分劳动者，如果把男女老幼都算上，在威尼斯少说也 111
有40 000人，他们在劳动市场上占很大比重。这是为任何城市经济所必需的劳动力，乃至低级劳动力。他们能否满足威尼斯的需求呢？威尼斯人口不多，难以提供足够的水手，因而外国无产者很早便前来增援，虽然并不始终心甘情愿。威尼斯还在达尔马提亚和希腊诸岛招募工人，往往在康提亚（后来又在塞浦路斯）装备其

110

威尼斯的“贡都拉”船夫。《圣十字架的奇迹》，细部，卡尔帕乔作画。

帆桨船。

相比之下，工匠们的行会组织似乎是个享有特殊利益的世界。行会并不完全按照章程办事：章程的规定是一码事，实际又是另一码事。任何行会都逃不了国家明察秋毫的监视：无论是拉朱代卡的制革业行会，米拉诺的玻璃制造业行会，早在 1314 年卢卡工人前来增援前业已成立的丝织业行会，或是在 1458 年初春根据元老院的公告[189]重建的毛织业行会。为保护毛织业而发布的公告是针对威尼斯本身的商人，他们很想在佛兰德和英格兰[190]等外国制造“佛罗伦萨式”呢绒，那里的劳动力价格比较低廉，规章也比较灵活。克尽厥职的威尼斯国家对产品质量作出严格的规定，其中包括毛料的尺寸，原料的选择，经纬线的数量，以及使用的染料，结果却使生产很难适应需求的变化，尽管这种种规定能保证产品的声誉，特别在勒旺的市场上。

所有这些新旧行业从 13 世纪起开始在威尼斯组成行会（arti）和同业公会（scuola）。[191]但这类自己保护自己的组织不能保证工匠免受政府和商人的侵犯，而在威尼斯，政府的干预尤其突出。于 16 世纪开始兴旺并于 1600 至 1610 年间达到鼎盛的呢绒业，它的发展和成功有赖于包买商制度的推行，而包买商往往又是外国人，特别是侨居在威尼斯的热那亚人。甚至古老的造船工业及其船坞主，自 15 世纪起，也受提供足够金钱以支付工资和购买原材料的商人兼船东的支配。

工业至上

总而言之，劳动的世界受到金钱和当局的压制。当局拥有四个监督和仲裁机构：老公平署(Giustizia Vecchia)、商务仲裁五贤人(Cinque Savii a la Mercanzia)、公共督察署(Provveditori di Comun)、行会理事会(Collegio alle Arti)。威尼斯的社会十分安定，几乎很少或完全不发生严重事故，难道应该用这种严密的监督作解释吗？1446 年 2 月，[192]一些划桨手在总督府门前苦苦哀求发放他们被克扣的工薪。至少雇佣3 000名工人的兵工厂是个庞大的国家手工工场，圣马克教堂的大钟每天召唤工人上工，他们处在国家严格的控制之下。每次怀疑有骚乱发生，便把一两名为首者处以绞刑(impicati per la gola)，于是一切又恢复秩序。

威尼斯的行会在任何情况下都被排斥在政府之外，从未像佛罗伦萨的行会那样参与政务。威尼斯的社会安定因而更加使人感到惊奇。确实，在经济世界的中心，即使小民百姓也可从资本主义
112 的掠夺中分得一点残羹剩饭。也许这是社会安定的原因之一。威尼斯的工资相对的高些。想把工资再压下去无论如何都很不容易。在这个问题上，威尼斯的行会还能保护自己的利益。人们可以看到，在 17 世纪初，面对北方织物的竞争，威尼斯毛织业的繁荣将因工匠拒绝放弃高工资而终告停止。[193]

17 世纪的这种形势表明，威尼斯的工业活动面对附近的威尼西亚共和国和遥远的北方工业的竞争已经开始衰落。我们应该根据理查·蒂尔登·拉普的提议，回到 15 和 16 世纪的威尼斯去，从而研究工业活动当时是否构成威尼斯的主要特征。再进一步考察，占统治地位的城市是否必定深深扎根在工业活动之中？布鲁日、安特卫普、热那亚、阿姆斯特丹和伦敦都属于这种情况。我倾向于承认，考虑到当时工业活动的范围，工业技术的发达和早熟程

度（狄德罗在《百科全书》中讲到的各种工艺技术早在二百年前已在威尼斯出现），15 世纪的威尼斯大概居欧洲工业中心之首；确认这个事实对威尼斯的命运殊关重要，这意味着威尼斯工业繁荣在 16 世纪末和 17 世纪头二十年遭到破坏，决定了威尼斯的衰落。至于能否作此解释，二者是否真有因果关系，这是另一码事。商业资本主义胜过工业资本主义，这很少会引起异议，至少直到 18 世纪为止。1421 年，老总督普里乌利在列举威尼斯的财富时，没有提到工业财富；大概在 13 世纪业已存在的毛纺织业，经过了长期的间歇后，于 1458 年复苏，只是在 1580 至 1620 年间，才真正蓬勃发展。总的说来，在推动威尼斯致富的过程中，工业似乎作为一种补偿，作为克服不利环境的一个方式，很晚才发挥作用；我们将会看到，这与 1558 至 1559 年后安特卫普发生的事情简直如出一辙。

土耳其的祸患

这个大城市的逐渐衰落不能仅仅由它自己负责。早在欧洲开始地理大发现（1492—1498 年）和向世界各地扩张前，各领土国家已纷纷重振旗鼓。这里有咄咄逼人的阿拉贡国王，实力雄厚的法兰西国王，喜欢发号施令的尼德兰大公，野心勃勃的德意志皇帝马克西米利安（即使他还是财政拮据的奥地利大公时就已如此）。城市的发展普遍受到威胁。

在这些如旭日东升般兴起的领土国家中，国土最为广阔、对威尼斯威胁最大的，无疑是土耳其奥斯曼帝国。威尼斯最初对它估计过低，认为土耳其人在陆地生活，在海上并不可怕。但不用很久，土耳其海盗（或冒名的土耳其人）在勒旺海域突然出现，奥斯曼帝国的陆上征服逐渐对大海呈包围状，从而预先取得了制海权。1453年君士坦丁堡的陷落犹如晴天霹雳，土耳其人一举夺得了控制大海的冲要城市。君士坦丁堡的养料已被拉丁民族（其中包括威尼斯人）所吸尽，因而不经土耳其人一击，就自动垮台。君士坦丁堡迅速被伊斯坦布尔所取代，这个朝气勃勃的城市新增了大量
113 人口，其中不少是由当局指定搬迁过来的。[194]土耳其的首都成了苏丹们推行海上扩张的策源地，等到威尼斯终于发觉，已受累不浅。

威尼斯是否能够抵挡君士坦丁堡的扩张？威尼斯曾有此打算，只是为时已晚。[195]此外，它很快倾向妥协，宁可迁就苏丹。1454年1月15日，威尼斯总督对派驻土耳其苏丹的大使巴托里缪·马尔切罗解释说："我们的政策是与土耳其皇帝达成和平和友谊"。[196]和平毕竟是通商的前提。至于苏丹，既然他愿意与欧洲展开贸易，这也是为维持土耳其帝国的生存所必需，那么他势必要通过威尼斯。二者保持着一种典型的相反相成的关系，一切都使他们分道扬镳，利益又使他们生活在一起；随着奥斯曼帝国的扩张，情形将变得越来越是如此。1475年克里米亚的费奥多西亚被攻克，黑海对热那亚和威尼斯的贸易几乎因此关闭。1516和1517年占领叙利亚和埃及使土耳其人有可能关上勒旺贸易的传统大门。可是土耳其人并不这么做，因为这样就意味着停止他们从中攫取厚利的过境贸易。

威尼斯和土耳其必须和平共处，但共处中不免出现可怕的风暴。第一次威土战争（1463—1479年）[197]显示出双方力量的悬殊。

这不像后来英俄之间的那种鲸熊之斗。如果土耳其帝国是熊，它的对手威尼斯至多能算是一头胡蜂。但这是一头不知疲倦的胡蜂。威尼斯与欧洲技术进步相联系，因而处在有利地位；仗着财大气粗，威尼斯在欧洲各地招募军队（1649 至 1669 年的康提亚战争期间，甚至前往苏格兰招兵），抵抗和骚扰敌人。等到敌人气喘吁吁时，它自己也精疲力竭。威尼斯还善于在伊斯坦布尔施加影响，蓄意进行收买或贿赂，即使在战时，也设法通过拉古萨和安科纳保持其部分贸易活动。此外，威尼斯还策动其他的熊共同对付奥斯曼熊，其中包括查理五世皇帝、菲力浦二世的西班牙，德意志神圣罗马帝国，彼得大帝和叶卡特琳娜二世的俄罗斯，欧根亲王的奥地利。康提亚战争期间，甚至还一度把路易十四的法国也拉上了。为了包抄奥斯曼帝国的后方据点，还利用萨非王朝的波斯。作为什叶派的摇篮，萨非王朝的波斯与土耳其的逊尼派为敌，伊斯兰内部当时也有宗教战争。总之，威尼斯出色地抗拒了土耳其人，直到 1718 年订立帕萨罗维茨协定为止，从君士坦丁堡和约算起，历时达两个多世纪。

我们看到，土耳其帝国对威尼斯的存在投下多大的阴影。威尼斯因此逐渐丧失活力。但从 16 世纪初期开始的威尼斯的衰落，原因不在于城邦和领土国家之间的一种普遍的争斗。更何况，从 1500 年起，另一个城市安特卫普将取代威尼斯的地位，成为经济世界的中心。城市经济中占统治地位的旧结构并未被破除，欧洲资本主义发展和财富积聚的中心却已悄悄地从威尼斯退出。为说明这些，就必须涉及海上的地理大发现，大西洋进入贸易圈子以及葡萄牙的鸿运高照。

114 葡萄牙的鸿运高照，经济中心从威尼斯迁往安特卫普

历史学家几乎无不研究葡萄牙的鸿运高照：国土逼仄的卢西塔尼亚王国在15世纪末随着欧洲的地理扩张而来的世界大改组中不是扮演了主角吗？葡萄牙是促使欧洲爆炸的引信，主角的地位非它莫属。

传统的解释[198]

传统的解释说来相当轻松：位于欧洲西方前哨的葡萄牙具备随时出海航行的条件；它于1253年向伊斯兰入侵者夺回了全部被占国土，从此能腾出手来外出闯荡；1415年攻克直布罗陀海峡南边的休达，使葡萄牙窥测到远程贸易的秘密，并唤醒了十字军东征的侵略精神；沿着非洲海岸展开探险旅行，以及其他雄心勃勃的计划，从此可付诸实施。此时正好出现旅行家亨利王子（1394—1460年）这样一名英雄，他是国王胡安一世的第五个儿子，是极其富有的基督骑士团的团长，该团体于1413年把总部设在葡萄牙南端圣文森角附近的萨格里什；在学者、舆图学家和航行家的辅佐下，他积极策划了于1416年（攻克休达后一年）开始的探险旅行。

风向的不利，撒哈拉沿海的不宜停泊，自动产生的或葡萄牙人为保守航行秘密而散布的恐怖心理，探险活动的经费困难和不受欢迎，这一切都使沿着黑色大陆无垠海岸的探索进展迟缓：1416年抵达博赫阿多尔角，1445年抵达佛得角，1471年越过赤道，1482

年发现刚果河口。但在胡安二世统治期间（1481—1495），由于新国王对海上探险的热衷不亚于旅行家亨利，探险活动得以在15世纪末加速进行：巴特勒米·迪亚斯于1487年抵达非洲南端；他给它取名叫“风暴角”，国王后来称之为“好望角”。华斯哥·达·伽马的远洋航行至此已万事俱备，但由于种种原因，只是在十年以后方才开始。

作为对以上传统解释的补充，我们还特别要注意到探险航行的工具，这种轻巧的快帆船使用两种船帆：用以决定航向的三角帆，兜住后边来风的四方帆。

在这漫长的岁月里，葡萄牙航行者积累了有关大西洋风向和水流的丰富经验。拉尔夫·戴维斯写道：“正当葡萄牙的航海经验臻于完美时，地理大发现中最关键的一次航行由一名为西班牙服务的热那亚人完成。此事几乎纯属偶然”，[199]这里指的显然是克里斯托弗尔·哥伦布发现了美洲。何况，这一重大发现暂且还不如华斯哥·达·伽马几年后完成的环球旅行那么重要。葡萄牙人在绕过了好望角以后，很快认出了印度洋的环形航线，在顺风顺水的推动下，他们一往无前地去发现新的天地。从一开始起，印度洋上的任何船只，任何港口，都抵挡不了葡萄牙舰队的火炮；从一开始起，阿拉伯和印度的航行便被切断，遇到阻拦或变得七零八碎。葡萄牙人新来乍到，居然便发号施令， 115
而且很快就坐稳了天下。葡萄牙探险航行（阿尔瓦雷斯·卡布拉尔1501年在巴西海岸的探险除外）的艰难时期至此告一段落，并且以光辉的成功而告终，胡椒和香料源源不断地运达里斯本，这本身就是一场革命。

崭新的解释[200]

二十多年以来，一些历史学家，首先是葡萄牙历史学家，已用新的解释作补充。习惯的格局依旧保留，就像旧乐曲一样。然而新旧之间的变化异常之大！

首先，葡萄牙不再被认为是蕞尔小国。国土不是等于威尼斯加上威尼西亚共和国吗？葡萄牙因而既不太小，又不太穷，也并不闭关自守，在欧洲是个独立自主的国家。尤其，葡萄牙的经济并不落后，几百年内与伊斯兰国家保持着联系，如截至1492年仍是自由城市的格列纳达，以及北非的城市和国家。同发达国家的这些联系使葡萄牙国内发展了相当活跃的货币经济，使雇佣制很早在城市和乡村得以实行。葡萄牙在阿尔加维的乡村缩小小麦种植面积，改种葡萄树、橄榄树、栓木槠或甘蔗。任何人都不能硬说，这些在托斯卡纳被认为是经济进步象征的专门作物，一旦到了葡萄牙，竟是一种倒退。同样也不能认为，从14世纪中叶开始，葡萄牙不得不食用摩洛哥小麦，竟是不利因素，因为同样的情况在威尼斯或阿姆斯特丹也曾出现，并被认为是经济优势的必然结果。此外，葡萄牙的城乡历来面对海洋，居民以渔民和水手居多。他们的船只不过20至30吨，使用四方帆，船员众多，很早就在非洲海岸和加那利群岛一带航行，有时甚至远航爱尔兰和佛兰德。由此可见，海上扩张不可缺少的动力事先已经具备。最后，在1385年，即在威尼斯占领科孚后两年，一场“资产阶级”革命在里斯本建立了阿维茨王朝。这场革命把资产阶级推到了前排（这种状态“将持续几代人的时间”[201]），动摇了土地贵族的地位，后者虽然仍压迫农民，但随时准备为要塞的守卫，为海外租借地的开发，提供必要的干部；土地

贵族因此将变成官僚贵族（这一点构成葡萄牙扩张与尼德兰的纯商业扩张的不同）。总之，如果说葡萄牙在经历了在劫难逃的黑死病以后，于14世纪末已成为一个“现代国家”，这恐怕言过其实，但总的来讲，这话至少也有一半是说对的。

葡萄牙的发展虽说一帆风顺，却始终苦于自己不处在欧洲业已建
立起来的经济世界的中心。葡萄牙的经济尽管在许多方面得天独厚，
却是位于经济世界的边缘。从13世纪末开始，随着地中海和北海之
间海上联系的建立，葡萄牙经济顺便受益，并被意大利城邦连结英格 116
兰、布鲁日以及波罗的海的海上航线[202]所利用。随着西地中海逐渐与东地中海贸易相脱节，随着威尼斯的优势地位转化为垄断，意大利的部分工商界在热那亚和佛罗伦萨的推动下，逐渐转向西方的巴塞罗那，尤其转向巴伦西亚、摩洛哥沿海、塞维利亚和里斯本。里斯本因此变成国际商埠；外国侨民在那里成倍增加，[203]给里斯本带来有益的、虽然从不是无私的帮助。迅速在当地扎根的热那亚人主要做批发生意，有时也在原则上留给本国人经营的零售业务[204]中插上一手。里斯本乃至整个葡萄牙在一定程度上受外国人的控制。

外国人在葡萄牙的扩张中肯定发挥了作用。但是能否加以夸
大呢？若说外国人通常不参与事先的策划，而在事后把成果据为己 117
有，这恐怕并没有歪曲事实。尽管有人说过，出兵休达（1415年）是在外国商人鼓动下进行的，我对此没有把握。在摩洛哥港口定居的热那亚人甚至公开地、坦率地反对葡萄牙占领那个地方。[205]

在葡萄牙扩张取得最初的成功后，就是说，在1443至1482年间，葡萄牙掌握了黑非洲从艾卜耶德角到刚果河口这段海岸后，事

澳门一座中国庙宇门口的岩石上镌刻、彩绘的葡萄牙船。

情就变得更加清楚了。此外，随着 1420 年占领马德拉岛，1430 年再次发现亚速尔群岛，1455 年发现佛得角群岛，1471 年发现费尔南多波岛和圣多美岛，一个结构严密的经济区域已经形成，其基本活动是取得象牙、几内亚胡椒（一种假胡椒）、黄金（每年平均产量约为13 000至14 000盎司）以及奴隶买卖（15 世纪中叶每年为 1000 多，不久增加到 3000 多）。根据 1479 年与西班牙签订的阿尔科巴萨协定，葡萄牙还保留对黑非洲贸易的垄断。1481 年建造的圣乔治达米纳要塞，所有的材料（石、砖、木、铁）都从里斯本运来，这就进一步确立并保障了这一从此被牢固掌握的垄断。根据同时代人图瓦特·帕谢库的 *Esmeraldo de Situ Orbis* 一书，[206]黄金贸易可获五倍之利。至于抵达葡萄牙市场的奴隶，他们为有钱人家充当仆人，填补阿连特茹地区的空白（自光复战争结束后，该地区人烟稀少），在那里建立大庄园，并且在马德拉岛发展甘蔗种植（从 1460 年起，甘蔗种植取代了小麦）。

葡萄牙在非洲和大西洋诸岛进行了以上的扩展活动。但热那亚人、佛罗伦萨人也在其中起了不可忽视的作用（甚至佛兰德人对开发亚速尔群岛也有贡献）。把甘蔗种植从东地中海地区转移到西西里岛、西班牙南部、摩洛哥、葡萄牙的阿尔加维、马德拉岛和佛得角群岛，不是曾得到热那亚人的帮助吗？后来，由于相同的原因，糖料生产在卡斯蒂利亚人占领的加那利群岛也发展了起来。

华斯哥·达·伽马的环球旅行标志着葡萄牙的地理发现达到顶点；拉尔夫·戴维斯[207]说得对，如果这次成功"与热那亚人毫不相干"，那么，已经抵达或即将来到里斯本的意大利、上德意志和尼德兰等地的商人曾大力协助了葡萄牙的贸易成功。葡萄牙商人及其喜爱经商的国王如果单靠自己的力量，难道能经营通往东印度的航线？这条航线无论在开支和长度方面，远远超过卡斯蒂利亚人在西印度和塞维利亚之间建立的"印度之路"的联系。

我们最后还要指出，葡萄牙确实为朝印度洋方向努力而放弃了美洲。成败取决于一念之差：当克里斯托弗尔·哥伦布向葡萄牙国王及其幕僚们建议进行他那充满幻想的旅行时，巴特勒米·

迪亚斯恰好回到里斯本(1488 年),他对在大西洋和印度洋之间建立海上联系确有把握。葡萄牙人在肯定和幻想中选择了前者(这符合“科学”)。等到他们于 1497 年让捕鲸船向纽芬兰推进,于 1501 年在巴西登陆,从而发现美洲时,他们已经落后了好几年。但在当时,随着华斯哥·达·伽马于1498 年返回本国,葡萄牙取得了胡椒大战的胜利,并且立即牟得厚利,欧洲商人赶紧前往里斯本设立代表机构,谁还可能想到,这是犯了一个多大的错误?就在那
118 时候,原是商业女王的威尼斯似乎流年不利,经营从此一落千丈。1504 年,威尼斯的帆桨船在埃及亚历山大港找不到一袋胡椒。[208]

安特卫普:依靠外力建立的世界首府

无论里斯本何等重要,它当时并不处在世界新中心的位置上。它似乎掌握所有的王牌。但另一个城市,即安特卫普,却不顾礼仪,硬是抢在它的前面。假如说威尼斯的地位降低还合乎逻辑,里斯本的功败垂成却让人感到惊奇。然而,这一状况或许可以得到解释,如果人们注意到:即使在一帆风顺的情况下,里斯本仍然受到它所在的经济世界的束缚,它在这个经济世界中的地位早已被确定;此外,北欧不断在发挥作用,大陆的中心正向北移,而这并非没有一定的道理;最后,胡椒和香料的消费者多数恰巧都在北欧,所占的比例也许达十分之九。

但我们不要把安特卫普的突然成功说得太简单。有人说,位于斯凯尔特河出口处的安特卫普城很早就是贸易和交换的中心,它取代了布鲁日的地位。这种事情不算稀奇:一个城市衰落了,另一个城市接替它。后来,安特卫普本身于 1585 年被亚历山大·法尔内塞重新占领,它的地位又被阿姆斯特丹所替代。这种看法也

许过分局限于从地区看问题。

实际情形要复杂得多。与其说安特卫普取代了布鲁日的地位，不如说它取代了威尼斯的地位。所谓“富格尔的时代”[209]其实是安特卫普的时代；在整个这段时间里，安特卫普确实位于国际经济的中心，这是布鲁日在其鼎盛时期所未能做到的。可见，安特卫普并不单纯取代布鲁日的地位，虽然二者都是依靠外力而兴旺起来的。在布鲁日港靠岸的热那亚船于 1277 年使泽温河口的这个城市突然变得重要起来。同样，15 世纪末世界贸易路线的变迁以及大西洋经济的形成决定了安特卫普的命运：1501 年，当一艘满载胡椒和肉豆蔻的葡萄牙船到达斯凯尔特河的码头时，整个形势发生了变化。其他船只也将接踵而来。[210]

安特卫普的繁荣并不是它自己创造的。它何况并不具备这样的条件。昂利・比兰纳[211]写道：“同布鲁日一样，安特卫普自己从不拥有商船队。”另一个不足之处，城市在 1500 年以及随后都不由商人治理。市政官(英国人称他们是“安特卫普长官”[212])由少数几家土地贵族担任，执政时间长达几百年之久。原则上讲，他们不得经商，这项禁令相当奇特，但却反复重申，显然因为它从不生效。最后，在安特卫普经营国际贸易的商人不是本国人，而是外国人，他们来自汉萨城邦、英国乃至法国，尤其以葡萄牙、西班牙、意大利等南方国家居多。

话当然也不该说绝。安特卫普还是有自己的船队，[213]总共一百来条 80 至 100 吨的小船，与上溯斯凯尔特河或停在瓦尔赫伦岛的外国船只(其中包括荷兰、泽兰、葡萄牙、西班牙、意大利、拉古萨、加塔洛尼亚、英格兰、布列塔尼的商船)[214]相比，其数量又算得了什么？至于“安特卫普长官”，这些正人君子们都或明或暗地

119

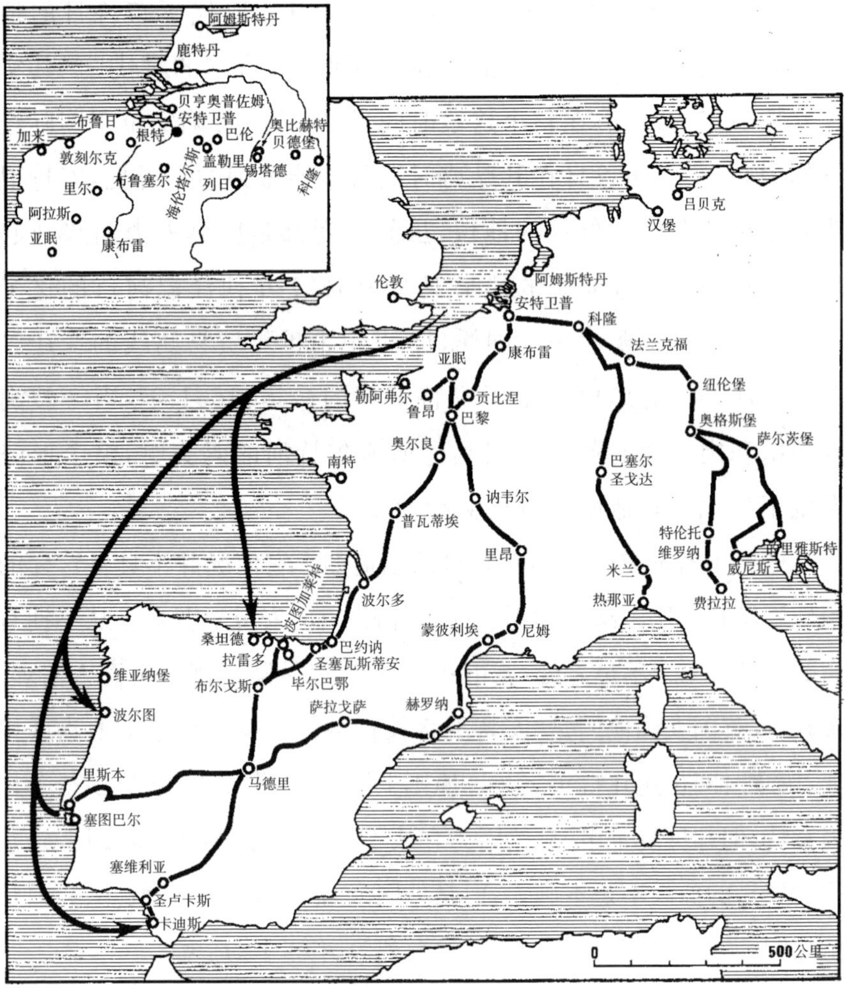

16. 安特卫普的贸易要道

这些道路直通到意大利的各个中转站，还到达里斯本和塞维利亚。有的还朝巴西、大西洋诸岛和非洲海岸延伸，只是在图上没有标出。地中海几乎没有直路抵达。（参见华斯盖茨·德·普拉达：《安特卫普的商业信函》，第一卷，第35页。）

向人放款。[215]他们以独特的方式为城市的商业利益服务。虽说如 122
此，城市本身都是无可指责的，不是安特卫普死乞白赖地把别人从世界各国硬是拉来，而是别人有求于它，纷纷主动涌来，为它增添光彩。它并未为登上世界巅峰而努力奋斗，反倒是世界在地理大发现后偏离了原来的轴线，在把重心移向大西洋时，因没有更好的选择，便一把抓住安特卫普。安特卫普一觉醒来，发现自己成了世界的中心。

我们可以放胆说，安特卫普并未立即完全进入角色。它还没有学会自己的功课，不是一个独立的城市。安特卫普于1406年被并入布拉邦特公国，[216]从属于一位王公。它对王公当然也能要点花招，后来确实也曾玩过计谋，故意拖延执行它不喜欢的命令。在宗教措施方面，安特卫普甚至得以维护一种宽容的政策，这对城市的发展是必不可少的。[217]罗杜维科·圭哈尔迪尼在晚些时候(1567年)看到这种独立倾向时特地指出，“就像自由城市一样自己管理自己”。[218]但安特卫普既不是威尼斯，又不是热那亚。在其经济活动最活跃的时期，安特卫普还为布鲁塞尔政府在1518和1539年采取的货币措施受累不浅。[219]何况，有人说，在其经济开始发展时，安特卫普还是个中世纪式的旧城市，[220]具有举办交易会的经验。[221]换句话说，它善于接待客商，洽谈商务的手段巧妙，务求迅速，成交。至于海上航运、远程贸易以及现代的商业组织形式，它在这些方面缺少经验或没有经验。它怎么可能立即完全进入新的角色？但它迟早必须适应环境，学会随机应变。可以说，安特卫普是随机应变的典型。

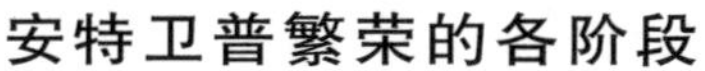

安特卫普繁荣的各阶段

种种事实证明，安特卫普扮演新的角色，取决于外部的、国际

安特卫普旧港。据传是塞·弗朗克的画作。塔布的马赛博物馆藏品。

的机遇。威尼斯在经历了无休无止的角逐以后，曾享有一百多年的绝对优势（1378—1498年）。阿姆斯特丹的优势地位也持续了一个多世纪。安特卫普则相反，它在1500至1569年间经历了一段十分动荡的历史：太多的冲撞、跳跃和反复。繁荣的地基不停在晃动，尽管有几条不定的动力线在这里交错，或者也正因为如此，正在向世界发展的欧洲既给它带来众多的馈赠，也把自己不甚明确的意志强加给它。安特卫普的变化不定，其主要理由（这是我重读赫尔曼·旺代尔·维的经典名著[222]后的看法）在于，直到16世纪，在变幻莫测的经济形势的支配下，欧洲尚未取得一种巡航速度或长时段的稳定。由于安特卫普的发展实际上取决于欧洲的经济形势，只要稍有风吹草动，安特卫普的繁荣便岌岌可危或出现衰退，而一旦风向改变，它又立即缓过气来，恢复欣欣向荣的局面。

我们完全可以不怕夸张地说，安特卫普先后曾以三个既相同又不同的城市出现，每个城市都在一段上升时期后，接着经历困难的年代。

在这先后三次高涨中（1501—1521年；1535—1557年；1559—1568年），第一次高涨由葡萄牙扮演主角。胡椒是高涨的促成者，
123 但正如赫尔曼·旺代尔·维[223]所指出的，只是由于掌握胡椒的葡萄牙国王与掌握白银的上德意志商人（韦尔瑟、赫希斯泰特尔以及比所有其他商人更大或更幸运的富格尔）相串通，葡萄牙才充分发挥了自己的作用。第二次高涨应归功于西班牙以及美洲白银，在16世纪30年代，美洲向其政治主人提供了发展经济的决定性条件。第三次也是最后一次高涨，是勒卡托-康布雷齐和约（1559年）后恢复和平的结果，安特卫普和尼德兰的工业那时正急剧向前

发展。但是到了那个时候，加速发展工业已是最后的出路。

第一次高涨，第一次失望

1500 年左右的安特卫普还只是一个新兴的商埠。但在它的四周，人口稠密的布拉邦特和佛兰德地区正处于平稳发展的时期。汉萨城邦的贸易正在不同程度上遭到排斥：[224] 大西洋诸岛的食糖代替了蜂蜜，华贵的丝绸代替了裘皮；但即使在波罗的海，荷兰和泽兰的船只也在与汉萨城邦的船只相竞争。英格兰商人把贝亨奥普佐姆和安特卫普的交易会当作交接站，进口的呢绒坯料在当地染色后，供应欧洲各地，特别是中欧。[225] 安特卫普的最后一个优势是大批德国商人在市内定居，特别是上德意志商人；[226] 最近的研究成果表明，正是这些商人首先接受在安特卫普就近交易，不再前往布鲁日。他们提供的货物有莱茵河流域的葡萄酒、铜和银，后者使奥格斯堡的商人兼银行家发了大财。

在这种情况下，葡萄牙人在完成环球旅行后，把胡椒直接运达安特卫普，从而突然改变了交换的总格局：第一艘香料船于 1501 年下碇；葡萄牙国王于 1508 年成立“佛兰德货栈”，[227] 作为里斯本“印度商行”在安特卫普的分支。国王为什么选择了安特卫普？大概因为如我们前面所说，胡椒和香料的大主顾是北欧和中欧，而这些货物过去是靠威尼斯的“德意志商馆”从南面负责供应的。葡萄牙原来与佛兰德当然也有海上联系。更何况，葡萄牙虽然经过长期努力终于到达远东，它却不像威尼斯那样有经营管理的办法和手段，就是说，它不会组织完整的香料分销系统。为在印度和欧洲之间往返，必须先垫出大笔款项，自从印度洋上发生抢劫事件后，香料和胡椒必须用现金支付，或用银和铜换取。让出分销业务，也就是如各大印度公司后来所做的那样，把零售的事交给别人操心，让别人负责对零售商发放信贷（付款期限为12至18个月）。由于以上这些原因，葡萄牙人对安特卫普寄于信任。安特卫普对英国呢绒采用的办法，难道对葡萄牙的香料和胡椒就不能适用？反过来，葡萄牙人在安特卫普可得到德意志矿山生产的铜和银，供他们在远东付款所需。

此外，安特卫普在北欧的分销工作做得卓有成效。几年过去，
124 威尼斯的垄断被彻底粉碎，至少已被打破。与此同时，大批的铜和银不再运往威尼斯，而是转送里斯本。在1502至1503年度，富格尔家族出口的匈牙利铜仅有24%来到安特卫普；到1508至1509年度，安特卫普所占的比例竟达49%，威尼斯仅为13%。[228]据尼德兰政府的官方估计，取道安特卫普转运里斯本的白银1508年约60 000马克；[229]白银流向葡萄牙使西欧一时为之空虚。可见，德意志商人在安特卫普的经济起飞中起了一定作用，不论是艾克斯拉沙佩勒（炼铜工业中心）[230]的谢茨，或者是奥格斯堡的英霍夫、韦尔瑟和富格尔。他们的利润越积越多：1488至1522年，英霍夫家族的资本每年增加8.75%；韦尔瑟家族1502至1517年间每年增加9%；富格尔家族1511至1527年总共增加54.5%。[231]在这世界发生迅速演变的情况下，意大利商行遇到很大的困难：弗雷斯科巴尔第家族于1518年终告破产；瓜特罗蒂家族于1523年清理企业债务。[232]

安特卫普的经济繁荣显而易见，但它迟迟未能成为一个真正的金融市场。为要充当金融市场，必须与联系欧洲各大商埠（特别

是里昂、热那亚、卡斯蒂利亚交易会）的汇兑、支付和信贷流通网相结合，而安特卫普很晚才加入这个流通网。例如，安特卫普只是在1510至1515年间才与调节这个流通网整体活动的里昂建立了联系。[233]

随后，从1523年起，安特卫普遇到连续几年的不景气。1521至1529年间瓦洛阿王族和哈布斯堡王族的战争使国际贸易陷于瘫痪，并且使安特卫普才刚形成的金融市场间接受到损害。到了30年代，胡椒和香料市场日趋疲软。首先，里斯本把分销业务收了回去："佛兰德货栈"不再有存在的必要，于1549年清理账目。[234]马加拉埃斯·戈蒂诺[235]指出，这也许因为葡萄牙在塞维利亚能就近取得美洲的白银，而德意志矿山又日趋衰落，自1535年起几乎停止生产。[236]尤其重要的是，威尼斯的情形有了变化：威尼斯出售的胡椒来自勒旺地区，比里斯本的胡椒价格较高，但质量较好，[237]在1530年前后，特别在1540年后，威尼斯在近东的购货量有所增加。1533—1534年度，威尼斯夺得里昂胡椒贸易额的85％。[238]里斯本当然仍不断向安特卫普市场供应葡萄牙胡椒：在瓦尔赫伦岛前方，自1539年11月至1540年8月，共有328条葡萄牙船只停靠。[239]但在新的环境下，胡椒已不再是马力最大的发动机。葡萄牙未能确保对胡椒的垄断，只得与威尼斯平分秋色，这种状况在一定程度上逐渐稳定下来。相反，人们完全可以认为，16世纪中叶短暂的不景气对安特卫普的经济困难并未起到推波助澜的作用。

安特卫普第二次时来运转

安特卫普的再次突飞猛进，起因于美洲白银经塞维利亚进口的增长。1537 年,西班牙白银十分充裕,查理五世皇帝政府不得不提高金价:金银比价于是从 1∶10.1 上升到 1∶10.61。[240]财富纷纷涌来使西班牙(应该说使卡斯蒂利亚)的政治地位和经济地位达
125 到一个新的高度。作为哈布斯堡王朝的代表,查理五世皇帝同时统治着西班牙、尼德兰、神圣罗马帝国以及意大利(自 1535 年起,统治已经巩固)。[241]查理五世皇帝不得不在欧洲各地支付费用,于 1519 年开始向奥格斯堡的商人联系借款,而安特卫普正是这些商人的真正中心。如果没有富格尔家族和韦尔瑟家族正调拨大笔款项,帝国政策简直就无从推行。在这种情况下,皇帝不能不靠安特卫普金融市场的帮助。这个市场就在 1521 至 1535 年间建立,当时正值百业凋敝的艰难年代,向君主放款是唯一有利可图的投资方式,借款的息率通常都在 20%以上。[242]

于是,不久前曾在葡萄牙发生的事,如今又在西班牙发生。面对它的新任务——开发和建设大西洋彼岸的美洲——,西班牙独力难支,只能求得欧洲的多种帮助。它需要波罗的海地区的木材、厚木板、柏油、船只、小麦和黑麦;它还需要尼德兰、德意志、英国和法国的布匹、呢绒、五金等制成品,用以转运美洲:1553 年,50 000 多匹布由安特卫普运往葡萄牙和西班牙。[243]自 1530 年起,特别在 1540 年后,泽兰和荷兰的船只已成了佛兰德和西班牙之间的主要联系手段,尤其因为比斯开湾的船只已转往“印度之路”,毕尔巴鄂和安特卫普之间出现的航运空白有待填补。1535 和 1541 年,为进攻突尼斯和阿尔及尔,查理五世皇帝征用了几十艘佛兰德双桅帆船,用以运送部队、军马、武器和给养……北欧的一些船甚至也被征用,以扩大“印度之路”的船队。[244]北欧与伊比利亚半岛建立

的联系对西班牙历史和世界历史至为重要；关于这个问题，我们后面还会谈到。[245]

西班牙反过来运往安特卫普的货物有羊毛（暂且还在布鲁日卸货，[246]但不久改在斯凯尔特河口的安特卫普）、食盐、明矾、葡萄酒、干果、植物油，以及胭脂红、美洲的染料、加那利群岛的食糖等海外产品。但这不足以达到贸易平衡，西班牙因而通过输送银币和银条结清亏空，运到的白银往往在安特卫普制币所改铸银币。[247]美洲白银和西班牙商人终于使城市重获生机。16 世纪初以葡萄牙和德意志为贸易伙伴的新兴商埠，如今摇身一变，转而与西班牙做生意。1535 年以后，导致失业的经济萧条渐趋消失，经济变革正顺利进行，人人都不愿错过良机。工业城市莱顿放弃了于 1530 年在阿姆斯特丹开设的向波罗的海地区出售呢绒的商场，于 1552 年在安特卫普另办一个商场，但其销售对象这次却是西班牙、新大陆和地中海。[248]

1535 至 1557 年无疑是安特卫普辉煌灿烂的时期。城市从没有这样繁荣过。市区不断在扩大：1500 年刚兴旺时，居民不过 44 000至49 000人；但到 1568 年，人口大概已超过100 000；房屋由6 800增加到13 000所，几乎翻了一番。崭新的广场，笔直的街道（总长度几乎达八公里），市政设施和经济建设在全城遍地开花。[249]奢侈、资本、工业和文化咸与其盛。各种弊端自然相应地与日俱增：价格和工资上涨，贫富差别扩大，不熟练工人（手提肩扛的搬运工以及其他苦力）人数增多。强大有力的行会日趋衰败，自由 126
工匠逐渐沦为雇佣工人。以裁缝业为例，1540 年约有1 000多名不熟练或半熟练的工人。每个裁缝师傅有权雇佣8名、16名乃至

1540 年间安特卫普一瞥，安特卫普国立航海博物馆藏品。

22 名工人，这与原在伊普尔实行的限制措施[250]大相径庭。一些手工工场开始在某些新的行业建立：或炼糖煮盐，或制造肥皂和提取染料；工场雇佣一些穷光蛋，支付的工资很低，至多只占熟练工人收入的 60%。不熟练工人的大批存在限制了熟练工人使用罢工的武器。但没有罢工，便迟早会发生骚乱乃至暴动。

安特卫普的第二次繁荣于 1557 年因西班牙经济破产而受挫，这场破产影响到皇帝拥有的各个地区以及被这些地区包围的法国；法国的里昂于 1558 年随亨利二世的财政破产而破产。安特卫普的命脉——货币流通渠道——因此被切断，再也得不到满意的修复，德意志银行家将被排斥在卡斯蒂利亚金融活动之外，他们的地位将被热那亚人所代替。“富格尔时代”就此告终。

工业高涨 127

安特卫普的经济将再次恢复生机，这是它的第三次经济高涨，但这次表现在另外一个方面。勒卡托-康布雷齐和约签订后（1559年），瓦洛阿王朝和哈布斯堡王朝之间的战争阴影从此消失尽净，安特卫普与西班牙、法兰西、意大利和波罗的海逐渐恢复贸易往来，汉萨同盟出人意外地重振雄风；正是在这时候，安特卫普建造了美轮美奂的汉萨公所。[251]尽管在法英之间以及在丹麦、瑞典和波兰之间多次战云弥漫，形势告急，尽管船只在英吉利海峡、北海和波罗的海屡遭扣押，安特卫普的贸易正逐渐复苏，虽然还达不到危机前的水平。[252]在英国方面，也出现了一些困难。伊丽莎白女王即位初的英镑升值使岛国的经济陷于深重的危机之中，英国人因此对汉萨同盟和尼德兰商人十分不满。1567年7月，在几经犹豫后，英国人选择汉堡作为呢绒集散地，这个城市通往德意志市场的道路比安特卫普更加方便，能够较快地加工和出售岛国的呢绒坯料。[253]这对安特卫普是个严重的打击。此外，对安特卫普市场十分熟悉的托马斯·格雷欣于1566年为伦敦交易所奠基。英国在这方面也要对安特卫普闹独立，就像是儿子反抗老子。

正是在这种情况下，安特卫普在工业中寻找并且找到了救星。[254]资本在商业活动或公债中得不到充分使用，便朝工场方面转移。在安特卫普和整个尼德兰，毛织、棉织以及地毯、壁毯工业的高涨非同寻常。甚至在1564年，只要看到安特卫普的情景，就能对它的未来命运打赌。确实，摧毁这个城市的不单是经济本身，而且是尼德兰在社会、政治和宗教等方面的大规模动乱。

根据政治家的诊断，这是一种抗命危机。其实是一场具有深刻原因的宗教革命，并且悄悄地伴随着一场经济危机以及由物价上涨酿成的社会悲剧。[255]叙述和分析这场革命的经过不属本书的范围。在我们看来，重要的是安特卫普从一开始便陷进了这场动乱之中。破坏圣像的行动于 1566 年 8 月 20 和 21 日接连两天如瘟疫般在全城肆虐，引起了人们普遍的震惊。[256]当时担任摄政的帕尔马的玛格丽特主张妥协退让，[257]局势本可以平静下来，但菲力浦二世选择了强硬手段，在安特卫普暴动过后整整一年，阿尔巴公爵率领征讨部队到达布鲁塞尔。[258]秩序得到恢复，但战争已在暗中酝酿，于 1572 年 4 月正式爆发。1568 年，[259]英国人在英吉利海峡和北海截获一些满载羊毛的比斯开商船，船上还有准备交给阿尔巴公爵的白银以及运输者隐藏的走私白银。尼德兰和西班牙的海上联系实际上已被切断。

安特卫普并不就此一命呜呼。在很长一段时间里，它仍将是西班牙的一个重要政治中心、工业基地和金融枢纽，但为西班牙服役的部队发饷所需的现金和汇票从此将从南面，经由热那亚送来。
128 正是由于菲力浦二世输送的饷银改变了道路，欧洲的中心便迁到热那亚去。安特卫普在世界的地位下降，影响播及远方，特别在地中海地区。关于这个问题，我隔一会再作解释。

安特卫普的独特之处

安特卫普的鸿运高照为期相当短促，但这是资本主义历史上一个重要的、相当独特的环节。

安特卫普在很大程度上拜它的外国客人为师：如同欧洲其他城市一样，它从意大利人那里学会了复式簿记；如同所有人一样，它在国际收支结算中使用了汇票（虽然在使用时相当审慎，甚至哆哆嗦嗦），从而进入了商埠间资金和信贷的流通渠道。但它有时也想出一些与众不同的方案。

确实，到1500年前后，安特卫普在其日常生活的范围内，天天都要去解决一些不期而遇的问题，这些问题往往把它弄得“手忙脚乱”。[260]与布鲁日不同，安特卫普至此没有真正的银行组织。或许如赫尔曼·旺代尔·维所想，历代勃艮第公爵采取的禁止措施（1433、1467、1480、1488、1499年）几乎完全破除了这方面的尝试。安特卫普商人因此不能如在里亚托那样，把他的债券或信贷“写”到银行家的账本上去，借以抵销他支取的或垫出的款项。同样，他也不能通过出售在佛罗伦萨或别地客户签发的，或甚至在安特卫普或贝亨奥普佐姆交易会上签发的支票，向别人借钱，而这种借钱方式已被大多数汇兑商埠所采用。但要结清所有收支账目，铸币的数量是不够的，必须让“纸币”进入流通，发挥它的作用，便利交易的开展，同时又让它以这种或那种方式，牢牢地固定在现金结算的稳固基地上。

安特卫普的经商方法脱胎于布拉邦特的交易会实践，[261]说来十分简单：借方和贷方的账目通过“借据”，换句话说，通过票证结清：签发借据的商人保证在约定期限内支付这笔或那笔款项，票证持有人即为债主。如果我想得到一笔信贷，我可出售我签发的一张“借据”。某甲欠我一笔钱，他签署了一张借据，如果我欠某乙同等数额的一笔钱，我就能把这张借据转给他。债务和债权因而

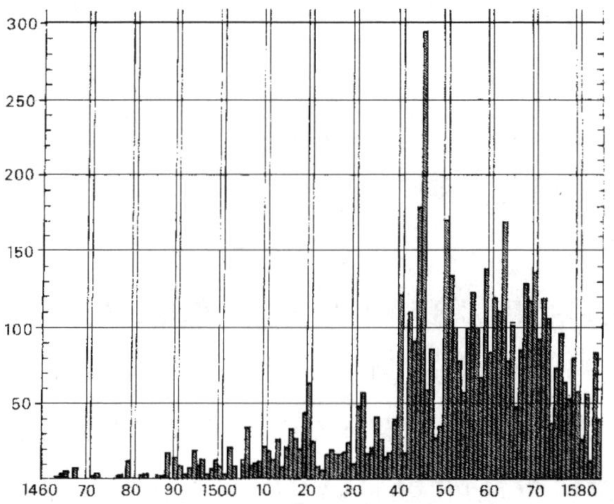

17. 1450 至 1585 年间在安特卫普的法国商人人数统计

商人人数大体上随安特卫普贸易额的变化而变化（参见 E.科纳埃尔：《安特卫普的法国人与国际贸易》，第 2 卷，1961 年版。）

在当地流动，创造一种额外的流通方式，其优点是它像雪一样，在太阳下自动融化。债务和债权相互抵销，从而出现所谓“划账”的奇迹（scontro，clearing，compensation，或用尼德兰的说法 rescontre）。同一张纸传来传去，直到抵销为止，最后接受“借据”的债权人就是该借据最初的签发人。[262] 正是为了保障由一系列背书促成的票据转让，才普遍推广了原有的签章行为，确认“从出让债款的债权人直到最后债务人”的责任。这项细节值得重视，“签章票证”一词在日常使用中终于淘汰了“借据”一词。一名商人写道：“按照商业惯例，我用签章票证支付。”[263]

对商业实践的这些保障，辅以诉诸法律，还不是主要的。主要的是这一体系的极其便利和行之有效。所谓便利，就是说，在安特卫普商业活动中收到的汇票有时能变为持有人手中的“借据”，并
129 且辗转传递。至于行之有效，“借据”的流通解决了从交换开始就潜在的一个大问题（虽然没有加以制度化），即贴现的问题。作为时间的价格和租金，18 世纪在英国开始推行的贴现[264] 其实不过是

照搬过去的老办法。在买进或卖出一张“借据”时，票面金额不能确定其售价。如用现金买进，支付的价格要低于市价；如作为一种债务收进，我就要求借据签发人给我一笔高于债权的款项。由于借据只是在到期后才值票面规定的金额，它的价值势必是开头低于末尾。总之，这是在汇兑和银行的传统体系之外自动形成和广泛推行的一种灵活体系。值得指出的是，这种新体系还在鲁昂和里斯本通行，伦敦肯定也是如此，它从安特卫普那儿接受了新体系。至于阿姆斯特丹，它在兴旺初期和发达过程中，始终与传统的汇兑系统相联系。

鉴于早期工业资本主义的发展在安特卫普以及在尼德兰其他活跃城市已很明显，人们容易把这些进展归功于安特卫普。提博尔·维特曼[265]在一部情文并茂的著作中正是这么想的，但我觉得他似乎过分迎合一些理论公式。与根特、布鲁日或伊普尔的活动相比，尤其与前几个世纪中佛罗伦萨、卢卡或米兰的活动相比，16世纪在这方面是否有所创新？我对此十分怀疑，即使我们注意到，安特卫普出现了许多新的建筑，其市政建设走在欧洲其他城市的前面，即使我们跟随雨果·索利，仔细观察杰出的商人吉尔贝尔·旺·斯孔贝克的业绩。斯孔贝克于1550年左右负责建造安特卫普城墙，他组织了一个垂直的托拉斯，把15家砖厂，一个泥炭矿，几座石灰窑，一个森林采伐场和一系列工人住房置于自己的统辖之下，同时又鉴于工程规模巨大，把某些项目交营造商承包。在1542至1556年间安特卫普的庞大改建工程中，他是最大的承包商，因而获利也最多。但是，我们能否因此脑子一热，就说这是工业资本主义，是安特卫普王冠上的花叶装饰？

130 重新估量热那亚时代的重要地位

安特卫普时代是富格尔家族的时代；下一个时代是热那亚时代，为期实际上不到一个世纪，仅仅七十年（1557—1627）而已；热那亚的统治藏而不露，以致长期得不到历史学家的重视。理查德·埃伦贝格的一本书已朦胧地有所觉察，该书写作年代已久（1896 年），但其价值至今无与伦比。菲力浦·吕兹·马丁不久前在《热那亚时代》一书中对这个时代作了准确的估量，作者为精益求精，孜孜不倦地查找新鲜资料，致使这部非同寻常的著作至今未能出版。但我有幸读过该书的手稿。

在四分之三的世纪里，热那亚的商人兼银行家通过操纵资金和信贷，得以主宰欧洲范围内的支付和清账。这段经历本身值得大书特书；它肯定是欧洲经济世界历史上有关中心形成的最奇特的例子，因为经济世界环绕的中心点这次几乎是非物质的。整体的轴心不是热那亚，而是一伙银行家兼金融家（用今天的术语，可以说是一个跨国公司）。这还只是热那亚这个独特城市的一个独特方面；在热那亚时代以前和以后，这个条件如此不利的城市偏偏都朝着世界商业活动的顶点上升。我觉得，用各个时代的尺度来衡量，热那亚始终是不折不扣的资本主义城市。

“一道荒瘠山丘”

热那亚及其通往地中海东岸和西岸的两条“河道”只占很小的地域。据法国人写的一篇游记说，热那亚人“在从摩纳哥到马萨的这段海岸沿线约有三十法里，朝米兰方向有七八法里平原可供发展。剩下的就是一道荒瘠山丘”。[266]在海边，每条小河的出海口和每条河汊旁边总有一个港口，一个村庄或一个小城市，一句话，总有几架葡萄，几棵柑橘树，盛开的花，成排的棕榈树，美味的葡萄酒（尤其在塔比亚和“五土岗”）以及充足的优质植物油（在奥内利亚、马罗河、迪亚诺以及文蒂米利亚的四个河谷）。[267]卓万尼·博台洛[268]于1592年说：“粮食少，肉食也少，虽然质量是第一流的。”对眼睛和鼻子来讲，这是世界最美的地方之一，是个天堂。接近冬末，人们如果从北欧来到这里，将会看到水流湍急，百花盛开，自然界一片欣欣向荣。[269]但这些如画之乡仅占十分狭小的地面；亚平宁山为与阿尔卑斯山汇合，朝尼斯方向伸展，[270]硬是让“寸草不生、遑论树木”的“荒瘠”山丘，以及高耸入云的村庄穿插其间。在这些贫困落后的村庄里，热那亚的旧贵族拥有采邑以及甘愿为他们干粗活的农民。在现代化道路上走在前面的热那亚背靠着一座“封建”大山，形象与贴墙种植的果树相似，这也是热那亚的许多怪僻特点之一。

市内可供盖房的地皮不够，华丽的建筑只得向高处发展。街道湫隘狭窄，因而只有“新街”（Strada Nova）和“巴尔比路”（Via Balbi）可通四轮马车；[271]在市内的其他地方，就必须步行或坐轿 131
子。市外的空地也不多，附近山谷里建造的许多别墅显得相当拥挤。一名旅行者[272]说，出马洛纳广场，朝圣皮耶尔·达雷纳关厢方向沿大路走去，“人们看到杜拉佐府邸，这座富丽堂皇的建筑与五十来所其他漂亮府邸交相辉映”。五十来所府邸，可见即使在乡下，房屋照例还是鳞次栉比。特别是，要走出这些小得像手帕但又

互不联系的街区，确实很不容易。为使分散住在别墅中的贵族能去热那亚参加参议院会议，共和国必须派帆桨船去迎接![273]有时赶上热那亚海湾的连阴潮湿天气：大雨倾盆，海上风急浪高，就有几天乃至几星期的煎熬。[274]任何人都出不了门。

总起来说，这是一个先天不足、虚弱多病的躯体。它怎么养活自己？怎么抵御外敌？城市地势易攻难守：敌人从北面进攻，能势如破竹地直达城市的制高点。只要敌人在制高点架起大炮，城市便束手待毙。热那亚一再被迫、甘愿或为谨慎而退让。例如，1396年屈服于法兰西国王，[275]1463年屈服于米兰公爵。[276]总之，外敌经常能压倒热那亚，而不可攻克的威尼斯在众多的水道防线的保护下，只是于1797年，才首次在波拿巴面前屈服。1522年5月30日，[277]热那亚被西班牙及其同盟者旧贵族所攻占，城市遭到了可怕的抢掠，只比1527年洗劫罗马稍逊一筹而已。后来，1746年9月，[278]热那亚再遭厄运；撒丁和奥地利军队这次兵不血刃地打开城门，对极其富有的城市横征暴敛，这是一种新的洗劫手段。三个月后，争胜好斗的热那亚百姓举行暴动，逐走胡作非为的胜利者。[279]但总起来讲，损失相当惨重。不设防或不能防御使热那亚付出沉重代价：解放后的城市面临可怕的危机，发行钞票导致无情的通货膨胀，于是不得不在1750年恢复原已撤销的圣乔治商行。一切终于勉强恢复正常：共和国重新控制了局势，摆脱了困境，其办法不是对资本征收极轻的税（1%），而是增加间接消费税，[280]这一办法符合热那亚的传统，人数众多的穷人又一次遭受打击。

热那亚在海洋方面也有弱点。它的港口面对不属任何人、因而属于所有人的公海。[281]在西地中海的航线上，力求保持独立的

萨沃纳长期是敌对行动的据点，更靠西的尼斯和马赛也是如此。[282] 在 16 世纪，柏柏尔私掠船趁着南风，在科西嘉岛周围和热那亚的航线上不时出没，而护航又没有组织好。难道可能把护航组织好吗？威尼斯有亚得里亚海为它效力，热那亚却没有为它服务的大海。也没有保护出海口的潟湖。1684 年 5 月，路易十四下令杜凯纳的舰队轰击热那亚。傍山靠海的城市是理想的靶子。恐慌之余，“居民纷纷逃进山里，留下家具房屋听任劫掠”；窃贼乘机渔利。[283]

远离本地活动 134

让我们再说一遍：热那亚有先天不足的弱点；城市及其属地只能依靠外部世界为生。必须向外求援，有的地方要鱼、麦、盐、酒，别的地方要腌货、木柴、木炭、食糖，如此等等。只要地中海的船只（“拉丁国家的食品船”）不再到来，只要北方圣马洛、英格兰或荷兰的船只不再把“封斋期食品”（就是说这段时间食用的鲱鱼和鳕鱼）及时运到，生计当即变得困难。例如，在西班牙王位继承战争期间，由于海盗蜂起，必须实行国家干预，才使城市不致饿死。据一封领事书信说，“昨天有热那亚共和国为小船护航的两艘武装船只到港，它们来自那不勒斯、西西里和撒丁，随航的船只约 40 艘上下，其中 17 艘装载那不勒斯的葡萄酒，10 艘载运罗马尼阿的小麦，其他的船则装各种食品，如那不勒斯的板栗以及奶酪、无花果干、葡萄、盐和其他同类货物。”[284]

食品供应问题通常不难解决：热那亚有钱，事情自然好办。小麦源源不断地运来。人们往往对“丰裕公署”（Magistrato dell′Abbondanza）有所批评，热那亚和意大利的许多其他城市都设置

热那亚的港口(1485 年)。克里斯托费尔·格拉西作画,佩格利民用船舶博物馆(热那亚)。逐级上升的城市,高大的房屋,防御工事,军械厂,港口的灯塔,帆桨船以及大帆船。

这种管理小麦的机构；该机构没有分文收入，“当它需要采购粮食时，便向公民借贷，它零售的小麦价格很高，不可能造成亏损……不然亏损就会落在富人头上……结果是穷人承受全部损失，富人反而养肥了”。[285]这又一次属于热那亚独特的处事方式。“丰裕公署”之所以没有储备和预算，这是因为商人通常设法使热那亚市小麦充足。18 世纪的热那亚是个相当于马赛的谷物集散地，又是相当于威尼斯的食盐集散地，它在地中海各个地区采购货物。

弄巧走险之术

热那亚的居民数在 6 万至 8 万之间摇摆，再加上属地在内，人口约在 50 万上下。长期以来，热那亚都能解决日常生活供应的困难问题（除开短暂的、十分艰苦的危急时期），这是个事实，但问题的解决却以弄巧走险为代价。

热那亚一切的一切不都是弄巧走险的吗？它从事制造，但为的是别人；它进行航海，但也为别人；它在别人家里投资。直到 18 世纪，热那亚的资本只有一半留在市内；[286]剩下的一半由于在当地没有合适的投资场所，便在世界各地流动。地理逼仄迫使多余的资金外出冒险。那么，在别人家里，怎样保证这些资金的安全和利润呢？这是热那亚始终需要解决的问题；它既要冒险，就必须随时警惕，特别要谨慎小心。因此，热那亚曾取得令人难以置信的成功，也遭到过灭顶之灾的失败。1789 年后，热那亚在法国等地投资的失利，便是一个明证，但不是唯一的明证。源自西班牙的 1557、1575、1596、1607、1627、1647 年等历次危机，[287]都是极其严
135 厉的警告，简直就像地震。更早的时候，1256 至 1259 年间，热那

亚的银行曾纷纷倒闭。[288]

与这些凶险相对应，在富于戏剧性的资本主义的中心，则是热那亚商人的灵活、机敏、随时待命和不抱成见，即罗伯托·洛佩斯所欣赏的应变能力。[289]热那亚往往能见风使舵，每次都能接受必要的变化。它根据自己的需要安排一个外部世界，当后者变得不堪居住或不再有用时，便断然抛弃，然后再设计和建设另一个外部世界。例如，在15世纪末，舍东方而取西方，舍黑海而取大西洋；[290]到19世纪，则为自己的利益而实现意大利统一。[291]这就是热那亚的命运，它那脆弱的躯体像是一台极其灵敏的地震仪，不论世界上什么地方发生震动，它也跟着摇摆。这是一个智慧的怪物，有时甚至是残暴的怪物，热那亚注定要把世界据为己有，否则便不能生存。

热那亚有史以来就是如此。对于热那亚在与伊斯兰世界较量中取得的最早的战功，或者对于13世纪与比萨或与威尼斯作战时热那亚拥有的众多帆桨船，[292]历史学家无不感到惊讶。问题在于，当战争需要时，热那亚的全部壮丁都能登上狭窄的战船。整个城市全都动员起来。同样，它把炙手可热的财富——胡椒、香料、丝绸、金银等昂贵产品——引向自己；它撞开远方贸易的大门，开辟流通渠道。请看热那亚怎样胜利进占帕莱奥洛格的君士坦丁堡(1261年)，怎样在黑海进行疯狂的冒险。[293]威尼斯随后赶上，但已晚了一步。二十来年过后，发生了“西西里晚祷暴动”[294](1283年)。西西里于是归热那亚控制。佛罗伦萨站在安茹王朝的一边，热那亚则偏向阿拉贡王朝。阿拉贡王朝获胜，热那亚也同奏凯歌。但必须有卡梅洛·特拉赛利[295]的热情和博学，才能说清热那亚进占西西里的行动如何干净利落，如何具有现代的特征。热那亚人把别处的“资本家”，卢卡的和佛罗伦萨的，统统赶走，或至少予以排斥；他们在巴勒莫的港口附近，离“海运广场”[296]不远处安顿下来，他们向亲贵大臣放款；凡此种种都平淡无奇。值得注意的是，他们从根子上卡住了西西里的小麦出口，而在与该岛隔海相望的、由伊斯兰占有的非洲沿海，当时饥荒横行，十分需要西西里的小麦；他们因而能在突尼斯或的黎波里用小麦换取来自黑非洲内陆的金屑。多里亚家族在西西里买下的大批领地都是位于巴勒莫至阿格里真托的主轴线上的麦地，[297]这并非偶然。等到加塔洛尼亚商人想把热那亚人轰走，已经为时过晚了。西西里的糖业生产也归热那亚人经营。[298]以墨西拿为基地控制西西里和卡拉布里亚的生丝市场的，还是热那亚人。[299]18世纪初，热那亚的商人和店铺主仍留在岛上，继续做粮食和生丝生意。[300]他们甚至甘愿把“大量热诺温”(génovines，一种在意大利很吃香的成色很高的银币)运来西西里(因为他们的贸易有亏空)。乌斯达里茨对此深感惊讶，却是大谬不然：赔上一点，而在别的方面赚得更多，这是热那亚人一项信守不移的原则。

在13和14世纪，尽管存在威尼斯的竞争，有时也正因为如此，热那亚在欧洲经济世界到处争地盘，或者捷足先登，或者排斥异己。14世纪以前，它以希俄斯岛为基地，开采福西亚的明矾，并在黑海发展贸易；它的大帆船远航布鲁日和英格兰。[301]在15和16世纪，热那亚逐渐失去东方：土耳其人1475年攻占费奥多西亚，1566年夺取希俄斯岛，但从15世纪初开始，热那亚人已经在北
136 非、[302]塞维利亚、[303]里斯本[304]和布鲁日站稳脚跟，完全处于领先地

位；他们随后又到达安特卫普。侥幸发现美洲的不是卡斯蒂利亚，而是克里斯托弗尔·哥伦布。直到1568年，仍是热那亚商人在塞维利亚出资推动西班牙和美洲之间颇费时日的交换。[305] 1557年，向菲力浦二世政府放款这笔大买卖（他们对此觊觎已久）自动送上门来，[306] 他们抓住了这个机会。于是开始了热那亚历史上新的一页，即所谓"热那亚时代"。

热那亚不露声色地统治欧洲

基奥贾一战失利后，热那亚降为"次等"强国，并在14和15世纪期间始终处于这个地位；直到1550至1570年间，又变成"头等"强国，并保持到1620至1630年前后。[307] 这张年表的开头部分不够准确，因为安特卫普当时仍保持领先地位，至少在表面上是如此；其末尾也不太准确，因为阿姆斯特丹从1585年起开始上升，尤其因为热那亚的统治从头到尾表现得极其含蓄。如果我的比较不太离谱的话，从各方面看，热那亚与今天巴塞尔国际结算银行的作用相差无几。

热那亚虽然拥有商人、工人、水手和船只，虽然能在圣皮耶尔·达雷纳的船坞自己造船，而且造得很好，有时甚至还能出售和出租船只，但它并不依靠船只、水手、商人和工厂主而统治世界。热那亚也出租精巧而坚固的帆桨船，乐于充当雇佣兵军官的城市贵族随船为各国君主效命（在海上作战），最初为法兰西国王服务，后来改为查理五世皇帝服务；1528年发生了安德烈·多里亚的"背叛"，他一方面不再为弗朗斯瓦一世效命（放弃对那不勒斯的封锁，劳特累克当时正从陆路围攻该城），另一方面又与查理五世皇

帝缔结同盟。[308]

从1528年起，查理五世皇帝虽然仍处在富格尔家族以及奥格斯堡其他银行家兼商人（他们为查理五世皇帝推行其伟大政策提供财源）的控制之下，却已开始向热那亚人举债。[309] 1557年的西班牙财政破产结束了上德意志银行家的统治，热那亚人顺理成章地坐上空出的座位，而且显得胜任愉快，因为早在1557年前，他们已经参与复杂的国际金融活动（并且使之变得更加复杂）。[310]他们为天主教国王效力，主要是确保国王在税收和美洲白银输入这两项不稳定收入的基础上，能有稳定的收入。如同所有的王公一样，天主教国王日常开支漫无节制，必须在欧洲这张大棋盘上调拨巨额款项：他在塞维利亚进账，但经常在安特卫普或米兰出账。这个情况今天已为历史学家所熟知，我们这里就不必再多啰嗦了。[311]

随着时光的流逝，热那亚商人承担的任务一年更比一年重。天主教国王的收益多，开支也多，热那亚人的利润相应地不断增加。他们借给国王的钱无疑是西班牙或意大利的客户借给他们的或存在他们那里的。[312]但他们可以动用的全部资金也都投入这一机制中去。由于不能兼顾一切，他们于1568年[313]对为塞维利亚和美洲之间的商品交易提供资金失去兴趣，不再像以往那样参与
137 收购塞哥维亚的羊毛、格列纳达的丝或马萨龙的明矾。他们干脆从商业转到了金融业。据他们自己所说，他们从这些规模宏大的活动中所得的收益，仅够勉强谋生。借给国王的贷款通常按10％计息，但他们说，这里包括种种开支、失误和拖欠。以上情形无疑是存在的。但照天主教国王秘书们的说法，放款人可有30％的赚

15 世纪热那亚的大船。前图的细部。

头。[314]两种说法大概都不实在。可以肯定，热那亚的金融活动从几方面同时获利：利息，利上滚利，正签和反签汇票中作弊，买卖金银铸币，债券投机以及在热那亚出售白银中额外提成 10%。[315]这一切都很难计算，情形往往可变，但是金额甚巨。此外，由于商人借出的款子数目大（我们再说一遍，数目远远超过商人的自有资本），即使单位利润率不高，总收益还是十分可观。

最后，西班牙的政治资金不过是源源涌来的许多资金中的一股而已，它也带动其他资金流向热那亚。从 1570 年起，装满成箱
里亚尔或银条的帆桨船大批来到热那亚，数量之多令人难以置信， 138
它们无疑是一种统治工具。热那亚因此得以左右欧洲的全部财

富。当然，热那亚并非事事成功或每战必胜。必须立足于长时间，根据他们的全部经历，去判断并说明这些非同寻常的生意人。其实，在 15 世纪，他们的财富不是金银，而是“调动信贷的可能”，即从更高的层次出发去进行这项困难的活动。有关资料十分丰富，且可供人查阅；问题正变得越来越清楚，这就要求我们的解释更加详尽和更加细致。

热那亚成功的原因

怎样解释热那亚的成功？首先提出一个假设。欧洲在 1540 至 1560 年间（大致的日期）受到一场相当明显的危机的袭击，这场危机把 16 世纪切成两段：亨利二世时代的法国不再像弗朗斯瓦一世治下那样阳光明媚；伊丽莎白治下的英国也不再是亨利八世的盛世……难道是这场危机结束了富格尔时代？我倾向于作出肯定的回答，但不能提供证据。把 1557 和 1558 年的财政危机看作这场不景气的一种后果，这难道不是十分自然的吗？

总之，可以肯定，原有的货币平衡当时已彻底被打破。直到 1550 年为止，相对稀少的白银与相对充裕的黄金的比价趋向提高，白银成为当时大宗贸易的工具（不然哪有富格尔时代？）以及保值的手段。但在 1550 年前，黄金因相对稀少而增值。据弗朗克·斯普纳[316]认为，1553 至 1554 年前后，热那亚人在安特卫普首先把赌注压在黄金一边；情况既然如此，谁会看不到这项决策的重要？
139 其次，由于热那亚在安特卫普为天主教国王代付种种开支，他们比任何人更能控制黄金的流通渠道，因为在支付汇票时需要使用的就是黄金。[317]我们至此已找到了“正确的”解释吗？

我还有一点怀疑，虽然作为后人，我在回顾历史时，十分佩服热那亚人的聪明和机敏。但依靠聪明取胜，原则上只能偶一为之，不能长期成为比别人机敏的商人独占的专利。

其实，热那亚的活动方式很多，这些活动也正赖其多种多样而久盛不衰：白银买卖，黄金交易，汇兑往来。热那亚人不仅必须把白银抓到手里——或者通过他们与国王签订的借款契约规定的白银输送，[318]或者依靠他们历来以塞维利亚为据点而组织的走私[319]——他们还必须把这些白银卖出。可能有两种买主：或者是葡萄牙人，或者是威尼斯、佛罗伦萨等从事勒旺贸易的意大利城市，但以后者居多。正是出于这个原因，勒旺贸易再度繁荣兴旺，香料和胡椒在阿勒颇和开罗重新大量上市，转口的丝绸在地中海东部诸港的贸易中占重要地位。威尼斯和佛罗伦萨用北欧诸国的汇票把这批白银买下，两城市与北欧的贸易还处于顺差地位。[320]

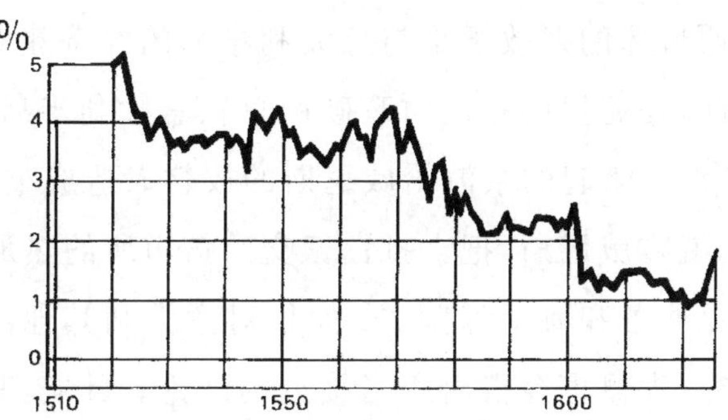

18. 从 1510 到 1625 年，热那亚的资金过剩

根据卡洛·西博拉的计算，“鲁吉”(luoghi，圣乔治商行的终身年金债券，息率可变)的实际息率曲线。参见《关于息率历史之浅见》一文，载《国际经济》，1952 年。息率急剧下跌，到 17 世纪初，已降至 1.2%。(详细情形请参看布罗代尔：《地中海和菲力浦二世时代的地中海世界》，第 2 卷，第 45 页。)

因此，热那亚人可以把他们的款子汇往安特卫普，而安特卫普在其鼎盛时代过后，仍是为西班牙军队发饷的商埠，是一个盛行比亚斯特银币交易的、像西贡那样的罪恶渊薮。自从查理五世皇帝发布1537年敕令以后，[321]汇票只能用黄金支付，热那亚人出让给意大利城市的白银便转化为能在尼德兰支付的金币。黄金因而就成为热那亚人控制其三重体系的最好武器。1575年，天主教国王决定不用热那亚人为他效力，并与他们为敌，热那亚人便成功地切断了黄金的流通。西班牙军队因欠饷而哗变，安特卫普于1576年11月遭叛兵洗劫。[322]国王最后只得让步。

以上事实归纳起来，必定得出一个结论：热那亚的风云际会依靠了西班牙在美洲的财富和意大利本身的财富，后者对热那亚的兴旺作出了很大的贡献。全靠皮亚琴察交易会的有力推动，[323]意大利各城市的资金朝热那亚方向流去。成群的小放款人，热那亚的或其他城市的，把他们的积蓄存进银行，换取微薄的利息。西班牙的财政于是与意大利半岛的经济建立了经常的联系。因此，马德里的每次财政破产总在意大利半岛带来动荡：1595年破产[324]激起的余波给威尼斯的放款人造成重大损失。[325]与此同时，就在威尼斯，把大批白银交给铸币所的热那亚商人[326]控制了汇兑业务和海上保险。[327]如果对意大利其他活跃城市进行深入研究，大概也会得出相当接近的结论。其实，只要意大利的活动保持在一定的高度上，热那亚的活动就能够开展，甚至我敢说，就容易开展。不论愿意与否，意大利于14和15世纪曾是威尼斯的后盾，它在16世纪便是热那亚的后盾。一旦意大利衰弱了，皮亚琴察交易会这一几乎对外封闭的节庆和集会也就随之消失！

我们不能忘记，银行家的成功是以热那亚城本身为依托。说到热那亚人装置的这台奇妙的机器，人们往往把热那亚与住在马德里、经常去宫廷并在那儿成交大买卖的热那亚大银行家相等同；这些大银行家为国王出谋划策，通力合作。尽管彼此有种种争执和仇隙，他们同气相求，互通姻好，每当西班牙对他们施加威胁，或 140
者留在热那亚的合伙人（他们是投机失利的当然牺牲品）有所抱怨，便团结一致，共同抵御。佛朗哥·博尔朗迪及其学生们发现了一些商人未刊行的信件，但愿这些信件能使我们对他们有更清楚的认识。这些人在马德里被称为“商界巨头”，他们人数不多，约二十来人，至多在三十上下。除他们以外，在他们的下面，必须想象另有几百、几千名大小不等的热那亚商人，包括普通的店员、铺主、中间商和经销人。他们遍布热那亚城以及意大利和西西里的其他城市。他们深深地扎根在西班牙的国土上，扎根在该国经济的各个层次，无论在塞维利亚或格列纳达。若说这些商人在西班牙形成国中之国，那也未免夸大。但热那亚人的体系于15世纪业已建立，并且寿命很长：直到18世纪末，热那亚人在卡迪斯的营业额与英国、荷兰或法国同殖民地的贸易额不相上下。[328]这个事实往往被人们忽略了。

夺取外国的经济地域历来是一个城市兴旺发达的前提条件，这个独一无二的城市力图统治一个广大的体系，即使它没有这种明确的想法。类似情形反复出现，使人几乎习以为常：威尼斯侵占拜占庭；热那亚进入西班牙，佛罗伦萨进入法兰西王国，或更早地进入英国；荷兰进入路易十四的法国；英国进入印度……

热那亚的退却

在自己家门之外进行建设，难免要担风险：成功通常是暂时的。热那亚人控制西班牙的财政，进而又控制欧洲的财政，为期不过六十多年。

1627 年西班牙财政破产并未如人们所想的那样，给热那亚银行家带来灭顶之灾。对他们说来，这部分地是一种自愿的脱钩。他们确实也不太愿意继续为马德里政府效力，免得担心发生新的财政破产，以致利息和本金都收不回来。在当时的困难条件下，尽快把他们的资金撤回，重新投入到其他的金融活动中去，这项计划的实施取决于经济形势的变化。根据威尼斯驻热那亚领事的一些内容详尽的信件，我最近写的一篇文章正是讲了这方面的问题。[329]

但一种单一的解释往往是不够的。还必须更好地了解热那亚放款人在西班牙的处境，并且与他们的竞争对手——当时执掌天主教国王财政事务的葡萄牙人——作一比较。葡萄牙人取代热那亚人的地位，究竟是根据奥利瓦雷斯大公的决定，或者是由大西洋的形势所推动？有人怀疑葡萄牙人是荷兰资本家的傀儡，这种说法确有可能，但还有待事实作出证明。总之，英国的查理一世政府 1630 年与西班牙订立的和约产生了相当奇怪的后果。[330]负责和约谈判的弗兰西斯·科廷顿爵士给和约增添了一项附加协议，明确规定送往尼德兰的西班牙白银必须由英国船只运输。这笔白银的三分之一将于 1630 至 1643 年间在伦敦塔的工场中铸成银币。因
142 此，在好几年里，西班牙白银流往北欧不再由热那亚人充当中间人，而由英国人经手。

这是热那亚人脱钩的理由吗?未必就是如此,因为协议达成的时间较晚,是在1630年。更可能的反倒是热那亚的脱钩促成了这一奇怪协议的订立,尽管这也没有任何事实能作证明。可以肯定的是西班牙绝对需要有一个可靠的资金输送系统。热那亚人的办法是通过汇票输送资金,事情当然办得相当漂亮,但为此必须掌握一个国际支付网;代替它的新办法十分简单,那就是让那些可能进行海上攻击、从事战争或劫掠行径的人负责运输。从1647或1648年开始,也许在联合省尚未签订明斯特单独和约(1648年1月)[331]前,为治理和保卫南尼德兰地区所必需的西班牙白银竟改用荷兰船运输,不再向英国船求助,这真是绝妙的讽刺。在这个场合,基督教和天主教能够和睦共处:钱在当时已没有香臭之分。

热那亚的苟延残喘

我们回过头来再看热那亚:热那亚已经脱钩,那是无可否认的事实。契约借贷(asientistas)似乎使他们保住了一大部分资金,尽管1627年西班牙财政破产给他们在西班牙、伦巴第和那不勒斯制造了重重困难,使他们处境维艰,岌岌可危。我以为,成批本洋远抵热那亚可以证明抽回资金已获成功;关于这些本洋的数目,我们大致能逐年推算出来。[332]1627年后,还有本洋继续运来,有时数目颇大。此外,来自美洲的白银仍源源不断地抵达热那亚。通过什么渠道?毫无疑问,通过在塞维利亚以及后来在卡迪斯的贸易,因为热那亚在安达卢西亚的商业网依旧存在,保持着与美洲的联系。另一方面,在其他放款人(改宗天主教的葡萄牙犹太人)登上舞台后,热那亚的契约借贷人仍多次同意发放贷款,例如在1630、1647

或者 1660 年。[333]他们再次插手其事，难道不是因为运抵塞维利亚和卡迪斯的白银数量比官方数字所说的要大得多吗？[334]对西班牙放款因此又变得比较方便，甚至更加有利。这使热那亚人有更大的可能参与向欧洲供应白银的大规模走私活动。热那亚没有错过这样的好机会。

为从西班牙直接取得白银，热那亚有其制成品出口作后盾。在推动 17 和 18 世纪欧洲工业高涨方面，热那亚的功绩确实比威尼斯更大，它努力使其生产适应卡迪斯的白银。直到 1786 年，西班牙还进口许多热那亚织物，"甚至有一些制造厂专门迎合西班牙人的爱好；例如一些大开幅丝绸，以小花点缀，一端绣着密密层层的、微微隆起的大花……这些绸料用于制作节日盛装；其中有的相当华丽，十分昂贵"。[335]同样，热那亚附近沃尔特里造纸厂的大部分产品"运往印度，那里的人把这种纸当作烟叶来抽"（原文如此）。[336]热那亚就这样小心翼翼地抗拒米兰、维琴察、尼姆、马赛或加塔洛尼亚的竞争。

143 由此可见，正如任何堂堂正正的资本主义政策一样，热那亚商人的政策多变而不连贯，灵活而能适应环境。15 世纪，他们控制北非和西西里之间的黄金通道；16 世纪，又通过西班牙攫取美洲开采的一部分白银；到 17 世纪，重新通过发展制造业，扩大商品出口。而在每个时代，他们都根据当时的情况，展开银行和金融活动。

确实，金融业务在 1627 年后并未完全停顿。西班牙政府既然不再像以往那样俯仰由人，热那亚资本便寻找并找到了其他主顾：城市、王公、国家、普通企业或个人。关于这个问题，朱泽培、范洛

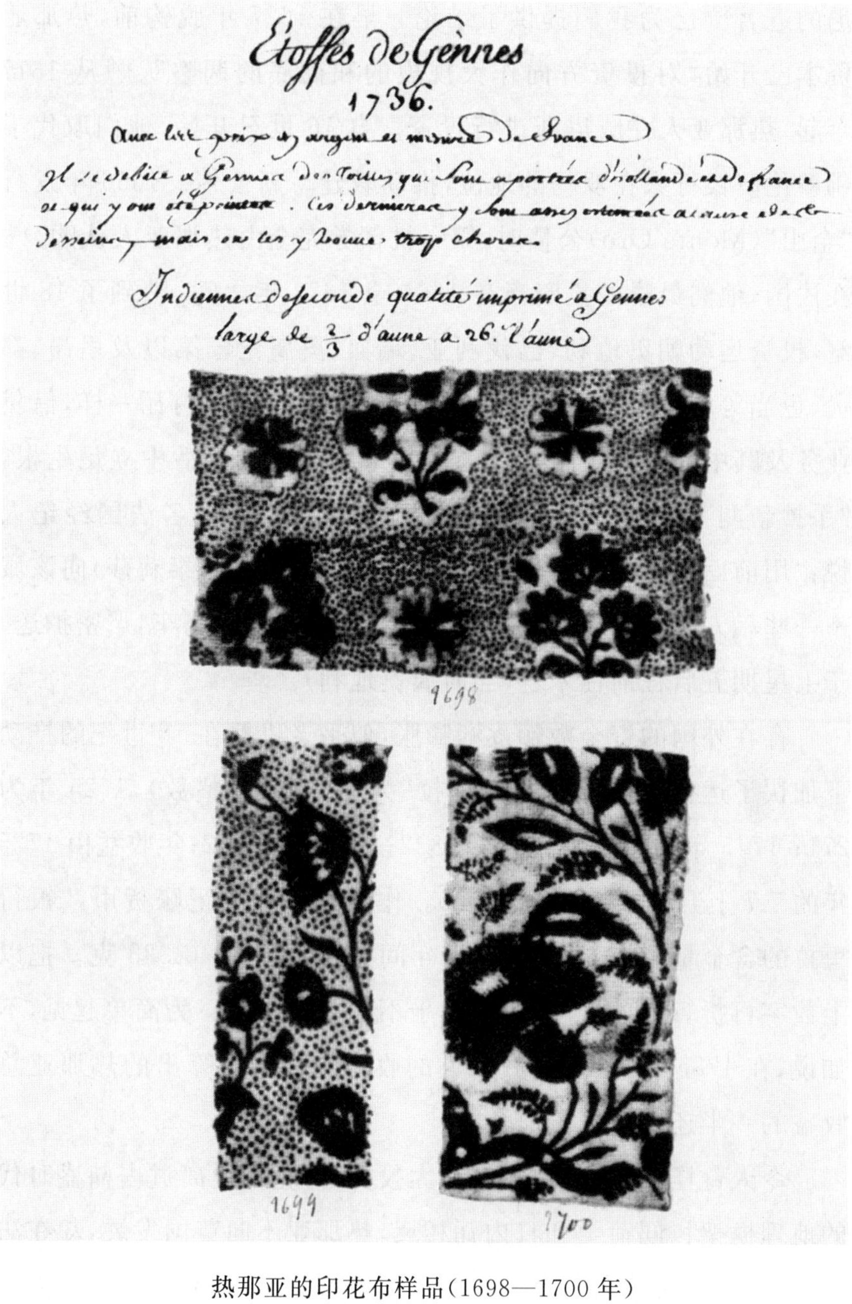

热那亚的印花布样品（1698—1700 年）

尼的近著[337]已为我们提供了结论。早在 1627 年脱钩前，热那亚资本已开始“对投资方向作大规模的和彻底的调整”。[338]从 1617 年起，热那亚人在威尼斯进行投资。自 16 世纪开始，他们取代了佛罗伦萨银行家在罗马的地位，推动教廷革新公债。1656 年发行“金山”(Monte Oro)公债时，第一批债券完全由热那亚人认购。[339]在法国，他们最早的投资当在 1664 至 1673 年之间。[340]到了 18 世纪，投资运动朝奥地利、巴伐利亚、瑞典、奥属伦巴第以及里昂、都灵、色当等城市延伸。[341]如同在阿姆斯特丹或在日内瓦一样，借贷业务及其中间人和经纪人体系在热那亚的日常生活中立足生根，“手抄新闻”和报纸对此都有所报道。1743 年，一名法国经纪人说：“用前面说到的宝石作抵押，匈牙利女王(玛丽-泰莉莎)向该城市一些私人所借的 45 万弗罗林，已分装几辆四轮马车，严密护送，于上星期五启程前往米兰(当时属奥地利)。”[342]

存在外国的资金数额逐渐膨胀，似乎老机器在 18 世纪的推动下加快了运行：以百万“银行里拉”为单位(取其整数)，1725 年为 271；1745 年为 306；1765 年为 332；1785 年为 342；年收益由 1725 年的 7.7 上升到 1785 年的 11.5。作为热那亚的记账货币，“银行里拉的含金量”在 1675 至 1793 年间始终不变，为 0.328 克。把以上数字再折算成若干吨黄金，似乎不必多此一举。为简单起见，不如说，在 1785 年，热那亚放款人的收益约比粗略算出的热那亚总收益的一半还多点。[343]

令人奇怪的是，热那亚在扩大投资时，竟不脱离过去鼎盛时代的地理框架！同荷兰和日内瓦相反，热那亚不向英国发展，却在法国大量投资(大革命前夕，达3 500万图尔里佛)。难道这是因为信奉天主教的热那亚在北欧与基督教银行网势不两立吗？或者还是因为旧习惯终究限制了热那亚商人的思想和想象？[344]

总之，这一选择使热那亚随着旧制度的垮台而蒙受无数灾难。但到了下一个世纪，热那亚再次成为意大利半岛最活跃的原动力。在复兴运动时代，热那亚建立了制造蒸汽海轮的造船工业和强大的现代化远洋船队，它也为意大利银行的建立作出了重大的贡献。一位意大利历史学家说过："热那亚缔造了意大利统一"，但又补充说："为着自己的利益。"[345]

再谈经济世界 144

热那亚资本主义的转变，或不如说一连串转变，并未把热那亚引向经济世界的中心。在国际舞台上，热那亚时代早在 1627 年前已经结束，也许就在皮亚琴察交易会出现故障的 1622 年。[346]从这个决定性的年头以后发生的事情来看，人们有一个印象，似乎威尼斯、米兰和佛罗伦萨的商人与热那亚银行家已分道扬镳。也许因为他们若与圣乔治城保持合作，便不能不使自己蒙受危险。也许因为意大利已不能再为热那亚保持领先地位而付出代价。但大概也还因为，整个欧洲经济已不能忍受信用货币同铸币数量和产品数量在流通中的比例失调。热那亚的金融结构与旧制度下的经济相比，显得过分复杂和过分苛求，因而当 17 世纪欧洲经济危机到来时，便自动土崩瓦解。尤其，欧洲的重心正向北方转移，这次转移为时长达几个世纪。特别引人注目的是，当热那亚人停止扮演欧洲金融主宰的角色，不再处在经济世界的中心时，接力棒却由阿姆斯特丹接了过去，这个新兴城市的富有建立在商品基础之上（这是当时的另一时代标志)。阿姆斯特丹成为金融中心的时候也将来到,但要晚些;到了那时候,令人奇怪的是,热那亚曾经遇到过的同一些问题又将重新提出。

第 三 章 145

城市统治下的欧洲旧经济：阿姆斯特丹

随着阿姆斯特丹[1]的崛起，以对外扩张为使命的城市的时代终告结束。维奥莱·巴布尔写道：“没有统一的现代国家作后盾，一个真正的贸易和信贷帝国竟得以存在，这是最后的一次。”[2]值得注意的是，这一经验界于经济霸权的两个连续阶段之间：一方是城市；另一方是现代国家，是民族经济，其中最初以英格兰为基地的伦敦居首。因节节胜利而势力大增的欧洲，到了18世纪末年，已逐渐扩展到全世界；中心的统治区域也不能不有所扩大，以保持整体的平衡。如果得不到附近的经济足够有力的支持，城市势孤力单，很快就会压不住阵脚。领土国家将取代城市的中心地位。

作为旧局面的延续，阿姆斯特丹的崛起是按照旧规律——一个城市接替其他城市：安特卫普和热那亚——完成的，这相当合乎逻辑。但与此同时，北方重新压倒了南方。并且从此不再变更。因而人们常说，阿姆斯特丹所接替的不仅是安特卫普，而且是在热那亚时代仍占主导地位的地中海。[3]具备各种有利条件的和极其富饶的地中海，从此被长期处于无产者地位，并且尚未得到很好利用的大西洋所取代；国际分工至此只把费力大和得益小的差使留给大西洋。热那亚资本主义的后退，进一步说，四面受敌的意大利的后退，为北方商人和航海者的胜利铺平了道路。

146 这一胜利不是朝夕之间就能取得的。地中海和意大利的衰落也不是朝夕之间实现的，衰落过程逐渐铺开，经历几个不同的阶段。16世纪70年代，英国船重新进入了地中海。再到90年代，又有尼德兰船进入地中海。但典型的地中海船只(naves，saètes，marcilianes，caramusalis)并不因此绝迹。北方运输者的入侵要取得成功，必须让北非沿海、里窝那港、安科纳港及地中海东岸诸港容许和欢迎他们的到来，让富饶的地中海城市接受他们的服务，

1651年在阿姆斯特丹召集的联合省联省会议，其礼仪之隆重与主权国家无异。

同意租用他们的船只。还必须使英国人于1579年与奥斯曼苏丹订立外侨权利协定，而尼德兰人则在1612年才做同样的事。尤其必须做到，使呢绒布匹以及北方的其他产品占领地中海市场，同时排挤当地的传统产品。[4]在17世纪初，威尼斯仍以其优质呢绒在勒旺的市场上占统治地位。为此，必须排挤威尼斯和其他城市。最后必须等待热那亚的信贷霸权逐渐分崩离析。阿姆斯特丹地位的上升意味着这些过程的陆续完成；与安特卫普不同，阿姆斯特丹对地中海经济将不再放松马缰。

联合省在自己家里 147

当时的人只是看到一些令人眼花缭乱的表象。跟往常一样，他们对长期的准备过程未加注意，直到尼德兰获得光彩夺目的成就时，他们才猛然醒悟。刹那间，任何人都不明白，一个初出茅庐的蕞尔小国居然一举成功，发展神速，无比强盛。人们纷纷议论荷兰的“秘密”“奇迹”和“出奇的”富有。

幅员褊狭，土地贫瘠

联合省领土狭窄，一位西班牙人于1724年[5]说，不超过加里西亚王国；继英国人塔克尔之后，杜尔哥[6]指出，不到德文郡的一半。路易十四的一名大使(1699年)曾解释说：“一个很小的小国，海岸尽是寸草不生的沙丘；国内江河纵横。海岸及河流两岸经常发生水灾，仅适于草地生长，牧草为唯一天然富源，当地收获的小麦和其他粮食不够养活百分之一的居民。”[7]笛福讥讽说，“不够用以喂养公鸡和母鸡”。[8]另有人于1697年断言：“荷兰的全部物产，那就是黄油、奶酪以及只能用来烧制碗碟的泥土。”[9]十分严肃的西班牙经济学家乌斯达里茨（1724年）还说：“该国有一半是水或不出产任何东西的土地，种植面积每年不过国土的四分之一；因而好些作家都说，农业收成勉强只够居民四分之一的消费。”[10]1738年的一封信更是危言耸听：“荷兰尽是浇薄之地，土地漂浮水面，草场每年三季被淹，耕地狭小，产粮不足以养活居民的五分之一。”[11]在这一领域是大行家的阿卡里亚斯·德·塞里奥恩，1766年毫不犹豫地断言，荷兰（即联合省）的“物产不够其四分之一居民的衣食”。[12]简单说来，这是个穷地方：出产的小麦很少，质量又差，另有少量的黑麦、燕麦和绵羊，没有葡萄架（在乡村的房前屋后或菜园墙边，间或还能见到），没有树木（除在阿姆斯特丹的运河两岸及村庄四周）。相反，草场很多，“临近10月底和11月初，草场被水淹没，风雨交加之日，一片浊浪翻滚……许多地方，但见堤岸、屋顶、塔尖在一片汪洋泽国中起伏出没”。[13]冬季积下的雨水将“在春季依靠风车”[14]抽走。

在地中海地区的人看来，这一切十分奇怪，近乎荒唐。佛罗伦萨人罗杜维利·圭哈尔迪尼于1567年写道：“地面低洼，各大江河均筑有堤坝，因而河流与土地不是一般高，在许多地方，人们十分惊奇地看到，水面竟高出地面。”[15]过了两个世纪以后，来自日内瓦的一名旅行者（1760年）指出，“荷兰省的一切，包括天地自然在内，都由人力造成”。[16]一位名叫安东尼奥·邦斯的西班牙旅行者[17]（1787年）甚至说：“幻想和诗意胜过真实！”

农业的壮举 148

然而，联合省毕竟有土地、村庄和农庄。在盖尔德斯，甚至还有一些贫穷的居乡贵族以及为他们服务的农民，构成封建制欧洲的真正的一角；在格罗宁根，则有乡绅农庄主（gentlemen farmers）；弗里西亚有份地农庄主。[18]莱顿四周的蔬菜种植实行精耕细作，收获的蔬菜在阿姆斯特丹街头叫卖，联合省最好的黄油[19]也在这里生产。莱茵河上架有一桥，名叫"'麦桥'，因为在逢集的日子，农民带着粮食来此赶集"。[20]乡村富翁在各地均可遇见，他们一身穿黑，不加大衣，但"他们的妻子则佩戴银首饰和金戒指"。[21]最后，每逢春季，"从丹麦、日德兰、荷尔斯泰因赶来的大批瘦牛，立即被送往牧场；三个星期过后，就可以养得又肥又胖"。[22]"到 11 月中旬，（殷实之家的主人）根据家庭人口多少，买下半头或一头牛，盐腌烟熏后……随黄油拌生菜吃。赶上星期天，他们从腌缸里取出一大块肉，煮熟后，分几餐食用。这块冷肉反复端上餐桌，另加几块白煮肉，一点牛奶或蔬菜……"[23]

由于可支配的土地太少，畜牧业和农业势必寄希望于提高劳动生产率。牲畜比别处喂养得更好。奶牛每天产奶达三桶之多。[24]农业转向园田化经营，发明合理的轮作方式，依靠施肥（包括城市垃圾在内）求得比别处更高的产量。自 1570 年起，农业进步相当显著，在国家的经济起步中起了一定作用。让·德弗里斯[25]因此指出，荷兰资本主义是从土地中成长起来的。

确实，规模虽小却贯彻始终的进步开创了一场农业革命，这场革命并将传往英格兰，但这是另一回事了。重要的是，只要农村与城市相接触，不用太久，农村就会朝商品化方向发展，在一定程度上城市化，并像城市一样依靠外来物品生活。既然至少一半的消费用粮必须依靠进口（这是真实数字），尼德兰农业便转向最赚钱的作物：亚麻、大麻、油菜、啤酒花、烟草、植物染料、菘蓝和茜草，后者系佛兰德的逃亡者所带来。[26]这些植物染料来得恰是时候，因为英国提供的所谓"本色"呢绒坯料都在荷兰整理和染色。可是缩绒和印染两道工序相当于呢绒坯料成本（原料、梳理、纺毛条、织造）的一倍。[27]詹姆士一世为此于1614年决定禁止英国出口"本色"呢绒。[28]但结果却是完全失败，英国人在整理和染色工序方面竞争不过荷兰的先进技术以及荷兰国内唾手可得的染料。

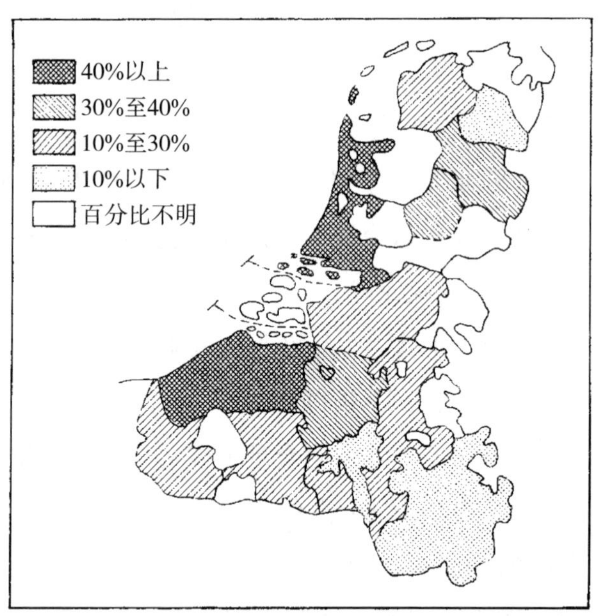

19. 1500年间勃艮第统治下的尼德兰

城市人口的比例于1500年创最高纪录：在佛兰德和荷兰均超过40%。（据让·德弗里斯：《荷兰农村经济的黄金时代：1500至1700年》，第83页。）

农民由于被工业作物所吸引，必定要从市场获得食物，购买木柴和泥炭。他们因此脱离了孤立状态。大村庄变成了集会地点，那里有时设置集市和交易会。商人往往直接同生产者打交道。[29]

农产品商品率的提高意味着农村的富裕。“在这里，财产在十 149
万里佛以上的富农不算稀奇。”[30]然而，农村雇工的工资也向城市靠拢；[31]且听彼得·德·拉古尔作何解释，他于 1662 年指出：“农民不得不给佣工开工资，数额之高竟占利润的一大部分，佣工的生活比他们的主人更加舒坦；城市中也有类似的麻烦，那里的工匠和仆人比世界上任何其他地方更加刁顽和更难侍候。”[32]

高度活跃的城市经济

与欧洲其他地区相比，联合省这个小国的城市化程度和组织程度都显得很高，正如伊萨克·品托[33]所说，这是因为它的人口密度“居欧洲之首”。一名旅行者于 1627 年从布鲁塞尔前往阿姆斯特丹，他“发现所有荷兰城市都挤满了人，而西班牙所属城市（在尼德兰南部）则显得空空荡荡；城市之间相隔两三小时的路程”，他在途中遇到“成群的人，挤满了旅客的大车，其数量比罗马街头的四轮马车还多（天知道有多少），而在四通八达的运河上，则有无数船只航行”。[34]这令人奇怪吗？联合省的一半居民在城市生活，[35]创欧洲最高纪录。因此，交换成倍增加，联系更加经常，人们必须充
分使用海道、江河和陆路（与欧洲其他地区一样，陆路运输由农民 150
所推动）。

联合省由自命独立并以此为标榜的七个小省所组成，它们是荷兰、泽兰、乌得勒支、盖尔德斯、上艾瑟尔、弗里西亚和格罗宁格。

实际上，每个省都是一个相当密集的城市网。就荷兰省而言，除在荷兰省议会享有投票权的六个旧城市外，还有鹿特丹等十二个其他城市。每个城市均自己管理自己，各自征税，进行司法裁判，监视邻近城市的一举一动，不断保卫自己的特权、自治权和税收制度。这也正是税卡众多的主要原因，[36]“数不清的道路通行税”[37]和交不完的入市税。然而，国家的这种各自为政，这种令人难以置信的分权状态，也给个人创造一定的自由。作为城市的统治者，城市资产阶级执掌司法大权，可随意进行处罚，将被处罚者永远逐出城市或者逐出省外，而且几乎不容上诉。反过来，城市也保卫和维护公民的权益，使公民不受高级司法当局的侵犯。[38]

为了求得生存，尼德兰城市不免需要共同行动。彼得·德·拉古尔说得对，“它们的利益相互交织在一起。”[39]城市之间尽管存在争吵和妒忌，但蜂房自有其法律，要求各城市群策群力，开展商业和工业活动。这些城市组成一个坚强有力的整体。

阿姆斯特丹

这些城市相互联系，各司其责，组成网络状和多层次的金字塔结构。这种结构要求，在网络的中心或金字塔的塔顶，有一个与其他城市相联系，但其地位和力量又比其他城市更加重要、更加强大的中心城市。面对联合省的各个城市，阿姆斯特丹的地位相当于面对威尼西亚各城市的威尼斯……何况，阿姆斯特丹的自然条件与威尼斯惊人的相似，倒灌进陆地的海水通过纵横交错的河道将城市分割成大小不一的岛屿，并使城市四周沼泽遍布。[40]往返穿梭的驳船，即所谓水船（vaterschepen），[41]向城市供应淡水，正如布伦塔河上的船只向威尼斯提供淡水一样。两个城市同样被困在一汪咸水之中。

彼得·德·拉古尔[42]解释说，阿姆斯特丹的诞生可归结为一次海啸，海啸“在泰瑟尔岛附近冲破了”沙洲保护线，于是便出现了须德海（1282年）；人们因此可以“乘坐大船通过泰瑟尔水道”，波罗的海的航海者便在至此还只是一个普通村庄的阿姆斯特丹会面和贸易。尽管有着天时地利的这种帮助，在城市靠岸仍然是困难的，危险的，至少是麻烦的。前往阿姆斯特丹的船只应在泰瑟尔岛或在须德海入口处的弗利等待，那里的流沙对船只是个经常的威胁；离开阿姆斯特丹的船只也在这些港口停泊，等候出现顺风。无论进出须德海，船只都必须稍候片刻，以便当局进行严密检查。1670年3月，法国的一艘三桅船，而且是国王的战舰，未经许可，竟从泰瑟尔岛来到阿姆斯特丹，这一无礼行为当时惹起了一场风波，[43]此事在后世人看来，倒也不乏兴味。再一个困难是：大商船
不能穿越阿姆斯特丹北面的一片浅滩（潘皮斯沙滩仅被浅浅的一 151
层海水浸没），直到1688年左右，[44]人们终于想出了一个办法：两艘驳船——所谓“骆驼船”——分别紧靠大船的左舷和右舷，在大船船身下布设链条，将大船抬起，拖往港口。

虽说如此，阿姆斯特丹总是船满为患。一名旅行者于1738年 153
说：“我从未见过如此惊人的奇景。如果没有亲眼目睹，不能想象有2000条船在同一港内的绝妙场面。”[45]1701年的一本旅行指南谈到，港内的8000条船，“墙桅林立，遮天蔽日”。[46]船只数目到底是2000或8000，我们不必深究。可以肯定的是，从丹姆广场放眼望去，只见到处都是船旗。旅行指南接着说，“那条样子还新的船

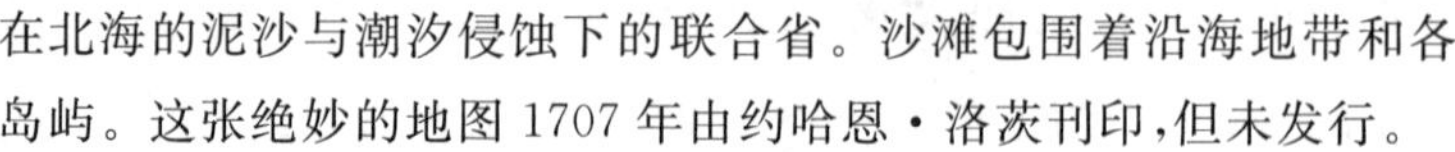

在北海的泥沙与潮汐侵蚀下的联合省。沙滩包围着沿海地带和各岛屿。这张绝妙的地图 1707 年由约哈恩·洛茨刊印，但未发行。

是德国船，悬挂的旗子上红色直纹与金色直纹相交叉。另一条船是勃兰登堡的，银色船旗上雄鹰振翅"；这边一条是施特拉尔松德的船，船旗上有个金色太阳。那里还有打着卢卡、威尼斯、英格兰、苏格兰、托斯卡纳、拉古萨等旗号的船，拉古萨旗为银色，饰有盾形纹章，镶边上绣着自由字样。甚至还有打着萨瓦旗号的船，真是让人不能相信。更远处是专门从事捕鲸的大船。"这些悬挂白旗的船"，不必再向你们解释，"既然你们是法国人"。[47]此外，如果你读《阿姆斯特丹新闻报》，[48]你可以得知有几百条船向阿姆斯特丹驶来，并了解到它们的名称和航行路线。1669 年，来自波尔多的"仙鹤号""亚麻车号""朝阳号""毕尔巴鄂狐狸号""南特双桅船号"于 2 月 8 日抵达泰瑟尔岛；同月 12 日抵达的还有波尔多船"无花果树号"和"杂色鲸鱼号"；过不多久，又有来自毕尔巴鄂的"饲草车号"，加来的"猎兔狗号"，以及从加利西亚返回的"杂色小羊号"；6 月间，"花盆号""从莫斯科公国（大概是阿尔汉格尔）驶来，它在那里过了冬季；人们于 2 月获悉，'黄油罐号'已抵达阿利坎特"。船只的穿梭往来使阿姆斯特丹成了"各地物产和八方财富汇集之所，天下钟灵毓秀之地"。[49]

但假如没有联合省和尼德兰诸城市的协助，情况就不会如此。它们是阿姆斯特丹繁荣的不可或缺的条件。让・德弗里斯认为，我们今天所说的以阿姆斯特丹为中心的经济世界，真正的"中心"其实不单是荷兰，而且是与海上贸易有关的整整一块尼德兰地区，包括泽兰、弗里西亚、格罗宁根以及乌得勒支的一部分。只是盖尔德斯、直属省和上艾瑟尔仍贫穷落后，处于中世纪状态，排除在大商业之外。

“心脏”与阿姆斯特丹的合作导致了分工：莱顿、哈勒姆、德尔夫特的工业欣欣向荣；布里尔和鹿特丹以造船业见长；多德雷赫特主要从事莱茵河贸易；恩克赫伊曾和鹿特丹控制北海的捕鱼业；还是鹿特丹，作为仅次于阿姆斯特丹的大城市，在对法和对英贸易中占据最有利的地位；首都海牙为政治中心，其作用与美国的华盛顿相同。所以，东印度公司分成几个独特的地方商会，绝不是偶然的。除了成立于1609年的阿姆斯特丹银行外，分别还在米德尔堡（1616年）、德尔夫特（1621年）、鹿特丹（1635年）成立了类似的银行，只是活跃程度不如前者而已。皮埃尔·博代套用关于美国和福特公司的一句名言，正确地指出，“对阿姆斯特丹合适的东西，对联合省同样合适”；但阿姆斯特丹必须依靠其他城市的合作，忍受其他城市的忌妒和敌视，并在没有更好办法的情况下，对其他城市曲意迁就。

154 五方杂处之地

城市必须使用劳动力。联合省诸城市的繁荣要靠人口的增长：居民从1500年的100万上升到1650年的200万（其中有100万在城市）。这一进展不是仅仅在原有基础上实现的。荷兰经济的扶摇直上需要吸引外国移民，这一成果部分的也是侨民们的功劳。外国人在阿姆斯特丹远不是全都找到了“福地”。尼德兰的昌盛始终意味着存在大批生活极其艰苦的无产者。非鱼汛期间，至少在11月，“按照规定，禁止在荷兰捕鲱鱼，但现在予以宽容，因为鲱鱼可供穷人食用”。[50]如同在热那亚一样，一切都以慈善活动为掩护，以缓和可能出现的阶级斗争。不久前在阿姆斯特丹市政厅

152

阿姆斯特丹：鲱鱼塔，斯托克·纽韦尔思胡斯作画。

举办的一次展览会鲜明地展示了17世纪荷兰的悲惨景象，在那里，富人比别处更富，穷人比别处更多，而且由于生活的昂贵，可能比别处更贫困。

移民来到荷兰，并不都想发财。也有不少人为了逃避16和17世纪在各地肆虐的战乱和宗教迫害。在1609年与西班牙签订停战协议后，联合省由于宗教冲突（抗议派同反抗议派）和政治纠纷（市政机构同陆海军统领拿骚的莫里斯），随时可能出现内部分裂，国家濒于崩溃。新教正统派在多德雷赫特教务会议上（1619

年)获胜标志着这一系列冲突和纠纷的激化,联合省陆海军统领于同年下令处决荷兰省省督约翰·旺·奥尔登巴内费尔特。但是这些暴力浪潮不能维持很久,因为国内天主教徒众多,东部地区存在路德派,新教分裂派也十分活跃。宗教宽容终于立足生根,个人自由也随着政治分权而有所加强。“宗教改革者试图把共和国改造成为日内瓦式的新教国家,但只取得有限的成功。”[51]

宗教宽容要对各种人,无论是工人、商人或流亡者,实行兼收并蓄,他们对共和国的富裕都有贡献。此外,既为世界的“中心”,就注定要实行宽容,人们怎能想象它会采取偏执态度,不肯接受送上门来的劳动力?联合省肯定是避难所,是救生船。因此,“大批人前来这里躲避战祸,就像挪威沿海的鱼群觉察鲸鱼靠近便逃遁一样”。[52]信仰自由成为必不可少的准则。一名英国人于1672年写道:“在这个共和国,人们没有任何理由抱怨自己在信仰问题上受束缚。”[53]又一名荷兰人在晚些时候(1705年)作证说:“世界各国的人民在这里都能根据自己的信念和信仰侍奉上帝,尽管新教占据统治地位,人人都能自由地根据自己信奉的宗教举行礼仪,当地的罗马天主教堂达25所之多,祈祷和弥撒可公开举行,与在罗马无异。”[54]对于信仰的这种多样性,人口史学家比别人了解得更清楚,他们为计算人口,需要面对十来种不同的户籍册;以鹿特丹
155 为例,就有尼德兰、苏格兰、瓦隆的新教徒以及长老会、圣公会、路德派、抗议派、孟诺派、天主教和犹太教等教派。[55]顺便指出,天主教徒往往属于下层阶级,特别在直属省。

移民通常满足于从事最卑贱的职业,但正如一名荷兰人于1662年所说,“在荷兰,凡肯干活的人不可能饿死……甚至用某种

铁器和钩网在河底掏垃圾的人,只要愿意好好干活,每天都能挣半个埃居”。[56]我特别强调,“只要愿意好好干活”,因为相对高工资的一个危险,正是穷人的生活一旦得到保障,就不必连续工作,尽可悠闲度日。必须让这些穷人充当清洁工、壮工、脚夫、装卸工,以及马拉驳船的艄公,弗里西亚牧草收割季节挥舞长柄镰刀的割草工,赶在冬季涨水或冰冻到来前用鹤咀锄开掘泥炭的采挖工。这最后一项工作是德国移民的专职,1650 年后,这伙被统称为“荷兰客”(Hollandgänger)的穷苦人成倍增多,他们前来荷兰往往从事沿海圹地的土壤改良工作。[57]邻近的德意志地区是向联合省提供廉价劳动力的场所:从军的士兵,出海的水手,干农活的零工(收割者)以及涌往城市的“普鲁士佬”(poepen, moffen)。

说到移民,手工工匠理所当然地占突出的地位,他们在各纺织
中心人数很多,如莱顿(哔叽、羽纱、呢绒),哈勒姆(丝织、漂白),阿 156
姆斯特丹(大部分工业[58]陆续在这里建立:呢绒绸缎,金银丝织物,各色缎带,烫金皮革,鞣革制品,精炼食糖,各种化学工业),萨尔丹(离阿姆斯特丹不远的村庄,“世界最大的船厂”就设在那里)。外国劳动力对这一切活动具有决定作用。哈勒姆纺织业的发展,关键在于来自伊普尔和翁斯科特的劳动力。同样,到了 17 世纪末,联合省的工业将因法国新教徒在撤销南特敕令(1685 年)后大批迁来而得到振兴和发展。

在这些前来避难的人群中,无论法国和安特卫普的新教徒还是伊比利亚半岛的犹太教徒,不少是拥有巨额资本的商人。葡萄牙犹太教徒[59]对荷兰的兴旺更作出了特殊的贡献。根据威纳尔·桑巴特[60]的认识,他们带给阿姆斯特丹的恰恰正是资本主义。这

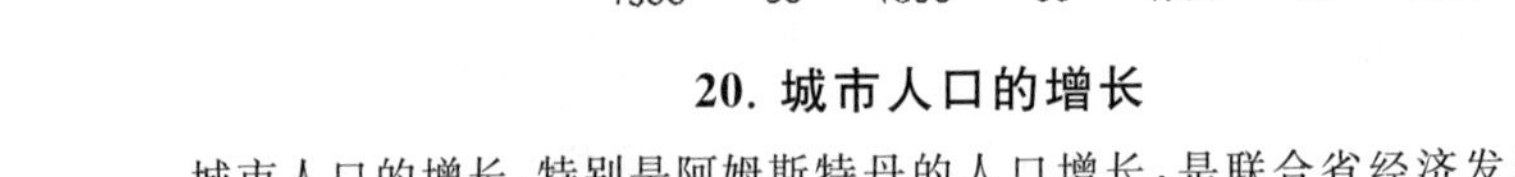

20. 城市人口的增长

城市人口的增长，特别是阿姆斯特丹的人口增长，是联合省经济发展的一个主要原因。（引自让·德弗里斯：《荷兰的农村经济》，第 89 页。）

显然言过其实。但有一点没有疑问，他们在汇兑方面以及在交易所投机方面给城市提供有力的支持。他们是这些活动的行家里手，甚至创始人。他们还为人出谋划策，以建立从荷兰到新大陆和地中海的商业网。[61] 17 世纪一位英国杂文作家甚至怀疑，阿姆斯特丹商人完全出于商业利益的考虑才吸引他们前来，因为“犹太人和其他外国人也向阿姆斯特丹商人开放自己的世界贸易体系”。[62] 作为精明练达的买卖人，犹太人不是总朝经济成功的地方去吗？他们到某个国家去，总是因为那里一切顺利或者情况越来越好。

他们如果退缩，虽然还不是一切都糟，但至少事情开始不妙。能否说犹太人1653年前后开始抛弃阿姆斯特丹？[63]总之，晚三十年后，即在1688年，他们跟着奥伦治的威廉前往英国。这就意味着，在当时，阿姆斯特丹的状况其实已不如17世纪的最初几十年了。

说到底，阿姆斯特丹的成功并不仅仅靠犹太人。欧洲各地的商人纷纷来到即将成为或已经成为世界中心的阿姆斯特丹。其中当然以安特卫普的商人居首位。经过令人难忘的围城战，亚历山大·法尔内塞于1585年8月27日攻克安特卫普；安特卫普投降时获得的条件并不苛刻，特别是对商人、他们能够留下，或者带着资本离开城市。[64]选择流亡荷兰的人因而不是空手前往：他们带着资本、能力和商业关系而来，这无疑是阿姆斯特丹迅速起飞的原因之一。迁往北欧新首府的安特卫普商人雅克·德·拉法伊1594年4月23日写道："安特卫普在这里变成了阿姆斯特丹"，[65]此说不算夸大。1650年左右，市内三分之一的居民有外国血统或者是外国人的后裔。成立于1609年的阿姆斯特丹银行，第一批存款中有一半来自尼德兰南部。

阿姆斯特丹迅速壮大成长(1600年居民仅5万，1700年达到20万)，它使各国移民很快混合起来，把大批佛兰德人、瓦隆人、德意志人、葡萄牙人、犹太人和法国胡格诺教徒统统改造成为真正的"荷兰人"。在全国范围内，一个尼德兰"民族"不是就此形成了吗？在手工工匠、商人、临时就业的水手、苦力的共同努力下，一个蕞尔小国终于彻底改变了面貌。但是，荷兰的发展不是也为阿姆斯特丹的成功作好了准备和创造了条件吗？

157 ## 先说渔业

全靠莱茵河和默兹河的赐予，联合省成了“欧洲的埃及”：狄德罗[66]用以上的话强调，联合省兼得水陆之利。但联合省首先是大海的赠物。尼德兰人民“如此向往大海，几乎可以说，他们在海上比在陆地更得其所”。[67]在经常风急浪高的北海海面，他们学会了捕鱼、近海航行、远程运输和海战：照英国人的说法，1625 年的北海竟是“荷兰叛军培养水手和领航员的专门学校”。[68]威廉·坦普尔说得对：“联省共和国是大海的女儿，她从大海吸取力量。”[69]

北海及邻近各海历来是荷兰和泽兰渔民的活动场所。捕鱼为国民生计的根本。其中至少包括四个部分。首先是沿海和淡水提
158 供的“肉质细嫩的杂鱼”；[70]这种“日常作业”的产值约等于捕捞鲱鱼的大规模“远洋作业”[71]的一半；在冰岛海域和多格滩进行的捕鳕作业，[72]以及“捕猎”鲸鱼（奇怪地被称作“小渔业”）相对的不如捕鳕作业那么重要。

1595 年左右，[73]荷兰人发现了斯匹次卑尔根，他们从巴斯克渔民那里学会了用炮箭捕鲸。[74]1614 年 1 月，“从新地岛海岸到戴维斯海峡，包括斯匹次卑尔根、熊岛及其他地点”[75]在内的捕鲸活动被作为一项垄断出让给一家北海公司。该公司后于 1645 年解散，[76]但阿姆斯特丹小心翼翼地保住对北海捕鲸业的控制和利益，[77]大肆捕杀鲸鱼使阿姆斯特丹获得大量鲸油（制造肥皂，供穷人照明和呢绒加工之用）和鲸须。1697 年[78]是个好年景，“共有 128 艘船从荷兰各港口出发捕鲸，其中有 7 艘被冰块撞碎，其余 121 艘返回各港口，捕获鲸鱼 1255 条，得鲸油 41 344 桶。每桶鲸油一般价值 30 弗罗林,共计值1 240 320弗罗林。每条鲸鱼通常可提供鲸须 2000 磅,按每公担价格 50 弗罗林计算,1255 条鲸鱼共计得1 255 000弗罗林,两笔收入加在一起等于2 495 320弗罗林”。[79]以上计算表明,一艘鲸船平均为公司捕回十来条鲸,虽然其中有一艘船 1698 年 7 月曾把 21 条鲸带回泰瑟尔岛。[80]

然而,这些资源与鲱鱼比较便相形见绌,捕鲱在英格兰沿岸多格滩进行,每年两次鱼汛,从圣约翰节至圣雅克节,又从圣架瞻礼节到圣卡特琳娜节。[81]17 世纪上半叶,数字相当惊人:共有 1500 条渔船,船身宽大,能在船上将鱼整理、腌制和装桶,另有船只前来渔场把成品鱼运走,送往荷兰和泽兰(甚至送往英国,荷兰鲱鱼的价格比英国的便宜);[82]在 1500 条渔船上,有12 000名渔民从事捕捞作业,每次可获300 000桶鱼。腌好的咸鲱鱼在欧洲各国出售,堪称荷兰的“金矿”。[83]据彼得·德·拉古尔估计,荷兰贸易“假如减去鱼和鱼制品的贸易”,将只剩一半。[84]乔治·唐宁爵士(1661 年 7 月 8 日)不怎么高兴地承认,“鲱鱼贸易推动盐的贸易;鲱鱼和盐的贸易在一定程度上扩大了荷兰在波罗的海的贸易”;[85]我们这里再补充一句,波罗的海贸易是荷兰真正的财源。

人们是否过高估计了渔业在荷兰经济中的地位?在克伦威尔颁布《航运法》和第一次英荷战争(1652—1654 年)后,荷兰捕鱼量削减了三分之二以上。[86]但是同彼得·德·拉古尔的预言相反,荷兰整个经济并不因此就垮了下来。至于渔业的衰退,其原因是随着成本和工资的上涨,利润大大减少。唯有给养供应商的日子还过得下去。但“启航费”很快变得过分昂贵。法国、挪威、丹麦等外国渔船的竞争更使荷兰渔业难以为继。何况,相同的原因产生相同的结果，英国的捕鲱业尽管受到种种鼓励，却未能得到充分的发展，其原因也是成本太高。[87]

159 荷兰的船队

荷兰兴旺发达的真正工具是它拥有的船队，其数量相当于欧洲其他各国船队的总和。[88]据1669年5月一份法国材料的估计，[89]除开“不能远航的单桅船和其他〔为数极多的〕小船”，联合省的船只总数可达“六千”。蓬博纳认为，“这是相当可靠的推测”。按每

阿姆斯特丹的鱼市、市政厅和公秤所。莱特和舒茨所作的版画，1797年。

条船载重100吨和雇佣8名船员计算，总数至少为载重600 000吨，船员48 000名。这在当时是个很大的数目，但看来我们并没有夸大。

不但有数量，而且有质量。荷兰造船厂于1570年造出了一种引起轰动的商船，或称“载重船”(vlieboot)，船身坚实，两侧隆起，容量大，操作不需太多的船员：比相同吨位的其他船少20%的船员。考虑到在远程航行中，人员的费用(工资、食物)长期占各项支出之首，这是一个很大的优点。在这方面，荷兰人的精打细算充分发挥了作用：船上的伙食十分俭朴：[90]“鱼和燕麦片”；即使船长也“满足于……一块奶酪或一片腌了两三年的牛肉”；[91]没有葡萄酒，但有淡啤酒，有时赶上海上风急浪大，分发一丁点儿粕酒。一个法国人说：“在世界各国中，荷兰人最注意节衣缩食，最少讲究铺张和支付非必要开支。”[92]

1696年法国的一份长篇报告不无羡慕地历数荷兰船队胜过其竞争者的各种优点。“荷兰的贸易航运一般使用载重船，战争期间由快速武装舰只护航。这些大船的货舱很大，能装载许多货物，帆篷设施欠佳，结构也嫌笨重，但能抗拒海上风浪，同其他船只相比，不用很多船员操作。一条载重20至30吨的船出海航行，法国人要派4至5名船员操作，荷兰人至多只派2至3名；在载重150至200吨的船上，法国人要用10至12名船员，荷兰人只用7至8名。在一条载重250、300至400吨的船上，法国人用18、20至25名船员，荷兰人最多只用12、16至18名。法国海员每月挣12、16、18至20里佛，荷兰海员以10至12里佛为满足，高级船员的工资按此比例类推。法国海员的伙食必须有面包、葡萄酒、精白面饼干、鲜肉和咸肉、鳕鱼、鲱鱼、禽蛋、黄油、豌豆和蚕豆；吃鱼时必

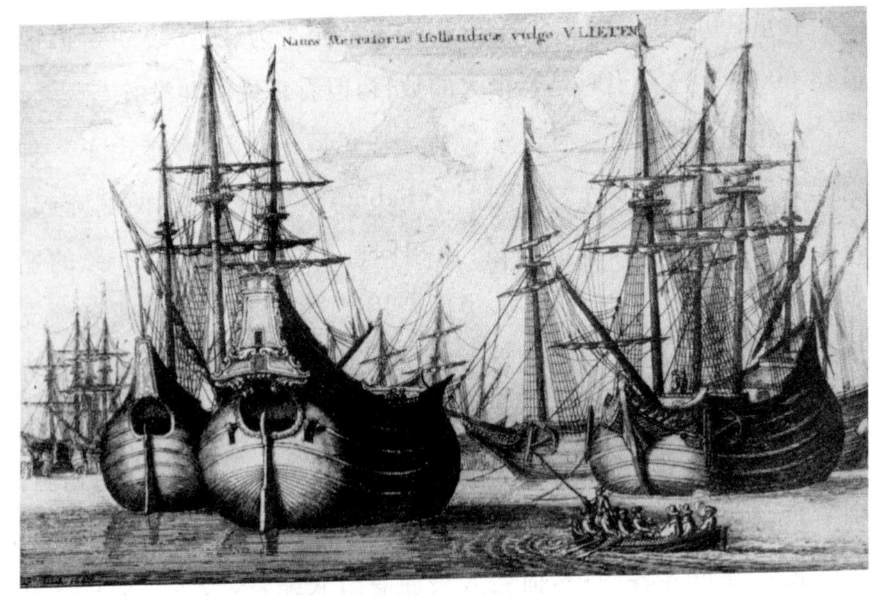

荷兰的载重船，W.霍拉尔所作的版画，1647 年。

须配有调料，而且只是在守斋日才肯吃鱼。荷兰海员满足于啤酒、黑麦面包和饼干（颜色往往很黑，但口味颇佳）、奶酪、禽蛋、黄油，一点咸肉以及豌豆和麦片，吃很多不加调料的鱼干，每天都吃，不论是否守斋日，其价格比猪牛肉便宜得多；热情好动的法国人每天用餐四次，天性恬静的荷兰人至多只用两三次。法国人用栎木造船，配以铁钉销接，成本很高；大多数荷兰船，特别是最远不过前往法国的那些船，只用松木制造，配以木钉销接，因而同我们的船相
160 比，船身虽大一倍，造价却低一半。他们使用的帆、索等桅具也比我们的便宜，荷兰离北欧近在咫尺，他们可就近取得铁、船锚和大麻，自己制造绳缆和船帆。”[93]

造船成本低下确实是荷兰航运业的另一优点，一封法国信件说得对，“他们的秘密是造船比别人便宜”。[94]大概因为船用木材、

柏油、乳胶、绳缆等珍贵的造船用材（naval stores），其中包括由专门船只运送的桅杆，[95]直接来自波罗的海。但也还因为，他们使用最现代化的技术：机械锯，树桅机，可以替换的零件，熟练的工人和工头。阿姆斯特丹附近著名的萨尔丹造船厂为此能够保证，“只要在两个月前事先得到通知，必定能每星期造出一艘待命出航的战舰”。[96]再补充说一句，荷兰的任何行业都容易获得充足和低廉的
信贷。毫不奇怪，荷兰很早便向威尼斯、西班牙乃至马耳他等外国 161
出口船只，[97]后者用这些船只在勒旺地区海面从事劫掠活动。

此外，阿姆斯特丹已成为欧洲最大的旧船市场。如果你的船只在荷兰沿海失事，你能在几天之内买到一艘新船，原班人马即可上船，不耽误时间；一些经纪人甚至能为你张罗货载。相反，如果你从陆路前来买船，最好随身带着你的水手，因为联合省只是在运输方面人手不够充裕。

然而，并不要求所有的水手必须经验丰富。只要船上的负责岗位由富有经验的水手充任就够了。剩下的事，任何新手都能承担。但新手也还必须找得到。在全国招募海员，甚至深入内地乡村，仍感人手不足。这在威尼斯和英格兰也是同样情形。因此，外国人如果不愿效力，便对他施加强制手段。有些前来挖掘泥炭、从事土壤改良或收割庄稼的“荷兰客”被送上甲板当了水手。据说在1667年，有3000名苏格兰和英格兰海员为联合省服务；[98]又据一封法国信件，柯尔贝尔为发展海上运输，曾让30 000名海员返回法国，这些海员原来主要为荷兰服务。[99]

以上数字并不完全可靠，但十分明显的是，荷兰执世界海运之牛耳，原因在于它从欧洲的贫困地区获得不可或缺的补充劳动力。

这批劳动力巴不得能前往荷兰。1688 年，奥伦治的威廉整装出发，要去英国驱逐詹姆士二世，舰只将在路易十四船队的眼皮底下通过；招募海员相当容易，只消增加点开拔费就够了。[100] 总之，荷兰人之所以能“开创”他们的共和国，原因并非欧洲的“迟钝”，[101] 而是欧洲的贫困。直到 18 世纪，海员不足在英国显得十分尖锐，在荷兰也始终是个难以解决的问题。叶卡特琳娜二世时代，每当俄国船在阿姆斯特丹停靠，总有一些俄国海员选择自由；荷兰的招募者赶紧截住他们，这伙倒霉鬼迟早要被送到安的列斯群岛或远东，到那时却又苦苦哀求把他们遣返俄国。[102]

联合省是个“国家”吗？

海牙的政府以软弱无力著称。由此得出的结论是，政治机器的无所作为有助于资本主义的成功，甚至是资本主义发迹的条件。历史学家并不十分赞同这个结论，宁愿接受 P.W.克莱茵[103] 的判断，就是说，联合省勉强“有一点像是国家的样子”。皮埃尔·让南[104] 的说法不如克莱茵那么肯定，他只是谈到，荷兰的繁荣实际上与“很少能出力干预的国家”没有丝毫关系。当时的人没有对此提出异议。1647 年春，葡萄牙使者苏查·库提诺在海牙进行谈判，并试图买通对方可被收买的任何政府官员。据他说，该政府“群龙无首，各持己见，即使对他们最有利的事，政府代表也很少达成一致意见”。[105] 1753 至 1754 年间，杜尔哥曾说过：“在荷兰、热那亚和威尼斯，虽然私人非常有钱，国家却软弱贫穷。”[106] 这个判断对 18
162 世纪的威尼斯还算正确，但 15 世纪的威尼斯在欧洲经济世界占着统治地位，这个判断显然就说不过去。至于荷兰，情况又如何呢？

回答首先取决于人们对政府或国家作何解释。如果像通常那样，不把国家及其社会基础合在一起考察，就有对国家作出错误判断的危险。联合省的政府机构确实偏于陈旧；基本结构是从相当古老的时代留传下来的：七个省区不但各自认为享有主权，而且下面还分为许多小不点儿的城市共和国。确实，联合省的中央机构——国务会议（Raad van Staat，“确切地说，执掌共和国各项事务的总管”[107]或相当于财政部一类的行政机构）[108]和联省议会（各省派驻海牙的常设代表机构）——原则上没有任何实权。一切重要决定需交各省分别研究，并取得一致通过。由于各省利害迥然不同，特别在沿海省区和内陆省区之间，这个制度经常引起冲突。威廉·坦普尔 1672 年说过，联合省联而不合。[109]

这些内部纠纷在政府一级表现为荷兰省与奥伦治王族之间连绵不绝的斗争，前者利用其金融势力，企图独揽大权，后者以统领身份，在七省中“掌管”五省，并兼任国务会议总理和共和国陆海军统领。荷兰省由该省省督兼国务会议秘书为代表，一贯维护各省的主权和自由；如果中央政权衰弱，荷兰省就能依靠其巨大的经济优势（国家一半以上的收益由该省提供）[110]，强制推行自己的意志。在统领这方面，则竭力要确立君主专制式的个人政权，即要加强中央集权，阻止荷兰省充当霸主；其余各省和各城市往往受荷兰和阿姆斯特丹的欺压，统领就利用它们的嫉恨来达到以上的目的。

联合省因而危机四伏，纷争不绝，两名对手轮流主持国家的政务。1618 年，当阿明尼乌派和戈马尔派发生猛烈宗教冲突时，拿骚的莫里斯下令逮捕荷兰省督约翰·旺·奥尔登巴内费尔德，后者被判处死刑，并于次年处决。1650 年 7 月，统领威廉二世发动政变，在海牙获得成功，但在阿姆斯特丹碰壁。在这前后，奥伦治亲王的夭折使“共和派”有了施展抱负的天地，他们取消了统领制，并统治了将近四分之一个世纪，直到1672年为止。当法国入侵时，威廉三世恢复了统领制，履行类似救国委员会的职责。荷兰省督约翰·德·维特及其兄弟均在海牙被杀害。后来，到1747年，法国在西属尼德兰的成功引起了普遍的担忧，威廉四世乘机恢复权威。[111]最后，1788年，由内外因素一致促成的尼德兰“爱国党”革命反而导致了威廉五世的胜利，“奥伦治派”借此大肆迫害。

大体上讲，在这些政权更迭中，对外政策起了重大作用。就在1618年，除开宗教纠纷以外，中心问题正是应否决定对西班牙重
163 开战端。联合省统领的主张压倒一贯主和的荷兰，结果在两年后造成了十二年休战的破裂。

以上可见，随着欧洲战局的变迁，联合省政治势力的中心在统领和荷兰（以及实力雄厚的阿姆斯特丹）之间往返摇摆。对于各省和各城市的官员来说，这些反复意味着“清洗”，或者用另一种借自别处，不无夸大的形象说法，叫作“层层剥皮”；总之，在这些反复中，社会的精英集团如果不能得到，便是蒙受损失，甚至干脆垮台。“随风倒的”[112]或谨言慎行者自属例外，每次都能逢凶化吉；坚韧不拔者也属例外：某个家族在一场危机中遭排斥，二十年后的另一场危机又使该家族卷土重来。

但重要的是，联合省无论如何都关心着自己的威望和强大。约翰·旺·奥尔登巴内费尔德或约翰·德·维特执掌政柄同拿骚的莫里斯或威廉三世一样坚定。敌对双方的分歧在于目的和手段。荷兰把维护商业利益置于一切之上。它竭力谋求和平，并使

共和国在军事上致力于建立一支强大的舰队，从而保证它自身的安全（该舰队于1645年在波罗的海断然采取行动，以结束有损荷兰利益的丹麦和瑞典之战）。对统领俯首听命的其他各省则更多地关心陆军，让陆军保护它们免受强邻咄咄逼人的威胁，并为各省贵族出任军职广开大门；它们跃跃欲试，随时准备参与欧洲大陆连续不断的龙争虎斗，但不论是海军或陆军，战争或和平，统领或省督，联合省总是力图号令天下。作为经济世界的中心，难道联合省舍此能有别的道路可走？

基本不变的内在结构

国内政治的风云变幻具有重要意义。一些市长和市政官员被罢免和撤换造成了特权阶级内部的某种流动性，一种轮流执政的局面。但总的说来，无论是荷兰或奥伦治王族得胜，统治阶级的整体地位依旧不变。正如E.H.科斯曼[113]所指出的，“奥伦治王族没有足够的能力和毅力去根除荷兰的寡头政治”。这大概因为，如另一位历史学家[114]所说，“归根到底，他们自己就是贵族和现存秩序的维护者”。也可能因为，他们只是在一定程度上同荷兰对立，而且他们的对外扩张政策要求他们不损害国内的秩序和国家的社会基础。“当奥伦治亲王在登上英格兰王位后首次回到海牙时，联省议会派人问他，究竟愿意作为英格兰国王还是作为联合省统领在议会受到接待。他回答说，他很高兴能在共和国中保留他的祖先和他曾经承担的职务，他希望按其职务应该享有的礼遇受到接待；果然，他在联省议会仍按常例就座，但不用原来的主席座椅，而是给他一个较高的绣有大不列颠国王徽饰的靠椅。”[115]虽说这是礼

宾方面的细节，但这毕竟意味着凡事都要遵循典章制度，首先是要
166 维护荷兰寡头统治的利益。直到18世纪，荷兰寡头统治将一再把统领的存在和行动看作是社会秩序的保障。

总而言之，特权阶级处在全部政治制度的中心，但要为特权阶级下个定义，却并不容易：政治制度支撑着特权阶级，特权阶级则推动政治制度的发展。如同政治制度一样，特权阶级具有悠久的历史，他们是从在勃艮第和西班牙统治时期执掌市政要柄的“资产阶级”逐渐演变而来的。1572至1609年旷日持久的独立战争确立了这个阶级至高无上的地位。在多数省份，资产阶级使贵族威信扫地，尽管发生了1618至1619年的宗教危机，新教教会仍屈从省区和城市当局。“革命”终于确认了“市镇官员”的权势，他们作为政治精英，在各城市和各省区执掌要柄，在税收、司法和地方经济活动等方面几乎拥有无限的权力。

这些官员组成一个单独的集团，高踞商业资产阶级之上，后者不得随意跻身其中。官职收入不足以维持官员的生活，俸禄十分微薄，因而家境清贫者无从任职。市镇官吏势必以这种或那种方式参与联合省的财富积累。他们与工商界有着联系；有的更直接来自工商界；经商致富的家族迟早会挤进表面上封闭的政治寡头的行列，或者通过联姻，或者利用政权危机。这些政治精英组成一个特殊集团，一种城市贵族。市镇官员的人数可达2 000上下，他们来自相同的家族和社会阶层，有钱有势，每有缺额就互相举荐，从而把各省市、联省议会、国务会议、东印度公司统统置于他们的控制之下；他们与商人阶级保持联系，并往往继续参与工商活动。B.M.佛莱克曾说道，“特权集团”约有10 000人，[116]这个数字也许

过高，除非把家属也包括进来。

然而，市镇官员在黄金时代肯定还不摆贵族架子，不讲排场。据当时的人说，联合省一般居民惯于锋芒毕露，自由情绪十分强烈，面对这样的民众，市镇官员长期装出一副端庄自重的样子。《荷兰趣闻》一书（1662 年）的作者说："穷光蛋与富家翁稍有口角，[117]便放肆辱骂：这类事情常能遇到；你比我富，但我的品德不比你差，还有其他不堪入耳的话。对于这种遭遇，聪明人'识相地'[118]躲开，富有者为不失身份，尽量少同小民百姓打交道。"[119]

以上的话若是对产生细小口角的原因再补充几句，就会更加适合我们的需要。十分清楚的是，在这所谓平静的 17 世纪，社会上业已出现紧张局势。金钱是让每人恪守秩序的手段，但这个手段不宜暴露。阿姆斯特丹的富人长期装穷藏富，而且表演得相当真诚自然，他们玩这种花招，究竟纯属某种爱好或者出于本能的机敏？1701 年的一份指南说道："不论官员的地位多么尊荣，却不摆 167
任何排场，市长出门也总是轻装简从，丝毫不比他属下的市民更加引人注目。"[120]威廉·坦普尔[121]（1672 年）惊奇地看到，即使荷兰省督约翰·德·维特或当时最伟大的航海家米歇尔·德·勒依特也与"最普通的市民"或"最平凡的船长"没有什么区别。埃伦格拉什街上的富人住宅并无阔绰的门面。在这 17 世纪的黄金时代，室内几乎不摆昂贵的家具。

但这种谨慎、宽容和开放的态度于 1650 年"共和党人"上台后开始变化。寡头统治从此承担众多的新任务，官僚习气与日俱增，官员多数退出商界。此外，奢侈风气一开，对发了横财的整个荷兰上层社会具有极大的诱惑力。伊萨克·品托于1771年指出："在

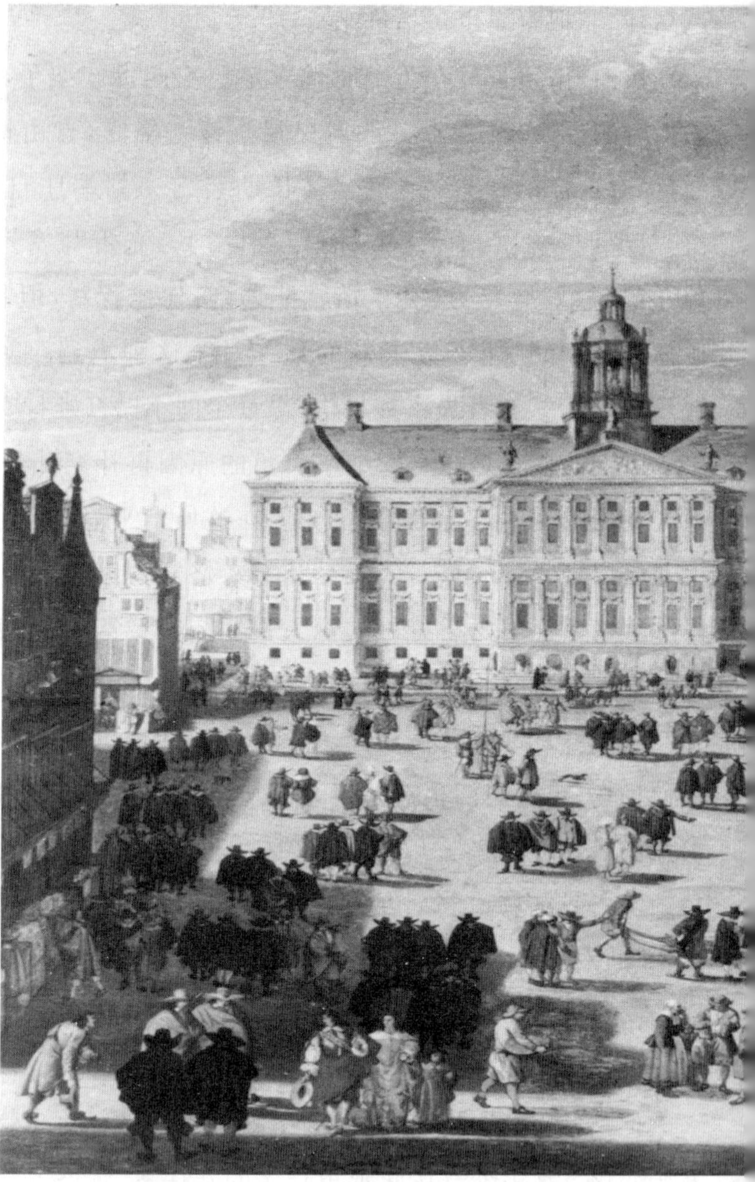

1659年阿姆斯特丹“勒当”广场，雅各布·旺代尔·乌尔费作画，尚蒂依的孔代博物馆。

70 年以前，阿姆斯特丹最大的批发商还没有他们的经纪人今天拥有的那种花园和乡间别业。为了建造和维修这些神仙宫室，开支之大难以计算，且不说最大的坏处，即由这种奢侈造成的懒散和疏忽习气往往给工商业带来很大损害。”[122] 实际上，对有钱的特权者说来，贸易在 18 世纪已降到次等地位。过剩资金脱离开商业，转而投入年金、金融和信贷方面。这些食利者富豪逐渐形成对外封闭的集团，并更加与社会相脱离。

这一断裂在文化领域留下深刻的痕迹。当时，社会精英纷纷抛弃民族传统，欢迎冲决一切堤岸的法兰西影响。伦勃朗死后（1669 年），荷兰绘画几乎再也没有任何长进。“法国 1672 年的入侵在军事上和政治上均告失败，但在文化方面却取得几乎全面的成功”。[123] 如同在欧洲其他各国一样，法语在联合省开始通行，讲法语几乎成了与普通百姓保持距离的一个手段。彼得·德·格洛特于 1673 年给亚伯拉罕·德·维克福尔写信说：“法语为有知识的人所使用……佛兰德语只为无知者所使用。”[124]

针对穷人的捐税

荷兰社会既如上述，税制对资本十分宽大，也就丝毫不值得奇怪的了。个人捐税中以仆役税占首位：雇仆人 1 名需纳税 5 弗罗林 16 苏；雇 2 名纳税 10 弗罗林 6 苏；雇 3 名纳税 11 弗罗林 12 苏；雇 4 名纳税 12 弗罗林 18 苏；雇 5 名纳税 14 弗罗林 14 苏。这是一种奇怪的递减税率。所得税业已存在，如果换在今天，谁还会不觉得心满意足！所得税率为 1%，就是说，1500 弗罗林中征税 15 弗罗林，1200 弗罗林中征 12……低于 300 弗罗林者不纳税。

最后，“凡没有固定收入，依靠经商执业谋生者，则根据他们可能得到的收入课税”。[125]至于怎样估计应纳税的收入，这里就有许多逃税的法门。最后，这里同法国一样，[126]有一项十分重要的便宜：直系亲属继承可免纳遗产税。

捐税的重担压在间接税方面，联省议会以及各省市全都使用 168
这个武器，向着消费者大众开火。观察家们异口同声地说，在 17 和 18 世纪，任何国家都不像荷兰那样，有如此沉重的税收负担。18 世纪对“葡萄酒和烈性甜烧酒、醋、啤酒、各种谷物、面粉、水果、土豆、[127]黄油、木材和木柴、泥炭、煤、盐、肥皂、鱼、烟草、烟斗、铅、瓦、砖、各种石料、大理石”[128]征收所谓“消费税”(accises)。1748 年，[129]一度曾考虑建立一整套复杂的税则。但最后还是被迫放弃，任何全面的税则都不能把这么多陆续设置的并为纳税人勉强习惯了的具体税目统统吸收进去。如同小部队比大兵团容易调动一样，捐税划分为众多的名目无疑也容易征收。总之，税额小和名目多是当时税收制度的重大特征。一位见证人逗笑说：“一头奶牛以 60 法郎的价格出售前已经付过 70 里佛的捐税。端上餐桌的一盘牛肉至少已付过 20 次消费税”。[130]1689 年的一份陈情书说：“没有一种食品不缴消费税；对面粉和啤酒征收的消费税极高，相当于物品本身的价值；他们甚至巧施手腕，抬高啤酒的价格。既然有言在先，他们不能公开禁止啤酒进口，但为阻碍这种商品在国内销售，他们便征收极高的消费税，以致任何个人都不愿购买和享用，所有商人都担心没有销路而不愿出售。”[131]

间接税是生活昂贵的主要因素，特别对普通百姓是个不堪忍受的重负。富人可以经受得住，或者不难趋避。例如，商人在关卡

有权申报纳税商品的价值。他们的申报完全随心所欲，[132]而在检查通过后，就不会再进行任何复查。总而言之，人们不能设想还有什么社会和国家能比荷兰更加不讲公道。在威廉四世出任统领期间，只是由于发生了暴动，才取消包税制，[133]威廉四世对暴动的发生负有部分的责任。设置税务局（仅荷兰一省就有50 000职员）[134]专门负责征税，丝毫改变不了税收制度的根本不平等。

事情完全合乎逻辑：富人一方面与办得十分出色的税务机构相对抗，另一方面却经常向联省议会及各省市放贷。1764 年左右，联合省的收入仅 1.2 亿弗罗林，低息债务却达 4 亿。这恰巧证明国家的有力，无论兴建公共事业，招募雇佣军，或者装备船队，国家都不缺钱用。这还证明，国家善于经营公债。伊萨克·品托解释说："由于国家支付利息从未出现拖欠，所有人都不想抽回资本；万一需要用钱，他们能够妥善转让。"[135]我在品托的最后半句话上加了着重号；它能解释《商报》1759 年 1 月的这段话："荷兰的公债券利息仅 2.5%，但在当地可赚 4%，甚至 5%"，[136]意思是说，公债券发行时如面值为 100，上市价格却为 104 或 105。每当国家需要发行公债，认购者趋之若鹜。1744 年 8 月一封海牙的信件说："荷兰个人之富，国家钱财之多，这里有项证据：息率为 6%的 300 万

169 终身年金债券以及息率为 2.5%的有偿债券，不到 10 小时就被抢购一空，如果公债发行量为 1500 万 ，同样也会卖完；但国家的钱柜不能与私人的钱袋相比：前者几乎空空如也，后者却满满登登。然而，在必要时，可以通过某种财政安排，特别是征收家庭税，筹集大笔资金。"[137]

"必要的情形"并不少：战争开支像是无底洞；此外，联合省这

个“填海围地”的国家每年需整修堤坝。“国家为筑堤修路所花的钱比土地税收入还多”。[138]“然而，贸易税和消费税的收入十分巨大，尽管荷兰工匠的悭吝[139]胜过法国的节俭，却并没有得到相同的好处，因为荷兰的劳动力比法国要贵得多。”我们这里又回到了生活昂贵的问题上来。在经济世界的中心，生活昂贵是正常的，这对有关国家甚至还有好处。但是，如同所有的好事一样，这件好事迟早总会颠倒过来。也许只是在生产活跃的背景下，此事才能展示好的结果。在 18 世纪，生产日趋下降，工资则按让·德弗里斯的说法，“僵化”和“冻结”[140]在高水平上。税收对此肯定应负责任。国家要靠损害集体的利益来保证自己的需要，这岂不是“弱国”的征状吗？

面对其他各国

共和国“黄金时代”的对外政策表明，联合省是个强国，直到 17 世纪 80 年代前后，它在欧洲的地位才开始明显衰落。

作为历史学家，我们在 1618 至 1648 年的所谓三十年战争期间看到的头面人物只是哈布斯堡王朝、波旁王朝、黎塞留、奥利瓦斯大公或马扎林，而主角其实却往往由荷兰在扮演。外交上的樽俎折冲都在海牙进行。丹麦（1626 年）、瑞典（1629 年）和法国（1635 年）的历次干涉都在海牙策划。然而，如同任何名副其实的经济中心一样，联合省始终使战争在国界以外进行：国境线上，除有许多河流作天然屏障外，又建造了一系列的要塞。雇佣军人数不多，但“挑选严格，薪饷优厚”，[141]训练有素，负责使联合省免受战乱。

170

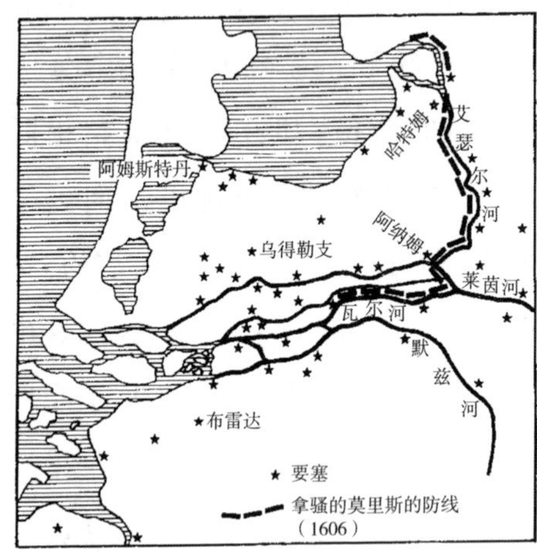

21. 联合省和西班牙对峙

1. 联合省的防务固若金汤

在16世纪的最后几十年,尼德兰各城市,如欧洲其他地方一样,采用土墙加内堡的“意大利方式”设防。从此,大炮便不能像对付中世纪城市那样轻易轰开缺口。必须通过旷日持久和代价昂贵的围城战,才能攻克城市。拿骚的莫里斯于1605至1606年间对这种“现代化”防御作了补充,在各大河流沿线,建筑一系列岗楼和土坡,构成一道连续的屏障,使联合省的防务真正固若金汤。(见G.派克:《佛兰德的军事布防和西班牙的进军路线,1567—1659年》,1976年版,第48—49页。)

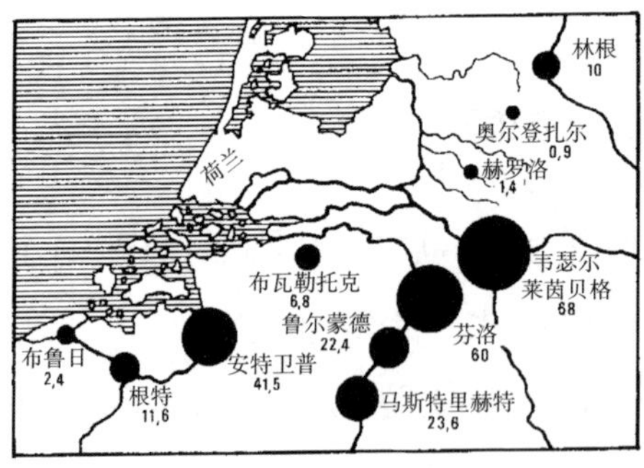

2. 联合省陆上贸易之重要

联合省的真正危险是与西属尼德兰和德意志保持商业联系的水路被切断。西属尼德兰当局的关税收入可说明这一联系的重要:1623年的年收入为30万埃居(十二年休战的期限届满后,战争于1621年已重新开始,但没有立即切断与联合省的贸易)。每个城市名称边上的数字是该城市纳付的税额(以千埃居为单位)。(见何塞·阿尔卡拉-扎莫拉和奎博·德拉诺:《1618—1639年间的西班牙、佛兰德和北海》,1975年版,第184页。)

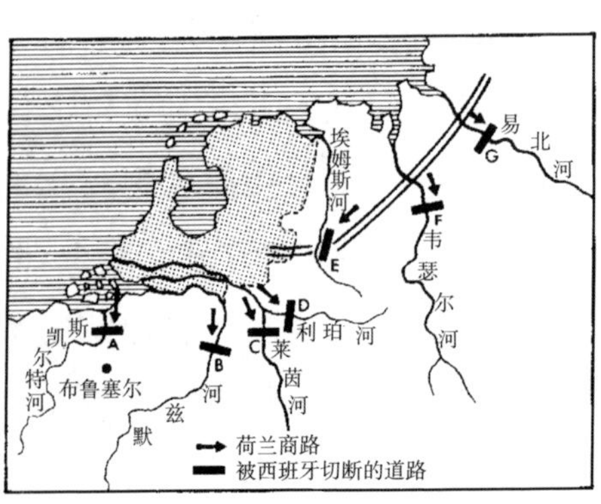

3. 1624至1627年间的禁运尝试

1624年,西班牙人对河道实行封锁,阻止丹麦向荷兰供应活畜(道路用双线表示)。但在1627年后,他们不能维持这一付出昂贵代价的政策。难道因为西班牙国家在那年出现了经济危机和财政破产吗?(同上书第185页。)

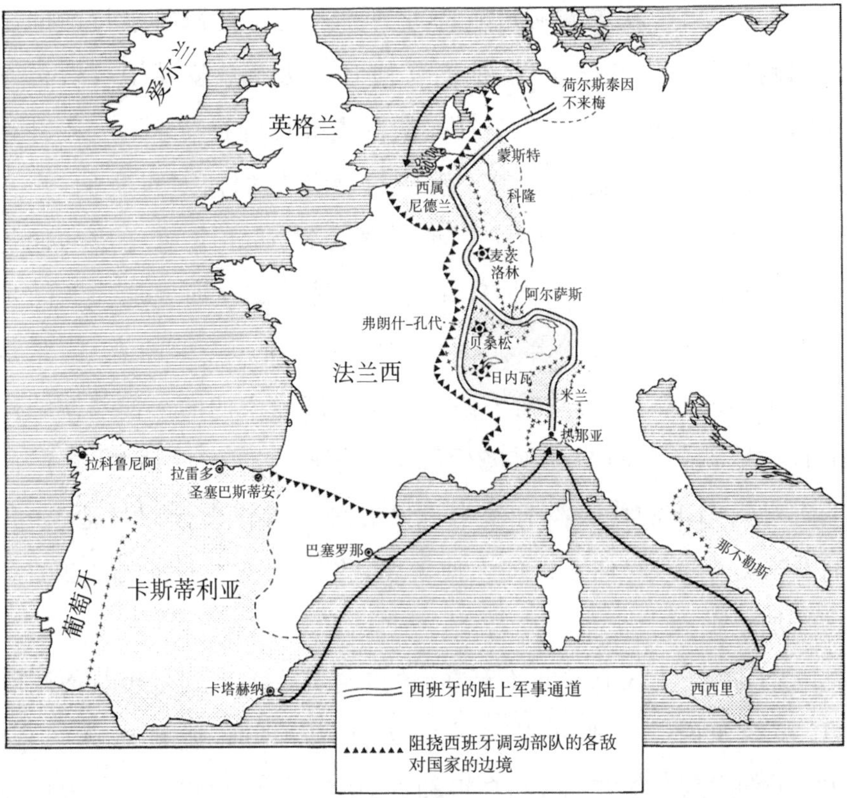

4. 陆地与海洋之争

由于海上遇到困难，西班牙军队的作战全靠以西西里、那不勒斯、米兰地区、弗朗什-孔代和西属尼德兰为据点的后勤供应，依赖许多德意志地区的通融和中立。他们在阿尔卑斯山的崇山峻岭中开辟了直达北海的永久性通道。西班牙的这条供应路线在图上伸展到尼德兰招募新兵的荷尔斯泰因地区。（见 G.派克：《佛兰德的军事布防和西班牙的进军路线，1567—1659 年》，第 90 页。）

再看联合省的舰队怎样于 1645 年在波罗的海进行干涉，以结束丹麦和瑞典之间的战争，因为这场战争损害荷兰的利益。尽管奥伦治亲王一再坚持，联合省始终不肯对西属尼德兰推行征服政策，这并非出于软弱。阿姆斯特丹的商人既已把斯凯尔特河的出口和碉堡掌握在自己手里，他们又何必再去解放安特卫普？再看在明斯特集会的各省代表怎样对法国人提出种种苛求和耍弄种种虚伪手法；塞尔维安[142]写道："看到这些议员如何对付我们，实在觉得可悲"。再举另一个事例，请看联合省 1668 年怎样成功地与
171 英格兰和瑞典缔结三国同盟，并阻止路易十四在西属尼德兰的步步进逼。1669 和 1670 年对欧洲整个历史具有关键的意义，紧紧抓住军队的荷兰省督约翰·德·维特与路易十四的大使蓬博纳彬彬有礼地就各个问题逐项进行讨论。细听他们的谈话，我觉得荷兰人对太阳王的代表没有丝毫自卑心理。省督十分冷静地（在我们看来是明智地）向多疑的大使说明，为什么法国不能把自己的意志强加给荷兰。

不，尼德兰政府并非不存在，这里与其说关系到是否行使政府职能，不如说是个简单的经济实力问题。在商谈奈梅亨（1678 年）、赖斯韦克（1697 年）和乌得勒支（1713 年）和约时，联合省仍是个举足轻重的强国。英法两国地位的上升肯定对联合省有所损害。虽说上升速度迟缓，但是联合省的缺陷和脆弱也逐渐暴露，这是需要等待瓜熟蒂落的一个缓慢的演变过程。

172

商业王国

荷兰的政策和活动经历了种种曲折的变迁，无论在有利或不利的环境下，荷兰始终是要维护商人的整体利益。商业利益高于一切，压倒一切，为宗教感情（如在 1672 年后）或民族感情（如在 1780 年后）所望尘莫及。外国人对此往往感到愤慨，不论是否真

诚客观，他们的观察有助于我们把事情看得更加清楚。

确实，人们怎能不感到惊讶，一些荷兰商人受荷兰东印度公司[143]的压迫，嫉妒其特权，竟用他们的资金帮助和支持英国、丹麦、瑞典、法国的印度公司（甚至还有奥斯坦德公司）。他们出资扶植敦刻尔克的法国私掠船，而这些私掠船有时劫掠他们同胞的船只。[144]荷兰商人还与在北海行劫的柏柏尔海盗串通（这些柏柏尔海盗其实往往是些乔装的荷兰人）。1629 年，在哈瓦那附近截获西班牙大帆船后，西印度公司的股东们要求立即分配战利品，这一要求的付诸实施为公司开了一项恶例。[145]同样，葡萄牙人于 1654 年把荷兰人逐出累西腓，路易十四于 1672 年进攻联省共和国，都是使用从荷兰人那里买得的武器。就在西班牙王位继承战争期间，法国在意大利的作战部队却经由阿姆斯特丹发放军饷，这使与荷兰结盟、反对法国的英国人愤慨万分。这一切都是因为，在荷

兰，商人是国王，商业利益是立国之本。彼得·德·拉古尔（1662 173
年）[146]说："贸易要求自由。"法国大使拉杜依勒里[147]在致马扎林的一封信（1648 年 3 月 31 日）中惊呼："赚钱是这里的人唯一的行动指针。"就在同一时期，东印度公司的董事们于 1644 年强烈主张，"十七董事[148]在东印度夺得的要塞和堡垒不应被看作是国家的战利品，而应看作是商人的私有产业，商人有权把这些产业卖给他们愿意的任何人，即使是西班牙国王或者联合省的其他敌人"。[149]荷兰的敌人（他们人数很多）不难在这篇檄文中再添上几条罪状，似乎别人的缺陷就是自己的功绩。一名法国人说："在荷兰，国家从贸易获利，也使个人得利，二者并行不悖（也就是说，国家和商业公司是一码子事）。贸易绝对自由，绝对没有任何东西对商人是禁止

的，他们只要遵循利润法则就够了：在国家看来，利润法则是基本的行为准则。因此，当个人因经商而似乎违背国家利益时，国家便闭上眼睛，装着没有看见，这在 1693 和 1694 年发生的事情中，容易作出判断。法国当时缺少小麦，饥荒遍及各省；时值战争紧要关头，局势对反法联军有利，法国的处境岌岌可危。荷兰及其盟国理应促使法国失败，或至少迫使法国根据他们提出的条件接受和平；他们舍此难道还有更高的国家利益可言吗？荷兰人不但不应向法国提供小麦，而且要想方设法让法国耗尽其小麦储备。他们并不是看不到这种政治形势，他们曾发布命令，严格禁止商人及其控制的船东以任何借口前往法国。然而，这并不妨碍荷兰商人与法国商人保持联系，使用瑞典和丹麦的船只，或者用中立国旗号作掩护的荷兰船，甚至更多的打着荷兰旗号的荷兰船，向法国运送货物……”[150]

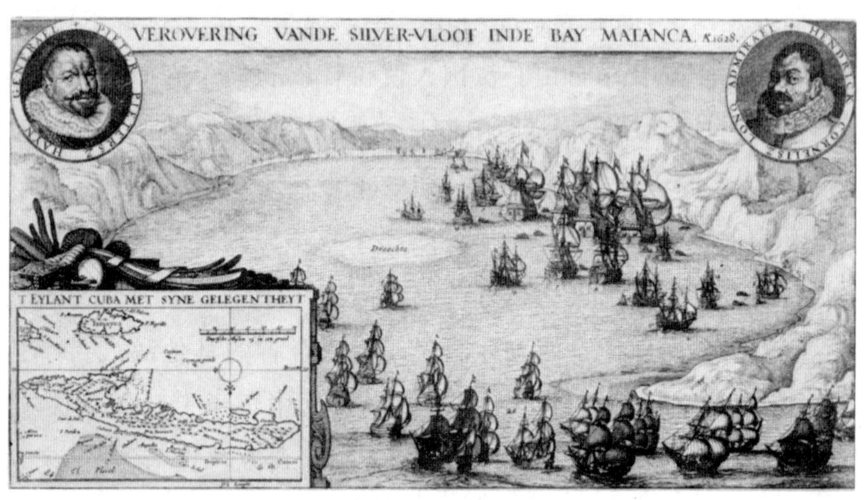

1628 年 9 月 8 日，荷兰西印度公司劫夺满载白银的西班牙船只。维歇制作的版画。

然而，对于这些行为，对于17世纪初投机商伊萨克·勒美尔的违法行为所暴露的一系列买空卖空与贪污舞弊，阿姆斯特丹竟没有任何人声色俱厉地进行谴责。[151]既然做生意，就按生意人的规矩办事。在用道德观念作判断依据的外国人看来，在这个“与众不同”的国家里，任何事情都可能发生。第二次英荷战争期间（1665—1667年），法国大使埃斯特拉德伯爵甚至认为，“这个国家有向英国人屈服的危险。国内有一大帮人策划投降”。[152]

抓住欧洲，抓住世界 174

欧洲是尼德兰求得繁荣昌盛的第一项条件，世界则是第二项条件。但后者多半也正是前者的结果。荷兰既已征服了以商业著称的欧洲，世界也就合乎逻辑地，几乎顺便地奉送给它了。总之，无论在这里或那里，在近处或远处，荷兰都用类似的方法确立其优势地位，推行其贸易垄断。

1585年前大局已定

在中世纪时代，波罗的海可被认为是近在咫尺的美洲。但从15世纪起，载运盐和鱼的尼德兰船只已在波罗的海与汉萨同盟竞争。1544年[153]在斯派尔，查理五世皇帝从丹麦国王处取得了佛兰德船只自由通过松德海峡的权利。十年过后，由于国内粮食严重不足，安特卫普的热那亚和葡萄牙商人向阿姆斯特丹定购小麦；阿姆斯特丹从那时起超过了斯凯尔特河口的安特卫普，一跃而为最大的小麦集散港，[154]不久更享有“欧洲谷仓”的名声。1560年，尼德兰已把波罗的海重货运输的70%吸引过来，[155]这是一项巨大的成功。在这以后，波罗的海犹如他们的“囊中之物”。谷物和造船用材——厚薄木板、船桅、柏油、松脂——纷纷向阿姆斯特丹集中，在尼德兰光辉灿烂的时代，谷物贸易[156]仍吸收联合省流动资金的60%，每年使用船只达800艘之多。阿斯特里·弗里斯认为，来自波罗的海的大批原料是17世纪经济变革和政治变革的原动力。[157]

然而，波罗的海地区的贸易不论多么重要，它只占尼德兰商业活动的一部分。如果不开发遥远的伊比利亚半岛，波罗的海贸易便不能兴旺发达；拥有金属铸币的伊比利亚半岛逐渐成了波罗的海贸易的关键。为了发展波罗的海地区的贸易，必须用现金支付购大于销的差额。

但正是销售波罗的海地区的谷物确保了尼德兰船只向南方航行的成功。因此，他们在胜利地打入了波罗的海地区以后，不久又抵达拉雷多、桑坦德、毕尔巴鄂、里斯本以及塞维利亚。从1530年起，至迟在1550年左右，[158]佛兰德的双桅帆船在北海和西葡两国各港口间的海上运输中居多数地位。不久更负责运输伊比利亚半岛与北大西洋之间交换货物的六分之五：北欧用小麦、黑麦、造船用材和工业品（经塞维利亚转销新大陆）换取食盐、食油、羊毛、葡萄酒，特别是白银。

控制这条运输路线恰与开办阿姆斯特丹交易所同时发生。另一项巧合：在向地中海大量出售粮食（1590—1591年）后不久，阿姆斯特丹交易所修整一新（1592年），[159]接着又成立了一家保险公司（1598年）。[160]

南北联系对双方都生命攸关，以至在尼德兰暴动（1572—1609年）期间也未被切断。再次套用热尔曼·蒂永的话（1962年在谈到法国和阿尔及利亚的关系时）来说，暴乱各省与西班牙和葡萄牙集团之间的关系像是不能也不愿分开的、互为补充的两个冤家对 175
头。[161]西班牙感到恼火，有时简直发怒，高声宣布将采取镇压措施。菲力浦二世于1595年下令截住留在半岛各港口的400艘船（过去与敌方进行贸易并不如今天那样触犯禁令），据说占当时总数为1000艘的荷兰船只的五分之二。[162]被扣押的船只均被用于义务运输，但后来终于获释或自行逃离。在1596和1598年，荷兰船只再次被禁止驶往西班牙港口，但这一措施仍得不到执行。同样，一度曾酝酿不再向暴动者供应锡图巴尔或卡迪斯的盐，以迫使他们就范，但始终流于一纸空文。[163]更何况，法国大西洋沿岸的盐田，布罗阿日和布尔纳夫的盐田，仍然对外开放，它们可向北欧提供比伊比利亚的盐质量更好的产品。最后的也是最重要的一条，西班牙过去小麦能够自给自足，但在1560年后陷入一场危机之中，导致了农业的解体。[164]西班牙从此仰赖外国谷物，而在16世纪末，地中海不再有外国谷物运来。1580年征讨葡萄牙期间，被占领地区饿殍遍野；必须向北欧求助，而购买粮食必须用黄金支付，西班牙在地中海惯常的现金周转因此被打乱。[165]菲力浦二世顾问们的意见也起一定的作用，他们认为，取消与叛乱者的贸易，将使自己丧失每年100万杜加的关税收入。[166]实际上，西班牙别无选择，只得接受这些讨厌但又必要的交换。联合省处于类似的境遇中。

西班牙人1595年在塞维利亚进行的一次调查[167]揭露，市内

竟有北欧商人的往来客户，而且几乎不加掩饰；他们的信件被查封，一些西班牙高级人士受到牵累，但因他们身份过于尊贵，调查者未敢提及。在当时，荷兰人已悄悄地完成了对塞维利亚的征服。[168]直到1568年为止，热那亚银行家始终从财力上支持塞维利亚对美洲的贸易，并使当地的商业界在信贷的帮助下，得以渡过大西洋远航所需的长期等待。1568年后，热那亚人放弃这项活动，他们宁肯把资金用于向“天主教国王”放款。北欧商人趁虚而入：由于尚无财力进行放款，他们对塞维利亚赊销货物，等船队返回后收取货价。一种进一步的联系从此建立了起来：北欧终于打入了西班牙对印度的贸易。在塞维利亚，西班牙商人逐渐成为受人操纵的经纪人或顶名的代理人，因为“印度之路”的贸易在法律上只归西班牙人经营。因此于1596年发生一桩怪事。在卡迪斯海湾，60艘满载货物准备运往印度的船只在英国人劫掠港口时被扣留。胜利者建议，在当场付清200万赔款的条件下——这批货物至少值1100万杜卡——船只可不予焚毁。但是，货物属于荷兰人，在此事件中，有受损失危险的不是西班牙人。由于这个原因，梅迪纳西多尼亚公爵拒绝了诱人的建议，可他至少还是荷兰人的朋友，即使算不上同伙。船只终究被付之一炬。[169]

总之，荷兰第一次经济高涨的发生，是由于荷兰船只和商人建
176 立了南北之间的联系，北边是波罗的海以及佛兰德、德意志和法兰西的工业，南边是向着美洲敞开大门的塞维利亚。西班牙接受原料和制成品，荷兰人则或明或暗地把现金运回国内。这笔白银保证他们能偿付对波罗的海贸易的差额，也是他们在波罗的海打开市场和排除竞争的手段。莱斯特伯爵1585至1587年间派驻当时

受英国女王伊丽莎白保护的尼德兰期间，居然当真敦促尼德兰彻底断绝与西班牙的商业来往。[170]

荷兰的财富显然是从波罗的海和西班牙同时得来的。仅仅看见前者，忘记了后者，就不能懂得，这是以小麦为一方，以美洲白银为另一方，二者分别起着不可分割的作用的同一过程。在运抵塞维利亚（1650年后为卡迪斯）的贵金属中，走私的比重有所增加，正如米歇尔·莫里诺[171]指出的，这是因为贵金属的来源并未真正
枯竭；从1605年起，西班牙由于经济困难，决定（或被迫）发行大量 177
劣质铜币，[172]这是因为西班牙以劣币驱逐良币为代价，继续推行它在欧洲的政治行动。此外，在1627年，奥利瓦雷斯大公在摆脱了热那亚借款人（或被他们所抛弃）后，逐渐依赖葡萄牙犹太人经管卡斯蒂利亚的财政。这些新放款人与北欧的商人和资本有着联系。[173]我们已经说过，整个形势相当暧昧，但又十分奇特。

在格陵兰东面的扬马延火山岛，荷兰生产鲸油的设施。C. 德曼作画，17世纪。

最后，促使阿姆斯特丹雄踞首位的额外助力，还是来自西班牙：西班牙击败了久攻不下的南尼德兰，于1585年8月18日夺回了安特卫普，无意中消除了阿姆斯特丹的这一竞争者，使年轻的共和国成为欧洲新教势力的必然集合点，同时又让美洲白银源源不断地流入境内。

欧洲其他地区和地中海

如果拥有关于荷兰商业扩张的前后地图，人们可以看到，荷兰的影响沿着欧洲的主要商业路线逐渐向外伸展：沿莱茵河顺流而下，翻越阿尔卑斯山的隘口，参加法兰克福和莱比锡的重要交易会，前往波兰、斯堪的纳维亚各国和俄罗斯等。1590年后，地中海地区粮食严重不足，荷兰帆船穿过了直布罗陀海峡；与比它们早到二十来年的英国船一样，荷兰船除由意大利各城市出资进行有利可图的近海运输外，还在海上主要干线从事航运。有人声称，犹太商人[174]曾帮助荷兰船进入地中海，但经济形势也起了推动作用。不用很久，地中海的所有港口都接待荷兰的船只，特别是柏柏尔地区各港口，由梅迪契家族重建起来的奇怪的里窝那城，以及东地中海诸港和伊斯坦布尔：荷兰人于1612年签署有关基督教徒在该地的权利协定后，伊斯坦布尔便对他们敞开门户。纵观荷兰的发展过程，我们切莫低估欧洲的根本作用和地中海的重大作用。荷兰船在印度洋航行的成功，并非如人们所想，使荷兰脱离地中海的传统贸易。拉普不久前在一篇文章中甚至证明，荷兰和英国都在这里找到了可资开发的富源，富饶的地中海对两国经济首次起飞所起的推动作用胜过了大西洋。

总之，荷兰在变成欧洲经济中心的同时，不能忽略其任何一个边缘区域，荷兰怎能容忍，在自身之处，又建立起与它竞争的另一个经济帝国？

荷兰人向葡萄牙人挑战：取代别人的地位

欧洲不知不觉地接受了刚刚建立的荷兰统治，这也许因为荷兰在其统治初期行事审慎，并不招摇；另一方面，欧洲的重心当时已悄悄地向北偏移，1600 至 1650 年间百年趋势的逆转使欧洲大陆一分为二，一边是日渐贫困的南方地区，另一边是生活始终优裕的北方地区。

长期处于欧洲经济世界的中心，显然意味着要发展远程贸易， 178
控制美洲和亚洲。美洲因受打击较晚，尚能幸免于难；但在远东舞台上，尼德兰人浩浩荡荡地闯进了胡椒、香料、药材、珍珠和丝绸的王国，几乎独吞了这些商业利益。他们终于凭借远东成为世界的霸主。

一些旅行家已经先事探测：旺·林兹肖滕[175]于 1582 年；考奈留斯·豪特曼[176]于 1592 年，他的游记几乎算得上是一部侦探小说。豪特曼假扮普通旅客，搭乘葡萄牙船，来到印度；由于身份暴露，他被捕下狱。我们且可放心，几名鹿特丹商人代他偿付了赎金，把他营救出狱；商人们等豪特曼返回后，便装备四条船交他指挥，船队于 1595 年 4 月 2 日离鹿特丹启航。考奈留斯·豪特曼曾到达南洋群岛的万丹，于 1597 年 8 月 14 日返回阿姆斯特丹。[177]场面冷冷清清，两三艘船的船员不到百人，载着有限的几种商品，总的说来获利甚少。这次旅行在经济上并不合算。但是，豪特曼让人相信，今后肯定将能获利。这次航行因此具有先驱的意义，阿姆斯特丹市立博物馆有一帧拙劣的油画纪念这一事件。

然而，整个扩张过程相当平淡，特别在初期，荷兰故意小心翼翼，避免招惹是非，[178]因而没有任何耸人听闻之事可言。葡萄牙帝国像是年届百岁的老人，健康不佳，不能再在新人面前挡道。至于联合省的商人，他们宁可同敌人拉点关系，以便确保他们船只的安全航行。“叛乱各省”在英国的代理人诺埃尔·卡龙正是这么做的，他独自出资装备开往东印度的一条船，他的家产全都投了进去。他与他认识的一名常住加来的西班牙代理人就此问题保持书信来往。[179]

尼德兰商船取直道前往南洋群岛，难道为的是求得平安？在好望角的地平线上，有几条路线可供选择：一条是紧贴莫桑比克沿岸的“内线”，往北能与印度季风相会合；另一条为外线，或更确切地说，“远洋”航线，经马达加斯加东海岸、马斯克林群岛以及在马尔代夫群岛之间迂回的航道，再笔直往前，到达苏门答腊和巽他海峡，最后转爪哇的大港万丹；在这漫长的航线上，船只借助的不是季风，而是信风，或英国海员所说的“贸易风”(trade winds)：考奈留斯·豪特曼横渡大洋于1596年6月22日抵达万丹，走的就是这条路线。选择这条路线，难道是想避开印度(葡萄牙人在印度的立足比在别处更加稳固)，或者根据另一种可能，从一开始就选中南洋群岛及其香料为目标？值得指出的是，前往苏门答腊的阿拉伯航海家已经走过这条路线，他们也是希望躲过葡萄牙的监视。

尼德兰商人最初曾经怀有希望，他们的远航可被当作是纯商业活动，这一点无论如何没有疑问。1595年6月，考奈留斯·豪特曼在大西洋的赤道一带遇见开往果阿的两艘葡萄牙大帆船：平静的会面，除了用“葡萄牙果酱”与“奶酪加火腿”交换外，双方“彬彬有礼地各放一炮”[180]以示告别。在返回荷兰后，1599 年 4 月，雅各布·科内利斯·旺奈克[181]对葡萄牙犹太人在阿姆斯特丹散布的种种传闻大发雷霆（不管他是否真诚），据传闻说，旺奈克载运的价高利厚的货物（400％的利润）是用武力勒索和敲诈而得到的。179
旺奈克声称，这一切纯属谎言，根据董事们的指令，他相反十分注意，“不使任何人的财产受到损害，并依法与外国进行贸易”。这并不妨碍旺顿·哈根在 1599 至 1601 年远航期间，曾对葡萄牙在安汶的堡垒摆开阵势施加攻击，尽管结果完全失败。[182]

此外，在联省议会、荷兰省督巴纳威尔特和拿骚的莫里斯的敦促下，于 1602 年 3 月 20 日[183]创立了东印度公司（V. O. C.，即 Vereenigde Oost-Indische Compagnie），把原有的各家公司（vorkompagnien）合并成一个整体，并且以一支独立的力量，一个国中之国（staat-builende-staat）的面目出现。东印度公司的成立将使一切改变面貌。远洋航行的无组织状态从此宣告结束：1598 至 1602 年间，65 艘船分组 14 个船队出航。[184]对亚洲的商业活动从此只有一项政策，一种意志和一个领导：东印度公司作为一种真正的权威，从此一帆风顺地不断发展。

然而，要寻借口，总还可以找到：一些从开始就参加了远航南洋群岛的商人，继续反对使用任何暴力，声称他们装备船只仅仅为了进行诚实的贸易，而不是为了建造堡垒或拦截葡萄牙大帆船。尤其，1609 年 4 月 9 日，[185]联合省和天主教国王在安特卫普签订了“十二年休战协定”，双方停止了敌对行动；商人于是抱有幻想，

以为能够安稳地从亚洲取得财富，特别是休战协定对赤道以南地区没有作出任何规定。南大西洋和印度洋是自由地区。1610 年 2 月，一艘荷兰船在开往南洋群岛途中，到里斯本停泊，并要总督转请天主教国王同意，让休战协定得以在远东宣布和重申，这就证明那里还在打仗。总督向马德里请示，答复迟迟没有送到，而荷兰船只能等二十天，于是在尚未接到预期答复前便离开了里斯本。[186] 这不过是件小事，但它也许能够证明，荷兰人希望和平或者至少处事谨慎。

总之，荷兰的扩张很快就变得势不可挡。1600 年，一艘荷兰船抵达日本列岛南部的九州岛；[187] 荷兰人于 1601、1604 和 1607 年曾多次试图直接去广州经商，绕开葡萄牙的据点澳门；[188] 1603 年，荷兰人登上锡兰岛；[189] 1604 年，他们对马六甲的一次进攻遭到失败；[190] 1605 年，他们在马鲁古攻下葡萄牙的安汶炮台，后者从此成为东印度公司的第一座据点；[191] 1610 年，他们在马六甲海峡对一些西班牙船炫耀武力，并攻取特尔纳特岛。[192]

从此，尽管有了休战协定，武力征服仍在继续，虽然十分困难；东印度公司所要与之对抗的，不仅有葡萄牙人和西班牙人（在马尼拉设立据点并在马鲁古海域活动的西班牙人直到 1663 年仍据守蒂多雷岛），[193] 而且有英国人（他们行动诡秘，出没无常）；最后还有大批积极活动的亚洲商人：土耳其人，亚美尼亚人，爪哇人，中国人，孟加拉人，阿拉伯人，波斯人，古杰拉特的穆斯林等。由于南洋群岛是印度对中国和对日本贸易的枢纽，掌握和控制这一交叉路口便成了荷兰人的既定目标，尽管达到这个目标又是何等困难。
181 东印度公司在南洋群岛最早的一名总督约翰・彼得松・考恩[194]

180

荷兰战舰于 1660 年 6 月 8 日对西里伯斯岛的望加锡展开攻击。葡萄牙的防御工事和船只被摧毁和焚毁。但荷兰人只是在 1667 至 1669 年间才攻占该岛。弗雷·沃尔德马作画。

(1617—1623 年，1627—1629 年)以惊人的洞察力对局势作了判断：他主张实行真正的和持久的占领，要求严厉打击敌人，建造要塞，并派移民到当地定居，或用我们的说法，使之变为殖民地。东印度公司最后因计划过大，开支过昂而退却；经过讨论，总督的设想终于被否决。这里可以看到，究竟是殖民征服，或者只是经商，两种意见的争论由来已久；我们要说，杜普雷在这个问题上真是一错再错。

事物的逻辑必定逐渐导致不可避免的结果。1619 年，巴达维亚城的建立使荷兰能把它在南洋群岛的主要军事力量和商业活动集中到一个有利的地点。荷兰正是从这个固定地点和“香料群岛”出发，编织起庞大的商业交换网，建立起他们的海外领地；这个脆弱、柔韧的海外领地网，如同葡萄牙的海外领地网一样，是按“腓尼基方式”建造起来的。他们于 1616 年前后与日本进行了正面的接触；1624 年抵达台湾；比这早两年，即在 1622 年，他们对澳门的进攻遭到失败。只是在 1638 年，日本才驱逐了葡萄牙人。日本从此除中国帆船外，仅接受荷兰的船只。1641 年，荷兰人终于攻克马六甲，并且为着自身的利益促使马六甲迅速衰落；苏门答腊岛上的亚齐王国于 1667 年投降；[195] 望加锡于 1669 年接着屈服；[196] 巴达维亚的竞争对手、繁荣的旧港万丹于 1682 年最后归附。[197]

但是，如果没有与印度的联系，任何人在南洋群岛都不能立足，因为印度控制着从好望角到马六甲和马鲁古的南亚经济世界。不论愿意与否，荷兰人注定要前往印度的港口。在苏门答腊等地，贸易通常以胡椒换取印度布的方式进行，荷兰不能让自己始终经人转手购买科罗曼德尔或古杰拉特的布匹，并且必须用现金付款。他们因此先后于 1605 和 1606 年[198] 来到默苏利泊德姆和苏拉特，尽管他们在苏拉特（印度的最大港口）的房屋设施只是于 1621 年方才竣工。[199] 1616 至 1619 年，他们在布罗奇、坎贝、艾哈迈达巴德、阿格拉、布尔汉布尔[200] 分设了商行。向原始而肥沃的孟加拉地区的渗透进行缓慢（总的说来不早于 1650 年）。荷兰人于 1638 年在盛产桂皮的锡兰立足。一名荷兰船长在 17 世纪初写道：“岛的四围长满了肉桂树，所产桂皮在整个东方首屈一指：若遇顺风，在离岛八里远的海上，还可闻到桂皮的香味。”[201] 但荷兰人一直等到 1658 至 1661 年间，才成为这个觊觎已久的岛屿的主人。后来，他们又打开了马拉巴尔的市场。1665 年，科钦也落在他们手里。[202]

荷兰的海外扩张只是到 50 或 60 年代左右才真正大张旗鼓地进行。排挤葡萄牙人并不很快得以实现。葡萄牙的海外领地虽说不算稳固，却因其幅员宽广而得到保护：正因为分散在从莫桑比克到澳门和日本的辽阔海域，这些领地在外来打击下，并不在整体上出现动摇。最后，从富格尔商行和韦尔瑟商行驻果阿的代表费迪南·克隆[203]的文书中可以看到，陆路的信件传递总是赶在横渡印度洋的荷兰或英国船的前面。葡萄牙当局因此可以从威尼斯和勒旺方面及时获悉荷兰的远征计划。更何况，进攻者并不始终有足够人力和财力去占领他们夺得的所有据点。他们的成功也导致了他们的力量分散。总之，荷兰的进攻于 16 世纪末已经开始，而到
1632 年，还有胡椒和香料直接运达里斯本。[204]只是 1641 年马六甲 182
陷落后，葡萄牙在亚洲的领地才真正分崩离析。

荷兰人的行为可说是鸠占鹊巢。路易十四的大使蓬勒波 1699 年指责他们"尽力促使走在他们前面的欧洲人破产，他们让别人辛辛苦苦地去驯服印第安人，或让印第安人尝到贸易的甜头，自己却坐享其成"，[205]发财致富。不过，假如荷兰不排挤葡萄牙，不迫使葡萄牙破产，对印度洋和南洋群岛已有了解的英国也会扮演荷兰的角色。德雷克和兰开斯特不是先后在 1578 年和 1592 年进行了环球旅行吗？[206]英国人不是比荷兰早两年，于 1600 年成立了东印度公司吗？他们不是多次拦截了满载财宝的葡萄牙大帆船吗？[207]葡萄牙大帆船是当时世界上最大的船只，转动不灵，不能恰

当地利用他们的火力；另一方面，航程过长，大帆船的船员在长途旅行中备受饥饿、疾病和坏血病的煎熬。

因此，假如荷兰没有推翻葡萄牙的统治，英国完全会越俎代庖，且不说荷兰立足未稳，便不得不抵御英国的进攻。他们很难把这些顽强的对手赶走，不能禁止英国人在印度定居，不能把英国人朝波斯和阿拉伯的方向，干脆利落地赶回印度洋的西部。1623年，他们必须动武，才把英国人逐出安汶。[208]英国仍长期留在南洋群岛，收购胡椒和香料，在开放的万丹市场推销印度棉布。

荷兰海外领地的贸易

亚洲最大的财富是几个距离甚远的不同经济地区之间的贸易，即法国人所说的“印度洋贸易”(commerce d’Inde en Inde)，英国人所说的“区域贸易”(country trade)，荷兰人所说的“海岛贸易”(inlandse handel)。在这远距离的近海运输中，一种商品带动另一种商品，后者又迎来第三种商品，如此等等。这种贸易就在构成一个活跃整体的几个亚洲经济世界的内部开展。欧洲人进入这个地区，远比人们通常所说的更早。首先是葡萄牙人，然后是荷兰人。但荷兰人也许因为他们拥有在欧洲取得的经验，比别人更善于抓住远东贸易的联系环节。雷纳尔神甫[209]说：“他们还成功地掌握亚洲的近海运输，就像他们掌握欧洲的近海运输一样”，因为他们把这种“近海运输”看作是一个严密的体系，他们必须控制其中最关键的商品和市场。葡萄牙人对此并非一无所知，但还没有达到尽善尽美的程度。

如同在别处一样，远东贸易涉及商品、贵金属和证券。每当货物不足、贸易受阻时，贵金属便参与其事。每当货币因数量不足或流通不畅，不能立即结清贸易差额时，信贷便出力相助。但在远东地区，欧洲商人不像在国内那样能支配充足的信贷。对他们来说，信贷与其说是推动贸易的马达，不如说是头痛医头、脚痛医脚的权 183
宜之计。他们有时向日本[210]或印度(苏拉特)[211]的放款人借贷，但这些“银行家”主要不对西方的商人和经纪人放款，而是为当地的中间人服务。结果就不得不动用贵金属，特别是欧洲人从美洲取得的白银，白银因而成了打开这些贸易大门的“咒语”。

西方输入的这些白银仍不敷应用。荷兰人于是便动用他们从远东贸易中所得的当地贵金属。例如，他们在占领台湾期间(1622年被占，1661年被称雄海上的“国姓爷”夺回)使用了中国的黄金(主要用于在科罗曼德尔购货)；从1638到1668年止，日本开采的白银曾起了重要的补充作用；日本于1668年禁止白银出口，荷兰转而购买日本金币“小判”(koubangs)。1670年前后，随着“小判”的贬值(虽然日本人在贸易中仍按以前的价格计算)，东印度公司减少购买黄金，转而大量接受日本出口的铜。[212]它当然并不忽视苏门答腊或马六甲生产的黄金，有时也很关心勒旺贸易继续倾注到阿拉伯(莫卡)、[213]波斯和印度西北部的金币和银币。它甚至还利用阿卡普尔科大帆船定期带到马尼拉的白银。[214]

在此情况下，从17世纪中叶开始使荷兰人离开波斯丝绸市场的长期危机，便显示出人们一眼便能看到的另一层意义。1647年10月，掌玺大臣塞吉耶的一名代理人指出，荷兰人觉得“去东印度买丝绸不合算”，并已“命令他们在马赛的代理商进行采购并发货，多多益善”。[215]确实，1648年后，从印度开出的荷兰船不再随带波斯丝绸。[216]波斯市场既然被亚美尼亚商人所控制，我一度曾以为，这场危机应归罪于这些奇怪的商人，他们决定亲自把丝绸运到马赛。但这些解释大概是不够的。荷兰人从1643年以来一直同伊朗国王进行协商（他们于1653年达成协议），他们其实并不十分希望买进大量波斯的丝（价格有所上涨），因为他们无论如何一定要保持贸易顺差，也就是把金币和银币从波斯带回国内。[217]他们此外还能得到中国的蚕丝，特别是孟加拉的蚕丝，[218]后者在17世纪中叶印度公司运返欧洲的货物中，占着越来越重要的地位。东印度公司因此并非消极地忍受波斯的丝绸危机，它相反挑起了这场危机，借以保存其金属铸币的供应来源之一。总之，荷兰人不得不根据经济形势的风云变幻，随时调整自己的货币政策，特别是无数亚洲铸币之间的可变比价天天都把局面搞乱。

相反，东印度公司建立的商品调剂系统几乎毫无障碍地在运转，直到1690年为止。从那时起，困难开始出现。但在这以前，荷兰在亚洲的贸易渠道和贸易网，正如丹尼尔·勃拉姆[219]写于1687年的详尽报告（可是造化弄人，恰好在那时候，完美的体系开始出
184 现故障）所说，依靠有效的海上联系，本土的信贷和投资，以及对垄断的不懈追求，构成一个如同欧洲那样的协调的贸易体系。

除了独享进入日本的特权之外，荷兰长期垄断的唯一货物是细香料：肉豆蔻及其假种皮、八角茴香、桂皮。每次使用的办法都相同：使生产仅限于某个岛屿的弹丸之地；牢牢控制该岛屿；占有市场；阻止别处种植这类作物。因此，安汶专门生产八角茴香，班达生产肉豆蔻及其假种皮，锡兰生产桂皮，有组织的单一种植使这些岛屿的食品和织物仰仗进口。与此同时，马鲁古其他各岛的丁

子香树统统都被拔掉，必要时甚至向地方首领按期支付偿金；西里
伯斯群岛的望加锡被武力攻克（1669 年），因为如果听其自然，该 185
岛会成为香料自由贸易的中继站。印度的科钦也同样被占领，“虽然占领该地对东印度公司得不偿失”，[220]但这是阻止科钦生产廉价的次等桂皮与上等桂皮进行竞争的手段。在土地面积过大和驻军开支颇高的锡兰岛，桂皮种植园也只准许占较小的地面，以便限制桂皮产量。可见，东印度公司只是依靠暴力和严密监视，才有效地维持其垄断，东印度公司从细香料赚取的利润始终很高。[221]一名法国人于 1697 年[222]说：“任何男子防范别人染指其情妇，却超不过荷兰提防别人插手其香料贸易。”

此外，荷兰的优势还在于，东印度公司推行长期的计划，其人员恪守纪律，堪称典范。虽然众多暴行使历史学家不寒而栗，但看到收购、装运、出售和交换一环扣一环地穿插进行，既工于心计，又出人意料，甚至诡怪离奇，他们又只会感到十分有趣。细香料不仅在荷兰销售旺盛，印度的消费超过欧洲的两倍；[223]细香料在远东还是一种无可比拟的交换手段，是打开许多市场的钥匙，就像波罗的海的小麦和桅杆在欧洲一样。当然还有许多其他交换手段，但有一个条件，先要仔细探明有利的地点和有利的交易。例如，荷兰人在苏拉特、科罗曼德尔沿海和孟加拉大量收购质地不等的各种印度织物。他们用这些织物在苏门答腊换取胡椒（如果政治手腕运用得当，还能订立优惠的协议）、黄金、樟脑；他们在暹罗出售科罗曼德尔的布匹，没有很大的利润（那里的竞争者太多），但他们出售香料、胡椒和珊瑚，带走专门为他们生产的锡，一直运往欧洲倒卖；他们还从暹罗带走为数可观的鹿皮（在日本的卖价很高），一些

荷兰东印度公司在孟加拉的一家分号。1665年作画。

象(到孟加拉卖出)和许多黄金。[224]帝汶的商站因经营不善而有亏损,但岛上得到的檀香木在中国和孟加拉十分畅销。[225]至于孟加拉(荷兰势力进入较晚,但剥削深重),该地区提供蚕丝、大米和许多硝石,后者与日本的铜和不同产地供应的糖一起,是返航欧洲时最好的压舱货。[226]勃固王国也有其特别的吸引力:在当地可收购生漆、黄金、白银和宝石,可出售香料、胡椒、檀香木以及戈尔孔达和孟加拉的布匹……

类似的例子还可举出很多:荷兰人善于抓住所有的机会。人们不能不感到惊奇,南非好望角生产的小麦竟然运到阿姆斯特丹。或者,阿姆斯特丹成为从锡兰和孟加拉带回的"贝壳"(couris)的市场(欧洲人有收集贝壳的爱好,其中包括英国人),成为黑非洲贸易的市场,以及购买准备运往美洲的奴隶的市场。再者,中国、孟加拉、暹罗和爪哇（从 1637 年起）的糖，根据其价格能否在欧洲与巴西和安的列斯群岛的糖相竞争，交替被阿姆斯特丹所接受或拒绝。当宗主国的市场关闭时，巴达维亚存储的食糖便供应波斯、苏拉特或日本。[227]这一切充分表明，黄金时代的荷兰已经以全世界为其活动场所，随时注意开展和操纵世界各地的贸易活动。

在亚洲成功，在美洲失败 186

对东印度公司来说，根本的问题是要从其在亚洲的贸易活动中取得欧洲所需的商品，或更正确地说，欧洲愿意消费的商品。东印度公司就像一台二冲程发动机：它把商品从巴达维亚送到阿姆斯特丹，又从阿姆斯特丹送到巴达维亚，如此周而复始。理论和经验告诉我们，把商品从一经济世界（亚洲）送往另一经济世界（欧洲），本身就是困难重重；更何况，双方不断就对方的影响作出反应，就像天平的两个载重不等的托盘一样：只要在一个托盘上加上额外的重物，平衡就被打破。例如，随着欧洲的势力日益深入亚洲，胡椒和香料的收购价格便趋上涨，而这些价格对欧亚两大陆的关系长期具有决定性意义。拉瓦尔的皮拉德于 1610 年指出，“葡萄牙人原来只花一苏所能买到的东西，荷兰人如今要花四五苏”。[228]相反，由于海外食品到货日增，它们在欧洲的售价便自动下跌。像 1599 年这样的好年头早已成为遥远的过去，那时在班达花 45 里亚尔可买一“担”（荷兰重量单位，等于 525 磅）八角茴香，花 6 里亚尔可买一“担”肉豆蔻。这些价格是一去不复返了。[229]

斗争和成功的时代

在亚洲，香料的垄断，专横的定价，商品量的控制（必要时销毁剩余货物），长期使荷兰人处于比他们的欧洲竞争对手更有利的地位。但在欧洲，随着其他公司纷纷成立（几乎所有这些公司都有荷兰资本的投资，以对抗荷兰东印度公司的垄断），[230]或者由于市场上出现与远东产品相同，但产自别地的商品，如糖、铜、靛青、棉花、蚕丝等，竞争不断变得更加激烈。事情可见并未定局，胜券并未在握。一名荷兰旅行家[231]于1632年解释说："且莫搞错，在这里，即使有一天能把葡萄牙人排挤出去（葡萄牙当时还掌握着果阿、马六甲、澳门等咽喉要地），荷兰东印度公司的资金大概也只够从事亚洲贸易的六分之一。在另一方面，当人们能筹措足够资金来从事这一贸易时，却又很难能够消费或推销从中得到的所有商品。"

再说，为维护垄断而推行监视和镇压的政策，必须付出高昂代价。例如在锡兰，任务特别艰巨，岛上多山的内陆归康提国王控制，"从未被葡萄牙人或荷兰人征服过"，要塞的驻守和维修费用几乎耗尽出售该岛生产的桂皮"所得之全部收益"。[232]农民揭竿而起，反抗东印度公司的盘剥，因为给予他们的报酬太低。荷兰人通过暴力和战争的手段，把土著作为奴隶押送爪哇，才在班达群岛实现了垄断，但东印度公司最初确实损失不小。[233]生产大幅度下降，不得不在新的基础上重起炉灶：1636年，班达群岛的土著居民只
187 剩560人，荷兰人和外来的自由民却分别为539人和834人，因而只能从孟加拉或若开王国"输入"1912名奴隶。[234]

为了建立、巩固和维护自己的垄断,荷兰东印度公司展开了长期的努力,直到攻克望加锡(1669 年)及征服和摧毁万丹港(1682 年)方告结束。东印度公司不断压制土著的航运和贸易,打击和放逐土著居民,以全部精力进行警察行动和殖民战争。在爪哇,与马塔兰、万丹等土邦的斗争造成了接二连三的惨案。巴达维亚四周的乡村乃至郊区均不安全。[235]尽管如此,征服行动仍然取得成功,但所付的代价却在增加。甘蔗种植(从 17 世纪第一个三分之一开始)和咖啡种植(从 1706 至 1711 年开始)在爪哇获得成功[236]。但对这两种作物的种植必须严加控制,中国人 1740 年举行的起义遭到了残暴的镇压,导致了食糖生产无可挽回的危机;爪哇岛花了十年以上的时间才恢复元气,但仍不如往昔。[237]

荷兰东印度公司的贸易合乎逻辑地有赚有赔。17 世纪那时大体上总能得利。只是在 1696 年前后的三四十年期间,形势才不断恶化,这一突变从东印度公司不很清楚的账目中可以算出。克里斯托夫·格拉曼[238]认为,一场真正的革命当时已在进行,同时把亚洲贸易和欧洲市场的现存秩序搅乱。

在欧洲,胡椒已退居次等地位,这一具有决定意义的事实从 1670 年起变得十分明显。细香料却相反始终购销两旺,甚至地位有所提高;印度的纺织品,不论是丝绸或棉布,印花或白坯,交易额不断在扩大;茶、咖啡、漆器、中国瓷器等新商品正打开销路。

假如仅有这些变化,那么,像其他印度公司一样顺应潮流的荷兰东印度公司很快就会适应,肯定不会遭受太大的损失。但是,原有的途径和市场运行失常,东印度公司调试妥帖的流通渠道又出现缺口。在这种情况下,继续存在的旧制度有时阻碍了必要的适应。在这方面，最重要的新事物无疑是茶叶贸易的扩大和中国对所有外商的开放。英国东印度公司于1698年迅速展开了直接贸易（用白银付款），[239]而荷兰东印度公司则惯于接待乘坐帆船前来巴达维亚采购胡椒、八角茴香、檀香木和珊瑚的中国商人，始终坚持以货易货的间接贸易，避免使用现金。结果是孟加拉与中国的联系（用棉花和白银以及后来用鸦片换取茶叶）将对英国人有利。荷兰东印度公司还受到一个尤其沉重的打击：印度内战把它苦心经营并获得突出成就的科罗曼德尔沿海沦为一片废墟。

面对所有这些竞争，荷兰东印度公司难道就没有抵抗吗？统计资料表明，在18世纪，甚至直到公司存在的最后一年，即1798

一名荷兰商人把停泊在巴达维亚海湾内的东印度公司船只指给他妻子看。A. 库依（1621—1691）作画，细部。

年，[240]公司还把数量日益增多的白银运到亚洲。在经过了天翻地覆的变化的远东，白银仍是解决所有问题的钥匙。但在 18 世纪，荷兰东印度公司的境遇却不断恶化，对于它的衰落，我们很难找出解释的理由。

荷兰东印度公司的兴衰 188

衰落的趋势从何时开始？通过对公司账目的研究，或许可以看到 1696 年的分界线价值。这个日期是否定得太过确切？克里斯托夫·格拉曼[241]主张把 1700 年前后的四十年作为分界线，这也许更加明智些。

何况，等到当时的人意识到局势严重恶化，为时已经相当晚 189
了，例如在 1712 年，敦刻尔克有两人在一起闲聊，其中一人是为德马雷总管打听消息的小人物，另一人是圣约翰勋爵；路易十四为求得和平将把敦刻尔克出让给英国，而犹如旭日东升的英国却还忧心忡忡。这名法国小人物写道："我对他讲，通过搞垮荷兰人来恢复英国在印度的贸易，是安抚大不列颠民族并使它得到一切的可靠手段；他听后随即回答说，英国人为达此目的将不惜卖掉他们的衬衣。"[242]由此可见，他们认为自己尚未达到目的！十二年后，在 1724 年，以判断力见长的乌斯达里茨毫不犹豫地写道："荷兰东印度公司实力之强大，其他各国的印度公司不能望其项背。"[243]

已知的数字并不真正说明问题，但它们至少让人知道这家公司商业活动的规模。荷兰东印度公司 1602 年创始时拥有资本 650 万弗罗林[244]（每股的股本约 3000 弗罗林），等于英国东印度公司的十倍多，后者比前者早成立两年，却深受资金不足之苦。[245]

1699 年的一项账目告诉我们，这笔最初的投资后来既未退回，又未增加，约等于 64 吨黄金。[246] 只要谈到荷兰东印度公司，那就势必要涉及巨额数字。

因此，对于荷兰东印度公司在创纪录的 1657 和 1658 年运往远东价值 200 万弗罗林的金银，[247] 我们不会感到惊奇。我们同样也不会觉得意外，当我们知道荷兰东印度公司在 1691 年至少拥有 100 条船；[248] 法国一份严肃的资料甚至认为达 160 多条（1697 年），每条船装备 30 至 60 门炮。[249] 平均按每条船有 50 名船员计算，[250] 船员总共可达 8000 人。此外再加上驻防的士兵，其中包括“携带武器的许多本地人，荷兰人打仗时总让他们打头阵”。东印度公司在战争期间还能给自己的军队增加 40 艘大船：“欧洲不止一个皇室难以做到这一点”。[251] 让-比埃尔·里卡尔（1722 年）亲眼见到，仅“阿姆斯特丹商行”一家就在工场内使用 1200 多人，“不但为了造船，而且为了装备船上必须的一切”，他对此十分钦佩。一项细节使他吃惊：“有 50 人一年到头只干拣择和清筛香料的工作”。[252] 当然，如果我们能掌握总体数字，那会更好。约翰·劳原来的秘书让-弗朗斯瓦·默隆（1735 年）[253] 告诉我们说：“并非所有这些大企业都雇佣80 000人”，似乎80 000人不是一个惊人的数字！实际的数字无疑会更高些：1788 年前后，公司几乎因人员冗多而难以为继，据俄国驻阿姆斯特丹领事奥尔特考普[254] 认为，其职工总数达150 000人。总之，一项广泛展开的调查[255] 得出了以下的结果：17 和 18 世纪共有 100 万人乘坐东印度公司的船只，平均每年为 5000 人。从这些数字出发，很难想象出荷兰在亚洲的人数，但它肯定比葡萄牙16世纪在亚洲的人数（总共约10 000

190

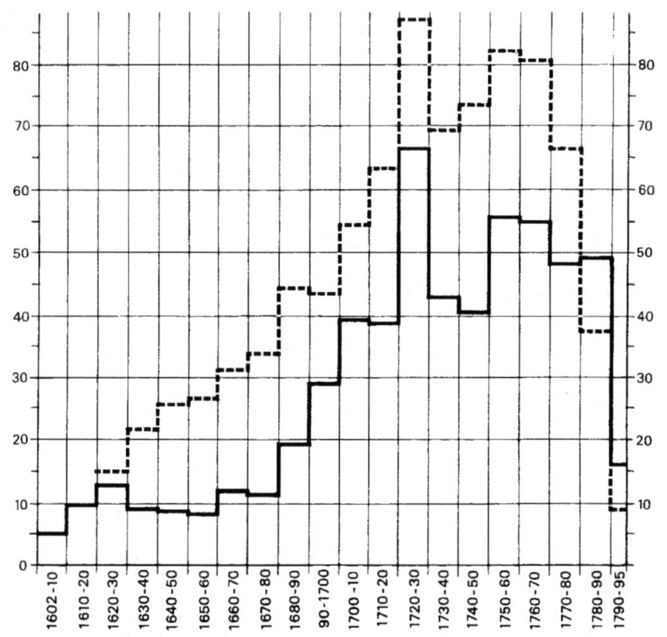

用以印度洋贸易的荷兰船只(根据 F.S.加斯特拉的材料)

1641	56 艘船
1651	60
1659	83
1670	107
1680	88
1700	66
1725	52
1750	43
1775	30
1794	?

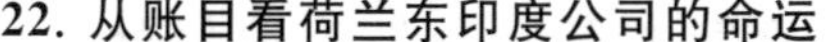

22. 从账目看荷兰东印度公司的命运

一些荷兰历史学家(布律恩、肖弗尔、加斯特拉)已开始通过账目研究 17 和 18 世纪荷兰东印度公司的活动。从上面的图表看来,1680 至 1690 年间,荷兰东印度公司在远东使用的船只数量开始减少,表明印度洋贸易有所衰退。图表用实线显示荷兰运往亚洲的贵金属,用虚线显示运返本土的货物(按离岸时的价格计算,计算单位为百万基特)。贸易不断在扩展,但两条曲线的比例关系暂时却很难确定,因为从本土运出的货物以及从印度洋贸易中所得的金属货币均未涉及。

人）[256]高得多；此外还应加上为葡萄牙人或荷兰人充当辅助人员或仆役的大批当地土著。

据说荷兰东印度公司的红利很高，平均达20%。根据萨瓦里的计算，1605至1720年间为22%。[257]但是有必要再深入一步进行研究。1670年有大批财富随船返回荷兰，在打败望加锡国王后，东印度公司为欢庆胜利进行了红利“分配”，利率高达40%。股票牌价在交易所一下猛升到“510%”，100为1602年荷兰东印
191 度公司创建时的股票平价。这次上涨幅度确实不小，因为蓬博纳指出：“从我到这里以后，股票牌价没有超过460。”但据这位向我们提供情况的人认为，“尽管有这次分红和这些新的好处，如果把三十年来的股票价格和各次分红平均算起来，股东们从他们的资金所得的利息约在3%和4%之间”。[258]为把这句模糊透顶的句子弄清楚，必须牢牢记住，红利分配的依据并不是股票在交易所的市价，而是平价，即每股3000弗罗林。我有一张股票，该股票于1670年价值15 300弗罗林，我按“老本”支取一张40%的息票，即1 200弗罗林，息率相当于股票市价的7.84%。股票的市价在1720年为36 000，如仍按“老本”支取40%的红利，这一年的红利仅相当于股票市价的3.33%。[259]

这就意味着：

1. 东印度公司失去了增资带来的好处。为什么不增资呢？我们得不到任何答复。难道为了不扩大始终被撇在一边的股东们的作用？这有一定的可能。

2. 1670年前后，根据交易所的牌价，股本总额约在3 300万弗罗林左右。难道因为这笔资金本身，对放手大搞投机的荷兰人来

说显得过分微薄，因而不必转到在阿姆斯特丹广泛展开的英国有价证券的投机方面来。

3. 最后，如果 650 万原有资金平均取得 20％的利润，股东们每年就可收入一百多万弗罗林。历史学家和当时的观察家异口同声地告诉我们，分发红利（有时用香料或用国家证券支付）对荷兰东印度公司不是一个太重的负担。然而，如果公司的利润确如人们所说的那么低下，这一百多万弗罗林却也为数不小。

症结的确是在这里。公司的利润究竟有多少？问题似乎不好回答，不仅因为有关的研究还很不够，一些资料已经散失；不仅因为保存至今的账本不符合目前结算规范，在资产和负债这两方面都遗漏一些重要项目（如固定资金，出海航行的船只、货物和现金以及股东的资金等[260]），尤其因为会计制度本身不允许编制资产负债一览表，因而也就不能确切算出真实的利润。由于一些实际困难（距离很长，货币兑换困难等），公司账目始终处于结构性的两极化状态：照格拉曼的说法，一方面有荷兰商行的账目，下属六个部门，每年都作一总决算；另一方面又有巴达维亚政府的账目，该政府接受远东各商行的账册，并对海外活动作出年度决算，两种分开的账目的唯一联系，就是一方的债务可由另一方支付，但每一方并不知道对方的内部活动情况以及造成盈亏的真实原因。

17 世纪末年任荷兰东印度公司董事长的若昂·许德[261]完全意识到这个问题，因而着手全面修改会计制度。他的努力没有取得成功。原因很多，其中包括不少实际困难。但可能还因为，公司的董事们并不十分愿意向公众交出清楚的账目。“十七董事”与股东之间确实从一开始就有冲突，股东们要求清理账目，认为分红不

足。英国东印度公司曾因这类要求而陷于困境(股东不愿出钱支
192 持亚洲的军事行动,要求偿还股金),荷兰东印度公司则相反,始终能说一不二。股东们若要收回资金,除在交易所市场上卖掉股票外,没有其他办法。总之,荷兰东印度公司董事会建立的账目也许存心就要掩盖公司许多方面的活动。

经过对历年决算的研究,我们极其惊奇地看到,在商业经营最顺利的一个世纪——17 世纪——所得利润却是十分微薄。本书作者历来坚持认为,“远程贸易”是商人兴业发家历史上的一个高级阶段。这一认识有什么错的吗?本书作者认为,远程贸易能使少数幸运儿得以实现巨额利润的积累。那么,在没有利润或利润不多的情况下,个人还能有兴业发家的机会吗?关于这两个问题,我们隔一会再谈。

如何解释 18 世纪的破产?

旺代尔·欧台尔墨伦 1771 年根据今天业已散佚的资料对某些年份的账册进行了计算,[262]从而向我们提供了对这个问题最好的总结。1612 至 1654 年中有 22 年实现的利润总共为 970 万弗罗林,每年的平均利润不高,略低于 44.1 万弗罗林。东印度公司的收益竟比股东少三倍,这是可以想象的吗?1674 至 1696 年间的总利润为1 900万,年平均利润为 82.6 万。1696 年后,利润开始下降,1724 年前后竟降到零。随后,公司不断负债,但仍满不在乎。公司不惜通过借债,向股东发放红利;这是以破产相拼的穷途末路。到了 1788 年夏季,局势越发变得不可收拾:“东印度公司以期票形式向国家借款1 500万弗罗林,过四五年后偿还,暂时渡过

275

荷兰人在中国人心目中的形象。东印度公司的瓷器,康熙年间制。原由里斯本的埃斯佩里图·桑托珍藏。

难关。其实这无非使公司的债务从9 000万弗罗林提高到10 500万弗罗林而已。"[263]荷兰东印度公司为什么会遭遇如此严峻的财政灾难？

解释虽然可能不止一种，但唯有克里斯托夫·格拉曼提出的解释[264]看来才合乎情理：印度洋贸易有所下降，或至少是从这一贸易中所得的利润渐趋减少。确实，巴达维亚一端债台高筑，"十七董事"暂时依靠"尼德兰商行"蒸蒸日上的商业收入（部分地受惠于物价上涨）弥补亏空，后来又听任自己的债务逐渐增加。但"海岛贸易"（inlandse handel）的减少应该怎样解释？18世纪下半叶，贸易全面上升，荷兰东印度公司处境的恶化不能仅仅归罪于经济形势。克里斯托夫·格拉曼[265]认为，原因首先在于其他公司的竞争（特别是英国东印度公司），以及巴达维亚的负责人不理解交易和市场的急剧变化。"十七董事"苦口婆心想让这些负责人懂得不经南洋群岛转口直接开展对华贸易的优越性，竟是白费唇舌。英国公司的竞争肯定因此得到很多方便。[266]

194 贸易衰退的原因还在于，荷兰东印度公司的商业代理人往往营私舞弊。与英国东印度公司不同，荷兰公司不给其商业代理人自行从事印度洋贸易的权利。于是，荷属东印度公司历来存在的贪污受贿行为便泛滥成灾。能否认为公司初期雇用的人员特别出色？雷纳尔教士[267]在其名著《欧洲人在东西印度的贸易机构的哲学和政治史》（1770年）中指出，1650年以前，从没有人因欺诈枉法而发财致富，在这最初的几十年里，荷兰人的克己奉公举世无双。这是可能的吗？让-巴蒂斯特·塔维尼叶于1640年就对此表示怀疑，人们至少知道1624年泽兰驻台湾的要塞司令彼得·奈依斯的典型情况，这个蠢笨贪贿之徒竟坦然声称，他前来亚洲，并非甘心充当有财不发的傻瓜。[268]总之，到了17世纪下半叶，奢侈和腐化已畅行无阻。官方文书指出了这一现象（1653、1664年）[269]。丹尼尔·勃劳姆在1687年的报告中有点吞吞吐吐。但他毕竟谈到“公司的下属人员行为不端”，并羞羞答答地指出“其他商人”的竞争，指出不可能阻止“个别人对公司贸易的损害”，因为南洋群岛沿海港口众多，交通便利，“巨额利润更使他们热衷于各种可能的欺诈行为”。[270]

可见，这里既有起因不明的经济形势的变化，也有远在荷兰千里之外的殖民地的社会变化，很可能还有殖民地社会与阿姆斯特丹寡头统治之间的冲突。一方面是权高位重、坐享其成的食利者，另一方面是平民出身的、在殖民地生活的商业代理人，这些地位较低的人组成一个成分混杂和以四海为家的社会集团。阿姆斯特丹和巴达维亚在联合省殖民布局中既是经济的两极，又是社会的两极。朱泽培·帕巴诺在其出色的简论[271]中正确提出：二者不但隔绝，而且对立。抗命、走私、半独立、骚乱在南洋群岛不断发生，那里的荷兰侨民当然过着阔绰的生活。巴达维亚高级住宅区的奢侈铺张在17世纪已很普遍，后来更逐年变本加厉。金钱、酒色征逐以及成群的仆役和奴隶，巴达维亚重演果阿那种纸醉金迷的奇特场景。[272]毫无疑问，在巴达维亚，荷兰东印度公司的一部分亏空正悄悄地转化成私人财富。

在链条的另外一端，黄金时代的荷兰保持勤俭持家的社会风尚，但舞弊行为不也同样存在吗？关键是要知道谁购买从远东运回的货物和以什么为条件。东印度公司出售货物或者依据合同，或者在货栈中拍卖，批量很大，买主通常为批发商辛迪加。[273]“十七董事”无权加入买主的行列，但买主往往属于他们的社会集团或者他们的家族。尽管股东们竭力反对，与各商埠富商巨贾有着密切联系的商行董事长(bewindhebbers)均不受以上禁令的影响。在此情况下，人们也就不会感到奇怪，公司在签订合同时，往往同时许诺停止售货一两年时间(保证买主能稳定地控制市场)，或许诺向印度定购一定数量的某种货物。如果公司有某种产品供应，而阿姆斯特丹一大批发商拥有可观的存货，看似凑巧，没有别的买
195 主上门，最后便由批发商开出自己的条件，把公司供应的产品买下。值得人们深思的是，在与公司往来密切的客户中，相同的批发商反复出现。“十七董事”动辄训斥股东，自己却是大商人兼资本家的走卒，而且早在公司初期便是如此。维奥莱·巴布尔和克里斯托夫·格拉曼举出了许多例子。这些商人(如大富商兼商行董事长科内留斯·别克[274])于17世纪不论胡椒、香料、棉布和丝绸，统统都收购，而且同时在俄国、西班牙、瑞典和勒旺地区进行贸易，这就证明他们并不单搞一项；到了下一个世纪，他们逐渐专门化，这就表明商业活动的现代化。尽管如此，这丝毫改变不了我们的问题：凡在商业垄断开始获利的地方，东印度公司的活动便告停止。

“十七董事”对股东们的这种巧取豪夺已为当时的人所洞察。1629年，泽兰商行为反对刚签订的购货合同，并抗议商行董事长
196 加入买主辛迪加，拒绝把存放在米德尔堡的已售货物交出。泽兰代表在联省议会断然声称(但未获胜诉)，在这一政策中，股东的利益和公司的利益均未得到重视。[275]

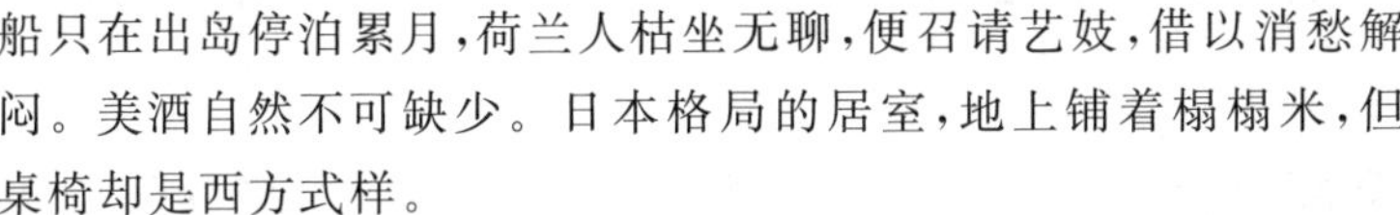

船只在出岛停泊累月，荷兰人枯坐无聊，便召请艺妓，借以消愁解闷。美酒自然不可缺少。日本格局的居室，地上铺着榻榻米，但桌椅却是西方式样。

以上种种与我前面谈到的远程贸易的“资本主义”效应不但不相矛盾，相反却是殊途同归。系统地查找这些大买主的姓名，就能开列出长期操纵荷兰经济的大亨名单。这些经济大亨是否还是联合省的真正主宰，[276]国家的有效决策人？这是可供调查的一个极好题材，虽然其结果事先已经知道。

有限的成就：尼德兰在新大陆遭到失败

尼德兰在新大陆的失败，在一定程度上，可以提供一种解释。我曾一度想到，开发美洲必须先进行建设，而建设自然仅为西班牙、法国、英国等人口众多、食品充裕和物产丰富的资源强国力所能及。荷兰这种寄生植物在美洲的土地上不会繁殖得好。这种认识本来似乎还能言之成理；但是，联合省的人群拥向远东，葡萄牙在巴西的成功，都与这种认识背道而驰。荷兰本可以在美洲进行建设，但有一个条件，那就是它必须愿意这么做，并减少向东方移民。这也许是不可能实现的条件，荷兰在巴西的挫折对它无疑是个教训。

教训来得很晚。如同伊丽莎白时代的英国人一样，荷兰人最初宁愿从事劫掠，不肯为在空旷、敌对的异国定居而承担各种费用。他们于 1604 年洗劫了巴依亚港，因此在巴西臭名昭著。[277] 比这早十年，即在 1595 年，他们肆意蹂躏与美洲种植园有着经济联系的黑非洲沿海地区。[278] 这些入侵行动，有的已为我们所了解，有的则丝毫未留下痕迹，都表明荷兰开始对外扩张，并且胃口越来越大。

全部情形在 1621 年发生变化。1609 年与西班牙签订的十二年停战协定未能续订。西荷两国战端重开。1621 年 6 月 9 日，新成立的西印度公司获准开业。[279] 新公司的任务是要打入西班牙和葡萄牙在新大陆的领地，自 1580 年西葡两国合并以来，它们的领地也连成一片。就在 1621 年，葡属美洲是个薄弱地区，荷兰的攻击矛头相当合乎逻辑地指向那里。濒临万圣湾和背靠低洼平原的巴西首都圣萨尔瓦多于 1624 年被攻克，胜利者劫掠所得的金币和银币，车载斗量，不计其数。但 1625 年 3 月 28 日，一支拥有 70 篷帆的西班牙舰队突然赶到，并在一个月后收复圣萨尔瓦多。[280]

五年过后，在盛产食糖的东北地区，一切又重新开始，荷兰人在那里占领了两个敌对但又互不可缺的邻近城市：地势低洼、面对海洋的累西腓是商人的城市,居高临下的奥林达是“能工巧匠”的城市。消息迅速传遍世界:在热那亚,有人说胜利者不费一枪一弹便夺得“黄金百万”;[281]这一细节也许并不可靠,因为葡萄牙人已 197
把“库存的全部食糖和染料木”[282]付之一炬。荷兰人于1635年占领北方的帕拉伊巴,从而支配“巴西最优良和最接近欧洲的60法里海岸”,[283]但被占领土还是十分有限。胜利者听任地处内陆的葡属巴西继续存在;葡属巴西依旧进退自如,保留其糖厂主、榨糖作坊和黑奴,并且在南部得到于1625年重获自由的巴依亚地区的支援。最糟糕的是巴西食糖往往逃脱荷兰的监控,占领者的大船不能在沿海浅水港汊停泊,而小吨位的葡萄牙船只则往来自如,虽然它们在大洋海面或离欧洲海岸不远处有时也会被人截获。荷兰占领盛产食糖的巴西东北部产生了出人意料的结果,至此供货充裕的巴西食糖竟不再成箱地运达阿姆斯特丹,糖价随之上涨。[284]

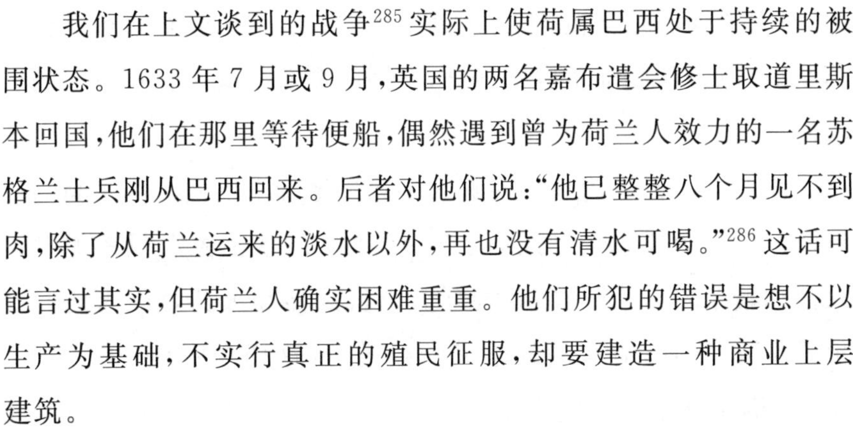

我们在上文谈到的战争[285]实际上使荷属巴西处于持续的被围状态。1633年7月或9月,英国的两名嘉布遣会修士取道里斯本回国,他们在那里等待便船,偶然遇到曾为荷兰人效力的一名苏格兰士兵刚从巴西回来。后者对他们说:“他已整整八个月见不到肉,除了从荷兰运来的淡水以外,再也没有清水可喝。”[286]这话可能言过其实,但荷兰人确实困难重重。他们所犯的错误是想不以生产为基础,不实行真正的殖民征服,却要建造一种商业上层建筑。

1637年1月23日,[287]局面出现戏剧般的转折,拿骚的莫里斯出任荷属巴西总督,来到了累西腓,他将在该地停留七年。拿骚的莫里斯不愧是个杰出人物,他对当地的山川、平原、草木禽兽无不喜爱，并明智地试图为移民定居创造条件。在他就职的第一年（1637 年），攻克了屡攻不下的圣乔治达米纳要塞（1482 年由葡萄牙人在几内亚海岸建立），这并非事出偶然。第二年又从葡萄牙人手里夺得紧贴安哥拉海岸的圣保罗·德罗安达岛，随后又夺取几内亚海湾中的圣多美岛，该岛盛产食糖，且是向新大陆输送奴隶的中转站。这一切都合乎逻辑：没有黑奴，荷属巴西便不能存在；黑奴于是源源运来。但在此期间，葡萄牙起而反抗（1640 年 12 月 1 日），挣脱西班牙的控制。和平的可能因此出现：葡萄牙和联合省于 1641 年甚至签订了十年休战协定。[288]

停战并未在远东实施。相反，在美洲，局势趋向缓和，西印度公司对能结束一场费用昂贵的战争极其满意。拿骚的莫里斯不想就此罢休，他把没有作战任务的武装力量用来对付西班牙，调遣手下的五艘战船前往太平洋。这些船在智利和秘鲁的海岸肆意妄为，但因缺少后勤支援，不得不返回巴西；船只到达时，正值拿骚的莫里斯打点行装，准备应召回国，召回的命令大概是根据商人的要求而发出的。

荷兰人从此以为他们能够太平无事地开发巴西。继拿骚的莫里斯之后的历任总督，“经商的能手，拙劣的政治家”，只考虑发财致富和繁荣贸易，甚至向葡萄牙人出售武器和火药，“因为他们开价极高”。于是，潜在的战争又继续进行，这场在腹地（sertão）[289]
198 支持下进行的消耗战，终于在 1654 年把荷属巴西拖垮。与此同时，葡萄牙人很快恢复了在非洲沿海所丧失的圣多美、圣保罗·德罗安达等大部分据点。荷兰 1657 年对葡萄牙公开宣战，使荷兰西印度公司能向对手展开攻击，摧毁和劫掠他们的船只。但以战养战的原则这一次却是行不通。1657 年 12 月,旅居巴黎的两名荷兰人,根据他们刚接到的一封荷兰来信,对局势作了很好的描述,他们说:"从葡萄牙夺得的战利品仅值 150 万里佛,不够抵销我们所需支付的军费约 350 万里佛。"[290] 这是一场毫无出路的战争。和平慢慢实现,似乎是水到渠成。刚娶葡萄牙公主为妻的英格兰新国王查理二世出面调停,和约于 1661 年 8 月 16 日签字。巴西仍属葡萄牙所有,但为换取这一协议,葡萄牙不得不对荷兰商船开放其美洲殖民地的门户,降低锡图巴尔的盐价,[291] 并承认荷兰在亚洲从葡萄牙手里夺走的利益。葡萄牙此外还连续几年通过交付食盐,分期偿还战争债务。[292]

荷兰把战争失利归罪于西印度公司的经营不善。印度公司共有两家,一好一坏。彼得·德·拉古尔(1662 年)写道:"上帝做主,愿东印度公司〔好的一家〕能及时从中吸取教训。"[293] 坏的一家印度公司于 1667 年由国家给予资金接济,但始终未能振作起来。它从此满足于在几内亚海岸与苏里南和库拉索之间从事贸易:库拉索于 1634 年被荷兰占领;苏里南由英国 1667 年签订布雷达和约[294] 出让给荷兰,作为对后者放弃新阿姆斯特丹(未来的纽约)的微薄报偿。库拉索长期是黑奴买卖以及与西属美洲进行走私交易的活跃中心,苏里南的甘蔗种植园给荷兰提供丰厚的收益,但也带来重大的忧虑。西印度公司正是依靠这两个据点苟延残喘。它一度曾想把亚速尔群岛据为己有,[295] 并曾控制巴西一大块土地,如今终于降格以求,允许私人运输户在交纳偿金后,在公司自己的领域内进行活动。

最后,是否应该仅仅归罪于公司的经营不善?或者还应责怪

公司的后方基地（泽兰是西印度公司的后方基地，正如荷兰是东印度公司的后方基地一样）支持不力？再或者是因为公司野心太大，但又起意太晚？荷兰的错误难道不正是认为，他们在新大陆可以像在安汶、班达和爪哇那样胡作非为，而新大陆则像这些人口稠密的地区那样任人支配？荷兰将与欧洲发生正面冲突，它的对手英国将协助葡萄牙进行抵抗，它也将碰上西班牙，而西班牙在美洲的地位比表面上看来要巩固得多。1699 年，一名居心叵测的法国人声称，联合省的人已经“注意到，西班牙人为在至今不为人知的陌生地区开展贸易和驻扎军队，不惜经受非凡的辛苦和付出巨大的代价；他们因而决定尽可能少做这种事情”。[296] 总之，荷兰人在他们所到之地，只求谋取利益，不愿定居和发展当地经济。我们至此是否应该认为（这就要回到我们原来的立场上来），荷兰这个蕞尔小国一口吞不下印度洋、巴西森林以及非洲的一块富庶地区？

199 领先地位与资本主义

阿姆斯特丹的经验显然证明，任何负有高级使命的中心城市几乎以千篇一律的形式实现其领先地位。关于这个问题，我们没有什么可补充的了。我们这里关心的是，要根据一个特定的例子，在这种领先地位的范围内，看一看处在现场的资本主义可能是什么样子。与其追求抽象的定义，我们宁愿观察具体的经验。尤其，在阿姆斯特丹所观察到的资本主义同时能为以前的经验和后来的经验作证。说实在的，这里至少关系到两个观察场：

阿姆斯特丹究竟发生了什么事？什么是阿姆斯特丹的商业方

法和商业实践？

经济世界的这个中心怎样与程度不同地受它控制的各个地区相联系？

第一个问题很简单：阿姆斯特丹发生的事并不使我们感到意外。第二个问题则不同，其目的是要复制由阿姆斯特丹居高临下地控制着的经济世界的整体结构。这个整体结构并不始终一眼便可看出，因为其中包含着大量的特殊事例。

在阿姆斯特丹，货栈兴旺，一切全都兴旺

在阿姆斯特丹，一切无不集中，无不堆积：海轮如同桶装鲱鱼挤在港内，驳船在运河上往返穿梭，商人在交易所齐集，货物不停地从仓库搬出搬进。据17世纪的一名见证人说，船队“才刚靠岸，装载的全部货物已由商人在交易所第一次会面时通过经纪人买下，船只在四五天内卸货完毕后，立即准备从事新的航行”。[297]如此迅速地买下全部货物，肯定不能做到。但仓库确能全部吞进，然后再全部吐出。市场上的物质、器材、商品以及种种可能的服务，数量众多，应有尽有。一项指令发出，机器立即转动。阿姆斯特丹的优势就在这里：有充足的存货可供出售，有大批货币在不断流通。在他们爬到相当的地位后，荷兰的商人和政界人物都意识到，即使在日常的活动中，他们也支配着巨大的力量。王牌在握，他们就能为所欲为，不管正当与否。

当时有人曾经（1699年）写道：“自从我对阿姆斯特丹有更深的了解后，我把它比作一个交易会，商人们带着货物从四面八方来到这里，相信在交易会上能找到销路。正如参加交易会的商人通

常不使用自己出售的货物一样，从欧洲各地收购货物的荷兰商人也只把他们认为绝对必要的商品留下自己使用，并把他们认为多余的，也是最昂贵的商品卖给其他国家。”[298]

把阿姆斯特丹比作一个交易会，这并不稀奇，但这么一比，阿
200 姆斯特丹的作用便基本得到澄清：汇集、储存、出售和倒卖全世界的货物。威尼斯曾经推行过这种政策；照罗杜维科·圭哈尔迪尼的说法，1567 年前后的安特卫普已是“一个常设的交易会”。[299]阿姆斯特丹的仓储能力在当时无疑使人觉得庞大无比，不可设想，其吸引力有时导致某些简直不合逻辑的过境贸易。直到 1721 年，[300]查理·金在《大不列颠商人》[301]中对英国向法国出售的货物交荷兰船装运，在阿姆斯特丹卸港，再经默兹河或莱茵河送往目的地，仍感到大惑不解！这些货物为此需要纳付荷兰的出入境税，莱茵河或默兹河的通行税，以及法国边界的关税。“如果我们直接到鲁昂卸货，并只付该市的入市税，货物运往香巴尼、麦茨及莱茵河或默兹河地区的费用不是会便宜些吗?”查理·金是个英国人，他以为货物进入法国在付过一次关税后便万事大吉，[302]这显然是搞错了。但是，从阿姆斯特丹转口显然使流通渠道拉长，并使事情变得复杂。到了 18 世纪，当阿姆斯特丹不再有同样的吸引力和转移力时，直接贸易终于胜过转口贸易。

201 直接贸易在 1669 年尚未成为规律，据我们所知，西蒙·阿尔诺·德·蓬博纳、荷兰省督约翰·德·维特和旺·伯宁根[303]在那年曾交换过意见，旺·伯宁根的话比约翰·德·维特说得更加直截了当。旺·伯宁根对蓬博纳说，如果法国拒绝接受我们的制成品，我们就不可能继续购买法国的货物。虽说啤酒的地位已被葡

萄酒所代替，让荷兰消费者忘记法国葡萄酒的味道是件极其容易的事：只要提高消费税就够了（限制消费的一项极端手段）。旺·伯宁根又补充说，如果荷兰人决定"厉行节俭和取缔奢侈"，不再使用昂贵的法国丝绸，他将继续向外国输送"他们在本国禁止使用的东西"。用明白的话来说，法国的葡萄酒、烧酒和高级织物仍将进入联合省的市场，条件是重新离开这个市场；人们将把国内消费的龙头关上，而商品储存和转口贸易不受限制。

仓储货物是荷兰战略的中心。1665 年，有人在阿姆斯特丹坚持主张把已经多次讨论过的关于从北边发现一条印度通道的计划付诸实施。东印度公司竭力予以阻挠。至于其理由，一名知情人

1700 年前后的鹿特丹银行及一台卸货吊车。P. 兴克制作的版画。

解释说，计划一旦成功，行程将缩短六个月。公司在派出的船队返回前，便不再有时间把每年堆放在仓库里的1 000万弗罗林存货推销出去。[304]市场上供货充裕将使存货降价。这项计划终于自动搁浅，但以上的担心可以说明一种心理状态，甚至一个经济时代。

大量仓储货物反映着当时商品流通的缓慢和不规律，仓储也是商人用以解决种种实际问题的方法，几乎所有问题的产生都由
202 于到货和发货的时断时续，信息和指令不确实或被耽误。商人如果留有库存，就能在某个市场开放时立即作出反应。各种资料表明，阿姆斯特丹操纵着欧洲的物价；之所以如此，恰恰因为阿姆斯特丹依靠其充足的存货，可随意调节商品的销售。

荷兰人在 1786 年仍是欧洲的“运货人”

据法国驻阿姆斯特丹领事的统计，1786 年共有 1504 艘船到达阿姆斯特丹。所有这些船只几乎都属于荷兰。

国　家	船只总数	荷兰船
普鲁士	591	581
俄罗斯	203	203
瑞　典	55	35
丹　麦	23	15
北德意志	17	13
挪　威	80	80
意大利	23	23
葡萄牙	30	30
西班牙	74	72
勒旺地区	14	14
柏柏地区	12	12
法　国	273	273
美洲殖民地（美国不在内）	109	109

见勃吕格门:《阿姆斯特丹历史》，第 4 卷，第 260—261 页。

商品和信贷

这一仓储系统逐渐转化成为垄断。如果荷兰人“实际上是世界的‘运货人’、贸易的中间人和欧洲的经纪人”[305]（笛福语，1728年），这并非如勒波蒂埃·德·拉海斯特罗瓦[306]所想，因为“世界各国愿意接受”，而是因为它们无力阻止。荷兰的仓储系统建立在互相依存的各种贸易关系的基础之上，而所有这些贸易关系又构成各种商品一系列几乎必经的流通渠道和分销渠道。为了保持这个仓储系统，必须经常注意和努力排斥各种竞争，并使整个荷兰经济服从这个基本目标。1669至1670年间，一些荷兰人在与蓬博纳谈到“其他各国企图使欧洲贸易的任务不再由他们〔荷兰人〕单独承担”[307]时，正确地指出，“凡不再要他们经手这项贸易的人”，完全能够使他们“丧失在世界各地包办商品交换和货物运输所产生的重大效益”，但不能替代他们扮演这一角色和把利益据为己有。[308]

作为商品的集散地，荷兰的这种畸形发达的职能之所以可能，仅仅因为它指导、改造乃至改变（或许应该说塑造）其他的商业职能。让-弗朗斯瓦·默隆的《政治随笔》（1735年）在谈到银行时曾指出这一点，他的认识虽然并不十分清晰，但无疑具有深远的意义。他说：“办得好的银行不用付款”，也就是说，不发行银行券。[309]阿姆斯特丹银行及其仿照的范例威尼斯银行[310]都符合这个理想。一切都“记在账上”。存户通过转账结清，使用一种所谓“银行货币”；与通用货币相比，这种虚构的货币在阿姆斯特丹和在威尼斯分别享有5%和20%的贴水。交代了这些概念过后，默隆就阿姆斯特丹与伦敦作了对照。他解释说:“阿姆斯特丹银行不得不记在账上,因为阿姆斯特丹接受的货物很多,而消费很少。从海上运来的货物大部分转送仓库。伦敦消费本国自产的食品,伦敦的银行必须支付可予兑现的证券。”[311]应该承认,这段文字写得不很清楚,但它就荷英两国进行了对照,前者仓储货物,开展过境贸易,后者则随着商品流通的扩大,广泛地面对国内的消费网和生产网,不断需要动用现金。[312]

阿姆斯特丹没有货币发行银行,不必每天为贵金属储备操心,原因其实正是它并不需要。根据仓储的要求,必须利用迅速简便的手段,结清如潮水般涌来的大批应付款项,而不受现金暂时短缺

货币兑换商。荷兰版画,1708 年。

的影响，也就是说，通过“划账”途径使大部分收支互相抵销。从这
个角度看，阿姆斯特丹的银行系统与包括最现代化的热那亚交易 203
会在内的各种归类型交易会本质相同，只是因从不间断而更加灵
活迅速。据“银行记账员”的一份报告说，1772 年危机前，像霍普
公司这样的商行在正常时期每天都有“60 至 80 笔银行走账”分别
记在借方或贷方项下。[313]一名可信的见证人声称，1766 年前后，经
阿姆斯特丹银行划账的金额“每天达1 000万至1 200万弗罗林之
多”。[314]

在另一方面，阿姆斯特丹银行不是信贷工具，因为存户不得透
支，违者罚款。[315]信贷对任何商埠都不可缺少，对阿姆斯特丹更生
命攸关，因为阿姆斯特丹所购买和仓储的大量货物应在几个月后
转销别处，还因为荷兰商人对付外国商人的武器正是金钱，通过众
多的贷款为购货和售货提供较多的方便。荷兰人其实是整个欧洲
的信贷商人，这也正是他们繁荣兴旺的最大秘密。阿姆斯特丹的
商行和大商人通过许多渠道（从最稳妥的贸易到肆无忌惮的投机）
提供大量低息信贷，人们很难完全弄清楚其中的迂回曲折。但低
息信贷在当时所谓“委托贸易”和“期票贸易”中的作用是清楚的， 204
这两项贸易在阿姆斯特丹分别以名目繁多的各种形式而出现。

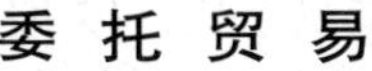

委托贸易

“委托贸易”与个人贸易或所谓“自主贸易”恰好相反，这是为别人的利益经营商业。

在严格的意义上，委托（commission）是指“一名商人为从事商业而发给另一名商人的指令。发指令者为委托人，受指令者为代

理人。委托可分代购、经销、银行委托（代办取款、收款、付款、交款等业务）和仓储委托（代办接货和发货的业务）等形式”。因此，“出售、购货、造船、检修、装备、拆卸、投保和受保均可实行委托”。[316] 所有商业活动都通过委托办理，委托的情形也可有多种多样。委托人和代理人有时甚至并肩行动；例如，一名批发商到某城市的手工工场直接采购（假定他在里昂或图尔选中一批丝绸），他拉着经销商与他一起配货，经销商给他指导，同他一起讨论价格。

委托贸易自古即已存在，不是荷兰的发明，但它很早和在很长时间内曾是荷兰的首要商业活动。[317] 也可以说，委托贸易的各种形式在荷兰早已存在：平等的和不平等的，附属的和相互独立的。一名商人可以是另一名商人的代理人，同时又可以是他的委托人。

但在阿姆斯特丹，不平等正逐渐成为规律。有以下两种情形出现：或者荷兰批发商在国外正式委托代理人，后者执行他的指令，甚至为他充当掮客（在里窝那、塞维利亚、南特、波尔多等地便是这种情形）；或者阿姆斯特丹批发商扮演代理人的角色，借助信贷把要求他协助购买或出售货物的商人置于自己的控制之下。荷兰商人天天给予“委托他们购买〔货物乃至有价证券〕的外国商人一笔信贷，供付款之用，这笔款子只是在发货后两三个月才能收回，因而购货人实际上得到四个月的信贷”。[318] 对于发售货物，这种控制更加明显：当一名商人把一批货物发给荷兰的代理人，要他以某种价格售出时，代理人可给商人预付四分之一、二分之一乃至四分之三的货款[319]（与支付小麦定金和羊毛定金的老办法颇相似）。这笔预付款按一定利率计息，由出售货物的商人负担。

阿姆斯特丹的代理人就这样为客户提供商业资金。1783 年的一份文件[320]提供了很好的证明，该文件涉及西里西亚的一种被称作“普拉梯依”（platilles）的麻布（麻布原来的产地为绍莱和博韦，西里西亚后来从事仿造，用波兰的优质亚麻制造价格更加低廉的产品，从此再无竞争对手）。“普拉梯依”麻布向西班牙、葡萄牙和美洲出口，中转商埠主要是汉堡和阿尔托纳。“也有大量麻布运抵阿姆斯特丹。制造商在本地或邻近商埠不能把货物全部销出 205
时，便把货物发往阿姆斯特丹，因为他们在那里很容易取得相当货物价值四分之三的贷款，只消支付微薄的利息，以便等待有利的出售机会。这种机会还相当多，因为在荷兰的殖民地，特别在库拉索，普遍使用这种麻布。”

在信贷配合下的委托贸易促使大批货物——不论是麻布或别的商品——拥向阿姆斯特丹，货物必定驯服地追随信贷指定的方向。到了 18 世纪下半叶，由于阿姆斯特丹的仓储能力有所衰退，委托贸易大受损失；举个假想的例子，在波尔多购买的货物从此可以直接运往圣彼得堡，不必在阿姆斯特丹停留，尽管贸易所需的资金由阿姆斯特丹提供（没有资金，什么生意也做不成，或至少很难做成）。委托贸易的衰退使尼德兰的另一活动“部门”日益变得重要，即完全属于金融业务范围的所谓“期票”贸易；在阿卡里亚斯·德·塞里奥恩的时代，人们普遍地说期票贸易属于“银行”业务的范围，[321]当时“银行”一词指的是一般的信贷。阿姆斯特丹仍是“出纳仓库”，[322]荷兰人则是“全欧的银行家”。[323]

这种演变其实也很正常。查理·金特尔伯吉[324]对此作了很好的说明。他写道：“某个水陆码头很难保住作为商品流通枢纽的垄断地位。除风险和资金等因素外，这种垄断建立在有关商品供求的信息十分灵通的基础上。但商品信息传播十分迅速，中心市场的贸易因而被生产者和消费者之间的直接交换所代替。德文郡的哔叽和利兹的普通呢绒不再需要经阿姆斯特丹转口，而可直接运往葡萄牙、西班牙或德意志。荷兰的资金仍很充裕，但贸易有所衰退，并逐渐从为商品交换提供金融服务转变为在国外开展银行和投资服务”，一个巨大的信贷金融市场的利益毕竟比从事货物买卖的贸易市场更加持久。我们已经十分清楚地看到，热那亚在15世纪实现了从商品到银行的这一过渡。伦敦将在19和20世纪完成这一过渡。“期票”贸易在阿姆斯特丹的兴旺正好说明，银行的霸业最为持久。

承兑期票的缘由

萨瓦里解释说：“所谓承兑期票，就是在期票下方署名，承认自己是有关借款的主要债务人，并以自己的名义保证按期偿还。”[325]如偿还日期由期票签发人确定，承兑人仅作副署；如偿还日期并未确定，承兑人除副署外还应填上日期，所填的日期确定今后的偿还期限。

这里并没有任何新鲜的东西：期票贸易中涉及的无数汇票很早就是在欧洲到处流通的信贷工具，这些汇票现在如积云般聚集在荷兰的上空，这当然并非事出偶然。汇票确实仍在“所有商业票
206 据中居首位，是最重要的票据”，相比之下，不记名本票、记名本票和货值本票只起次要的和地区性的作用。在欧洲的所有商埠，“汇票作为现金在商业中流通，并且始终比现金多一层好处，就是说，通过向别人转让[326]或背书而扣除贴现率”。[327]转让、背书、贴现、发

汇和展期[328]使汇票在商埠之间，在商人之间，在委托人和代理人之间，在商人、客户、贴现银行（荷兰不用 escompteur 一词，而用 discompteur，该词在法国也曾通行，并且为萨瓦里·台布吕斯龙所采纳）乃至在商人与其开户银行之间不知疲倦地旅行。因此，为了真正抓住问题，必须像试图弄懂荷兰体系的当时人一样，以惊奇而钦佩的眼光，看到问题的整体。

由于消费过程缓慢，不能在一天之内完成，由于商品的生产和运输相当缓慢，甚至商务指令和汇票递送也很缓慢，由于广大客户和消费者只能慢慢从自己的财产中抽出为购买商品所需的现金，批发商因而必须通过签发期票，实行赊销和赊购，直到用现金、商品或另一种票证偿还为止。意大利商人在 15 世纪已用背书和反签汇票等方式试行这个办法，在 17 世纪更在“连锁契约”（pacte de ricorsa）[329]的范围内予以推广，并因此引起了激烈的神学争论。但这些初期的进展与 18 世纪的票证泛滥丝毫不能相比：票证竟达流通中的“实在”货币的四倍、五倍、十倍乃至十五倍。泛滥成灾的票据有时反映商人的殷实家产和惯常做法，有时则反映我们所说的“通融票据”（荷兰人称之为 Wisselruiterij）。[330]

合法也罢，不合法也罢，这些票据必定向阿姆斯特丹集中，然后再分散，重新集中，反复循环，就像血液随着心脏的搏动，贯穿整个欧洲的商业系统。顺应这一潮流的商人往往从中得到不可替代的方便。1766 年前后，从“意大利和皮埃蒙特”趸批生丝，然后倒卖给法国和英国制造商的批发商，很难能不使用荷兰的信贷。他们从意大利“第一手”购买的生丝必定用现金结清，当他们向制造商交货时，却“按一般惯例”，不得不同意赊账，“为期两年左右”，以便制造商把原料转化为成品，供销售之用。[331]由于等待的时间很长，汇票往往需多次展期。这些批发商因而成为欧洲众多的“流动”商人的一部分，他们“签发汇票，由他们的客户〔当然是荷兰人〕承兑，他们依靠承兑客户的帮助，能就地取得资金，第一批汇票到期时，他们又签发新的汇票或让客户签发汇票”。[332]汇票一签再签使债务不断增加，时间长了，这种信贷方式便相当昂贵，但对收益特别丰厚的这一“贸易部门”来讲，倒也还能够承受。

荷兰的贸易和信贷活动依靠无数汇票的众多交叉运动而得以展开，但仅仅使用票证，机器仍不能转动。必须不时备有现金，供波罗的海贸易和远东贸易之用，同时也为了装满荷兰商人和贴现银行的钱柜，贴现银行的工作就是把票据换成现金，或把现金转为
207 票据。荷兰的贸易支付几乎始终处于顺差地位，现金并不短缺。据说，英国于1723年运往荷兰的现金达5 666 000英镑，其中金银各占一半。[333]逐日运达的现金有时数量惊人。那不勒斯驻海牙领事1781年3月9日写道：“从德国和法国转到荷兰来的货款数量之多，令人咋舌。其中从德国运来的金币达100多万，[334]改铸为荷兰的杜加；从法国运交阿姆斯特丹几家商行的金路易达10万。”[335]他又补充说：“汇款的理由是汇率目前对荷兰十分有利”，其说话的口吻似乎是为我们的政治经济学教科书提供所谓“最佳点标准”[336]的例子。在天天从事观察的人的眼里，阿姆斯特丹的现金总额一般比票证少一些。但在商业运动中一旦出现偶然故障，现金很快便冒了出来。1774年12月末，[337]1773年的危机已告结束，但其阴影尚未扫除，就在那时候，传来英属美洲出现新动乱的消息，阿姆斯特丹的市面于是十分萧条，“现金空前膨胀，当汇

票被某些商行接受时，贴现率为2%，甚至1%，这就证明商业的死气沉沉”。

唯有资本的大量积累才使通融票据的风险投机成为可能，才使人们在某项商业活动显得有利可图时，能够自动地、方便地使用通融票据；除了荷兰经济的繁荣和优势外，这种票据没有任何保障可言。瓦西里·列昂捷夫最近就美国今天制造的大量美元和欧洲美元所说的话，我以为，可适用于18世纪的以上情形：“事实是，在资本主义世界里，国家乃至有胆识的企业家和银行家都使用或滥用铸造货币的特权。美国政府尤其如此，它长期让不可兑换的美元充斥其他国家。它之所以能够这么做，根本原因是它有足够的信用，有充足的实力。”[338]阿卡里亚斯·德·塞里奥恩曾以自己的方式说过类似的话：“阿姆斯特丹的10名或12名头等批发商聚会研究一项银行业务〔信贷业务〕，他们当场能够让2亿多弗罗林的纸币在全欧流通，并且比现金更受欢迎。没有一国的君主能办到同样的事……这种信贷使10名或12名批发商能够放手地在欧洲各国施加影响。”[339]由此可见，今天的跨国公司过去早有不祧之祖。

举债之风盛行，资金使用不当

荷兰的繁荣造成了资金过剩，这使荷兰反而陷于困境；向欧洲各地的商人提供信贷，仍不足以吸收全部过剩资金，荷兰于是也向各近代国家放债，近代国家恰好擅长耗费资金，虽然未必能如期偿还。在18世纪的欧洲，到处都有闲散资金难以找到出路，即使有出路，条件也很苛刻，王公们不用开口要求，只需稍加示意，热那亚、日内瓦和阿姆斯特丹的富翁就把钱送上门来，恳请他们收下。1774 年春经济不景气刚结束不久，阿姆斯特丹敞开放贷的大门：
208 “荷兰人今天给予外国人种种借款方便，几位德意志王公为此决定接受他们的美意。梅克伦堡-施特雷利茨亲王刚派来一名经纪人，商讨一笔 50 万弗罗林的借款，息率为 5％。”[340] 与此同时，丹麦王室又成功地获得了为数 200 万的一笔借款，从而使王室欠荷兰的债务达到1 200万。

金融业的这种突飞猛进究竟是正常的演变，或者像某些喜好道德说教的历史学家所讲的那样，是一种畸形发展？早在 16 世纪下半叶，资金过剩的热那亚曾走过同一条道路，专一向天主教国王放款的“旧贵族”（nobili vecchi）逐渐脱离了积极的商业活动。[341] 阿姆斯特丹竟然重蹈覆辙，抛开“仓储贸易”的实际利益，追求食息取利的空幻希望，甚至以其资金推动伦敦的繁荣，使伦敦在竞争中稳操胜券。事情虽说是这样，但阿姆斯特丹确实别无选择。16 世纪末富有的意大利也别无选择。当时不可能阻止北方的崛起，甚至连一丝一毫的可能也没有。不管是正常演变或畸形发展，金融业的蓬勃高涨似乎预示着成熟阶段的到来，这是秋季即将来临的信号。

无论在热那亚或在阿姆斯特丹，息率过低表明，通过正常渠道，资金在当地将得不到使用。阿姆斯特丹因银根过松，借贷利率便像 1600 年前后的热那亚一样，下降到 3％，甚至 2％。[342] 19 世纪初棉纺织业急剧发展后的英国也是同样情况：银根过松，甚至在棉纺织业也赚不了太多的钱。英国于是只能向冶金工业和铁路交通进行巨额投资。[343] 荷兰的资本没有这样的机遇，因而每当借款利率高于当地利率时，资金便向外流，有时流向很远的地方。后来伦敦的情况则并不完全如此；20 世纪初，经过神奇般的产业革命以后，伦敦再次因资金过剩而在当地使用不完。如同阿姆斯特丹一样，伦敦把资金送往国外，但它出借资金却往往采用向国外出售英国工业品的形式，从而反过来又促进了国内的经济发展和生产。这后一方面与阿姆斯特丹毫无共同之处，因为阿姆斯特丹只有商业资本主义，却没有蓬勃发展的工业。

虽然如此，对外放贷的业务开展得还是相当兴旺。荷兰从 17 世纪起就已从事这项业务。[344]到了 18 世纪，特别在阿姆斯特丹开放对英贷款的市场后（至迟从 1710 年起），借贷这个“行业”大大扩展。在 18 世纪 60 年代，各国纷纷向荷兰借款，其中包括神圣罗马帝国皇帝，萨克森选侯，巴伐利亚选侯，再三举债的丹麦国王，瑞典国王，俄国的叶卡特琳娜二世，法兰西国王，甚至汉堡市（当时还是荷兰强劲的竞争对手），最后还有正在进行独立战争的美国起义军。

筹集债款的过程就是人们熟知的老一套：商行同意以债券形式[345]把借款投放市场，债券在交易所标价后即开始征集认购者，认购债券原则上公开进行。因为，如果借款有可靠担保，有时征集尚未宣布，债券几乎已被认购一空。息率相当低，勉强比通用的同业拆息高一至二个百分点。5%已被认为很高。但在多数情况下，借款必须提供担保，如土地、公共收入、首饰、珍珠、宝石等。1764
年，[346]萨克森选侯把“价值 900 万的宝石”交阿姆斯特丹存放； 209
1769 年，[347]叶卡特琳娜二世交来了皇室的传家钻石。其他抵押有汞、铜等大量库存商品。此外，主持借款的商行有“溢价”可得，这对它几乎是一种额外收入。1784 年 3 月，“独立的美洲”商谈借款

200 万弗罗林,债券顺利地被认购完毕。一位从“第一手”打听到这个消息的灵通人士说:“现在要看国会是否批准背着它付出的额外佣金。”[348]

一般说来,发起借款的私人商行(钱庄)亲自把款项交付借款人,并保证负责分配将来领到的利息(这一切均收取佣金)。随后,“钱庄”与几名专业人员分片承包,各自负责推销一定数量的债券。这就需要动用相当数量的储蓄。债券终于进入交易所,开始我们在谈到英国时描述的种种交易活动。[349]把债券从平价抬高几个百分点,简直易如反掌。只要大张旗鼓地宣传一番就够了,有时只要假意宣布债券认购已告结束。要弄这类花招的人当然利用这次涨价,抛售他们买进的或留在自己手里的债券。同样,在因政治危机或战争可能导致债券跌价时,他们也最早把债券卖出。

这些交易极其频繁,因而出现了一系列特殊的术语:“钱庄”的人被称作“借贷商人”(banquiers négociants)、“借贷经纪人”(banquiers négociateurs)和“证券掮客”(courtiers en fonds);一般的跑街和商业经纪人则是“承办人”(entrepreneurs),正是他们向个人兜售“债券”,并从事“讨价还价”。人们也称他们为证券商人。不让他们参与其事,那简直就是疯狂行为,他们会让计划彻底破产。以上术语是我从叶卡特琳娜二世派驻阿姆斯特丹的领事奥尔特考普那里得来的。我们从他的来往信件中看到,王公们每年都因财政窘迫,派遣他们的代理人到处借债,却并不每次如愿以偿。奥尔特考普于 1770 年 4 月写道:“瑞典向霍尔内卡·霍盖公司的借款目前正在谈判中,为数据说达 500 万,先借 100 万。第一笔款 100 万已经借到,其中至少有一半已拨到布拉那特,甚至有消息说,这是用耶稣会的钱兑付的。”[350]至于尚待商谈的债款，人们普遍认为，“筹集资金将遇到许多困难”。奥尔特考普当时正根据俄国政府的指令，亲自在向霍普公司、安德烈·费尔斯父子公司和克利福特父子公司借款，并已“取得联系”，这些公司是“该市主要的批发商”。[351]困难在于圣彼得堡“不是一个重要的汇兑市场，不能利用每个邮班签发和转发汇票”。最好的办法是在阿姆斯特丹就地付款，将来通过向荷兰出口铜，供还本付息之用。1763 年 3 月，[352]萨克森选侯要求借款 160 万弗罗林，应莱比锡商人的愿望，款项用“市价很高的荷兰杜加”支付。

法国政府较晚才在阿姆斯特丹市场要求借款，这些借款对法国政府和对荷兰债权人都是灾难：1788 年 8 月 26 日法国停止偿还债款，使债权人惊得目瞪口呆。奥尔特考普写道：“消息传到，如雷轰顶，给所有外国债务谈判带来猛烈而可怕的冲击，许多公司很可能因此垮台。”债券一下猛跌 60％至 20％。[353]规模巨大的霍普公司对英国债券投资很多，却绝妙地对法国债款始终保持距离。210
究竟这是事出偶然，或者经过深思熟虑？总之，它不必因此感到后悔。在 1789 年，人们将看到，公司首脑对阿姆斯特丹交易所的“影响无出其右，在他到场以前，交易行市不能确定”。[354]“巴达维亚革命”期间，他将为英国向荷兰提供援助从中牵线。[355]1789 年，他甚至阻挠法国政府在比利时采购粮食。[356]

离开阿姆斯特丹，从另一个角度观察

我们且离开辽阔商业网的中心，离开阿姆斯特丹这个居高临下的控制塔。现在的问题是要看整个商业网（依我之见，这是上层建筑)怎样与下层的经济基础相会合。我们所关心的正是这一连串的交接、焊接和搭接,因为它们揭示出一种主导经济怎样能在利用各次等经济的同时,不用亲自承担效益最小的任务和生产,并且往往不用直接监视市场的次等环节。

在不同的地区,根据主导经济实行统治的性质和效能,有着不同的解决方案。我想以下四组例子足以显示这些不同:波罗的海诸国,法国,英国,南洋群岛。

波罗的海沿岸

波罗的海地区的情形十分复杂,因而我们选定的范例不可能涵盖全部地区。内地的一些山区、林区或布满湖泊和泥炭地的沼泽与外地没有正常的交通联系。

这些荒凉区域的出现,首先是因为人口极其稀少。例如从达尔河流域开始的瑞典的诺尔兰是一片广袤的林区,西边与挪威边境的荒山秃岭相邻,东边则与波罗的海沿岸的一块狭长条耕作区相接。水流湍急的江河从西向东穿越其境,河道每年在解冻后,利用放排,可运输为数可观的树干,其情景至今依旧。诺尔兰的面积占瑞典领土一半以上,[357]但在中世纪末,居民不过六七万人。这块处于原始状态的土地只在可被开发的狭小范围内,主要由斯德哥尔摩商会进行了开发;总的来说,属于真正的边缘地区。达尔河谷历来被认为是一条鸿沟。瑞典的一句古谚说:“河流以北,不再能见到栎树、螯虾和贵族”,[358]我们还可以说,再也见不到小麦。

诺尔兰的例子远非独一无二;我们还能想到芬兰的许多地区(那里树木丛生,湖泊密布)以及立陶宛和波兰内地许多自然条件十

分恶劣的地区。但是，无论如何，到处都有一些经济活动在这基础
水平上发展起来：内陆地区的整个经济活动表现为创造剩余产品的 211
乡村生活；在沿海地区，经济活动始终十分活跃，令人惊奇的是有时几个村庄从事近海运输；城市经济的崛起更多地依靠武力，很少以和解的方式实现；最后，民族经济已逐渐形成和开始活跃：丹麦、瑞典、莫斯科公国、波兰以及自勃兰登堡选帝侯即位（1640 年）后不懈地进行深入变革的普鲁士国家。正是这些规模实体，正是这些民族经济，它们将陆续扮演政治主角，并在波罗的海地区互相争夺。

在荷兰的帮助下，瑞典的军火工业逐渐发展，并成为欧洲重要工业基地之一。这里是于利塔布鲁埃克冶炼厂。

这块地域拥有在17和18世纪可能存在的各种经济形态，可供我们进行观察，从一家一户的个体经济（Hauswirtschaft）到城市经济（Stadtwirtschaft）和民族经济（Territorialwirtschaft），[359]应有尽有。一个经济世界在大海帮助下终于打入其间，覆盖整个这块地域。这个经济世界居高临下地包围、限制、约束乃至带动下层的各种经济，因为统治者和被统治者之间的根本不平等不能没有一定的相互服务为补充：我剥削你，但我有时也帮助你。

为了确定我们的观点，我们不妨简单地说，虽然擅长航海的诺
212 曼人、汉萨同盟、荷兰和英国先后在波罗的海地区实现过这种形式的经济控制，但他们都没有建立经济基础，而没有现成的基础，高层的经济控制就会落空。我曾说过，威尼斯一度曾控制了亚得里亚海经济，但没有创造这种经济；[360]这话讲的是同一个意思。

我们这里将主要以瑞典为例：瑞典的民族经济正在形成，形成的时间既早又晚。所以说早，因为瑞典的政治地域在11世纪就以乌普萨拉以及梅拉伦湖沿岸为起点逐渐形成，随着与西哥得兰和东哥得兰的合并，重心逐渐向南转移。但瑞典的经济十分落后；吕贝克人从13世纪初即在斯德哥尔摩经商，直到15世纪末，他们仍很活跃；[361]斯德哥尔摩濒临波罗的海，扼守梅拉伦湖（其面积约等于莱芒湖的两倍）出口的咽喉，只是在1523年瓦塞王朝建立后，该城才完全取得成功，从此再无抗衡的对手。可见，如同其他民族经济一样，瑞典的经济地域是在先已形成的政治地域范围内慢慢形成的。但这种缓慢在瑞典也有相当明显的特殊理由。

首先是交通困难，乃至与世隔绝（瑞典的康庄大道建于18世纪以后），[362]40万平方公里以上的宽广土地，又经过长年征伐，兼

并了一系列领地(芬兰、里伏尼亚、波美拉尼亚、梅克伦堡以及不来梅和费尔登主教领地)。直到1660年左右,整个国土的面积(包括瑞典在内)扩展到90万平方公里。瑞典分别于1720年(与丹麦订立斯德哥尔摩和约)和1721年(与俄国订立尼斯泰兹和约)丧失部分版图,但芬兰这一大块殖民地仍长期归瑞典所有,[363]直到1809年被俄国亚历山大一世兼并为止。如果加上瑞典试图用其领地包围起来的波罗的海水域(40万平方公里),全部面积超过100万平方公里。

瑞典的另一弱点是人口不足,120万瑞典人,50万芬兰人,100万其他各国的臣民,[364]分布在波罗的海和北海沿岸。克洛德诺尔特曼[365]正确地指出,路易十四统治下的法国臣民共2 000万人,而瑞典控制下的人口则不过300万,二者恰成鲜明对照。因此,如果不付出无限的努力为代价,瑞典的"强盛"[366]便绝无可能。早已实行的官僚集权制本身要靠昂贵的开支维持,因此瑞典建立的税收制度超出了常理允许的限度,正是依靠这一税收制度,古斯塔夫·阿道夫及其继承人才得以推行穷兵黩武的政策。

最后的也是最严酷的一项劣势,作为运输要道的波罗的海水域不在瑞典的控制之下。直到奥格斯堡同盟战争(1689—1697年)时为止,瑞典的商船力量十分薄弱:船只数量虽然很多,但吨位极小,只是一些没有甲板的小船从事近海运输。诞生于17世纪的瑞典海军甚至在1679年建立卡尔斯克鲁纳基地后,[367]仍不能与丹麦舰队抗衡,后来也不能与俄国舰队较量。海上交通最初实际上为汉萨同盟所垄断,16世纪后,又由荷兰所垄断。1597年,波罗的海当时已完全被纳入荷兰的交换网内,驶往波罗的海的荷兰船只几乎达2 000艘之多。[368]虽然瑞典从开拓疆土中得到很多好处，并通过控制北德意志水陆要道而收取关税，但它不能不受阿姆斯特丹资本主义的操纵。在15世纪，斯德哥尔摩作为对外贸易的中心，几乎把所有货物都运往汉萨同盟，特别是运往吕贝克；[369]后来，商品又向阿姆斯特丹出口。依附关系已经确立：即使瑞典人也
213 完全明白，如果借机脱离荷兰，那就等于放弃利润丰厚的波罗的海贸易和给本国当胸一击。因此，他们虽然对苛刻的主人怀有敌意，却不愿接受法国或英国的帮助，摆脱自身的束缚。瑞典当局于1659年警告英国人，[370]他们不应把荷兰人逐出波罗的海，除非他们能取而代之！

直到17世纪70年代，当英国在波罗的海的扩张努力日趋明朗时，荷兰仍排斥一切竞争。荷兰商人不满足于在阿姆斯特丹遥控瑞典的商业。许多荷兰商人，而且是大商人，如德·海尔、特里普、克隆斯特朗、布洛马埃尔、卡比尔乔、韦威斯台、乌斯林克、斯皮林克等，[371]纷纷在瑞典定居，有的加入瑞典国籍，取得贵族证书，从而具有完全的行动自由。

荷兰商人向瑞典经济深入渗透，甚至打进生产部门，使用廉价的农民劳动力。阿姆斯特丹控制着瑞典北部的林业产品（木料、厚木板、薄木板、船用桅杆、柏油、焦油、树脂）以及离首都和梅拉伦湖不远的贝尔斯拉格矿区的全部活动；矿区面积达15 000平方公里。矿产包括金、银、铅、锌、铜和铁。后两种矿产在瑞典生产中占决定地位，铜矿生产于1670年左右因法隆矿枯竭而停止，铁矿生产随即发展起来，对英国出口的铁锭和铁板逐渐在增加。在贝尔斯拉格四周，一些高炉、锻铁炉、火炮和炮弹制造厂纷纷拔地而起。[372]

冶金业的发达显然有助于瑞典的政治强盛，但对它的经济独立并无好处，因为采矿部门在17世纪附属于阿姆斯特丹，正如在前几个世纪曾附属于吕贝克一样。德·海尔和特里普的样板企业并不像人们所说的那么新颖。列日地区操瓦隆语的工人（“铁业大王”路易·德·海尔是列日人）把砖砌高炉引进到贝尔斯拉格；但德意志工人早已用木料和泥土在当地建造了很高的高炉。[373]

瑞典在1720至1721年间只剩下芬兰一块领地，它竭力朝西发展，以弥补在波罗的海方面所受的挫折。就在那时，1618年建于卡特加特海峡的哥德堡，作为瑞典开向西方的窗户，蒸蒸日上地发展起来。瑞典的商船队逐渐成长壮大，船只的数量和吨位都有所增加（1723年为228艘，三年后，即1726年，增至480艘），商船开始驶出波罗的海；1732年，第一艘芬兰船从奥博出发，抵达西班牙；[374]比这早一年，1731年6月14日，[375]瑞典印度公司获国王恩准开业。设在哥特堡的这家公司将经历相当长时间的繁荣（红利高达40%，甚至100%）。瑞典利用西欧诸国的海上纠纷，采取中立立场，借机得利。瑞典往往应他国的请求，用中立国旗号掩护下的船只开展有利可图的活动。[376]

瑞典海运业的这种扩展在某种意义上是一次解放。瑞典从此可直接取得西欧的盐、葡萄酒和纺织品，以及殖民地产品，不再需要中间环节。由于它注定要通过出口货物和提供劳务来弥补贸易支付的不平衡，瑞典力图准备一笔现金积余，以便解决里克斯银行（初建于1657年，重建于1668年）[377]的钞票流通受阻的问题。瑞典为此一心一意地推行重商主义政策，发奋创立工业，但其结果却有好有坏：造船工业相当成功，高级丝织毛织工业则很差劲。瑞典 214

终究离不开阿姆斯特丹的金融流通渠道，欣欣向荣的瑞典印度公司接纳了许多外国人参加，特别是英国人，他们不仅提供资金，而且提供船员和分行业务负责人。[378]由此可见，摆脱国际经济的控制殊非易事，国际经济总会找出压倒对方的手段和方法。

斯汶·埃里克·阿斯特隆不久前的一份报告[379]等于带我们去做一次芬兰旅行，这次旅行的好处是把我们领到拉普斯特朗和维堡的集市，接触交换的最低极限。维堡是个矗立在芬兰湾沿岸的南方要塞，我们在这里可见到农民的贸易，也就是G.米克维茨、V.尼特马和A.素恩所说的"朋友交往"("söbberei"一词来自"sober"，在爱沙尼亚和里伏尼亚有"朋友"的意思)，或芬兰历史学家所说的"宾客相待"("majmiseri"来自芬兰语的"majanies"，意思是"客人")。这些词事前向我们指出，这是一种脱离常规的交换类型，它向我们重新提出卡尔·波拉尼及其门生曾经思考过但尚未得到完满解答的那些问题。[380]

与挪威或瑞典相比，芬兰离西方更远，西方去那里也更不容易。芬兰主要提供林业加工产品出口，首先是柏油。维堡的柏油贸易纳入一个三角体系：作为生产者的农民；希望农民能用现金纳税的国家；唯一能向农民供给一点现金的商人，即便他们随后通过必要的物物交换(用盐换柏油)又把现金收回。商人、农民和国家之间像在玩一种三人游戏，总督则充当中间人和裁判。

维堡的商人，这个小城市中的"资产者"，都是德意志人。按照惯例，当农民作为供货人和顾客进城时，商人把他留在家里，同时照管他的食宿和其他开支。结果不难预料，农民必定欠债，债务便端端正正地记在维堡德意志商人的账册上。[381]但这些商人不过是代理人而已,采购的指令和所付的货款都来自斯德哥尔摩,而斯德哥尔摩又接受阿姆斯特丹的指令和信贷。由于柏油是项很大的买卖(每年砍伐 100 万至 150 万株树),[382] 由于从事木材干馏的农民经常光顾集市,能在附近的小海港打听到食盐的价格(盐价至关重要),由于他们又是自由农民,他们得以逐渐摆脱那种"宾客相待"(majmiseri)的联系,柏油公司于 1648 年在斯德哥尔摩成立,密切关注并实际上操纵柏油和食盐的价格。最后,农民还受经济形势变化的影响。例如,由于黑麦价格上涨比柏油更快,人们在 18 世纪末大事砍伐,改森林为耕地。处在经济基层的芬兰农民虽有一定的回旋余地,却并不是自己的主人。

为什么会有这种相对的自由呢? 斯汶・埃里克・阿斯特隆对

1781 年瑞典的铸铁厂(彼尔·希莱斯特龙作画,斯德哥尔摩国家博物馆)。劳力众多,技术相当落后(手持铁锤打铁)。但在当时,瑞典的铁无论在质量和数量方面都居欧洲之首,并且向英国大批出口。

这个问题比我们了解得更清楚，他认为，这种相对自由是因农民参加芬兰大公国的议会而得到保障的，正如斯德哥尔摩议会那样，荷兰议会包括一个第四等级，即农民等级。政策和法律保障这些边远乡村的农民的自由，就像保障瑞典农民的自由一样，瑞典农民从未沦为农奴，与贵族为敌的君主国家明确表示反对农奴制。总之，瑞典农民是自己的财产以及“祖业”[383]的主人，同人数日渐增多的农场工人以及同流浪汉和穷苦人(torpare)[384]相比，他们是得天独
215 厚的幸运者。确实，瑞典和芬兰还有广大地区尚待开垦。难道不正是这些待垦地区制造和维护农民的自由吗？

但我们的问题不在这里。通过芬兰这个例子，我们希望更加细微地观察农民的“商品”状况，特别是要了解产品收购者和上层批发商在什么水平上“交接”，了解大商人在哪个阶段亲自出马。位于上层环节和下层环节之间的会合点，其可变高度几乎是一项指示刻度，一种衡量尺度。荷兰人原则上不去维堡。他们只是耽在斯德哥尔摩。

最后一个例子：格但斯克(但泽)，这个城市在许多方面显得突出，它不但富有，居民众多，地理位置优越，而且比汉萨同盟的任何其他城市更善于保存其作为商站的宝贵权利。当地的少数城市贵族堪称富豪。[385]“资产者拥有在市内收购来自波兰的小麦和其他货物的专利权，外国人不得与波兰开展贸易，也不得把他们的货物
216 经该市转运波兰；他们收购或出售货物，必须与资产者打交道”。我们再一次对萨瓦里·台布吕斯龙的言简意赅表示钦佩。[386]他只用三言两语，就把但泽的垄断解释得一清二楚：这座城市如果不是广大的波兰和外部世界之间的唯一出入口，[387]至少也是重要的门

户。这个特点导致城市在外部受阿姆斯特丹的极大束缚:但泽的价格绝对随荷兰商埠的价格上落;[388]阿姆斯特丹以极大的关注维护维斯杜拉河口的城市的自由,因为这也是为了维护自己的利益。同时还因为,但泽在根本问题上作了让步;16 和 17 世纪期间,荷兰的竞争结束了但泽向西开展的航海活动,但作为报偿,促成了但泽短暂的工业高涨。[389]

但泽与阿姆斯特丹的关系同斯德哥尔摩与阿姆斯特丹的关系没有根本的差别。不同的倒是为但泽充当后盾的波兰的情形。波兰与基于同样原因为里加作后盾的那个地区的情形相似,[390]就在里加控制下的那个地区,农民再次沦为农奴。在芬兰和在瑞典则相反,农民始终是自由的。确实,瑞典在中世纪没有经历过封建制。成批出口的商品小麦大力促成封建制的建立和复辟,而矿业活动或林业活动则很可能便于制造某种自由气氛。

无论如何,波兰的农民陷入了农奴制的罗网。奇怪的是,但泽宁愿找市郊的自由农民或小庄园主进行贸易,而很少找较难操纵的大贵族;但但泽商人也通过支付小麦和黑麦预购定金,或者用西方的奢侈品换取农产品,终究也把大贵族置于自己的控制之下。相对而言,商业主动权基本上掌握在商人的手里。[391]

这里也许值得对这些国内贸易作更深入的研究,我们要知道究竟是别人登门找货主,或者是货主亲自前往但泽;要搞清货主和但泽之间的中间人的确切作用;要了解谁是维斯杜拉河上的船队的主人或组织者,谁控制着托伦的转运货仓(小麦逐年在那里翻晒储存,就像在但泽的多层谷仓一样);谁掌握但泽的卸货驳船(这些驳船因吃水较浅,能在连接城市和维斯杜拉河的运河中往返)。

1752年,共有1 288条大小船只(波兰的和普鲁士的)抵达维斯杜拉河下游,到港的远洋海船则超过1 000艘。这一切使市内200家批发商忙得不可开交,他们每天都在但泽热闹的交易所里会面。[392]

由此可以清楚地看到,自私自利的但泽怎样剥削、出卖和随意摆布波兰这个国家。

217 法国与荷兰的一场并非势均力敌的较量

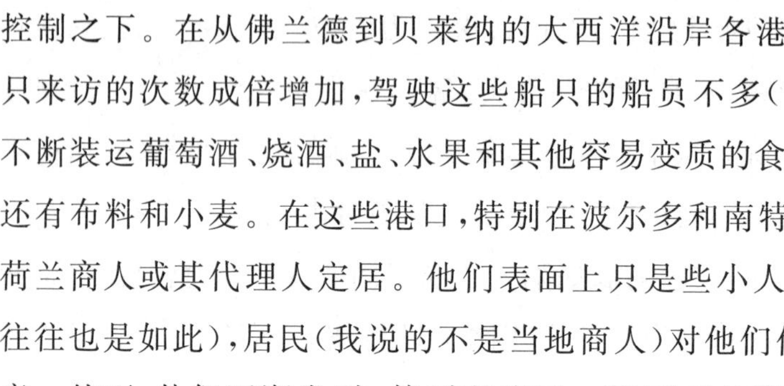

在17世纪,几乎可以说,法国被置于小小的联省共和国的控制之下。在从佛兰德到贝莱纳的大西洋沿岸各港口,荷兰船只来访的次数成倍增加,驾驶这些船只的船员不多(7至8人),不断装运葡萄酒、烧酒、盐、水果和其他容易变质的食品,[393]甚至还有布料和小麦。在这些港口,特别在波尔多和南特,都有一些荷兰商人或其代理人定居。他们表面上只是些小人物(事实上往往也是如此),居民(我说的不是当地商人)对他们似乎不怀敌意。然而,他们逐渐发财,等到积聚了一笔可观的资金后,便动身回国。他们几年如一日地参与商埠、港口和邻近集市的经济生活。例如,我曾指出,一些荷兰商人在南特四周以预付定金的方式,收购卢瓦尔河流域生产的原汁葡萄酒。[394]当地商人虽然妒火中烧,烦躁不安,却也无从抗拒和消除这种竞争:运往英吉利海峡和大西洋沿岸各港口的货物往往是容易腐烂变质的食品,因而过往船只频繁是荷兰商人的主要王牌之一。如果法国船想把葡萄酒和其他土产食品直接运往阿姆斯特丹,就会遇到种种困难和阻挠。[395]

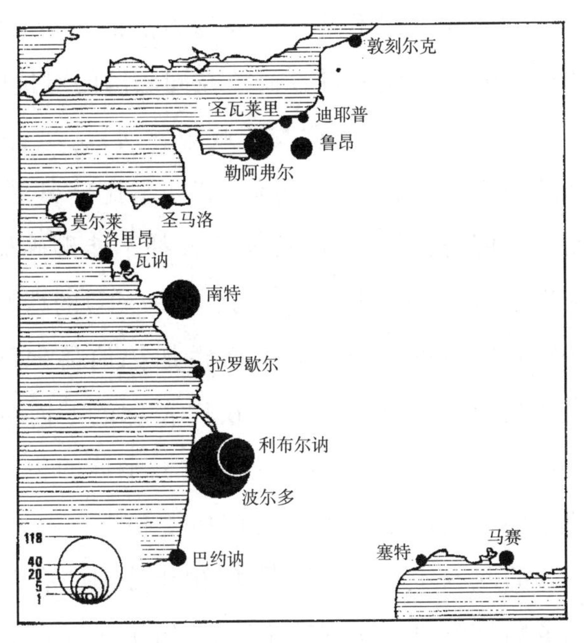

23. 从法国各港口驶抵阿姆斯特丹外港泰瑟尔的船只数量(1774 年)

这些船只几乎全都是荷兰船,活跃在北海、英吉利海峡和大西洋的法国沿岸。相反,朝地中海的法国港口方面的活动十分有限。

面对法国采取的许多报复措施,荷兰也不乏对抗手段。首先是不买法国的产品。荷兰只要向其他供货人接洽就够了;为此,葡 218
萄牙和西班牙以及亚速尔群岛和马德拉岛的葡萄酒,还有加塔洛尼亚的烧酒,一时竟大受欢迎。荷兰腌制的咸鱼历来爱用布尔纳夫和布罗阿日的食盐,不用锡图巴尔或卡迪斯味道过咸的盐,但荷兰人后来学会把本国沿海的海水同伊比利亚的盐混合,以冲淡这种盐的咸味。[396]法国制造的奢侈品在国外极其风行。但是奢侈品并非不可取代,而总是可以模仿,可以在荷兰制造质量几乎相同的产品。蓬博纳作为路易十四派驻海牙的代表,1669 年在与约翰·德·维特的一次会见中,颇感不快地看到,省督大人所戴的那顶海狸皮帽竟是荷兰产品,而在几年以前,所有这类帽子都来自法国。[397]

问题在于这不是一场势均力敌的较量，即使最聪明的法国人对此也并不都能懂得。荷兰在同法国的对抗中拥有自己的商业网和信贷手段，能够随意改变政策。所以，尽管法国坚持努力，暴跳如雷，尽管它想了各种对策，却并不比瑞典更能抛开荷兰中间商。路易十四、柯尔贝尔及其继承人都不能砸碎枷锁。荷兰人先后在奈梅亨（1678 年）和赖斯韦克（1697 年）的谈判中让法国撤销了以往对其贸易所加的限制。博雷加德伯爵（1711 年 2 月 15 日）写道："我国在赖斯韦克的全权代表忘记了柯尔贝尔大人的重要准则，竟认为可以同意取消每吨收五十苏的税款。"[398] 这是多么荒唐的错误，然而，这一错误竟在乌得勒支（1713 年）重演。就在旷日持久的西班牙王位战争期间，由于法国政府大批发放通行证，由于许多船只用中立国旗号作伪装，由于法国人乐于通融，由于陆路走私贸易在我国边境沿线有所加强，荷兰从不缺少法国的产品，这对荷兰自然正中下怀。

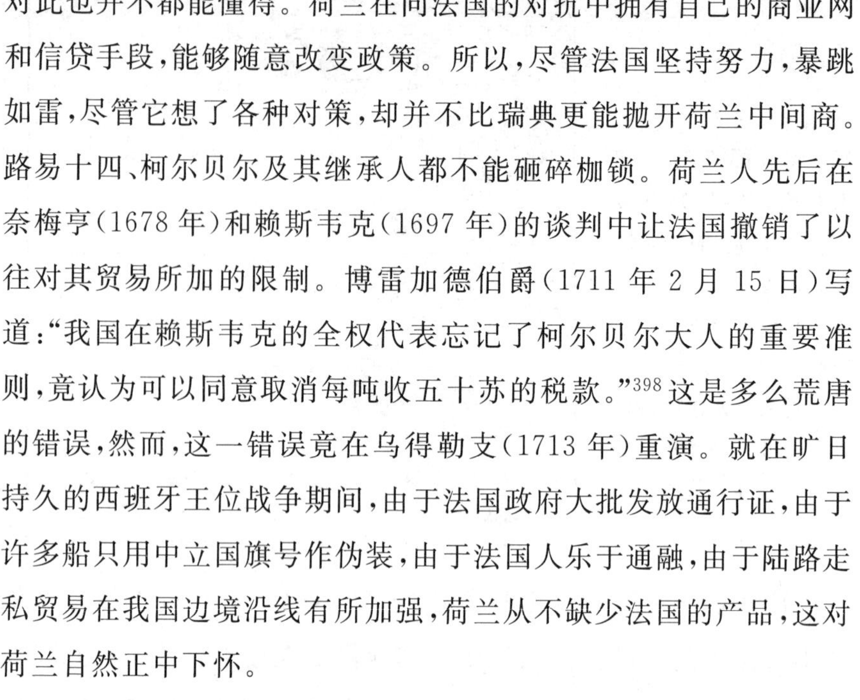

赖斯韦克和约签订后不久，法国的一份长篇报告历数荷兰玩弄的用心昭然若揭的各种花招，以及法国所采取的无数对策；法国的对策想要同时遵守和躲开路易十四政府已订协议的各项条款，但始终抓不住狡猾的对手，"荷兰人的精明在一定的意义上是粗中有细，他们只是在事关切身利害的情况下才动心"。[399] 这种"切身利害"，也就是要让法国市场充斥荷兰生产或分销的货物。只有动武才使他们有所收敛，但战争又不是想打就能打得起来。关闭王国的港口和边界，阻碍荷兰的捕鱼作业，扰乱阿姆斯特丹商人的"私人贸易"（与荷兰公司在美洲、非洲和东印度进行的"公共贸易"相对而言），起草这些美妙的计划自然不难，实现计划却很不容易。

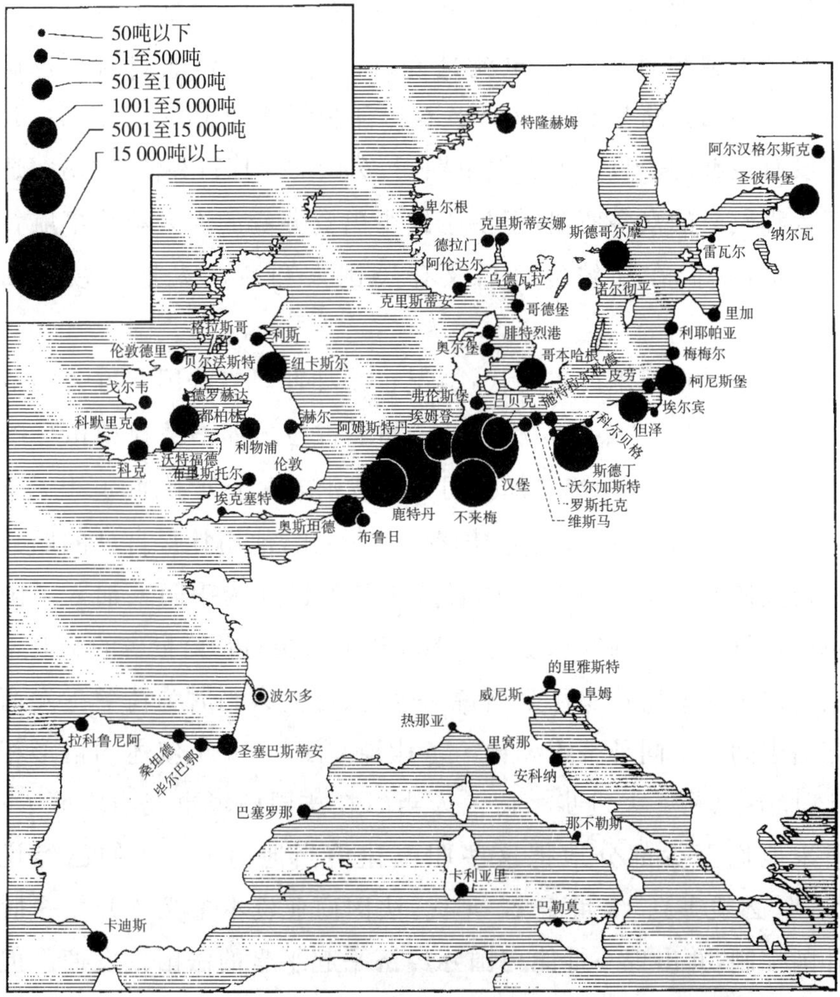

219

24. 波尔多同欧洲各港口的联系

1780至1791年间波尔多每年平均出航船只的总吨数。在这一航运量中，北欧显然占压倒多数，商船以悬挂荷兰旗号者居多(据法国领事德·利隆库尔的统计，1786年从法国开往阿姆斯特丹的273艘船全都挂荷兰旗)。所运货物主要是葡萄酒、糖、咖啡、靛青。返程则装载木材和粮食。(摘自保尔·布代尔：《波尔多在欧洲和殖民地的贸易圈》。)

因为法国没有大商人，“我们所能见到的大商人，多数不过是外国的经销人或代理人”，[400]也就是说，荷兰批发商是他们的真正后台。法国的金路易和白银似乎凑巧都纷纷流往荷兰。[401]最后，我们没有足够的船只。上次战争期间，法国的劫掠行径使它“虏获适于远程贸易的众多商船，但由于缺少出资办货的商人和从事航行的船员，我们在和约签订后又让英国人和荷兰人把船赎了回去”。[402]

即使早在柯尔贝尔时代，情况也是如此。当法国北方公司成
220 立时(1669年)，“总监以及比埃尔和尼古拉·弗洛蒙兄弟虽然努力争取，鲁昂人仍拒绝参加公司……波尔多人十分勉强，迫于无奈才加入了公司”。难道因为“同荷兰人相比，他们觉得自己的船只和资金还不够充足吗”？[403]或者因为他们已作为中间人加入了阿姆斯特丹的商业网？总之，据1700年前后撰写长篇报告的勒波蒂埃·德·拉海斯特罗瓦[404]所说，一些法国商人当时为荷兰批发商充当中间人。同马蒂约·德·圣让神父于1646年叙述的情形相比，[405]这已是一大进步。荷兰人当时在法国商埠也充当中间人；看来他们至少部分地把这些职位让给当地商人。我们已经说过，[406]必须等到18世纪20年代，法国商业资本主义才开始挣脱外国控制，并出现一批能与国际经济平起平坐的法国批发商。但我们不要过分性急：据一位见证人说，18世纪末，在商业十分繁荣的波尔多，“众所周知，三分之一以上的贸易都在荷兰的控制之下”。

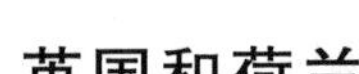

英国和荷兰

英国对荷兰的侵蚀很早作出了反应。克伦威尔1651年颁布

的《航运法案》，于 1660 年为查理二世确认。英国曾四次投入到反对联合省的激烈战争（1652—1654 年；1665—1667 年；1672—1674 年；1782—1783 年）中去。荷兰每次都只招架，不还手。与此同时，英国在精明的关税政策保护下，国民生产日益繁荣兴旺。这无疑证明，英国经济的发展比法国更加均衡，不易受到外力的损害，荷兰人更加需要英国产品，他们对英国人历来相当迁就，英国港口是荷兰船只遇到恶劣气候时最好的掩蔽所。

但我们也不要以为英国逃脱了荷兰的控制。查理·威尔逊[407]指出，任何一名肯用心计的荷兰人都有许多办法对付《航运法案》。布雷达和约（1667 年）已使法案的执行有所缓和。法案禁止任何外国船只把并非本国生产的商品运往英国，但在 1667 年，经莱茵河运输的或在莱比锡和法兰克福收购的商品，一旦装进阿姆斯特丹仓库以后，便可被称作“荷兰”货，其中包括德国的细麻布，条件是必须在哈勒姆漂白。尤其，荷兰各大商行在伦敦设有分行：旺奈克、旺诺吞、纳夫维尔、克利福特、巴林、霍普、旺赖内普等。[408]因此，大海两岸常有往来，维系友情，互通声气，甚至互赠礼品，几头郁金香或风信子的球茎，几桶莱茵河的葡萄酒，几只火腿，一点荷兰的刺柏子酒……某些英国商行甚至用尼德兰语书写信件。

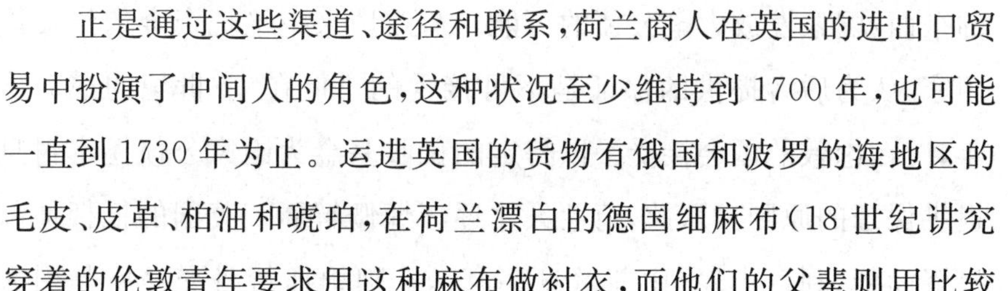

正是通过这些渠道、途径和联系，荷兰商人在英国的进出口贸易中扮演了中间人的角色，这种状况至少维持到 1700 年，也可能一直到 1730 年为止。运进英国的货物有俄国和波罗的海地区的毛皮、皮革、柏油和琥珀，在荷兰漂白的德国细麻布（18 世纪讲究 221
穿着的伦敦青年要求用这种麻布做衬衣，而他们的父辈则用比较

土气的英国麻布缝制衬衣，只是领饰和袖饰才用德国麻布）。[409]至于出口，英国东印度公司拍卖的大部分殖民地产品均由荷兰人得标；荷兰商人还购买许多烟叶、食糖，间或买些小麦和锡；呢绒收购量之大“令人难以置信”，笛福于1728年指出，每年达200万英镑以上。[410]上述货物分别在鹿特丹和阿姆斯特丹存放，然后转运各国，主要运往德国。[411]英国因而也长期是荷兰仓储贸易的一个组成部分。英国的一篇杂文（1689年）甚至抨击说：“我国的所有商人都正在变成荷兰的代理人。”[412]

如果就此问题作一番过细的研究，肯定就会发现许多卓有成效的联系，特别是由信贷和预购定金建立的联系，它们使尼德兰的商业体系在英国能长期欣欣向荣，因而英国人（法国人也如此）往往惊奇地发现，他们的产品在阿姆斯特丹的售价竟比本国还低。

尼德兰的商业活动在经过五十年（1680—1730）的发达兴旺以后，[413]从1730年起，开始在欧洲衰落。只是到18世纪下半叶，尼德兰商人才抱怨“不再参与真正的贸易活动，而只是充当海上运输和发送货物的一般经纪人”。[414]说得更清楚些，情况已颠倒了过来。英国从此已摆脱了外国的监护，随时准备夺取世界的权杖。

尤其，荷兰的商业衰退帮助了英国取得它在17世纪深感缺少的东西：国家发放大笔公债的可能。荷兰历来拒绝把资金借给英国国家，认为后者提供的保证是不可接受的。但在17世纪的最后十年，设在伦敦的国会接受了以特定的税收基金为国家公债还本付息提供保证的原则。从此，荷兰人才逐渐慷慨解囊。英国的抵押债款投资简便，利息丰厚（比荷兰息率高），在阿姆斯特丹交易所是引人注目的投资对象；所有这些重要条件，他们在法国统统找不到。

正因为如此，荷兰大商人的剩余资金纷纷流往英国。整个18世纪期间，他们大量认购英国公债，还就印度公司、南海公司或英格兰银行的股票以及其他英国有价证券进行投机。伦敦的荷兰侨民的数量和富有均属空前。他们在奥斯汀兄弟教堂集会，就像巴勒莫的热那亚人以圣乔治教堂为中心一样。除开新教徒（其中很多是最初流亡到阿姆斯特丹的胡格诺派教徒）以外，商人中还有犹太教徒，他们构成另一个侨民团体，虽然实力不如新教徒；二者如果合在一起，人们简直会觉得，英国已被荷兰所侵占。[415]

这也恰恰正是英国人的感觉，查理·威尔逊[416]甚至认为，英
国人“厌恶”公债的一个原因正是觉得国债已受外国的控制。其
实，荷兰资金的源源流入给英国信贷输送了活力。正如品托所说，
英国的财富虽不如法国，但其信用却更“可靠”，因英国始终能得到 222
必要的贷款，不但及时，而且充足。这是一个极大的有利条件！

出乎荷兰意外的是，1782至1783年间，英国竟以兵戎相见，把它打翻在地。这个结局难道是不可预见的吗？18世纪的荷兰实际上听任由英国的民族市场所征服；荷兰大商人在伦敦的社会环境中生活更舒适，赚钱更多，甚至还能享受在节俭的阿姆斯特丹得不到的娱乐。在荷兰的牌局中，英国看来是张相当奇特的牌，一张能打赢的牌，后来突然又变成打输的牌。

离开欧洲，来到南洋群岛

利用荷兰最初几次远航南洋群岛的机会，我们能否试图观察到某种完全不同的东西？一种统治过程从无到有的诞生以及这种

统治的迅速加重。

荷兰对亚洲的早期渗透显然经历三个阶段(欧洲任何一国对亚洲的渗透无疑也是如此)。W.H.莫尔朗[417]很久以前(1923 年)就作了以下的区分:商船可比作一家流动百货店或者是加重了分量的一挑货郎担;商行或"商站"像是在某地区或在某商埠设立的租界;最后为领土占领。澳门属于第二类,巴达维亚则意味着对爪哇的殖民征服已经开始;至于"流动百货店",我们在 17 世纪初期可举的例子多不胜数。

例如,1599 至 1601 年间,[418]保尔·旺卡埃顿受布拉邦特新公司(voorkompanie)[419]的派遣,率船四艘前往东印度,返回时只剩下两艘。1600 年 8 月 6 日,船队首次在万丹靠岸。因为港内停泊的荷兰船只太多,也就是说货少主顾多,保尔·旺卡埃顿的两艘船改道前往帕萨芒,据说在这个小港口胡椒供货极其充足。但货主出售时惯于作弊,航行条件又很恶劣。经过一番犹豫,这两艘船决定前往苏门答腊西端的亚齐,并于 1600 年 11 月 21 日抵达。算来已有多少时间白白过去!他们从泰瑟尔岛来到万丹共花了七个半月,接着又花三个半月才抵达他们心目中的理想港口。旅行者其实正是自投虎口:狡诈的亚齐国王在向他们索取了1 000本洋以后,便虚言搪塞,迁延时日。为了争取主动,荷兰人躲在自己的船上,又扣住滞留港内的商船九艘,其中三艘恰巧装载着胡椒;处事谨慎的胜利者接着对这些船"妥善看管"。谈判继续进行,直到 1601 年 1 月 21 日至 22 日晚间,荷兰人迫于无奈,离开了暗藏祸心的亚齐港;临走前,他们烧毁被他们俘获的两艘船,以示薄惩。就这样,在这小虫蛀食木质船身的危险的赤道海域,他们又耽搁了

两个月时间。除了返回万丹，他们没有别的出路；经过七个星期的航行后，他们于 3 月 15 日到达万丹。那里倒是没有任何困难：万丹像是南洋群岛的威尼斯。同时到达的一些荷兰船故意抬价，但货物仍照常装船，4 月 22 日，两艘船终于扬帆启航，返回欧洲。[420]

从这项经验可以看出，在一个与欧洲极不相同的陌生而复杂
的世界里，企图打进流通渠道已十分困难，且不说控制这一流通渠 223
道。就万丹而言，每当荷兰人在这个商埠出现，便有中间商迎上前来；他们等着新到的客商，以便把后者置于自己的控制之下。只是在荷兰人垄断了马鲁古的香料贸易后，情形才开始颠倒过来。只有首先实现这一垄断，然后才能逐一打入各流通渠道，使自己成为享有优惠条件的，乃至不可缺少的贸易伙伴。但是，荷兰商人由于想把东方的一切全都抓到手里，结果反而铸下了大错；限制生产，迫使土著商人破产，造成居民的贫困和大批死亡，这些做法无异杀鸡取蛋，哪怕取的是金蛋。

能否作个归纳？

以上所举的例子具有抽样调查的价值，其目的是从中心的高电压出发，也从其他地区的软弱与迁就出发，反映一种整体情况，表现一个经济世界的运转方式。只是当次等经济和被统治经济以这种或那种方式、有规律地受占统治地位的经济侵占时，中心地区的统治才有成功的可能。

与周围次等强国（即欧洲）的联系可不费力气地自动进行：吸引力，交换机制，资金和信贷流转，足以保持联系。何况，在荷兰贸易总额中，欧洲占五分之四，海外不过占五分之一。我们已经说过，

巴达维亚:锚地和蓄水塔。J.拉克作画,1764 年。

中心之所以始终能保持热量和效力，正是因为它与一些发达的、有时与它竞争的次等强国相邻。中国没有发展成为一个闯劲十足的经济世界，难道仅仅因为它没有占据有利的中心位置，或换句话说，因为没有一个足够强大的半边缘区为中心升压？

位于极端外沿的真正边缘区显然只能用武力和强暴加以压服，甚至可以说，通过推行殖民主义这个早已存在的老办法。荷兰在锡兰和爪哇推行殖民主义；西班牙在美洲发明这个办法；英国在印度接着使用这个办法。但早在13世纪，威尼斯和热那亚已经作为殖民强国出现在各自控制的区域：热那亚在费奥多西亚和希俄斯岛；威尼斯在塞浦路斯、康提亚和科孚。显而易见，这在当时是人们所能实现的最绝对的统治。

226

阿姆斯特丹的衰落

我们已经大致看到荷兰飞黄腾达的经过。18世纪末，荷兰光艳夺目的历史开始黯然失色。光线的暗淡意味着一种后退，一种衰退，但不是历史学家所常用和滥用的那种“没落”。阿姆斯特丹的地位无疑已被伦敦所取代，正如威尼斯曾被安特卫普所取代，伦敦将被纽约所取代一样。但是这个城市继续存在，而且仍有利润可得，甚至至今还是世界资本主义的制高点之一。

在18世纪，阿姆斯特丹把自己的某些商业利益出让给汉堡、伦敦乃至巴黎，但它也取得其他一些利益，保持着某些贸易联系，当地的交易活动依旧极其兴旺。阿姆斯特丹以各种方式提供资金，帮助欧洲的经济高涨，尤其在战争期间（长期商业信贷，海运保险，分保等）；与此同时，由于“承兑”业务的增加，阿姆斯特丹更扩大了银行的作用。因而在18世纪末，波尔多有人说，“众所周知”，该城大宗贸易的三分之一依赖荷兰的贷款。[421]最后，阿姆斯特丹通过向欧洲各国发放贷款，获利颇丰。理查·蒂尔登·拉普[422]在谈到17世纪已告衰颓的威尼斯时指出，威尼斯采用调整、转业、开拓等措施，使国民生产总值仍保持上个世纪的高水平；他这是建议我们在给衰退的城市清理亏空时应持审慎态度。“银行”的扩散确实意味着阿姆斯特丹的资金逐渐在改变性质；阿姆斯特丹的金融寡头逐渐形成一个对外封闭的放款人集团；正如在威尼斯或热那亚一样，这些食利者退出商业活动，坐享既得特权，甚至寻求联省共和国统领的保护。我们也许可以责备这少数特权者不该扮演以上的角色（虽然他们往往身不由己）；但他们的确算无遗策：他们安然无恙地经历了法国革命和拿破仑帝国时期的风暴。据某些荷兰作家说，他们直到1848年仍保持原来的地位。[423]阿姆斯特丹的资本已从承担经济活动的基本任务（有益的任务）转而从事最精巧的
金融活动。阿姆斯特丹的所作所为全系命运决定，不能由它自己 227
负责：作为占统治地位的资本主义，阿姆斯特丹势必要经历早在几个世纪以前的香巴尼交易会上已露端倪的发展过程，而且正因为发展顺利，就在最精巧的金融活动的门槛上栽了跟斗，因为整个经济很难跟上这个发展势头，如果不是拒绝跟上的话。关于阿姆斯特丹的衰退，归根结蒂，其原因或动因无非是那么几条一般性真理，既适用于17世纪初的热那亚，又适用于18世纪的阿姆斯特丹，也许还适用于今天的美国，美国在操纵货币和信贷方面达到了危险的边缘。对阿姆斯特丹18世纪下半叶发生的历次危机进行

1782 年的荷兰资本		
据荷兰省督旺代尔·斯皮格尔的估计，资本共达 10 亿弗罗林，投资项目（单位为百万弗罗林）分列如下：		
向外国贷款	335，其中英国 280	
	法国 25	
	其他国家 30	
殖民地贷款	140	
国内贷款（供给各省、各公司和造船工厂）	425	
汇兑贸易	50	
黄金、白银、珠宝	50	
见 Y.德弗里斯：《尼德兰历史》，1927 年版。		

一番考察，我们至少能够明白这个道理。

1763 年、1772 至 1773 年和 1780 至 1783 年的危机

从 18 世纪 70 年代开始，荷兰庞大的商业系统经历了几场严重的、灾难性的危机。这些危机性质相似，且与信贷危机似乎有关。大量商业票据（即所谓“人为的金钱”）对一般经济似乎享有某种独立性，但不能超出一定的限度。法国驻阿姆斯特丹领事马耶·杜·克莱隆在危机期间（1773 年 1 月 18 日）曾隐约感觉到这个限度，他说，伦敦是个与阿姆斯特丹同样“急需用钱”的商埠，这就“证明凡事都有一个限度，超过这个限度，就必须后退”。[424]

这些意外事故难道全都是同一个十分简单、甚至过分简单的过程造成的吗？每当票据的数量超过欧洲经济的可能，欧洲经济便自动甩掉包袱。不平衡每隔十年出现一次：1763 年，1772 至 1773 年，1780 至 1783 年。就第一次和第三次危机而言，战争肯定曾起了作用:战争本质上促使通货膨胀,阻碍生产,当战争停止时,必须进行结算,弥补由此造成的不平衡。但从1772至1773年的危机看来,当时没有发生战争。我们能否认为,这是一场所谓旧制度的危机,根本原因在于农业生产的下降,其影响波及各种经济活动。说来说去,难道这竟是一场普通的危机?1771至1772年间,欧洲确实农业歉收,灾荒频仍。海牙的一条消息(1772年4月24日)指出,挪威因严重缺粮,“人们把树皮磨碎,权充黑麦面食用”,同样的困境在德意志地区也比比皆是。[425]这场猛烈的危机也许起因于此,而1771至1772年间印度那场饥荒产生的后果(导致东印度公司运转不灵)更促使了危机的加剧。以上这一切当然都有关系,但真正的动因还是信贷危机的周期反复。总之,在危机的中心,无论属于结果或者原因,每次都会出现银根紧缺的现象,贴现率猛涨,甚至上升到10%和15%这种不能承受的高水平。

当时的人总把这些危机与初期某家大商行的破产联系在一起:1763年8月纳夫维尔商行的破产,[426]1772年12月克利福特商行的破产,[427]1780年10月旺·法埃林克商行的破产。[428]这种看法不论多么合乎情理,却不能令人信服。资金分别为500万和600万弗罗林的克利福特商行和纳夫维尔商行的破产不能不产生影响,破产事件在阿姆斯特丹交易所起着摧毁信用的引爆作用。228
但能否认为,假如纳夫维尔在德国经商没有导致灾难的结果,假如克利福特没有在伦敦交易所就东印度公司的股票进行疯狂的投机,假如旺·法埃林克市长在波罗的海贸易中没有做亏本的买卖,危机将不会发生或不会全面铺开?大商行的破产诚然促使了体系的倾覆,但体系事先早已摇摇欲坠。因此,最好还是在时间和空间

这两方面同时扩大观察，特别应对有关的各次危机进行比较，因为这些危机相辅相成，分别标志荷兰衰退的不同阶段，因为这些危机既相似又不同，通过比较就能得到更好的说明。

这些危机之所以相似，因为它们都是现代的信贷危机，与所谓旧制度的危机有着绝对的不同，[429]后者起因于工农业生产的周期波动。但这些危机之间又有很大不同，查理·威尔逊认为，[430] 1772至1773年的危机比1763年那次更严重和更深刻；他的这个看法十分正确，但1780至1783年的危机是否又更加深刻呢？从1763年到1783年，荷兰的混乱是否每隔十年就变得更加严重？这种变化是否同时又改变下层的经济框架？

第一场危机发生于1763年，紧接在七年战争(1756—1763)之后，对保持中立的荷兰来说，七年战争是个空前的商业繁荣时期。战争期间，“荷兰几乎包揽了……全部对法贸易，特别是与非洲和美洲的贸易；与非洲和美洲的贸易数量大，利润往往高达100％，乃至200％……荷兰的几位大商人从中发了财，尽管他们有许多船只被英国人夺走，其损失据说在一亿弗罗林以上”。[431]荷兰为恢复往日的商业繁荣，不得不大肆发展信贷活动，通过对其他商行签发新的汇票，以承兑和偿付业已到期的汇票；除了转账汇票的空前膨胀外，还有一系列通融汇票交易。[432]一名行家[433]认为，“当时唯有冒失之徒才从事大笔投资。”此事当真？明智之士又怎么能逃脱错综复杂的“流通”过程？正常信贷、强制信贷和“虚幻”信贷终于造成证券大量流通，“其数量之多，据一项确切计算，竟超过荷兰现金的15倍”。[434]对于莱顿的一名荷兰人提供的以上数字，我们可能感到怀疑，但明显的是，当贴现银行突然拒绝接受期票贴现时，或更正确地说，当它们无力贴现时，荷兰商人的处境将变得极其严酷。由于银根紧缺，企业纷纷倒闭，危机接踵而至，影响所及，除阿姆斯特丹以外，还有柏林、汉堡、阿尔托纳、不来梅、莱比锡[435]和斯德哥尔摩，[436]为阿姆斯特丹效力的伦敦也受很大震动。威尼斯的一封伦敦来信（注明的日期为 1763 年 9 月 13 日）[437]指出，在上星期，据传闻说，一笔 50 万英镑的巨款已寄往荷兰，以救阿姆斯特丹“商人集团的燃眉之急”。

“救急”二字说来也许并不恰当，其实这是荷兰人抽回投放在英国的资金。[438]由于危机在 8 月 2 日约瑟夫·阿隆商行（亏空 120 万弗罗林）和纳夫维尔商行（亏空 600 万弗罗林）破产时业已开始，而把资金从英国抽回荷兰则需一个月的时间，哀叹、绝望和央求在这期间到处可见可闻。更有触目惊心的事件先后发生：汉堡有几 229
家商行破产，其中以犹太商行居多，[439]哥本哈根有 4 家，阿尔托纳有 6 家，[440]阿姆斯特丹有 35 家，[441]“有一件事以前从未发生过，在本星期初，银行存款的价格竟比现金低 0.5%”。[442] 8 月 19 日，破产商行达到 42 家，[443]“已经知道还有几家即将破产”。俄国领事奥尔特考普看到这场灾难，毫不犹豫地指责“几名利欲熏心的大商人在战争期间大搞股票投机”。[444]他于 8 月 2 日写道：“水罐不离井边碎，人们早已预见并担心发生的事，不久前终于发生了。”

阿姆斯特丹交易所立即陷于瘫痪：“交易所的一切活动全告停顿……不再开展贴现和汇兑业务；[445]甚至没有行市；猜疑情绪十分普遍。”[446]唯一的办法是求得延缓，[447]用交易会的术语，叫“展期”。一名喜好纸上谈兵的人[448]主张，国家应同意“展期”、延期或者暂缓，总之，多给一点时间，以使流通渠道终于恢复畅通。此人的错误正是认为，只要联合省作出一项决定，就能解决问题，而实际上，这项决定应得到欧洲各国王公的同意。

最好的办法难道不是把铸币以及金条和银锭运达阿姆斯特丹吗？纳夫维尔家族（并不单是他们）曾在哈勒姆附近的乡村别业开办了一个工厂，以便“提纯和改铸德意志地区向他们交付的几百万桶普鲁士劣质银币”。弗里德里希二世在七年战争期间发行的这部分劣质铸币，是与阿姆斯特丹犹太商人有联系的德国犹太商人在当地积攒下的。[449]几乎单纯从事汇兑业务的阿姆斯特丹犹太商人在危机的打击下受到很大震动，就靠得来的这笔金属铸币签发汇票。那不勒斯驻海牙领事写道：“依法莲和杰切格是为普鲁士国王铸造货币的犹太商人，他们在前天（1763 年 8 月 16 日）用武装押送的邮车把 300 万埃居运往汉堡，听说其他银行家也把大笔款项交给荷兰，以维持他们的信用。”[450]

输入现金是个好办法。何况，从 8 月 4 日开始，阿姆斯特丹银行一反以往的惯例，同意代客“存放金锭和银锭”，[451]这一措施使以天然状态交付的贵金属立即能投入货币流通。

关于这场猛烈的、严酷的信用危机，我们这里不必再多啰嗦，受危机打击而倒闭的只是一些实力单薄的商行，危机把那些小不点儿的投机者从市场上清扫干净，因而从某种角度看，特别是如果站在这场金融地震的震中进行观察，危机总的说来还是健康的和有益的。别处则不然：在汉堡，早在 8 月初，当纳夫维尔破产的惊人消息传出前，港口停满了等待装货、准备开往东方的其他港口的船只；[452]在鹿特丹，从 4 月起，[453]当地“百姓”已揭竿而起，“资产阶级不得不拿起武器驱散暴乱者”。而位于震中的阿姆斯特丹，似乎没有遇到这种麻烦和发生这种动乱。风暴过去后，它不难恢复元气："这里的商人兼银行家犹如涅槃的凤凰一样获得重生，或者更恰当地说，他们重振旗鼓，最后以破产了的各商埠的债权人身份而出现。"[454]

1773 年，随着克利福特商行的倒闭（1772 年 12 月 28 日），危机又重新开始，并逐渐全面铺开。同样的事情，同样的经过。奥尔特考普简直可把他十年前写过的信重抄一遍。交易所陷于瘫痪。230
俄国领事写道："继克利福特父子公司之后，多家商行接连倒闭。在法国和瑞典经营各项业务的哈尼卡-霍格尔股份公司曾有两三次差一点破产。第一次，有人在一夜之间为他们调集 30 万弗罗林，供他们第二天付款之用"；第二次，凑巧从巴黎运来"一车金币……弗里德里希商行在圣彼得堡的客户里吉、里奇和维尔吉松等先生又调来了英国的白银"（法国运来的黄金价值约 100 万，英国的白银约 200 万）。与瑞典有重大贸易往来的格里尔公司不得不停止付款，因为他们不能"用别人的汇票为自己的汇票贴现"。凯撒·萨迪股份公司是家为维也纳宫廷经办多项生意的老字号，也"不得不随波逐流"。[455]这些喜好玩乐、不爱工作的意大利人确实已经看到他们的信誉有所下落。[456]1773 年的危机对他们更是致命的打击。但某些商行其实很有实力，只是在风潮袭击下，陷于破产的境地，如果不加注意，其他商行还会接着倒闭。[457]阿姆斯特丹市再次决定，由当地最大的几家富商担保，从银行拨出 200 万现金贷款，帮助银根紧缺但有现货或可靠票据充当抵押的商人渡过难关。"但承兑的汇票将不予接受，即使由最殷实的商号承兑也是如此，否则 200 万现金"将起不了丝毫作用。[458]具有 150 年历史的克

利福特商行令人触目惊心的彻底破产，显然造成了普遍的猜疑，要求付款的数额远远超过了可动用的现金。

人们可以想到，1763 年的情况完全一模一样。当时的人也作出了这样的判断。危机为时较短，在经历了整个戏剧性过程后，到 1 月底就迅速结束。关于这次危机是否比上次危机更加严重的问题，查理·威尔逊[459]已经基本上解决了。关键在于危机的起源地伦敦，而不是阿姆斯特丹。导致克利福特家族及其合伙人破产的灾难，是因为英国东印度公司在印度，特别在孟加拉处境维艰，造成股票行市暴跌。行市下跌对"赌跌"的英国投机商来得太晚，对"赌涨"的荷兰投机商则又来得太早，英国和荷兰的投机商全都栽了跟斗，特别是投机商在买进股票时通常只付其价格的 20%，其余欠账。他们所受的损失委实极大。

危机既然首先从伦敦引起，英格兰银行进行了干预，迅速采取对可疑证券，随后对所有证券暂停贴现的策略。这对作为货币和信贷市场的阿姆斯特丹是个打击，英格兰银行是否因此犯了错误，至今还是一个争论不休的问题。总之，在这场危机中，如果有一头不死鸟安然无恙地穿过火焰，那就是伦敦；当火警过去后，伦敦继续把荷兰不断增多的剩余资本作为投资吸引过来。

阿姆斯特丹的情形不如伦敦：1773 年 4 月，火警过后已有三个月，街上仍人心惶惶。"半个月以来，人们只听到谈论夜间的盗窃案件。因此，防卫比平时增加了一倍，各区又加强市民巡逻；但是，如果祸根不除，政府又束手无策，这种警惕又能够产生多大结果？"[460]1774 年 3 月，在危机过去一年多的时间以后，商人阶级的失望情绪依然如故。领事马耶·杜·克莱隆写道："五六家最富有

的大公司前不久停止从事商业，其中包括安德烈·佩尔父子公司，231
这对该商埠的信贷业将是一个致命的打击；安德烈·佩尔公司在国外的名声比在阿姆斯特丹更响，阿姆斯特丹的资金往往主要由该公司所提供。只要大商行离开了交易所，那里很快也就会做不成大生意。交易所既然吃不起大赔账，也就不敢再去冒险赚大钱。虽然，相对而言，荷兰的钱比任何别的国家都还多一些。”[461]

用历史学家的眼光来看，问题的要害所在，是谁在欧洲经济世界中居于领先地位。

还在 1773 年 2 月，我们以上讲到的那位领事，当他听说热那亚一笔 150 万比亚斯特的巨额借款刚发生信用破产时，立即把这一事故（以及使欧洲各商埠受到震动的各项事故）与阿姆斯特丹相联系，因为阿姆斯特丹是“欧洲各商埠的动力中心”。[462]但据我看，恰恰相反，阿姆斯特丹当时已不再是“中心”，不再是“震中”。中心已经是伦敦。这里或许能得出一条规律，一条相当便利的规律，就是说，任何城市，当它位居一个经济世界的中心时，就要首先在经济体系中发动定期的地震，并且随后也最早真正复苏。有了这条规律，我们将用另一种观点去观察 1929 年华尔街出现的黑色星期四，[463]在我看来，这黑色星期四其实表明了纽约已开始登上领先的地位。

当第三次危机在 80 年代出现时，阿姆斯特丹已不再居领先地位（至少在历史学家看是如此）。这次危机与前两次不同，不仅因为持续时间较长（至少从 1780 至 1783 年），对荷兰的危害尤深（危机触发了第四次英荷战争），而且还因为它汇合到范围更广的和从属于另一种类型的经济危机中去，这场经济危机与厄内斯特·拉

布鲁斯在谈到1778至1791年间的法国[464]时所说的“跨界周期”[465]恰相吻合。第四次英荷战争(1781—1784年)必须置于这个跨界周期中加以研究,战争最后以英国占领锡兰和在马鲁古获得自由通行权而告终。如同欧洲其他各国一样,荷兰当时正在一场长期危机中拼命挣扎,这场危机不仅影响信贷,而且影响整个经济;荷兰的处境与路易十六统治下的法国有一定的相似之处,法国在美洲战争中虽然取胜,但国家在财政上却陷于山穷水尽和一片混乱的境地。[466]“法国为使美洲获得自由,付出了如此巨大的努力,以致在打下英国傲气的同时,自己却落了个虽胜犹败的结局:财政收入罗掘俱空,信贷减少,大臣意见分歧,国家四分五裂。”以上是奥尔特考普1788年6月23日对法国所下的判语。[467]荷兰力量的削弱,法国力量的削弱,并不如人们常说的那样,仅仅由战争所能解释得了的。

一场长时间的和全面的危机,其结果往往使各国在世界的地位变得更加清晰,使每个国家突然都回到自己的位置上去,使强国的地位变得更强,使弱国的地位更加低下。如果从字面上来看凡尔赛条约(1783年9月3日),英国在政治上似乎是失败了,但它在经济上却大获全胜,因为世界的中心从此转往英国,由此产生了世界力量对比不平衡以及相应的其他后果。

恰恰就在真相大白的时候,荷兰的弱点猛然暴露无遗,其中有的弱点业已存在几十年之久。原来很有效率的荷兰政府,如今变得暮气沉沉和四分五裂;紧迫的军备计划停留于一纸空文;兵工厂无力实行现代化,[468]在人们的印象中,国家被分割成几个势不两
232 立的派别;当局为试图应付困难而开征新税,引起了普遍的不满;

交易所本身也变得“凄凉冷清”。[469]

巴达维亚的革命[470]

最后,荷兰国内突然爆发了一场政治的和社会的革命,即拥护法兰西和拥护“自由”的“爱国党”革命。

为便于理解和解释,我们可说这场革命或者始于 1780 年(即发生在第四次英荷战争之初);或者始于 1781 年(爱国党创建人旺代尔·卡佩伦发表《告荷兰人民书》);或者始于 1784 年(英国与联合省[471]于 5 月 20 日缔结巴黎和约,宣告荷兰的繁荣从此告终)。

总的看来,这场革命包含一系列的事故和骚乱,既有喋喋不休
的长篇大论,又有军事对抗和武装冲突。奥尔特考普对这些反抗 233
者很不了解,但从本能上感到厌恶,因而十分自然地予以谴责。他抨击爱国党的自命不凡,以及他们对自由一词的滥用,似乎荷兰在当时并不自由!他写道:“尤其滑稽的是,裁缝、制鞋匠、修鞋匠、面包师、酒铺掌柜以及种种市井小民,居然装模作样地打扮成军人出现。”[472]少数几名真正的士兵足以制服这伙乌合之众。这些冒牌军人是举行暴动的民兵,他们组成“军团”,目的是要保护民主派在某些城市(不是所有的城市)中的市政机构。针对“爱国党”的恐怖,不久便在全国各地出现了旨在拥护陆海军统领的“奥伦治派”的暴力统治。谣传、起义和镇压此起彼伏,交相呼应。骚乱不断蔓延:乌得勒支发生暴动,劫掠事件多不胜数;[473]一艘扬帆待发的印度船竟被洗劫一空,甚至准备发给船员的银币也不得幸免。[474]乱民们对贵族们(奥尔特考普有时称他们为“富翁”)施加威胁。我们这里所面对的既是一场阶级斗争,也是一场“资产阶级革

英国的讽刺版画：拥护法兰西的“爱国党”对着普鲁士骑兵的人像靶练习射击。

命”。[475]爱国党人主要系小资产者，法国的报道干脆称之为“资产者”，或“共和党”，或“共和主义者”。随着反对陆海军统领的某些“市政官员”的加入，爱国党运动的规模有所扩大，市政官员希望依靠爱国党运动，摆脱威廉五世这个寡廉鲜耻之徒，但无论如何，爱国党运动的规模毕竟有限，这个运动不能依靠平民，平民既醉心奥伦治党的神话，又动辄闹事、破坏、抢劫和纵火。

我们不想低估这场革命的意义（可从反面证明尼德兰的经济成就），它是欧洲大陆的第一场革命，是法国革命的先兆（关于这个问题，人们至今谈得很不够），是一场十分深刻的危机（竟使“资产者家庭中父子结仇、夫妻反目”[476]）。革命期间还形成了一整套革命的或反革命的论战用语，言辞的激烈开风气之先。1786 年 11 月，政府某要员烦透了喋喋不休的争论，试图为自由下个定义，他在一篇冗长的演说中开宗明义指出：“该词如今已被用得如此之滥，竟使公正贤达之士莫名其妙；然而，在他们看来，这一呼声〔自由万岁！〕倒是全面暴动和摧毁政府的信号……自由的含义是什么？……是和平地享有天赋的权利，得到本国法律的保护，安全地耕种土地，研究科学，经营商业和从事工艺活动……除开所谓爱国党的行为以外，暂且再没有别的东西与这些宝贵的利益更加背道而驰。”[477]

革命骚动不论多么猛烈，实际上只会导致国家分裂成两个对立的集团。正如亨利·霍普[478]所说：“结局只能是专制暴政，不论是君主的专制暴政，[479]或者是人民的专制暴政”（这里把人民与爱国党相等同，实在令人大惑不解），只要朝这个或那个方向轻轻一推，就能把国家推向这个或那个结果。但处于衰弱状态下的国家不能单独决定自己的命运。联合省被挤在法国和英国之间，两大强国的较量决定着它的命运。法国最初似乎占了上风，法国和联合省于 1785 年 11 月 10 日在枫丹白露签订一项同盟协定。[480]但这对爱国党和对凡尔赛政府都只是虚幻的成功。英国打的是海陆军
统领及其拥护者这张牌，英国的政策在当地由一位名叫詹姆士· 234
哈里斯的异常干练的大使具体实施。例如在弗里西亚省，曾委托霍普商行有选择地发放援款。普鲁士终于出兵干涉，在吉威地区派驻部队[481]的法国则按兵不动。一支普鲁士军队几乎兵不血刃地进逼阿姆斯特丹，抵达莱顿的门口。本有可能组织防卫的莱顿

市于1787年10月10日订立城下之盟。[482]

陆海军统领的权力一经恢复，立即实施了一系列在今天几乎可称之为法西斯的反动暴政。上街必须佩戴奥伦治的徽饰。几千名爱国党人被迫出走；某些流亡者仍吵吵嚷嚷，但终究无济于事。反对派在国内并不放弃斗争：一些人佩戴的奥伦治徽饰小得难以察觉；另一些人则将徽饰结成V字形（vrijheid＝自由）；再一些人干脆不戴徽饰。[483] 10月12日，霍普商行的合伙人戴着规定的徽饰在交易所出现时，竟然被赶了出去，并且不得不在公民卫队的护卫下回到家里。[484]另一次，仍然在交易所，发生了一起殴斗：一名基督教商人因不戴徽饰，[485]被几名拥护陆海军统领的犹太商人[486]围攻。这些事件，与奥伦治派推行的镇压和处决行动相比，显得微不足道。在市政机构中，地方长官及其助理纷纷被撤换，他们的财产被剥夺，名门望族的后裔竟被一些无名之辈所排挤。资产者和爱国党纷纷前往布拉邦特或法国，也许达40 000人之多。[487]最大的不幸是小小的普鲁士军队竟如占领军般横行霸道，“普鲁士国王的部队自从进入荷兰省后便不再发饷……士兵除劫掠所得外，不再领别的薪饷，据说这本是普鲁士的所谓战时体制；可以肯定，士兵们就按这个体制行动，乡村全遭蹂躏；士兵们在城市并不一定抢劫，至少在鹿特丹没有抢劫，但他们进入店铺，索取货物，拒不付钱……在城市入口收纳捐税的也是他们。”[488]普鲁士于1788年撤军。但陆海军统领的反动统治已经实现，并且继续维持下去。

然而，革命的火把开始在邻国布拉邦特点燃。所谓布拉邦特其实就是布鲁塞尔，这个城市已变成一个近似阿姆斯特丹的活跃金融市场，而且处在贪得无厌的奥地利政府的强征暴敛之下。

1787年2月26日，逐渐宽心的奥尔特考普说了一句预言："当欧洲对荷兰的种种疯狂已经取乐够了以后，很可能就会把目光转向法国"。[489]

235 # 第四章

民族市场

似乎没有比“民族市场”这一古典概念更言之成理的了。当然这只是对于历史学家而言,因为今天各种经济词典都不收此词。[1]这一概念确指某个政治地域业已取得的经济统一性,该地域必定相当宽广,其范围首先是今天我们所说的“领土国家”,也即是从前人们更常说的“民族国家”。既然在这一框架里政治成熟先于经济成熟,那么就需要知道,从经济上说,这些国家在何时,以何种方式并基于何种原因取得某种内部统一性以及作为一个整体出现在世界其他地区面前的能力。总之,我们试图弄清,民族市场的出现怎样改变了欧洲历史的发展方向,并使以城市为主体的经济集合降到次等地位。

民族市场的崛起必定与流通的加速,农业与非农业生产的增长以及总需求的膨胀相呼应,人们可以设想,所有这些条件的取得,似乎是市场经济正常扩张的必然结果,无须资本主义从中插手。事实上,市场经济往往具有地区性,往往局限于产品交换为它划定的范围之内。因此,从地区市场发展到民族市场,把几个范围
237 不广,几乎独立而且往往颇具个性的经济区连为一体,不是自发完

成的。统一的民族市场既是在政治意志的强制下(虽说政治意志在这一方面并不始终有效),也是在资本主义的商业扩张,尤其是在远程对外贸易的强制下,才得以形成的。对外贸易的繁荣通常是统一的民族市场终告诞生的前奏。

这就使我们想到,民族市场应该首先在资本主义体系的网络中,在某个经济世界的中心或其邻近地区发育成长。此外,我们还想到,民族市场的发育与由进一步的国际分工导致的地理差异有着相辅相成的关系。更何况,反过来看,民族市场的“重量”在各国争夺世界霸权的不断斗争中起了作用,具体地说是在 18 世纪,作为城市的阿姆斯特丹与作为“民族国家”的英国之间的抗争。民族市场是在内外因素推动下对工业革命的发端至关重要的一个变化得以在其内部完成的框架之一,我指的是内部多种需求的增长,它使各生产部门加速发展,为进步开辟道路。

就民族市场作一番研究无疑是有益的。难处在于这一研究要求与之适应的方法和工具。经济学家们在近三四十年间为了“宏观经济计量”的需要发明了这些工具和方法,但他们当然想不到历史学家的特殊问题。历史学家能否让这种宏观经济学为自己效力呢？显而易见的是,我们为研究过去所掌握的贫乏材料与当今我们眼看人们为称出国民经济的重量而运用的庞大数据不可同日而语。而且,原则上说,我们离可以直接观察的现时越远,遇到的困难就越大。更为不幸的是,至今没有人真正力图把今天的研究方法用于调查过去。[2]在这一领域越俎代庖,出色地从事历史研究的少数几名经济学家,如让·马克祖斯基和罗倍特·威廉·福吉尔,[3]没有追溯到遥远的过去,前者最远没有超过18世纪,后者没

236

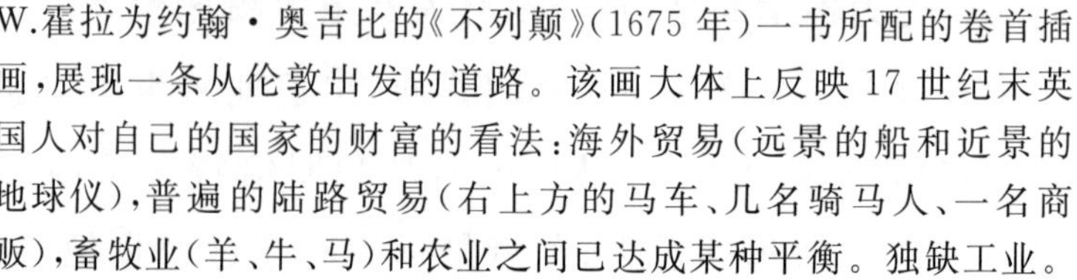

W.霍拉为约翰·奥吉比的《不列颠》(1675 年)一书所配的卷首插画,展现一条从伦敦出发的道路。该画大体上反映 17 世纪末英国人对自己的国家的财富的看法:海外贸易(远景的船和近景的地球仪),普遍的陆路贸易(右上方的马车、几名骑马人、一名商贩),畜牧业(羊、牛、马)和农业之间已达成某种平衡。独缺工业。

有超过19世纪。他们的研究限于数据相对丰富的时代，不过一旦离开这些若明若暗的地区，他们就不能对我们有所裨益，甚至不能为我们祝福。唯有西蒙·库兹涅茨在这方面对我们有点帮助，我已在上文说过。[4]

然而，问题偏偏出在这里。我们需要称出国民经济的“总重量”，[5]需要发扬库兹涅茨和W.列昂捷夫的精神，而不是在他们背后亦步亦趋，历史学家为把握以往的工资和物价状况，曾借用了莱斯库尔、阿富塔里翁与瓦杰曼，尤其是弗朗斯瓦·西米昂的先驱思想。在这方面，我们历史学家曾卓有建树。但是我们此次能否成功，却殊无把握。由于国民生产总值的增长与传统经济形势的演变并不完全合拍，[6]不但传统的经济形势帮不了我们的忙，而且我们每前进一步都必须推翻我们知道的，或者自以为知道的东西。唯一的好处——不过这很重要——是在接触不习惯的方法和概念时，我们不得不用新的眼光去观察事物。

初级单位与高级单位 238

民族市场占地广阔，自动划分为较小的单位，它是彼此相似而又互不相聚的若干较小地域的总和，它对这些地域兼容并蓄，强制它们建立某些相互联系。首先，我们很难指出，在这些按不同节奏生活然而又不断相互影响的地域之间，哪一个曾是最重要的，哪一个将决定整体的建成。在各种市场长期复杂的协调过程中，经常可以见到，国际市场在一个国家十分兴旺发达，若干地方市场也相当活跃，而介于二者之间的民族市场或区域市场却停滞不前。[7]但这条规律有时会颠倒过来，特别在历史悠久的地区，那里的国际市场往往只是比一个多元化的、早已存在的省级经济略高一筹而已。[8]

因此，对于任何民族市场的形成都必须研究其组成成分的多样性，每一组合形式往往都呈现一种特殊风貌。在这一领域与在其他领域一样，很难进行笼统的概括。

大大小小的地域

这些地域中最基本的、最根深蒂固的，是人口学家所说的“隔离群”，即乡村居民的最小单位。任何一个人群如不足四五百人，[9]确实不能维持生存，尤其不能孳育繁衍。在旧制度下的欧洲，这一基本单位相当于一个村庄或几个邻近的村庄。它们之间多少具有联系，并共同组成一个拥有耕地、荒地、道路和居住区的社会单位。皮埃尔·德·圣雅科布[10]讲到这一点时借用了“已开垦的林中空地”的说法，这一说法本是指上布列塔尼常见的那种在森林中开辟出来的一方空地。整个情形于是不言自明，犹如打开的书本那样一目了然。

在这成千上万个小单位[11]各自的狭小圈子内，历史发展十分缓慢，人们因循守旧，世代沿袭，甚至景观也几乎不变：这里是耕地、草场、菜园、果园、大麻田；那里是宅旁树木，可供放牧的荒地；工具永远不变：锹、镐、犁、磨坊、铁匠炉、车匠作坊……

最小型的经济单位便凌驾在这些狭小圈子[12]之上，把它们组织起来（只要它们不是极度自给自足的）：这便是由一个集镇（设置集市，有时还办交易会）及散布在其四周、依赖它生存的几个村庄

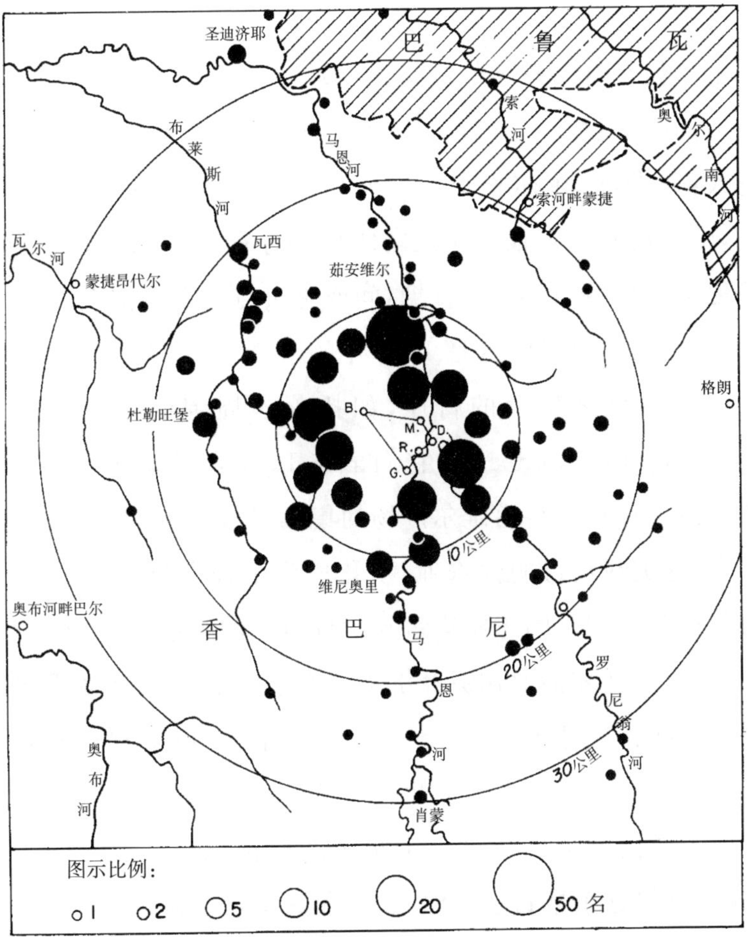

25. 1681 至 1790 年香巴尼地区五个村庄的婚姻关系

勃雷古尔、栋热、居德蒙、米塞、鲁夫洛瓦(分别用字母 B、D、G、M、R、代表)是富庶的种植葡萄的香巴尼地区的五个村庄,它们共计约有 1500 名居民,此数高于旧制度下一个典型的“隔离群”的居民数。据统计,这五个乡村教区一百年间共缔结 1505 起婚姻,其中 56.3%属于同一个教区成员之间的联姻,12.4%系五教区之间的联姻。余下的 31.3%有一方配偶是“外乡人”(总数为 471),图上仅显示涉及外乡人的数字,他们中大部分来自距这五个村庄 10 公里以内的地区。(据 G.何倍洛的《五个乡村教区(17 至 18 世纪)》,《历史人口学研究》,1973 年。)

组成的整体。每一村庄距离镇的距离以村民前往集镇当天可以返回为限。但是这一整体的规模同时取决于运输手段、居民密度以及土地的肥沃程度。人口越稀少，土壤越贫瘠，乡村与集镇的距离就越大：18世纪，阿尔卑斯山区沙莫尼以北的瓦洛西小山谷与世
240 隔绝，山民们必须走很长一段崎岖山路才能抵达山下瓦莱地区的马蒂尼镇，以便购买大米、食糖，间或也买点胡椒和割点肉，因为该地〔瓦洛西〕竟无肉铺；这是1743年的事。[13]位于另一个极端，是紧贴大城市的众多繁荣的村庄，如托莱多周围的“山地种植园”(pueblos de los montes)，[14]它们早在16世纪前就把产品(羊毛、织物、皮革)送往佐科道维尔广场的集市出售。由于邻近的城市需求甚多，这类村庄已脱离农业，演化成为某种市郊。总之，应该在这两种极端典型之间想象集镇与附近村庄的关系。

可是，怎样才能对初级经济下这类小天地的重量、幅员或体积有所认识呢？威廉·阿贝尔[15]算出一个有3000居民的小城为能无求于人，需要以85平方公里的乡村土地为依托。但是3000居民在前工业世界里已超过一个集镇的通常规模；至于85平方公里，我又觉得这个数目还不够大，除非这里仅指耕地。在这种情况下，数字需要扩大一倍以上，以便把树林、草场、荒地增加进去。[16]这样就会得出约170平方公里的面积。1969年法国共有3321个乡(据《市镇词典》)。“乡”本是旧时行政单位，有的还渊源于更古老的单位。如果说“乡”大致上可视作基本经济集体，法国既有55万平方公里土地，每个“乡”今天应平均占地160至170平方公里，拥有15 000至16 000名居民。

“乡”是否被纳入更高级的，因而幅员更广的区域单位呢？法

国地理学家们[17]一直持肯定的意见，他们提出了他们认为至关重要的“地区”概念。当然，法国领土上这四五百个“地区”的幅员在历史上有过变动，它们的疆界不太分明，多少取决于土壤和气候条件以及政治和经济联系。这些地区犬牙交错，各有特色，面积自1000[18]至1500或1700平方公里不等；它们代表的单位相对说来分量较重。博韦齐、布赖、欧日、洛林的沃夫尔、奥特森林、瓦洛阿、[19]图洛瓦（1505平方公里）、[20]塔朗泰斯[21]（近1700平方公里）、福西尼（1661平方公里）[22]的面积都不超过这一界线，可以证实我们的观察。然而，奥斯塔河谷多崇山峻岭和辽阔的山地牧场，其面积（3298平方公里）远远超过标准，关于这一地区的历史情况，有本写得很好的著作[23]可供参考。反之，洛代沃瓦这个最具特色的地区，局促于莱尔格河水系的范围，面积仅798平方公里，这是朗格多克最小的主教管区之一；贝济耶（1673平方公里）、蒙彼利埃（1484平方公里）、阿莱斯（1791平方公里）大体符合标准。[24]

我们可以横贯法国，乃至走出法国，横贯欧洲去寻找体积、标准与特色各不相同的地区。但是这样做就算完成任务了吗？主要的应是看清，从波兰到西班牙，从意大利到英国，哪些“地区”与一个居高临下统治它的城市唇齿相依。试举一些精确的实例，图洛瓦地区便属于这一情况，图勒是该地区的权力中心；[25]曼图亚地区亦然，其面积在2000与2400平方公里之间变动，俯首贴耳地屈从贡扎格家族[26]统治下的曼图亚城。任何“地区”只要有一个中心，必定呈现为一个经济实体。但是“地区”也是——也许首先是——
文化实体，是一块有特殊颜色的瓷片；西方世界，尤其“以多样化著 241
称”[27]的法国，这幅镶嵌画的斑斓色彩正是由若干色块和谐地组成的。为此，我们也许应该研究民俗，探求服装、方言、土谚、习俗（十公里或二十公里以外的习俗即不同）、房屋、屋顶的式样和材料，室内空间的划分，家具、烹饪习惯等——这一切落实到一块土地上，便形成一种生活艺术，人们适应环境，量力而行，寻求与别地不必相同的快乐。在“地区”这个层面上，人们也可以发现某些行政职能。但是行政区与“地区”肯定不完全吻合，尤其在法国，400个任意划定的大小司法区和400至500个地理“地区”实在大相径庭。[28]

在高一级的层面上，“省”[29]以巨人的姿态而出现，他们的疆域自然有大有小，因为建造它们的历史力量在各处使的劲头不尽相同。维达尔·德·拉布拉什在《欧洲的国家和民族》（1889年）一书中着重介绍了“区域”，其实就是省，可惜不够详细。西方世界正是由若干个省组成的。拉维斯的《法国史》以出色的“法国地理概况”（1911年）开卷，他更看重的是“地区”，而不是自然区域或行省。总的来说，还是米希勒在《法国概貌》中为法国各省的丰姿多彩勾画出最生动的形象，在他看来，这一多样性便是“法兰西的启示”。[30]当各省并非出于自愿，而是在武力逼迫下合并时，这一多样
242 性并未消失，各省早已组成现代法兰西在其中成长壮大的行政框架。马基雅弗利[31]不胜欣羡地赞扬法国花几百年时间把从前与托斯卡纳、西西里或米兰地区一样独立的地域耐心地逐一征服，置于自己的统治之下，这是法国王室完成的一项杰作。有的地域面积更大：在法国，“地区”的面积比“乡”大十倍，省又由十来个地区组成，面积为15 000至25 000平方公里，这在从前是块很大的地盘。

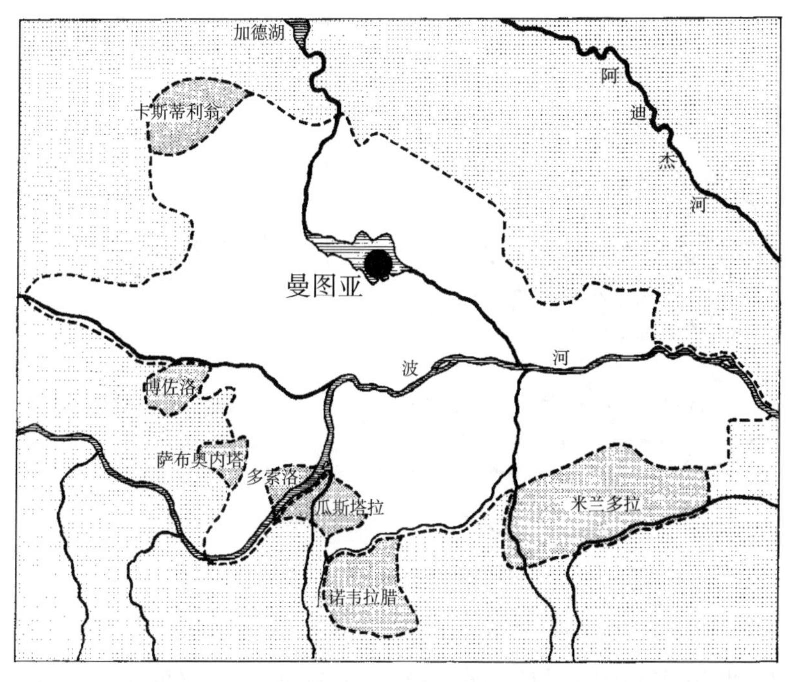

26. 从 1702 年的一份地图看曼图亚公国

有若干更小的国家与公国（面积约在 2000 至 2500 平方公里之间）接壤：米兰多拉公国，卡斯蒂利翁王爵采地，博佐洛，萨比奥内塔，多索洛，瓜斯塔拉，诺韦拉腊伯爵领地。更远处则是威尼斯、伦巴第、帕尔马与摩德纳。曼图亚城本身被明乔河附近众多的湖泊所包围。历史悠久的曼图亚公国是否相当于我们法国所说的"地区"？

如果根据运输速度来衡量，路易十一时代单独一个勃艮第地区便相当于今天的几百个法国。

既然如此，省在从前不就等于我们今天的祖国吗？让·董特在谈到佛兰德时写道："中世纪〔和中世纪后的〕社会生活的框架正在这里；不是王国，不是领主辖区（前者太大，有点不着边际，后者又太小），而是这个区域性的邦国，不管它是否有其组织形式。"[32] 总之，省在长时期内都是"大小最合理想的政治结构"，当今欧洲没

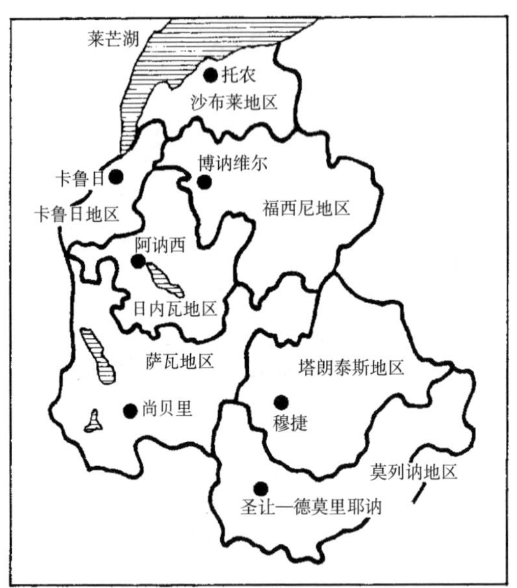

27. 一个省及其“地区”：18世纪的萨瓦

任何一个省都由牢固程度不等的单位组成，其中大部分单位一直延续至今。（根据保尔·吉省奈：《萨瓦史》，1973年，第313页。）

有任何力量能粉碎这些自古形成的联系。何况，意大利和德意志在19世纪实现统一前，一直是若干个省或“邦”的集合体。法国虽说早已形成“民族”，有时却很容易分裂成若干各据一方的省，如在宗教战争（1562—1598年）漫长、深刻的危机时期便是如此，难道还有什么能比这更说明问题的吗？

省区和省级市场

这些幅员相当广大、性质相当单一的省级单位，从前其实是些小型民族。它们曾建立或试图建立各自的民族市场，或者不如说，各自的区域市场，以示区别。

243 人们甚至能够从省区的命运大致上看出民族市场，乃至国际市场未来的性质和形态。同样的规律性和同样的过程在不同的层次重复出现。与经济世界一样，民族市场是上层建筑和外壳。省级市场在自身的范围内起着相同的作用。就是说，省在从前构成一个民族经济体系，甚至是个小型化的经济世界；尽管规模相差悬殊，本书开头阐述的理论逐字逐句适用于省级市场；省级市场也有其区域以及居统治地位的城市，有其“地区”和外围，有的地带比较发达，有的几乎处于自给自足状态……而且这些相当广阔的区域的统一性正是建立在种种相互补充的、发达程度不等的多样性的基础之上。

在省级市场的中心，总有一个或几个城市发号施令。在勃艮第，是第戎；在多菲内，是格勒诺布尔；在阿基坦，是波尔多；在葡萄牙，是里斯本；在威尼西亚，是威尼斯；在托斯卡纳，是佛罗伦萨；在皮埃蒙特，是都灵……在诺曼底则有鲁昂和卡昂；在香巴尼则有兰斯和特鲁瓦；在巴伐利亚则有雷根斯堡和慕尼黑，前者是自由市，一座大桥雄踞多瑙河上，后者是维特尔斯巴赫家族在13世纪创建的大都会；在朗格多克则有图卢兹和蒙彼利埃；在普罗旺斯则有马赛和艾克斯；在洛林则有南锡和麦茨；在萨瓦先有尚贝里，后有阿讷西，最重要的还是日内瓦；在卡斯蒂利亚则有巴利阿多里德、托莱多和马德里；最后举一个突出的例子，在西西里有巴勒莫和墨西拿，前者是小麦集散地，后者是丝织业中心，长期统治该地区的西班牙当局对二者特意表现不偏不倚，以便分而治之。

当然，只要霸权不是独占，而是分享，早晚便会发生冲突：最终 244
是某一城市独霸，或者必将独霸。长期对峙，悬而不决，只能是区域经济发展不佳的信号：两个枝杈同时往上长的杉树可能长不大。存在这种势不两立的情形可能标志省级地域有双重导向或双重结

构：不是一个朗格多克，而是两个；不是一个诺曼底，而是至少有两个诺曼底……这种情况表明省级市场不够统一，无力把若干区域连成一体，各区域趋向于自给自足，或者向别的外部渠道开放：确实，任何区域市场都同时受到民族市场与国际市场的影响。区域市场可能由此产生皱裂、断裂、落差以及下层小区域的各行其是。此外还有其他许多原因足以妨碍省级市场的统一，诸如重商主义时代国家和王公的策划干预，或者是强大而精明的邻国横加干涉。1768 年签订赖斯韦克和约后，法国货币涌入洛林，这实际上是法国的一种统治手段，新任洛林公爵无力抗拒。[33] 1768 年，奥地利统治的尼德兰对联合省实行价格战，后者深受其苦。海牙有人埋怨说："科本茨尔伯爵[34]竭尽全力把商旅吸引到尼德兰去，到处修桥补路，以便保证货物运输畅通。"[35]

墨西拿海湾及港口景色。F.哈凯尔作画，那不勒斯圣马丁诺博物馆藏品。

话说回来，一个闭关自守的省级市场本身就意味着经济停滞。不管它是否愿意，省级市场必定要向外部市场（民族的或国际的）开放。所以，对于不再自铸货币，走私盛行的洛林，外国货币总还是带来一股活力。最穷困的省份即便无力向外提供或购买任何物品，也有劳动力可供输出，如萨瓦、奥弗涅或利穆赞。随着18世纪的门户开放，贸易盈亏日趋重要，据此可测定经济状况。何况从这个时期起，由于经济及远程贸易的发展，维持各省特色肯定已不合时宜。各省的长远命运是融合在一个民族整体中，不管它们怎样抗拒或者有多大抵触。1768年，科西嘉在众目睽睽之下并入法国；这个岛屿无论如何再也别想独立了。但是地方主义并未寿终正寝；今天在科西嘉和其他地方依然存在，产生众多后果，制造众多倒退。

究竟有无民族市场？

民族市场归根到底是个由众多不规则链环组成的网络，它的形成往往冲破一切阻力：过于强大并有自己一套政策的城市，拒绝中央集权的外省，可能导致分裂和打开缺口的外国干涉；生产和交换方面的利益分歧还不算在内（请想一想法国的大西洋港口和地中海港口之间，内地和沿海地区之间的冲突）。此外还有谁也控制不了的若干自给自足的小天地。

毫不奇怪，民族市场的诞生必定与一个中央集权的政治意志 245
有关系，这一意志体现在税收、行政或军事方面，或推行重商主义政策。利奥奈尔·洛特克鲁格[36]说，重商主义使经济活动的领导权由市镇向国家转移。其实更应该说由行省向国家转移。在整个欧洲，很早就有若干得天独厚的地区，它们犹如搏动强劲有力的心脏，长期致力于建立未来领土国家的政治框架。如在法国，卡佩家族的领地法兰西岛占尽地利，“再一次，一切都在索姆河与卢瓦尔河之间发生”；[37]英格兰有伦敦盆地；在苏格兰是洛兰兹的低地；在西班牙是卡斯蒂利亚的开阔高原；在俄罗斯则是林莽包围中广袤的莫斯科平原……再往后，意大利有皮埃蒙特；德意志有勃兰登堡，更确切地说是从莱茵河到坎尼斯堡的普鲁士国家，在瑞典是马拉尔湖区……

一切，或者几乎一切都以交通要道为出发点而建立起来。我一度很喜欢埃尔温·雷德斯洛勃的《财富之路》(1943 年)，该书强调指出从美因河畔的法兰克福到柏林的大道昔日曾是何等重要，它曾充当德国统一的工具，乃至导火线。领土国家的形成并非全靠地理因素，但是地理位置毕竟起一定的作用。

经济也在起作用。必须等到 15 世纪中叶的经济复苏以后，首批现代国家才重新脱颖而出，如都铎王朝的亨利七世，路易十一和西班牙的天主教国王，东欧的匈牙利、波兰以及斯堪的纳维亚各国也纷纷取得成功。二者的相互关系显而易见。可是在这一时代，英国、法国和西班牙肯定不是欧洲大陆最发达的地区。从北意大利通过多瑙河和莱茵河的德意志诸邦直到尼德兰十字路口的狭长地带纵贯欧洲，而英法西三国位于这个居统治地位的经济地带之外。这个经济地带盛行古老的城市民族主义，容不得领土国家这一革命的政治形式。对马基雅弗利梦寐以求，而斯福萨家族本有可能实现的半岛政治统一，[38]意大利各城市置若罔闻，威尼斯甚至连想都没有想过；德意志帝国各邦对囊空如洗的奥地利的马克西米利安的改革计划也不感兴趣；[39]尼德兰不愿加入菲力浦二世的西班牙帝国，它的抵抗以宗教形式表现出来，因为宗教在16世纪具有多种功能，曾不止一次充当正在诞生或正在形成的政治民族主义的口号。因此民族国家和城市地带之间产生了分裂，前者建立在强力基础之上，后者则建立在财富基础之上。黄金锁链有力量拴住政治怪兽吗？16世纪的战争说明它既能又不能。到了17世纪，阿姆斯特丹已成硕果仅存的城邦国家，但它显然推迟了法国和英国的发展。需要有18世纪新的经济高涨，才能打碎枷锁，使经济置于从此力量无比、可以为所欲为的民族国家和民族市场的控制之下。所以，毫不奇怪，作为早熟政治成果的民族国家很晚才过渡到作为经济成果的民族市场，而民族市场则预示着领土国家在物质方面的胜利。

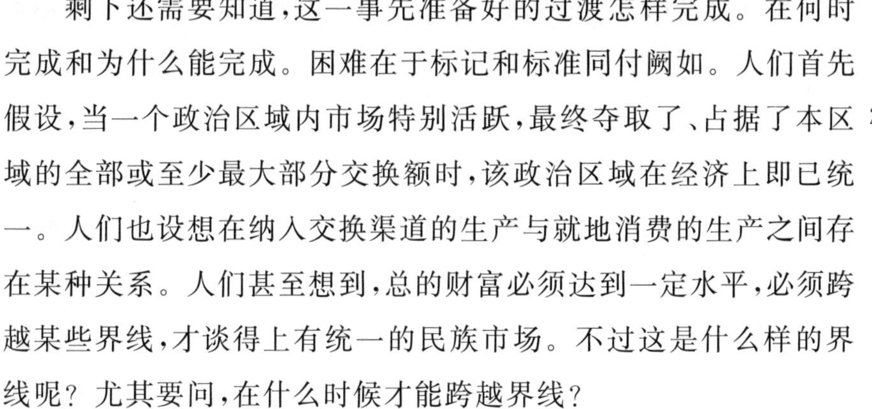

剩下还需要知道，这一事先准备好的过渡怎样完成。在何时完成和为什么能完成。困难在于标记和标准同付阙如。人们首先假设，当一个政治区域内市场特别活跃，最终夺取了、占据了本区 246
域的全部或至少最大部分交换额时，该政治区域在经济上即已统一。人们也设想在纳入交换渠道的生产与就地消费的生产之间存在某种关系。人们甚至想到，总的财富必须达到一定水平，必须跨越某些界线，才谈得上有统一的民族市场。不过这是什么样的界线呢？尤其要问，在什么时候才能跨越界线？

国内关卡林立

传统的解释过分强调行政措施的作用。关卡林立导致国土支离破碎，至少妨碍运输畅通。一旦用行政措施取消这些关卡，民族市场就开始显示其效能。这种解释不太简单了吗？

人们总拿英国做例子，英国确实早就废除了境内关卡。[40]英国王室早就推行中央集权，于1290年即迫使通行税征收者负责维修他们控制的道路，并限定他们的征税特权仅维持几年。采取这种措施后，交通障碍并未完全撤除，但总是减少了；这些障碍最后已变得无足轻重。骚罗德·罗杰斯的大部头著作《英国物价史》仅提供中世纪最后几百年内有关通行费征收额的几个孤立、价值不大的数字。[41]艾利·赫克谢尔[42]不仅用英国王室早就集大权于一身来解释这一过程，他还认为这与英国幅员较小有关，尤其是“海路畅通无阻”，与陆路竞争，缩小了后者的重要性。不管怎么说，外国旅行者总是感到惊讶：法国人古阿耶教士（1749年）给友人写信说：“我在介绍旅途经过时，忘记告诉你一路上不见关卡和税吏。你如到这个岛国来，在多佛尔必定受到仔细检查，过了这一关你就可以在大不列颠自由通行，谁也不会盘问你。人们既然如此对待外国人，对待本国公民就更不用说了。海关仅设在王国边境，一经检查便万事大吉。”[43]1775年的一份法国报告内容相同：“进入英国境内，人们随身携带的每一件东西都受到检查。这一最初的检查也是王国境内唯一的检查。”[44]一位西班牙人[45]于1783年承认，“在英国旅行令人甚为愉快的是只需在上岸时接受检查，随后在王国境内任何地区都没有海关人员找你的麻烦。就我个人而言，虽说人家告诉我海关手续很严格，我在多佛尔入境和在哈里奇出境时都没有受到仔细检查。关员们很有眼力，自能认出谁会企图非法带钱出境和谁会因好奇而在境内破费。”但是并非所有旅行者都有这么好的运气或者这么好的脾气。日后将在大革命时期任巴黎

市长的佩蒂昂1791年10月28日在多佛尔过关，他觉得海关检查“折腾人，相当麻烦；几乎所有物品都要上税，尤其是精装书、金银制品、皮革、香粉、乐器和版画。话说回来，经过这首次搜查以后，在王国境内再也没有别的搜查”。[46]

在这个时代，制宪会议废除法国境内关卡已近一年，它这样做无非是遵循大陆各国的普遍趋向。各国都把海关移到政治边界上，责成由武装人员充实的关卡组成漫长的保护线。[47]但是人们很 247
晚才采取这些措施（奥地利于1775年，法国于1790年，威尼斯于1794年），[48]而且还不一定马上实施。西班牙于1717年决定上述措施，可是政府后来又不得不开倒车，在巴斯克人居住的省份尤其如此。[49]法国在1726年至大革命之间撤除了4 000多个路卡，这个成绩只能说是平平，因为制宪会议从1790年12月1日起[50]废除的境内关卡简直多不胜数。

假如民族市场诞生于这一整顿措施，那么欧洲大陆在18世纪末或19世纪初已有民族市场。这一说法显然过头了。再说，难道取消路卡就能畅通贸易？柯尔贝尔于1664年建立五大包税所的关税同盟后（五大包税所辖区的面积相当于整个英国，见下图），法国经济活动并未立即因此加速。可能这与当时的经济形势不利有关。相反，在形势有利的情况下，经济便能适应环境，克服一切障碍。夏尔·卡里埃尔在其关于马赛商务的著作中标出罗纳河上的通行税，包括我们历史学家（根据当时人的怨言）为之谈虎色变的 248
里昂和瓦朗斯的关税，在18世纪对1亿里佛的过境货物抽税35万里佛，即0.35%。[51]卢瓦尔河上的情况相同：我不认为路卡（到19世纪还有80处）不构成障碍，不迫使船工离开航道靠岸接受检查，

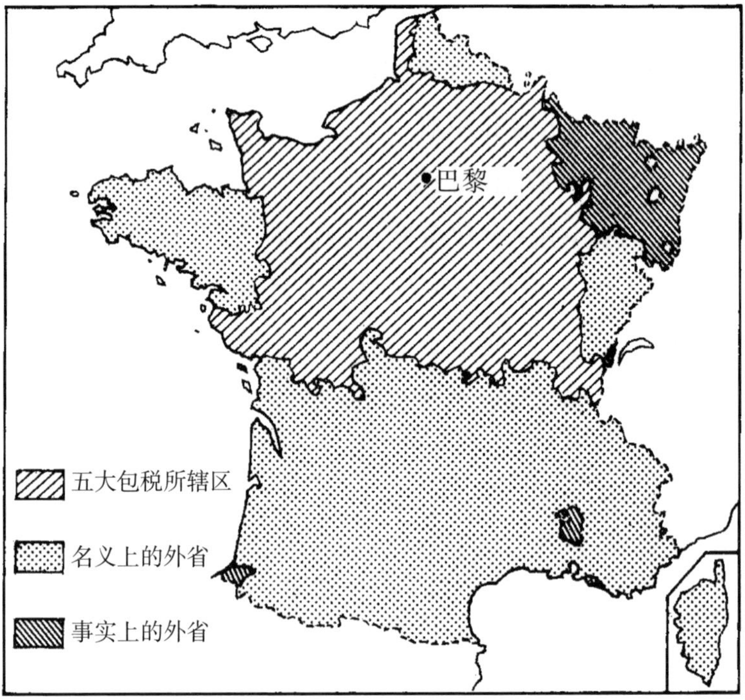

28. 五大包税所辖区

采自 W.R.雪菲德的《历史地图集》，见 J.M.理查逊《法国简史》，1974 年，第 64 页。

不导致敲诈勒索、滥用权力和不合理收费，也不说它们没有延误本来就缓慢、艰难的航行。但是，如果假定卢瓦尔河的货运量与罗纳河相等（一般认为前者高于后者），同为 1 亿里佛，如果我们的资料可靠，纳税额仅为187 150里佛，即 0.187％。[52]

此外，“货物通运准单”允许过境商品在法国境内畅通无阻，关于这方面我们有许多比较早期的实例。[53] 1673 年 12 月，几名英国商人抱怨他们从地中海岸启程纵贯法国全境抵达加来后，人们要求他们为每一里佛货物纳一苏的税。[54] 这里向他们索取的无疑是一次交清的关税。1719年，1000件马赛羽纱运往圣马洛，收货人为博斯克先生与埃昂先生。货物在马赛启运时打上铅印，“抵达圣马洛后将入仓贮存，以便发往国外，不必交付任何税金”。[55]与粮食、面粉和蔬菜的自由流通相比，这类运输不值一提。1763年5月25日的国王敕令[56]免除上述货物的各种税金，甚至通行税，但该项敕令将于1770年12月23日撤销。此外，国务会议1785年10月28日的决定[57]明文规定“禁止在王国境内对煤炭征收通行税，税表从此不得列入此项货物”。在这个税卡林立的国家，找到这几项货物畅行无阻的例子也就不算少了。包括沃邦（1707年）在内的许多大人物早就梦想“把关卡挪到边境上，并大大缩小其职能”。[58]柯尔贝尔曾致力于此。这一目的于1664年未能达到，那是因为巡按使们一致反对，他们不无理由地担心粮食在王国广阔的境内自由流通将会引起饥荒。[59]杜尔哥1776年的尝试由于面粉战而以失败告终。十年以后，1786年，法国政府虽然有此愿望，却未采取行动取消路卡，据说这是因为，“经计算”，为执行这一措施必须付给通行税征收人800万至1000万赔偿，而“国家财政现状无力承担”。[60]事实上，这一数字与法国的税收总额相比尚不足挂齿。如果这个数字属实，它再次证实通行税的征收额相当有限。

所有这些细节都使人想到，遍布各地的税卡本身并不是个关键问题，它们不过是与当时所有其他问题有联系的一项麻烦。作为反证，能否举英国的“收税栅”（turnpikes）为例？这是设有路卡的大路，有点像今天的高速公路。英国自1663年起准许这种道路存在，以便鼓励兴建新路。根据《法国新闻报》（1762年12月24日）的一篇文章，这类设有路卡的道路征收的“通行费殊为可观，一

英国一条大路上的路卡：看守人在打开栅栏前要求付钱。欧仁·拉米（1829 年）作版画。

年可达 300 万英镑”。[61] 与之相比，法国卢瓦尔河或罗纳河征收的通行税少得可怜。

说到底，人们不能不产生这样一个印象：唯独经济发展对民族市场的扩张和巩固具有决定作用。然而，奥托·兴茨认为，归根到底，一切都源自政治，源自英格兰与苏格兰（1707 年）和爱尔兰（1801 年）的联合，这一合并创立了不列颠诸岛的统一市场，加强
249 了整体的经济实力。事情肯定没有那么简单。政治因素当然起了作用，但是伊萨克·品托于 1771 年问道：如果苏格兰并入英格兰果真为后者增添了财富，法国吞并了萨瓦是否也会富起来呢？[62] 拿

苏格兰与萨瓦相比肯定不恰当，从这一点看，品托的论据是站不住的。但是我们将在本章看到，主要是18世纪高涨的经济形势撼动了不列颠诸岛，使苏格兰并入英国成为对双方都有利的事情。关于爱尔兰却不能这么说，因为爱尔兰的地位更接近殖民地，而不是联合王国的一个组成部分。

反对凭空设想 250

所以我们既摒弃各种凭空设想的、专断的定义，也反对另一种说法，即认为某种近于完善的统一性是任何民族市场形成的必备条件。如果这一标准得以成立，那么法国就谈不上民族市场。与欧洲各地一样，小麦市场在法国至关重要，它在法国分成三个区域：东北区价格较低，价格变化呈锯齿状；地中海区价格较高，但起伏不大；相当厚实的大西洋区，性质居二者之间。[63]照这么说来，一切就都讲不通了。我们可以附和特雷扬·斯托雅诺维奇的看法，认为“在欧洲，‘民族国家’与民族市场恰相吻合的地区只有英国和联合省”。但不列颠诸岛的小麦价格也不整齐划一，因为饥荒和歉收有时在苏格兰，有时在苏格兰，有时又在爱尔兰出现。

米歇尔·莫里诺持论更苛刻。他写道，“当一个民族对外没有封闭，对内没有形成统一的市场时，难道能说它是适于估算〔指从宏观经济计量角度所作的各种估算〕的基本单位吗？欧洲当今形势使我们重新意识到的地区差别，在16、17、18世纪已经存在。人们难以提供在这些遥远的年代的德国或意大利的国民生产总值，因为这两个国家在政治上是分裂的。也因为这一总值在经济上毫无用处：萨克森和莱茵主教辖区的生活方式不同；那不勒斯王国、教皇国、托斯卡纳和威尼斯共和国也各按自己的方式生活。”[64]

我们不去逐条批驳这种看法（就英国而言，在英格兰、康沃尔郡、威尔士、苏格兰、爱尔兰之间，乃至在整个不列颠群岛的“高地”与“低地”之间，不也存在地区差别吗？今天世界各地，省与省之间不也存在强烈差异吗？），但要指出，威廉·阿贝尔[65]曾想计算德国16世纪的国民生产总值。海关史专家奥托·斯托尔兹[66]认为18世纪末横贯整个德意志帝国的通衢大道“缔造了某种统一”；约尔若·塔狄克[67]一再讲到土耳其治下的巴尔干人从16世纪就建成民族市场，创办了若干如多瑙河畔斯特鲁米查附近的多尔雅尼交易会那样活跃、拥挤的定期集市；皮埃尔·维拉尔[68]认为“18世纪下半叶西班牙形成了一个对加塔洛尼亚有利的真正的民族市场”。既然如此，想要算出查理四世时代西班牙的国民生产总值，又有什么荒谬可言？至于“对外封闭”的民族的概念，很难想象在这个走私盛行的时代有一个民族能闭关自守。英国在18世纪也未能做到这一点，它的边境表面上防范甚严，其实直至1785年茶叶走私都畅行无阻；一个世纪以前，1698年，就有人说英国“四门大开，货物一经入境便得到安全，因而走私尤其容易”。[69]丝绸、天鹅绒、烧酒等商品，主要来自法国，在海岸上某一看守疏忽的地点卸货后，便能安然运交市场和转卖商，不必担心再有盘问检查。

251 无论如何，我们并不寻求一个“完善的”民族市场，这样一种市场今天也不存在。我们寻求的是一种类型的内部机制及其与广大世界的关系，即卡尔·布歇尔[70]针对“城市经济”而相应地称之为“领土经济”的东西。关于城市经济，我们在前面几章里已经讲得很多了；领土经济是一个庞大的经济体系，在空间延伸很广，如人们有时所说,“遍及全国”,同时它又相当统一,使政府能够程度不同地加以操纵。重商主义恰恰意识到从总体上操纵一国经济的可能性,或简单地说是在摸索建立民族市场的途径。

领土经济和城市经济

人们只是通过与民族市场提出的问题相比较,才能了解领土经济和城市经济的内在差别。

这里说的是内在差别。因为一眼可见的差别,如体积和面积的差别,其实并不如表面所见的那么大。略加夸张,我们可以说“领土”是个面,城市国家只是一个点。但是,无论占统治地位的领土或占统治地位的城市,都把一个外部区域置于自己控制之下,都要为自己扩张地域。就威尼斯、阿姆斯特丹或大不列颠而言,都要形成不折不扣的经济世界。这两大经济形式原先占有的空间后来已被大大超越,以致已失去其最初作为区分标准的重要性。尤其,在这一超越过程中,两大体系彼此相似。威尼斯在勒旺地区是殖民大国,犹如荷兰在南洋群岛,英国在印度一样。城市和领土以同样方式紧紧抓住一个国际经济体系,后者支撑了它们,它们也加强了后者。城市和领土的统治手段,“运行”手段乃至逐日生活手段都是相同的:舰队、军队、暴力,必要时行使狡计乃至背信弃义——请想一想威尼斯的十人会议和后来的英国情报部,就会明白。“中央”银行[71]最早在威尼斯出现(1585 年),后来在阿姆斯特丹(1609 年)和英国(1694 年)成立。查理·金特尔伯吉[72]认为中央银行是“在别无选择时使用的办法”,我却以为它们首先是权力与国际统治的工具:我帮助你,救活你,但是你得听我摆布。正如我为使读

者也使我自己信服而反复指出的，帝国主义、殖民主义与世界一样古老，任何强力的统治都分泌资本主义。

如果从经济世界的角度看问题，那么从威尼斯到阿姆斯特丹再到英国，就没有离开同一个运动，始终停留在同一个整体实在之中。民族体系和城市体系的差异和对立在于它们各自特有的结构。城邦国家逃避粗笨的第一产业：威尼斯、热那亚、阿姆斯特丹吃的小麦、食油、盐乃至肉类等，统统来自对外贸易；它们从外部得到它们消费的木材、原料乃至许多手工产品。是谁，用什么方式——古老的或现代的——生产这些产品对它们无关紧要：它们只要在过程终端接收产品就够了，在过程终端自有它们的代理人或本地商人为它
252 们把产品贮存起来。为它们的生存以及它们的奢侈所必需的第一产业全部或大部都在它们的国土之外，别人为它们生产，它们不需要为生产在经济或社会方面遇到困难而操心。它们大概未必充分意识到自己占了大便宜，更多的倒是想到不便之处。它们为仰给于国外感到不安（虽然金钱的力量实际上使这种依赖性化为乌有）。所有占统治地位的城市确实都努力扩大领土，发展自己的农业和工业。是什么样的农业和工业呢？必定是最值钱的，最有利可图的产品。因为，既然总要进口，佛罗伦萨不如进口西西里的小麦，而在托斯卡纳种植葡萄和橄榄。所以城邦国家的情况必定是：（一）其农村人口和城市人口之间保持“现代化”的关系；（二）若有农业，必定优先发展有厚利可图的种植业，而且自然地吸引资本主义投资。荷兰很早发展了一个“先进”的农业部门，并不是事出偶然，也不是因为它的土质好；（三）它们拥有一些奢侈品工业，往往很兴隆。

城市经济就这样摆脱了被达尼埃尔·托尔内称之为一切有效

发展必经阶段的“农业经济”。相反，致力于政治统一和经济建设的领土国家，长期陷于发展缓慢的农业经济而不能自拔，其处境与当今许多不发达国家相同。一个幅员辽阔的国家通常都要借助战争实现其政治统一，因而开支甚多，更加需要广辟税源，而收税就需要设置管理机构，为维持管理机构又需要更多的钱和更多的税……但是，在农村人口占90%的国家里，税收是否成功要看国家能否有效地向农民收税，看农民是否放弃自给自足，是否同意生产剩余产品，在市场上出售，并养活城市。而这还不过是第一步。因为农民还应该随后也富裕起来，也要求消费手工业产品，从而也出力养活手工业者。正在形成中的领土国家要做的事情委实太多，无暇立即去征服世界大市场。为了生存，为了收支平衡，它需要促进农业和手工业生产的商品化，组织笨重的行政机器。它为此消耗全部精力。我很愿意从这个角度介绍查理七世和路易十一时代的法国历史。但是这段历史已尽人皆知，它的说服力也就减弱了。那就不妨举莫斯科公国，乃至大莫卧儿帝国前的德里苏丹国为例。后者是个奇妙的例子，我们下文还要提到。德里苏丹国早在14世纪上半叶就在其辽阔疆域内发展一种货币经济。这一货币经济以市场为依托，并通过市场，开发和促进乡村经济。国家财政收入严重依赖农业的收成。穆哈马德·土格鲁格苏丹（1325—1351年在位）为此推广开凿水井，向农民提供资金和种子，并通过行政部门的推动，鼓励农民选种甘蔗等高产值作物。[73]

有鉴于此，资本主义所取得的最早的成就，资本主义最早对经济世界的出色控制，应归功于城市，也就不足为奇了。同样不足为奇的是，伦敦作为民族国家的首都，花了这么长时间才赶上比它更

1780年丹麦人口的社会经济分布

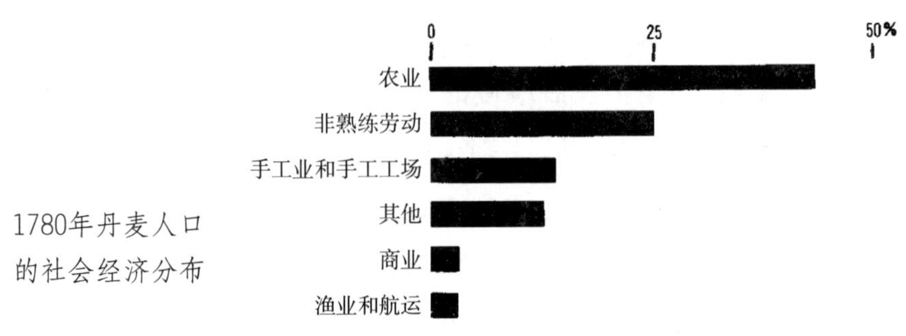

各部门产品进入货币流通的比重

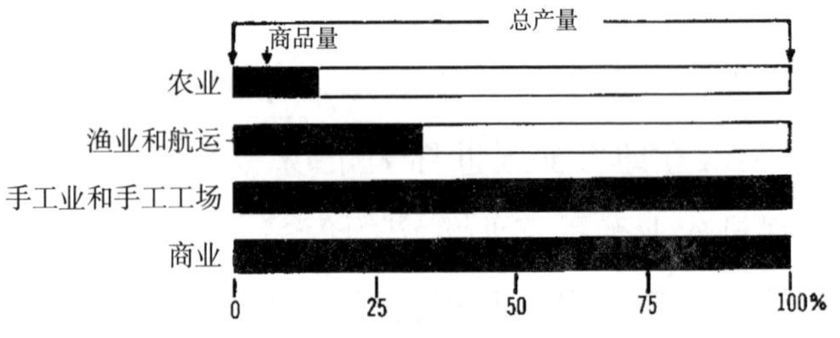

29. 工商业推动货币经济的发展

绝大多数城市活动属于工商业活动，这也正是何以城市长期优越于领土国家的原因。据K.格拉曼提供的资料绘制。

灵活、更敏捷的阿姆斯特丹。任何民族市场的形成，都必须在农
253 业、商业、运输、工业、供应与需求之间达到艰难的平衡，英国自从达到这一平衡后，便显示自己对小小荷兰的无比优越；荷兰这个蕞尔小国从此已永远丧失称霸世界的资格，而业已建立了民族市场的英国却如虎添翼。查理·金特尔伯吉[74]问过，为什么震撼荷兰的商业革命没有把它引向工业革命。其中一条理由无疑是荷兰不拥有真正的民族市场。对于安托尼奥·加西亚-巴克洛·贡萨雷兹[75]就18世纪西班牙提出的问题可作同样答复，西班牙与殖民地

的贸易尽管飞速发展，工业革命却举步维艰（加塔洛尼亚除外）。这是否因为西班牙的民族市场还不完善，各部分之间缺乏联系，经济出现明显的呆滞现象？

计 量 254

我们需要做的，是给正在形成或已经形成的国民经济的总体过一次磅，是记下它们在这一或那一时期的重量，看它们是增长了，还是萎缩了。此外还需要比较它们在某一时期各自达到的水平。我们因此需要借鉴比拉瓦锡（1791 年）的经典计算还早得多的许多早期计量成果。威廉·配第[76]（1623—1687）曾试图比较联合省与法国：二者人口之比为 1∶3，耕地之比为 1∶81，财富之比为 1∶3；格里高利·金[77]（1648—1712）也就他那个时代的三大强国荷兰、英国和法国作比较。此外还有十来个“计算者”加入这一行列，从沃邦到伊萨克·品托直至杜尔哥本人。布阿吉尔贝尔（1648—1714）有一段悲怆的文字（1696 年的法国确实也没有令人欣喜或宽慰的景象），我们今天读来犹受感动：“……且不说事情可能会怎么变，仅就既成事实而言，人们确认〔法国国民〕生产总值今天与四十年前相比，其工商业收益每年约少五六百万。而且这一病症日益严重，收益日渐减少；因为同样的原因始终存在，甚至变本加厉，而国王的收入也未见增加。从 1660 年以来，国王收入的增长幅度很小，仅增加了三分之一左右，而二百年以前，总是每隔三十年增加一倍”。[78]这段文字确实动人。同样值得钦佩的是，伊萨克·品托[79]把英国从土地到矿产的整个国民产值

划为 11 个项目，这一区分与今天宏观经济计量使用的分类界线大致相似。

通过从前有关国民“财富”的研究，通过我们能够收集到的零碎数字，是否有可能根据“总量分析观点”[80]去观察过去？1924 年[81]前后开始形成的宏观经济计量法已使我们习惯于从这一角度看问题。这种计算方法当然有其缺点，但是保尔·贝洛什说得对，[82]它们暂时仍不失为通过当今的经济——我补充说，也是通过过去的经济——把握经济增长这个根本问题的唯一方法。

我甚至同意让·马克祖斯基的意见，[83]认为宏观经济计量不仅是一门技术，而且本身已是一门科学，它与政治经济学合并，将使后者成为一门实验科学。

请读者不要误会我的意图，我并不在为具有革命意义的经济史树立第一批界桩。我只希望在明确了对历史学家有用的有关宏观经济计量的几个概念后，就回到基本的计算上来，我们掌握的资料与本书的篇幅只允许我们从事基本计算。我只求得出一些数量级，努力阐明一些关系、系数与接近真实的（如果还谈不上可靠的）乘数，指出通向尚未开展而且近期内不可能开展的大量研究工作的道路。这些数量级至少能使我们猜到建立某种历史宏观计量学的可能性。

255 三个变量，三个数量级

第一个变量是国民财富，是缓慢波动的财富积累；第二个变量是国民收入，是一种流量；第三个变量是人均收入，是按人计算的一种比率。

国民财富是一国财富的总量，是国民经济积储的总和，是正在投入或可能投入生产过程的资本总额。这个概念当年曾使“算术家们”[84]为之神往，可惜今天已很少使用。我曾向一位经济学家[85]请教若干问题，他在答复其中一个问题时说：今天还不存在“国民财富的宏观计量学”，因而使“这类计量不够正规，并使我们的计量科学不够完善”。对于企图衡量在经济发展过程中积累起来的资本的作用的历史学家来说，这一缺陷实在令人遗憾。他们有时注意到，国民财富具有显而易见的效能；有时却又发现，当资本徒劳地寻找投资场所时，单靠积储的财富不能推动经济发展；有时还发现，即使在有利时机下，国民财富仍迟迟不能投入预示未来的活动，似乎在惰性和守旧的束缚下不能自拔。英国工业革命的诞生在很大程度上处在大资本之外，伦敦之外。

我已经指出国民收入与资本积储的比例关系的重要性。[86]西蒙·库兹涅茨[87]认为这一比率为7到3比1；也就是说，一个旧式经济需要把多至七个正常年头生产的财富积储起来，以便保证生产运转。越接近现代，这个数字就越小。资本的效率可见越来越高，事情似乎也理应如此，我们这里所考虑的当然只是资本的经济效率。

国民收入初看起来是个简单概念：宏观经济计量学不就是要把“一国的经济比作一个巨大的企业”吗？[88]但是这个简单的概念却曾引起专家们的“烦琐”争论，乃至“笔墨官司”。[89]时间平息了这些论战，今天人们提供给我们的各种定义（实际上不如表面上那么清楚）彼此十分相似。姑举西蒙·库兹涅茨（1941年）的简洁公式为例：“一个国家在一年中生产的全部经济财富的净值”，[90]或者

Y.贝尔纳与J.-C.考利比较复杂的说法："一个国家在一定时期内创造的资源、财富和劳务的总和"。[91]重要的是应该懂得，如克洛德·维蒙[92]所说，国民收入可从三个角度考察：生产、个人和国家所得的收入，以及开支。我们要做的事情不是求出一个总和，而是至少三个总和。只要人们稍微动点脑子，自会明白需要求出的

用17幅图画表示的联合省的"生活资料"或国民生产总值。W.考克作版画，1794年。

1.纺织。2.黄油与奶酪生产。3.捕鲱鱼。4.捕鲸。5.泥炭开采。6.造船。7.阿姆斯特丹市政厅与公秤所。8.森林工业、锯木业与造纸业。9.泰瑟尔岛。10.开矿。11.葡萄酒销售业。12.农业与粮食贸易。13.烟草、糖与咖啡销售业。15.鹿特丹交易所。16.商站。17.阿姆斯特丹交易所。

总和会有所增减，全看你是去掉还是保留税收总额，是去掉还是保留在生产过程中占用的资金的利息，是按出厂价格（各生产要素的成本）还是市场价格（包括税款）进行计算……我劝愿意钻进这个迷宫的历史学家参考保尔·贝洛什[93]那篇提纲挈领的文章，他教读者在视不同情况增减2%、5%或10%的同时，怎样从一个总和过渡到另一个总和。

需要记住三个重要的等式：（一）国民生产总值＝国民生产净
值加税收额再加占用资金的利息；（二）国民生产净值＝国民收入 256
净值；（三）国民收入净值＝消费加储蓄。

从事这方面研究的历史学家至少有三条路可走：从消费、收入或生产出发。但是不能要求过高。我们心安理得地摆弄的这些数字，据今天的了解，约有10%到20%的误差，有关过去经济的数字
误差至少达30%。因此不可能做到精确。我们凭借的是些变数 257
和粗略的和数。何况历史学家们已经习惯于——且不管是好习惯还是坏习惯——谈论国民生产总值，而不把它同净产值相区分。区分又有什么用处？国民收入或国民产值（毛值或净值）在我们的视野内混淆不清。对于某一时代和某一经济，我们寻找的和找到的只是其财富的最低记录，只是一个近似数，它只是与其他经济的数量级相比才有意义。

人均国民收入是一项比率：分子是国民生产总值，分母是人口。如果生产增长速度大于人口增长，人均国民收入就增加，反之就减少；另有第三种可能性，即比率不变，人均国民收入原地踏步。对于企图测定经济增长的人来说，确定国民大众平均生活水平以及这一水平变化的系数是解开困难的钥匙。历史学家长期以来一

直努力通过价格和实际工资的运动，或者通过家庭主妇“菜篮子”的变化来了解这一系数。让·符拉斯蒂埃、勒内·格朗达米和威廉·阿贝尔的图表（见本书第一卷）以及费尔普斯·布朗和歇拉·霍普金斯的图表（见本卷）概括了这些尝试的结果。它们如果未能说明平均收入的实际水平，至少说明了这一水平的变化趋势。人们一直认为最低工资——即泥瓦匠帮工（我们对这个人物相当了解，这个人物对历史研究具有独一无二的价值）的工资——大体上随着平均生活水平的变化而变化。保尔·贝洛什[94]最近一篇具有振聋发聩意义的文章说明了这个观点。如果人们知道小工的工资——即“保底工资”（类似法国的“法定最低工资”）——的精确数额，按照贝洛什的说法，只要将日工资乘以 196，就能得出他根据统计资料研究的 19 世纪的人均国民收入。从结构主义观点来看，这就是发现了一种特别能说明问题的相互关系。这个出人意料和最初令人难以置信的系数是根据 19 世纪的丰富统计数字测算的，而不是从理论上推测的。

这个系数对 19 世纪的欧洲相当适用。保尔·贝洛什[95]对 1688 年以及 1770 至 1778 年的英国进行了探索，这次未免过于仓促，他算出 1688 年，在格里高利·金的时代，这一系数约为 160，而在 1770 至 1778 年间则在 260 上下。于是，他更加仓促地得出结论说，“计算取得的全部数据允许我们假设，采用平均为 200 的系数应是研究 16、17 和 18 世纪欧洲社会的可靠途径”。我没有他那么自信，从他的看法中，我记住的是这所谓的系数曾有上升趋势，这意味着，假定其他条件不变，人均收入曾相对地呈上升趋势。

威尼斯兵工厂的工人 1534 年的日工资为 22 索地（夏季为

24，冬季20），[96]乘以200即得到4400索地的平均收入，即35杜加，相当于羊毛行业工匠年工资（148杜加）的四分之一。虽说毛织工匠在威尼斯地位优越，但是35杜加的年收入我总觉得少了一点。如果我们接受这个数字，威尼斯的国民生产总值（20万居民）[97]则为700万杜加。我用别的算法算出的数字为740万杜加，[98]威尼斯史专家们还认为这个数字太低。两个数字接近毕竟 258
不是坏事。

另一个例子：1525年左右，奥尔良的小工日工资为2苏9德尼埃。[99]如果人们同样用200去乘（居民数为1500万），得出的国民收入数将大大高于弗·斯普纳的图表标出的最高数。所以，200这个比数对威尼斯偏低，对同一时期的奥尔良又显得太高。

最后一个例子：1707年，沃邦在《国王十一税》中把织工的工资选定为“工人”的平均工资。织工平均每年工作180天，日工资为12苏，即年薪为108里佛。[100]以这个工资为基数，平均收入（12苏×200）应为2400苏或120里佛。按这种算法，织工的生活水准就略低于平均水平（108：120），这倒是正常的。假定法国当时的人口为1900万，法国的国民生产总值约为2280万里佛。这一结果与夏尔·杜铎从沃邦[101]的分行业估计数字出发计算得出的结果几乎完全一致。这一次，200的比数似乎十分恰当。

当然，还需要做上百次类似上面做过的核对，才能对这种算法建立信念，或者大致上可以放心。初看起来，这种核对工作并不困难。我们掌握许多资料。如我们刚才提到的夏尔·杜铎[102]就曾想弄清楚，法国王室的实际收入在漫长的历史年代中是否有所增加。总之，他试图——借用我们今天的说法——根据不变价格，不变的里佛,计算王室的收入。那就需要比较不同时代的价格。他选择的价格很有趣(是否说明问题是另一回事):一头山羊羔、一只鸡、一只小鹅、一头牛犊、一头猪、一只兔……在这些他认为有代表性的物价之中,他记下一名壮工的工资:1508 年,在奥弗涅为 6 德尼埃;同一时期在香巴尼为 1 苏……然后他去寻求这些价格与 1735 年,路易十五时代的价格的对应关系:小工的工资那时增加到夏天 12 苏,冬天 6 苏。照此计算,200 这个系数会把我们引到什么地方?它似乎不适用于 16 世纪,最发达的国家除外。

无论如何,保尔·贝洛什的尝试使无数彼此孤立、一直无人注意的工资数据获得意义。它使我们可以进行比较。它也重新提出(如果我没有理解错)从未得到彻底解决的旧制度下工作日与休息日数量的问题,迫使我们再次闯入工资史的莽莽丛林。18 世纪的一份工资究竟是什么呢?难道首先不应该拿它同一个家庭的开支(不是一个人的生活)作番对照吗?这就有一系列工作等待我们去做。

三个模糊的概念

我们已明确了手段和工具。还需要明确一些概念。至少有三个词有待讨论:增长(croissance)、发展(développement)和进步(progrès)。前两个词在法语里可以互换,犹如英语的 growth 和 development,德语的 Wachstum 和 Entwicklung(后一个词为熊彼得[103]所用,但日趋消失);意大利语基本上只用一个词,svilup-po;西班牙语有两个词,crecimiento 和 desarollo,只有拉丁美洲的
259 经济学家区分这两个词的意义。据 A.古尔德说,他们必须区别与

结构有关的发展（desarollo）和主要涉及人均收入的增长（crecimiento）。[104] 为了迅速而稳妥地推行经济现代化计划，确实不能不区分两个并不始终齐头并进的指标，一个涉及国民生产总值，另一个与人均收入有关。概括地说，如果我的观察目标是国民生产总值，我就关心“发展”，如果我转向人均国民收入，我就更注意“增长”。

当今世界上，这两种运动在某些经济中是重合的，如在西方就是这样，人们于是趋向于只用一个词；反之，在另一些经济里它们有所区别，甚至互相对立。历史学家面临的形势更加复杂：他所看到的既有“增长”也有“负增长”；既有发展（13、16、18 世纪），也有停滞和后退（14、17 世纪）。14 世纪的欧洲曾有朝着旧式城市和社会结构方向的倒退，前资本主义结构发展的一度停顿。与此同时，令人困惑的却是人均收入都在增长。西欧人吃的面包和肉从没有像在 15 世纪那么多。[105]

不仅如此，还有别的对立。如 18 世纪欧洲各国的竞争中，葡萄牙虽然没有更新结构，但因开发巴西获利颇丰，因而人均国民收入高于法国。葡萄牙国王大概是欧洲最富有的君主。对于这样一个葡萄牙，你既不能说它在发展，也不能说它在后退，今天的科威特也同样如此，虽然它有世界最高的人均收入。

在这场讨论中，遗憾的是“进步”一词几乎完全被抛在一边。它的意义大致上与“发展”相同，而历史学家为图方便，区分中性发展（不打破现有的结构）和非中性进步（冲破原来的框架）。[106] 所以，如果不死抠字眼，我们也许可以说发展是非中性进步，而石油给科威特源源不断带来的财富，巴西黄金给蓬巴尔的葡萄牙带来的财富，则是中性进步。

数量级和相关系数

1976 年普拉托讨论会[107]表明，许多历史学家对历史宏观经济计量持怀疑乃至敌对态度。我们掌握的数字不但分散，而且不甚可靠。今天的统计学家会摒弃这些数字，因为他还有别的数字可资凭借。不幸的是我们的情况与他们不同。虽说在追溯历史时不能得出量值系列，但我们尽可以找出量值之间的相关系数，逐步重建一些总和，进而算出另一些总和。也就是说模仿厄内斯特·瓦杰曼在《作为侦探的数字》[108]中的做法，这本小书写得很怪，很少有人读过。当然，这里的侦探不是数字，而是处理数字的人。

260 既然我们掌握的仅是数量级，我们的目的总的说来是要让这些数字相互验证和彼此核实。难道没有一些几乎不存争议的比例吗？如根据 19 世纪前的人口数，大致可确定城乡居民的比例：18 世纪的荷兰在这一方面创下记录，其城乡人口各占 50%。[109]同一时期的英国，城市人口占总人口的 30%，[110]法国则占 15%至 17%。[111]这些百分比本身都是整体指示性数据。

推测人口密度是一项很有意义的工作，但很少有人做这项工作。厄内斯特·瓦杰曼为 1939 年绘制的图表[112]并非如他本人认为的那样，适用于所有时代。我在下面复制这张图表，是因为它包含一个可能的真理，即存在一些密度界线，越过这些界线就进入吉利时期或不祥时期。有利或不利的人口密度对前工业化时代的经济和社会影响之大，犹如它们今天对于不发达国家的影响。一个
261 民族市场的成熟或瓦解，其部分原因在于人口。人口增长并非始

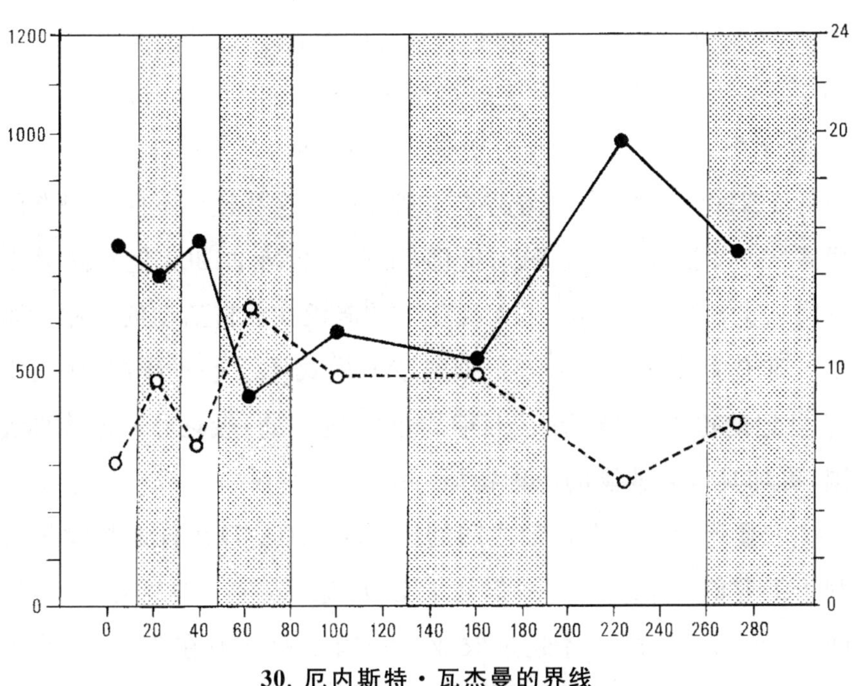

30. 厄内斯特·瓦杰曼的界线

本图表(见《经济、社会、文明年鉴》,1960 年第 501 页,费尔南·布罗代尔根据瓦杰曼在《世界经济》,1952 年第 1 期,第 59 至 62 页提供的材料绘制)区分两种人口密度,一种(空白栏)属于吉利时期,另一种(灰点栏)属于不祥时期,不管涉及哪一个国家。资料来自三十来个国家 1939 年的统计。使用了三个数据:人口密度、就业人口平均收入(黑圈)和婴儿死亡率(白圈)。瓦杰曼在从空间转入时间时,草率地作结论说,一国的人口在增长过程中每当越过表中所示的某一界线,便交替地从吉利时期转入不祥时期。图中左侧指标为"就业人口平均收入(美元)";右侧为"婴儿死亡率";图下指标示"人口密度"。

终如人们通常认为的那样具有进步的和建设性的作用。不如说,它在一定时期内可能起这个作用,但是过了某一界线,形势就出现逆转。困难在于,我认为,这条界线随着市场和生产的技术,随着交换的性质和数量发生变化。

观察就业人口在经济各部门的分布情况,[113] 也有必要。我们了解1662年联合省，[114]1688年左右的英国，[115]1758年的法国[116]和1783年的丹麦[117]的就业分布情况……格里高利·金估计英国1688年国民产值为4300万英镑，其中农业占2000多万镑，工业略低于1000万镑，商业略高于500万镑。这些比例不同于魁奈的模式[118]（农业占500亿图尔里佛，工业加商业占200亿）：路易十五时代的法国比英国在更大程度上被淹没在农村活动的汪洋大海里。唯有威廉·阿贝尔[119]根据魁奈的模式作了近似计算，他认为16世纪的德国，在经历三十年战争的残摧前，较之18世纪的法国，更加具有农业国的深刻特征。

农业产值和工业产值之间的比例关系（A/I）在各地都发生有利于工业的变化，但这一变化十分缓慢。直到1811至1821年间，[120]英国工业产值才超过农业。法国工业产值在1885年前仍低于农业，德国与美国的工业产值赶上来较早，前者于1865年，[121]后者于1869年。[122]我对15世纪整个地中海地区作了不太有把握的计算，[123]得出工业产值与农业产值的比率为1∶5，这一比率可能适用于同时代的整个欧洲。如果我的估计正确，人们就能由此看到欧洲走过了多长的一段路。

另一个相关系数是国民财富和国民产值之间的比例关系。凯恩斯习惯把他那个时代世界各国的资本储备估计为国民收入的三倍或四倍。加尔曼和戈德斯密斯[124]确定19世纪美国资本储备和国民收入的比率分别为3∶1和4∶1；对于当今一些发展中国家，比率则为从5∶1到3∶1。西蒙·库兹涅茨[125]认为，过去经济中的比率在3∶1和7∶1之间徘徊。格里高利·金的估计确实很难在这里应用。金认为，1688年英国的国民财富高达6.5亿英镑，其中土地占 2.34 亿镑，劳动力占 3.3 亿镑，余下的 8.6 亿镑分解为牲畜(2500 万镑)、贵金属(2800 万镑)和其他(3300 万镑)。如果从中扣除劳动力代表的数额，则英国的国民财富达 3.2 亿镑，国民产值为 4340 万镑，比率为 7∶1。

爱丽丝·汉森·琼斯[126]通过对几个美洲殖民地的调查，计算出它们的国民财富，然后利用上述的可能系数推算各殖民地 1774 年的人均收入。她得到的数字在 200 美元(比率为 1∶5)和 335 美元(比率为 1∶3)之间，于是她得出结论说，美国在独立前的生活水平高于欧洲各国。这一结论如果正确，自有其意义。

国债与国民生产总值 262

国家财政涉及许多数字，在它们之间能找到相关系数。这些系数为重建以往的宏观经济计量的尝试提供了最基本的框架。

例如在国债(我们知道它在 18 世纪英国起的作用)和国民生产总值之间存在某种比例关系。[127]国债最多可以达到国民收入的两倍，否则就会引起麻烦。据此也就得到证明，英国的财政状况良好，因为即便在最困难的时候，如 1783 和 1801 年，英国国债也未达到国民生产总值的两倍。上限从未被冲破。

假定这是一项普遍适用的法则，那么法国在 1561 年也并非岌岌可危。那年 1 月 13 日，掌玺大臣米歇尔·德·洛比塔尔承认，国债已达 4300 万里佛，[128]即国家预算的四倍，引起全国的震惊，而根据可能系数算出的法国当时的国民生产总值至少为 2 亿里佛。玛丽·泰利莎时代的奥地利也没有危险：奥地利皇位继承战争(1748 年)后，国家收入为 4000 万弗洛林，债台高筑，达 2.8 亿弗洛林，但是当时奥地利的国民生产总值应为5亿至6亿弗洛林。即便国民生产总值仅为2亿弗洛林，这一国债总额原则上还是可以承受的。随后的七年战争开支浩大，玛丽·泰莉莎终于下决心放弃好战政策。她甚至改善了财政状况，把国债利率降低到4%。[129]

事实上，国债造成的困难在很大程度上同时取决于财政管理状况和公众信心的大小。法国1789年的国债并未超过国家的承受能力（债务为30亿，国民生产总值为20亿左右）；一切正常或者理应太平无事。但是法国的财政政策既不连贯，效率又低，远不如英国那么精明。法国处在一场财政危机和一场政治危机夹击之下，但并非仅仅因国家贫穷而发生了危机。

另一些比例关系

我们将探讨货币总量、国民财富、国民收入和国家预算之间的比例关系。

格里高利·金[130]估计在他本国流通的贵金属总量为2800万英镑，而国民财富为3.2亿英镑，前者等于后者的11.42%。如果我们接受二者的大致比例为1∶10，路易十六时代法国的货币储备估计为10亿或12亿图尔里佛（我以为这个数字太低），那么当时法国的国民财富至少为100亿至120亿。我们也可以比较英国1668年的货币储备和国民生产总值（不仅是国民财富），但是与货币流通量作比较不可能带来较大的收获。确实，当时的人总要隔好长时间，才想起估计一下货币流通量：我们有时在一百年内只找到一个数字，这还算运气不错。

相反，国家预算通常是逐年公布的；我们在预算中能找到令人
欣慰的系列性资料。因此 1976 年的普拉托一周讨论会选定“国家 263
财政和国民生产总值”为讨论题目。这个讨论会如果没有解决任何问题，至少清理了场地。前工业经济中，国民生产总值除以国家预算的商数通常应停留在 10 和 20 之间。20 为最低系数，即预算占国民生产总值的 5％（纳税人额手称庆），10 为最高系数，到那时引起的就不止是一般的怨言了。沃邦对税收持现代观念（《国王十一税法草案》建议废除现有的一切直接税、间接税和通行税，代之以单一的“所得税”，任何收益均“不得豁免”，每人“根据自己的收入”[131]纳税），他认为税率绝不应超过 10％。他估量了法国各行业就业人员的收入，根据社会各阶层的收入状况调整税率，算出这个一揽子方案所能提供的税收，从而证明自己的建议完全有理。他

纳税图。小勃鲁盖尔（1564—1636）作。根特美术馆藏品。

最后得出结论说，假如税收达到国民总收入的10%，这将超过法国迄今为止的最大战争预算，即1.6亿法郎。

但是到18世纪情况就变了。彼得·马赛厄斯和帕特里克·奥布赖恩[132]在一篇很具启发性的文章里介绍了从1715年起法国和英国的税收状况。他们算出的数字，拿来与沃邦的数字比较，可惜不尽相宜，因为这些数字只涉及实物生产。（农业和“工业”生产）而沃邦的数字还加上城市不动产收入、磨坊收入以及公私劳务
264 收入（仆役、王国行政、自由职业、运输、商业……）然而比较英法两国税收额占实物生产的比例还是有意义的。在法国，从1715至1800年，比例几乎一直高于10%（1715年11%，1735年17%，1770和1775年分别为9%和10%，1803年10%）。英国的税收负担特别重：1715年为17%，1750年18%，1800年拿破仑战争期间为24%。1850年降为10%。

显然，税收压力的轻重程度起到很好的指示作用，因为税额视不同的国家和时代而异，至少随着战争而变化。于是我们找到一个方法：为使问题简单化，作为一个假设，我们可从通常的5%至10%这一系数出发推算：如圣马克市政会议的税收总额于1588年为1 131 542杜加，[133]威尼斯国民生产总值应在1100万和2200万杜加之间。如1779年沙皇的收入（俄国仍是旧式经济）达到2500万至3000万卢布，[134]国民生产总值应在1.25亿至3亿卢布之间。

“剪刀差”极大。但是，一旦我们确定这个差别，对照各国的情况，就能看出它们各自的税收压力的大小。16世纪末的威尼斯与其他一些城市经济一样，税收压力超过领土国家习惯的比例。后

者一般在5%的低水平上徘徊，而威尼斯似乎突破了10%的上限。我曾尝试用不同方法从羊毛业工匠和兵工厂小工的工资[135]出发计算威尼斯的国民生产总值，得出的数字远远低于1100万杜加，约在700万至770万杜加之间。也就是说威尼斯的税收负担在那个时代大得惊人，约占国民总产值的14%至16%。

重要的是用威尼斯以外的例子去核实城市经济承受的税收压力已处于最高极限。吕西安·费弗尔在研究麦茨并入法国那一年(1552年)[136]的经济情况时预感到这一事实，但拿不出明显的证据。城邦国家的税收在16世纪是否达到了危险的界线，越过这个界线，旧制度下的经济就有崩溃的危险？关于在城市统治下的经济(包括18世纪阿姆斯特丹经济在内)的衰退，这是否提供了补充解释？

今天的经济显示自己有能力承受国家贪得无厌的榨取。1974年，国家税收等于法国和联邦德国国民生产总值的38%，英国的36%，美国的33%(1975年)，意大利的32%，日本的22%。[137]税收增加相对来说是近几年开始的现象，由于国家扮演保护人的角色，把增加税收作为抑制通货膨胀和减少消费的手段，这一现象就一年比一年加剧。通货膨胀依旧如脱缰之马，一些持反对意见的经济学家[138]于是认为税收过重应对当前的危机与通货膨胀负很大的责任。人们清楚地认识到，高税收负担的界线一旦被越过，就会使高度发达的经济蒙受危险。虽然当今的界线与几百年前西方最发达的经济的界线不在同一个水平上，但是今天发现的问题与过去的问题属于同一性质。

承认在预算和国民产值之间有一个相关系数，这就赋予预算

以指示的价值。人们也就觉察到，许多当代人，甚至许多历史学家，他们的看法未免太简单化。据他们说无所不能的国家若要充
265 实国库，只需增加税收，或者绕个弯，从间接税下手就行了；各种政体，特别是专制政体，无不视间接税为取之不竭的财源。人们反复说，由于 1635 年“公开”宣战的需要，黎塞留大大增加了法国的税务收入：从 1635 至 1642 年，法国的税收增加一倍乃至两倍。事实上，如果国民产值不同时增长，税收既不可能真正增加，也不可能引起预算的持续增长。17 世纪上半叶可能正属于这一情形，我们因此要赞同勒内·巴雷尔的意见，对黎塞留时代经济活力的习惯看法作出修正。

从消费推算国民生产总值

为确定国民生产总值，既可从生产出发，也可从消费出发进行推算。若昂·鲁宾逊给国民收入所下的定义是“组成一个民族的所有家庭在一年内的支出总额（加上净投资支出和出口的盈余或差额）”。[139] 根据这个法则，如果我知道某一经济的“活动者”的平均消费量，我先能算出该经济的总消费量，再加上节省的生产总量——大致相当于储蓄——以及外贸的盈余或差额，我就得出国民生产总值的近似值。

艾利·赫克谢尔在《瑞典经济史》（1954 年）[140] 中最早作过这种尝试。弗朗克·斯普纳利用同一方法在下文复制的图表上绘出法国 1500 至 1750 年间的国民生产总值曲线，安德列契·维赞斯基研究了 16 世纪的波兰国民收入。[141] 后者写道：“即使数字〔以往的宏观经济计量〕不够精确，也总比含糊的文字表述更具体、

更接近历史实在”，而历史学家们一直满足于文字表述。他接着解释说：“我们的假设很简单：任何国家的居民都要吃饭，食物开支因此占据国民收入的大部分；更确切地说，相当于农业生产加上加工、运输费用等。国民收入的余下部分由不生产其消费品的那一部分居民的劳动价值构成。”国民总产值可见包括三个要素：C^1，农业人口的食物消费；C^2，非农业人口的消费；T，非农业人口的劳动。如果把外贸盈亏撇开不算，国民生产总值$=C^1+C^2+T$。这种简单化计算有一个方便，是 T 大致上等于 C^2：雇佣劳动者（首先是城市人口）的收入比他们为维持生存繁衍所必需的费用多不了多少。

最后，维赞斯基区分城市和农村两种国民收入。关于如何精确划分城市和乡村，我们且不要提太多的问题，先假定问题已经解决。在这两种收入中，城市的国民收入比较容易增长，而这一增长势必带动整个国民收入的增长。所以，只要观察城市的人口演变就能了解国民生产总值的增长情况。举例说，参照乔治·杜潘[142]关于法国 1811 至 1911 年间城市人口增长的一整套几乎连贯的数字——平均增长速度为每年 1.2%——这条曲线表明，法国国民生 266
产总值也应以同样速度递增。

这一推算不足为奇：城市（所有历史学家都同意这一点）是积累的主要工具，是增长的动力，是劳动进一步分工的实施者。作为欧洲整体的上层建筑，城市可能与所有上层建筑一样，部分地带有寄生性，[143]尽管它对增长的一般过程是不可缺少的。从 15 世纪起，正是城市决定着“原生性工业”的巨大运动，即城市手工业向乡村转移：利用乃至征用某些农村的半闲散劳力。商业资本主义躲过城市行会设置的障碍，在农村建立一个隶属于城市的新的工业区。因为一切来自城市，一切也从城市出发。英国工业革命将归功于伯明翰、锡菲尔、利兹、曼彻斯特、利物浦等先锋城市。

弗朗克·斯普纳的计算

弗朗克·斯普纳[144]的经典著作《1493—1680年间的世界经济与法国货币铸造》于1956年先用法文出版，作者在该书英文版提供了一幅尚未发表过的、对法国历史具有特殊意义的图表。国民生产总值、国王预算和货币流通总量都在图表内分别表现出来。唯独预算用一条连续曲线表示，因为关于预算我们掌握许多官方数字；国民生产总值与货币总量用两条曲线表示，一条高，一条低，这就立即表明，我们在这方面没有把握。

国民生产总值系根据表现为面包价格的平均消费量算出（好像被消费的热量都由这唯一的食物提供似的），面包价格和人口总数有增有减，而国民生产总值的曲线却始终上升——这是一个基本特点。

我认为这一图表具有很高价值。从中可以看出，预算和国民生产总值的比例大致为1∶20，这证明没有出现不能承受的税收压力。货币总量直到1600年一直与预算同步增长；它在1600至1640年间停滞不前，乃至有所下降，而预算始终保持上升的势头。但是，1640年后货币总量的曲线开始离开其余两条曲线，就像中了邪似的扶摇直上。欧洲中心的法国似乎突然被贵金属与铸币所淹没。这是否应归罪于1680年起美洲银矿的复兴（但法国货币流通量激增始于1640年）？我国航海活动的复兴也不能辞其咎？圣马洛商船在太平洋沿岸的活动(但在时间上要晚得多)可能也起了作用:据说它们把价值一亿多里佛的白银带到法国。无论如何,法国长期收集贵金属,而大量的贵金属储备却对预算和国民生产总值居然不产生影响,这岂非咄咄怪事!尤其因为,如果说法国因对

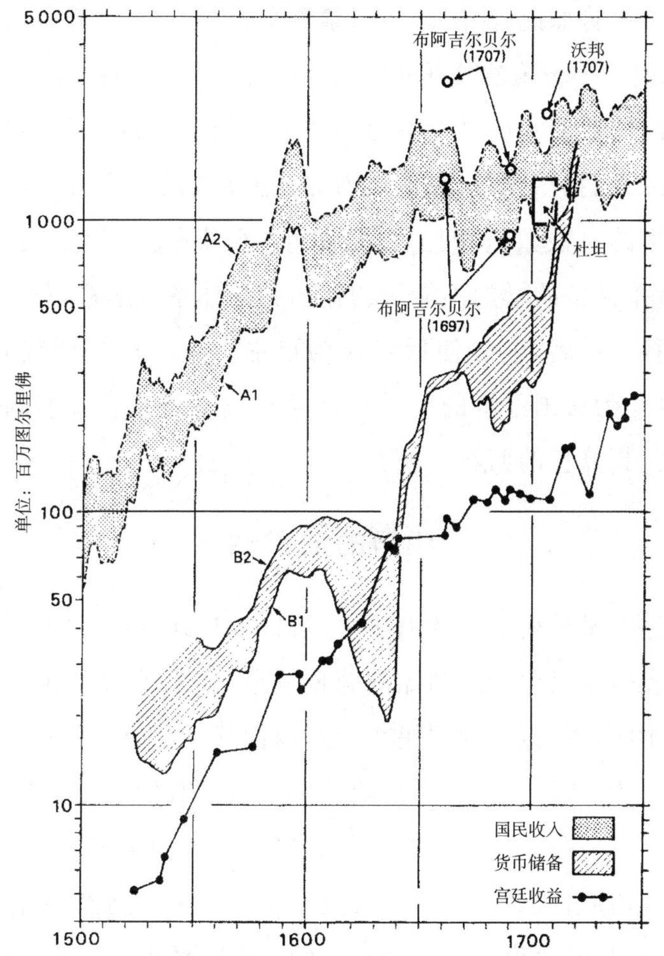

31. 1500 至 1750 年法国的国民收入、货币储备和预算

图表引自弗朗克·斯普纳的《1493—1725 年间的世界经济与法国货币铸造》,1972 年,第 306 页。关于图表的说明,请看上页的正文。

267 西班牙贸易有盈余而不断取得贵金属，它朝其他方向的贸易却有亏空必须弥补，至少对勒旺的贸易是如此；此外，它还要通过萨缪尔·贝尔纳家族、安东尼·克洛扎家族和日内瓦银行家向欧洲各地输出货币，路易十四对外用兵频仍，国王必须供养派驻国外的大批部队。尽管如此，法国却在积累资金，积储财富。布阿吉尔贝尔1697年说："……虽然法国的白银储备达到空前的程度"，[145]这句脱口说出的话使我们百思不得其解。我们也很难解释路易十四统治末期商人们的见解。在他们看来，与在王国境内流通或谨慎地收藏起来的白银数量相比，八亿纸币(很快贬值)简直无足挂齿。总之，货币储备的增加不能用约翰·劳的体系来解释，我倒是认为前者解释了后者，前者使后者成为可能。这一过程延续到18世纪，而且作为法国经济的一种奇怪结构确立下来。我们的疑问结果仍未得到真正的回答。

268

明显的连贯性

通过总量分析考察欧洲历史，可以发现几个明显的连贯性。

首先是国民生产总值始终排除一切干扰，有规律地上升。请看英国18与19世纪的国民生产总值曲线。如果弗朗克·斯普纳的见解正确，法国国民生产总值从路易十二时代起，还可能从更早的时代起，一直在增长。这一增长势头在1750年前很明显，在路易十五统治后仍保持下来，一直延续至今。波折当然是有的，但为时很短，在长时段增长的洪流中，不过是几圈涟漪罢了。总之，这些曲线与我们习见的表示经济形势的曲线不同，甚至与百年趋势曲线也不同。两次世界大战曾使增长突然中断，但是不管这两次中断有多严重，它们也不过是中断而已。过去的战争造成的损失更易弥补。何况，一个社会虽然往往因自身的过错而破产，但它也具有复兴的高超本领：法国历史上曾多次在失败后东山再起，这种情形肯定不是例外。

另一个连贯性是国家地位的不断上升，这可从国家提成在国民收入中所占份额的增长测知。事实是预算在增长，国家的胃口越来越大，势必要吞噬一切。重要的是通过宏观经济计量确认这个事实，即使这样做的结果，仍是回到传统的看法，回到使用德国语言和具有德国文化的史学家们经常发表的原则性见解上去。威纳尔·纳夫[146]毫不犹豫地写道："有话应该首先对国家说。"威纳尔·桑巴特[147]则把国家比作庞大的企业，"其领导人以获取、占用尽可能多的金银为主要目的"。对国家应该说句公道话：是总体经济强制我们把国家放到它所在的那个重要位置上去。让·布维埃[148]说得对："国家的分量从来不轻"。

至少，在15世纪下半叶经济复苏后，国家的作用不容小觑。国家地位在长时段的上升在某种意义上不就是整个欧洲的历史？国家在5世纪随着罗马的陷落而灭亡，后来随着11至13世纪的工业革命东山再起，然后在14世纪中期的黑死病和异乎寻常的经济萧条后再次解体。国家向黑暗深渊的这一次坠落，是欧洲历史上最大的惨剧，我承认被它吓得目瞪口呆，毛骨悚然。世界历史上不乏更悲惨的灾祸，如蒙古人侵入亚洲，大多数美洲印第安人在白人到达后被消灭等。但是任何别的地方发生的同样规模的灾难都没有导致如此巨大的复兴努力，没有导致从15世纪中叶开始的持续进步，而工业革命和现代国家的经济正是这一进步的结果。

269

巨人症使法国深受其害

从政治上说，法国毋庸置辩是欧洲出现的第一个现代国家，并在1789年革命[149]的鼎力推动下最早完善了国家建设。然而，就其经济基础而言，法国到1789年这个较晚的日期还远未建成完善的民族市场。人们自然可以说路易十一已是“重商主义者”，是柯尔贝尔之前的“柯尔贝尔主义者”，[150]是位关心王国经济整体的君主。但是他的政治意志又怎能与他那个时代法国经济的纷杂和古老相抗衡呢？这一古老状态注定要延续下去。

分散的、地区化的法国经济是由倾向于自我封闭的若干个体拼凑而成的。穿过（甚至不妨说从高空飞越）法国经济的潮流只对城市和个别地区带来好处，这些城市和地区充当了潮流的中继站、起点或终点。与欧洲其他“民族”一样，路易十四和路易十五时代的法国以农为本；工业、商业和金融不可能一下就改变法国。取得的进步像画面上的斑点，在18世纪经济高涨前不易被人觉察。厄内斯特·拉布鲁斯写道：“与极少数襟怀宽广〔即面向世界〕的法国人相对立，多数法国人，包括全部农村，一大部分集镇乃至城市，满足于与世隔绝。”[151]

民族市场的崛起是对无所不在的惰性的反抗，这一运动终究会促进交换和联系的发展。但就法国而言，惰性的主要根源难道不正是疆域辽阔吗？联合省幅员逼仄，英国领土不广，它们的反应比较灵敏，较易统一。距离所起的不利作用不如法国那么大。

多样性和统一性

法国是若干色彩不同的小块地区拼成的镶嵌画，每个地区皆在一狭小的空间内自给自足。它们很少接触外界的生活，使用同一种经济语言：凡对一个地区适用的，大致上也适用于与它毗邻的或相距甚远的另一个地区。认识一个地区，便能想象出所有地区。

在萨瓦尚未归并法国时，福西尼地区的首府博纳维尔设有人数不多的遣使会修院。[152]修士们谨小慎微，节俭度日，他们的开支账为我们提供了这方面的情况。这个角落在18世纪与世隔绝。修士们闭门不出，难得在当地集市买点东西，那也主要是农民供应的葡萄酒和小麦。他们预先把小麦交给面包师，换取每日所需的面包。肉却需要用现金在肉铺购买。村里的工匠和小工为他们搬运木板、柴薪或肥料堆，按日计酬；农妇登门为修士宰杀自养的肉猪；鞋匠为修士以及他们唯一的仆人提供所穿的鞋；修道院只有一匹马，在克吕兹一名熟识的铁匠那里钉马掌；泥瓦匠、粗木匠和细木匠随叫随到，计日取酬。一切活动都在小范围内进行，人们的眼 272
界只到塔宁日、萨朗什和福龙河畔罗什为止。然而完全的自给自足是不存在的。博纳维尔遣使会修士的小圈子的圆周上有一两个缺口。他们不时派专人（除非拜托萨瓦公国的信差）到阿讷西，更经常的是到日内瓦去买不常用的物品：药品、香料、糖……不过18世纪末博纳维尔一家杂货店里就可以买到食糖，这可是一场小小的革命。

总之，只要贴近一点，人们可以在许多其他狭小地区听到同一种简单的经济语言。例如拥有众多耕地和牧场的奥克索阿地区特

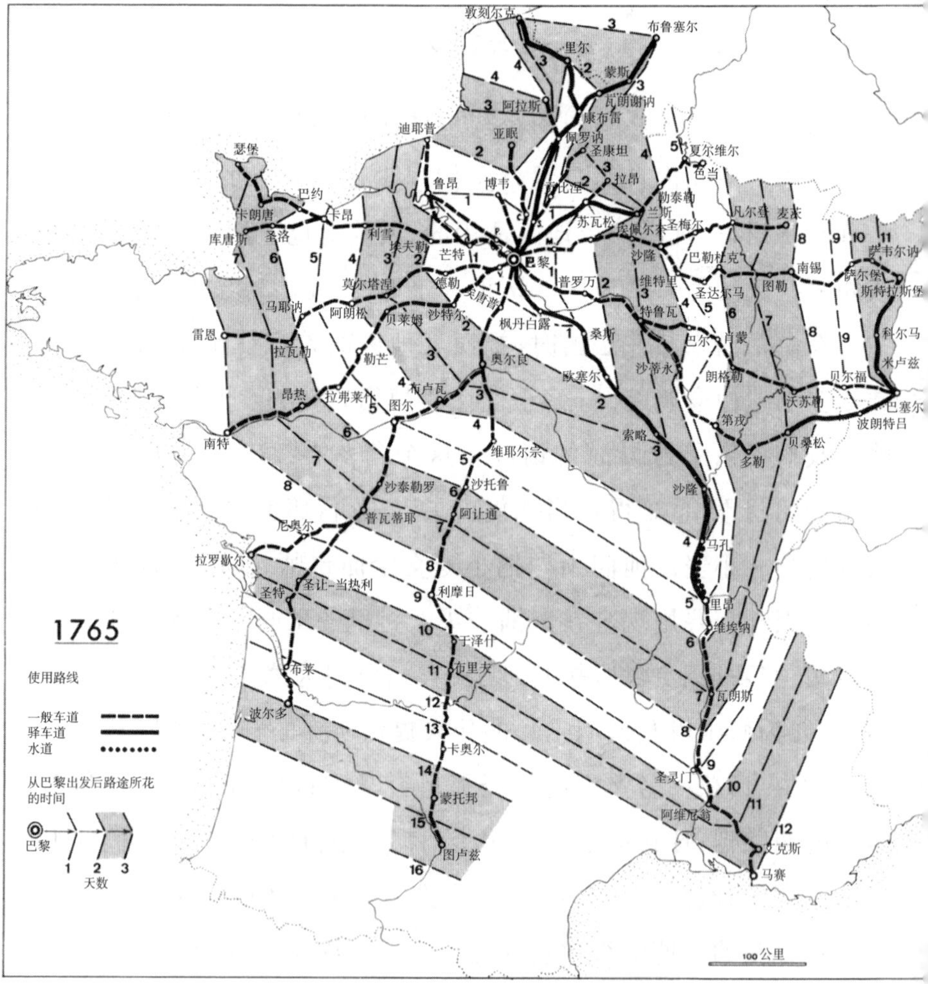

32. 法国国土辽阔，民族市场不易形成

G. 阿培洛的这两幅地图（见《经济、社会、文明年鉴》，1973 年，第 790 页插图）显示“陆路交通的巨变”。专为“急驰快车”修筑的新路，“杜尔哥马车”的普及以及驿站的增多使 1765 年至 1780 年间法国的陆路距离大大缩短，最多甚至缩短一半。1765 年，从里尔到比利牛斯山区或从斯特拉斯堡到布列塔尼至少需三周。1780 年的法国仍感交通不便，旅行费时。但是，发

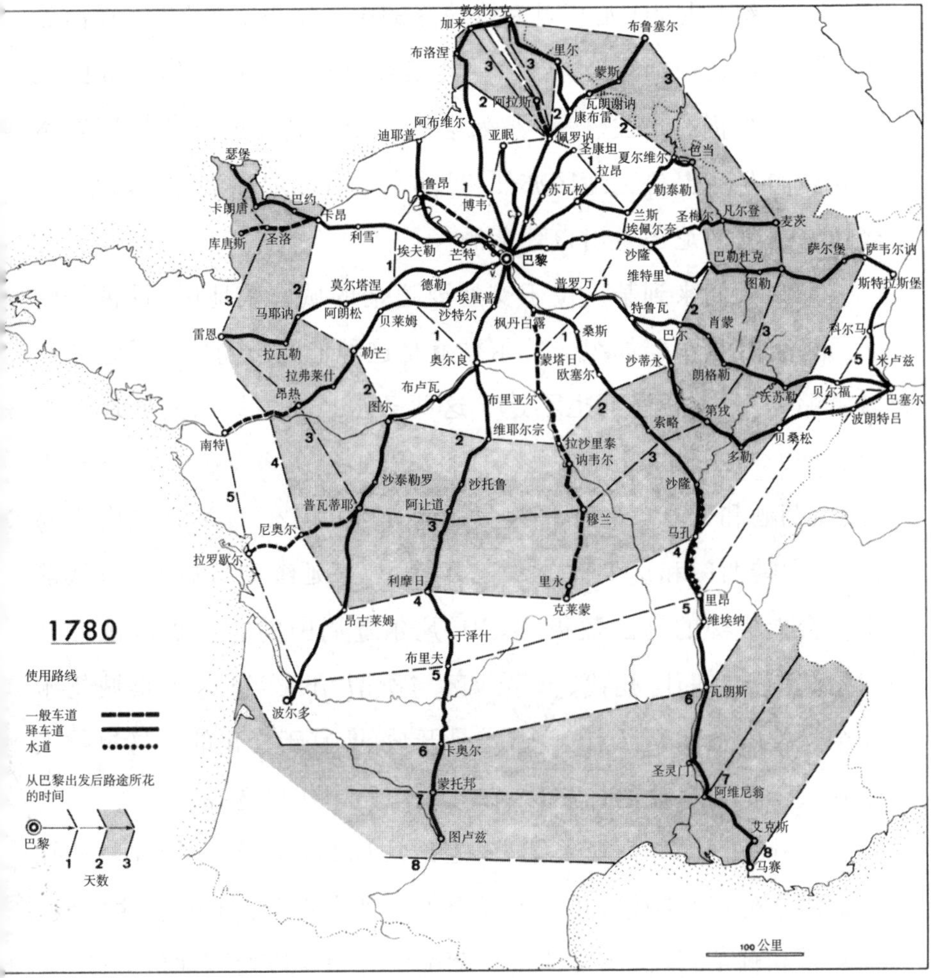

1780

使用路线

一般车道
驿车道
水道

从巴黎出发后路途所花的时间

巴黎 1 2 3 天数

展中的道路网逐渐覆盖王国全境。在第一张地图上，人们只看到几条交通要道：巴黎至鲁昂或巴黎至佩罗讷（一天，相当于从巴黎到默伦）；巴黎至里昂（五天，相当于从巴黎到夏尔维尔，或卡昂，或维特里-勒弗朗索瓦）。在第二张地图上，距离与历时大体吻合（因此形成从巴黎为中心的近似同心圆）。在昔日的通衢大道（向里昂和鲁昂方向）上，旅行所需时间不变。造成这个变化的决定性原因是杜尔哥在1775年设立客货车专营局。

别适于自给自足，这尤其因为该地区的中心城市瑟米尔“来往商旅不多”“远离通航河道”。[153]然而，奥克索阿同邻近的欧塞尔和阿瓦隆地区多少仍有来往。[154]下布列塔尼和中央高原的某些地区基本上自给自足。巴鲁瓦地区亦然，虽然它与香巴尼和洛林有联系，并经由默兹河向尼德兰出口葡萄酒。

如果人们来到某一位于交通要道上的城市或地区，景色就变了：道路如网，车船如织。凡尔登就是这种情况。勃艮第的这座小城紧贴杜河，离索恩河也不远。这两条水道在该城以南的地方汇合。1698 年一份报告说：“该地因位置优越，商务兴隆。〔……〕粮食、葡萄酒和干草生意做得很大。每年 10 月 28 日举办自由交易会，在使徒西门和达太节前八天开始，一直延续到节后八天，从前交易会上成交的马匹数极大。”[155]凡尔登周围的物资扩散区包括阿尔萨斯、弗朗什-孔代、里昂地区与所谓“下区”。这个小城位于几个交换渠道的交叉点上，注定是开放的，宜于变化的。这里的人受到大干一番事业的诱惑，可在几条道路中作出选择。

273 马孔地区同样商业繁荣，而当地居民却缺乏创业精神。马孔葡萄酒在外埠之畅销，几乎不胫而走。其余物资，如小麦、牛饲料、棉麻布和鞣革，仅占次要地位。葡萄酒外销足以使该地区兴旺，何

1610 年的卢万河畔莫雷城（距巴黎 75 公里）。

况还有附带的制桶业。“虽然橡木板基本上来自勃艮第，由索恩河运达，马孔地区有大量桶匠终年从事这项必不可少的劳动，因为葡萄酒是带桶出售的，每年需量极大。”酒桶的价格后来甚至上涨了，因为“普罗旺斯酒商买走大量酒桶，以便换下他们原有的用更厚的木板制作的、比较笨重的大酒桶，这样他们运酒到巴黎就更方便，花费较少”。[156]

短程、中程和远程交易就这样遍布法国。昂利·塞[157]指出，如第戎、雷恩这类城市在17世纪“几乎只有排他性的地方市场”。“几乎”这个词意味着也有远程贸易来到这里，虽然并不显眼。而前途无量的正是远程贸易。

长距离联系比无数的地方性交换更易为历史学家发现，它们首先涉及不可缺少的货物，这类货物的流通在某种程度上自发进行，如小麦和盐常从一个省运往另一个省。尤其是小麦，为得到小麦常须付出必要的乃至极其高昂的代价。就其价值和吨位而言，小麦是“王国最重要的贸易货物”。16世纪中期，仅向里昂一市提供的小麦，其价值等于在整个法国市场上出售的热那亚天鹅绒的价值，而这一织物是“使用最广的丝织品”。[158]还应提到葡萄酒，它像展翅飞翔的候鸟，不辞辛劳地来到北欧诸国。还有各种质地和品种的织物，因为它们的生产几乎不受季节限制，就在法国形成常川不断的商品洪流。最后还有异国食品，如香料、胡椒，不久又有咖啡、食糖和烟草，人们对后几种商品嗜之若狂，使国家和东印度公司大发其财。此外，除了船只，除了无所不在的车辆，君主为传递命令和派遣差役而设立的驿站也起到促进贸易的作用。人比货物更好运送，有身份的人赶驿站，穷人靠步行，都能周游法国。

所以，“例外、特权和约束”[159]遍布法国各地，这一各自为政的局面不断被打开缺口。到18世纪，随着交换的发展，各省将大力拆除壁垒。[160]布阿吉尔贝尔心目中那个省与省彼此隔绝的法国正在消失，几乎所有的地区在交换洪流的冲击下，纷纷倾向于专门从事某些对它们有利的活动，这证明民族市场开始起到它分配任务的作用。

天然的和人为的联系

再说，法国领土的构造及地理环境保证了国内交通的发达，而交通发达之后又促进国家的统一。除了中央高原难以穿越，法国在水陆运输和贸易交换方面明显地享有便利条件。法国还有海岸和近海航运业；虽然近海航运业不够发达，它总还是存在着，即便大部分近海航运由外国人承担，如荷兰人[161]就长期经营
274 此业，这一缺陷总还是被弥补了。至于内河和运河，法国与英国和联合省一样条件优越：罗讷河和索恩河的流向与“法兰西地峡”的轴线恰相一致，成为一条直接从北到南的通道。1681年一名旅行者解释说，罗讷河的长处在于它为“想经由马赛前往意大利的人提供了极大方便。我就是走的这条路。我在里昂上船，第三天即抵达阿维尼翁。〔……〕翌日我又前往阿尔勒”。[162]谁还能走得更快？

法国所有的内河都值得称道。只要河道条件许可，就有船只去一试身手，至少也有木排或顺水漂放的木材。法国和别处一样，各地都有磨坊筑闸断水，但是遇有必要闸门可以打开，夺闸而出的

水把船推向下游，水流不深的默兹河上就是这种情况：在圣米耶勒和凡尔登之间有三个磨坊，只要过往船只交微不足道的钱，就让它们通过。[163]这一细节同时说明，在17世纪末，默兹河上游是利用率很高的河道，船只顺河而下，可达尼德兰。多亏默兹河上的航运，夏尔维尔和梅齐埃尔才能长期成为来自北方的煤、铜、明矾和铁的集散地。[164]

但是这一切与罗讷河、索恩河、加龙河、多尔多涅河、塞纳河（及其支流）和卢瓦尔河等干流上的繁忙运输自不可同日而语。卢瓦尔河虽然水流湍急，浅滩和税卡比比皆是，仍不失为法国第一大河。由于船夫的机智灵巧，也由于船只结队行驶，逆水航行时利用大幅方帆，风力不足时复辅以拉纤，卢瓦尔河得以发挥重大的作用。它把王国的四隅连接起来：从罗阿讷到里昂的陆路联运使卢瓦尔河与罗讷河连接起来；奥尔良运河和布里亚尔运河则沟通塞纳河和巴黎。在当时人的心目中，卢瓦尔河上水和下水的货运量都很可观。[165]奥尔良工业发达，又是货物集散地，本应成为法国的中心，却始终只是一个二等城市。这可能因为敌不过巴黎的竞争。塞纳河及其支流荣纳河、马恩河、瓦兹河给巴黎带来巨大的舟楫之利和食品供应的众多方便。

法国还拥有巨大的陆路交通网。国王政府在18世纪广修道路，由于新路的路线不一定沿袭旧路，道路通过地区的经济生活基础往往因此改变。当然并非所有道路上的运输都十分繁忙。阿瑟·杨格把从巴黎到奥尔良的康庄大道与伦敦附近的道路相比，说前者冷冷清清。“在十英里路上我们没有遇见旅行马车和驿车，只见两辆邮车和寥寥几辆驿站快车，不及同一时间出伦敦时能遇到的车辆的十分之一”。[166]伦敦除拥有巴黎的全部职能外，它还是整个英国的物资转运中心和巨大的海港。另一方面，伦敦盆地比巴黎盆地面积小，人口更稠密。杜本男爵日后将在他关于英国的经典著作中一再强调这一见解。别的证人没有博学的阿瑟·杨格那么挑剔。一位名叫安东尼奥·邦斯的西班牙人于1783年，即比这位英国人早四年，对巴黎到奥尔良和到波尔多大路上的交通情况印象很深。“运货的车辆真是些了不起的东西：它们又长又宽，
275 特别牢固，造价极高，视其载重不同而用六、八、十乃至更多的马匹牵引。如果没有维修得这样好的道路，不管这个国家的居民如何聪明勤劳，我真不知道能否进行如此繁忙的运输。”确实，与英国人不同，他参照的是西班牙，因此他更能理解新修道路的规模何等宏大。[167]他说，“法国由于多水、多沼泽，比别的国家更需要修筑道路”。应该补充说，法国多山，尤其是领土辽阔，也是它广筑道路的原因。

总之，法国土地上铺设的道路逐渐在增多，这是个事实：旧制度末期，共有40 000公里陆路，8000条通航河流和1000条运河。[168]各地区因道路覆盖密度不等而分成等级，运输途径趋于多元化。例如塞纳河仍是进入巴黎的主要通道，食品既从布列塔尼通过卢瓦尔河，也从马赛通过罗讷河、罗阿讷、卢瓦尔河和布里亚尔运河运往首都。[169]1709年12月，应承包商和军需商的要求，小麦从奥尔良运达多菲内。[170]历来受到特别优待的货币流通也因交通改善而变得更加方便。1783年9月枢密院的一份报告指出，巴黎及王国主要城市的若干银行家和商人“利用遍布王国全境的道路以及运输公司、驿车和其他运输业给商业带来的方便条

件〔……〕把运输金银铸币作为他们的主要投机手段，任意抬高或压低汇价，使货币在首都和外省不是太多就是太少”。[171]

由于法国幅员辽阔，交通的进步即使不足以单独缔造法国的统一，至少也起了决定性作用。有两位学者在研究距我们更近的时代时提出了类似的见解。历史学家让·布维埃认为，法国民族市场到铁路网建成时才开始存在；经济学家皮埃尔·马里持论更激进，他声称当代法国只有等电话网达到“美国”的完善程度时，才成为一个经济实体。我对此可予同意。不过，道路和桥梁学院毕业的杰出工程师们在18世纪修筑的道路，对法国民族市场的形成必定有所促进。

首先是政治因素

但是，民族市场并不仅仅是个经济实在，尤其在最初，它产生于一个业已存在的政治地域。民族政治结构与经济结构的相辅相成关系只是在17和18世纪才逐渐建立起来。[172]

这是合乎逻辑的。我们多次说过，经济地域的范围总是大大超出政治地域，以至“民族”和民族市场都是在一个比它们宽广的经济整体内部，确切说是同这个整体相对应而建成的。一个范围极广的国际经济早就存在，正是在那个超出民族市场范围的广大地域里，一种明智程度容有不同，但总是很顽强的政策逐渐勾勒出民族市场的图形。远在重商主义时代以前，王公已经干预经济领域，试图强制、刺激、禁止、提供方便、堵住缺口、开辟市场……王公
努力发展能为他的生存和政治野心服务的规则，但他能否成功，最 276
终要看在经济方面是否赶上普遍的好机遇。法国是否赶上这种机

遇呢？

法国国家无疑早已形成，至少早具雏形。如果说法国国家的出现不比其他领土国家早，但它很快就走在其他国家的前面。应该看到，这一发展的原因在于，中心地区总是力图向边缘地区扩张。法国早期需要同时朝各个方向扩张，时而是南方，时而是东方，时而又是北方和西方。13 世纪的法国已是欧洲大陆上最大的政治实体。皮埃尔·谢努[173]说得好，当时的法国"几乎是个国家"，兼具国家新旧两方面的特征：罩在君主头上的灵光，司法、行政和财政机构，财政机构尤为重要，没有它政治地域就会死气沉沉。不过，菲力浦·奥古斯特和圣路易时代的政治成就之所以能转变成经济成就，那是因为欧洲最先进地区在起飞时把其活力注入法国。我们愿再次指出，历史学家们对香巴尼和布里交易会的重要性可能重视不够。1270 年，当圣路易死于突尼斯城下时，交易会正值全盛时期，假设欧洲的经济生活就此停滞不前，不再改变其既有形式，法兰西地域就会轻而易举地实现统一，对外扩张，进而称霸欧洲。

我们知道，事实并非如此。14 世纪初的经济衰退引起一连串的崩溃。欧洲的经济平衡于是就去寻找别的基础。法兰西地域成了百年战争的战场，到了查理七世(1422—1461 年在位)和路易十一(1461—1483 年在位)时代，当法兰西地域恢复其政治统一和经济统一时，它周围的世界已大大改观。

然而，到 16 世纪初，[174]法国又重执欧洲"各国之牛耳"：30 万平方公里土地，80 到 100 吨黄金的税收，国民生产总值可能相当于1 600吨黄金。在意大利权力和财富都分等级，当一份文件提到"国王"(il Re)时，那是指笃信基督的国王，不折不扣的国王，即法兰西国王。法国的这种超级大国地位使其邻国和竞争对手满怀恐惧，欧洲经济的新高涨把这些国家置于自身的地位之上，使它们既野心勃勃，又战战兢兢。正是由于这个原因，历任西班牙国王预为之谋，通过一系列王室联姻把咄咄逼人的法国包围起来。也正是由于这个原因，弗朗斯瓦一世在马里尼亚诺(1515年)一战成功，反而使维持欧洲均势的力量转过来反对他，而欧洲均势早在13世纪已开始起作用。1521年，瓦洛阿王族和哈布斯堡王族发生战争时，这台平衡机器又开动起来反对法国国王，袒护查理五世皇帝，甚至不惜成全西班牙的霸权。西班牙不久果真称霸欧洲，虽说单靠美洲的白银早晚也会使西班牙称霸。

但是法国的政治失败可以首先用它不再是，而且不再可能是欧洲经济世界的中心来解释。财富的中心在威尼斯、安特卫普、热那亚、阿姆斯特丹。这些先后崛起的轴心都在法国领土之外。只有一个很短的时期，法国曾再次接近霸主地位：那时正值西班牙王位继承战争，西属美洲对圣马洛的船只开放。然而机会转瞬即逝。总之，历史并未格外垂顾法国民族市场的形成。分割世界地盘时没有法国在场，甚至损害了法国的利益。

法国是否隐约感到这一点？总之，从1494年起，它试图在 277
意大利立足，但未能成功，而且意大利这片呼风唤雨的土地在1494至1559年间丧失了对欧洲经济世界的领导权。一个世纪以后，法国朝尼德兰方向作同样的尝试，同样遭挫。不过，假如尼德兰战争在1672年以法国胜利告终——这本是可能的——

经济世界的中心多半也会从阿姆斯特丹迁往伦敦，而不是巴黎。1795年，当法国军队占领联合省时，伦敦已稳执经济世界的牛耳。

地域过大

法国历遭挫折的原因之一，是否它的疆土相对说来过大？17世纪末，威廉·配第已观察到法国的国土等于荷兰的13倍；英国的4倍；人口等于英国的4至5倍，荷兰的10倍。威廉·配第甚至认为，法国的良田等于荷兰的80倍，而法国的“财富”却仅为联合省的3倍。[175]如果今天拿小小的法国作为度量单位（55万平方公里），然后去找一个比它大13倍的国家（715万平方公里），你得到的是美国的规模。阿瑟·杨格尽可以嘲笑巴黎到奥尔良的交通不够繁忙，但是，如果我们把18世纪以巴黎为中心的法国交通网移到伦敦，这些向四面八方辐射的道路就会伸到海里去。相等的运量在较大的空间内必定被稀释了。

加里阿尼教士说，1770年的法国“与柯尔贝尔和苏利时代的法国不复相似”；[176]他认为法国已达到扩张的极限：法国有2000万人口，如果继续发展手工工场，就势必超过世界经济强行规定的限度；同样，如果法国按照荷兰的比例拥有船队，荷兰的船队扩充3倍、10倍或13倍后达到的规模将是世界经济不能接受的。[177]加里阿尼是他那个时代头脑最清醒的人，他触及到了问题的要害。我们的国家首先受它自身之累，它的厚度、体积和巨人症都对它不利。幅员辽阔当然也有好处：正是因为领土广大，法国才能始终抵御外国的入侵；外敌不可能横穿法国，击中它的心脏。但是它自身的联系也变得不便，政府的命令，国内生活的运动和脉冲以及技术进步同样难以传遍全国。即便具有燎原之势的宗教战争，其熊熊烈火也不能一下子燃遍法国全境。大革命史专家阿尔丰斯·奥拉尔就认为，国民公会极难把它的“意志晓示全法国”。[178]

何况，法国的某些第一流政治家也感到，国土的扩张未必能使王国更加强盛。谢弗勒兹公爵给费奈隆的信里有一句奇怪的话，我认为这句话表达的正是这个意思：“法国务宜保持其现有边界为满足[179]……”“应该从国家砍掉多余的省份，犹如从树上砍掉多余的树枝以利其生长：这句格言还将长期躺在书本里，而不被王公们所接受”。[180]杜尔哥的这句话只是泛泛 278
而谈，并非专门针对法国：但是能否想象这样的话会出自一个英国人或荷兰人的手笔？法国如果没有壮大得那么快又会是什么样子，这颇能发人遐思。因为法国的领土扩张虽然对君主国家，也可能对法国文化和我们国家的遥远未来好处甚多，它却严重妨碍了经济的发展。各省之间呼应不灵，那是因为国土辽阔，距离处处与人捣乱。甚至对小麦也是如此，整个市场运转不灵。法国大量生产小麦，但因国土广大，被迫就地消费；直到18世纪缺粮乃至饥荒仍时常发生，虽然不合情理，却是确有可能的事实。

这个局面一直维持到铁路通到偏僻的乡村时才告终。1843年，经济学家阿道夫·布朗基还写道：卡斯台拉纳区（下阿尔卑斯省）的村镇“较之马克萨斯群岛更远离法国的教化。〔……〕不是交通不便，而是根本没有交通”。[181]

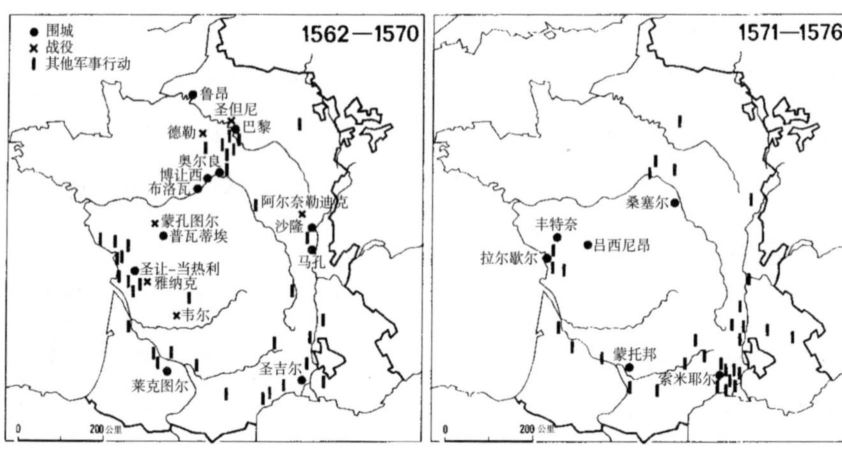

404

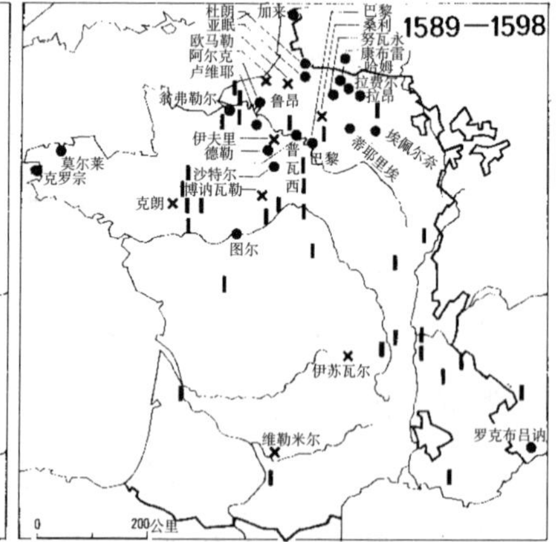

33. 即使在亨利四世登基后，宗教战争也未能一下子燃遍辽阔的法兰西王国全境

本图取材于拉维斯主编的《法国史》中亨利·马里埃若尔编写的那一卷，仅列出重要的战事，因此实际情形被大大简化了。显而易见，这些事件不是同时发生的，辽阔的地域使战火不易蔓延。亨利四世时期战争已临末期，主战场在法国北部。

巴黎加里昂，还是里昂加巴黎?

不必奇怪，一个如此辽阔、难以有效地联系起来的地域不会自然形成完善的中心。两个城市争夺法国经济的领导权：巴黎和里昂。这曾是法国经济体系为人忽视的若干弱点之一。

许多通史令人失望，它们在研究巴黎这座大城市的历史时往往脱离开法兰西命运的框架。它们不够注意巴黎的经济活动和权 279
威。从这个观点看，有关里昂的历史也令我们失望：它们总是用里昂来解释里昂。它们诚然指出了里昂的崛起与交易会之间的关系，交易会在15世纪末把里昂推上王国的经济顶峰。但是：

1）路易十一的功劳被估计过高。

2）我们应该赞同理查·加斯贡的见解，反复说里昂交易会是意大利商人的发明，他们把交易会设在法兰西王国的边境上，在他们伸手可及的地方；这正是法国从属于国际经济的一个标志。夸张地说，16世纪的里昂对于意大利人，好比18世纪的广州对于开发中国市场的欧洲人。

3）里昂史专家对里昂和巴黎的双极现象未予充分注意，这一现象是法国经济发展的稳定结构之一。

既然是意大利商人一手造成了里昂的繁荣，只要意大利商人主宰欧洲，里昂就一帆风顺。但在1557年后，局势开始恶化。1575年的危机与1585至1595年间的“大崩溃”，[182]嗣后的银根紧缩和经济萧条（1597—1598年），[183]加剧了里昂的衰退。罗讷河畔这座大城的主要职能于是向热那亚转移。热那亚位于法国之外，却在庞大的西班牙帝国势力范围之内；热那亚的力量取决于帝国

的力量和效能，即取决于遥远的美洲采矿业。由于力量和效能相
280 互支撑，持续不衰，热那亚直到17世纪20年代在欧洲的金融和银行活动中几乎始终占统治地位。

里昂于是退居次位。银根并不短缺，有时还过剩，但是投资带来的好处已不如往昔。胡塞·让迪·达·希尔瓦[184]说得对：里昂寻求交易会的黄金担保以及稳当的“存款”息金，即把欠款从一届交易会挪到下一届付清所得的利息。里昂被认为“向欧洲所有其他商埠发号施令”的全盛时期一去不复返了，那时候里昂的商业和金融活动牵动“从伦敦到纽伦堡，从墨西拿到巴勒莫，从阿尔及尔到里斯本，再从里斯本到南特和鲁昂的多边形”，还不能漏掉坎波城这一重要中转站。[185]1715年，自命不凡的里昂人只是谦逊地说：“本市在全国各省通常都说一不二。”[186]

里昂的衰退是否造成了巴黎的优势？里昂的佛罗伦萨商人在16世纪最后三十多年间被卢卡商人取代，他们于是越来越转向“巴黎在君主庇护下势力稳固的国家财政事业”。[187]弗朗克·斯普纳很注意意大利商行，尤其是卡波尼商行的转移，他发觉资金悄悄流向巴黎，认为这一现象堪与从安特卫普向阿姆斯特丹的极其重要的转移相比。[188]确实有过转移，但是研究了同一课题的德尼·里谢有理由断定巴黎的机会——如果有过机会——没有后劲支撑。他写道：“造成里昂衰落的经济形势使巴黎发展的幼芽萌发，但没有把里昂的职能统统转给巴黎。1598年的巴黎还没有国际商业所必需的经济基础：既没有能与里昂或皮亚琴察相比的交易会，也没有组织牢固的汇兑市场，没有资金和久经考验的技术。”[189]然而巴黎是政治首都，国王的税金以及积累起来的巨大财

富集中在巴黎，作为消费市场，它浪费了“国家”收益的相当大一部分：因此不能说巴黎在王国的经济生活和资本再分配中不起作用。举例说，1563 年起，[190] 就有巴黎资金流向马赛。又如巴黎六大行业中的服饰用品商很早就从事获利丰厚的远程贸易。但是总的说来，巴黎的财富不怎么投入生产，甚至也不怎么投入商业。

巴黎是否在这一时刻错过了实现某种现代化的机会？法国也与巴黎一起丧失了良机？这是可能的。人们尽可以指责巴黎的有产阶级太醉心于官职和土地，做官和购置地产都是能“抬高社会地位，带来个人收益，经济上实行寄生”[191] 的事情。杜尔哥[192] 在 18 世纪接过沃邦的话说：“巴黎是个深渊，国家的全部财富都陷进去了；巴黎的制造业和小玩意儿通过商业吸走了全法国的钱，这种商业诱使法国外省和外国人同样掏空口袋。大部分税收所得在巴黎被挥霍掉。”巴黎与外省的贸易是不平等交换的显例。康替龙说：“外省肯定总是欠着首都巨款。”[193] 巴黎在这种情况下不断壮大，美化市容，添丁进口，引来赞叹不绝的参观者。这一切都以损害别人为代价。

巴黎的权力和威望的另一个原因在于，它还是法国有力的政治心脏。抓住巴黎也就控制了法国。宗教战争初期，新教徒就图谋入主巴黎，未能如愿。1568 年天主教徒从新教徒手里夺回巴黎
的门户奥尔良后，兴高采烈地说：“我们夺回奥尔良，因为我们不愿 281
意他们从这么近的地方向我们的巴黎城献殷勤。”[194] 后来巴黎先后被天主教同盟、亨利四世和投石党人占领，这些人对巴黎无所建树，除了破坏它已有的结构。兰斯一位批发商对此大为气愤，他写道：如果巴黎的正常生活被打乱，“法国和外国的其他城市（包括君

士坦丁堡在内)的商务都会停顿”。[195]兰斯既在巴黎的卵翼之下，对于这位外省资产者说来，巴黎是世界的中心。

里昂不可能具有这么高的威望，也不可能与首都的宏大规模相比。里昂虽不是“硕大的怪物”，但按当时的标准，它也算得上是个大城市了。它的面积显得很大，一位来自斯特拉斯堡的旅行者解释说，“因为城墙里有射击场、公墓、葡萄园、农田、草地和其他土地”。同一位旅行者补充说：“人们断定里昂一天内成
282 交的生意比巴黎一周内还多，因为这里主要是批发商，而巴黎做得更多的是零售生意。”[196]一位通达事理的英国人说：“巴黎不是王国最大的城市。谁认为巴黎最大就是把大商人和店铺主混为一谈。里昂的优势在于它的批发商、交易会、汇兑市场和众多的工业。”[197]

1749 年落成的里昂新交易所。

1608年由巡按署起草的一份报告认定里昂的健康状况相当好。[198]该报告罗列了通向邻省和国外的水路给里昂带来的种种天然的好处。具有三百多年历史的交易会依旧兴旺；同往常一样，交易会每年举行四次，章程不变；买卖双方总是从上午10时至12时在汇兑广场的敞廊下会面，“有的成交额高达200万埃居，而付出的现金却不见得有10万埃居”。[199]把本届交易会上的交易留待下届交易会结清，这项信贷活动，即所谓“存账”，开展相当顺利。因为“资产者乐意解囊，以便使他们的钱就地生息”。[200]许多意大利人，尤其是“开辟商埠”的佛罗伦萨商人离开后，机器继续运转。他们留下的空缺由热那亚人、皮埃蒙特人或瑞士人填补。此外，在市内和四周发展了强大的工业部门（人们猜想工业的兴起可能补偿了商业和金融活动的亏空）。丝织工业独占鳌头，生产美不胜收的黑色塔夫绸和闻名遐迩的金银线缎料，为大规模的批发贸易提供货源。16世纪的里昂已位于包括圣艾蒂安、圣夏蒙、维里欧、纳夫维尔在内的工业区的中心。

总结1698年里昂的各项活动，其销货金额为2000万里佛，购货金额为1200万，即有800万里佛的顺差。但是，如果我们接受沃邦的说法——由于没有更准确的数字——假定法国的贸易顺差为4000万里佛，里昂只占五分之一。里昂在与英国贸易中所占的地位肯定要比这高。

里昂最大的贸易对象是意大利（出口1000万里佛。进口600万至700万）。这是否证明，意大利在某种程度上比人们通常以为的要活跃得多？总之，在西班牙拥有庞大购销网的热那亚充当里昂与西班牙贸易的中转站。相反，里昂与荷兰的联系不多。与英国的来往略多一些。按照历来的传统，里昂仍主要从事地中海贸易。

巴 黎 获 胜

里昂尽管保持了活力，却得不到欧洲最先进地区以及当时正在蓬勃高涨的国际经济的积极支持。面对首都的竞争，外部助力也许是使里昂夺取法国经济活动的中心地位的唯一手段。这两个城市的斗争的性质及过程很难弄清，最终是巴黎获胜。

然而巴黎的优势只是花了很长时间，以一种极其特殊的形式才建立起来的。巴黎压倒里昂并不是商业战的胜利。直到奈克尔时代(1781 年左右)，里昂仍是法国第一商埠，出口额为 1.43 亿里

283 佛，进口额 6890 万，总计 2.117 亿；进出口差额 7390 万。如果不考虑图尔里佛本身的价格波动，这些数字便等于 1698 年的九倍。而巴黎同一时期的进出口总额仅为 2490 万里佛，略高于里昂贸易额的十分之一。[201]

巴黎的优势来自“金融资本主义”的崛起，这一崛起的时间比人们通常以为的要早。而要使这成为可能，里昂必定已丧失了它以前的作用的一部分乃至大部分。

有鉴于此，我们能否假设，里昂交易会体系在 1709 年的危机中遭到首次严重打击？这一年的危机实际上是投入西班牙王位继承战争的法国遇到的金融危机。路易十四政府的固定放款人萨缪尔·贝尔纳因国王把付款日期最终推迟到 1709 年 4 月，几乎陷于破产的境地。关于众说纷纭的这个悲惨事件，我们拥有大量文件和证词。[202]我们还必须把这场极其复杂的赌局的底蕴弄明白。除

开里昂不谈，这场赌局首先涉及热那亚银行家，而萨缪尔·贝尔纳本人多年来一直是他们的客户与同谋，有时也是坚定的对手。为了能在法国境外，在德国、意大利以及在路易十四的军队正在作战的西班牙支取资金，贝尔纳向热那亚银行家借款，提出以法国政府1701年以来发行的纸币作偿还担保；借款随后在里昂交易会上，以贝尔纳向他在当地的客户贝特朗·卡斯当签发汇票的方式偿还。为了给后者提供资金，“贝尔纳寄给他一些可在下届交易会上兑现的期票”。这套办法其实就是玩空头汇票游戏，一切顺利的时候，谁也不吃亏，热那亚银行家和其他放款人的钱可用铸币，或用贬值折算的纸币（当时人的说法是“亏损”）偿还，而对于贝尔纳本人来说，大宗付款每次都被推到一年以后兑现。干这一行的基本要领是一再拖延时间，直到国王偿清欠债为止。可是要国王付款又谈何容易。

财政总监很快就使完了所有方便、可靠的招数，现在必须想出新的办法。1709年盛传将创立一家私人银行或国家银行，其职能是借钱给国王。然后再由国王借钱给商人。这家银行将发行起息的、可与国王纸币兑换的票据。此举等于恢复国王纸币的信用。在里昂听到这一消息的人无不额手称庆。

显然，这一招如果成功，所有金融家都会堕入萨缪尔·贝尔纳的彀中。“集中”将对他有利，是他出来领导银行，支撑并大量调度纸币。德马雷财政总监对这一前景并不感到高兴。法国各大港口和商埠的批发商们也持反对意见，几乎可以说，这是“举国一致”的反对。一个无名之辈想必在别人指使下说道：“有人讲贝尔纳和尼古拉先生以及其他犹太人、新教徒和外国人自告奋勇要承办这家银行。〔……〕这家银行应该交给笃信罗马天主教〔……〕并对陛下矢忠不渝的法国商人经营才是正理。”[203]事实上，组建银行的方案不啻赌扑克时的冒叫，与1694年导致建立英格兰银行的设想有类似之处。这个方案在法国却失败了，形势迅速恶化，人人自危。银行体制如纸糊的城堡一般倒塌。尤其是1709年4月，贝特朗·卡斯当又在火上浇油。他不无理由地怀疑萨缪尔·贝尔纳的支付能
284 力，在汇兑公所拒绝按例接受向他开出的汇票，并声称他不能保持“收支平衡”。由此引起“一片恐慌”。萨缪尔·贝尔纳确实处境维艰，为了报效国王，他被卷入一些莫名其妙的复杂困境之中。9月22日，[204]他费了好大劲，经过无数次联系和争取，才从财政总监德马雷那里弄到“特准延期三年”结清债务的裁决，他总算免于破产。1709年3月27日，圣马洛和南特的几艘船从南海返航，在路易港卸下价值“7 451 178图尔里佛”的里亚尔、金银条和贵金属餐具，国王的财政信用得以恢复。[205]

但是眼前我们关注的重点是里昂城市，而不是这次复杂、混乱的金融动荡。1709年，面对不能如期结清欠账的情况，里昂的支付能力又如何呢？这个问题很难回答，因为里昂人自己好作抱怨，往往把局势说得漆黑一团。不过十五年以来，这个商埠确实遇到严重的困难。“1695年起，德国人和瑞士人不再光顾交易会。”[206]1697年的一份回忆录指出一种相当奇怪的做法（活跃但是守旧的博尔扎诺交易会上也是这么做的）：从一届交易会到下一届交易会的转账都记在“各自的资产负债表上”。[207]这就成了严格意义上的账目游戏，债权和债务不再以“记名和不记名票据”的形式流通，从而与安特卫普的做法大不相同。一小撮“资本家”独享交易会上转

账的“应收债款”的利息。这是一个封闭系统。人们简捷明了地解释说，如果票据在流通过程中一再有人背书，那么小批发商和小零售商就有可能“做更多的生意”，就能参与“大批发商和代理商相反要把他们从中排挤出去”的交易。这种做法与“欧洲所有商埠”的通行规则相抵触，但却一直延续到里昂交易会的终结。[208]可以认为，它不利于促进里昂的商务，不能帮助它对抗国际竞争。

国际竞争是存在的，里昂通过贝荣纳取得比亚斯特，又眼看着金银铸币从自己这里流走，既从正常途径流向马赛、勒旺或者斯特拉斯堡的铸币所，也从秘密渠道大量流向日内瓦。里昂商人用现金在日内瓦换得阿姆斯特丹开往巴黎的汇票，从中获取厚利。难道这已是里昂处于劣势的证据？里昂巡按使特鲁台纳在给财政总监的信中附和了该地商人或夸大或属实的怨言。[209]据商人们说，日内瓦的竞争会使里昂失去其交易会和信贷职能。特鲁台纳1707年11月15日致德马雷的信说：“很担心里昂商埠的全部贸易会立即迁到日内瓦去。日内瓦人早想在他们那里开辟汇兑市场，如里昂、诺维和莱比锡一样举办交易会并结清账目。”[210]这是事实，还是为影响政府决策而故意唬人？总之，两年以后，即1709年，形势果真严重了。特鲁台纳在一封信中说：“贝尔纳事件彻底断送了里昂商埠的前程，此间局势日益恶化。”[211]商人们确实运用技术手段使商埠停止运转。里昂结账通常“都用票据或结账方式， 285
所以一笔3000万里佛的贷款往往不必支付50万现金。票据一旦停用，即使市面上的现金比平时多一百倍，付款也不可能进行”。里昂的工场全靠信贷开工，金融罢工使它们不得不减少生产。结果是，“工场部分停产，使10 000至12 000名工人陷入赖救济为生

的困境，因为停工期间他们没有任何收入。这个数字与日俱增，如不及时找出办法，大可担忧工厂商店统统关闭……”[212]这里虽有夸大，但绝非捕风捉影。无论如何，里昂的危机波及法国各交易会和商埠。1709年8月2日的一封信指出博盖尔交易会“冷冷清清”，十分“萧条”。[213]可以作结论说：1709年在里昂爆发的这场深刻的危机确实来势凶猛，虽然我们不能充分判断其性质，也不能精确测定其规模。

另一方面，毫无疑问的是，里昂本已受到挑战的优势未能抵挡约翰·劳体系危机带来的突然、强烈的冲击。里昂当初拒绝皇家银行设在本埠是否失策？皇家银行当然会与传统的交易会竞争，使后者处境困难乃至无法维持，[214]但这样做也会抑制巴黎的蓬勃发展。因为当时法国发狂地、争先恐后地涌向首都的坎冈波瓦街。这个不折不扣的交易场所，其热闹嘈杂与伦敦的交易所街相比毫不逊色。约翰·劳体系的失败最终使巴黎和法国失去1716年由约翰·劳设立的皇家银行，但是政府不久（1724年）就在巴黎建立新交易所，其金融地位为首都所当之无愧。

巴黎的成功从此已成定局。但在巴黎持续不断的前进中，公认的决定性转折却出现相当晚，约在1760年左右，即在七年战争中同盟关系突然改变和战争结束之间。“巴黎于是占据优势地位，它处于西欧大陆这个整体的中心，是一个经济网络的汇合点。这一经济网络在扩张中不再如不久前那样遇到敌对的政治壁垒。两个世纪以来包围法国的哈布斯堡王族领地形成的障碍已被粉碎。〔……〕从波旁王族入主西班牙和意大利到同盟关系的改变，法国四周开放地区逐渐扩大：西班牙、意大利、南德意志与西德意志、尼德兰。巴黎到卡迪斯、到热那亚(再从这里到那不勒斯)、到奥斯坦德和布鲁塞尔(到维也纳的中转站)以及到阿姆斯特丹的道路从此畅通无阻,三十年间(1763—1792 年)未被战争所切断,巴黎于是成为西欧大陆的政治和金融中心。商务发达,资金源源不断地涌来”。[215]

巴黎吸引力的增长在国内国外均可感到。市郊阡陌纵横、市内声色犬马的法国首都能成为一个巨大的经济中心,一个投入激烈国际竞争的民族市场的理想中心吗?南特驻商事院的代表戴加佐·杜哈莱在 1700 年撰写的长篇备忘录中预先对这个问题作了否定的回答。[216]他抱怨法国社会对商人缺乏尊重,认为其原因部分在于“外国人〔显然指荷兰人和英国人〕对商业的伟大及高尚有比我们更明确、更直接的认识,因为这些国家的宫廷都设在海港,

1720 年的苏瓦松府邸。约翰·劳在这里开办“纸币交易”,后来才迁到坎冈波瓦街。

286 有机会亲眼目睹满载全世界的财富的船舶从四面八方驶来，容易看到商业的值得称道。如果法国商业有同样的幸运，那么不需要别的引诱就能使全国从商”。可惜巴黎不在英吉利海峡的岸边。1715年，约翰·劳刚开始其冒险事业时，已看到“巴黎作为经济大都会的抱负大受限制，因为城市距海远，河流不通航〔意思想必是说海船不能直达〕，人们不能把它建设成对外贸易的重镇，但它可以成为世界第一汇兑中心”。[217]巴黎即使在路易十四时代也未能变成世界第一金融中心，但肯定在法国首屈一指。然而，如同约翰·劳隐约预见的那样，巴黎的首要地位不是完整的。法国的两极结构仍将继续下去。

287

地区间的历史差异

巴黎与里昂之间的冲突状态远不能概括法兰西地域上的全部张力和对抗。但是这些差别和张力本身是否具有某种整体意义呢？少数历史学家持肯定的意见。

弗朗克·斯普纳[218]认为，16世纪的法国大体上以巴黎为子午线分成两个部分：东部大部分地区属于内陆：皮卡第、香巴尼、洛林（尚未并入法国）、勃艮第、弗朗什-孔代（仍属西班牙）、萨瓦（隶属都灵，但1536至1559年间一度被法国人占领）、多菲内、普罗旺斯、罗讷河谷、中央高原的一部分、朗格多克的全部或一部分；巴黎子午线以西是濒临大西洋或英吉利海峡的地区。铸币数量的多寡是划分两大区域的标准。这一标准既有效，也大可商榷，因为必须承认，马赛和里昂也在“劣势”区域中。勃艮第与布列塔尼或普瓦图之间的反差同样明显：前一地区使用铜币，[219]后两个地区则接纳西班牙的里亚尔。法国西部在16世纪由于大西洋贸易的兴盛而活跃起来，其动力策源地来自迪耶普、鲁昂、勒阿弗尔、翁弗勒尔、圣马洛、南特、雷恩、拉罗歇尔、波尔多、贝荣纳，除了雷恩，其他都是港口。

还需要知道，尽管法国水手和海盗越来越多，西部地区的发展从什么时候起，为什么放慢了速度，乃至停顿下来。A.L.罗斯[220]和其他几位历史学家提出过这个问题，但没有真正找到明确的答案。1557年发生强烈的金融危机，1540至1570年间的跨周期经济衰退又加剧了这一危机：假如把1557年当作断裂点，那就是用商业资本主义一度出现的故障来解释法国西部大西洋沿岸地区过早退缩的原因。[221]我们差不多有把握说，故障确实曾经出现；而对于这一退缩，却把握不大。皮埃尔·莱翁[222]断言，法国西部"向来自东方的影响广开大门（早在17世纪），从佛兰德到布列塔尼和曼恩的法国土地盛产呢绒和布料，其地位远比从事采矿和冶金业的内地优越"。也就是说，东西部的反差将延续下去，可能一直延续到路易十四个人统治的初期——时间上的断裂点并不明晰。

然而，早晚总要形成一条从南特到里昂[223]的新的分界线：不是子午线，而是近似于纬线。在这条界线以北是技术发达、经济活跃的法国，那里用马拉犁，农田连绵成片；界线以南的法国除了个别例外，越来越变得落后。比埃尔·戈贝尔[224]认为，甚至存在南北两种不同经济形势：北方相对健康，南方处于强烈的衰退冲击之下。让·德吕莫进一步说："……至少应使17世纪的法国部分地区同南方的经济形势相脱钩，并且不宜把法兰西王国始终看作一个整体"。[225]如果这一看法正确，那就是说，法国再次适应了世界经济生活的外部条件。当时的世界经济生活促使欧洲向北部发展，并使脆弱、可塑的法国朝着英吉利海峡、尼德兰和北海的方向倾斜。

288 这以后，直到19世纪初，南北分界线基本上没有变动。安吉维尔(1819年)认为，这条线仍从鲁昂伸向埃夫勒，然后到日内瓦。界线以南则是“一派乡村景色，不见都市风貌”，分散的农舍与“未开化的法国”并行不悖。这话未免言过其实，但是反差确实十分明显。[226]

最后，我们看到分界线又逐渐变动，巴黎的子午线恢复了原来的地位。不过由它划分的两个区域已改变了面貌：西部是不发达地带，是“法国的沙漠”；东部是与占统治地位的、向外扩张的德国经济相联系的先进地带。

两个法国各自势力的消长因此是随着时间而改变的。没有一条固定不变的界线把法国领土一分为二，而是先后出现好几条界线。至少有三条，可能更多。或者不妨说只有一条界线，但它像时针一样移动。这就意味着：

1. 在一个已知的地域内，进步和落后的分界线不断变动，某个地区的发达或不发达不是一成不变的，最落后的地区可能发展成最先进的地区，在总体对抗的表层之下潜在着地区的多样性，前者涵盖后者，但不能取消后者，人们透过前者可以看到后者。

2. 法国作为经济地域只有被放回到欧洲的大环境中去才能得到解释：南特至里昂一线以北地区在17至19世纪的明显发展不能仅仅用内因(三年轮作制的优越性，耕田用的马匹数量增加，人口迅速增长)作解释，外因(法国在与北欧占主导地位的经济的接触过程中改变了自己,正如它在15世纪曾被光辉灿烂的意大利所吸引,在16世纪曾被大西洋所吸引一样)在这里也发挥了作用。

赞成或反对从鲁昂到日内瓦划线

上文我们介绍了15与18世纪之间法国地域先后出现的"二裂变现象",可为有关法国地域历史多样性的讨论指出一个方向,但不能真正解决这个争论不休的问题。法兰西这个整体不能分成若干个一次便能确认其特性和称谓的次整体:这些次整体不断在调整、适应和改组,不断改变电压的压强。

安德烈·雷蒙的一幅地图(参见422页)根据奈克尔时代法国人口自然增长率的地区差别,提出了三裂变而不是二裂变的设想。这幅地图取自那本精妙的18世纪法国地图集(集子已经完工,可惜尚未出版)。主要的特征是,从布列塔尼到汝拉山脉附近,好比有一道长长的粗线横贯法国全境,形成一个人口极其稀少的地带,至少也可说是人口增长停滞或极其缓慢的地带。这一粗线隔开两个情况较好的区域:北方的卡昂、阿朗松、巴黎、鲁昂、马恩河畔沙隆、苏瓦西、亚眠、里尔等财政区,瓦朗谢讷财政区、三主教区、洛林和阿尔萨斯的人口增长尤其迅速;南方从阿基坦到阿尔卑斯山形成一个极其活跃的地带。在这一地带,越过中央高原、阿尔卑斯山和汝拉山的阻隔,人口向极需劳动力的城市和富庶的平原集结;没有外来的临时劳力的帮助,这些城市和平原就不能维持正常生活。

从鲁昂(或从圣马洛,从南特)到日内瓦划出的线并不是显示法国所有对立现象的、具有决定意义的断裂带。安德烈·雷蒙的

289 地图所表现的当然不是国民财富的分布，不是经济的进步或退步，而是人口的增多或减少。人口众多的地方势必向外移民与发展工业，或两者兼而有之，或选定其中一项。

至于米歇尔·莫里诺，他通常对任何太简单化的解释都持保留态度。关于以巴黎为圆心旋转的直径把法国分成两部分的假设当然不能得到他的赞同。举例说，他对从圣马洛到日内瓦划线，大致上也就是勒鲁瓦·拉杜里继安吉维尔之后提出的那条线，就大不以为然。[227]为了反驳这一假设，他引用了这条线划分的两个地区各自的贸易盈亏数字。如果这些数字还不足以抹掉这条界线，至少它们改变了两边的符号：财富转到南方，穷困转往北方。1750年，无疑“南部地区大大压倒北部。出口额的至少三分之二由南部提供。这一优势的原因部分在于南部盛产葡萄酒，部分在于波尔多、南特、拉罗歇尔、贝荣纳、洛里昂和马赛等港口是殖民地产品的集散地。但是原因也还在于茁壮发展的工业，布列塔尼能出售价值1250万图尔里佛的布匹，里昂出售的绸缎和丝带价值1700万，朗格多克出售的粗细呢绒价值1800万”。[228]

这次该轮到我表示怀疑了。根据对外贸易结算来称出法国不同地区的重量，对这一做法的意义我未能信服。显而易见的是：外销工业的分量单独没有决定性；在昨天的世界里，工业往往是贫困或生计艰难地区寻求的补偿方案。价值1200万里佛的布匹不能把布列塔尼变成法国的经济先进省份。真正的分类应该依据国民生产总值。儒尔·杜坦在1978年的爱丁堡大会上就试图这么做，他根据人均产值（与全国平均数相比）为1785年法国各地区排了一次队：[229]巴黎高居榜首，为280%；中部的卢瓦尔河和罗讷河流域达到100%的平均数;勃艮第、朗格多克、普罗旺斯、阿基坦、比利牛斯山区、普瓦图、奥弗涅、洛林、阿尔萨斯、利穆赞、弗朗什-孔代低于平均数;布列塔尼屈居末位。第423页的草图标出这些数值,它没有从鲁昂到日内瓦划出一条分明的界线,但贫困地区显然位于南部。

海疆和边塞

事实上,如同任何其他问题一样,对地理差异问题的认识随着涉及时间的长短而有所不同。经济形势的演变必定缓慢,在由形势演变引起的变化底下,是否还存在历时更久的对抗?法国难道同任何其他"民族"一样,只是若干不同实在的重叠?而其中最基本的(至少我以为是最深厚的)实在,无论根据定义或是观察,应是最耐磨损,即最顽固地停滞不动的实在。具体说,借助地理这个不可缺少的光源,我们便能看到无数恒久的差异:山脉和平原,北方和南方、东部的大陆和西部的茫茫海雾……这类结构,这些对立,
比压在人们头顶上的经济形势,给人的压力更大,它们对人们生活 292
的各个地区有时有利,有时则不利。

但是,归根到底,对我们来说,最有代表性的结构性对抗是狭窄的边缘地带和广阔的中心地区之间的对抗。"边缘"地带沿着隔开法国与外国的曲折边界走向展开。虽说这里本应使用"外围"这个词,我们却避免用它,因为在我们的某些讨论中,这个名词对于包括我在内的许多作者已有被经济世界得天独厚的中心弃之不顾的落后地区的意义。边疆或者以河流为天然分界线,或者与往往是人为划定的陆地边界相吻合。奇怪的是,作为一条规则,除了个

290

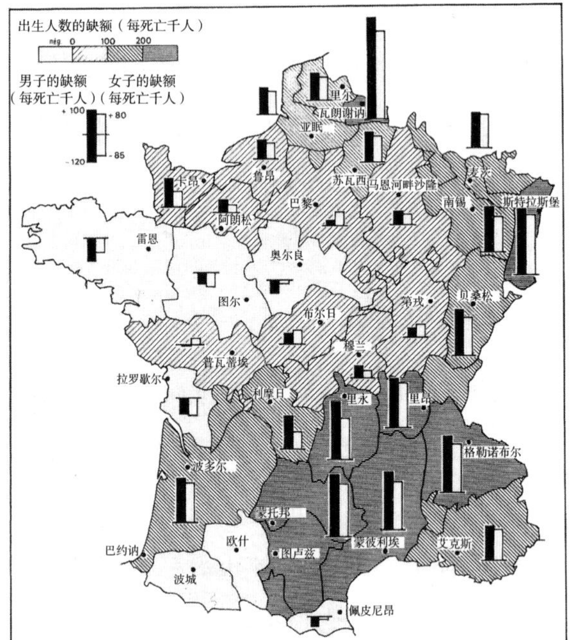

34. 称四次重量

I. 法国 1787 年间的出生和死亡

本图是安德烈·雷蒙编制的地图集内业已发表的极少几张地图之一。如图所示，有的地区人口减少（雷恩、图尔、奥尔良、拉罗歇尔、佩皮尼昂等财政区），有的明显超过平均数，人口激增（瓦朗谢讷、斯特拉斯堡、贝桑松、格勒诺布尔、里昂、蒙彼利埃、里永、蒙托邦、图卢兹、波尔多）。这一人口自然增长优势可能与这些地区推广玉米和土豆等新作物有关。

422

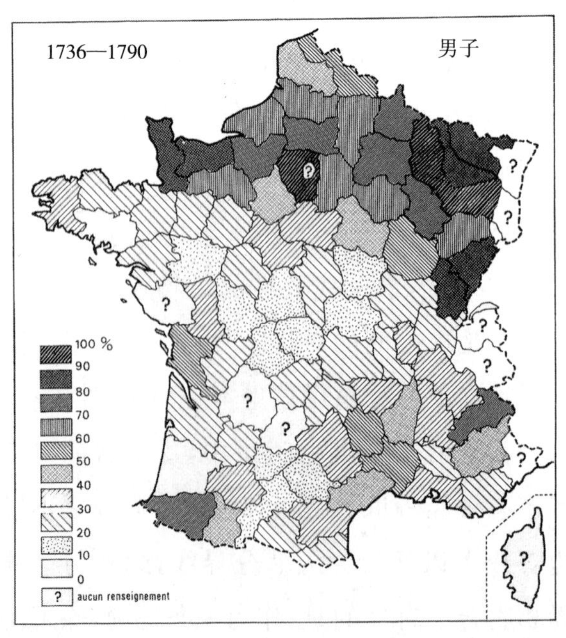

II. 法国大革命前夕的阅读和书写概况

本图系根据能在结婚证书上签名之男性配偶的数量而绘制，北方明显占优势。（引自弗朗斯瓦·富莱与J.乌佐夫的《读和写》，1978年）。

III. 征税也是测量 291

1704 年前后，政府计划对王国各城市的商人团体进行征税。里昂和鲁昂的税额高达 15 万里佛；波尔多、图卢兹、蒙彼利埃为 4 万里佛；马赛为 2 万……从这些数字可以测知图中其他地区的征税规模。巴黎不在征税城市之列。根据税收水平划分王国的不同地区很不容易。明显的事实是，如以经过拉罗歇尔（税额 6000 里佛）的纬线划界，北方小城市居多，南方则由大商埠占统治地位。

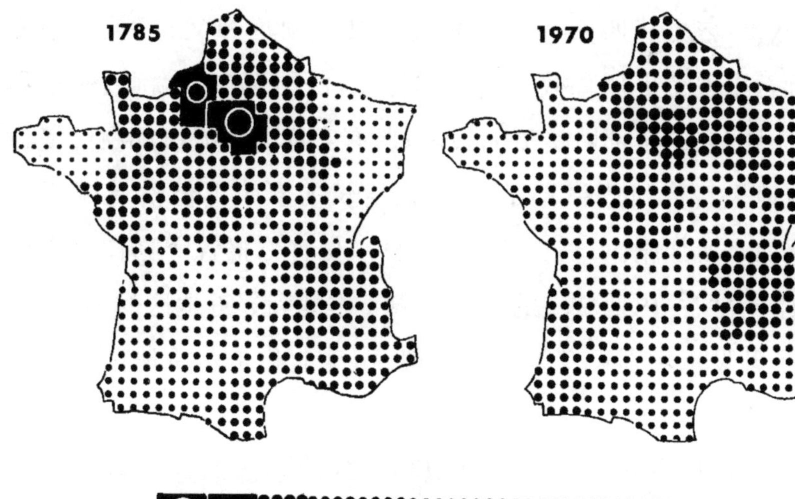

423

IV. 各地区的人均收入

按人均收入（物质产值）为 100，图示各地区的百分比。1785 年，巴黎为 280，上诺曼底 160，卢瓦尔-罗讷 100 等。是否如图所示，北方占据优势？是的，不过得出这一结果的计算很复杂，有待验算。1970 年的情形可资参证。到 1970 年，各地区人均收入发生明显的改变。（引自儒尔·杜坦：《1840 至 1970 年法国各地区收入的不平衡增长》，见《第七届国际经济史学大会论文集》，第 368 页，爱丁堡，1978 年。）

别例外，法国边缘地带总是相对富庶，而内地则相对贫困。阿尔让松自然而然地作出区分，他在1747年的《日记》中写道："王国内地的商业比1709年〔该年给人留下阴暗的回忆〕的情形更糟。那一年，由于蓬夏特朗先生出资装备私掠船，我们在海上的袭击使敌人寝食不宁；[230]我们的南海贸易收益颇丰；圣马洛的船带回国内的钱财数以亿计。1709年，王国内地比今天富裕一倍。"[231]下一年，即1748年8月19日，他再次提到"卢瓦尔河以南的王国内地陷于严重的贫困境地。去年收成不佳，当年的收成只及去年的一半。小麦涨价，乞丐从四面八方涌来"。[232]加里阿尼神父在《关于小麦的对话》中说得更加直截了当："请注意，法国现在以商业、航运和工业立国，它的全部财富流向边境；所有富庶的大城市都在国境边上；内地极其贫困。"[233] 18世纪日益增长的繁荣不但没有减弱反差，反而有所加剧。1788年9月5日一份官方报告宣称："海港的收入不断翻番，内地城市的商务仅限于本地和邻近地区的消费，居民除了开设工场别无良策。"[234]一般说，工业化是落后地区的经济报复手段。

有几位历史学家敏感地意识到内部和外部的这一持久的对抗。米歇尔·莫里诺认为，法国的财富及经济活动在路易十四统治的最后几年向沿海地区转移。[235]此话不错，但是这一运动开始的时间要早得多，尤其是它将延续很长时间。

爱德华、福克斯写了一部标题耸人听闻的书：《另一个法国》。该书的价值在于它一口咬定存在一种结构性的对抗。根据该书的说法，自古以来就有两个法国，一个向海洋敞开，追求贸易自由和远方冒险；另一个株守内陆，反应迟钝，受到重重束缚。法国的历史便是这两个法国之间的无从沟通的对话,对方都不肯改换位置和方向,每一方都固执地想占尽一切好处,丝毫不能理解对方。

在 18 世纪,作为最现代化的法国,“另一个”法国是财富和早期资本主义已在那里站稳脚跟的各大海港。几乎可说是一个小型的英国,而且梦想仿效英国 1688 年的“光荣革命”,在法国也发动一场和缓的革命。不过这个法国能单独行动并且取得胜利吗? 不能。只消举吉伦特派当政时期(1792—1793 年)发生的这个有名的事例,就能说明问题。与旧制度那时一样,无论在大革命时期或 293
在帝国时期,甚至更晚的时候,总是土地稳操胜券。一方面是商业,如果任其自由,就会更加兴旺发达。另一方面是始终受土地小私有制束缚的农业,以及因缺乏财力、物力和创造力而举步维艰的工业。这便是爱德华·福克斯描述的两个法国。[236]

尽管这位作者富有才华,但这一持久的、重复的对话不可能概括法国的全部历史。至少可以说,边缘的法国不止一个。法国疆土既在西部止于大海——这里是福克斯描述的另一个法国——也在东部与欧洲大陆接壤:阿尔卑斯山以北的意大利,瑞士各邦,德国,西属尼德兰(1714 年改属奥地利)和联合省。我不认为法国这一东部边境与它的海疆同等重要,同样引人瞩目,但这个边境毕竟是存在的。如果“边境”这个词有一定意义,那么东部边境因此必然具有一种独特性。简单说,法国在其海岸拥有若干“终点”和海洋转运站:敦刻尔克、鲁昂、勒阿弗尔、卡昂、南特、拉罗歇尔、波尔多、贝荣纳、纳博讷、塞特(柯尔贝尔创建的),马赛以及普罗旺斯的众多小港口。不妨说这是法兰西一号。法兰西二号则是辽阔的、多样的内陆,我们下文再谈。还有法兰西三号,这是由十几个城市组成的一条长长的锁链，包括格勒诺布尔、里昂、第戎、朗格勒、马恩河畔沙隆、斯特拉斯堡、南锡、麦茨、色当、梅齐埃尔、夏尔维尔、圣康坦、里尔和亚眠。它们之间还有若干次等城市，共同把网络从地中海和阿尔卑斯山一直拉向北海。里昂在这一城市地带中居枢纽地位。问题在于这一地带不如沿海城市群那样容易理解，那么整齐划一，那么轮廓分明。

法国经济地域在东方合乎逻辑的疆界（这是我的事后之见，读者可以相信，并无任何帝国主义野心）本应从日内瓦开始划线，经由米兰、奥格斯堡、纽伦堡、科伦直到安特卫普或阿姆斯特丹，以便向南攫取伦巴第平原这一十字路口，在圣戈塔增辟通向阿尔卑斯山的门户，并且控制所谓“莱茵河走廊”这条轴线以及许多沿线城市。法国既未能夺取意大利和尼德兰，同样的原因阻止它把边境推向莱茵河（阿尔萨斯是例外），推向与海路同样重要或差不多同样重要的道路网。意大利、莱茵地区和尼德兰长期是欧洲资本主义的“脊梁骨”，是不容别人染指的禁脔。

法国向东方的开拓，困难重重，十分缓慢。它吞并各省需要通过妥协，保留它们的部分自由和特权。阿图瓦、佛兰德、里昂地区、多菲内和普罗旺斯不受 1664 年五大包税所通过税率的约束；更有甚者，所谓“实际上的外国”省份，如阿尔萨斯、洛林和弗朗什-孔代，则完全划在法国税卡范围之外。在地图上标出这些省份，也就等于画出法兰西三号的位置。格林、弗朗什-孔代和阿尔萨斯对外享有完全自由，向外国商品敞开大门，并能在走私活动配合下，把外国商品运往王国内地加价出售。

如果我没有搞错，享有某种程度的行动自由，正是这些边境地带的特征。有必要进一步了解边疆地区怎样在法国和外国之间周旋。它们是否倾向一方或另一方？举例说，瑞士商人在弗朗什-孔 294
代、阿尔萨斯和洛林占什么地位，起什么作用？18 世纪他们在这些地区几乎像在自己家里一样。从多菲内到佛兰德，在 1793 至 1794 年的革命危机时期，人们对外国人也采取相同的态度，虽然外国人未必总受欢迎。在这些享有比邻近的法国地区更大自由的地域里，南锡、斯特拉斯堡、麦茨、里尔又起了什么作用？里尔的例子尤其有代表性，因为它紧靠尼德兰，离英国也很近，可以通过邻国走向全世界。

里尔提出了法兰西三号的全部问题。用时间尺度去测量，里尔是个了不起的城市。荷兰占领结束(1713 年)后，里尔及其周围地区迅速得到复兴。根据包税所 1727 至 1728 年间的视察报告，里尔“实力雄厚，其制造业和批发业足以养活本地以及佛兰德省和埃诺省的 18 万人”。[237] 在里尔城内和四郊，各类纺织厂、高炉、锻造厂和熔铁厂长年开工，生产豪华织物、炉灶用铁板、铁锅铁罐、金银线饰带以及小五金；大量货物从外省和邻国向它涌来：黄油、牲畜、小麦，应有尽有。它充分利用水陆交通之便，甚至政府迫使它改变货物流向，不再运往伊普尔、图尔奈或蒙斯，而是朝西朝北运往敦刻尔克与加来，它也没有多大困难就适应要求。

里尔尤其起着交通枢纽的作用。它从荷兰、意大利、西班牙、法国、英国、西属尼德兰、波罗的海各国接受种种货物，把从甲地取得的货物转售给乙地，如把法国的葡萄酒和烧酒转销北欧。不过它与西班牙和美洲的贸易占的比例肯定最高。里尔每年运出价值四五百万里佛的商品(主要是布匹和呢料)，或者由城里的批发商自担风险，或者由代理人负责经销。返程带回的现金多于货物，1698年有人估计每年带回三四百万里佛。[238]不过这笔钱并不直接送到里尔“省”，它先在荷兰或英国停留，那里汇兑交易更方便，而且汇率比法国有利：别的不说，检验货币成色的方法也与法国不同。总之，虽说里尔与别的城市一样参与法国经济活动，同时它又多半置身法国经济之外。

在作了这些解释后，我们就能更好理解某些位于内地，与边境有一段距离的城市（如特鲁瓦、第戎、朗格勒、马恩河畔沙隆和兰斯）的某种趋向。它们原来都是地处边缘的城市，后来却变成内陆城市，根深蒂固的传统在那里得以保存。法兰西三号，即面对东方和北方的法国，如同树木的外皮那样，是逐层形成的。

295 “另一个法国”的城市

428 关于濒临海洋的“另一个法国”的城市，我们对那里的情况看得要清楚得多。那里取得的成功也全靠行动和创业的自由。这些活跃的港口诚然以其贸易活动深入法国腹地，从中吸取养料，但它们的利益却往往选择海洋。1680年前后的南特希望得到什么？[239]它要求禁止英国船只停靠法国港口，因为英国人的小吨位快船能抢在别人前面运来纽芬兰的鳕鱼。能否排斥他们，或至少向他们征收高额关税？南特还要求用圣多明各的烟草来取代充斥法国市场的英国烟草，从荷兰人和汉堡人那里夺回他们抢走的捕鲸业利润。还有相应的其他要求：南特不断要置身法国之外。

基于同样的考虑，爱德华·福克斯在提到波尔多时问道：“究竟它属于大西洋还是属于法国？”[240]保尔·布代尔干脆说波尔多是个“大西洋都会”。[241]总之，根据1698年的一份报告，“王国的其他各省，除了布列塔尼部分地区外，不消费吉耶纳的任何食品”[242]：波尔多及其腹地的葡萄酒是否只供应讲究饮食的北欧等国的酒徒？同样地，贝荣纳主要关心邻近的西班牙的道路、港口和白银。住在圣灵关厢区的犹太商人遵循这一规则，1708年被指控——大概不无根据——“把他们从朗格多克和其他地方搞来的质地最差的呢绒”运往西班牙。[243]敦刻尔克和马赛位于法国海岸的两端，前者力图躲开英国的禁令，并插手各种活动：捕鳕鱼、与安的列斯群岛贸易、贩卖黑奴；[244]后者则是王国边缘所有城市中最奇怪、最有特色的一个。安德烈·雷蒙挖苦说，马赛“与其说是典型的法国海港，不如说是柏柏尔和勒旺的港口”。[245]

为了观察得更加仔细些，我们仅选圣马洛一个城市为例。圣马洛无疑是最能说明问题的城市之一，但是它的面积很小，“与杜依勒里宫的花园一般大”。[246]即使在1688至1715年间的鼎盛时代，圣马洛人也宁愿把自己说得比实际更小。1701年，他们说自己的城市“仅是一块突兀的礁石，除了居民的心灵手巧没有别的产生，而正因为灵巧，他们才成了法国的运输专业户”。这些运输专业户非同小可，他们有150艘船驶向世界各大洋。[247]假如我们相信他们的话——事实上他们也不尽是吹嘘——他们“首先从事捕捞鳕鱼，在阿米里克·韦斯普奇和卡布拉尔之前发现了巴西和新大陆”。他们对布列塔尼公爵（1230、1384、1433、1473年）和法国国王（1587、1594、1610、1644年）出让给他们的特权津津乐道。这些特权赋予他们与布列塔尼其他港口不同的地位，但是总包税人从1688年起发布的各种规定，也给他们不断制造麻烦，从而成功地限制了他们的特权。圣马洛要求与马赛、贝莱纳、敦刻尔克和“不久以来的色当”一样被宣布为自由港，未能如愿以偿。

圣马洛显然并不置身于布列塔尼之外，布列塔尼的布匹归它出口；它也不置身于法国之外，它的快船定期向卡迪斯运去法国最
296 贵重、最易脱手的货物：里昂与图尔的绸缎、金银线织物、海狸皮。当然它也转售外国商品，既有它自己运回来的，也有别人带给它的。但就圣马洛商业的整体而言，与英国的贸易占着枢纽地位。圣马洛人在英国购买的商品数量很多，以至他们要用开给伦敦的汇票来结账。荷兰占第二位，荷兰商船给圣马洛运来杉木板、桅杆、缆绳、苎麻和柏油。圣马洛人在纽芬兰海域捕鳕鱼，然后把渔获运往西班牙和地中海。他们也常去安的列斯群岛，圣多明各一度是他们的殖民地。他们在卡迪斯大发其财，卡迪斯从1650年起事实上成了西班牙对美洲贸易的专用港口；早在1672年前，[248]圣马洛人已在卡迪斯活动，他们先做白银生意，后来在当地创立实力雄厚的、活跃的商行，从而扎下根子。所以，1698年乃至更晚的时候，圣马洛人最关心的是不要错过大帆船在卡迪斯启航的日期，大帆船驶往卡塔赫纳，事先不预告船期；更重要的是要赶上驶往新西班牙的船队，“船期必为7月10日或15日”。通常需待“船只启航后十八个月到两年”，美洲贸易所得才能返回圣马洛，平均年入为700万里佛现金，最好的年份高达1100万。此外，圣马洛船只从地中海返航时在卡迪斯停泊，“带回现金10万至20万比亚斯特”。早在西班牙王位继承战争前，国王“于1698年9月发布诏书建立南海公司，又称太平洋公司”。[249]从此以后走私活动和直接开发美洲银矿的活动异常发达。这些活动具有世界历史的意义，可说是

17 世纪的圣马洛(木刻)。法国国家图书馆藏品。

圣马洛海员乃至法国海员 1701 到 1720 年间进行的最奇特的、最 297
耸人听闻的冒险。

这方面的卓越成就使圣马洛彻底成为一个置身法国之外、自成天地的海上绿洲。它拥有那么多的现金,没有必要开设与其他商埠往来的汇兑市场。[250]何况这个城市与布列塔尼的陆路联系稀少,与诺曼底和巴黎的联系更差。1714 年,从圣马洛到"距该城九法里的蓬托尔松没有定期驿车"。[251]蓬托尔松濒临库埃农河,这条沿海小河流经圣马洛以东,是布列塔尼和诺曼底的分界线。信件因此受到耽误,"每周二与周六从卡昂发出一班驿车,每周四从雷恩开来另一班;错过班期,信件就不能及时送达。"[252]圣马洛人当然啧有烦言,但是他们并不急于改变这一状况,因为他们没有迫切的需要。

内　地

一边是呈圆周状的边疆;另一边是大而无当的内地。地处边疆的城市灿烂夺目，早熟，相对富庶（波尔多在图尔尼时代相当于凡尔赛加安特卫普）。[253] 困守内地的城市黯淡无光，窘迫穷困（巴黎的杰出成就是个例外），其雕栏玉砌也往往是昔日的遗产，传统的霞光。

不过在进一步从事探索之前，我们对这一巨大的观察场不能不感到手足无措。我们掌握极其丰富的资料，研究报告数以千计，绝大多数又限于某一个省的特殊情形。而在民族市场中起重要作用的，显然是各省的相互关系。诚然，“普查的传统始于 1664 年，王国所有财政区在那年同时展开调查”。[254] 我们因而掌握一些“共时性”剖面或认识。其中最著名的该是勃艮第公爵领地的调查，或称“巡按使调查”，始于 1697 年，费了大劲到 1703 年才告完成；财务总监奥利大张旗鼓进行的调查素负盛名，1745 年调查甫告完成，适逢大臣失宠，报告因此被束之高阁。直到 1952 年，丹维尔才偶然发现由调查组一名成员起草的报告提要，此人系学士院院士，姓名不详。[255]

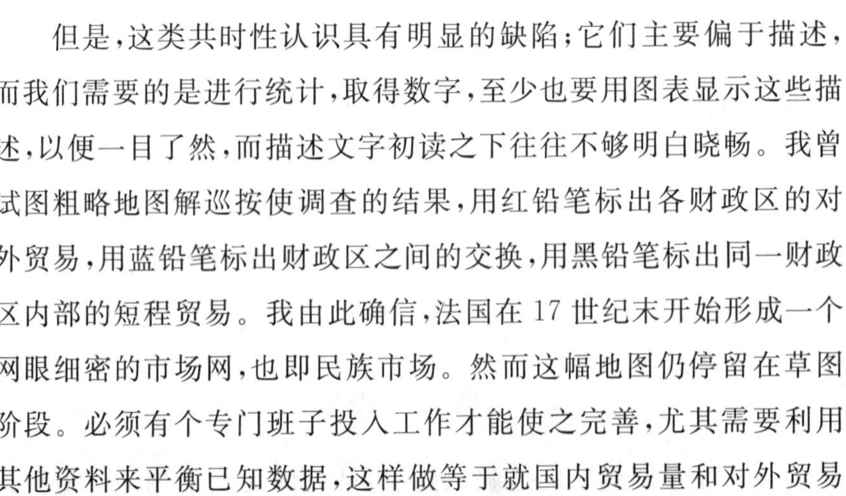

但是，这类共时性认识具有明显的缺陷；它们主要偏于描述，而我们需要的是进行统计，取得数字，至少也要用图表显示这些描述，以便一目了然，而描述文字初读之下往往不够明白晓畅。我曾试图粗略地图解巡按使调查的结果，用红铅笔标出各财政区的对外贸易，用蓝铅笔标出财政区之间的交换，用黑铅笔标出同一财政区内部的短程贸易。我由此确信，法国在 17 世纪末开始形成一个网眼细密的市场网，也即民族市场。然而这幅地图仍停留在草图阶段。必须有个专门班子投入工作才能使之完善，尤其需要利用
298 其他资料来平衡已知数据，这样做等于就国内贸易量和对外贸易

量作一比较，而对于这个决定性问题我们只拥有一些先入为主的判断，即认定国内贸易额大大高于对外贸易额，至少是后者的二至三倍。

我们掌握的“共时性认识”的另一个缺陷是它们彼此过于相似乃至重复，因为它们涉及同一个相对短促的时段，即从1697到1745和到1780年，前后还不到一百年时间。这就不能区分结构的恒在和随机的变迁。我们很想通过各省的相互关系就某些深层规律理出一个头绪；这个头绪理应存在，我们却还抓不住它。

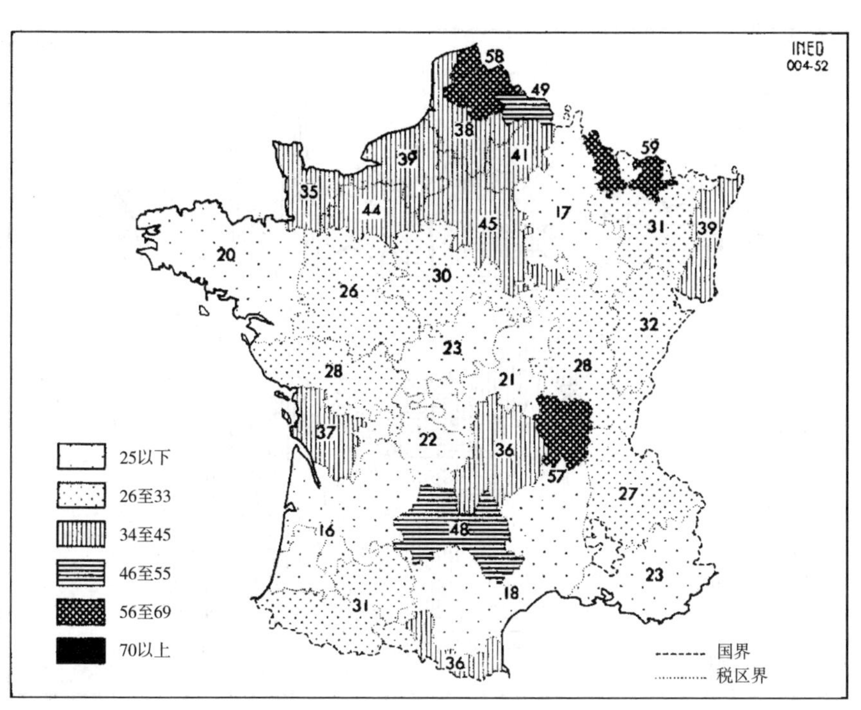

35. 1745年法国人口密度

弗朗斯瓦·德·丹维尔制图(参看注255)

财务总监奥利的调查提供了几把有用的钥匙。他根据“居民的贫富状况”把法国各省划分为五个等级:“富裕”“小康”“小康和贫困兼而有之”“贫穷”“赤贫”。第三等级(“小康和贫穷兼而有之”)与第四和第五等级(“贫穷”“赤贫”)之间的界线,也就是贫困地区与相对富裕地区之间的界线。这条线大致区分条件优越的北方与条件不利的南方。但是,一方面,南北两部分全都存在例外地区,规律并不绝对可靠。北方的香巴尼人口稀少(每平方公里 17 人),属于贫穷地区,阿朗松财政区干脆就是赤贫区;南方的拉罗歇尔财政区以及波尔多和鲁西永地区属于“富裕”地区。另一方面,

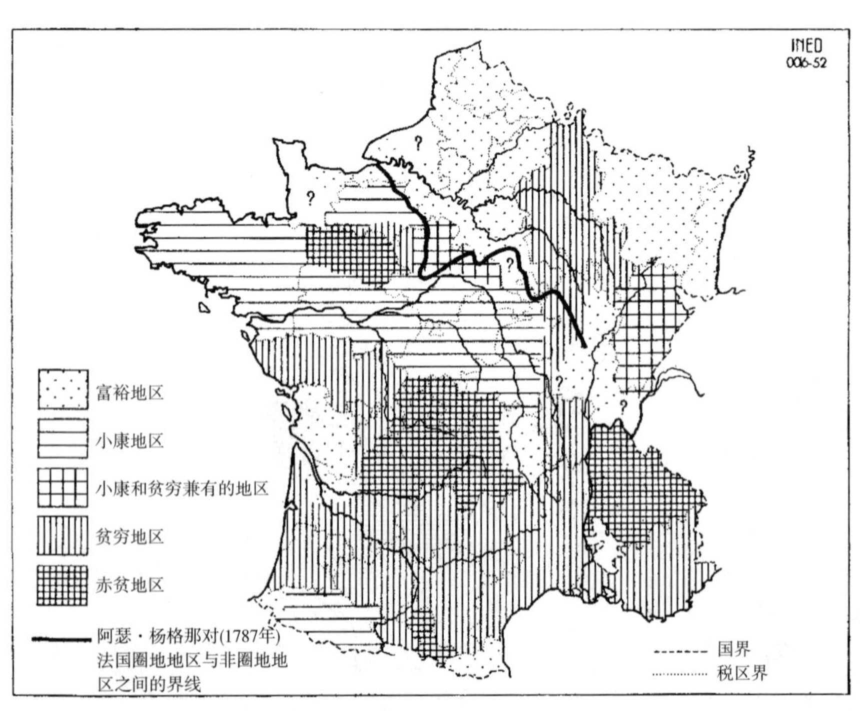

36. 18 世纪法国“居民贫富状况”

弗朗斯瓦·德·丹维尔制图(《人口》,1952 年,第 1 期,第 58—59 页)

北部与南部的地理分界线并不如人们期待的那样构成界于富裕和贫穷之间的第三级地区。这一分界地带从西向东伸展，首先是个“贫穷”地区（大西洋沿岸的普瓦图），然后是利摩日和里永财政
区这两个“赤贫”地区（虽然里永财政区内的下奥弗涅是富庶地 299
带），接下去的里昂地区和多菲内仍是贫穷和赤贫地区，最后的萨瓦地区还未归属法国。这些地区位于法国的心脏，却是法国地域中最有代表性的落后地带，其中多半还是移民输出区，如利穆赞、奥弗涅、多菲内、萨瓦。不过移民通常把钱带回老家，从而改善原籍的生活（上奥弗涅虽然“赤贫”，可能并不比“富裕”的利马涅更加贫苦）。

另一条标志穷困的轴线呈南北走向，从贫穷的朗格多克到同样贫穷的香巴尼。对这条线是否保留了 16 世纪区分大陆法国和海洋法国的那条南北轴线的遗迹，我还有点怀疑。总之，奥利的调查表明，法国领土上的贫富差别比人们原先设想的要复杂得多。

安德烈·雷蒙[256]绘制的地图恰恰也说明了这一点。他提供了 1780 年前后几年的三套指数：粮食产量、小麦价格、税收负担。我们当然还可以加上大致可靠的人口数据。为绘制这些地图付出了惊人的劳动。可惜每当人们企图把这些指数联系起来解释，就会遇到困难。布列塔尼似乎勉强保持平衡，因为税收负担不太重（这是设置三级会议的省份的特权），而粮食输出则是当地粮价居高不下的首要原因。何况，每当时机有利，如在 1709 年，[257]粮价高昂往往带来厚利。勃艮第粮食产量既高，税收负担又较轻，经由
索恩河和罗讷河运出小麦十分频繁；在这个地区小麦价格高可能 300
是有利的。相反，在普瓦图、利穆赞、多菲内，贫困与粮食的产量低

和价格高完全投契。

与人口数字和人口密度作比较也还得不出满意的结果。必须同意厄内斯特·瓦杰曼的看法:人口密度仅为一般经济状况作证。我们不妨就把每平方公里 30 人定作一条界线,试着去测定其意义。人口密度低于这条界线先验地不利于经济发展,高于这条界线便是有利。法国南方各地基本上符合这个标准,但是 1745 年经济不发达的蒙托邦财政区人口密度为每平方公里 48 人,与标准不符。

有没有别的办法呢?有的,但是很复杂。安德烈·雷蒙的图表使我们得以重视每个财政区的小麦平均年产量及价格;按"念一税"[258]的指数推算,我们可以算出土地收益,至少得出一个数量级(因为二十分之一是个原则比例,实际从未达到)。然后再把这些土地收益加起来,看在法国国民生产总值中占多大的比例。这样我们就得到一个系数,再把这个系数用于某一财政区的土地收益,我们就算出该财政区国民生产总值及人均收入,后者是最能说明问题的数据。如此这般,我们就能掌握各省的人均收入数字,据此判断法国财富的分布差别就心安理得了。完成这项任务需要胆大心细,安德烈·雷蒙是唯一合适的人选。可惜他没有去做,至少他还没有公布他得到的结果。

所以,若说旧制度下法国的实际情形及内部关系还有待发现,这并不过分。让-克洛德·佩罗的近著《法国地区统计的黄金时代》汇集了从共和四年至十二年(1796—1804 年)间有关的全部书刊资料目录。这批资料数量惊人,不是从财政区,而是按行政省为统计单位,[259]从这个基础出发可以做大量调查工作,得到的结果足以补偿我们为之付出的辛苦劳动。但是还必须躲开 18 世纪的

"数字梦呓",尽可能地上溯到更远的时代。此外,法国内部关系体系的演变过程中是否仍保留了以上的结构性不平衡,在这方面作一番检验恐怕也大有必要。

外围征服腹地

外围城市在内地这个"中立"——我们意思是说缺乏抵抗力——区域广事征服,这一事实清楚地说明内地大体上属于法国生活的次等区域,在这方面如有例外也正好证实了规律。外围城市组织内地产品的出口,控制进口。它们统治着并从内部吞噬一个可塑性极大的法国。例如,波尔多就吞并了佩里戈尔。[260]不过还有更好的例子。

乔治·弗莱什在一部近著[261]中恰如其分地提出了这个问题。18 世纪以图卢兹为中心的南部地区和比利牛斯地区占据法国内地的一大块面积。尽管有加龙河的水道,宝贵的南方运河和众多可以利用的陆路,这块土地仍是"陆地的囚徒"。与该地区的内陆性起着同等作用的,是来自里昂、波尔多与马赛三方面的吸引;图卢兹四周各地区和图卢兹本身因而沦为"卫星地带"。从这个角度 301
去看小麦贸易地图,就不必添加说明文字了。如果再加上里昂对丝绸的吸引力,支配图卢兹命运的那个三角形当即一目了然。所以,无论是小麦还是丝绸,甚至 16 世纪的菘蓝染料,都未能解救图卢兹,历史命定它陷于次等地位不能自拔。"仰人鼻息的贸易"和"寄人篱下的商业网",乔治·弗莱什以上的话说得恰到好处。甚至小麦贸易也不由本地商人独立经营,而是为波尔多或马赛的批发商充当经纪人。[262]

图卢兹,巴扎克尔塔楼和磨坊。17 世纪的版画。

以关键性城市(即位于国土边缘的海港和大陆商埠)为出发点,法国分割成若干从属性地区,这些地区和区域通过城市作媒
438 介,与左右脉搏跳动的欧洲经济沟通。从这个角度去考察经商的法国与务农的法国的对话,才能把握其真相。商业社会尽管有这些优势,却不能在法国战胜土地社会,这正是因为后者深厚邃密,很难从深部把它动员起来。这也还因为,法国在国际秩序中未能如阿姆斯特丹、伦敦那样占据领先地位,它缺乏雄踞首位所必须具备的活力,不能带动、激活那些并不始终主动地、不惜任何代价地寻求扩张的地区性经济。

302 英国的商业领先地位

英国怎样变成了一个统一的民族市场?提出这个问题十分重

要,因为它立即引出第二个问题:英国民族市场怎样因其自身的重量和环境的便利在扩大的欧洲经济中奠定领先地位?

这一领先地位是慢慢确立的:乌得勒支条约(1713年)签订时初露端倪,到1763年,七年战争行将结束时,彰明较著,到凡尔赛条约(1783年)后则已不容置疑。英国以战败国(其实大谬不然)身份签约,实际上荷兰既被淘汰,英国此时肯定成了世界经济的中心。

这一初胜决定了英国将取得第二个胜利,即工业革命。但是胜利本身的原因可上溯到英国久远的往昔,所以我以为区分商业领先地位和随后形成的工业领先地位是合乎逻辑的,工业领先地位的问题我们留待后面一章再去谈论。

英国怎样变成一个岛国

在1453至1558年之间,即在百年战争结束到弗朗斯瓦·德·吉兹夺回加来那一年之间,英国不知不觉地变成了一个岛(请原谅我使用这个说法),即一个与大陆隔开的独立地域。直到这个有决定意义的时期之前,尽管有英吉利海峡、北海和加来海峡的阻隔,英国与法国、尼德兰和欧洲犹如血肉相连。它在百年战争期间与法国的长期冲突(实际上这是第二次百年战争,第一次百年战争是金雀花王室与卡佩王室的战争),按照菲力浦·德弗里斯的正确说法,只是“省际冲突”。[263]这就是说,英格兰作为英法地域的一个省(或几个省的群体)而行事,英法地域的整体或绝大部分是这场无休止的斗争的争夺目标。英国在长达一个多世纪的时间内投入、沉浸在法国这个巨大的战场,而法国则致力于慢慢地摆脱英国势力。

英国在这场冒险中迟迟不能实现自己的奢望；它犯了好大喜功的过失，把自己推向险境：直到被赶出了法国，它总算回到自己的家里。亨利八世企图再次把英国纳入欧洲地域，未能成功，这对英国倒是一个新的机会。亨利八世的大臣托马斯·克伦威尔提醒国王，在国境外作战耗资太大。据说是他在下院发表的演说（1523年）[264]从多方面作了说明。他说，战费将相当于王国境内的货币流通总量；“战争将再次迫使我们铸造铜币。我个人完全可以迁就。但是，如果国王御驾亲征，不幸落入敌人手中，我们又该用什么支付赎金？法国人连出售葡萄酒都要索取黄金〔……〕难道他们能接受我们用铜币赎回国王？”亨利八世一意孤行去冒险，结果招
303 致失败。后来，伊丽莎白只是在口头上声称要收复玛丽·都铎丢失的加来，法国人虽说答应根据勒卡托·康布雷齐条约（1559 年）归还加来，其实毫无诚意。伊丽莎白一度占领勒阿弗尔，该地在 1562 年又被法国夺回。

从此大局已定。英吉利海峡、加来海峡与北海形成一个断裂带，一个起保护作用的“海上通道”。一名法国人 1740 年评论英国的话颇有见地：“这个海岛似乎为商业而存在，它的居民与其在大陆上征战扩张，还不如多想想怎样保卫自己。由于距离遥远和海上风险，他们连保住在大陆上的征服成果都很困难。”[265]反过来，大陆上的欧洲人想征服这个岛国同样不易。1787 年 5 月，阿瑟-杨格渡过加来海峡回国时，他庆幸“海峡恰到好处地把英国与世界其他地区隔开”。[266]这当然是个优点，可是英国人长期没有意识到这个优点。

在近代史的初期，英国人因被赶回自己家里，转而经营国内，开发土地、森林、荒地和沼泽。从此以后，英国人更关心危险的苏格兰边境，邻近的令人不安的爱尔兰，以及威尔士的局势。威尔士在15世纪初发生欧文·格伦道尔的叛乱，一度获得独立，后来重受英国统治，但仍“拒绝归化”。[267]最后，英国通过那场虚假的失败缩小了领土野心，这对它日后迅速建成民族市场大有好处。

随着英国与大陆的隔离，1529至1533年间又发生了与罗马的决裂，英国地域的“间离效果”从而加剧。纳米埃说得对，宗教改革也是民族主义使用的语言。英国突然采用这一语言，自觉或不自觉地投入到产生众多后果的一场冒险中去：国王变成英国国教的首领，他是英国的教皇；没收和出售教会土地推动了英国经济的发展；英国经济的更大动力在于长期位于世界的尽头，地处欧洲极端的不列颠诸岛在地理大发现后变成走向新世界的起点。英国当然不是为了更好地面向新世界而有意切断与欧洲联系的古老桥梁，但结果却正是这样。此外，作为往昔的回忆，作为分离和自主的附加保证，英国还保留了对近在咫尺的欧洲的念念不忘的敌意。1603年，苏利[268]作为亨利四世的特使来到伦敦。他指出：“英国人肯定仇视我们，这种仇恨如此普遍和强烈，简直成了这个民族的天性的组成部分。”

但感情总不是无缘无故产生的，至于过错，假如真有过错，也总应由双方分担。英国还没有进入“光荣的”孤立阶段；说它受到团团包围也许言过其实，但它至少感觉不友好的欧洲的威胁。法国在政治上对英国构成危险，西班牙很快占尽天时地利，安特卫普以及后起的阿姆斯特丹商人统治世界经济，他们因为是胜利者，既招歆羡又爱憎恨……我们能否说这个岛国有自卑情绪？它有自卑感也是合乎逻辑的，尤其因为在15世纪末和16世纪，英国纺织工业的兴起，即从生产羊毛过渡到制造呢绒，使它比以往更加离不开欧洲的商品流通渠道；英国商业活动的范围有所扩展；英国的航运业面向世界，世界也在英国激起反响。在这样一个世界里，英国看到危险、威胁乃至“阴谋”。举例说，格雷欣的同时代人认为，意大
304 利商人和安特卫普商人串通起来任意压低英镑的行市并廉价收购英国织工的劳动成果。这些威胁并不纯属臆想，但往往被夸大了；英国对之反应强烈。意大利商人兼银行家在16世纪遭到排挤；汉萨同盟商人在1556年被剥夺了优惠待遇，“斯塔尔会馆”1595年

1644年的伦敦交易所。W.霍拉作版画。

又遭没收；格雷欣为了与安特卫普对抗，才在1566至1568年间创建皇家交易所的前身；股份公司事实上正是为与西班牙和葡萄牙人决一雌雄而建立的；1651年的《航运法》针对荷兰；18世纪来势凶猛的殖民政策与法国为敌……英国生活在紧张状态下。它惊觉、好斗，不但在本国力求令行禁止，而且随着地位的增强，还要在国外发号施令。1749年，一位并非特别怀有恶意的法国人挖苦说：“英国人把自己的要求看作权利，把邻国的权利看作僭越。”[269]

英　镑 305

英镑的奇特历史证明了——如果还用得着证明——这样一句老生常谈：英国发生的任何事情都与别处不同。确实如此：英镑本是许多记账货币中的一种。可是，其他记账货币在国家操纵下或在不利的经济形势的捉弄下不断改变比价，而英镑自从在1560至1561年间由伊丽莎白女王稳定了以后，其币值直到1920年，乃至1930年始终不变。[270]这里发生了某种奇妙的、乍一看很难解释的事情。一英镑相当于四盎司纯银或半马克白银，[271]在欧洲货币价值表上英镑令人惊讶地划出一条长达三百多年的直线。莫非英镑置身历史之外，或者竟因清净无为而不招惹麻烦？肯定不是，因为英镑的历程是在伊丽莎白时代，在艰难、混乱的环境中开始的，它克服了种种危机才保持直线前进，而1621、1695、1774以及1794年的危机本可以使它改变方向。这些插曲尽人皆知，已经详细研究，并分别得到聪明的解释。但是真正的、不可能解决的问题是如何理解这些意外事件和这些成就的整体，理解这一沉着镇定地走自己的路的历史：我们了解这一历史过程中先后发生的插曲，但是

不甚了解它们之间的联系。英镑的历史是个令人恼火的问题，也是一部荒诞的小说，因为小说逐章展开，却始终不向我们披露它的秘密，而这里应该有，必定有一个秘密，有一种解释。

我们不需要说明这个问题如何重要，英镑的稳定是英国强盛的一个关键因素。没有稳定的价值尺度，便不容易得到信贷。借钱给君主的人就没有安全感，也就没有人们可以寄予信赖的契约。而没有信贷，就谈不到国家的强盛和金融优势。何况里昂交易会以及贝桑松和皮亚琴察交易会为了确保交易顺利进行，分别创造了稳定的专用价值符号，即“太阳埃居”和“马克埃居”。1585 年建立的里亚托银行和 1609 年开业的阿姆斯特丹银行同样强制推行一种银行货币。其标价高于价值变幻不定的流通货币：银行货币与流通货币的差价提供了安全保证。1694 年成立的英格兰银行却不需要这种保证：它的通用记账货币英镑因其价值稳定，足以给它带来安全。这一切都无容争议，但是重要的是找出由此产生的后果。一位对历史有所偏爱的银行家让-加布里埃尔·托马斯有感于英国人的智慧，在不久前发表的著作（1977 年）[272] 中指出，约翰·劳体系失败的一个重要的原因通常不被提及，即作为记账货币的图尔里佛不合时宜的贬值：这就妨碍正常的信贷活动，导致信用破产，造成杀鸡取蛋的结果。

说到英镑的历史，请不要相信只有一种解释，而是应该相信有一连串解释：不要相信存在一个指导具体政策的理论思想，而是相信有一系列实际解决方案：采用这些方案都是为了应付燃眉之急。然而从长远看，每个方案无不符合最英明的决策。

1560 至 1561 年间，伊丽莎白女王及以托马斯·格雷欣为首的顾问们着手整顿由“大衰落”[273]产生的极度混乱，即 1543 至 1551 年间惊人的通货膨胀。在这艰难的岁月里，流通银币（先令 306 和便士）的成色一落千丈。原先每 12 盎司银币含银 11.1 盎司[274]（即每盎司银币含 37/40 盎司的纯银），跌到含银 10 盎司，一跌再跌后，到 1551 年只含银 3 盎司，即银币的含银量仅四分之一。伊丽莎白的改革使货币成色恢复原来的标准，即每 12 盎司含 11.1 盎司白银。这一改革势在必行：混乱已到达极点，流通中的钱币重量、成色各异，往往还有残缺，而它们的价值却完全相同；这些钱币虽然用金属铸就，却与指券无异，仅是信用货币而已。物价在几年内涨了一倍或两倍，英镑在安特卫普的汇价大跌，可谓祸不单行。英国作为呢绒出口大国，犹如在欧洲停泊的一艘商船；它的全部经济生活取决于它与欧洲的维系，取决于安特卫普举足轻重的汇兑市场的行市。英镑的汇率像是英国对外关系的发动机和方向舵。甚至如托马斯·格雷欣这样头脑清醒的观察家也深信，伦敦和安特卫普的意大利货币兑换商随意操纵汇兑行市，在有利条件下攫取英国人的劳动成果。这种看法无视汇兑和贸易盈亏之间的关系，它既包含部分真理，也带有臆测成分。问题在于：汇率不是两个商埠（如伦敦和安特卫普）之间的对话，而是欧洲各商埠的大合唱；这其实是一种循环运动，意大利商人通过实践对此早有认识。既然如此，钱币兑换商并不支配汇兑运动，但是他从中得利，利用汇率的变化进行投机，如果他拥有手段并且掌握诀窍。意大利人出色地具备这两个条件，格雷欣在这上头害怕他们并非没有道理。

总之，伦敦政府通过改铸全部流通银币，提高英镑的固有价

值，希望达到两个目的：(一)英镑在安特卫普的汇价有所改善；(二)国内物价下跌。这两项希望中，只是前一项没有落空。[275]英国居民为这一运作付出了代价(政府以远远低于法定的价格收购有待回炉重铸的货币)，却没有得到物价下跌的补偿。[276]

伊丽莎白的改革因此没有收到立竿见影的成果，它反而让人觉得像是一副枷锁，因为用劣币改铸的良币数量不敷正常流通所需。后来由于美洲白银大批运达，从16世纪60年代起遍布整个欧洲，[277]英国的货币改革才得到转机。新大陆的白银也可解释1577年图尔里佛的币值何以得到稳定。作为法国的记账货币，里佛与黄金挂钩，当时一个金埃居被宣布等于三个里佛，商人用埃居做记账单位。实际上是里昂的法国和外国商人迫使亨利三世稳定里佛，因为这对他们有利。所以不宜把亨利三世的功劳估得太高。法国与英国一样，全靠新西班牙和秘鲁银矿的天赐之助，才能维持局面。不过一种经济形势给予的东西，另一种经济形势也能夺走：1601年，法国的稳定被打破，里佛与黄金脱钩。相反，英国的伊丽莎白体制却维持了下来。这是否应归功于岛国的商业扩张，归功于仅对北欧有利的经济形势？这么说未免走得太远。但是，英国
307 作为一个岛国，在与世界的关系中，处于进退自如的地位。法国则相反，大门对欧洲敞开，邻国有所举动都在它那里引起反响，它的地理位置决定各种货币都在法国境内流通；它受制于“市场”上贵金属价格的波动，甚至铸币局门口挂的牌价也随之涨落。

1621年，[278]英镑的稳定性重又发生问题。不过这一关很顺利地就闯过去了。英国呢绒制造商由于产品滞销，要求英镑贬值，以便降低生产成本，并增强在国外的竞争力。是否托马斯·曼挽救

了英镑的稳定性？英国舆论大概对“大衰落”记忆犹新，务以稳定英镑为念。托马斯·曼本人的睿智明达当然也起了作用，他在英国第一个看到汇兑和贸易盈亏之间的明显关系，并在领导建立不久的东印度公司期间积累了丰富的商业经验。但是一个人再聪明，再有远见卓识，怎么可能单枪匹马就决定影响整个英国经济乃至欧洲经济形势的货币运动？若不是英国与西班牙（自1621年起再次与联合省作战）共同约定由英国船只负责运送为支付西属尼德兰的财政开支所需的白银，曼的论据可能不会长期取胜。英国与西班牙这次结盟实在奇怪，而历史学家们（例外正好证明规律）[279]却往往不予重视。运抵英国的白银在伦敦塔加工成银币，然后（不是全部）运往尼德兰。这对英国是一笔飞来横财，不过以这种形式得来的好处到1642或1648年便告结束。然而，由于某些我们尚未了解的原因，尽管有内战的剧烈动乱，英镑仍维持稳定，甚至安然度过非同寻常的困难局面。

贯穿17世纪艰难重重的后半叶，在英国流通的货币都是年代久远、磨损严重、缺边少角的旧银币，有的只剩原来重量的一半。尽管写杂文的不时冷嘲热讽，谁也没有把此事认真看待。良币仅得一点贴水的好处：一个金基尼价值22先令，虽说官价是20先令。情况还不算太坏。实际上，由于金饰庄签发庄票（虽系私人发行，这已是一种纸币），广为流通，尤其由于记账货币的稳定让人安心，这些分量不足的银币与欧洲别处的铜币一样，变成真正的信用货币。人人都能将就。

直到1694年才出现问题，那一年突然发生猛烈的信用危机，这种稳定和这种令人惊奇的宽容心理一下子就被打乱了。[280]英国农业连年歉收；旧制度下这种典型的危机在英国绵亘不绝，其波澜也冲击了“工业”部门。此外，英国自 1689 年起与法国作战，政府必须在国外支付大宗款项，也就是要输出现金。最好的银币以及金币流向国外。危机气氛和银根紧缺（伦敦比外地更严重）促使人们一致拒收劣币并广为积攒良币。金基尼[281]价格打破一切记录：基尼的价值由原来的 22 先令升到 1695 年 6 月的 30 先令（即比 20 先令的官价高一半）。金银本身的价格也在上涨，英镑在阿姆斯特
308 丹的标价一落千丈本已说明形势十分严重，加上大批抨击性文章广事渲染，于是形势更显危急，舆论一片恐慌。铸币、纸币（金饰庄的庄票和 1694 年刚建立的英格兰银行的钞票）的价值大跌，想搞到现钱必须贴出 12%、19%乃至 40%的溢价。难得有人愿意贷款，利率定得极高；汇票难以流通，甚至停止流通。危机侵入一切领域。一位证人写道：“在伦敦一条名叫长巷的街上就有 26 所房屋招租。〔……〕甚至在希普萨埃德区目前也有 13 座房屋和店铺关门出赁，此事说来奇怪，因为在人们的记忆中，该区空闲房屋从未到过此数的四分之一。”[282] 1696 年，“局势混乱已极，好几位贵人因手头现金告竭，只得离开伦敦。他们空有六七千英镑的岁入，却无法在伦敦生活，因为从外省拿不到现钱”。[283]

好事的文人自然幸灾乐祸，大做文章，滔滔不绝地争论这一局势的真正原因及补救办法。大家在一个问题上意见一致：必须整顿货币流通，重铸银币。但是，新铸银币的成色应与伊丽莎白女王的规定保持一致，或是预先就接受贬值？另一个令人担忧的问题：由谁承担改铸费用？如采用第一个方案，耗资极大；采用第二个方案显然花费较少。财政大臣威廉·朗迪斯[284]主张贬值 20%，原因

之一是他要保住国家财政。在他的论战对手中，最著名的该是身兼医生、哲学家和经济学家的约翰·洛克，此人不顾一切捍卫英镑原来的价值，认为英镑应是“不变的基本单位”。[285]洛克在维护一个健全的政策的同时，可能也在维护产业主的权利、契约的有效性、向国家放贷资金的不可触犯性，总之是统治集团少数人的利益。但是，为什么是约翰·洛克的意见压倒了财政大臣的主张呢？

无疑应该考虑到下列事实，当时英国国王（即前奥伦治的威廉亲王）的政府陷于严重的财政困难之中，它刚开始推行的长期借款和负债政策在英国是异乎寻常的，引起了大多数英国人的疑虑和批评。尤其因为新君是荷兰人，而在国家的债权人中有许多是阿姆斯特丹的放款者，他们开始出资购买英国的股票和公债。国家必须使信用不容怀疑，不受怀疑，方能继续推行不得人心的广为举债政策，方能使新成立的银行不致陷入困境，因为银行的资金才刚筹齐，就扫数借给了国家。这可能是对英国政府决定拒绝英镑贬值，不顾困难重重，赞同洛克建议的最好解释。这个耗资巨大的方案于1696年1月得到上院和下院的迅速批准。重铸银币的全部费用（700万里佛）由国家承担，虽然为支付战费已捉襟见肘。但是目的毕竟达到了：作为恢复信用的标志，英镑在阿姆斯特丹的标价回升，同时英国国内的物价渐趋下跌，英国公债在伦敦和阿姆斯特丹市场上的发行量激增。

这个问题刚解决，又出现新的紧张局势，预告金本位制将被采用。金本位制拖了很长时间方才正式宣布实施，并非经过深思熟虑，而是顶不住事态的逼迫。[286]白银仍将长期顽抗，约翰·洛克等

人竭力为它辩护。在洛克看来，银本位制无疑是最方便的、最适合
309 交换活动的货币体制。他说："让黄金如同其他商品一样去找到它自己的比价吧。"[287]情况其实并不完全是这样的，因为基尼的比价由国王宸衷独断，被硬性规定为22银先令，这本是在危机前市场上的"自由"价格。而现在却等于足色的22先令，也就是说，金银比率就定在1∶15.9，黄金无形中增值了：荷兰的金银比率仅为1∶15。黄金因此大量涌到英国，以待善价，而新铸的银币则流出英国。在约翰·洛克再次干预下，基尼的价格在1698年被拉回到21.3先令，不过这还不足以阻止金、银的逆向流动。1717年，在铸币局总办牛顿的干预下，金银比价定为1∶15.21，金价依旧居高不下，英国因此继续输出白银，同时引来大量金币。

这个局面延续整个18世纪，导致了事实上的金本位制。官方迟至1816年才正式宣布采用金本位，规定一英镑等于一个塞弗林（真实的金币，净重7.988克，纯度为11/12）。然而，从1774年起，黄金作为货币调节手段已明显地超过白银。凡有磨损的金币一概停止流通，回收后改铸成足量的新币，而重铸银币因耗费过高，不被采用。人们因此决定，凡超过25英镑的付款，银币今后不具解除债务的能力。英镑如果不是在法律上，至少在事实上开始与黄金挂钩，从而获得新的稳定性。

这些事实诚然众所周知，但是原因何在呢？这一现象的根源是金价始终居高不下，而且金价仅仅由政府直接决定。那么，政府为了推行什么政策，满足什么经济需要，才决定抬高金价？事实上，偏袒黄金必定促使白银向反方向流动。我个人一直认为，在旧货币制度下，定价较高的货币会变成足以驱逐良币的

“劣币”。扩大应用所谓的格雷欣法则，解释也就省事多了。当英国吸引黄金时，它同时把白银逐出国门，使之流向尼德兰、波罗的海、俄国、地中海、印度洋和中国，白银在中国是交换的先决条件。勒旺对于威尼斯的商业繁荣是不可缺少的，而威尼斯为促使白银流向勒旺，使用的也是这套办法。从另一方面看，英国自梅森爵士签约（1703 年条约）那天起，便打赢了葡萄牙，巴西的黄金源源不断而来，把英国推着走上这条道路。它于是在自己浑然不知的情况下选择了黄金，抛弃了白银。它一旦这样做，就像穿上了童话中的千里靴。

英国对葡贸易的盈余后来发生逆转，来自巴西的黄金因而断档或者减少，英国于是走向合乎逻辑的下一阶段：纸币阶段。这同样不是偶然的。随着英国逐渐接近，最终抵达世界中心位置，它与全盛时期的荷兰一样对贵金属的需求有所减少；方便的，几乎能自动取得的信贷使它的支付手段成倍增长。1774 年，在美国独立战争前夜，英国听任它的金币和银币流向国外。它对这一初看很不正常的形势处之泰然：英国国内的高层货币流通已由英格兰银行和私人银行的银行券承担；夸张一点说，金银已降为次等角色。纸 312
币（法国人早就使用这个简短而方便的词，伊萨克·品托对此大为恼火）[288]之所以取得决定性地位，是因为英国在取代了阿姆斯特丹后变成全世界交换的汇合点，不妨说全世界的交换都在英国结算。作为过去时代的交换汇合地点，交易会曾有过类似的集中现象，广泛应用信贷而不是现金。英国只不过赋予旧的解决方案以新的规模，于是涌向英国的票据多于贝桑松交易会，甚至与阿姆斯特丹不相上下。

310

18 世纪末的索霍区,成群牛羊迤逦而行。

1790年伦敦的优雅街区格罗弗纳广场。

18世纪末伦敦泰晤士河畔。

朝这个方向走下去，必定要迈出新的步伐。1797 年，货币困难日益增大：为动员欧洲大陆与法国作战，就必须掏钱，即向大陆输出大量现金。皮特[289]为人素来颇具自信，但在让议会通过关于英格兰银行的银行券暂停兑换现金的议案时却忧心忡忡，深怕这一法令产生不可收拾的后果。最后的奇迹正是在这里开始的："银行限制法"规定了银行券强制流通，原定有效期仅六星期，却实施了二十四年而未引起任何严重的混乱。银行券原则上没有任何担保，但照旧流通，与铸币的比价保持不变，至少直到 1809 至 1810 年间是如此。也就是说，到 1821 年为止的二十五年间，英国走在时代前面，已经采用了我们今天熟悉的货币制度。拿破仑战争期间居留英国的一名法国人甚至说，所有这些年头，他未见过一枚金基尼。[290]一场本身特别难以支持的危机就这样度过了，没有造成太大的损失。

这一成就的取得全靠英国公众的态度，他们的公民责任感以及他们对一个始终以稳定为务的货币制度由来已久的信任。不过这一信任也建立在财富带来的保证和信心之上。银行券的保证金肯定不是金银，而是不列颠诸岛巨量的劳动产品。英国用它制造的工业品和它的转口贸易取得的收益向它的欧洲盟友提供数额惊人的资助，从而使他们能打败法国，维持一支在当时叹为观止的舰队以及庞大的陆军，从而在西班牙和葡萄牙扭转局势，使拿破仑陷于困境。在那个时代，任何别的国家都没有能力做同样的事。1811 年一位头脑清醒的见证人说，当时的世界虽大，却容不下两场这么大规模的试验。[291]这话大概不错。

可是，我们得承认，从英镑历史的总体来看，虽然每个插曲都很清楚,都能得到解释,但英镑何以保持稳定仍令人惊诧,似乎十分讲究实际的英国人从 1560 年起就能预见未来的平坦道路。谁能相信英国人竟有先见之明?那么,是否应该认为,英国因为局处岛屿(需要保卫的岛屿)的一隅之地,因为它力求闯进世界的舞台,因为它清楚地认识有待打败的对手(安特卫普,阿姆斯特丹,巴黎),它不得不长期处于紧张的进攻态势。英镑的稳定性不过是它的一个作战手段而已。

伦敦创造民族市场,也由民族市场所创造 313

英国的兴盛,端赖伦敦。英国的建设和发展从头到尾离不开伦敦。伦敦臃肿而庞大,相比之下,其他城市只能勉强算是地区性首府:所有英国城市,可能布里斯托尔是唯一例外,无不为伦敦效力。阿诺德·汤因比指出:“在任何其他西方国家里,没有一个城市能使所有其他城市同样彻底地黯然失色。17 世纪末,英国人口与法国或德国相比显得微不足道,也少于西班牙或意大利。但那时伦敦很可能已是欧洲最大的城市。”[292] 1700 年,伦敦约有 55 万居民,占英国人口的 10%。尽管有瘟疫和黑死病的频繁袭击,伦敦的发展一直引人瞩目。法国疆土过广,深受内部分裂之害,又在巴黎和里昂两个中心之间无所适从;英国只有一颗脑袋,但硕大无比。

伦敦同时包括三四个城市:伦敦城是经济首都;国王、议会和富人卜居威斯敏斯特;泰晤士河下游是港口区和平民区;左岸萨瑟克的关厢区街巷逼仄,剧院众多:天鹅剧场、玫瑰剧场、地球剧场、希望剧场、红公牛剧场……(1629 年共有 17 家,同一时期巴黎只有 1 家)。[293]

集市的平均覆盖面（英亩）

100 000以上
70 001—100 000
55 001—70 000
45 001—55 000
37 501—45 000
30 000—37 500
30 000以上

0　25　50 英里

37. 市场密布的地区就在伦敦的肘腋之下

本图(引自《英格兰土地史》,琼·舍斯克著,1967 年版,第 4 卷,第 496 页)显示伦敦市怎样在其周围创建一个交换活动频繁、迅速的地带。民族市场的现代化首先从英格兰南部和首都开始。

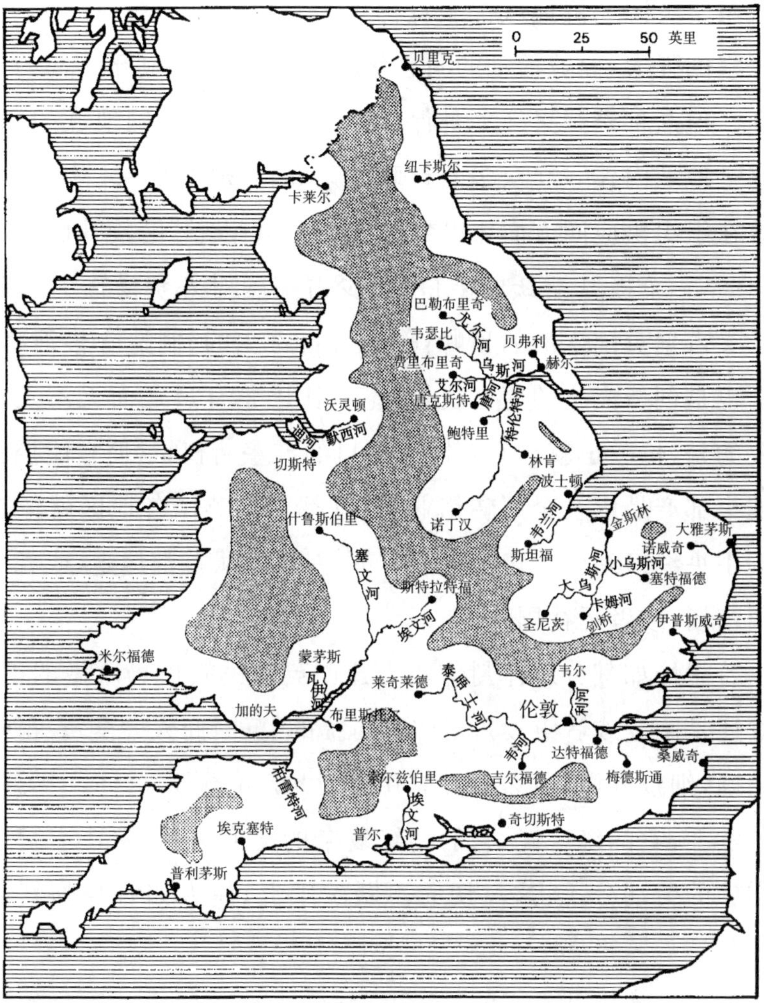

38. 民族市场与通航河道(1660—1700 年)

T.S. 维伦的地图(见《英国 1600—1750 年间的内河航运》,1964 年版)涉及的年代还在“运河热”以及河道治理工程以前。图中的河流仅标出通航河段,距航道 15 英里以远的地区用晕线标出。比较本图与上图,人们简直会认为本图是上图的负片。同近海航运网一样,内河航道促进了民族市场的形成,其作用堪与首都的吸引力相比。18 世纪末,随着交通的进步,黑色晕线表示的不通舟楫的地区几乎完全消失了。

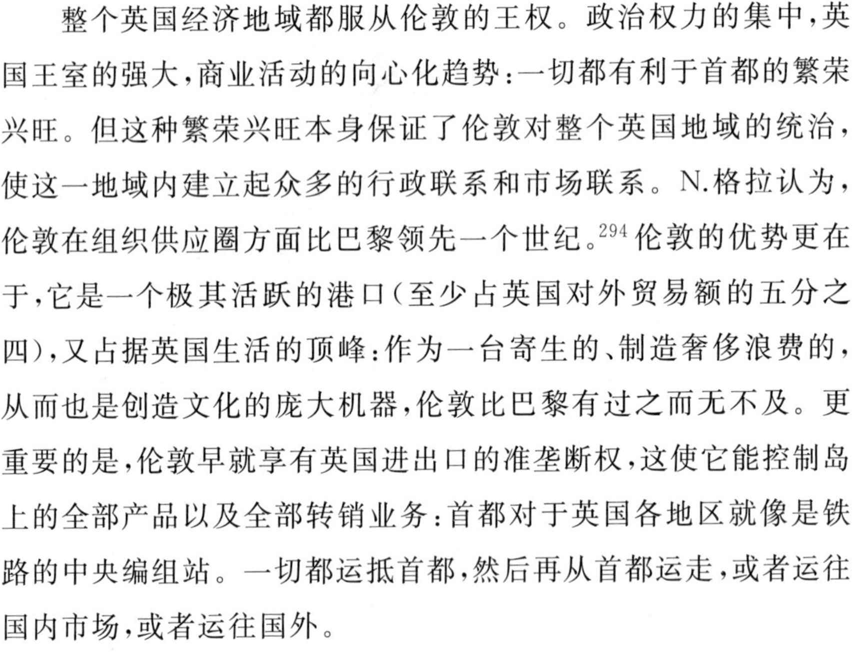

整个英国经济地域都服从伦敦的王权。政治权力的集中，英国王室的强大，商业活动的向心化趋势：一切都有利于首都的繁荣兴旺。但这种繁荣兴旺本身保证了伦敦对整个英国地域的统治，使这一地域内建立起众多的行政联系和市场联系。N.格拉认为，伦敦在组织供应圈方面比巴黎领先一个世纪。[294]伦敦的优势更在于，它是一个极其活跃的港口（至少占英国对外贸易额的五分之四），又占据英国生活的顶峰：作为一台寄生的、制造奢侈浪费的，从而也是创造文化的庞大机器，伦敦比巴黎有过之而无不及。更重要的是，伦敦早就享有英国进出口的准垄断权，这使它能控制岛上的全部产品以及全部转销业务：首都对于英国各地区就像是铁路的中央编组站。一切都运抵首都，然后再从首都运走，或者运往国内市场，或者运往国外。

若想恰如其分地评判伦敦为开创英国民族市场所做的工作，
458 最好还是阅读或者重读丹尼尔·笛福的《英国商人大全》。笛福观察精确，细致入微，虽然他没有用过“民族市场”这个词，但民族市场的实在，它的统一性，它的错综复杂的交换关系，它在广阔地域内实施的劳动分工：这一切无不跃然纸上，使人如有身临其境之感。

如果不计极其重要的、旨在运输纽卡斯尔的煤和重货的沿海航运业，英国在大举开凿运河前只剩几段不长的通航河道可供利用，交通以陆路为主，运输使用大车、驮马乃至无数负贩。[295]上述运输工具和人员都向伦敦集中，然后再从伦敦出发散向各地。无疑，“曼彻斯特人的财富姑置不论，他们当时是些到处流动的商贩，
314 亲自〔不经过中间人〕送货上店铺，就像今天约克郡和考文垂郡的

制造商一样”。[296]但是在笛福描写的那个时代(1720年左右),生产者与外省销售者的直接联系是件新事,它将在普通的产销联系中逐渐推广,并使之复杂化。笛福写道,在一般情况下,某一产品在远离伦敦的某郡一经制成,便运给伦敦的一名经纪人或货栈主,由他或者卖给伦敦的店铺以便零售,或者卖给出口商,或者卖给批发商以便在英格兰各地区零售。举例说,出售羊毛的羊群主人和出售呢绒的店铺主人分别是“介入这一过程的第一名和最后一名商
人。从生产、运输到出售产品经手的人越多,对于国家的公共积累 315
就越有好处,因为百姓安居乐业是国家的重大和主要利益所在”。[297]笛福好像还怕读者不完全明白市场经济具有提供劳动和就业机会的优越性,他回过头来再举一个例子:威尔特郡的沃明斯特生产的宽幅呢绒。制造商通过运输商把产品运到伦敦,交给勃莱克威尔厅的经纪人A先生;A先生负责推销,他把布料卖给呢绒批发商B先生,后者负责转售,把商品经由陆路运给比安普顿的店铺主C先生;后者把整匹呢料剪开,卖给某位乡绅。正是这
些以伦敦为目的地,又从伦敦出发的运输过程构成英国市场的基 316
本网络。所有商品,包括进口产品,就这样在英国的道路上流通,笛福认为英国道路的繁忙程度超过欧洲。在最小的城镇乃至在乡村里,“现在谁也不满足于当地的制成品,人人都想得到外来的产品”,[298]如英国其他省份的织物、印度的织物、茶叶、糖……无疑,英国市场从18世纪初开始,也就是说,很早就呈现为一个活跃的整体。也正是在18世纪的前二十五年英国进行巨额(相对而言)投资,把内河航道的总长度延伸到1 160英里,并使全国绝大部分地区与水运网的距离不超过15英里。[299]陆路交通跟着有所发展,

这也不足为奇。笛福在 1720 年谈到冬天道路以往不能通行，[300] 其实不过是车辆无法行驶罢了，因为在 17 世纪驮畜一年四季都从事运输活动。更不必奇怪的是，负责贮存、出售和转销商品的市场正无视官方的各种规定迅速组织起来；中间商甚至看不到他们经销的商品，这正是商业活动几乎臻于完美的证据。18 世纪中期，伦敦小麦市场由 15 名经纪人把持。只要有机会，他们毫不迟疑地把小麦存在阿姆斯特丹，那里的仓储费（随息率而变动）比英国便宜。另一个好处是小麦出境能得到英国政府的出口补贴，而万一英国缺粮，把小麦运回来毋须缴纳进口税。[301] 这一切标志着 18 世纪英国国内市场的现代化程度越来越高。

下一世纪初，在 1815 年，一位久居英国的前战俘发表的见解很说明问题："如果说英国的全部利益都集中在今天万商云集的伦敦市，同样可以说伦敦的影响遍及英国各地"，[302] 换句话讲，在伦敦出售的来自英国四面八方的货物同样也在英国各城乡市场出售。服装（尤其是款式一致的女服以及风靡各地的时装）足以指明英国经济地域已告统一。但是此外还有别的测试标准，如银行在全国各地普遍设立。最早一批地方银行出现于 1695 年，[303] 规模不大，那一年发行的全部银行券仅达55 000英镑。但是这一开端意义深远，因为信贷通常要等到最后，在事先促使信贷成为可能和必要的经济过程已告结束后，终于才肯露面。尤其是地方银行的数量将成倍增长，并与伦敦各银行以及与 1694 年建立的英格兰银行保持联系。在信贷方面，外省经济的一体化、卫星化已经实现。

是否应该说，伦敦虽然为统一的民族市场奠定了初步基础，但民族市场后来却是自己发展壮大的？18 世纪与上一个世纪不同，外省的制造业中心和港口，特别是从事黑奴与殖民地产品贸易的港口，如利物浦、布里斯托尔或格拉斯哥，得到迅速发展，[304]从而促进了全面繁荣。在整个不列颠诸岛中，英格兰已形成组织紧密的民族市场，欧洲找不到能与它相比的例子。既然如此，不列颠诸岛迟早都会受到它那异乎寻常的压力，并根据英格兰的要求改造各岛的经济。

英格兰怎样变成大不列颠 317

英格兰的北部和东部与交通阻塞的高原地区接壤。这些地区主要从事牧业，长期陷于贫困，人口不多，居民以抗拒英国变化的凯尔特人为主。迫使这样的邻居就范便是不列颠诸岛内部历史的关键过程。达到这个目的只能采用坏的解决办法，即使用武力。在这里，政治考虑理所当然地先于经济因素，因为经济长期满足于有限的、个别的成功。在康沃尔郡，伦敦的批发商早就控制的唯一产品是锡。[305]威尔士于1536年被再度征服后，该地运往伦敦的活牲畜到1750年后[306]才构成大宗贸易，而且要等到19世纪英格兰人引入重工业以后，威尔士才真正改变了面貌。正如人们预料的那样，最重要的两局棋是分别以苏格兰和爱尔兰为对手的：苏格兰的形势发展总的说来令人感到出乎意料，爱尔兰则历来受到近在咫尺的英格兰的殖民剥削。

苏格兰本可以保持独立自主，不被当作“边鄙之地”而多少受人另眼相看。它的疆域辽阔，大体等于英格兰的一半，境内多山，居民贫穷，与英格兰接壤的边境地势险峻，不易翻越。历史上与英格兰的激烈斗争更注定它对邻居拼命抵抗。即便在1603年苏格兰的詹姆斯四世继承了伊丽莎白的王位，成为英格兰的詹姆斯一世，身兼两国的君主以后，苏格兰仍保留自己的政府和议会。议会的权力虽然相对削弱，但它毕竟继续存在。[307]苏格兰与英格兰之间的边境和海关也继续存在，边境和海关既使苏格兰有可能阻止英格兰商品侵入，也使英格兰得以禁止苏格兰的牲畜和麻织品入境，乃至不准爱丁堡、格拉斯哥或邓迪的水手在英格兰殖民地登岸……

苏格兰在 17 世纪是个穷国。拿它同英格兰相比，哪怕一时一刻，也是微不足道。苏格兰的经济古老陈旧，农业采用传统方式，歉收频仍（如 1695、1696、1698、1699 年），饥荒接踵而至。“我们永远不会知道〔这些年头〕有多少人丧生：同时代人说死了人口的五分之一、四分之一，在某些地区甚至高达三分之一或更多，那里的居民不是死于非命，就是外出逃荒。”[308]

然而苏格兰的港口经营活跃的对外贸易：首先是爱丁堡的外港利斯，然后是阿伯丁、邓迪、格拉斯哥，外加许多小港。无数小吨位商船从这里出发，驶往不同方向：挪威、瑞典、但泽、鹿特丹、费勒、鲁昂、拉罗歇尔、波尔多，有时也前往葡萄牙和西班牙。这些大胆的商船往往最后一批赶在冬天海面封冻之前向西渡过松德海峡。苏格兰水手和商人有时中止旅行，在国外定居，其中有的继续小本经营，负贩为生，也有的在斯德哥尔摩、华沙、雷根斯堡发财致富，当上气派的市民。[309]苏格兰低地的沿海城市商务活跃，航海活动规模不大，但不断增长。爱丁堡和格拉斯哥商人（都是本地商人，我们认为这是商业发展健康的标志）尽管本钱不大，却干劲十足。这既能解释他们于 1694 年组成苏格兰非洲公司，也可说明该

18 世纪爱丁堡的集市广场。左侧的车辆位于城西门入口处。远景是古堡。爱丁堡公共图书馆藏画。

公司为何失败:公司在伦敦、汉堡和阿姆斯特丹筹集资金皆未成 318
功。[310] 1699 年苏格兰人在达连地峡沿岸建立殖民地的尝试同属徒劳。英格兰人不但不助他们一臂之力,看到他们失败反倒松了一口气。[311] 像是这个民族命中注定不幸,苏格兰有所举动必不成功。

可能因为苏格兰希望英格兰和美洲的市场能对它开放,爱丁堡议会于 1707 年以三至五票的多数通过与英格兰合并。如果说这是出于计谋,这番心计没有用错,因为正如司莫托所指出的,与常理相悖,苏格兰的进一步政治依赖并没有造成它在经济上被奴役,并没有使它沦为“边鄙之地”。原因在于:一方面,苏格兰既然基本上变成英国的一个省,它就能分享英国人在国外享有的全部商业特权。苏格兰商人自然不会错过机会;另一方面,苏格兰本身拥有的东西对英格兰不具任何特殊经济利益,因而也不劳后者伸手攫取。然而,苏格兰期待的繁荣和振兴并不是立竿见影的。需要假以时日,才能利用在整个大英"帝国"、北美、安的列斯群岛乃至印度经商的可能性。苏格兰人纷纷到印度去发财,使当地的英
319 格兰人大为恼火。一直要等到18世纪中期的普遍经济高涨,苏格兰的出口和工业才真正谈得上发展。一经起飞,便成绩斐然。首先是活牲畜的大宗贸易兴旺。1740至1790年间,由于英国舰队需要补充给养,活牲畜的出栏价格涨了三倍,同时也带动了羊毛出口的增长。于是发生了不一定始终带来好处,但至少合乎逻辑的变化:土地的价值胜过劳动的价值,畜牧业侵占耕地和集体土地。最后,1760年后,苏格兰带着它的独特性,大力参与英国的工业改造。由于苏格兰的亚麻和棉花加工厂在银行系统的支持下蓬勃发展(英格兰人也往往认为苏格兰的银行系统比他们自己的更优越),苏格兰城市大为扩张,终于向农业提出新的需求,推动农业姗姗来迟的,但又卓有成效的改造。启蒙时代最得人心的名词"进步"成了苏格兰各地的口号。"社会各阶级无不意识到有一股活力正把它们推向一个更富裕的社会"。[312]

苏格兰确实启动了。1800年一位作者写道:"没有英格兰的繁荣,就绝不会有格拉斯哥现在这样的大发展,爱丁堡的城墙长度也不会在三十年内增加一倍,人们此刻也不会再兴建一座新城,雇用约一万名外地工人。"[313]这种演变与我们下文就要谈到的爱尔兰模式大不相同,是否得力于机缘凑巧?抑或有赖苏格兰商人的创造性和经验?或者全靠司莫托指出的事实,即苏格兰的人口增

长至少在低地比较缓慢，没有如今天许多不发达国家那样抵销经济发展带来的好处？上述因素无疑都起作用。但是还应该想到，苏格兰不像爱尔兰那样遭到英格兰刻骨铭心的仇视。苏格兰居民并不都是凯尔特人，苏格兰最富庶的地区，即从格拉斯哥延伸到爱丁堡的低地，居民早就讲英语。不管其确切原因是什么，英国人在苏格兰低地可能会感到与在自己家里一样。高地则相反，通用盖耳语（极北部有一个地区甚至保存了一种挪威方言）。可以肯定苏格兰的经济发展更加拉开了高地与低地之间的差距。不妨说，18世纪日益富庶的英格兰与相对贫困化的苏格兰之间的界线已从原来英格兰和苏格兰的边境挪到高地和低地的分界线上。

爱尔兰的情形大不相同：12 世纪的英格兰人已在爱尔兰圈地定居，[314]就像他们后来在美洲殖民地那样。爱尔兰人是英格兰人的敌人，是既受蔑视又被畏惧的土著。由此产生彼此的隔阂，许多放纵乃至暴行。这些悲惨的往事，说来真是一言难尽。英国历史学家已诚实地、清醒地完成了这项工作。[315]一位英国历史学家说，肯定“与被当作奴隶贩卖的黑人一样，爱尔兰是保证大不列颠取得世界霸权的那个体制的最大受害者”。[316]

不过我们在这里感兴趣的既不是阿尔斯特的殖民化，也不是设在都柏林的所谓爱尔兰政府的闹剧（1801 年爱尔兰议会与伦敦议会合并，干脆连这一骗人的幌子也不要了），而是爱尔兰受英国市场的支配。这一支配地位使得与爱尔兰的贸易“在整个 18 世纪成为英格兰海外贸易最重要的分支”。[317]信奉新教的英格兰人在爱尔兰的领地是剥削爱尔兰人的大本营，这些领主把爱尔兰四分之三的土地据为己有。爱尔兰农村的年收入为 400 万里佛，向不 320

在乡村居住的地主缴纳的租税每年达80万里佛，到18世纪末年，更上升到100万里佛。在这种情况下，爱尔兰农民陷于赤贫的境地，人口增长更犹如雪上加霜。

爱尔兰日益沦为“边鄙之地”：境内接连出现几个经济“周期”（这里我们用的是吕齐欧·德·阿塞维多[318]在谈到巴西经济时赋予该词的含义）。1600年前后，爱尔兰遍地都是森林，便成为英格兰的木材供应者，而且为英格兰主子的利益发展了炼铁工业。一百年后，岛上林木砍伐殆尽，炼铁工业也就自动熄火。此后，面对英国城市日益增长的需求，爱尔兰就专门发展畜牧业，出口咸牛肉、咸猪肉和桶装黄油。英格兰市场消费的活牲畜由苏格兰和威尔士供应，不取给于邻岛。大量输出上述货物的主要港口是爱尔兰南部的科克：英格兰、英国舰队、盛产食糖的西印度群岛、西欧各国的舰队，尤其是法国舰队，都是它的主顾。在1783年10月、11月和12月的宰杀季节，科克港屠宰量达五万头牛，还有价值相等的猪“在春季屠宰”，外地屠宰场的宰杀量不计在内。[319]每逢宰杀季节结束时，欧洲商人想方设法打听桶装咸牛肉和咸猪肉，每公担生熟猪油以及黄油和奶酪的价格。克洛因主教列举爱尔兰每年输出的牛肉、猪肉、黄油和奶酪的惊人数量后，好奇地问道：“在一个食品如此充足的国家竟有一半居民沦为饿殍，这情形让一个外国人怎么可以理解”？[320]如同波兰的小麦不归种麦的农民享用一样，这些肉食也丝毫不供当地消费。

18世纪最后80年间，爱尔兰咸肉遇到经由阿尔汉格尔斯克出口的俄国咸肉以及来自美洲英属殖民地的同一商品的竞争。那时候，爱尔兰开始它的小麦“周期”。法国领事1789年11月24

日从都柏林写信说："我就近请教的明达之士无不认为爱尔兰的
咸肉贸易大势已去，但他们并不担忧，倒是高兴看到，这将迫使
大地主们为了自身利益改变迄今推行的经营体制，不再把大片
膏腴之地仅用于放牧。这些土地如经耕种，必能为人数多得多
的居民提供工作机会和食物。这一革命业已开始，并进展神速。
爱尔兰过去从英国输入小麦，供其首府〔都柏林〕消费，只有这个
地区的居民对小麦多少有点了解。但近年来，该岛已能大量出
口小麦。"[321]我们知道，英格兰早先出口小麦，随着人口增长和工
业起步，已变成粮食进口国。爱尔兰的小麦周期一直延续到
1846 年废除《谷物法》。小麦输出在初期可是费了大劲，其情形
使人想起 17 世纪的波兰。这位法国领事进一步解释说："爱尔
兰之所以能〔在 1789 年〕出口〔小麦〕，是因为爱尔兰人多数并不
消费小麦；输出的不是剩余产品，而是在其他各地区公认的必需
品。岛上四分之三的居民以土豆果腹，北部则用燕麦面烙饼或 321
煮面糊。一个贫穷但是习惯节衣缩食的民族就这样供养另一个
远比自己拥有更多天然财富的民族〔英格兰〕。"[322]如果我们仅限
于对外贸易的统计资料（其中包括捕鲑业、获得丰厚的捕鲸业、
本世纪中叶开始生产的亚麻布的大批出口），1787 年爱尔兰有
100 万英镑的顺差；这其实是它不论年成丰歉总要交给盎格鲁-
撒克逊地主的租税。

但是，美洲战争为爱尔兰和苏格兰同样带来良机。伦敦政府再三作出许诺，并于 1779 年 12 月和 1780 年 2 月取消了某些有关爱尔兰对外贸易的限制和禁令，允许爱尔兰与北美、西印度和非洲直接经商，准许勒旺公司接纳英国国王的爱尔兰臣民。[323]

消息传到巴黎，人们惊呼“爱尔兰发生了革命”，英国国王“将空前地变得无比强大，而法国肯定将成为这一切的受害者，如果它不立即阻止英国国力的骤增。办法有一个：给爱尔兰一个新国王”。[324]

爱尔兰利用了这些让步。可能已经占用了岛上四分之一居民的亚麻纺织工业还要进一步发展。1783 年 11 月 26 日的《法国新闻报》声称，贝尔法斯特向美洲和印度出口11 649匹布，相当于310 672维尔热〔面积计量单位〕。它还不无夸大地说：“爱尔兰的科克和沃特福德城的商业不久将会超过利物浦与布里斯托尔。”1785 年，[325]第二届皮特政府灵机一动，建议在经济上彻底解放爱尔兰，但是下院表示反对。首相根据他的习惯做法，一旦遇到阻挠便不再坚持。

很可能爱尔兰因此丧失了天赐良机，因为在这以后不久，法国革命政权多次组织在爱尔兰军事登陆，厄运重又在这个岛上留下不走。一切都从某种方式恢复原状。维达尔·德·拉布拉什[326]说得好，爱尔兰离英格兰太近，难逃后者的掌握，它的面积又太大，不易被同化，因此一直受其地理位置之害。1824 年，都柏林与利物浦之间首次开辟轮船航班，不久就有 42 艘船走这条航线。1834 年一名同时代人说：“以前从利物浦渡海到都柏林平均需要两周，今天只要几个小时。”[327]爱尔兰因此离英格兰更近，更加听任摆布了。

我们现在重新再回到真正讨论的问题上来，以便作个小结。人们必定不难同意以下看法：不列颠诸岛的市场源自早具雏形的英格兰市场，自美洲战争起形成其明确、有力的格局；美洲战争在这方面起到某种加速作用,标志一个转折点。这就和我们早先的结论一致,即英国在 1780 至 1785 年间成为欧洲经济世界公认的主宰。英格兰市场同时完成三项事业:主宰本国市场,主宰不列颠市场,主宰世界市场。

英国的强大国力及公债 322

欧洲从 1750 年起日渐欣欣向荣,英国自不例外。在英国经济明显高涨的众多标志中,我们应该记住什么?哪些标志应列在首位?英国商业生活的等级化?或者高得出奇的物价(英国的高物价并非只是缺点,也有吸引“外国产品”和不断刺激国内需求的优点)?再或者居民的平均生活水平和人均收入不低于小而富的荷兰?再或者英国的贸易额?这一切无疑都起了作用。英国的强盛将导致当时谁也未能预见的工业革命,其原因并不仅仅在于经济的上升势头,不列颠市场的形成和扩张,以及 18 世纪整个欧洲活跃地区普遍分享的繁荣。它还得力于一系列特殊的机遇,正是这些机遇推动英国在自己并不始终意识到的情况下走上现代化的道路。英镑是一种现代货币。英国的银行体系是朝着现代化方向自动形成和自动演变的体系。英国的公债作为一种长期或永久性债务稳如磐石,这个根据经验提出的体制事后将表明是个功效卓著的技术杰作。当然,回过头来看,公债也是英国经济健康的最佳标志:因为源自所谓英国金融革命的这一体制不管多么巧妙,它必须对公债持有者按期还本付息。做到这一点与维持英镑的经久稳定同样是件费劲的事。

事情之难办,尤其因为英国及大多数人对此持反对态度。英

国在1688年前就借国债，但这都是短期借款，利息很高。付息不按期，还本更不准时，有时需要借新债还旧债。总之，国家的信誉不佳，1672年查理二世颁布延期偿付法令后变得更差。该法令不仅宣布暂不归还银行家们借出的本金，而且停止偿付利息（后来为此打了一场官司）。光荣的革命与奥伦治的威廉亲王登基后，政府必须大举借债，为使债主放心，便于1692年实行长期借款（甚至有"永久"借款的提法）政策，债款利息由明确指定的一项税收收入担保。后世人看待这一决定好像是一项巧妙的、极其正直的金融政策的开端，其实当初是在混乱中，在激烈的争论中并在事态的强大压力下仓促作出的。各种对策先后都已试过：养老储金会、终身年金、彩票乃至1694年创立英格兰银行。前面说过，英格兰银行一成立就把全部资金借给国家。

1700年伦敦的咖啡馆。摘自《英格兰平民的生活和工作》。

糟糕的是，英国公众认为这些新花样与股票投机是一码事，是奥伦治的威廉从荷兰的行李中带来的外国招数。乔纳森·斯威夫特1713年写道：人们不相信这套“新的治国方略，大家认为国王坚持推行这套政策，是因为他在本国早已搞熟了”。荷兰人相信“国家负债符合公共利益”。这对荷兰可能适用，对英国未必行得通，英国的社会和政治毕竟与荷兰不同。[328]有些批评更加激烈：政府 323
是否企图通过发行公债而赢得公债认购者，特别是担保公债发行成功的各家商行的支持？公债不仅能便利投资，而且息率也高于法定标准，这对不断促进经济和贸易发展的自然信贷岂不是个极大的竞争？笛福本人早在1720年就留恋过去，说那时候“没有欺诈、股票投机、彩票、公债、年金，没有人购买海军债券和公共安全债券，没有国库券在市面上流通”，王国的全部资金投入商品流通的大河，没有任何力量使它偏离正常的流向。[329]至于硬说国家举债是为了不使臣民的税收负担太重，更是笑话！每笔新的债款都迫使国家开征新税，开辟新的财源，以便保证偿还本息。

最后，许多英国人被债款总额之巨吓得咋舌。1748年，使英国人感到失望和屈辱的亚琛和约签订不久，一位喜爱推理的英国人[330]眼看国债接近8000万英镑，不由哀叹。他说：这个水平很可能是“我们的极限，再向前迈出一步，就有全面破产的危险”。我们 324
已到了“悬崖的边缘”。大卫·休谟在1750年也说，“不必未卜先知，就能猜出即将发生的灾难。二者必居其一：不是国家毁了公共信贷，就是公共信贷毁了国家。”[331]七年战争过后不久，诺森伯兰爵士向坎伯兰公爵诉说他的担忧。他看到英国政府“得过且过混日子，而法国却整顿财政，偿付债务，重整海军”。万一“法国想跟

我们作对”，[332]一切都可能发生。

外国旁观者也对英国债台高筑大感惊诧，认为简直不可思议。他们附和英国人的批评，一有机会就嘲讽他们无法理解的这个过程，往往以为这是国力极其虚弱的信号，认定这个贪图方便的、盲目的政策将把国家引向灾难。曾在塞维利亚长期定居的法国人杜布歇骑士有一份很长的备忘录（1739 年）中对费勒里枢机主教解释说，英国已被 6000 万英镑的债务压垮；“英国的国力虽然众所周知，但大家明白它无力偿还债务”。[333]人们一直在策划同英国开战，在这种情况下，战争会给英国致命的打击。当时政治专家们的笔下无不流露这种错觉。正是出于这一原因，荷兰人阿卡里亚斯·德·塞里奥恩 1771 年在维也纳发表的题为《英国的财富》一书中悲观地指出，英国的财富受到生活费用高昂、税收增多、国债庞大乃至所谓人口减少的威胁。此外，1778 年 6 月 30 日的《日内瓦新闻》刊登了一段挖苦的话：“经计算，英国如每分钟拿出一基尼偿还国债，尚需 272 年 9 月又 8 天 15 分才能还清，也就是说债款总额达141 405 855基尼。”好像存心要嘲弄这帮无能的专家和旁观者，战争后来又使债额大大增加。1824 年，杜弗雷恩·德·圣莱昂算出：“欧洲全部公债高达 380 到 400 亿法郎，其中英国独占四分之三还多”。[334]当时（1829 年），让-巴蒂斯特·萨伊对英国的债务制度持严厉的批评态度，认为“刚到 40 亿”[335]的法国公债已经“为数过大”。莫非为胜利付出的代价要比失败更大？

这些通情达理的观察家们偏偏都错了。公债正是英国胜利的重要原因。当英国需要用钱的时刻，公债筹集巨款归它调拨。伊萨克·品托看得准，他在 1771 年写道：“公债的利息准时偿付，不容违约，债款由议会保证还本，这一切确立了英国的信誉，因而借到的款项之大令欧洲惊诧不已。”[336]他认为英国在七年战争（1756—1763年）中的胜利便是公债政策的结果，而法国的羸弱就在于它的信贷组织不善。托马斯·莫蒂默也看对了。他在1769年赞誉英国的公共信贷是“英国政治的奇迹，使欧洲各国既惊讶又畏惧”。[337]早三十年，乔治·贝克莱曾推崇这一政策是“英国对法国的主要优势”。[338]可见当时确有少数人心明眼亮，懂得这一貌似危险的游戏有效地动员了英国的有生力量，提供了可怕的作战武器。

一直要等到18世纪最后几十年，英国公债的优越性才为世人
公认。第二届皮特政府才能在下院宣布：“这个民族的生机乃至独 325
立建立在”[339]国债的基础之上。写于1774年的一条札记说到“英国自身弱小，若无商业、工业及其仅存在账面上的信贷，绝不可能对几乎整个欧洲发号施令”。[340]准会有人说，这是“人为财富”的胜利，但是人为的东西不正是人的杰作吗？1782年4月，法国及其盟国以及其他许多欧洲人认为英国处境困难，简直没有出路时，英国政府却发行300万英镑公债，认购数竟达500万！只要向伦敦四五家大公司打个招呼，钱就来了。[341]奥地利驻法国大使安德列阿·多尔芬始终头脑清醒，前一年在给友人安德列阿·特隆的信里谈到对英战争：“一场新的特洛伊围城战开始了，它的结局很可能和直布罗陀围城战一样。不过我们理应佩服英国的顽强，它在那么多地区同时抵抗那么多敌人。现在该是承认打败英国的计划毫无希望的时候了，谨慎要求我们安排和作出一些牺牲，以便换来和平。”[342]这是对英国的实力雄厚、也是对它的坚韧不拔的极高礼赞。

从凡尔赛条约(1783 年)到艾登条约(1786 年)

1783 年发生的事件最能显示英国的强盛。尽管英国在凡尔赛条约(1783 年 9 月 3 日)中蒙受屈辱,尽管法国得意洋洋,英国当时还是证明了自己的实力、政治智慧和经济优势。米歇尔·贝尼埃说得好,英国打输了战争,但它随后立即赢得了和平。英国其实不可能不赢得和平,因为他手中握有全部王牌。

因为争夺世界霸权的真正决斗不仅在英法之间,而且更大程度上在英荷之间进行。而荷兰的元气已在第四次英荷战争中消耗殆尽。

因为法国追逐世界霸权的失败在 1783 年已成定局,三年后签订的艾登条约将证明这一点。

关于艾登条约的情形可惜不很清楚。1786 年 9 月 26 日法国与英国签订的这个商务协定以英方谈判代表威廉·艾登的名字命名。法国政府似乎比圣詹姆斯宫的内阁更急于缔约。凡尔赛条约第十八条规定双方应立即指定专人商讨缔结商务协定事宜,但英国政府似乎宁愿让第十八条躺在档案柜里睡觉。[343] 法方一再催促,其动机当然既是为了巩固和平,也是为了能结束两国之间巨大的走私活动。走私贩子发了横财,物价却并未因此下跌。结果,两国海关坐失大笔收入,而美洲战争耗资甚巨,英法两国的财政无不捉襟见肘,自然愿意借此挹注。总之是法国采取主动。叶卡特琳娜二世驻伦敦的大使西摩兰 1785 年 1 月写道,英国“不到任人颐
326 指气使的地步”,而那些“在亲眼目睹前”以为英国会屈从的人,如法国在伦敦的谈判代表雷纳瓦尔,“真是大错特错了”。协定签订

后，皮特趾高气扬（其实也大可不必）地“在议会声称，1786 年的商务协定是对凡尔赛条约的实实在在的报复”。[344] 可惜历史学家回顾这段历史时不可能毫不犹豫地作出判断。1786 年协定并不完全证明英法之间的经济对抗，尤其因为该协定在 1787 年夏天才付诸实施，[345] 当时有效期为 12 年，到 1793 年被国民公会废止。这次试验历时太短，不足以提供令人信服的结论。

法国人在这场纠纷中既是仲裁人又是当事人，根据他们的见证，英国人诡计多端，自行其是。英国商品抵达法国港口时，他们利用法国海关管理混乱，官员缺乏经验并收受贿赂，货物报价很低。他们还想方设法做到，英国煤从不用法国船运往法国；[346] 他们对用法国船运送出境的英国商品课以重税，以致停在此间伦敦河里的“两三艘法国双桅船足足等了六星期才总算装够货物，免得空船返航”。[347] 不过这已是英国的老习惯。1765 年，萨瓦里的《词典》指出，“英国民族天性”的一大特点是不允许“别人到他们国内经商”。他补充说，“所以应该承认，外国商人在英国受到的接待，他们被迫缴付的过高进口税和出口税以及经常遇到的凌辱，这一切都谈不上鼓励他们在英国设立相应机构”。[348] 艾登条约签订后，法国人不必大惊小怪：“皮特先生便违背条约精神，按照与法国葡萄酒同等的减免比例，削减葡萄牙的葡萄酒进口税。正因为这个行动是不道德的，他就认为这是一项政治行动。”一名法国人事后说：“我们还不如把葡萄酒留着自己喝！”[349] 话说回来，一些法国投机商确实也进口了数量过多的劣质葡萄酒，[350] 轻易以为英国顾客不识货。

无论如何，1787 年 5 月 31 日宣布条约生效的法令为悬挂英

国旗的商船敞开了法国港口的大门，引来成群的商船以及大批英国商品：呢绒、棉布、五金乃至陶器。这在法国引起强烈反响，尤其在诺曼底、皮卡第等纺织工业区，1789 年三级会议陈情书纷纷要求“修改商约”。最激烈的抗议见诸著名的《诺曼底商会对英法商约的意见》（鲁昂 1788 年）。事实上条约生效日期恰与法国工业经历的一场危机不期而遇，当时某些地区，如鲁昂，正处于现代化过程中。但整个法国工业正备受结构陈旧之苦。法国有些人希望英国的竞争能加速必要的演变，推动业已开始的引进英国先进技术的潮流（如设在达尔讷塔勒与阿尔帕容的棉纺厂）。达拉贡先生 1787 年 6 月 26 日从伦敦写信说：“我很高兴看到大批英国工人想来法国安家。只要给他们一点鼓励，我不怀疑他们会把自己的朋友也招来。人数一多，其中必有一些才干人物。”[351]

但从法国大革命开始后，新的困难又出现了。伦敦汇价“动荡
327 不已”。由于法国资金外流，汇价 1789 年 5 月已损失 8％，同年 12 月达 13％，[352]以后的情形更糟。虽然法国币值惨跌可能一度刺激了法国对英国的出口，但肯定也阻塞了商业流通渠道。我们需要掌握统计资料才能作出判断，可是我们只有备忘录和辩护词。以《关于 1786 年与英国缔结的条约的备忘录》[353]为例，这个文件写于 1798 年，远在条约签订之后，作者很可能是杜邦·德·纳穆尔。他试图说明，英法条约本应是个成功（言外之意它并非如此）。通过向英国商品抽取 10％到 12％的进口税，条约有效地保护了“我们的制造厂”，尤其因为英国人为出口货物“需支付不低于 6％的额外开支，他们就多支出总数的 18％……”这条杠杠足以保护我

们的工业抵御从英国进口的商品。何况，在“精纺”呢绒方面，“色当、阿布维尔和埃尔伯夫的制造厂没有任何异议”；这些工厂一直[354]很兴旺……生产“普通呢料的厂家，如贝里和卡尔加松的工厂”也没有抗议。总之，毛纺织业没吃大亏，顶住了竞争。棉纺织业情况不同。不过只要把纺纱工序机械化就可以了。这是老霍尔克的意见，此人原籍英国，当时任法国工厂总督察。他说：“只消安装〔与英国人一样的〕纺纱机器，我们的产品就会跟他们的一样好。”总之，英国的竞争本可以给已经走上轨道的法国现代化进程追加一鞭——但是我们再说一遍，这个试验必须贯彻下去才能达到上述效果。尤其必须不让英国抓到足以压倒一切的王牌，即在大革命和拿破仑帝国的战争期间英国对无限广阔的世界市场的垄断。

从这个角度看问题，把19世纪初法国经济落后的原因归咎于法国大革命和嗣后的拿破仑战争的论据就有一定的道理。但是，除开靠不住的艾登条约，我们还有别的证据足以断定，早在1786年前大局已定，英国已经赢得了对世界经济的主宰权。信服这个说法不难，只要看伦敦怎样迫使俄国、西班牙、葡萄牙、美国接受它的贸易条件；看英国怎样排挤欧洲竞争对手，在凡尔赛条约后不费吹灰之力便重新征服新大陆原英属殖民地的市场，使美国的盟友们在惊讶之余感到强烈不满；再看英国怎样度过1783年后经济萧条的动荡岁月，皮特怎样把秩序和明智重新引入英国财政：[355] 1785年茶叶走私被取缔，前一年通过的《东印度法》[356]标志英属印度开始有一个比较廉洁的政府。此外，1789年底，海军准将菲力浦斯率分遣舰队把“政府遣送的首批歹徒运抵植物学湾”，揭开了英属澳大利亚的序幕。罗伯特·贝尼埃的见解很可能是正确的：英国“在美洲战败，放弃了过大的军事胜利，以求保全和扩展它的市场”；[357]它放弃了任何复仇愿望以便维护其“经济发展和优势”。[358]

至于法国，劫难接连不断，处境更加恶化。在柯尔贝尔和路易十四时代，法国未能挣脱荷兰的羁绊。现在它又掉进英国的网罟。正如昨天或前天法国必须通过阿姆斯特丹，今天它必须通过伦敦
328 才能呼吸辽阔世界的空气。当然逆境对它也并非没有好处或方便。法国失去遥远大陆之日，可能正是其印度贸易获利丰厚之始。可惜这些好处维持不了多久。

统计说明问题，但不解决问题

英法争雄是18世纪及19世纪初期世界历史的核心问题，这一问题能否用数字，或者通过数字的比较加以说明乃至得到解答？两位英国历史学家彼得·马赛厄斯和帕特里克·奥布赖恩不久前在1976年普拉托学术讨论周期间[359]着手解决这个前人从未认真研究过的问题。我们面临的这项考证开始令人困惑，随后倒也发人深省，不过总嫌不够完整。之所以令人困惑，是因为纵观他们的研究成果，似乎法国显而易见地占有某种优势。报告在普拉托引起轰动，一位法国历史学家在随后的讨论中说，照这么计算，法国本该在争夺世界霸权中获胜，工业革命
329 也应该在法国开花！可是我们确实知道，情况并非如此。所以英国为何取胜的问题又重新以不容规避的方式再次提出，而且我们当然没有得到答案。

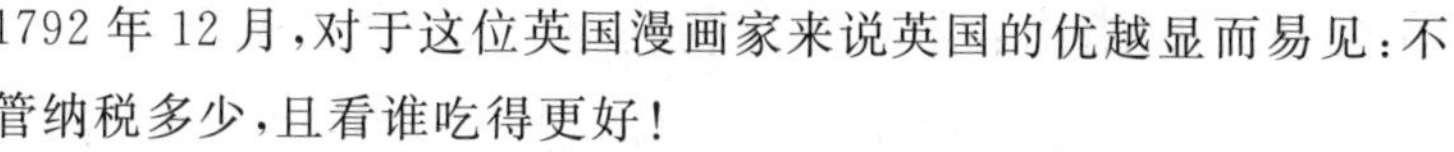

1792 年 12 月，对于这位英国漫画家来说英国的优越显而易见：不管纳税多少，且看谁吃得更好！

从这两位英国历史学家画出的英法两国自 1715 至 1810 年的经济增长曲线来看，即使统计的只是物质生产总量，18 世纪法国经济增长速度比英国快，前者的产值超过后者。于是问题完全颠倒了过来。确实法国产量从 1715 年的 100 上升到 1790 至 1791 年的 210，1803 至 1804 年的 247，1810 年的 260。英国同期的产量从 1715 年的 100 上升到 1800 年的 182。差距仍然很大，即使考虑到英国产量由于两方面的原因而被低估：1. 统计仅限于物质生产，不计服务业，而英国的服务业肯定大大高于法国；2. 由于法国起步晚，它的发展速度很可能比较快，在赛跑中比对手更有利。

不过，就是用图尔里佛或用百公升小麦作单位计算总产值，差距仍然很大。法国在生产的天平上是个巨人——巨人虽然没有打赢（这个问题有待解释），但不容否认他是巨人。T.J.马科维奇[360]不会被怀疑为偏袒法国，连他也坚持说，法国18世纪的呢绒工业居世界首位。

还可以从财政预算出发作一番比较。1783年4月7日《法国新闻报》的一则短文刊出一位“政治计算家”（我们不能很快就知道他的姓名）提供的欧洲各国的财政收支总额（为便于进行比较，折算成英镑计算）。法国居首，共1 600万英镑，英国居次或者说与法国接近，为1 500万英镑。如果承认在预算（即税收总额）与国民生产总值之间存在某种对应关系（不管系数大小），那么英法两国的国民生产总值就基本相等。可是两国的税收负担恰不相同，我们的英国同行一再指出：当时英吉利海峡以北的征税额占国民生产总值的22%，而在法国仅占10%。所以，如果计算准确，而且计算很可能是准确的，英国征收的税金比法国高一倍。这就与历史学家通常的断言发生矛盾，他们设想的法国遭受专制君主横征暴敛的压迫。这也表明，18世纪初（1708年）西班牙王位继承战争期间的一份法国报告说得有理：“看到英国臣民缴纳的巨额贡赋以后，应该认为生活在法国真是大幸。”[361]此话说来未免仓促，而且出自一名特权者之口。事实上，与英国情形不同，法国纳税人还必须接受贵族和教会强加的沉重“额外”负担。这些额外赋税的存在事先限制了国王岁入，使之不能贪得无厌。[362]

尽管如此，法国国民生产总值仍比英国高一倍多（法国为1.6亿英镑，英国为6 800万。这种计算哪怕有一定出入，两个数

字之间的差距如此之大，即使加上苏格兰和爱尔兰的国民生产总值，也难以填平。法国因其幅员辽阔和人口众多在比较中占优势。英国的业绩在于它居然与一个比它地广人众的国家在预算上拉平。同拉封登那则寓言的教训相反，青蛙果真把自己撑 330
得与牛一般大。

英国的业绩只有从人均收入和税收结构这两方面去解释。直接税在法国是主要的税收负担，它在政治上和行政上总是不受欢迎，而且很难增加。英国则以从许多消费品(包括大众消费)征收的间接税为大宗税项(1750 至 1780 年占 70%)。间接税不太显眼，容易隐藏在价格里。英国的民族市场比法国更开放，消费一般都经过市场，间接税的收入就尤其可观。最后，即使我们接受以上国民生产总值差距(法国为 1.6 亿英镑，英国为 6800 万英镑)一说，由于英法两国人口的比例为 1 ∶ 3，英国在人均收入方面显然领先，比例为 6 ∶ 7.31。差别确实可观，但不如英国漫画家们相信的那么大，他们习惯于把英国画成粗壮的约翰牛，把法国画成瘦弱的小个子。也许因为这个形象已经根深蒂固，抑或出于民族主义情绪的驱使，路易·西蒙[363]这位美籍法国人 1810 至 1812 年间在伦敦街头与矮小的英国人交臂而过，不禁为之愕然。他在布里斯托尔看到的新兵个头同样不高，只有军官的身材在他眼里勉强还过得去。

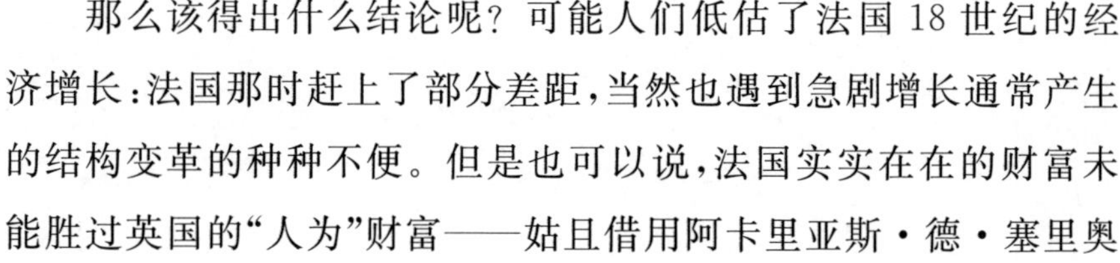

那么该得出什么结论呢？可能人们低估了法国 18 世纪的经济增长：法国那时赶上了部分差距，当然也遇到急剧增长通常产生的结构变革的种种不便。但是也可以说，法国实实在在的财富未能胜过英国的“人为”财富——姑且借用阿卡里亚斯·德·塞里奥恩的说法。让我们再一次赞颂“人为”。如果我没有看错，与法国相比，英国长年生活在高度的紧张状态之下。正是这种紧张培育了英国的灵性。最后还不能忘记环境因素在这场持久的争斗中所起的作用。如果欧洲的保守和反动力量不为英国效劳，英国可能还要等一段时间才能挫败革命的法国和法兰西帝国。假如拿破仑战争没有使法国置身于世界贸易之处，英国也不会那么容易就称霸世界。

第五章 331

世界支持欧洲或是反对欧洲

我们且把欧洲经济世界列强——阿尔比昂（不列颠群岛的古称）、韦尔热讷伯爵时代的法国以及它们的配角、同伙或对手——之间的争夺搁在一边不谈，先试图对世界其他地区的情形作进一步的观察：

辽阔的欧洲东部边缘地区，直到彼得大帝时代为止，莫斯科公国乃至近代俄罗斯长期单独构成一个经济世界；

还处于原始阶段的黑非洲（这种说法略嫌牵强）；

正在缓慢地、坚定不移地欧洲化的美洲；

盛极而衰的伊斯兰；

最后是幅员广大的远东。[1]

我们很想根据其本身的情形去研究这个非欧洲的天地，[2]但是在18世纪前，如果不用西欧的情形作借鉴，这个天地就不能被理解。世界的所有问题还在那个时候已从欧洲中心论的角度被提出。这个观点即使褊狭、牵强，人们据此却可以形容说是欧洲在美洲取得了几乎完全的成功；在黑非洲已远不是初步的成功；俄国和土耳其帝国这两种既矛盾又相似的情形可说是欧洲正在缓慢地，但不可避免地酝酿中的成功；从红海沿岸、阿比西尼亚和南非直到南洋群岛、中国和日本的远东地区可被认为是欧洲华而不实、尚可争议的成功。欧洲在远东地区诚然已初展宏图，但这是因为我们用过分偏爱的眼光注视它。如果让小小的欧洲陷到亚洲的大陆和
332 海洋中去，它就会惨遭没顶之灾。欧洲后来取得的巨大的工业力量使它一度能抵销这种比例悬殊，但在 18 世纪还谈不上。

总之，欧洲已从全世界吸取它的一大部分养料和力量。这些补充使欧洲在前进道路上能够胜任超过自己能力的各项任务。没有这个一贯的助力，对欧洲命运至关重要的工业革命能在 18 世纪末的欧洲发生吗？尽管历史学家们作出种种答复，问题却始终得不到解决。

问题还在于：欧洲是否具有与世界其他地区不同的人性和历史性？也就是说，本章通过对欧洲与世界其他地区的比较，强调二者的差别和对立，能否使读者更好地判断欧洲及其成就？我们在旅行后实际上将不会得出单向性的结论。我们将会经常看到，世界的经济历程与欧洲也有相似之处。二者的差距有时很小。不过差距总还存在，理由主要是欧洲可能因其幅员相对狭小而比较整齐划一和效率较高。从当时来看，如果法国因其面积过大而与英国相比处于劣势，那么亚洲、俄国、新兴的美洲和人口稀少的非洲面对经济极其活跃的西欧蕞尔之地又该是如何呢？我们已看到，欧洲的优势还在于它拥有特殊的社会结构，这些结构促使资本积累在欧洲具有更加广阔、更有保障的发展前景，资本往往得到国家的保护，而不是与之冲突。但同样明显的是，如果这些相对轻微的优势没有转化成十足的统治地位，欧洲经济发展绝不会如此辉煌，

如此迅速，尤其不会产生同样的后果。

美洲是关键的关键 333

美洲是欧洲的“外围”“外壳”？这两种说法都相当清楚地说明，新大陆怎样从1492年起，带着其过去、现在和未来逐渐进入欧洲的活动和思考[3]范围，它怎样与欧洲结合，并最终在欧洲取得其神奇的新意义。沃勒斯坦毫不犹豫就把美洲包括16世纪的欧洲经济世界在内，这个美洲难道不是欧洲的根本解释吗？欧洲不是发现了、“发明”[4]了美洲，而且把哥伦布的旅行当作“有史以来”最重大的历史事件吗？[5]

弗里德里希·吕特格和亨利希·贝希特尔[6]无疑有权贬低发现新世界的最初成果，尤其这从德国史角度来看是有道理的。但是，美洲一旦进入欧洲的生活，它就逐渐改变了欧洲的全部基本条件，甚至调整了欧洲的发展方向。伊格纳斯·迈耶松[7]继其他几位学者以后认为，人是自己的创造物，人通过其行动显示自己的形象和特性，“存在和行动”合为一体。那么，我也可以说，美洲是欧洲的创造物，是欧洲借以显示自身存在的最佳杰作。不过这件作品的完工是如此缓慢，因而只有在它经历的全部时间中，从整体上进行观察，作品才有其意义。

既敌对又友好的广袤大地

美洲被发现后立即带给欧洲的好处并不多，这是因为白人一开始仅是部分地认识并控制了美洲。欧洲必须耐心地按照自己的形象重建美洲，才能使它符合欧洲的需要。这项工作当然不是一天之内办成的。最初，面对这一模糊朦胧、需要超人努力才得以完成的任务，欧洲甚至显得有点缩手缩脚和无能为力。事实上，欧洲花了几个世纪的时间，经历无数反复和波折，才在大西洋彼岸获得重生，它必须逐个克服一系列障碍。

首先是荒野的自然环境和杳无人烟的辽阔地域设置的障碍。美洲“虫豸肆虐，气候恶劣，流沙遍地，毒物丛生，令人沮丧不已”。[8]一个法国人在1717年感叹“西班牙人在美洲的帝国比整个欧洲还大。”[9]此话不假。不过疆域过大妨碍了西班牙人的征服活动，征服者只用三十年工夫就击败了脆弱的美洲印第安文明，然而这个胜利带给他们的至多不过300万平方公里土地，而且他们的统治并不稳固。一个半世纪后，1680年，西班牙和欧洲的扩张开始进入全盛时期，新大陆只有一半面积被控制，即在1400万或1500万平方公里中可能有700万平方公里被征服。[10]在控制了印第安文明的重要地区以后，他们就得与空旷的地域和仍处在石器时代的居民斗争，而对于后者，任何征服者都不能依靠。在16世纪，圣保罗探险队横贯南美洲辽阔土地进行著名的探险活动，寻找黄金、宝
334 石和奴隶。这些活动既不是征服，也不是殖民开发，留下的痕迹并不比一条海上航船留下的航迹更深。西班牙人16世纪中抵达智利南部时发现了什么？几乎是一片空白。埃尔西亚说过：“在阿塔卡马那一边，靠近荒凉的海岸，只见无人居住的土地，没有飞禽走兽，没有树木绿叶。”[11]美洲历史上总是提到“边疆”，即有待人去开发的空间。边疆既在秘鲁东部，也在智利南部，既在委内瑞拉的大
335 草原对面，也在一望无边的加拿大，或在美国的“大西部”，或在19

世纪广袤的阿根廷，乃至在20世纪巴西国[12]圣保罗的西部腹地。空间意味着令人精疲力竭的长途运输和走不完的路。在新西班牙(墨西哥)内地，旅行时需带上罗盘或星盘，犹如航海。[13]布艾诺·达·希尔瓦同他的儿子1682年在巴西遥远的戈亚斯地区发现了黄金，十年后，"在1692年，后者带着几名伙伴再次动身去戈亚斯；他们花了三年时间才找到矿层"。[14]

英属殖民地当时人口稀少，分散在从缅因州到乔治亚洲2000公里长的土地上，相当于"巴黎到摩洛哥"的距离。道路设施简陋，基本上没有桥梁，很少渡口。1776年，"宣布独立的消息从费城传到查尔斯顿花了29天，与从费城到巴黎的时间相等"。[15]

与其他自然条件一样，美洲的辽阔无边以多种方式起作用，使用多种语言；这既是抑制，又是刺激，既是约束，又是解放。唯其土地充裕，地价低贱，人力也就昂贵。空旷的美洲只有当人被牢固地捆绑在这块土地上并一心一意地从事劳作时才能"生存"。农奴制、奴隶制这些古老的锁链便像是对空间太大的一种诅咒，势在必然地夺舍还魂。但是地域也是解放和诱惑。逃离白种主人的印第安人拥有无穷尽的藏身之地。黑奴只要向山区或林莽走去，就能逃脱工场、矿山和种植园。可以想象，追捕逃亡奴隶竟是何等困难。为在没有道路的巴西密茂丛林中展开讨伐行动，"士兵不得不把武器、火药、子弹……面粉、饮水、鱼、肉统统背在背上"。[16]帕尔马里斯的避难所，[17]即我们已经说到的曾长期存在的那个锡马龙黑人共和国，它本身在巴西腹地所占的面积就相当于整个葡萄牙。

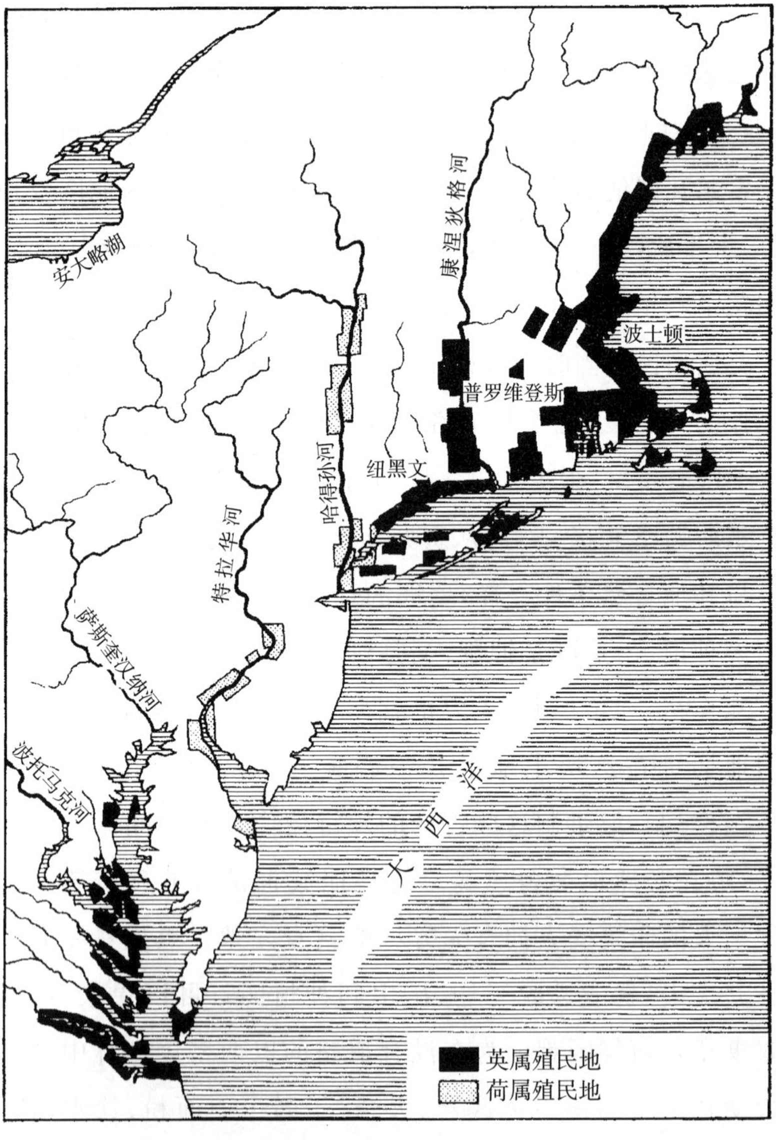

39. 1660 年英国人和荷兰人在北美

占领地很分散，而且限于沿海，在 1660 年仅占有待征服的土地的很小一部分。荷兰人在新阿姆斯特丹和哈得孙河沿岸的据点后来根据 1676 年的布雷达和约放弃。（据瑞因《欧洲的扩张》，全页插图第 17 幅。）

至于程度不同地自愿移居当地的白种工人，他们受到与难得善良的主人签订的合同的束缚。可是合同一满期，有待开拓的地带就向他们提供无边无际的新土地。美洲殖民地有许多可怕的“天涯海角”，但其价值不亚于西伯利亚大森林以南土质疏松的荒野；它们与后者起着同一作用，因为它们提供自由，便是天赐的福地。这是新大陆与古老西欧的重大区别所在。用皮埃尔·谢努的说法，西欧是“挤满了的世界”，没有空地、处女地，必要时需用饥荒和向外移民来重新平衡食物和人口之间的关系。[18]

地区市场或民族市场

空地逐渐被占领。一个城市的诞生，即便很小的城市，总是赢得了一分；任何一个城市的壮大总是一个胜利，不管胜利多么不起眼。同样，一条被探明的道路（大多数情况下依靠印第安人的经验和土著提供的给养）都意味着进步，这一进步又为其他进步创造条件，如城市供应更方便了，各地涌现的集市更活跃了。我说的不仅是农布雷·德迪奥斯、贝洛港、巴拿马、韦拉克鲁斯或通向墨西哥 336
城大路上的哈拉帕等在国际经济界名噪一时的交易会，也指在空地上涌现出来的地方交易会和小集市，如纽约背后的奥尔巴尼皮货交易会，圣胡安-德洛斯拉戈斯和萨尔蒂约的货物集散市场，后两地在墨西哥北部日渐兴旺发达。[19]

17 世纪末的人口增长震撼了整个美洲，经济布局得到初步的完善。在早已划分了行政区域的西属美洲，开始出现各具特色的地区市场（乃至民族市场）。在这些原先只具空架子的行政区内，终于填满了人、道路和驮畜队。秘鲁总督辖区便是如此，它不仅辖治今天已独立的秘鲁，而且还包括基多司法区（今厄瓜多尔）、查尔卡斯司法区和今天的玻利维亚。让-皮埃尔·贝尔特[20]曾试图勾勒出墨西哥新加里西亚司法区（1548 年设置）内地区市场的形成情况，该市场以瓜达拉哈拉城及其附近地区为中心。马塞罗·卡玛尼尼[21]关于 18 世纪智利的研究可能是有关地区市场乃至“民族”市场形成的现有最出色的著作，尤其因为该书主要以通用理论作为其立论依据。

地域分区控制是个缓慢的过程。美洲 18 世纪末还有——今
337 天仍有——人迹罕至的荒僻地，也就是说整个美洲还有可供开发的余地。直到今天，众多的流动人员已足以组成专门的社会范畴，并用一个专用名词统称，如巴西的“vadios”（穷汉），智利的“votos”（褴褛者）和墨西哥的“vagos”（盲流）。人从未在美洲广阔无垠的土地上真正扎根。19 世纪中叶，分散在巴西的内地荒漠中寻找钻石和黄金的“淘金人”回到巴依亚南部，他们在沿大西洋的伊列乌斯湾一带创建的可可种植园至今犹存。[22]但是务农并不能使他们就此安家定居，他们随时准备迁移，主人、佣工和牲畜统统搬走，好像新大陆很难如欧洲那样造就并容纳安土重迁的农民。巴西内地昨天和今天的典型农民几乎与现代的工厂工人一样容易易地而居；阿根廷“peón”（穷苦劳工）的流动性虽不如上个世纪的“gaucho”（加乌乔牧民），但也性喜走南闯北。

可见人只是控制了局部地域；直到 18 世纪，美洲仍是野兽的乐土，尤其在辽阔的北美大陆，野牛、棕熊、裘皮兽和灰松鼠活得极其欢畅。美洲灰松鼠与东欧的灰松鼠同类，它们成群结队，越过江河湖泊，浩浩荡荡地进行大迁移。[23]来自欧洲的牛和马回到野生状

乔治亚州斯瓦那庄园的建设。本杰明·马丁著《乔治亚移民区成立缘起》（1733年）一书的卷首画。

态，以令人难以置信的速度繁殖，威胁作物的生长。欧洲人在新大陆的早期殖民活动不是在我们眼前展现了最生动的历史画面吗？何况，在新西班牙广大地区，由于土著居民遭受摧残，人口顿时大减，野兽又占据了人空出的位置。[24]

层出不穷的奴役

这片太过辽阔的土地经常面临人口稀少的问题。正在建设中的美洲为发展新的经济需要越来越多的、易于控制的、廉价的、最好是无偿的劳动力。埃里克·威廉斯[25]富有创见的著作经常指出，新大陆的各种奴隶制、农奴制和雇佣制与古老欧洲的资本主义发展有着因果关系。他简明扼要地指出："重商主义的本质是奴隶制。"[26]马克思在他之前用另一种方式说过一句"简洁的话，其含义之博大精深为今古所仅见"，"欧洲的隐蔽的雇佣工人奴隶制，需要以新大陆的赤裸裸的奴隶制作为基础。"[27]

对于这些不同肤色的美洲人的艰苦劳作，谁也不会感到惊讶；强迫他们艰苦劳作的不仅是守在一边的种植园主、矿主、墨西哥城和其他地方的放款商人、西班牙国王贪得无厌的官吏、食糖和烟草贩卖者、奴隶贩子、"热衷经商的"商船船长等。这些人都起了作用，但是他们在某种程度上仅是代表及中间人。拉斯卡萨斯揭发这些人对印第安人遭受"地狱般的奴役"负有全部责任，他很想拒绝让这些人参与圣事，把他们革出教门；但是他对
338 西班牙的统治从未有过异词。卡斯蒂利亚国王又称"大使徒"，肩负传播福音的使命，有权"号令各土著君主"。[28]恶的真正根源其实是在大西洋彼岸，在马德里、塞维利亚、卡迪斯、里斯本、波

尔多、南特，甚至在热那亚，肯定在布里斯托尔，很快就在利物浦、伦敦、阿姆斯特丹。恶的根源在于，遥远的欧洲迫使新大陆沦于“外围”的地位；欧洲对人员牺牲无动于衷，它按照经济世界近乎机械的逻辑行事。就印第安人或非洲黑人的遭遇而言，种族灭绝一词并不过分，不过也该指出，白人在这场冒险中并非一点代价也没有付出，他们至多不过是幸免于难罢了。

事实上，新大陆的奴役层出不穷，一劫未平，一劫又起。最早是本地的印第安人遭受奴役，他们经不起难以置信的残酷考验；然后是欧洲白人（我指的是法国的“立约者”和英国的“服役者”），他们主要在安的列斯群岛和英属殖民地受过短期的奴役；最后是非洲黑人，他们终于战胜一切不利条件并扎根繁殖。此外还要加上19、20世纪从欧洲各地大批涌来的移民。似属凑巧，正当非洲的劳力来源告竭或即将告竭时，欧洲的移民速度加快。一位法国船长1935年对我说，四等舱的旅客是最便于运输的商品：他们自动上下船。

只是在人口稠密、社会结构紧密的地区，印第安人才经住了奴役的考验：人口稠密使奴役得以长期维持，而社会结构的紧密则造成服从和驯顺，也就是说仅在原来的阿西德克帝国和印加帝国辖区。别处的原始居民在考验一开始就自动垮下来了，如在辽阔的巴西，沿海土著逃往内地。又如在美国（13个前英国殖民地）境内，“1790年宾夕法尼亚只剩下300名印第安人；纽约州有1500人；马萨诸塞州有1500人；南北卡罗利纳州有10 000人[29]……”在安的列斯群岛，随着西班牙人、荷兰人、法国人和英国人的到来，土著居民染上欧洲传来的疾病，并且因不被新来者所用而遭淘汰。[30]

相反，在西班牙征服者一开始就看中的人口稠密地区，印第安人似乎容易得到控制。他们奇迹般地经受住了征服和殖民开发的考验：大批的杀戮、无情的战争、社会联系的断裂、“劳动力”的强制使用、搬运夫和矿工的高死亡率，以及白人和黑人从欧洲、非洲带来的流行病。据估计，墨西哥中部原有 2500 万居民，后来只剩下 100 万。西班牙岛（海地）、尤卡坦半岛、中美洲和稍晚一些时候的哥伦比亚，[31]同样发生人口骤然“跌入深谷”的现象。举个令人震惊的细节：征服初期，墨西哥的方济各会教徒在教堂大门前的广场上举行圣事，因为信徒实在太多；但从 16 世纪末起他们改在教堂内部，甚至在简单的小教堂内望弥撒。[32] 14 世纪在欧洲猖獗肆虐的黑死病夺走无数生灵，但与美洲的人口骤减还是无法比拟。不过土著居民并未因此被消灭，他们从 17 世纪中叶开始又恢复元气，这自然对西班牙主人有利。对印第安人的剥削采用一种名为“监护征赋制”（encomienda）的奴役形式，在城里则用他们当仆人，在矿井里强迫他们劳动，后一种奴
339 役形式统称为“分派劳役制”（repartimiento），在墨西哥叫“玉米地劳役”（cuatequitl），在厄瓜多尔、秘鲁、玻利维亚和哥伦比亚叫“徭役”（mita）。[33]

不过在一场复杂危机的促进下，新西班牙 16 世纪出现了雇工的“自由”劳动。首先，随着印第安居民人口骤减，形成了 14、15 世纪曾在欧洲有过的若干个真正的无人区。印第安村落四周的土地如驴皮一般日益收缩，而大庄园就在自发形成的或擅自没收土地后造成的真空中发展起来。印第安人如想逃避本村以

及国家强加的集体劳役，可以在大庄园找到藏身之地，那里正推行一种事实上的农奴制，日后将不得不使用雇工；印第安人可以到城市去做仆人或在手工工场工作；最后还可以去矿山，不过不是离墨西哥城太近的矿山（那里仍维持强迫劳动），而是更往北去，寻找那些沙漠中从瓜那华托直到圣路易斯波托西一带新建的居民点。那里散布着3000多家矿山，有的规模极小，16世纪使用的矿工约在10000到11000上下，18世纪可能为70000；工人来自各地，有印第安人、混血种人和白人，统统混在一起。1554至1556年后引进了汞齐法，[34]贫矿从此可得到加工，成本降低，劳动生产率和产量均有提高。

同欧洲一样，矿山自成小天地，主人和工人全都胡乱花钱， 340

这是一帧地图的装饰图案，显示1640年1月13、14、17日荷兰人和西班牙人同葡萄牙人进行的三次海战。图案中的印第安劳动者在奴隶宿舍前集合，想必是为了支援作战。见《帕拉伊巴和里奥格兰德州图》，1647年刻版。法国国家图书馆藏品。

无忧无虑，嗜赌成癖。工人根据生产矿石的多少领取奖金。他们的工资相对说很高，但是工作极其艰苦(18 世纪前不用火药)。这些爱动爱闹、举动粗暴、有时近乎残忍的人尤其喜欢吃喝。一位历史学家[35]打趣说，他们不仅过着“天堂”般的生活，而且到处寻欢作乐，特别爱出风头。在 18 世纪，由于经济繁荣，他们的行为变得更加乖张。有名工人周末在口袋里有 300 比索，[36]马上把钱统统花掉。某个矿工买了晚礼服和荷兰布的衬衣。另一人发现一个小矿脉后得到 40000 比索，当下请 2000 人赴宴，把钱挥霍尽净。这个永远不知安静的世界就这样绕着自身旋转。

16 世纪美洲最重要的矿山在秘鲁，那里的情况不那么富于戏剧性，不那么欢乐。汞齐法迟到 1572 年才传入，而且没有带来解放。强迫劳动制度维持了下来，波托西仍是活地狱。这一制度是否因为它取得了成功才得以维持？可能如此。波托西要到 16 世纪末才失去其领袖地位，从此一蹶不振。18 世纪经济活动复苏时它也未能恢复。

说到底，印第安人承担了开发新大陆的巨大工作，得利的却是西班牙。印第安人开矿，务农(玉米种植是美洲的命脉所系)，照料骡帮和羊驼帮。没有驮帮，白银和其他产品就不能公开从波托西运往阿里卡，也不能秘密地从上秘鲁经由科多瓦运往拉普拉塔。[37]

相反，在印第安人仅以部落形式分散活动的地区，欧洲殖民者不得不靠自己出力进行建设。发展甘蔗种植园以前的巴西，英国和法国的“大陆”殖民地以及安的列斯群岛便是这种情况。

直到17世纪70年代，英国和法国仍需从国内大量招募劳力。应征者在法国叫“立约者”(engagés)，在英国叫“契约服役者”(identured servants)。这两种人与奴隶相差无几。[38]他们的命运与这时已开始抵达美洲的黑人基本相同：他们被塞进狭小的船只的底舱漂洋过海，舱内拥挤不堪，伙食极坏。此外，如果他们的船票由一家公司垫付，到了美洲后，公司有权索还：“立约者”于是就像奴隶一样被卖掉，买主在他们身上东摸摸西拍拍，就像相马一样。[39]当然，“立约者”和“服役者”不是终身奴隶，他们的后代也不是奴隶。唯其如此，主人更不怜惜他们：他知道合同期满后(在法属安的列斯群岛为三年，在英国属地为四至七年)，也就奈何他们不得了。

英国和法国全都不择手段地招募必需的移民。拉罗歇尔档案馆保存着在1635至1675年间签订的6000多份合同；新应募者半数来自圣通日、普瓦图、欧尼斯这些虚有富名的省份。为让更多的人前往美洲，就不惜使用欺骗性宣传，乃至暴力。巴黎某些街区曾为此目的拉夫。[40]在布里斯托尔，男女老幼不分青红皂白就被绑架，或者对罪犯判处重刑，后者为了不上绞刑架就“自愿”报名去新大陆。总之，判处去殖民地服役等于从前判处在划 341
桨船上服苦役。克伦威尔治下曾多次遣送大批苏格兰和爱尔兰囚犯前往美洲，1717至1719年，英国流放50 000人[41]去各殖民地。一位颇有爱人之心的传教士约翰·奥格尔索普于1732年建立新的乔治亚殖民地，以便接纳众多的债务囚徒。[42]

所以，白人受“奴役”的人数很多，时间也长。埃里克·威廉斯强调这一事实，因为他认为美洲的各种奴役是依次替代的，在某种程度上是彼此制约的：一种奴役停止了，另一种就取而代之。取代虽非自动完成，但大体上遵循一定的规律。印第安劳力不足时，白人才被奴役，而黑奴制——非洲向新大陆的神奇投影——只是在印第安劳力和由欧洲输入的劳力都不足时才发展起来的。黑人未被使用的地方，如纽约北面的小麦种植区，“服役者”一直待到18世纪。在这里起作用的是一种殖民需求，它根据经济原因而不是种族原因规定着变化和程序，“与皮肤的颜色毫不相干”。[43]“白奴”被取代是因为他们有临时性这一大缺点；也可能因为他们的价格太高，光是他们的食物就所费不赀。

“立约者”和“服役者”一经解放就从事垦殖，他们经营生产烟草、靛蓝、咖啡和棉花的小块土地。但是他们后来往往被大种植园挤垮。后者经营不断扩大的甘蔗生产，投资甚高，具有资本主义性质。甘蔗种植园需要大量劳动力和器材，且不说固定资本。而黑奴便是这一固定资本的组成部分。大种植园排挤为它开道的小农庄：经小农庄开垦、清理的土地确实有利于大种植园的建立。本世纪30年代在巴西圣保罗州的垦殖区也能见到同一过程：临时性的小农庄为大规模的咖啡种植园准备好土壤，种植园最终取而代之。

16和17世纪，随着大地产（相对而言）的增多，作为大地产存在的必备条件，黑奴的人数也成倍增加。印第安居民人口锐减以后，美洲大门向非洲居民开放的经济过程便自动进行。“是金钱，而不是向善或作恶的激情策划了阴谋。”[44]非洲黑人比印第安人强壮（据说一名黑人顶四名印第安人）、驯顺，由于与家乡失去联系而更依赖主人；他像商品一样被买卖，甚至可以定购。

贩卖黑奴为建立按照当时标准来看其规模极为庞大的甘蔗种植园奠定了基础。甘蔗收割后,必须用车辆立即运往榨房压榨,以免变质,[45]而种植园的面积往往达到甘蔗运输能力的极限。在这类大型企业里,除三四名技师和熟练工人外,其余就是按部就班、分工明确、单调、不需要技巧的工作岗位。

黑人劳动力因其驯顺、耐苦和强壮成为最便宜、最合算和最受欢迎的工具。弗吉尼亚和马里兰的烟草最初由白人小农庄主种植,1663至1699年间[46]烟草产量激增(出口额增加五倍),就是因为改由黑人种植。同时,理所当然地形成一个半封建性的贵族阶级,他们气度不凡,颇有教养,但也不免胡作非为。大规模种植供出口的烟草,如同西西里或波兰的小麦,巴西东北部或安的列斯群岛的甘蔗,创造了同一种社会秩序。类似的原因必 342
定产生类似的结果。

黑人也被用于许多其他劳作。17世纪末巴西兴起淘金业是由于成千上万名黑奴集中在米纳斯吉拉斯、戈亚斯和巴依亚内陆荒漠的腹心。黑人不在安第斯山或新西班牙北部的银矿工作,其重要原因是他们必须经过长途跋涉才能抵达内陆,售价比在大西洋沿岸要高,而并非仅仅如有人所说,因为高山的寒冷(当然也是个原因)使他们无力从事矿井的艰巨劳动。

美洲各种奴隶劳动力的转换,其实比人们所说的要容易得多。印第安人可以淘金,他们在基多附近就做这项工作。说白人在热带气候下不可能靠自己的双手劳动为生(亚当·斯密和其他许多人都这么认为)[47]也是无稽之谈。17世纪的"立约者"和"服役者"都在热带气候下工作。一百多年前德国人在牙买加 343

的锡福德安顿下来；他们今天还在那里生活、工作。意大利的挖土工人开凿了巴拿马运河。澳大利亚北部属于热带，那里的甘蔗种植全由白人承担。美国南部的黑人向北方迁移后，他们留下的空缺便由白人填补，而黑人到了寒冷的北方后，在芝加哥、底特律或纽约生活，身体不见得更好也不见得变坏。再说一遍，假如气候果真起了作用，它单独也决定不了新大陆的人口布局，显然是历史担当了这一任务。这里既有欧洲开发新大陆的历史，也有在这以前美洲印第安人本身的历史。印第安人成功地创造了印加和阿西德克文化，他们强大的过去事先给美洲土地打上不可磨灭的印记。历史最后让印第安人的美洲、非洲人的美洲和白人的美洲统统流传至今；历史把它们混在一起，但是混杂程度不够充分，因为它们彼此之间今天依旧存在很大的差别。

500

对欧洲的顺从

人们常说，美洲不得不重复欧洲经历过的一切。此话只是部分正确，不过这就足以使我们不必完全附和阿尔倍托·弗罗雷斯·加林多[48]的主张：对任何美洲现象一概不用欧洲历史作解释。从大体上看，美洲为了自身的利益尽可能把欧洲历史上的各主要阶段都经历一遍，不过有时打乱顺序，也不完全照搬原来的模型。欧洲的经验——古代、中世纪、文艺复兴、宗教改革[49]——混在一起在美洲重现。今天美洲的垦区给我留下深刻的视觉印象，再渊博的描述也不如它们更能使人宛如亲眼目睹13世纪欧洲开辟林莽的情景。同样，新大陆最早一批欧洲式城市及其宗法制家庭的某些特征为历史学家重现了大致相似的古

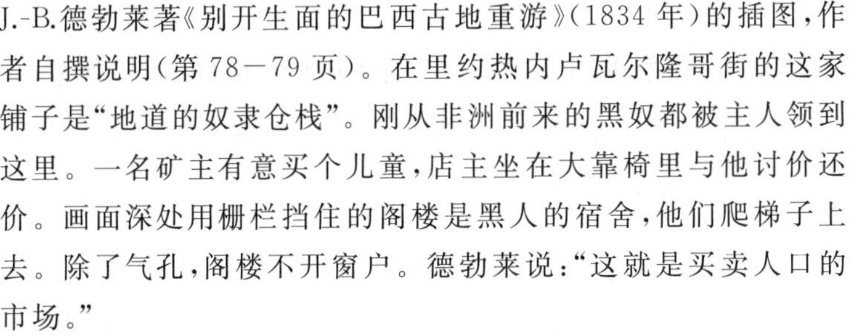

J.-B.德勃莱著《别开生面的巴西古地重游》(1834 年)的插图，作者自撰说明(第 78—79 页)。在里约热内卢瓦尔隆哥街的这家铺子是“地道的奴隶仓栈”。刚从非洲前来的黑奴都被主人领到这里。一名矿主有意买个儿童，店主坐在大靠椅里与他讨价还价。画面深处用栅栏挡住的阁楼是黑人的宿舍，他们爬梯子上去。除了气孔，阁楼不开窗户。德勃莱说：“这就是买卖人口的市场。”

代欧洲风貌，真假参半，但是令人难忘。先于农村或至少与农村同时发展起来的美洲城市，其历史也使我入迷。这类城市使我们对 11 至 12 世纪欧洲具有决定意义的城市大崛起，得出一种崭新的认识，中世纪史专家多数只愿认为，这是农业而不是商业和城市缓慢发展的结果。其实不然！

欧洲控制着海外属地的发展，强制它们遵守欧洲的法则行事。在这种情况下，再把美洲看作是以往欧洲的模糊影子，难道是合理的吗？欧洲每个宗主国既然都想在美洲分到一块不容他人染指的禁脔，迫使该地遵守“殖民条例”，尊重“专营贸易特权”，大西洋彼岸的各个社会就不可能脱离欧洲的遥控及其强人所难的模式。欧洲好比寸步不离守护在后代身旁的诞育女神，它仅在初期创立第一批殖民地时，才有过片刻的懈怠。英国和西班牙最初都曾让各自的美洲属地自行其是。后来孩子长大了，家业兴旺了，他们就被管束起来。待殖民地的一切就绪之后，便形成对母国有利的“权力集中”。

殖民地乐意接受这一理所当然的权力集中，特别因为它对保卫年轻的殖民地不受其他欧洲强国的袭击是必需的。瓜分新
344 大陆的列强之间竞争激烈，在陆地边境和美洲绵延万里的海疆都有无休止的争斗。

权力得以顺利集中的另一个原因肯定是因为它在殖民地内部保证少数白人的统治，而这些白人无不眷恋“古老”欧洲的信仰、思想、语言和生活艺术。18 世纪统治智利中部河谷的土地贵族不过“二百家族”，[50]他们人数不多，但很活跃，办事效率也高。1692 年波托西的富翁是一小撮“大人物”，“衣料用金银线织成，因为别的服饰不合他们的身份”；[51]他们的住所之豪华令人咋舌。1774 年革命前波士顿的殷实批发商同样屈指可数。这少数人之所以能安享尊荣，首先是因为劳动者持消极态度，也因为囊括一切的社会秩序与他们共谋，而欧洲出于自身的利益也竭力维持这一社会秩序。

当然，各殖民地对宗主国的驯顺和依赖程度不尽相同。但是即便有抗命的时候，这也丝毫改变不了它们的本质，因为它们

的秩序和职能是不可分离的。最不驯顺、控制最差的美洲社会是那些未被纳入国际交换洪流的社会，那些社会“不发达的经济……未被一项主要产品带动”，[52]未被某一受到大西洋彼岸遥控的生产部门带动。[53]这些社会和经济很少引起欧洲批发商的兴趣，从欧洲得不到投资和订货单，依然贫穷，相对自由，趋向自给自足。安第斯山脉背后，位于亚马孙丛林上方的秘鲁牧区属于这种情况；委内瑞拉大草原上的领地也属于这种情况，那里的监护征赋人不肯听任加拉加斯专制政府的宰割；圣弗朗西斯科河谷同属这种情况，巴西内陆这条“畜群之河”哺育的畜群野性未净，那里的封建领主加细亚·德·雷森迪拥有的土地（基本上无人居住）据说比路易十四时代整个法国的面积还大；同属这种情况的，还有一些偏僻、孤寂的城市，它们即使无意独立，也不得不自己治理自己。17世纪末乃至18世纪，被最初的“探险队”[54]选为首都的圣保罗就是这样一个例子。阿卡里亚斯·德·塞里奥恩在1766年写道：“葡萄牙人在巴西内地殊少建树，他们视圣保罗为最重要的据点。〔……〕该城深入内陆、距海岸行程超过12小时……”[55]科雷尔说：“这是某种共和国，起初由一帮亡命之徒组成。”[56]“圣保罗人”把自己看成自由的民族。实际上这是个马蜂窝：他们出没在内地的道路上，既为矿工的营地提供给养，也抢掠巴拉那河沿岸耶稣会传教区的印第安人村庄，甚至侵袭秘鲁和亚马孙地区[57]（1659年）。

然而顺从的或被驯服的经济为数很多。弗吉尼亚的烟草和牙买加的蔗糖全靠英国市场收购并且依赖伦敦的信贷，它们怎么可能与自己的衣食父母作对呢？美洲殖民地必须具备一系列先决条件才能达到独立，而这些条件很难凑齐。此外还要时机合适，如最早的反抗欧洲的大革命，即1774年英属殖民地的革命，就是遇上了好时机。

345 最后，殖民地本身还必须有足够的力量，能使殖民秩序独立维持和自行演变，而不必求得宗主国的帮助。这一殖民秩序难道不是始终岌岌可危的吗？牙买加的种植园主为奴隶暴动担惊受怕；巴西内陆有好几个逃亡奴隶的“共和国”；“未开化的”印第安人[58]威胁着巴拿马地峡的交通命脉；智利南部的阿劳干人直到19世纪中叶仍是腹心之患；路易斯安那于1709年发生印第安人暴动，法国不得不派去一支小型的远征军……[59]

对欧洲的反抗

但是，这种明显不平等的“殖民关系”难道能千秋万代地永远保持下去吗？殖民地只是为了增加宗主国的财富、威望和实力而存在的。殖民地的贸易和全部活动都处在宗主国的监视之下。后来当上美国总统的托马斯·杰弗逊直截了当地说：弗吉尼亚的种植园不过是“伦敦几家商行的附属产业”[60]而已。另一个牢骚：英国经常听到美洲殖民地抱怨现金紧缺，却从不采取补救措施：宗主国执意与殖民地的贸易保持顺差，因而力求现金只进不出。[61]所以，不管处于屈从地位的国家有多大耐心，要不是实际情况不尽符合法律条文，要不是距离——即便只计算横渡大西洋的航行里程——创造了某种程度的自由，要不是无孔不入、无法肃清的舞弊给齿轮上了润滑油，殖民制度恐怕难以长期维持下来。

由此便产生某种松懈和听之任之的倾向。某种调和与平衡于是不声不响地形成惯例；它们刚发生时，很少有人发觉，事后却再也奈何它们不得。举例说，海关监督不力；行政部门不尽严格执行宗主国的指令，而是向本地和私人利益让步。更有甚者，交换的兴旺促进了美洲朝货币经济发展，从而通过舞弊或者单凭市场本身的逻辑，把一部分美洲白银留在本地，不再运往欧洲。“1785 年前已经常见，墨西哥教会与农民商定十一税收取现银。”[62]单是这一细节就很说明问题。作为经济进一步发展的见证，信贷在巴西偏僻的内地发挥作用。诚然，黄金使那里的一切都发生了变化。比亚里卡“镇公所”(Conselho)1751 年 5 月 7 日致信国王说：许多矿主“显然欠着他们拥有的奴隶的身价，所以表面上富有的人其实贫穷，而许多过着穷日子的人其实很有钱”。[63]这就是说，经营淘金场需依靠商人的贷款，这笔贷款主要用于购买奴隶。产银地区经历同样的演变过程。D.A.勃拉丁关于 17 世纪新西班牙那部引人入胜的著作，人们读后得到下列印象：在当时美洲和世界最大的矿业城市瓜那华托这个得天独厚之地，信贷形式名目繁多，错综复杂，废除掉一种又会想出另外一种，如此等等。

结果十分清楚：本地商人开始了不容忽视的资本积累。西属美洲有些克里奥商人极其富有，以至 18 世纪末有人说，西班 346
牙是它的殖民地的殖民地。这或许只是说说而已，但也表明西班牙人对那些不守本分的人的不满。无论如何，当各殖民地纷纷要求独立时，我们往往看到新大陆的商人与宗主国的资本家之间存在着冲突和强烈的敌对，波士顿是如此，布宜诺斯艾利斯

亦复如此,后一个商埠的商人 1810 年想与卡迪斯的批发商断绝往来。同样,巴西各城市对葡萄牙商人的故意升级成仇恨。盗窃和凶杀在里约热内卢成了家常便饭,手指上戴满戒指、家里陈设银器的葡萄牙商人是本地人憎恨的仇敌,人们想方设法对他们下手,如果没有别的报复手段,就恶意嘲弄,把他们形容成地道的喜剧人物,蠢笨、可憎,外加戴绿帽子。西属美洲各地用"洋盘"(chapetones)和"外洋佬"(gachupines)二词专指那些刚到美洲的西班牙人。他们经验不足,满怀奢望,却往往保证能够发财;分析他们的情形,将是社会心理学极好的题材。他们前来加入已在本地安家立业,并在商界占据要津的西班牙人小团体。整个墨西哥就这样控制在原籍巴斯克各省或者桑坦德山区的商人手中。这些商人家族把侄子、外甥、姑表兄弟和邻居从老家的村庄里接来,从中物色合作者、继承人和女婿。新来的人在"求亲竞赛"中毫不费劲就着先鞭。墨西哥革命家伊达尔戈与其他许多人一样想结束这种移民,1810 年指责这帮人"丧尽天良。〔……〕他们一切活动以可鄙的吝啬为动力。〔……〕他们只是出于政治需要才信奉天主教,他们的上帝就是金钱"。[64]

工业纠纷

工业方面与商业领域一样,殖民地与宗主国之间长期酝酿着冲突。从 16 世纪末起,不仅西属和葡属美洲,很可能整个美洲经历了持久的危机。[65]当时欧洲资本主义少说也陷于困境;到 17 世纪,大西洋彼岸自顾不暇。正在形成的地区市场扩大了交换量:巴西人顽强地打入安第斯山区;智利供应秘鲁小麦;波士顿商船给安

18 世纪秘鲁的刺绣工场。女工是混血种人。马德里皇宫藏品。

的列斯群岛带来面粉、木材和纽芬兰的鱼,如此等等。工业纷纷出现。1692 年基多有“生产供平民穿着的哔叽、棉布和粗布料的工场。瓜亚基尔成了基多〔面向太平洋〕的外港,产品从该地远销秘鲁、智利乃至铁拉菲尔梅和巴拿马。也从陆路运往波帕扬”。[66] 新格列纳达的索科罗,[67] 秘鲁的库斯科省和墨西哥南部印第安人居住区的拉普埃夫拉[68] 也发展了纺织工业。里扎哈加主教说,在阿根廷内陆,特别“在门多萨,由我们培养的印第安人纺出的纱与比斯开最细的纱不相上下”。[69] 其他许多农畜产品加工工业也有发
347 展;到处生产肥皂和蜡烛;各地都加工皮革。[70]

这批初级工业建立于 17 世纪的艰难岁月,当时随着大庄园的扩张,美洲一大部分地区走上“封建化”的道路。后来经济形势转好,这批工业是否会像油花一样扩散呢?为此,欧洲就必须放弃对工业生产的垄断。西班牙肯定没有这个打算。恰撒姆爵士据说曾讲过以下的话:“如果美洲准备生产一只长袜子或一枚马蹄铁钉,我就要动用英国的全部力量去教训它。”[71] 如果他真的讲过这番话,这既说明大不列颠的意图,也证明它对海外的实际情况一无所知:新大陆绝不会不生产自己需要的产品。

348 总之,整个美洲随着年龄的增长达到了自身的平衡,并为自己安排了出路。西属美洲比新大陆其他地区更善于在有组织的走私活动中找到补充的自由和利润来源。全世界都知道,马尼拉大帆船截留美洲的白银,西班牙乃至欧洲因此受损,得利的是遥远的中国以及墨西哥商会的资本家。更何况,到了 18 世纪末,绝大部分银币和银锭已不归沦为穷亲戚的西班牙国王所有,而是归商人个人所有。新大陆的商人也占一份。

英国殖民地选择自由

新大陆的普遍不满首先在美洲的英属殖民地爆发。把波士顿茶党案和三个人的孤立行动说成是一场“起义”显然太过分了。1774 年 12 月 16 日，三名波士顿居民伪装印第安人，潜入三艘停在港内的英国东印度公司商船，把船上装载的茶叶倾入大海。这事情本身不大，但是殖民地——未来的美国——与英国的决裂从此开始。

冲突肯定源自 18 世纪的经济高涨。美洲各地无不欣欣向荣，但英属殖民地无疑受惠更多，因为那里的对内和对外贸易都十分活跃。

经济高涨的标志首先是移民不断抵达，其中有英格兰的工人，爱尔兰的农民，也有苏格兰人——后者往往原籍阿尔斯特地区，在贝尔法斯特登船。1774 年前的五年内，从爱尔兰各港口启程的 152 艘船共运来“44000 人”。[72] 此外还要加上人数众多的德国移民。1720 至 1730 年间，后者差点“没把宾夕法尼亚〔……〕日耳曼化了”。[73] 那里的公谊会教徒面对得到爱尔兰天主教徒增援的德国人处于少数。美国独立后，日耳曼裔定居者人数增多，因为在战争结束后，为英国效力的德国雇佣军选择了留在美国。

这一移民运动是真正的“人口贸易”。[74] 1781 年，“一名大商人自诩仅他一个人在战前就输入了 40000 名欧洲人，包括帕拉丁人，施瓦本人和若干阿尔萨斯人。上述人员经由荷兰移民”。[75] 人口贸易的主要对象还是爱尔兰人，不论人们是否愿意承认，这项贸易与贩卖黑奴十分相似，在美国独立后不但没有停止，反而更加兴旺。1783年的一份报告解释说："进口爱尔兰人的贸易在战时一度停顿，后即恢复，经营此业者获利甚丰。〔一艘船〕才刚运到的350名成年男女和儿童，立即找到了雇主。〔办法很简单〕：船长在都柏林或爱尔兰任何一个港口向移民讲明条件。有能力付船钱者(一般为80至100图尔里佛)抵达美洲后可自找门路，悉听其便。遇有无力支付船钱者，船主便于抵港后张贴告示，说他运来工匠、短工和仆役，可与他妥商雇佣事宜，雇佣期成年男女为三至五年，儿童为六至七年，工价作运输费用偿还船主。[76]雇主视受雇者性
349 别、年龄与体力而异，交给船长150至300里佛，[77]对雇工只供食宿和衣着。服务期满，雇主发给他们一件衣服和一把锹，他们就此享有绝对自由。下个冬天可盼有15000至16000人前来，其中大部分是爱尔兰人。都柏林的官员们为阻止移民伤透脑筋。经营此业者又把眼光转向德国。"[78]

由此形成了"从大西洋沿岸向山区乃至向西部的经常性人口迁移。在各家各户分别建成自己的住所前，大家挤在同一所屋子里。"新来的人一旦挣够了钱，"就到费城付清地价"，分配给他们的这些土地通常是殖民地政府(或随后成立的州政府)作价卖给他们的。殖民者"往往转手出售这些新开垦的土地，到别处去寻找荒地，开垦后再次卖掉。有的耕作者先后开垦荒地达六处之多"。[79]18世纪末的这个文件生动地说明了历时已久的"边疆"现象。渴望发财的移民于契约满期后，无不受到边疆的吸引。苏格兰人尤其突出，他们深入林莽，过着印第安人般的生活，不断开拓垦区。冒险精神较差的德国人跟在他们后面，占领并经营被征服的土地。[80]

涌向西部土地和林莽的人流伴随着并激发了普遍的经济增长。观察家们眼见美洲的人口爆炸，印象颇深。他们说，美国人“生儿育女多多益善。多子女的寡妇必能再醮”。[81]高出生率使人口的洪流进一步膨胀。按这种增长速度，连费城以北原来差不多由清一色英格兰移民居住的地区也逐渐掺入别的成分。由于苏格兰人、爱尔兰人、德国人和荷兰人对英格兰不是表现冷漠就是怀有敌意，这一早已开始并迅速加快的人种混杂过程无疑促成了与宗主国的分离。1810年，刚抵达纽约的法国领事根据巴黎对他的要求，[82]试图了解“该州居民的思想状况以及他们对法国的真正态度”。请听他的答复：“不应根据我居住的这个人口稠密的城市〔纽约当时有80000居民〕作出判断，该城居民多数是外国人，各国的都有，独缺美洲人。一般说他们除了做生意就别无想法。纽约不妨说是一个长川不息的交易会，三分之二的人口不断更新，那里成交的生意极大，几乎都是买空卖空，那里的奢侈达到惊人的程度。所以那里的商业不稳固；牵连甚广的破产案件经常发生，却并不引起轰动；更有甚者，破产者往往得到债权人的宽宏大量，似乎每个债权人都在寻求取得同等待遇的权利。”法国领事最后说：“应该到农村，到内地城市去寻找纽约州的美国居民。”所谓人的“大熔炉”(melting pot)的说法，正是人口尚不太多的全体美国人(1774年为300万居民)对外国人大批入境的切身感受，当时入境规模之大并不亚于美国19世纪末的移民高峰。

然而，这一现象更多涉及北部的英属殖民地(新英格兰、马萨诸塞、康涅狄格、罗德岛、新罕布什尔、纽约、新泽西、特拉华、宾夕法尼亚)，较少触及南部殖民地(弗吉尼亚、马里兰、南北卡罗利纳、

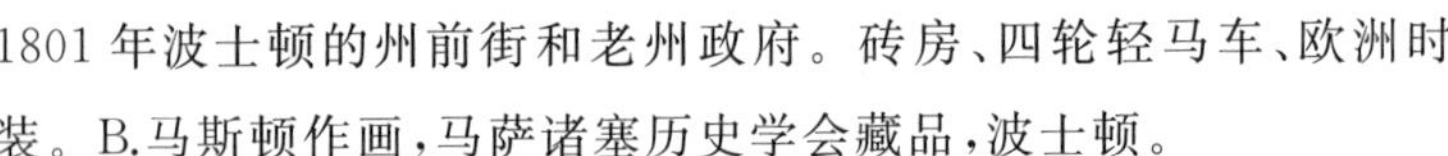

1801 年波士顿的州前街和老州政府。砖房、四轮轻马车、欧洲时装。B.马斯顿作画，马萨诸塞历史学会藏品，波士顿。

350 乔治亚)，南部是截然不同的种植园和黑奴区。今天去弗吉尼亚州内地蒙蒂塞洛参观托马斯·杰弗逊(1743—1826 年)的华丽旧居的人，还能发现它与巴西的“大屋子”(Casas Grandes)或牙买加的“大屋”(Great Houses)相似，唯一不同的细节是大部分奴隶宿舍位于地下室，就像被巨大的建筑压在地底下似的。所以，吉尔贝托·弗雷里关于巴西东北部的种植园和城市的描述，有许多也适用于英属殖民地的南部，即所谓“南部腹地”。不过，尽管自然环境相似，两地的风土人情却相距甚远。它们之间隔着葡萄牙与英国之间的距离，在文化、心态、宗教和性欲表现等方面大不相同。弗雷里谈到的巴西庄园主毫不避讳他们与女奴的私情，而杰弗逊对他的一名年轻女奴的长期热恋却是防守唯恐不严的秘密。[83]

南北对峙是美国的一个十分突出的结构性特点，美国立国伊始就带上这个印记。1781年，一位证人这样描写新罕布什尔州："这里与南部诸州不同，见不到拥有1000名奴隶和8000到10000英亩土地的大地主欺凌财产不丰的邻居。"[84]下一年，另一名证人也作了比较："南部人数不多，比较富裕，北部繁荣比较普遍，人口较多，过着小康之家的幸福生活……"[85]这种说法未免过分简单，351
富兰克林·詹姆森为此把话说得婉转一些。[86]新英格兰极少大地产，那里的贵族主要是城市贵族：即便如此，大地产总还是存在的。纽约州的庄园共占地250万英亩，其中距哈德孙河100英里左右的旺·伦塞莱尔庄园长24英里，宽28英里，相当于罗得岛殖民地全部面积的三分之二，虽说后者的总面积不算大。大地产在南部殖民地也趋扩大，如在宾夕法尼亚，尤其在马里兰和弗吉尼亚，后者境内的费尔法克斯产业占地600万英亩。在北卡罗利纳，格兰维尔爵士一家的地产占该殖民地全部面积的三分之一。不仅南部，北部的部分地区也实行一种或明或暗的贵族制度，其实就是从古老的英格兰移植过来的、以长子继承权为支柱的社会制度。然而，由于到处都有小地产挤在大领地的夹缝中生存——不仅在北部，那里高低不平的地形不太适宜大规模耕作，也在西部，那里需要毁林开荒——在这个农业占压倒优势的经济里，土地分配的不平等并不妨碍确立一个相当稳固的、对大富翁有利的社会平衡。这个平衡至少维持到革命前。革命推倒了许多拥护英国的大地主世家，随后又剥夺、出售他们的财产，而社会则"以盎格鲁-撒克逊方式安稳、平静地"逐渐演变。[87]

所以，英属殖民地的土地制度比人们惯常提出的南北对峙的简单模式要复杂一些。在13个殖民地的50万名黑奴中，20万在弗吉尼亚；10万在南卡罗利纳；7至8万在马里兰，同等数目在北卡罗利纳，纽约州可能有25000，新泽西有10000，康涅狄格有6000，宾夕法尼亚有6000，罗得岛有4000，马萨诸塞有5000；[88]波士顿在1770年“有500多辆四轮轻马车，用一名黑人当车夫，显得很有气派”。[89]奇怪的是，蓄奴最多的弗吉尼亚州的贵族拥护辉格党，也就是说拥护革命，而且正是他们保证了革命的成功。

一方面要求英国给予白人自由，另一方面对奴役黑人似乎心安理得，这是个明显的矛盾，但居然谁也不以为怪。1763年，一名英国牧师在弗吉尼亚布道时说：“我为你们说句公道话，世界任何地方的奴隶不比他们在殖民地一般得到的待遇更好”，[90]这里指的是英国殖民地。当然谁也不会把这些话当作福音书上的真理。何况从殖民地一处到另一处，乃至在南方种植园内部，奴隶的实际境遇相差极大。也没有任何事实能说明，黑人因与西班牙和葡萄牙社会结合较好，他们在这些社会里生活更幸福，或者至少在某些地区生活不那么悲惨。[91]

商人间的争执和竞争

英国的13个殖民地基本上还是农业地区：1789年，“整个美
352 国至少十分之九的劳力用于农业，农业投资比其他产业部门的资本总和大好几倍”。[92]尽管垦荒和耕作占优势地位，北部地区尤其是新英格兰日益发达的航运业和贸易还是推动了各殖民地起而反抗。商业活动在北部地区不占多数，却起着决定性作用。亚当·

斯密对远在天边的殖民地比近在眼前的英国工业革命认识更加真切，他感受到美洲事态的进展及其反响，可能说出了美洲殖民地起而反抗的主要原因。《原富》出版于1776年，即波士顿事件后两年。亚当·斯密只用一句话作出了解释。他首先理所当然地赞扬英国政府对殖民地远比其他宗主国慷慨大度，指出“英国移民在各方面享有完全的自由”，但是不得不在句末举出一项限制：“除开对外贸易”。[93]这一例外可是事关重大！它直接地和间接地束缚整个殖民地的经济活动，迫使后者事事通过伦敦，依赖伦敦的信贷，尤其使后者必须置身于大英帝国的商业范围之内。新英格兰以波士顿和普利茅斯为主要港口，早已展开了商业活动。它不甘心受到英国的束缚，总在偷偷摸摸地设法绕过障碍。美洲的商业活动自发而又活跃。即使别人不给它自由，它也会自己争取自由，不过它只成功了一半。

新英格兰是1620至1640年间由被斯图亚特王朝逐出英国的清教徒建立的。[94]这些清教徒的初衷是创立一个封闭的、与尘世的罪孽、不公正和不平等隔绝的社会。当地自然资源虽然贫乏，但有海洋为之效力；一批人数不多但异常活跃的商人很早就在这里立足生根，可能这是因为英属殖民地的北部距母国最近，因而与母国的联系最为方便。也可能因为阿卡迪亚海岸、圣洛朗海湾和新地岛的渔场近在咫尺，为这一地区提供了天赐的海生食物：新英格兰的移民以捕鱼为“大宗财源。他们不必翻耕土地，而是把这一工作让给西班牙人和葡萄牙人去做，自己则是通过把鱼卖给他们而获利”，[95]此外还因为新英格兰有吃苦耐劳的水手和必须为他们修造的船只。1782年有600条船和5000人从事渔业。

不过欧洲在新英格兰的移民不满足于就近从事这项活动。“他们被叫作美洲的荷兰人〔单是这一称呼就很说明问题〕。据说美洲人航海比荷兰人更加节省。这一特性以及他们的食物的低廉价格造成他们在航运业的优势。”他们确实推动了中部和南部殖民地的沿海航运业，并且向远方转销中部和南部的产品，诸如小麦、烟草、大米、靛蓝等。他们负责向分属英国、法国、荷兰和丹麦的安的列斯群岛供应货物，运来鱼、咸鲭鱼、鳕鱼、鲸鱼油、马匹、咸牛肉以及木材、橡木板、木板，乃至预制的房屋：“材料都已齐备，一名木匠随货抵达，指导现场装配”。[96]他们在返程时运走食糖、糖渣和甘蔗酒。也运走金属货币，因为他们通过安的列斯群岛或邻近的大陆港口进入西属美洲的白银流通渠道。北部殖民地商人向南部推进获得成功，
353 无疑使他们实力倍增，促使他们去建立工业：造船业、呢绒业和粗布制造业、五金业、朗姆酒厂、铁条和铁锭生产、铸铁业。

此外，北方港口——包括纽约和费城——的商旅足迹遍及整个北大西洋、马德拉等岛屿、黑非洲沿海、柏柏尔地区、葡萄牙、西班牙和法国，当然也到英国。他们甚至把干鱼、小麦、面粉运往地中海。这一世界范围的商业扩张缔造了若干三角贸易关系，英国自然未被遗漏。美洲商船虽然直达阿姆斯特丹，伦敦却几乎总是三角形的一个顶端，美洲商人从欧洲各商埠把钱汇往伦敦，也从伦敦得到贷款。他们把一大部分利润留在伦敦，因为殖民地与英国的贸易有逆差需要弥补。1770 年，即殖民地独立前，一位观察家写道：“通过购物和支付佣金，殖民地的金钱悉数流向英国，它们自己剩下的财富只有纸币。”[97]然而，美洲肯定早就成为英国的竞争对手，它的繁荣损害了岛国本身的繁荣，引起伦敦商业巨头的不

安。于是英国采取限制措施，但是除了惹恼对方之外不见成效。1766 年一位敏锐的观察家指出：“今天英国颁布的旨在阻碍、限制在美移民经营实业的法令全都无用。它们暂时缓和病痛，但未能根治疾病。”由于欧洲在美移民的商业、经济活动和转口贸易，英国“失去了海关收入、仓储费、佣金及其港口的部分劳务收入。今天最普遍的做法是船只不经由英国本土直接驶回殖民地，因而波士顿和费城的航运商（他们有 1500 多条船）在外国港口装载的商品 354
不仅供应美洲殖民地，而且供应英国所有其他殖民地。这样做不能不严重损害英国的商业及财政收入”。[98]

殖民地与宗主国之间当然还出现别的冲突。1762 年英国占领法属加拿大，次年经巴黎条约确认。这一事件使英属殖民地的北部边境从此无后顾之忧，可能加快了事态的发展。英属殖民地从此不再需要帮助。1763 年，战胜国的英国和战败国的法国的表现至少在我们看来都出人意外。英国本想放弃加拿大（夺自法国）和佛罗里达（由西班牙让出），而占有圣多明各，但是牙买加的种植园主却独出心裁，拒绝与其他人分享他们视作禁脔的英国食糖市场。由于他们的坚持，加上法国的抵抗（法国一心保全圣多明各，产糖诸岛之王），“皑皑积雪”的加拿大结果就归了英国。但是我们有不容辩驳的证据证明英国对圣多明各垂涎三尺。1793 年与法国重开战火后，英国为占领该岛花了六年时间，不惜劳师糜饷，却毫无结果。[99]“英国在战争最初六年（1793—1799）无所作为的秘密正是看中了圣多明各这个要命的地方。”

总之，从巴黎条约签订（1763 年）次日起，殖民地与英国之间的紧张气氛逐渐升级。英国要殖民地听话，让它们部分承担刚结

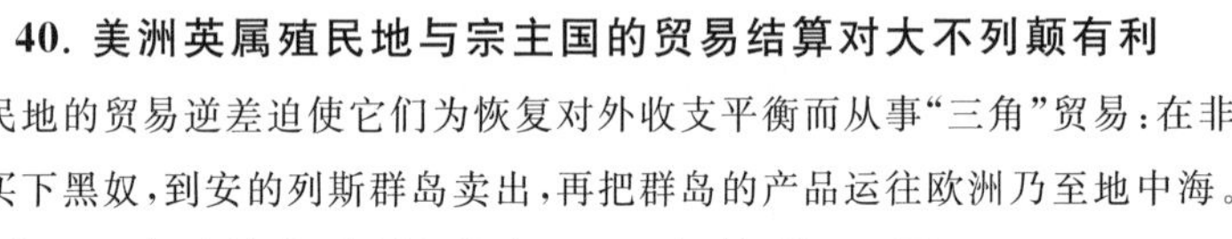

40. 美洲英属殖民地与宗主国的贸易结算对大不列颠有利

殖民地的贸易逆差迫使它们为恢复对外收支平衡而从事“三角”贸易：在非洲买下黑奴，到安的列斯群岛卖出，再把群岛的产品运往欧洲乃至地中海。（摘自H.U.福克纳著《美国经济史》，1943年版，第123页。）

束的战争的巨大开支。殖民地干脆于1765年抵制英国商品，这可是犯了弥天大罪。[100]局势已是如此明朗，以致荷兰银行家于1768年10月“担忧如果英国与其殖民地的关系恶化，由此引起的商业破产会使本国〔荷兰〕受到影响”。[101]阿卡里亚斯·德·塞里奥恩早在1766年就看到“美利坚”帝国正在崛起。他写道：“对于西属殖民地的生死存亡，新英格兰的威胁比老英格兰更加可怕……”几年后（1771年）他又说，一个“独立于欧洲的”[102]帝国“不久将主要危及英国、西班牙、法国、葡萄牙和荷兰的繁荣”。[103]也就是说，美国日后觊觎欧洲经济世界霸主地位的野心已初露端倪。我们惊奇的是，法国驻乔治敦全权公使也明确表达了同样见解，虽说时间上晚了三十年。他在共和十年雾月二十七日（1801 年 10 月 18 日）的信中说：“我认为英国对于美国所处的地位酷似第一强国〔指英国〕在 17 世纪末对于荷兰所处的地位，当时荷兰被浩大的开支和债务缠得精疲力尽，眼睁睁看着自己的商业优势转到在商业领域不妨说乳臭未干的对手手里。”[104]

西班牙和葡萄牙在美洲的开发

另一个美洲，西属和葡属美洲却是另一种情况，另一种历史。它们与新英格兰并非没有可以类比的地方，但是北方发生的事情
没有逐一在南方重现。北欧和南欧在大西洋彼岸再次制造了它们 355
的分歧和对立。此外，还有重要的时间差距：英国殖民地于 1783 年得到解放，西属和葡属殖民地的解放不早于 1822 至 1824 年——何况南方的解放带着虚伪的性质，因为英国取代了原有的统治者，其托管统治大体上一直延续到 1940 年；这以后将由美国接替。总之，北方表现为生动活泼、实力充沛、独立自主和兴旺发达，南方则是惰性、奴役、宗主国的重压以及为任何“外围地区”固有的一系列限制。

这一差别显然是不同的结构、历史和遗产的产物。形势很明朗，但是昨天的教科书采用的方便的分类法，即把殖民地分成移民型殖民地和开发型殖民地两大类，却不能说清问题。怎么可能有不加开发的移民型殖民地，或者不搞移民的开发型殖民地呢？与其说“开发”，不如说在一个经济世界范围内沦为“边鄙之地”，即它们命定要为别人效劳，接受毫不容情的国际经济分工强加给它们的任务。这正是派给西属和葡属美洲的角色（与北美相反），而且

无论在它们独立前或独立后始终不变。

重新考虑西属美洲

西属美洲发展缓慢，很晚才得到解放。这一解放过程于1810年始于布宜诺斯艾利斯。由于西属殖民地对西班牙的依赖将由它们对英国资本的依赖所取代，所以1824至1825年[105]间伦敦开始大批投资标志着西班牙势力的消退。

至于巴西，它获得独立比较顺利：1822年9月7日，佩德罗一世在圣保罗附近的伊比朗加宣布对葡萄牙独立，同年12月他自封为巴西皇帝。当时在位的葡萄牙国王胡安六世是新皇帝的父亲，所以巴西的独立自有其曲折的底蕴。此事十分复杂，与欧洲和美洲的政局演变有关。[106]不过我们在这里只要记住它的平静结果就行了。

相反，西属美洲的独立却是演出了一场漫长的情节剧。不过我们更感兴趣的不是剧情本身，而是一个断裂的酝酿方式。这个断裂就其国际后果而言比巴西与宗主国的决裂更重要。西属美洲打一开始就势必成为世界历史的一个决定性因素，而巴西在19世纪一旦不再是重要的黄金产地，它对欧洲的重要性就大为减小。

西班牙即使在最初也没有独自开发“庞大的”[107]新大陆市场的能力。这个还停留在古代状态的国家，就是调动它的全部力量和人员，加上安达卢西亚的葡萄酒和食油以及工业城市生产的呢绒，也显得分量不够。何况到了18世纪，一切事业都扩大了规模，任何欧洲“民族”单枪匹马都不足以当此重任。勒波蒂埃·德·拉海斯特洛瓦于1700年解释说：“西印度群岛消费的物品必须从欧

洲取得，其数量之多远远超过我国〔法国〕的实力，我们在国内设立
的制造厂再多，终归不解决问题。”[108]西班牙因此不得不求助于欧 356
洲，尤其因为它本身的工业还不到16世纪末就已经衰败。欧洲赶紧抓住机会，参与了对西属和葡属殖民地的开发，甚至比西班牙有过之而无不及。厄内斯特·路特维希·卡尔在1725年说西班牙“几乎成了外国人的货栈”，[109]其实不如说是中间商。西班牙禁止“运送”作为美洲主要资源的白银的法令诚然严厉，然而英国国王查理二世在1676年11月指出，“全欧洲都能见到西班牙银币”。[110]

早先二十年，葡籍耶稣会教士安东尼奥·维埃拉神父在巴西的贝伦布道时大为感叹：“西班牙人开采银矿，运走白银，得利的却是外国人。”这种贵金属派了什么用场呢？从不用于赈济穷人，“只是为了养肥那些统治穷人的人，让他们暴殄天物”。[111]

西班牙严峻的立法之所以不起作用，显然是由于走私猖獗：舞弊、行贿、弄虚作假、邪门歪道并非美洲贸易和经济所专有，但在美洲这个广阔天地里，这类行径更大肆泛滥，整个大西洋以及南海都
是其活动场所。菲力浦二世本人曾谈到，这些貌似诚实的商船 357
1583年启程时“声称运葡萄酒到〔加那利〕群岛，实际前往印度，据说发了大财”。[112]有时一条船在塞维利亚装满运往印度的货物，“官员们竟毫无所知”！[113]过后不久，荷兰人、法国人、英国人、意大利人（以原籍热那亚的居多）竟毫无困难就把货物非法装上结队驶往印度的官方船只。1704年，“〔塞维利亚〕商事裁判所承认船队和大帆船装载的货物中属于西班牙人的仅占六分之一”，[114]而原则上只有西班牙人才准许载货。[115]

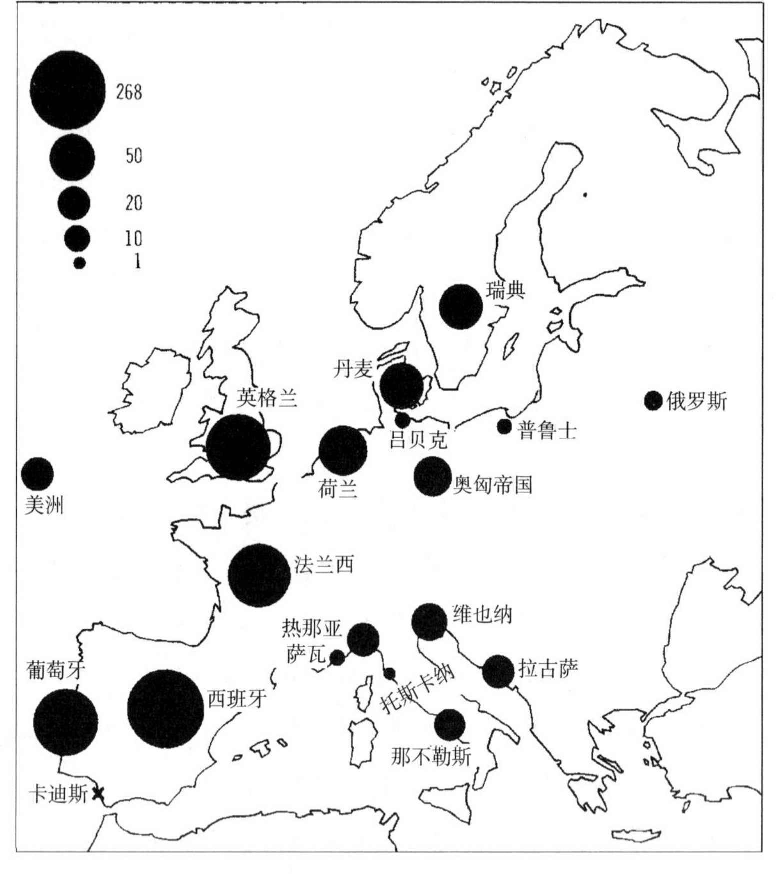

41. 全欧洲协力开发西属美洲

1784 年驶入卡迪斯海湾的船只的数量及国籍。

在大洋彼岸的“卡斯蒂利亚印度”，走私舞弊同样猖獗。一名西班牙旅行者 1692 年指出“从利马启运的国王步入至少值 2400 万本洋，[116]但是不等这笔钱从利马运到巴拿马、贝洛港、哈瓦那，地方长官、办事员和海关税吏等人无不见财起意，从中截留一部分……”[117]大帆船既是商船也是战舰，它们内部的舞弊已是常规，外来的偷盗则在 17 和 18 世纪成倍增多。针对当地的殖民地体制，建立了若干灵便、有效的平行体制。圣马洛商船在南海沿岸的航行便属于这种情形，事情始于西班牙王位继承战争前，1713 年战争结束后继续保持下去。一支西班牙舰队似乎已于 1718 年把它们逐走，[118] 但它们在 1720 年又回来了，[119] 1722 年还待在那里。[120] 再举一个例子，从美洲非西班牙属地的港口出发驶向绵长的因而无法严加看守的大陆海岸的航行，也属于同样的情形。这种所谓“见缝插针”的贸易，荷兰人以圣厄斯塔什和库拉索（1632 年起该地归属荷兰）为基地；英国人以牙买加为基地；法国人以圣多明各及安的列斯群岛的其他法属岛屿为基地。一群苏格兰冒险分子也是打这个主意：他们于 1699 年使用武力在达连地峡边缘强行登陆，希望在“大陆沿海”站稳脚跟，以便就近夺走英国人和荷兰人的财源，因后者的据点距这里较远。[121] 北美的水手不甘落后。18 世纪 80 年代，他们的捕鲸船以在海上停泊为借口，肆无忌惮地把走私商品运进秘鲁。当地商人自然表示欢迎，因为他用低价买进后以“官价”卖出，而官价并没有降低。[122]

长时期内，最大规模的走私活动无疑是把波托西的西班牙银矿的白银运往葡属美洲，即巴西。1580 年起，里约热内卢是主要走私通道。[123] 西班牙与葡萄牙 1640 年实行分治后，葡萄牙人仍坚持走私，他们长期在今天的乌拉圭境内的萨克拉门托殖民地（1680 年被占领）保留一块小小的飞地，作为理想的前哨据点。西班牙人不得不包围这块葡萄牙殖民地，于 1762 年用武力攻克。[124]

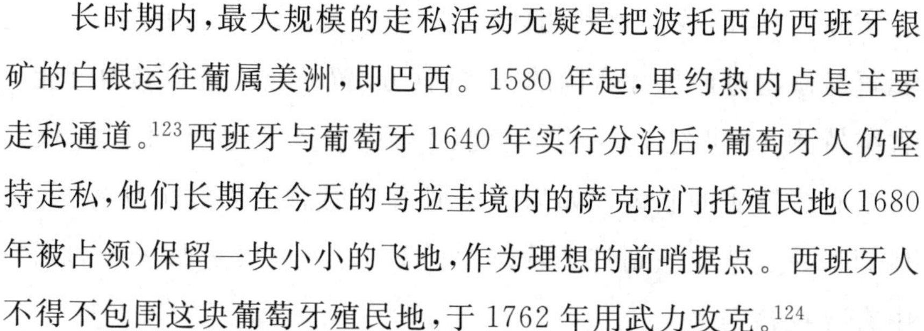

但是，本地商人若不通同作弊，负有监察职守的行政当局若不受贿，走私显然不可能如此发达。阿卡里亚斯·德·塞里奥恩指出，走私规模如此巨大，是因为“这一贸易的利润足以同时应付巨

大的风险和支付贿赂”。[125]难怪一位无名氏 1685 年谈到当时正在出售的美洲殖民地总督职位时干脆说：“这其实是向外国商品发放
358 入境通行证的变通办法”。[126]1629 至 1630 年间，利马一位很有身份的大法官出任走私审理官，他家里存放违禁商品，人赃俱获，却照当法官不误。[127]

何况，照那些为走私辩护的人的说法，走私只会有利于公益。一名法国人 1699 年振振有词地说，“大帆船不能为西班牙人带来他们需要的商品的一半，他们当然乐意外国人〔当时主要是法国人〕为他们送货上门。”[128]西班牙人“费尽心机”为非法贸易提供方便，以致 200 多艘船不避整个欧洲和西班牙人的耳目，公然从事“严行禁止的贸易”。1707 年的一份法国报告透露说，“法国商船‘胜利者号’‘加斯巴号’和‘德拉福斯公爵号’载运的货物在启航前已卖给了韦拉克鲁斯的批发商”。[129]路易十四的法国和菲力浦五世的西班牙确实互相勾结，当时的西班牙对自己的前途缺乏信心。

走私始终存在，但其规模随时代而有所不同。根据很可能符合实际的计算，我们得到的印象是：1619 年后，甚至更早一点，走私贸易额超过西班牙帝国的正常（官方）贸易额。这一局面可能一直维持到 18 世纪 70 年代，即延续了一个多世纪。[130]不过这仅是一个有待核实的假设。如果历史研究者愿意担当这个任务，那么他们下一步就应该到整个欧洲的档案中，而不仅是西班牙的档案中去寻找答案。

西班牙帝国重新控制局面

西班牙政府终于对这些混乱情形作出了反应。它慢慢地、费

力地扭转局面，到 18 世纪末更采取了强有力的、“革命的”行动。我们声明在先：对宗主国在这方面采取的行政措施，人们始终没有掂出它们的真正分量——设置“巡按使”（intendants）的职位不是简单地把法国体制照搬到美洲，不是一种文化移植；此举体现马德里政府粉碎把持当地要职的克里奥尔贵族的决心。同样，取缔耶稣会（1767 年）则标志着开始用“军事”体制的权威和武力取代某种道德秩序，这种体制将祸延后世，为未来的各独立国家所继承。这里发生的也是一种变革，甚至是一场革命。这一切是否应归功于把君主集权原则和成套的重商主义措施装在行李里带给西班牙的波旁王室？或者应该用西班牙本身强烈要求变革的愿望来解释？整个欧洲在启蒙时代都将产生这种愿望。克洛第奥·桑切斯·阿尔波诺斯[131]甚至说，波旁王室并非西班牙实行变革的原因，倒是西班牙要求改变的愿望为法国王室敞开了通向伊比利亚半岛的大门。

从 1713 年起，改革派的注意力自然而然地转向他们最大的赌
注和最后的机会：新大陆。西班牙能保全它在大西洋彼岸开创的 359
事业吗？法国船只在战争期间曾随意光顾美洲海岸，法国无意放弃觊觎南海沿岸和新西班牙边境的野心。还在约翰·劳的时代，法国政府曾想以路易斯安那为据点蚕食邻近的西班牙领地。至少一位西班牙人 1720 年就是这么想的。他闷闷不乐地写道：“如果上帝不去制止，我们将不幸见到新西班牙王国四分五裂，转属法国统治。”[132]英国的威胁不那么显眼，但更加严重。1713 年的乌得勒支条约将黑奴贩卖权和准予航行权出让给英国，造成的后果就不容轻视：南海公司从此兼得合法舞弊和非法走私之利。[133]

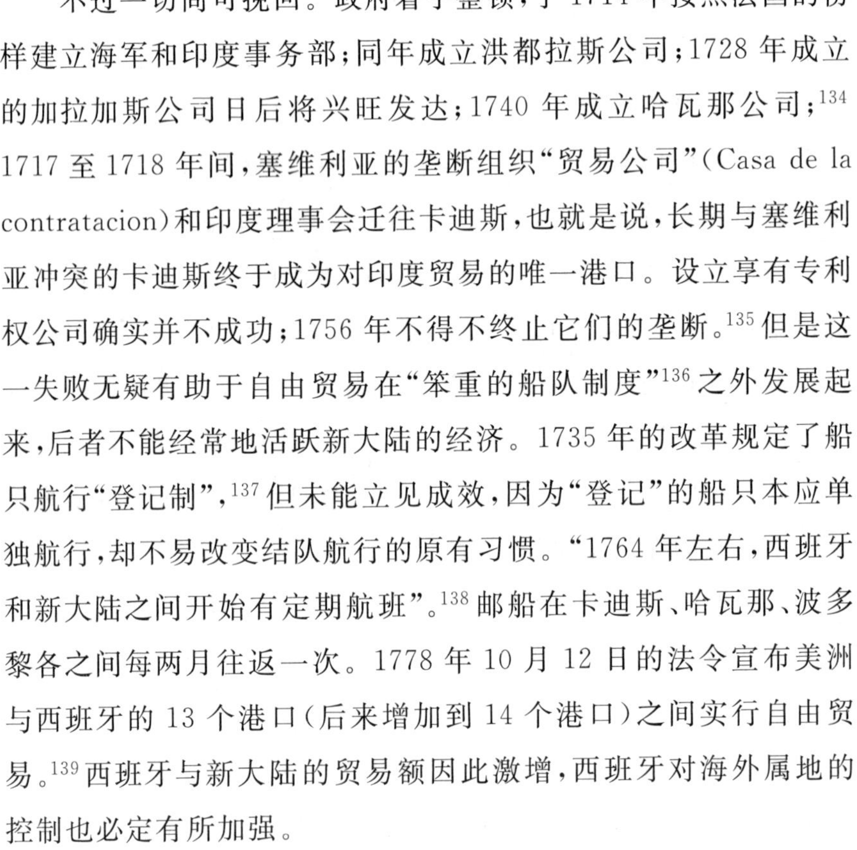

不过一切尚可挽回。政府着手整顿，于1714年按照法国的榜样建立海军和印度事务部；同年成立洪都拉斯公司；1728年成立的加拉加斯公司日后将兴旺发达；1740年成立哈瓦那公司；[134] 1717至1718年间，塞维利亚的垄断组织“贸易公司”（Casa de la contratacion）和印度理事会迁往卡迪斯，也就是说，长期与塞维利亚冲突的卡迪斯终于成为对印度贸易的唯一港口。设立享有专利权公司确实并不成功；1756年不得不终止它们的垄断。[135] 但是这一失败无疑有助于自由贸易在“笨重的船队制度”[136] 之外发展起来，后者不能经常地活跃新大陆的经济。1735年的改革规定了船只航行“登记制”，[137] 但未能立见成效，因为“登记”的船只本应单独航行，却不易改变结队航行的原有习惯。“1764年左右，西班牙和新大陆之间开始有定期航班”。[138] 邮船在卡迪斯、哈瓦那、波多黎各之间每两月往返一次。1778年10月12日的法令宣布美洲与西班牙的13个港口（后来增加到14个港口）之间实行自由贸易。[139] 西班牙与新大陆的贸易额因此激增，西班牙对海外属地的控制也必定有所加强。

另一重要措施是1776年设立布宜诺斯艾利斯总督府，使经由拉普拉塔的走私活动有所抑制。整个西属美洲走私贸易额的绝对数字无疑继续增大，但由于商业普遍发达，走私活动却相对缩小了（18世纪90年代，走私贸易额缩小到正常贸易额的三分之一左右）。加强监视走私活动曾产生一些说来有趣，乃至滑稽可笑的事件。有人于1777年发现马拉开波沿海的奥尔纳岛竟被荷兰人秘密占领，岛上的荷兰总督变成“在这里藏身的西班牙和其他国家的所有歹徒、罪犯和走私贩子”的当然保护人。[140]

然而，西班牙帝国既已变得身强力壮，寄生于健康躯体的走私活动造成的损害就不如上一个世纪那么严重。改革后的体制甚至能经受两次严重的考验：1780年秘鲁的图帕克·阿马鲁起义[141]和1781年委内瑞拉的人民起义。这两次大规模的反抗部分是由“波旁王室推行现代化措施”激起的。图帕克·阿马鲁起义强烈震撼秘鲁社会，鼓动印第安人、混血人种乃至克里奥尔人起而反抗的各种复杂潮流都参与了进去。这场波澜壮阔的暴动深刻地显示了社会内在矛盾，但仅延续了五个月：摧毁教堂、工场和庄园的行动历 360
时很短，终究被西班牙人招募、武装的印第安部队镇压下去。

与所有进步一样，美洲的进步导致了旧秩序的崩溃。波旁王室存心不尊重早就形成的特权。在已有旧商会[142]的墨西哥城和利马又设立了新商会，它们与旧商会竞争，例如韦拉克鲁斯的商会专门与墨西哥城强大的旧商会作对。同时，从欧洲（特别从英国和西班牙）大批运来的制成品淹没了当地市场。由于欧洲产品价廉物美，本地工业逐渐被挤垮。最后，商业渠道经常变化，对当地贸易时而有利，时而不利。例如，秘鲁[143]丧失了上秘鲁矿区（1776年改属布宜诺斯艾利斯总督府），矿区不再依附秘鲁，因不再要求它供应食物和纺织品，秘鲁的经济也就不能保持平衡。又如，1785与1786年饥荒期间，新西班牙的局势极为动荡，[144]为恢复平静，至少恢复虚假的相对平静，各统治阶级（克里奥尔人与西班牙移民）不得不停止相互间的激烈对抗……

宝 中 之 宝 361

后来被称为拉丁美洲的西属和葡属美洲，其命运显然取决于

1748 年巴拿马的大广场。这是个典型的西班牙城市广场，周围有法院、教堂、市政厅、为公共庆典（赛牛、喜剧、假面舞会）准备的看台。水彩画，塞维利亚印度档案馆藏品。

一个比它更大的整体，即欧洲经济世界的总体，而西属和葡属美洲不过是这个总体中被牢固控制的一个边缘地带。它能挣断奴役的锁链吗？也能也不能。首先是不能。原因很多，其中最重要的是巴西和西属美洲虽有零星的船只和水手，却不是海上强国（美国则不同，它的水手是名副其实的“开国元勋”）。也因为西属和葡属美洲早在 18 世纪前，而且在这个具有决定意义的 18 世纪期间，始终处于双重的依附地位，它既依赖伊比利亚半岛的宗主国（西班牙和葡萄牙），也依赖欧洲（首先是英国）。英国殖民地只要挣断一根锁链，摆脱与英国的联系，全部问题也就迎刃而解。另一个美洲则不然，它挣脱了与宗主国的隶属关系后，并不等于就此从欧洲的控制下解脱出来。它只是摆脱了长期监视它、剥削它的两个主人中间的一个。欧洲怎么能放弃美洲的金银呢？早在美洲的西属和葡属殖民地纷纷独立前，人人都预感到继承问题已经临近，无不想先下手为强。英国于1807年占领布宜诺斯艾利斯，但未能保住。法国于1807年入侵葡萄牙，1808年又进军西班牙。法国加快了西班牙殖民地的解放过程，但并未因此占到什么便宜。

欧洲列强如此争先恐后，如此贪多务得是否有其道理？是出于理智考虑，还是想入非非？在那19世纪的初期，是否如尼科尔·布斯盖所想的那样，美洲是世界的宝中之宝？为解决这个问题，必须拥有数字，估算西属美洲和巴西的国民生产总值，以及西属和葡属美洲能够提供给欧洲的剩余产品，因为剩余产品才是抓得住的宝物。

唯一可信的估计是韦拉克鲁斯商会秘书胡塞·玛丽亚·基洛斯[145]提供的关于1810年新西班牙的数字。这一估计仅涉及新西班牙的物质生产，以百万比索为单位，取其整数，农业产值为138.8，制成品为6，矿产品为28，总计227.8(令人惊讶的是，矿业产值只占总产值的12.29。但是怎样才能从物质产值折算国民生产总值呢？首先要加上巨大的走私贸易额，其次要考虑也很重要的劳务产值:墨西哥缺乏通航河流，骡帮运输为数众多，条件艰苦，价格极昂。不过，国民生产总值算来总不会超过4亿比索。人们常说新西班牙一地的矿业产值相当于其他西属殖民地的矿业总产值，那么我们能否推论整个西属美洲(1 600万居民)的国民生产总值为墨西哥国民生产总值的两倍，即不高于8亿比索的极限？最后，如果我们接受J.A.库茨华斯[146]就1810年的巴西作出的计算，巴西国民生产总值略低于墨西哥国民生产总值的一半，即18000万比索左右。整个“拉丁”美洲的国民生产总值略低于10亿比索。

362 从这些不甚可靠的数字至少可引出一个结论，即人均收入很低：墨西哥（居民共600万）为66.6比索；整个西属美洲（居民共1600万）为50比索；巴西（300多万居民）不到60比索。根据库茨华斯认可的数字，[147] 1800年墨西哥人均收入仅为美国的44%，而根据我们自己的计算（库茨华斯以1950年的美元为计算单位），美国当时的人均收入为151比索或美元（当时两种货币等值）。阿丽丝·汉森·琼斯关于美洲最发达的三个殖民地的研究报告提出这三处的人均收入在200至336美元之间。[148]我们算出的数字即使与这个数字相比也不显荒谬。与得天独厚的北美殖民地的人均收入相比，南美条件最好的墨西哥的人均收入约为前者的33%。后来差距日益扩大，到1860年后者仅为前者的4%。

但是这里的问题不是要确定西属和葡属美洲各地居民的生活
363 水平，而是计算它们向欧洲的出口抵销进口后的余额。据1785年的官方数字，[149]向西班牙出口的贵金属和商品分别为4388万比索和1941万比索，总计6330万（金银占69.33%，商品所占份额有大幅度增长，达27.6%）。朝另一个方向，西班牙向美洲的出口达3830万比索；二者的差额为2500万比索。这个数字大可商榷，不过我们姑且不加评论地接受它。再加上巴西的份额（总数的25%，即625万比索），我们得到的数字为3000万或3100万比索，即整个伊比利亚美洲国民生产总值的3%。不过这个数字以官方统计为依据，只是个下限，它不包括巨大的走私贸易额。把这3000万比索换算成英镑（5比索等于1英镑），欧洲从美洲得到的财富至少为 600 万英镑。这个数字显然极大，因为 1785 年，包括英国在内的欧洲从印度平均只得到 130 万英镑。[150]

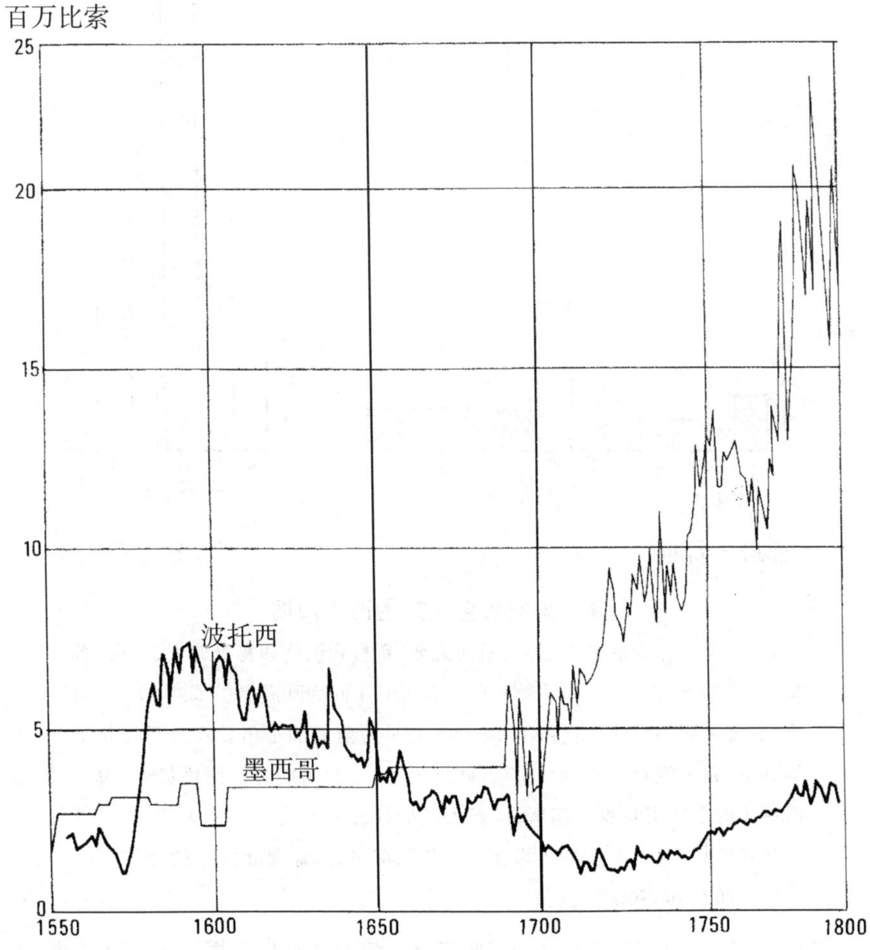

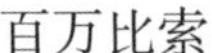

42. 美洲白银的两个周期

波托西的曲线系根据莫莱拉·帕兹-索尔丹的论文绘出，见《历史》第九卷，1945 年；墨西哥铸币曲线系根据 W.豪的《1770—1821 年间新西班牙的矿业同业公会》绘制，1949 年版，第 453 页及以后数页。波托西标志着美洲初期白银生产的决定性飞跃。墨西哥银矿则在 18 世纪末达到空前的发展规模。

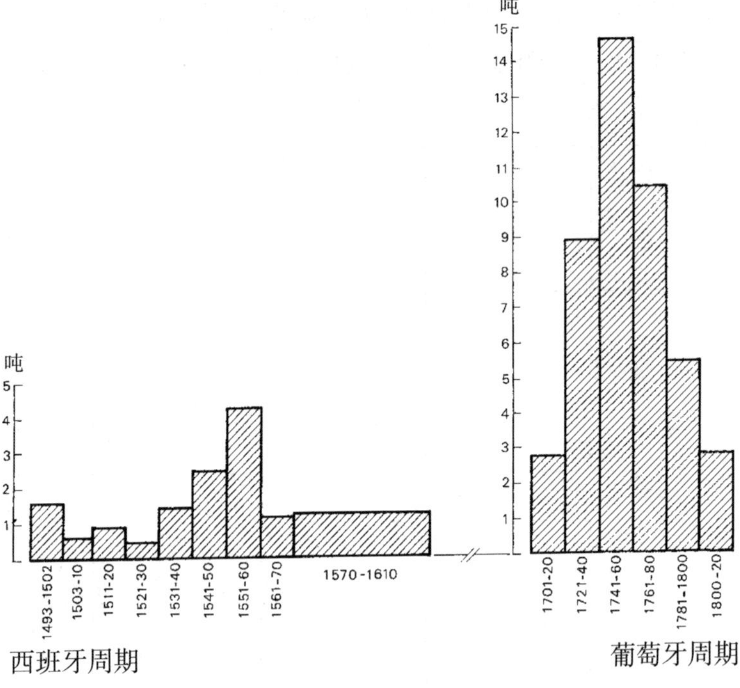

43. 美洲黄金生产的两个周期

“西班牙”周期(安的列斯群岛、新西班牙、新格列纳达和秘鲁的黄金)由“葡萄牙”周期(巴西的黄金)接替。前者在 120 年间为欧洲提供了约 170 吨黄金,后者在同等时间内提供了 442 吨,几乎为前者的三倍。产量系按年平均计算,并不绝对可靠;但有一点确定无疑:巴西周期占压倒优势。(关于西班牙的数字引自皮・谢努著《新大陆的征服和开发》,1969 年版,第 301 页及其后数页;关于葡萄牙的数字引自 F.莫洛著《葡萄牙扩张的经济学研究》,1970 年版,第 177 页。)

可见西属美洲(约 1900 万居民)每年向欧洲提供的财富为印
364 度(约 1 亿居民)的四到五倍,堪称世界头号宝库,而且民间的想象力又加以夸大,使这个宝库带上神话色彩。1806 年,由于革命战争与拿破仑战争的影响,西属美洲担心其矿产品在海上运输途中遭劫,只得堆放原地。当时一名法国代理人写道:“假如所闻属实,秘鲁、〔波哥大的〕圣菲和墨西哥三个总督府的钱库里贮存的金条银条价值一亿多比亚斯特，分散在私人矿主手里的巨额资金还不计在内。〔……〕资本家商人在战时被迫停止发货。"非法贸易只能让"这些白银中的某些部分进入流通"。[151]

这么肥的猎物对英国政治很具诱惑力，然而英国有所迟疑，因为它愿意尊重巴西（里斯本的国王 1808 年到巴西避难）和西班牙（威灵顿统率的英国军队正慢慢地、费力地解放西班牙）。所以西班牙帝国的解体也就被拖了下来。但是结局不可避免：当西班牙实行工业化，着手重新控制殖民地，不再在美洲与欧洲之间简单地充当中间人的时候，"帝国的倾覆为期不远，因为维持西班牙帝国对任何国家都不再有利"，尤其是对高踞所有国家之上的国家无利可图。英国长期施用计谋，但是一旦法国被打败，美洲的革命已经完成，它就不必再谨言慎行了。1825 年，英国资本家蜂拥而来，在原为西属与葡属殖民地的新国家，一掷千金地向商业部门和采矿企业进行投资。

这一切都符合逻辑。欧洲各国效法英国实行工业化，与英国一样用关税壁垒保护自己。各国间的欧洲贸易因而缺氧，[152] 于是各国不得不转向海外市场。在这场赛跑中，英国的地位最优越，尤其因为它利用了最可靠的捷径，即金融联系。拉丁美洲从此被伦敦拴住，成为欧洲经济世界的外围。美国 1787 年立国后，尽管早已具备种种有利条件，也费了好大的劲才完全摆脱欧洲经济世界的挟制。随着债券牌价的变化，美洲新国家的命运主要在伦敦交易所，其次在巴黎的交易所上下起伏。[153]

话说回来，这宝中之宝虽说始终存在，但其重要性到 19 世纪似乎大为缩小。所有“南美”债券的牌价都低于面值，这是一个信号。1817至1851年欧洲经济的衰退在南美竟于1810年就开始露头，在外围地带发生的这一危机具有极大的破坏性，墨西哥国民生产总值的下降趋势从1810年开始一直延续到19世纪60年代。上述事实同样表明，19世纪上半叶西班牙美洲的画面相当黯淡。美洲的宝库不仅缩小，也被浪费，因为旷日持久的独立战争消耗太大。仅举一例，墨西哥矿工当时反应极其强烈，他们有的投身革命，有的镇压革命，也有的送了性命。矿井被抛弃，水泵停止工作，坑道淹没在水下。不久前还因高产而闻名的大矿井首当其冲。在采掘并未完全停止的矿场，粉碎矿石的工序又拖后腿。更严重的是为汞齐法必须的汞要么不到货，要么到货的价格极高。西班牙
365 政府保证由行政当局供应相对便宜的汞。独立战争结束时仍在开工的矿井都是些小企业，利用简单的巷道开采，不装水泵排水。

不久就发生“发达”国家在向“不发达”地区输出技术时最早的判断错误。请听法国驻墨西哥领事就英国的创举所写的报告(1826年6月20日)：“英国人被他们在本国使用蒸汽创造的奇迹弄昏了头，他们以为蒸汽可在此间为他们同样效劳。蒸汽机于是从英国运来，伴随前来的还有运输机器的车辆。什么都没有忘记，除了能供车辆行驶的道路。墨西哥最繁忙，条件最好的交通要道是从韦拉克鲁斯通向首都的大路。阁下只要知道，在这条路上一辆四人乘坐的轻马车必须套上十头骡，一天才能走上10到12法里，便能判断路面的好坏。英国载货车辆必须经由这条道路攀登科迪勒拉山脉；为此，每辆车用不下20头骡子牵引，每头骡子每天走6法里，耗资10法郎。不管这条路有多糟糕，它好歹是条大道。

轮到需要离开这条大道前往矿井时，能找到的只有羊肠小路了。几名包工头慑于障碍重重，暂时把机器存放在圣菲、昂采洛、夏拉帕和彼洛蒂；另有几位胆大的出重资修路，总算把机器运到矿井口。不料到了那里，却找不到煤来开动机器。有木材的地方就烧木材代替；可是墨西哥高原上木材稀少，而最富的矿，如瓜纳华托的矿井距森林有 30 多小时的行程。英国采矿师为遇上了这些障碍而惊讶不已，其实亚历山大·洪堡先生早在 20 年前就指出这些障碍了……”[154]

若干年内，美洲矿井营业不佳和在伦敦交易所牌价不高的原因正在于此。但是投机者总有办法可想。由于公众一度热衷，墨西哥银矿股票在急剧下跌之前曾为某些资本家赢得巨额赚头。英国政府则把威灵顿在滑铁卢战场上用过的军械卖给墨西哥国家，总算不无小补！

既非封建主义，又非资本主义？

临到做结论的时候，很难躲开在美洲大陆社会经济形态问题上引起的一场激烈而抽象的争论。美洲的社会经济形态实际上同时是旧大陆模式的翻版和歪曲。有人企图根据欧洲熟悉的概念来给它们下定义，为它们找到某种一致的模式。这种尝试多少是徒劳的：一些人谈论封建主义；另一些人说到资本主义；某些自作聪明的人提出一种过渡形态。这一过渡形态说来倒是颇为圆通，使争论各方全都有理，既同意封建主义及其变体，又接受资本主义的前提和先兆。真正聪明的人，如 B.H.斯利谢·旺·巴士[155]等，排除这两种概念，主张彻底推倒以上的旧认识。

何况，说整个美洲只有唯一一种社会模式，这怎么能让人相
366 信？你刚确定一种模式，就有一些社会立即与这个模式不相符合。不仅国家间的社会制度各不相同，而且各种社会制度在一国内部也同时并存，把某些不可能用现成标签归类的成分混在一起。美洲本质上是个“外围地带”，唯一的例外是1787年组成政治实体的美国（美国在18世纪末是否已成例外尚可商榷）。不过这个外围地带是上百块不同颜色的瓷砖拼成的镶嵌画：现代形态、古代形态、原始形态以及各种形态的大杂烩！

关于新英格兰[156]和其他英属殖民地，我已经说了不少，只用两三句话就可以把它们交代过去。说它们是资本主义社会未免过分。晚至1789年，它们的经济——例外证实规律——仍以农业为主。往南走，到切萨皮克湾沿岸，就能遇到地道的奴隶社会。1783年和平来临后，年轻的美国显然受到前所未有的创业热情的振奋。人们创建一切：家庭作坊、手工工场和制造厂，还有用英国新机器装备的纱厂，以及银行与多种批发业。然而，虽说有了银行，至少市面上响当当的铸币少于各州发行的、几乎分文不值的纸币，也少于已有残缺的外国铸币。另一方面，战争一结束，船队作为保证国家独立和强盛的工具，有待重建。1774年前后，船队分为沿海航行和远洋航行两部分，前者拥有5200艘（载重25万吨），后者拥有1400艘（载重21万吨）。二者的吨位基本相等，但是沿海航行船队是“美国的”，远洋船队却归英国所有，因此需要全部重建远洋船队，费城的造船厂为此忙得不可开交。此外，英国从1783年起成功地恢复了它在美洲贸易中的主导地位。真正的资本主义始终在世界的中心伦敦，美国只有二等资本主义，这个朝气蓬勃的国家将

在英国与革命时代和帝国时代的法国的战争中（1793—1815 年）逐渐羽翼丰满，但即使如此，也总还未成气候。

在美洲别处，我只见到局限于个别人和个别资本的细点状资本主义。与其说它们构成一个地区网，不如说它们是欧洲资本主义的组成部分。巴西比西属美洲在这条路上走得更远，但是巴西的资本主义也仅限于个别城市，如累西腓、巴依亚、里约热内卢。广大的内地则是这些城市的“殖民地”。到 19 世纪，面对广阔无垠、一直伸展到安第斯山脉的阿根廷草原，布宜诺斯艾利斯是个别具一格的资本主义城市。它贪得无厌，力图通过控制和组织把一切引向自己，其中包括内地的车队和世界各地的船只。

人们无须发挥很大的想象力，就能认出在范围狭隘的商业资本主义据点之外，这里那里还存在一些“封建”形态？赫尔曼·阿尔西涅加斯[157]认为，在整个西属美洲，在一半已被欧洲遗弃了的新大陆广大地区，17 世纪曾发生过“再次封建化”现象。至于我，我倾向于认为，委内瑞拉的大草原或巴西内地某个地区实行的是领主制，而不是封建制。至少很难说是封建制，除非同意巩特·弗兰克的看法，把封建制理解成一种自给自足或倾向于自给自足的制度，“一种与周围世界联系薄弱的封闭体系”。[158]

如果我们从土地所有制出发，也不容易得出明确的结论。西属美洲有三种所有制共存：种植园、庄园和监护征赋制。我们已经谈到过种植园[159]：它们具有某种资本主义性质，但这种性质体现在种植园主的身上，并在更大程度上体现在帮助他的商人们身上。367
庄园是主要形成于 17 世纪新大陆“再次封建化”时期的大地产。在这个“再次封建化”过程中得利的既有庄园主，也有教会。[160]大

1830 年左右新英格兰的一座“工业村”。

地产部分实行自给自足，部分与市场相联系。在某些地区，如中美洲，多数大地产自给自足，但是耶稣会的领地往往很大，兼容以维持自身生存为目的的自然经济和以货币为标志的外向经济。因为它们的档案保存至今，我们对它们比对其他产业了解更多。这类庄园虽用货币记账，我们有理由认为，账上的工资仅在年底结清，而到那个时候，农民一文现钱也拿不到，因为预支给他们的实物的价值已经超过或相当于他们应得的款项。[161]欧洲也有类似情况。

“监护征赋制”原则上与“封建制”更加接近，虽然这些印第安人村落是作为收益，而不是作为采邑出让给某些西班牙人的。原
368 则上这是临时产业，业主有权向印第安人征收贡赋，但不享有土地所有权，也无权自由支配劳力。不过这是理论上的界定，“监护征

赋制”实际上越过了这些限制。1563 年一份报告[162]揭露某些肆无忌惮的监护人，“名为出售庄园或牲畜”，实则出卖印第安人，而“办事糊涂或收受贿赂的法官”则视而不见。在毗邻地方行政当局的地区，这类越轨行为有所收敛，但在离首府远的地区[163]就无法控制了。“监护征赋人”原则上属于殖民地的统治集团，在一定程度上应像国王官员一样为西班牙政府效力。实际上他们努力挣脱这一束缚。随着 1544 年秘鲁皮萨罗兄弟的反抗，监护征赋制与西班牙殖民当局的关系开始出现危机，这一危机将长期延续下去，因为监护征赋人与国王官员之间的冲突是在所必然的。多数情况下，官员们——地方长官和仿照西班牙法庭建立的殖民法庭的法官——只能与监护人作对，因为后者若无人监视必定会很快建立或重建封建制。正如乔尔格·弗里德里契[164]指出的，就其一部分行动（并非全部行动）而言，西属美洲已变成一个典型的公务员制和官僚制的国家。这就很难把它纳入封建主义的标准形象，犹如巴依亚的甘蔗种植园主及其奴隶不能堂而皇之进入真正的资本主义模式一样。

能否作结论说？既非封建主义，也非资本主义？就其整体而言，美洲像是多种社会经济形态的叠合。在底层是一些半封闭的经济形态，你管它们叫什么都行；这上面，是一些半开放的经济形态；再往上，是矿山、种植园，也许还有某些大型牧业组织（不是所有的）以及批发业。资本主义至多是最高一层的商业活动：大矿主，墨西哥城商会享有特权的商人，一贯与墨西哥城商人冲突的韦拉克鲁斯商人，打着宗主国创立的公司的旗号大要威风的商人，利马的商人，与“领主制”的奥林达对峙的累西腓商人，与上城对峙的巴依亚下城商人。不过,所有这些生意人事实上都与欧洲经济世界相联系,并且如渔网一般笼罩整个美洲。他们不属于民族资本主义的范畴,而是完全处在欧洲心脏的操纵之下。

爱里克·威廉斯[165]认为欧洲的优势(他指的是即将来临的工业革命,而我则同时也指英国的世界霸主地位及其商业资本主义的崛起)直接来自对新大陆的开发,特别得力于种植园源源不断的利润,这些利润加速了欧洲的经济发展,而使用黑人农民的甘蔗种植园在其中又占着首位。路伊治·波莱里[166]持同一见解,而且更为简单化。他把大西洋与欧洲的现代化归功于食糖,也就是归功于美洲,美洲的食糖生产、资本主义和奴隶制是齐头并进的。难道美洲,包括经营矿业的美洲在内,是欧洲强盛的唯一缔造者?显然不是,正如并非印度单独缔造了欧洲的优势一样,虽然印度历史学家们今天能用有分量的论据证明,英国的工业革命通过剥削印度吸取了养分。

369 黑非洲被占领并非纯属外因

我这里只谈黑非洲,撇开北非,即属于伊斯兰范围的白非洲,同样也不谈从红海入口和阿比西尼亚沿海直到大陆南端的东部非洲,虽然这样并非不言而喻。

非洲南端在 18 世纪仍有一半空着:荷兰人于 1657 年创立的好望角殖民地有 15000 居民,虽是欧洲在非洲大陆最大的殖民地,其实不过是印度航路上直接为荷兰东印度公司[167]服务的一个歇息地点。东印度公司极其关心这一战略要地。至于非洲濒临印

好望角的荷兰殖民地。J.拉契作画，1762 年。

度洋的漫长海岸，在葡萄牙人于 1498 年抵达前，[168]属于以印度为中心的经济世界范围，既是这个经济世界的重要通道，又是其外围地带。葡萄牙人的活动占了很长一段时间，许多事情显然有所改变。华斯哥·达·伽马在绕过好望角以后，曾经沿着这条海岸线
北驶印度。他在莫桑比克、蒙巴萨与梅兰德依次停泊。从后一个 370
锚地，一位原籍古杰拉特的领航员伊本·马吉伯借助季候风的力量，不费力气就把船开到卡利卡特。东非海岸因此是往返印度的宝贵航道，船员能在沿海的泊地补充新鲜食物，修理船只。如果季节太晚，绕行好望角有危险时，他们干脆在那里等候返航。

南非的印度洋沿岸[169]因长期具备额外的好处而受到特别重视：幅员辽阔的莫诺莫塔帕国内地有若干金矿，[170]黄金经由赞比西亚河三角洲南部的索法拉港出口。索法拉早先不过是个小小的居民点，长期受位于其北边的基卢瓦城的控制，转眼便成为葡萄牙人觊觎的对象。葡萄牙的武力征服于 1505 年获得成功，1513 年

后建立了秩序。但是黄金抵达海岸后非有商品与之交换不可，如梅兰德的粮食，特别是印度的棉布。葡萄牙人为此不得不利用并且巧妙地利用了古杰拉特的棉布。不过这一获利丰厚的贸易历时很短：莫诺莫塔帕内战频仍；黄金越来越少，葡萄牙的保护也逐渐失效。阿拉伯商人恢复了对桑给巴尔和基卢瓦的控制，他们在那里收买黑奴，转手再到阿拉伯、波斯和印度卖出。[171] 不过葡萄牙人还是保住了莫桑比克，勉强维持局面。据说，18 世纪末，他们每年从莫桑比克获得几千名黑奴。甚至法国人在 1783 至 1793 年间也参与了这一贸易，为法兰西岛和波旁岛提供劳力。[172]

关于漫长的东非海岸，人们大体上可以同意致俄国政府的一份备忘录（1774 年 10 月 18 日）所持的悲观论断："索法拉河及其支流早就不流淌黄金了。"莫桑比克南部的梅兰德和蒙巴萨两个商埠不妨说已无人光顾，还住在那里的几家葡萄牙人"野蛮有余，文明不足"；他们的商业"仅限于向欧洲运送一些体质退化的黑人，其中大部分人什么活都干不了"。[173] 俄国政府当时正在寻找国际市场，人们提醒它东非不是好去处。因此，我们忽略南非的印度洋沿岸，不必为此后悔，那个地区的好时光早已一去不复返了。

只看西非

从摩洛哥到葡属安哥拉的非洲大西洋沿岸，情况就不同了。欧洲早在 15 世纪就勘探了环境往往恶劣、不利于健康的西海岸，并与土著居民对话。是否如人们常说的那样，欧洲人的好奇十分有限，因而无意深入非洲大陆的内地？其实，在黑非洲，欧洲人没有找到阿西德克帝国和印加帝国在印第安美洲为他们提供的方便。[174] 他们以解放者的姿态[175]出现在美洲众多受压制的民众面前，并且最终以当地的驯顺社会当靠山，因而他们进行剥削大可不必费劲。

葡萄牙人和其他欧洲人在非洲海岸遇到的只是许多小部落和一些靠不住的小国。稍有根基的国家，如刚果[176]或莫诺莫塔帕，位于内地，处在纵深的陆地以及由政治组织不善的若干沿海社会组成 371
的环状地带保护之下。沿海地区肆虐的热带疾病可能也对内地国家起着屏障作用。不过我们对此有所怀疑，因为欧洲人在美洲热带地区毕竟克服了同样的障碍。另一个理由比较站得住脚：非洲内陆免受侵犯得力于它相对密集的人口及其社会的蓬勃生机。与美洲印第安人社会不同，非洲社会已掌握炼铁技术，居民往往好勇斗狠。

何况欧洲没有任何必要深入腹地，因为它在沿海就近可以得到象牙、蜡、塞内加尔树胶、几内亚胡椒、金砂以及最美妙的商品——黑奴。此外，至少在初期，这些物品可用不值钱的小玩意儿轻易换得，如玻璃珠子，颜色鲜艳的布匹，少量葡萄酒，一瓶朗姆酒，一支所谓供“交易”的步枪，以及叫作“马尼剌”的铜手镯。后者是非洲人“戴在足踝上与肘弯上部胳膊上的相当古怪的装饰品”。[177]1582 年，葡萄牙人用废铁和钉子换取刚果黑奴，非洲人“视之比金币更珍贵”。[178]总之，非洲人是极易愚弄的顾客和供应者，他们性格随和、懒散，“满足于一天一天混日子……”不过，“一般说来，这个民族的农业收成极差，到他们那里去贩卖人口的欧洲航海家不得不从欧洲或美洲带去必需的粮食，以便养活应作为船上的货物带回的奴隶”。[179]总之，欧洲人所到之处，经济还都处于原始形态。安德烈·特凡[180]于 1575 年用一句话作了概括：货币“在那里不通用”。真可说一语中的。

372

544

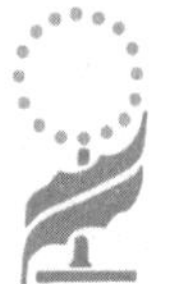

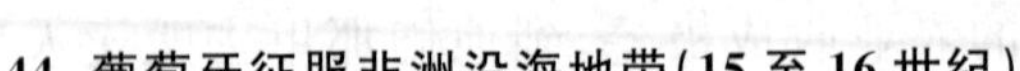

44. 葡萄牙征服非洲沿海地带(15 至 16 世纪)

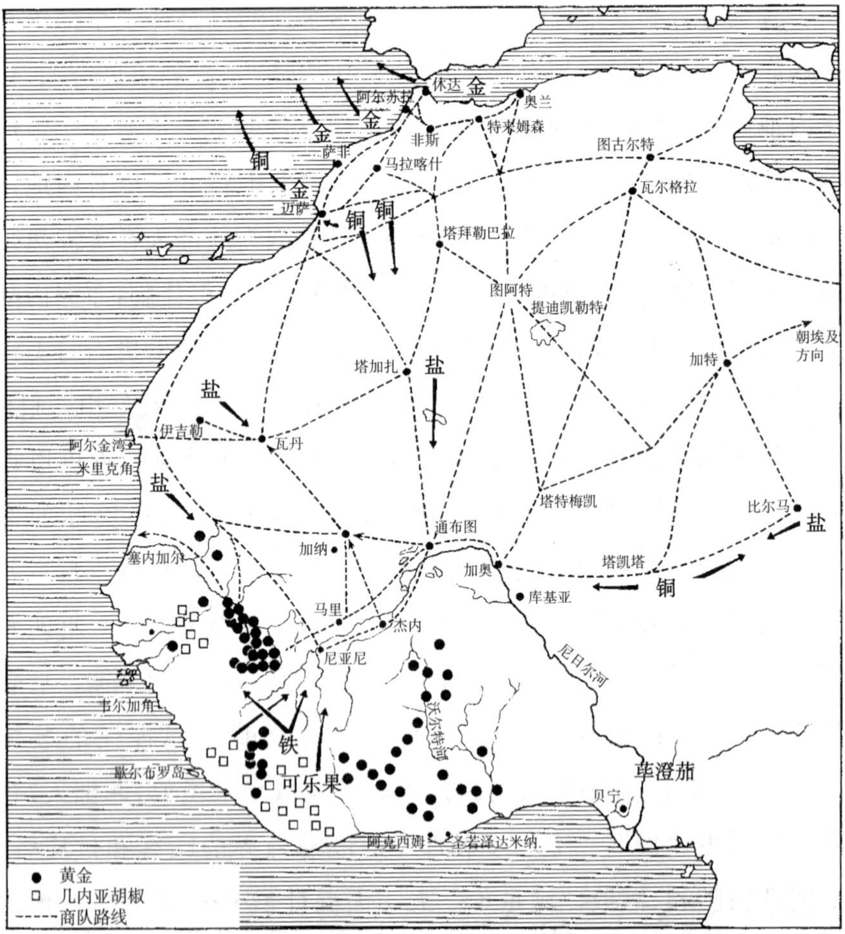

海上航海在 16 世纪已使撒哈拉原有的陆路运输相形见绌。送往地中海的黄金取道大西洋。葡萄牙人开发的财富不尽于此,显然还要加上黑奴。(摘自 V.马加拉埃斯·戈地诺著《15 至 16 世纪葡萄牙帝国的经济》,1969 年版,单页插图。)

不过，货币究竟是什么东西呢？非洲经济有它们的货币，即“一种交换手段和一种公认的价值标准”，不论是布料、盐、牲畜，或者在17世纪是进口的铁条。[181]说这些都是“原始的”货币，并不等于马上可以得出结论，认为非洲经济形态缺乏活力，或认为在19世纪受到欧洲工业与商业革命的冲击前，非洲经济尚未觉醒。18世纪中叶，这些落后地区可能每年输送50000多名黑奴到交易码头，而西班牙的塞维利亚16世纪平均每年只有1000人启航出海，[182]1630至1640年间[183]平均每年只有2000人移居新英格兰。非洲尽管掳获人口当作牲畜出售，日常生活并不因此停顿，因为内地各国是在农活不忙的旱季动用许多押送人员把成千上万名奴隶发送到大西洋海岸的。[184]奴隶颈部套着皮条，并前后连成一串。

非洲经济必定具有某种特殊的活力，才能承受人口贸易年复 545
一年造成的损失。非洲问题专家们最近的研究成果在不同程度上都表达了这样的见解。所以，单是黑奴船的往返航行不足以解释黑奴贸易，这个问题还需要从非洲的角度予以考察。菲力浦·柯廷写道：“奴隶贸易是大西洋经济的一个次生体系，但它也是西非社会及其外在表现、宗教、职业标准、本性以及其他许多因素组成的那个宽广模式的次生体系。”[185]应该把非洲的权利和责任都归还给非洲。

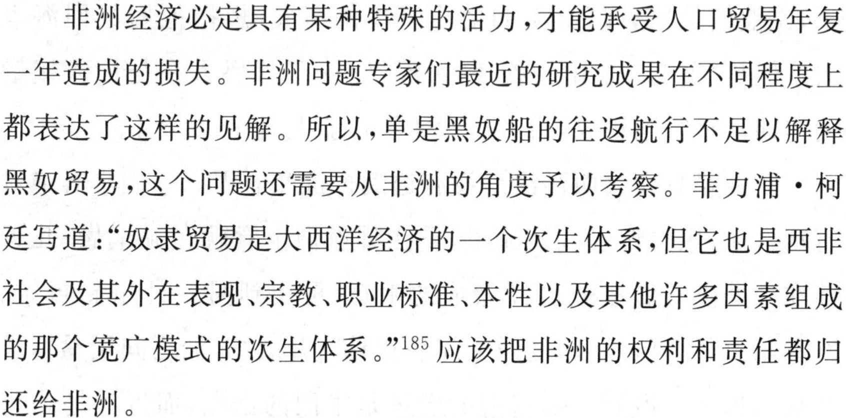

一个与世隔绝但又并非不可进入的大陆 373

黑非洲的形状像是一个巨大的三角形，夹在同样巨大的三块地域之间：北方是撒哈拉沙漠；东方是印度洋；西方是大西洋。上面说过，我们姑且不谈东海岸。至于与撒哈拉沙漠接壤处和大西洋沿岸，到处都是向外部世界（不管叫什么名字，在什么时代，处于什么环境）敞开的门户，外来者每次都能随意进入。这几乎是理所当然的事：在黑色大陆居住的是些农民，他们背向大海和撒哈拉沙漠，后者“在许多方面酷似大海”。[186]奇怪的是，黑人不从事任何航海活动，越过大西洋或撒哈拉沙漠，这对他们本是不难做到的事。面对大西洋，他们仅在刚果河入海口两岸的水域航行。[187]大洋和沙漠一样，对于他们不是简单的边境，而是密不透风的屏障。

西非黑人称白人为“缪岱勒”（murdele），意思是从海里钻出来的人。[188]民间传说至今还谈到黑人初见白人时感到的惊奇：“他们看到海上冒出一条大船。船身长着白色翅膀，如刀刃般闪闪发光。白皮肤的人从水里钻出来，说着人们不懂的话。我们的祖先害怕了，说他们是‘鬼魂’。人们射出密集的箭矢，想把他们赶回海里去。但是‘鬼魂’喷出火来，声如雷鸣……”[189]黑人在与白人接触的初期甚至很难想象，后者居然能不在船上居住、生活。

欧洲船只在大西洋沿岸没有遇到抵抗和监视。它们享有绝对行动自由，想去哪里就到哪里，爱在哪里做生意就在哪里做；几天前在一处没有做成或已经做成的生意，可换到另一处重新再做。欧洲船只甚至仿效“印度洋之间的贸易”，开展“非洲之间贸易”，虽然规模远逊。沿海一带建造的碉堡是牢固的据点，而近海岛屿可作瞭望哨，如马德拉群岛、加那利群岛以及几内亚湾的圣多美岛。圣多美岛的情形特别有意思，该岛输出食糖和奴隶，16 世纪时发展迅猛，原因想必是西风与南信风在此汇合，西往美洲与东向非洲邻近的航路同样畅通。

我们是否搞错了？撒哈拉边境沿线的开放过程完全相同。伊斯兰的骆驼商队进入非洲竟与欧洲的船只同样自由。攻击的地点和出入的大门任凭他们挑选。加纳、马里、加奥帝国之所以被选作突破口，似乎与开发当地的象牙、金砂和奴隶资源有关。何况自从葡萄牙人来到几内亚湾，这项开发活动被包抄了后路，原有的政治赘疣开始恶化。廷巴克图 1591 年被摩洛哥冒险家一举攻克。[190]

伊斯兰帝国主义和西方帝国主义之间的内在同一性在这里再次暴露无遗。两种文明都具有侵略性，都推行奴隶制。黑非洲因其软弱无力和丧失警惕而付出了代价。侵略者在黑非洲边境出现时确实带着当地从未见过的物品，足以迷惑可能的顾客。贪婪也起了作用。刚果国已说道：夜幕刚落，“盗贼和无耻之徒竟绑架〔我们的贵族和附庸的子弟〕，一心想得葡萄牙的物品和商品，以满足
自己的贪欲”。[191]加西亚·德·雷森迪 1554 年写道：“他们互相把 374
对方卖身为奴，许多商人专门诱骗他们上钩，把他们交给黑奴船。”[192]意大利人吉奥·安东尼奥·卡瓦齐 1654 至 1667 年间在非洲居住，他指出：“刚果人为了一串珊瑚项链或一点葡萄酒，不惜出卖自己的父母、子女、兄弟姊妹，一边还对买主指天发誓，说他卖的是家中的奴隶”。[193]谁也不否认非洲人的贪婪起了作用，而欧洲人则有意煽起他们的贪心。葡萄牙人讲究服饰，以此作为社会等级的标志；他们在依附的黑人中也培养对穿戴的喜好。此举可能别有用心，因为一名葡萄牙人于 1667 年在索法拉建议“强制”习惯赤身裸体的普通黑人戴上缠腰布；如此这般，“印度生产的全部织物也不够保证一半黑人的需要”。[194]人们为了达成交易不择手段，
包括垫借货款；欠债人如无力偿还，债主扣押他的财产乃至他本人 375

都是合法的。纯暴力也被广泛使用:每当暴力横行无阻,利润便打破纪录。1643年,一名证人说他“确信这个王国〔盛行武力捕捉黑奴的安哥拉〕使有些人发的财比在东印度更大”。[195]

非洲之所以出现人口贸易,当然是因为欧洲有此要求,并且强制这么做。但这也因为,非洲人本身早在欧洲人到来前已有此恶习,他们向伊斯兰世界、地中海和印度洋输出奴隶。奴隶制是非洲社会的地方病和日常结构,人们力图进一步了解这一社会,但终属徒劳。耐心如惯于利用不完整资料的历史学家,大胆如从事比较研究的专家,乖巧如马里安·马洛威斯特,[196]都不足以再现非洲社会的框架。太多的问题依然没有答案:城市对周围星罗棋布的村庄的影响;手工业和远洋贸易的地位;国家的作用,等等。此外,非洲必定不是到处只有同一种社会形态。奴隶制以不同的形态出现,不同的形态在不同的社会却又具有同质性:宫廷奴隶、编入王公部队的奴隶、家奴、农奴、工奴,还有用于送信、充当中间人乃至经商的奴隶。奴隶既来自当地,从本社会内部取得(西方的罪犯罚充划桨船的苦役,非洲的罪犯不是处死就是罚做奴隶);也如古罗马一样,通过袭击邻近部落或发动战争,从外部掳获奴隶。久而久之,这类战争和袭击变成一门专门行业。在这种情况下,被俘的奴隶是否过多,难以养活,甚至可能无所事事?非洲把他们卖到国外市场,可能也防止了自身的人口过剩。

在美洲需求的急剧推动下,黑大陆的人口贸易极度发达,遍及各地。黑奴贸易在内地与沿海之间起着双重作用:它削弱和破坏了莫诺莫塔帕和刚果等内陆大国;同时却推动了起着中间作用的沿海小国的发展。这些小国充当“掮客”,为欧洲商人提供奴隶和

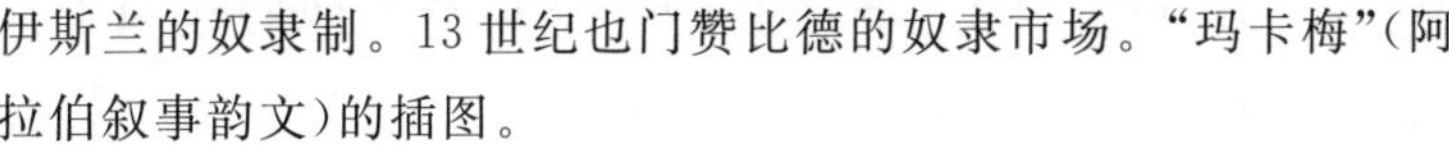

伊斯兰的奴隶制。13 世纪也门赞比德的奴隶市场。“玛卡梅”(阿拉伯叙事韵文)的插图。

商品。对伊斯兰世界来说,尼日尔的历朝帝王也无非是向北非和地中海供应砂金和奴隶的掮客。10 世纪欧洲易北河沿线也曾是一个中间地带,取得斯拉夫农奴后,转售给伊斯兰国家。16 世纪起,克里米亚的鞑靼人不是也向伊斯坦布尔提供俄国奴隶吗?[197]

从沿海到内地

黑非洲经过这些劫难,所受奴役程度之深超过了以往历史学家的认识。欧洲把它的根扎进黑大陆的心脏,远不限于它在沿海的据点,航线上的中继岛屿,久泊港内以致腐烂的船只,常用的交

易场所或堡垒(最早的、最有名的是葡萄牙人1454年在几内亚海岸建造的圣乔治达米纳要塞)。先是葡萄牙人,然后是荷兰人、英
376 国人、法国人不惜巨资兴建和维修的堡垒既用于抵御黑人可能发动的袭击,也用于防范欧洲竞争者。因为做同样生意的白人一有机会就闹内讧,攻占对方的堡垒,大仗之外,小仗不断,打得十分起劲。他们只有需要对付共同敌人时才可能达成谅解。如英国皇家非洲公司与法国塞内加尔公司(1718年该公司并入法国印度公司)联手对付英国或其他国家的私掠船和无照商人以及越过这两家公司从事贸易的所有商人,就配合得相当默契。这两家公司以及荷兰西印度公司确实处境不佳,没有国家的津贴它们无力维持要塞和驻军,最后不得不放弃它们原来的许多野心,听凭事态自由发展。

以海岸为基地的欧洲商人利用逆流而上的划桨小船,可直达上游的停泊地点以及非洲商队光顾的交易会。他们在内地从事贸易长期需求助于葡萄牙人与黑人的混血后裔做中间人。欧洲商人无不争夺这些“土生土长”的中间人为自己效力。后来,英国人和法国人决定逆流而上,自己在内地定居开业。拉巴神父记载:“亚吉斯船长〔一名英国人〕当时不在宾坦。英国人派他去河流上游做生意,他干劲十足,最远曾到过距开努拉的圣艾蒂安堡一天路程的法雷美河。”[198] 18世纪下叶,英国皇家公司放弃了大部分活动,冈比亚河口的圣詹姆斯堡也被放弃不顾,欧洲贸易于是又依靠土著充当中间人。黑人桨手的工资比英国桨手低廉,他们带着欧洲商品逆河而上,下行时带回往往是为私掠船准备的商品,包括黑奴在内。黑人变成贸易的第二号主人。

这一演变恰好再现了葡萄牙贸易以前的经历，葡萄牙人在非洲和远东都为欧洲打先锋。第一批冒险家(lancados)[199]就是葡萄牙人；圣多美岛上的商人也是葡萄牙人，他们从几内亚湾到安哥拉，从事非洲间的贸易，有时经商，有时当海盗。16世纪末，在刚果首都圣萨尔瓦多有一百多名葡萄牙商人和上千名同一国籍的冒险家。他们的活动后来有所收敛，小角色让给非洲中间人、代理商和助手去扮演。代理商以曼丁哥人为主，通称 mercadors；助手或为混血种或为黑人，通称 pombeiros。不管受雇于什么主人，黑人助手剥削同一肤色的兄弟时比白人更要凶狠。[200]

三角贸易与进出口货价比率

我们知道黑奴买卖的归宿是横渡大西洋，挤在狭窄船舱里的黑奴无不视为畏途。这一旅行只是三角贸易体系的一个组成部分，在非洲海岸起锚的任何船只——不管是葡萄牙的、荷兰的还是
英国的或法国的——全都从事三角贸易。某条英国船前往牙买加 377
卖掉黑奴后，返回英国时携带食糖、咖啡、靛蓝和棉花，然后又朝非洲航行。所有黑奴船大体上都照此办理。在三角形的每一顶端全都有利可得，历次所得加起来便是每一循环的总利润。

从利物浦或南特启航的船只装载的货物相同：大量织物，包括印度棉布和斜纹塔夫绸，铜制器皿，锡盆锡罐，铁条，带鞘的刀，帽子，玻璃制品，假水晶，火药、手枪、步枪，还有烧酒……这张货单照录1704年4月一位银行家在南特装上他的“孔第亲王号”(载重300吨)的货物名称，[201]南特是法国经营黑奴贸易最大的港口。在这一较晚的时代，从利物浦或阿姆斯特丹启运的货物基本相同。

当初葡萄牙人总是避免运武器和烧酒到非洲去，他们的后继者没有这种顾忌，或者不如他们谨慎。

最后，为使交换能适应欧洲激增的需求，非洲市场必须对欧洲不断增加的商品供给具有某种弹性。塞内冈比亚便属于这种情况。菲力浦·柯廷不久前就这个位于沙漠和大洋之间的奇特地区写了一本发聋振聩的书。[202]该书对非洲经济作了重新估价，指出非洲虽然交通不便，但交换的规模却不小，市场和交易会上人山人海，充满活力的城市必定以存在过剩产品为条件，货币体系虽然原始，却不失为称手的工具。

随着时间的推移，非洲接受欧洲商品便有所选择：黑人顾客不再盲目购买一切。塞内冈比亚购买铁条和零星铁材，那是因为它与非洲其他地区不同，没有冶炼业；某个地区（通常为较小的地区）大量购买衣料，那是因为当地纺织业不敷需求，如此等等。令人吃惊的是，面对欧洲贪婪的需求，非洲最后采用了符合经济学经典法则的对策：提出更多的要求，抬高货物的价格。

菲力浦·柯廷[203]通过对物价与进出口货价比率的研究证明他的论断。“货币”的原始性不妨碍出口额高于进口额：塞内冈比亚以铁条为记账货币，英国商人确定的牌价为每条 30 英镑，其实这不是一种价格，而是作为虚拟货币的英镑与同样作为虚拟货币的铁条的比价。用铁条（后用英镑）标价的商品价格如下表所示会有变化，我们可以算出塞内冈比亚大致可信的进出口贸易总额，并进一步推算进出口货价比率，“根据这项指数便能估量某一经济从其对外关系中得到的好处”。[204]菲力浦·柯廷根据到岸价格和离岸价格比较塞内冈比亚的进出口贸易额，确认该地区从对外贸易

I

塞内冈比亚的进出口货价比率

1680	100	基　数　出口指数除以进出口货价比率
1730	149	一百$(\frac{E}{I}\times 100)$
1780	475	
1830	1031	

非洲从出口得到的收益约增长十倍。即便计算有很大的误差，增长趋势也是明显的。

II

塞内冈比亚出口商品的演变

（各产品占出口总额的比例）

	1680	1730	1780	1830
黄　金	5.0	7.8	0.2	3.0
树　胶	8.1	9.4	12.0	71.8
皮　革	8.5	—	—	8.1
象　牙	12.4	4.0	0.2	2.8
奴　隶	55.3	64.3	86.5	1.9
蜂　腊	10.8	14.5	1.1	9.9
花　生	—	—	—	2.6
总　计	100	100	100	100

以上两表摘自菲力浦·柯廷著《前殖民时期非洲的经济演变》，1975 年版，第 336 至 337 页。

得到的好处不断增大。事实是，为了取得更多的黄金、奴隶和象
牙，欧洲不得不增加其供货量，相对压低其商品的价格。这一看法
是针对塞内冈比亚提出的，大概也适用于整个黑非洲。为了满足
新大陆的种植园、淘金场和城市的需要，黑非洲向黑奴船提供的奴
378 隶越来越多：16 世纪为 90 万人；17 世纪为 375 万人；18 世纪为
700 至 800 万人；到了 19 世纪，尽管 1815 年已废止蓄奴，仍有 400
万人。[205]黑奴贸易能够动用的财力和运输手段都很有限，达到这
么高的数字可算创纪录了。

欧洲需求的冲击引起塞内冈比亚商业的专门化，每次都以出口一种产品为主：17 世纪初是皮革，然后一直到 19 世纪是奴隶；再往后是树胶，最后是花生。可与巴西殖民地的前后“周期”相比较：染料木、食糖、黄金、咖啡。

奴隶制的结束

黑奴贸易已具那么大的规模，因而 1815 年维也纳会议根据英
国的提议正式予以废除后，这一贸易并没有立即停止。一名英国
379 旅行者 1817 年[206]说，里约热内卢、巴依亚，尤其是古巴已变成依
旧十分活跃的“人口买卖”的终点。哈瓦那可能是最兴旺的人口市
场。七条黑奴船同时驶入哈瓦那港，其中四条是法国船。不过，在
剩下的黑奴贸易中，还是葡萄牙和西班牙人捞到的油水最多，他们
利用了英国撤退造成的收购减少和价格下跌（一名黑奴的收购价
为 2 至 5 英镑，在哈瓦那的售价为 100 英镑，由于走私不易，在佛
罗里达和新奥尔良的售价高达 200 英镑）。黑奴收购价只是暂时
下跌，然而这位英国旅行者因此更加嫉妒葡萄牙人和西班牙人由

于英国主动引退而从这项贸易获得厚利。他问，葡萄牙人和西班牙人既然占了奴隶价格便宜的好处，他们将来不就“有办法以比我们低的价格在外国市场上出售食糖和咖啡乃至所有的热带产品吗”？一名葡萄牙人 1814 年大声疾呼：“大陆列强应正式拒绝赞同英国宣布黑奴贸易有悖人权的狡诈建议，这是它们的利益和义务所在”![207] 许多英国人当时都与这位葡萄牙人有同感。

最后要问，巨大的人口流失是否摧毁了安哥拉、刚果和几内亚湾沿岸地区的黑人社会的平衡？为了答复这个问题，需要了解非洲与欧洲初次相遇时的人口数字。不过我以为，黑奴贸易之所以能创造纪录，其原因说到底还是黑非洲人口自然增长极快。假如尽管存在黑奴贸易人口仍在增加——这是可能的——，那么有关这个问题的数据就要全部修改。

我发这番议论，并非想减轻欧洲对非洲居民的过错或责任，否则我一开始就可以强调，欧洲有意无意地带给非洲的礼物：玉米、木薯、美洲菜豆、红薯、菠萝、番石榴、可可树、柑橘类果树、烟草、葡萄，以及多种家畜家禽：猫、柏柏尔鸭、火鸡、鹅、鸽子……还应提到基督教的传入，黑人往往把基督教作为获得白人上帝的神力的手段而予以欢迎。真要为欧洲辩护，理由还有很多：黑色美洲屹立在世界，今天已不容小觑。

俄国长期单独构成一个经济世界 380

欧洲建立的经济世界[208] 并不囊括狭小欧洲大陆的整体。位于波兰另一侧的莫斯科公国长期与欧洲经济世界相隔绝。[209] 在这个问题上，我们的看法与伊曼纽尔·沃勒斯坦一致，他毫不犹豫把莫斯科公国排除在西方范围之外，不纳入“欧罗巴的欧洲”，至少直到彼得大帝亲政的初期(1689 年)。[210]巴尔干半岛的情形也是如此，土耳其征服后者，使那里信奉基督教的欧洲人屈膝称臣达几世纪之久。奥斯曼帝国在亚洲和非洲的其他属地也同样如此，这些幅员辽阔的地区是自主的，或趋向于自主。

面对俄国和土耳其帝国，欧洲以其货币优势，以其技术和商品的吸引力和诱惑力，乃至以其武力施加自己的影响。但是，在莫斯科公国这边，欧洲的影响几乎是自动传入的，逐渐推动这个巨大的国家倒向西方。土耳其帝国则相反，顽强地保护自己免受欧洲的毁灭性入侵。总之，它进行了抵抗。武力、消耗和时间终究使土耳其帝国不再视欧洲为死敌。

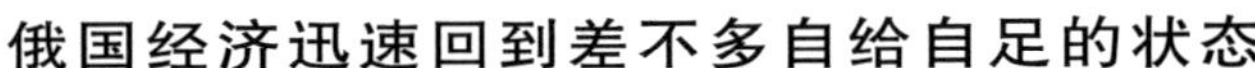

俄国经济迅速回到差不多自给自足的状态

莫斯科公国从来没有对欧洲经济世界完全封闭。[211]在 1555 年俄国人征服爱沙尼亚面向波罗的海的小港口纳尔瓦以前，或者在 1553 年英国人初次到阿尔汉格尔斯克开业经商以前，都是如此。但是，在“海水贵如黄金”[212]的波罗的海打开一个窗口，让新成立的英国莫斯科公司在阿尔汉格尔斯克推开大门(即使由于冬季海面封冻，这扇门每年很早就得关闭)，这都意味着同意与欧洲直接打交道。荷兰人不久就控制了纳尔瓦，整个欧洲的船只纷纷拥到这个小港，然而分别返回欧洲各海港。

然而，里伏尼亚战争以俄国惨败告终。俄国人赶紧与进入纳尔瓦的瑞典人于 1583 年 8 月 5 日签订停战协定，[213]他们丢失了通向波罗的海的唯一出口，仅保留阿尔汉格尔斯克通向白海的这一并不方便的门户。俄国向欧洲进一步开放，从此便告停止。不过纳尔瓦的新主人不禁止俄国的进出口货物过境。[214]通过纳尔瓦、雷瓦尔或里加，[215]交换得以继续进行。俄国的贸易顺差用金银结算。俄国粮食和大麻的买主，特别是荷兰人，通常带来成袋铸币结账，每袋装400到1000“里克斯泰勒”。[216]如他们1650年带2755袋铸币到里加；1651年带来2145袋；1652年带来2012袋。1683年，俄国人在里加的贸易盈余有823928“里克斯泰勒”。

俄国在这种条件下仍处于半封闭状态，那是因为它的领土过广，人口不足，对西方的兴趣有限，国内平衡难以建立，并且经常出现反复，而不是因为它与欧洲隔绝或者它反对进行贸易。381
俄国的经历与日本有点类似，但有一个很大的差别，日本1638年后根据政治需要自动对世界经济关闭了门户。而俄国既不是自己断然采取的立场的受害者，也不是来自外部的坚决排斥的牺牲品，它只不过趋向于在欧洲之外单独组建一个拥有自己的联络网的独立经济世界。如果M.V.费契奈说得对，16世纪俄国的贸易和经济取得平衡，主要得力于南方和东方，其次才是北方和西方（即欧洲）。[217]

16世纪初，俄国主要的国外市场是土耳其。贸易来往经由顿河河谷和亚速海，货物在亚速海一律由土耳其船只转运：当时黑海是奥斯曼帝国的一统天下，不容旁人染指。克里米亚与莫斯科之间有骑马的信使负责联络，足以证明贸易的经常性及重要性。16世纪中叶，俄国占领伏尔加河下游（喀山于1552年陷落；阿斯特拉罕于1556年陷落），向南方的通道从此大开，虽然伏尔加河流域尚

17 世纪的阿尔汉格尔斯克港。

382 未完全敉平。陆路交通受阻，水路也不太平：每次靠岸都要冒点风险。俄国商人在河上结队航行，人多势众，万一遇险可以自卫。

喀山，尤其是阿斯特拉罕，便成了俄国商业的中转站，货物由此发往伏尔加河下游草原地区，特别运往中亚、中国和伊朗。商旅的足迹远达卡斯文、设拉子、霍尔木兹岛（距莫斯科三个月的路程）。16 世纪后期阿斯特拉罕建立的一支俄国船队在里海甚为活跃。别的商人则前往塔什干、萨马尔罕和布哈拉，乃至与东西伯利亚接壤的托博尔斯克。

俄国与南方和东方的贸易额（虽然不知道数字）肯定高于与欧洲的交换额。俄国出口生皮、裘皮、五金制品、粗织物、铁器、武器、蜡、蜜、食品并且转口输出欧洲产品：英国或佛兰德呢绒、纸张、玻璃、金属……进口货物有伊朗转口的香料（主要是胡椒）；中国或印度的丝绸；波斯天鹅绒和锦缎；土耳其的食糖、干果、珍珠和金银器；中亚生产的供大众消费的棉布……这些商业活动受到国家的监督和保护，有时也由国家主持。

如果我们仅限于已知的几个有关国家垄断的数字（仅为交换的一部分，而且不一定是最大的部分），俄国与东方的贸易颇有盈余，而且就其整体而言对俄国经济有促进作用。西方只需要俄国的原料，只向它供应奢侈品和铸币（后者自有其重要性），东方却向它购买制成品，提供工业需要的染料，在供应奢侈品的同时也供应大众消费的廉价丝绵织物。

一个强大的国家

愿意也罢，不愿意也罢，莫斯科公国选择了东方而不是西方。是否应该认为这是经济落后的原因？或者因为俄国推迟与欧洲资本主义的对抗，从而避免了落得与邻国波兰相同的悲惨命运，这也有一定的可能。波兰的所有结构都根据欧洲的需要而重新改造，但泽（但泽是“波兰的眼睛”）富可敌国，大贵族权势熏天，国家的权威却日渐减小，城市的发展有所萎缩。

俄国则相反，国家犹如大海中的礁石巍然屹立。一切都由国家全权决定，离不开国家强化的警察机构及其对于城市、保守的东正教会、农民和贵族的专制统治。与西方不同，俄国“城市的空气并不使人感到自由”；[218]农民首先属于沙皇，然后才属于领主；贵族本身，无论是世袭贵族还是因其劳绩受君主赏赐的“领地贵族”（pomestié，读者可以各随所好，把它看作西属美洲的“监护征赋

383 地”，或者土耳其的“西帕希采邑”）都对沙皇唯命是从。此外，国家还控制了主要的交换活动，垄断食盐、石碱、烧酒、啤酒、稀蜂蜜、裘皮、烟草以及后来的咖啡贸易。小麦贸易在国内畅行无阻，但出口粮食需获沙皇准许，而沙皇常以出口小麦为理由进行领土扩张。[219]从1653年起，沙皇组织官方商队前往北京，原则上三年一次，带去宝贵的裘皮，带回黄金、丝绸、锦缎、瓷器和茶叶。烧酒和啤酒由国家专卖，开设的酒店“俄语叫kobaks，一律归沙皇所有，任何人不得插手〔……〕哥萨克人居住的乌克兰部分地区例外”。沙皇每年从中取得巨额收益，可能达100万卢布。“由于俄国人惯饮烈酒，而士兵与工人的薪饷一半为面包或面粉，一半为现金，他们就把现金花在酒店里，以至在俄国流通的全部现金又回到沙皇陛下的钱柜里”。[220]

当然，对于国家的事情，谁都不会认真。流弊“层出不穷”，“切尔克西亚和乌克兰盛产烟草，贵族和其他人设法偷售”。社会各阶层都参与伏特加走私。明目张胆的，而且不得不容忍的走私活动是向邻近的中国出口西伯利亚裘皮。中国的需求甚殷，前往北京的官方商队很快就不能予以满足。1720年，“前西伯利亚总督加加林亲王因贪黩被枭首示众……聚敛之财富不计其数，至今仅发卖其家具以及西伯利亚和中国货物，仍有许多房屋堆满待售的物品，据说价值高达300多万卢布的宝石和金银尚不计在内”。[221]

但是，走私、舞弊和违法并非俄国特有的现象，而且这些活动不管多么严重，也未能真正限制沙皇的专横独断。俄国的政治气候与西方不同，“罗斯富商”（gosti）组织[222]便是一个证据。“罗斯富商”是经营远程贸易的大批发商，这在俄国与别处一样是发财的行当，不过在俄国受国家的控制。“罗斯富商”共有二三十名，为沙皇效力，享有巨大特权，也负有重大责任。他们轮流负责征税，管理阿斯特拉罕或阿尔汉格尔斯克的海关，出售裘皮和其他国库物资，经营国家外贸，特别负责销售国家专卖商品，主持铸币局以及西伯利亚事务部。他们以身家性命担保完成这些任务。[223]他们中有的积聚巨大的财富。鲍利斯·戈东诺夫时期（1598—1605 年），一名劳动者的“年薪”估计为 5 卢布。斯特罗加诺夫家族为俄国商人之冠，依靠高利贷、食盐贸易、开矿、办厂、征服西伯利亚、裘皮交易以及国家于 16 世纪出让的伏尔加河以东彼尔姆地区面积极大的垦殖地发了大财。在两次波兰战争期间（1623—1634 年，1654—1656 年），他们借给沙皇 412 056 卢布，换取终身年金。[224]在这以前，他们曾为拥立米哈伊尔·罗曼诺夫即位，向他提供巨额小麦、盐、宝石和货币（以借款或特别税金名义）。[225]拥有土地、农奴、雇工和家奴的“罗斯富商”登上了社会的最高层。他们单独组成一 384
个“行会”，[226]另有两个行会是二流、三流商人的团体，虽然也享有特权。彼得大帝亲政后，“罗斯富商”的职能将被取消。

总之，与波兰发生的情况显然相反，唯恐大权旁落和饶有远见卓识的沙皇最终维护了覆盖俄国全部领土的独立商业活动，并促进了俄国的经济发展。与西方一样，没有一名巨商大贾是专营一业的。“罗斯富商”中最富的一位，格里高利·尼基特尼可夫兼营盐、鱼、呢绒和丝织品的销售；他在莫斯科有买卖，也参与伏尔加河的贸易，在下诺夫哥罗德拥有船只，经营对阿尔汉格尔斯克的出口业务；他一度与伊凡·斯特罗加诺夫谈判，以令人咋舌的 90 000 卢布高价购买一片世袭地产。另一名叫伏洛宁的在莫斯科的许多商场[227]开了三十多家店铺；还有一位姓肖林的从阿尔汉格尔斯克运送货物到莫斯科，又从莫斯科运货到下诺夫哥罗德和伏尔加河下游地区；他与人合伙一次就购入10万普特[228]食盐。这些大商人还经营零售业，想方设法把外省的过剩产品和物资运到莫斯科发售。[229]

俄国农奴制的加剧

俄国与别处一样，国家和社会组成同一个实体。国家既然强大，社会相应地受到严格的控制，社会注定要生产国家和统治阶级赖以为生的剩余产品。离开了统治阶级，沙皇单枪匹马不可能控制作为其重要财源的农民大众。

任何一部农民史因此都涉及四到五个人物：农民、领主、君主、手工工匠、商人——后两个人物在俄国往往也是农民，只不过变了职业，但社会地位和法律地位仍然不变，始终受领主制的束缚。领主制的压迫变得越来越沉重。从15世纪起，自易北河到伏尔加河的农民处境不断恶化。

但是俄国的演变不遵循常规：在波兰、匈牙利和波希米亚，"二次农奴制"的建立对贵族和领主大为有利，他们于是置身在农民和市场之间，甚至控制对城市的食物供应，虽然城市并非纯属他们的私人产业。俄国是国家在唱主角。一切取决于国家的需要、任务以及历史的重负：金帐汗国鞑靼人长达三个世纪的斗争对俄国的影响，要比百年战争对查理七世和路易十一建立君主专制所起的作用更大。伊凡雷帝（1544—1584年在位）创建并塑造了现代的莫斯科公国，他迫于无奈，只得排斥旧贵族，必要时甚至取缔旧贵族，而为了建立听命于他的军队和行政机构，他又设置效力王室事务的新贵族（pomechtchiki），颁赏只供他们终身享用的领地。这些土地或是没收旧贵族的，或是旧贵族遗弃的，也有南方草原的荒地，由新贵族率领几个农民，甚至几名奴隶去开垦。俄国农民中仍然存在奴隶的时间比人们所说的要长。如欧洲开发美洲初期那样，俄国的重大问题是要掌握稀少的人丁，而不是多极了的土地。385

正是这个原因最终促成了农奴制并使之加剧。沙皇使贵族俯首听命，但贵族们总得生活下去。如果农民撇下他们不管，都去垦殖新征服的土地，贵族们又将怎么生存？

建立在自耕农基础上的领主所有制[230]在16世纪随着“庄园”的出现而有所改变。“庄园”是与西方一样由领主收回“份地”后亲自经营的产业。事情先从世俗领地开始，后来发展到寺院和国家的领地。“庄园”使用奴隶劳动，但更多地役使欠债的农民，后者为偿清债务而自愿卖身为奴。这一制度越来越趋向于要求自耕农提供劳务贡赋，劳役在16世纪逐渐增加。不过农民有可能逃往西伯利亚（从16世纪末起），更好的办法是逃往南方的黑土带。农民颠沛流离，执意摆脱领主，或投奔“边境”的空地，或去当手工工匠和小商贩碰碰运气！这已成了俄国农村的痼疾。

农民外流而且是合法的：根据1497年法典，在圣乔治节（11月25日）那一周内，大家农活干完后，农民只要清欠完毕，便有权离开领地。另一些节日也为农民敞开自由之门。封斋期、封斋前的星期二、复活节、圣诞节、圣彼得日……为阻止农民外出，领主动用了他掌握的各种手段，包括体罚和增加偿金。但是，如果农民选择了逃亡，领主又怎么能强迫他们重返家乡？

农民的流动威胁到领主社会的基础，而国家的政策致力于巩固领主社会，使之成为国家手中的方便工具：每个臣民分属不同的社会等级，社会则确定不同等级的臣民对君主的义务。君主因此必须制止农民的逃亡。最初规定只在圣乔治节才是合法出走时间。后来，伊凡四世 1580 年的敕令“暂时”停止任何行动自由，等候发布新的规定。这个临时处置就此维持下去，尤其因为农民不顾新的敕令（1597 年 11 月 24 日，1601 年 11 月 28 日），继续逃亡。最后终于颁发了 1649 年法规，这至少在理论上表明已无法后退了。该法规明确规定，农民未得领主同意擅自外出即为非法，取消从前关于逃亡农民在外一段期限后有权不被押解回领主身边的规定。这一期限最初定为 5 年，后来延长到 15 年。这次干脆取消任何期限：不管农民在逃时间多长，人们都可以强制他携同妻室子女以及挣下的家当回到他从前的领主那里去。

这一演变得以实现，完全仰赖沙皇站在领主这一边。彼得大帝抱有发展舰队、陆军和行政机构的宏图，要求整个俄国社会——领主与农民统统在内——绝对服从。国家的需要压倒一切，这就说明，俄国农民与波兰农民相反，他们名义上虽然彻底沦为奴隶（1649 年），事实上却是被要求用现金或实物缴纳贡赋（向国家和向领主缴纳），而不是服劳役。[231] 18 世纪的劳役最重，每星期也不
386 超过三天。用现金缴纳贡赋显然意味着农民始终可以进入市场。何况，领主直接经营其“庄园”可以用市场来解释（他希望出售其产品），国家因现金税收增多而得到发展也是如此。根据相辅相成的道理，我们既可以说很早就在俄国出现的市场经济有赖于农村经济的开放性，也可以说市场经济决定了农村经济的开放性。俄国

与欧洲的贸易在这一过程中起了作用（有人会觉得好笑，认为这一贸易与巨大的国内市场相比微不足道），因为正是俄国的外贸盈余给俄国经济注入最低限度的流通货币（欧洲的白银或中国的黄金），否则就不可能有市场活动，至少市场活动不可能达到这个规模。

市场与乡下人

农民享有进入市场这一基本自由可以解释许多矛盾。一方面，农民的处境明显恶化：彼得大帝和叶卡特琳娜二世时代，农奴沦为奴隶，变成一件“东西”（沙皇亚历山大一世的话），一笔可由主人任意出售的动产；领主凭司法权随意处置农民，或判他流放，或把他投入监狱；此外农民需服兵役，甚至被征发去战舰或商船当水手，或到工场去做工……所以才有那么多农民暴动，但每次都惨遭血和酷刑的镇压。农民起义的风暴永不平息，布加乔夫起义（1774—1775 年）不过是其中最悲壮的一幕而已。然而另一方面，正如勒普拉[232]后来想的那样，俄国农奴的生活水平可以与西方许多农民相比。至少一部分俄国农奴的生活水平不是很低，因为同一领地上的农奴，有的近乎小康，有的家徒四壁。再说各地的领主行使司法权也并不同样严酷。

事实是农奴自有求得解脱的出路：屈从不等于没有一些奇特的自由。俄国农奴常能获准以全部时间或部分时间从事收入归己的手工业活动，这就等于是出售自己的劳动成果。1796 年保罗一世把达什柯娃王妃流放诺夫哥罗德省北部的一个村庄。王妃问她儿子这个村民的确切位置所在，是属于谁的领地。她儿子打听不出结果。“幸好最终在莫斯科找到一名该村的农民，此人为运送自己制造的一批钉子〔当然是为了出售〕来到莫斯科。”[233]农民往往也能领到主人发给的护照，以便在远离家乡的地方经营工商业。尽管如此，农奴即使发了财也不能改变身份，而且需要按照他的财产的一定比例缴纳贡赋。

有些农奴得到领主的恩准，变成小贩、行商，在城郊或在市中心开店，或者专事运输。每年冬天，几百万农民用雪橇把收获季节积累起来的食品运往城市。万一如 1789 和 1790 年那样，下雪太少，雪橇不能行走，城里的市场便空空如也，随即发生饥荒。[234]夏季则有无数船夫在大江小河上穿梭往返。运输与经商之间只隔着
387 一步距离。博物学家兼人类学家皮埃尔·西蒙·帕拉斯在俄国做考察旅行，1768 年他在特维尔附近的上沃洛乔克停留，记载说：“这个大村庄好像一座小城市。它的发达全靠连接特维尔扎河与姆斯塔河的运河。伏尔加河与拉多加湖由此相通，所以该地区几乎无农不商，农业荒废”，村庄也就变成城市，一跃而为“该地区的首府”。[235]

另一方面，农村工匠为市场生产的古老传统在 1750 至 1850 年间得到惊人的发展。这些工匠名叫“库斯塔里”，从 16 世纪起就脱离或基本脱离农活。他们提供的手工产品的产量远远超过手工工场主组织的农民家庭生产的产量。[236]彼得大帝登基后，手工工场在国家的鼓励下得到迅速、巨大的发展，连农奴也从中受惠。1725 年俄国有 233 家工场，1796 年叶卡特琳娜二世去世时发展到 3360 家，矿山和冶金工场不计在内。[237]这些数字诚然包括寥寥几个人的小工场和规模极为庞大的制造厂，但它们总是表明了手

杰米多夫亲王旅途中所见的诺夫哥罗德和特维尔之间的伏尔加河(1830 年 8 月 12 日)。

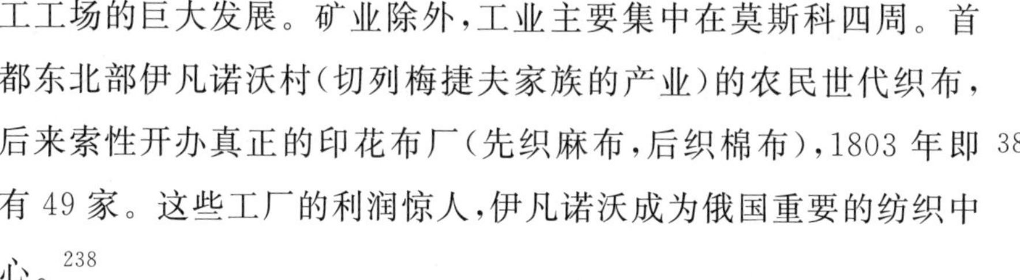

工工场的巨大发展。矿业除外,工业主要集中在莫斯科四周。首都东北部伊凡诺沃村(切列梅捷夫家族的产业)的农民世代织布,后来索性开办真正的印花布厂(先织麻布,后织棉布),1803 年即 388
有 49 家。这些工厂的利润惊人,伊凡诺沃成为俄国重要的纺织中心。[238]

某些经营批发业的农奴同样致身巨富。批发商中市民的数目相对较小,这是俄国的一个特点。[239]农民因而纷纷投入这个行业,发家致富。他们有时违抗法律,但也得到领主的保护。18 世纪中期门尼克伯爵代表俄国政府指出,一个世纪以来,农民“不顾各种禁令一贯投入巨资经商”,以至批发业能有“今天的发达”全靠“这些农民的干练、勤劳和投资”。[240]

这些新富翁在法律面前仍是农奴,当他们想赎得自由时,悲剧

(或是喜剧)便开场了。主人总是很不爽快,或者因为让农奴继续向他缴纳数目可观的年金对他更为有利,或者因为出于虚荣心他喜欢在手底下保有几名百万富翁,或者因为他存心大大抬高赎金数目,农奴为了以最小代价赎得自由,便处心积虑隐蔽自己的财产,最后往往是他赢了对手。如1795年,伊凡诺沃的大工场主格拉切夫要求赎身,他的主人切列梅捷夫伯爵开价高达135000卢布,外加他拥有的工厂、土地和农奴,也就是说,从表面看几乎是他的全部财产。但是格拉切夫已把巨额资金寄存在他的代理商的名下。以如此高价交付赎金之后,他仍是纺织业的巨头。[241]

当然,发大财的只是少数人。不过多得数不清的农民经营中小商业总是俄国农奴制的一大特点。幸运或不幸,反正农奴阶级没有被限制在村庄自给自足的圈子里,他们与国家的经济保持接触,有可能在其中生存并创办事业。何况1721至1790年间人口增长一倍,这是经济活力的信号。更重要的是国有农奴的数目不断增长,最终达到农村人口的一半;国有农奴享有相对的自由,他们所受的压迫往往仅仅停留在名义上。

不仅是西方的白银,某种资本主义也侵入俄国的肌体。这一资本主义带来的革新未必都是进步,但在这些革新的影响下,旧制度确实在分崩离析。雇佣劳动者很早就出现了,他们的人数在城市里,在运输行业大为增加;农村在收割草料和收获粮食的大忙季节也需要大批雇工。受雇者多数是破产的农民,他们外出闯荡,当小工或壮工;或是破了产的工匠,他们继续留在工人区,但是改为运气较好的邻居干活;或是充当水手、船夫、纤夫的穷人,光是伏尔加河上就有40万名纤夫。[242]劳动力市场也组织起来了:四面八方的劳动力前来下诺夫哥罗德求雇，预示着该地区日后的兴盛。矿山和手工工场除了农奴工还需要使用雇佣工。雇主先得付一笔定金，若有人拿到定金后不辞而别，就算他晦气。

我们不要把情况说得太好，也不要说得太坏，俄国农民总是习惯于节衣缩食，艰苦度日。“极易养活”的俄国士兵的形象是 389
他们最好的写照：“士兵随身带一个白铁小盒；他有一小瓶醋，有时便倒几滴在饮用水中；遇有大葱时，他便就着大葱吃用水调开的面粉。他比别人更耐饥。逢到发肉，他把这一改善看作额外的奖赏”。[243]军队仓库食品紧缺时，沙皇下令禁食一天，事情居然就此了结。

说是城市，更像小镇

俄国的民族市场早具雏形。由于领主和教会的庄园产品可供交换，农民又需出售他们的剩余产品，俄国民族市场的基础相当庞大。农村活动极其兴旺的反面可能是城市的不发达。不仅因为它们的规模小，而且因为它们没有高度发展城市特有的职能，俄国城市更像小镇。在欧洲旅行者的印象中，“俄罗斯是个无边无际的大村庄”；[244]使他们惊奇的不仅是繁荣的市场经济，而且是这一经济处于初级阶段。市场经济源自乡村，覆盖市镇，而市镇与周围的农村很难区别。农民占据市郊，在那里从事最有利可图的手工业生产，并在市内开设数目惊人的自产自销的小店铺。德国人 J.P.基尔伯格 1674 年写道：“莫斯科的商店多于阿姆斯特丹或德国一个邦。”不过这类商店规模极小：一家荷兰店铺容纳十来家莫斯科商店还绰绰有余。有时二至四名零售商共占一家铺面，以致“售货者在商品中间几乎没有转身的余地”。[245]

这些商店按其行业集中，沿着“拉吉”(radj)排成长长的左右两行。所谓“拉吉”，直译就是“行列”，也可译成阿拉伯语的“苏克”(市场)，因为比起西方中世纪集中专门商店的街道，这些商业区更接近穆斯林城市的格局。普斯科夫 107 家圣像生产商的店铺在“圣像市”[246]一字排开。今天莫斯科的红场原先“店铺林立，街巷辐辏；每一行业皆有专门的街和区，丝绸商绝不与呢绒布匹商混杂，金银匠不与鞍具匠、裁缝、皮货商或其他工匠为伍。〔……〕有一条街专卖各行业供奉的圣像”。[247]不过只要再往前走，就会遇到名叫“安巴里”的以批发为主、兼营零售的大铺子。莫斯科也有市场和专门市场，乃至跳蚤市场和肉市、鱼市。跳蚤市场上理发师挤在估衣摊中间露天营业；至于肉市和鱼市，一位德国人说，人们“未临其地，先闻其味。〔……〕臭气熏天，外国人无不掩鼻!”[248]他还说只有俄国人似乎毫无觉察。

除了市场的小型经济活动，还存在远距离交换。俄国各地区的资源千差万别，有的缺小麦和木材，有的缺盐，因此需要在全国范围展开交换。进口产品或皮货贸易更需横贯全境。“罗斯富商”
390 和后起的其他大批发商靠皮货贸易致富，而推动这一贸易的主要是交易会而不是城市。18 世纪可能有 3000 到 4000 个交易会，[249]等于城市数目的十到十二倍(据说 1720 年有 273 个城市)。有的交易会堪与我们的香巴尼交易会媲美，由其联系的地区相隔的距离等于从意大利到佛兰德的路程。在这类巨型交易会[250]中，有北方的阿尔汉格尔斯克；由此往南有异常活跃的索利维切戈茨克，是帝国最大的交易会之一”；[251]伊尔比特交易会扼守通往西

卖肉馅饼的小贩。K.A.泽林科作版画，18世纪，摘自《彼得堡的市声》。

伯利亚托博尔斯克的道路；马卡里耶夫交易会为下诺夫哥罗德这个万商云集之地打下基础，后者要到19世纪才臻于全盛；莫斯科与基辅之间有布良斯克交易会；拉多加湖附近，朝波罗的海与瑞典方向有季赫温交易会。这些交易会都不能算是古老的交换工具，因为西欧直到18世纪也还停留在交易会阶段。俄国的问题在于它的城市与交易会相比显得微不足道。

城市未臻成熟的另一个标志是没有现代的信贷，条件极其苛刻的高利贷在城乡肆虐：债务人稍有延误，便不能自拔，丧失自由，乃至丢掉性命。因为“一切都能出借：钱、食物、衣服、原料、种子”，一切都可抵押：工场、店铺、货摊、木屋、花园、整块或部分耕地，乃至盐井的管道设施。利率高得吓人：一名俄国商人1690年在斯德哥尔摩向另一名俄国商人贷款，为期九个月，利率为120%，即月息为13%。[252]勒旺地区盛行高利贷。在16世纪，犹太或穆斯林
391 放款人借钱给基督徒时，月息也不过5%。相形之下显得多么克制！在莫斯科公国放高利贷是最佳聚财之道，与其收取契约规定的利息，不如扣下抵押品：地产、工场或者磨坊的水轮。这也是利率定得那么高，偿还期限定得那么严格的附加原因。一切都经过精心安排，以便契约无法执行，猎物被逼到穷途末路，只能束手就擒。

俄国是什么样的经济世界?

巨大的俄国尽管保留着古老的经济形态，却无疑是一个经济世界。如在俄国的中心莫斯科进行观察：人们会看到，俄国不仅表现某种活力，而且体现某种统治意志。沿伏尔加河的南北轴线是决定性的分界线，犹如14世纪欧洲从威尼斯到布鲁日的资本主义"脊柱"。如果我们借助想象力把法国的疆域放到俄国那么大，那么阿尔汉格尔斯克就好比敦刻尔克；圣彼得堡是鲁昂；莫斯科是巴黎；下诺夫哥罗德是里昂；阿斯特拉罕是马赛。南方的终端后来移到1794年建立的敖德萨。

作为扩张中的经济世界，莫斯科公国不断向其四周几乎无人居住的地区推进其征服行动，疆域的无比辽阔使它跻身于头等经济大国的行列。外国观察家们往往突出俄国的这个根本特点，倒是没有看错。他们中有一位说，俄国如此之大，盛夏季节"帝国的一端白天仅16小时，另一端长达23小时"。[253]另一位说，俄国面

积为50万平方法里，[254]“容纳全世界的居民还绰绰有余”。[255]他接着说：不过他们在那里很可能“找不到足够的食物”。

在这种情况下，旅程必定拉得很长，变得没有尽头，非常人所能忍受。距离延误一切，使一切变得复杂。交换需历时几年才能完成。官方商队从莫斯科到北京往返需三年。商队在漫长的旅途中必须穿越戈壁沙漠，这段路少说也有4000俄里，即差不多4000公里。[256]两名耶稣会神父(1692年)向一位在这条道上走过好几次的商人打听情况。为使他们放心，商人对他们说，闯这条道不比横穿波斯或土耳其更艰苦，[257]好像穿越波斯和土耳其并不特别困难似的！1576年，一名意大利证人谈到阿拔斯大帝的国家[258]时说，穿越该国“需连续走四个月的时间”。莫斯科到北京的旅程必定历时更久：抵达贝加尔湖之前使用雪橇，然后是马匹或驼帮。还不算必要的休整以及意外地被迫“就地过冬”。

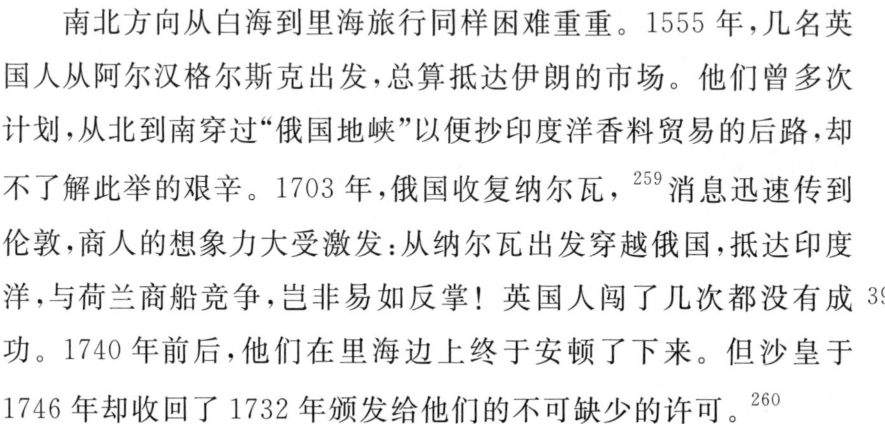

南北方向从白海到里海旅行同样困难重重。1555年，几名英国人从阿尔汉格尔斯克出发，总算抵达伊朗的市场。他们曾多次计划，从北到南穿过“俄国地峡”以便抄印度洋香料贸易的后路，却不了解此举的艰辛。1703年，俄国收复纳尔瓦，[259]消息迅速传到伦敦，商人的想象力大受激发：从纳尔瓦出发穿越俄国，抵达印度
洋，与荷兰商船竞争，岂非易如反掌！英国人闯了几次都没有成 392
功。1740年前后，他们在里海边上终于安顿了下来。但沙皇于1746年却收回了1732年颁发给他们的不可缺少的许可。[260]

这块地域不仅使俄国经济世界成为现实，赋予它形体，而且还有保护它免受外来入侵的优点。地域还使俄国的产品多样化，地区与地区之间的分工程度不同地具有等级性。俄国经济世界的真

实存在，也可以通过辽阔的外围地带的存在而得到证明：南方朝里海方向；[261]亚洲方面是寥廓无垠的西伯利亚。我们举后者的例子就足以说明问题。

发明西伯利亚

如果说欧洲“发明”了美洲，那么俄国也就“发明”了西伯利亚。面临如此巨大的任务，欧洲和俄国都力不从心。然而欧洲在16世纪初已十分强盛，而且美洲通过条件优越的大西洋航道与它紧密相连。俄国在16世纪人力物力皆感不足，大诺夫哥罗德域从前利用过的西伯利亚与俄罗斯之间的海道很不方便：这条路贴近北极圈，经由宽广的鄂毕河口，每年封冻期长达数月。沙皇政府担心西伯利亚皮货走私贸易钻这条路的空子，最后下令封闭。[262]于是西伯利亚与俄国本土的联系全靠漫长的陆路，幸亏乌拉尔山没有形成阻隔。

由来已久的陆上联系1583年也由哥萨克叶尔马克的远征进一步打通，叶尔马克为商人兼工厂主斯特罗加诺夫兄弟效力。后者曾由伊凡四世让与乌拉尔以远的大片领土，并“有权部署大炮与火枪”。[263]由此揭开了相当迅速的征服过程（每年10万平方公里）的序幕。[264]俄国人在一个世纪内为追逐皮货，次第征服鄂毕河、叶尼塞河和勒拿河流域，在黑龙江边与中国前哨劈面相撞（1689年）。堪察加于1695至1700年间落入俄国手中；白令海峡1728年被发现后，最早几批俄国人从1740年开始陆续到阿拉斯加开创事业。[265]18世纪末的一份报告指出，在这片美洲土地上，有200名哥萨克走遍各处，尽力迫使“美洲人习惯纳贡”，贡品是与西伯利亚一样的貂皮和狐皮。报告补充说:“在堪察加滥施暴虐的哥萨克人不久必将进入美洲”。[266]

俄国人的推进一直抵达南方草原,通常并不越过西伯利亚密林。在1730年前后,从鄂毕河支流额尔齐斯河沿岸到阿尔泰山支脉沿线确定了边界。这是一条由哥萨克把守的连绵不断的边界,堪称真正的罗马帝国长城,与仅有稀稀拉拉的木结构小堡垒负责防守的西伯利亚边界不可同日而语。这条于1750年形成的基本边界将一直维持到尼古拉一世(1825—1855年)在位期间。[267]

征服的土地加在一起,面积大得惊人。最初发起征服的只是个别冒险家的自发行动,其经过与官方的意志和计划毫无关系。
官方的意志和计划是后来才出现的。有一个名词统称早期从事征 393
服的无名人物,即所谓“创业者”(promyslenniki),他们是猎人、渔夫、牲畜饲养者、设置陷阱捕兽者、工匠和农民,“手执斧子,肩负一袋种子”。[268]此外还有到处不受欢迎和让人害怕的亡命之徒,还有叛教者,俄国商人和非俄国商人,以及17世纪末陆续前来的流放犯。与西伯利亚的面积相比,这批移民少得可怜,平均每年最多2000人,只够在密林的南方边缘(这里与北方黑色的针叶林不同,是白色的桦树林)建立稀疏的农垦点。这里最宝贵的优点是农民几乎享有完全的自由。土地松软,经由榛木或山毛榉木制作的铧犁耕后,即能种植黑麦。[269]

俄国移民当然选中肥沃的土地与产鱼的河流两岸居住,把土著居民赶往南方贫瘠的草原或北方的密林:南方从里海边上的吉尔吉斯人到各蒙古部落(如伊尔库茨克地区古怪、好斗的布里亚特人,1662年专为对付他们建造了一座碉堡)皆为土耳其鞑靼血统

居民，北方则为萨莫叶特人、通古斯人和雅库特人，[270]无不遭此厄运。南方是毡制的帐篷，是从一块草地到另一块草地的游牧生活和商队的长途跋涉；北方则是密林里的小木屋，猎人追逐毛皮兽，有的使用罗盘辨别方向。[271]对人种学颇感兴趣的欧洲旅行者留下许多关于这些被赶到不利自然环境中谋生的不幸民族的记载。老格墨林写道："奥纳河的通古斯人几乎人人能说俄语，他们也穿俄国服装，但是根据他们的身材和画在脸上的图案，不难认出他们。他们的衣服很简单，从不洗脸洗澡。上酒店必须自带杯子，因为人们不给他们杯子。除了上述特点使他们与俄国人有所区别外，根据散发的气味，也很容易辨认他们。"[272]

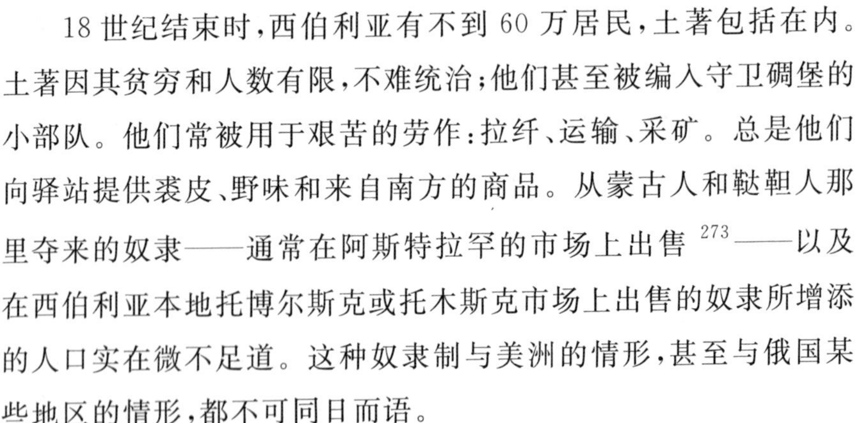

18 世纪结束时，西伯利亚有不到 60 万居民，土著包括在内。土著因其贫穷和人数有限，不难统治；他们甚至被编入守卫碉堡的小部队。他们常被用于艰苦的劳作：拉纤、运输、采矿。总是他们向驿站提供裘皮、野味和来自南方的商品。从蒙古人和鞑靼人那里夺来的奴隶——通常在阿斯特拉罕的市场上出售[273]——以及在西伯利亚本地托博尔斯克或托木斯克市场上出售的奴隶所增添的人口实在微不足道。这种奴隶制与美洲的情形，甚至与俄国某些地区的情形，都不可同日而语。

一切都离不开运输，而运输又从来不容易。从南向北流的大河每年有几个月封冻期，春天解冻时的浮冰又使人为之谈虎色变；夏季在某些地势有利的隘口可把平底船从一条河搬抬到另一条河里继续航行，有的城市就在这些隘口发展起来，虽然开始并不起眼，犹如欧洲人在新大陆内地建立的城市。冬季严寒却相对有利于运输，因为有雪橇之便。1772 年 4 月 4 日《法国新闻报》引用圣彼得堡的消息说："最近抵达的雪橇运来西伯利亚矿区〔想必是涅尔钦斯克地区〕和阿尔泰山出产的大量金条和银条。"[274]

面对这一缓慢的萌芽过程，俄罗斯国家有足够的时间逐渐采取防范措施，实行管制，派遣哥萨克部队及其军官分驻各地。军官 394
们间或有失职之处，但无不锐意开拓。1637 年在莫斯科设立的西伯利亚事务部加强了对西伯利亚的控制。这是一个部级机构，负责管理东方殖民地的全部事务，其作用类似塞维利亚的印度事务院和贸易署，它既要组织西伯利亚的行政，也要征集国家商业按规定提留的货物。当时还谈不上贵金属，那是进入矿业周期以后的事情：1691 年在涅尔钦斯克发现含金的银矿石，由希腊承包商负责开采；首批白银于 1704 年交货，首批黄金于 1752 年交货。[275] 西伯利亚提供的商品因此长期限于数量惊人的皮货，人称"软金"。国家严格监视皮货来源：土著或俄罗斯的设陷阱捕兽者以及商人都要用裘皮纳贡上税，西伯利亚事务部把征收到的裘皮集中后转销中国和欧洲。不过，国家经常用裘皮支付官吏的俸禄（它留下质量最好的）；此外，它也不能完全控制猎人的猎获。走私的西伯利亚皮货在但泽或威尼斯的售价高于莫斯科。朝中国方向的走私当然更容易，中国是裘皮、海獭皮、貂皮的大主顾。1689 至 1727 年间，共有 50 支俄国商队前往北京，其中只有十来支属于官方。[276]

这是因为沙皇政府对西伯利亚的控制远非滴水不漏。还在 1770 年，据一名当时的人（波兰流亡者，后来曾闯荡到马达加斯加）作证说："出于政治考虑，政府对这一犯法行为〔走私〕眼开眼闭：西伯利亚人如被激怒，挺身反抗，危险就太大了。最小的骚乱也会使居民们抄起武器；如果事情到了这一地步，俄国就会完全失去西伯利亚”。[277]别涅欧斯基言过其实，西伯利亚无论如何逃不出俄国的掌心。西伯利亚的枷锁体现在它的经济发展还处于原始阶段；新兴城市中生活低廉，许多地区几乎还是自给自足，长距离交换具有某种人为的性质（虽然也造成了一些连锁性义务），这一切都显示其经济的原始性。

确实，不管交换的距离有多远，时间有多长，买卖双方总是互相制约的。西伯利亚的大型交易会——托博尔斯克、鄂木斯克、托木斯克、克拉斯诺亚尔斯克、叶尼塞斯克、伊尔库茨克、恰克图——互有联系。从莫斯科前往西伯利亚的俄国商人先在马卡雷克和伊尔比特停留，然后在西伯利亚逐站停留，还在各站之间往返（如在伊尔库茨克与恰克图之间）。全程历时四年半，在有的站头逗留甚久，如在托博尔斯克，“卡尔梅克人与布卡斯基人的商队渡过整个冬季”。[278]只要不遇顺风，人、驾车的牲口和兼套狗和驯鹿的雪橇就得长期挤在一起；一旦风起，人们在车辆和雪橇上安上帆便可陆地行舟，不劳牲口费力。这些沿线城市商店鳞次栉比，是聚会和寻欢作乐之地。托博尔斯克市场上“顾客多到水泄不通”。[279]伊尔库茨克酒馆林立，人们为遣愁解闷而彻夜狂饮。

西伯利亚的城市和交易会因而被纳入双重交易网：一方面是大宗贸易，是用俄国和欧洲的商品换取中国乃至印度和波斯的商品；另一方面是用本地产品（主要是皮货）换取为所有迷失在西伯
395 利亚无垠的空间中的居民点所必需的食品：肉、鱼、面粉和人人嗜之苦命的伏特加。伏特加以迅猛之势征服亚洲北部——离了它怎能苦熬流放岁月？当然，越往东和往北走，土产品和外地产品的价格剪刀差越大。伊尔库茨克以东很远的伊利姆斯克是西伯利亚一

个同名省的首府，那里的交易会用皮货交换品种不多的西方商品。1770 年，商人在交易会上可得 200％的赚头，他们把皮货卖给中国又可使利市翻番。当地 1 斤火药值 3 卢布；1 斤烟草值 1 卢布半；10 斤黄油值 6 卢布；一桶 18 品脱的烧酒值 50 卢布；40 斤面粉值 5 卢布。反过来，一张貂皮只值 1 卢布；一张黑狐皮值 3 卢布；一张熊皮值半卢市；50 张北方小灰松鼠皮值 1 卢布；100 张白兔皮值 1 卢布；24 张白鼬皮值 1 卢布，其他货物的价格与此相称。实行这种价格体系的商人岂有不富之理！[280] 在中国边境，"水獭皮的价格为 80 到 100 卢布"。[281]

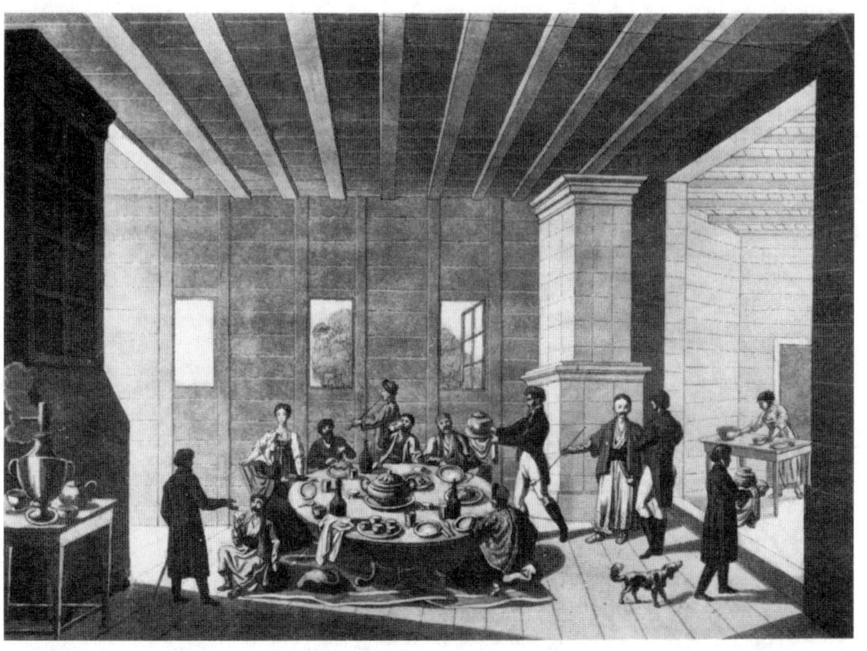

俄国和中国商人在恰克图市长家里聚会。俄中交易会在恰克图举行。据雷希贝尔格著《俄国各民族》，圣彼得堡，1812 年，第一卷。

话说回来，如无厚利可图，哪个商人又肯到这个无路可通的鬼
396 地方去冒险呢？那里野兽出没，盗贼四伏；马匹在途中活活累死；六月的旧寒未消，八月的新寒又已袭来；[282]木制雪橇十分容易破裂，赶上降大雪就难逃葬身雪下的危险。离开被往来商旅的脚步踩实的小径一步，马匹很可能陷入齐脖子深的松软雪层。更加严重的是，从18世纪30年代起，北美的皮货与西伯利亚相“软金”竞争，西伯利亚的一个“周期”从此告终，至少渐趋衰落。矿业周期应运而起，到处都在兴修水坝，安装水轮和水锤，建造锻炉和熔炉。不过北亚的条件不如美洲完备，它没有黑人和印第安人可供驱使，只能使用俄国和西伯利亚的劳力解决问题，而这些人与其说是自

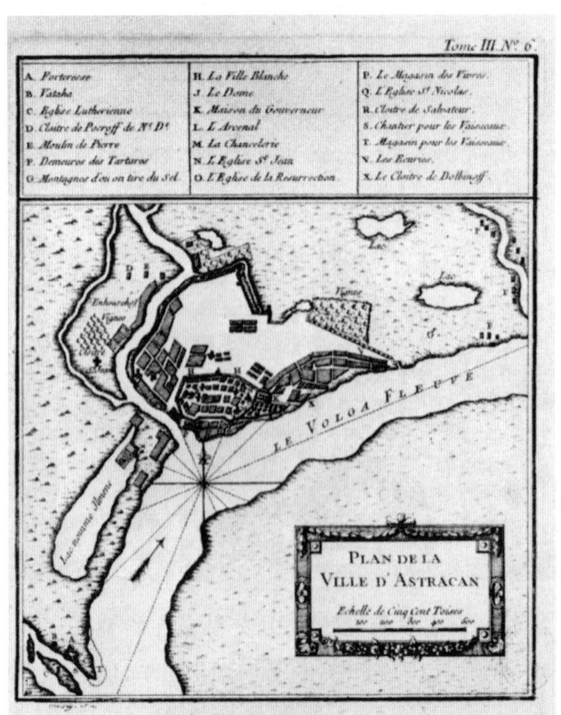

1754年阿斯特拉罕城市地图。《海图集》第三册，1764年版。

愿，不如说是被迫前来的。19世纪上半叶西伯利亚出现了大规模的淘金热。种种奇特的形象至今还在我们的脑际萦绕：人们逆流而上，沿着河岸到处寻找金砂冲积层；在沼泽区永无尽头的密林里探路前进；在流放者和农民中招募只干夏季四个月的工人。应募者如牲口一般被圈起来，受到严密的监视；他们一获自由便把挣到的钱尽数花在酒店里；因此，好不容易熬过冬天以后，他们没有别的生路，只得再次应募，领到一笔预支款和必需的食品，以便踏上重返矿区的漫漫长路。[283]

劣势与弱点 397

俄国的扩张并非十分牢固和不容置疑。扩张成果大得惊人，但颇多脆弱之处。面对北方和西方，俄国经济世界与西欧国家相比，其弱点自不待言。但在南方，从巴尔干半岛和黑海直到太平洋，面对伊斯兰世界和中国，俄国也相形见绌。

满族统治下的中国是个政治强盛、尚武好战和四出征伐的大国。1689年的涅尔钦斯克条约实际上意味俄国在黑龙江流域的扩张受到遏制。中俄关系随后大为恶化，1722年1月，俄国商人被逐出北京。两次恰克图条约（1727年8月20日和10月21日）签订后，双方重续旧好。条约划定蒙古和西伯利亚的边境，并规定在伊尔库茨克往南的边境线上举办中俄交易会。两国的交易主要将在这里进行，虽说直赴北京的官方商队[284]还要维持一段时间。这一演变对中国有利，中国得以把俄国商人赶到蒙古以远，远离首都的北方，并且提高其要求。中国的金条和金锭从此只与白银交换。1755年，俄国商队的商人在北京被逮捕并处绞刑。[285]恰克图交易会还有一段兴旺日子，但是俄国人打入中国势力范围的努力被挡住了。

面对伊斯兰世界，形势有所不同。伊斯兰世界因政治分裂而削弱，分为土耳其帝国、波斯和大莫卧儿帝国。从多瑙河到土耳其斯坦，未能形成一个不间断的政治阵线。相反，这一带的商业网古老而坚固，影响所及几乎不可抵挡。印度、伊朗和巴尔干商人纷纷侵入俄国的地盘，足见俄国的劣势。印度商人在阿斯特拉罕和莫斯科经商，亚美尼亚商人在莫斯科和阿尔汉格尔斯克营业。亚美尼亚人之所以自 1710 年起得到沙皇的特许，1732 年沙皇之所以同意帮助英国人以喀山为基地与波斯贸易，都是因为俄国人在里海屡遭失败。[286]朝这个方向，只有在沿线主要驿站城市有当地商团可资依靠时，才能保持良好的联系。如在阿斯特拉罕，就有鞑靼人集居的关厢区，另有亚美尼业区、印度人聚居地和一个所谓“外国”客商馆。1652 年有两名渴望前往中国的耶稣会神甫在后一地点居住。朝黑海方向的联系以及包括伊斯坦布尔在内的巴尔干半岛的土耳其市场，则由土耳其商人（往往是希腊人的后裔）控制，辅以几名拉古萨商人。

彼得大帝确实用一名拉古萨人与巴尔干人打交道，然后责成他组织西伯利亚的远程贸易。[287]此人名叫萨瓦·路基奇·弗拉迪斯拉维奇·拉古琴斯基，生于波斯尼亚，在威尼斯长大并受教育，1703 年来到俄国。西伯利亚有希腊人收购皮货，阿尔泰地区有希腊人经营矿业。一名旅行者说，1734 年 1 月 20 日伊尔比特交易会开张时，各条通路都被“人、马、雪橇堵塞〔……〕我见到希腊人、布哈拉人及各色各样的鞑靼人。〔……〕希腊人带来的多为购自阿尔汉格尔的外国商品，如法国的葡萄酒和烧酒”。[288]

靠欧洲这一边，外国的优势更加明显，汉萨同盟、瑞典、波兰、英国和荷兰的商人尽占利薮。18 世纪时，因为当地客户配合不力，荷兰商业势力逐渐后撤，商人相继破产；英国人跃居首要地位，398
18 世纪末批发业已在他们掌握之下。先是在莫斯科，后来在圣彼得堡，莫斯科商人比外国商人总是矮了一截。1730 年前后，西伯利亚最有钱的商人洛伦茨·朗奇作为莫斯科商队的成员常去北京，日后还被任命为伊尔库茨克省副省长。有意思的是此人很可能是丹麦人。[289] 1784 年后俄国向黑海方向开展直接贸易时，经手其事的是威尼斯人、拉古萨人和马赛人，就是说还是离不开外国人。此外还有冒险家、“诡诈之辈”和“无赖之徒”，他们从彼得大帝时代起就在俄国商界扮演重要角色。1785 年 4 月，西蒙·沃龙佐夫从比萨写信给他的兄弟亚历山大说：“意大利的所有恶棍无路可走时，都会公开宣称他们要到俄国去发财”。[290]

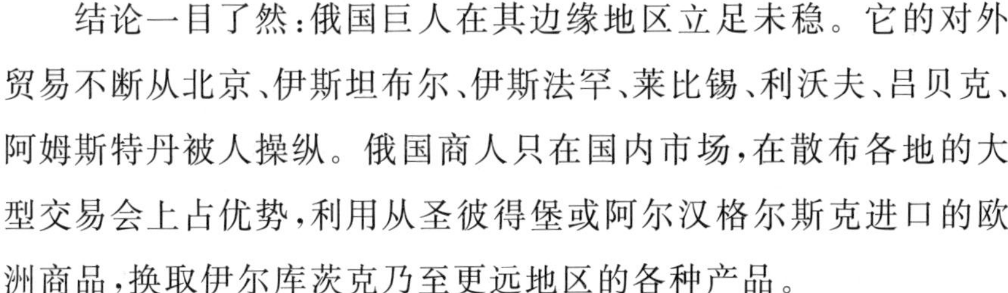

结论一目了然：俄国巨人在其边缘地区立足未稳。它的对外贸易不断从北京、伊斯坦布尔、伊斯法罕、莱比锡、利沃夫、吕贝克、阿姆斯特丹被人操纵。俄国商人只在国内市场，在散布各地的大型交易会上占优势，利用从圣彼得堡或阿尔汉格尔斯克进口的欧洲商品，换取伊尔库茨克乃至更远地区的各种产品。

欧洲入侵的代价

彼得大帝的军事胜利和强劲改革据说“使俄国从此走出历时已久的孤立状态”。[291] 这个说法既不全错，也不全对。彼得大帝以前，庞大的莫斯科公国已逐渐向欧洲靠近。圣彼得堡的建立是

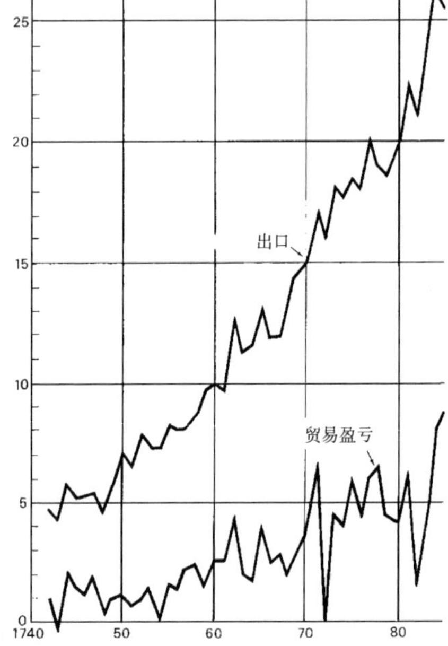

45. 俄国贸易盈亏(1742—1785 年)
根据莫斯科中央档案馆的一份文件(沃龙佐夫卷 602-1-59)绘制。该文件提供俄国陆路和海路贸易的盈亏状况。1772 年和 1782 年的外贸盈余骤跌无疑与军备开支有关。

俄国朝着波罗的海和欧洲打开的一个窗口或门户,俄国经济以彼得堡为中心重新调整。有了这个门户,俄国从家里出去自然更加方便,但欧洲进入俄国也更容易。欧洲得以扩大它在俄国贸易中所占的比重,征服俄国的市场,根据欧洲的利益进行调整,并在可能情况下加以引导。

为确保进展顺利,欧洲再次使出全身解数,首先是灵活的信贷——预付货款——以及硬碰硬的现金清账。1748 年 9 月 9 日,一名法国领事在埃尔西诺记下有关丹麦海峡的情况:“经过此间前往圣彼得堡的英国船几乎都载有大量西班牙本洋。”[292] 这是因为在圣彼得堡、里加和后来在敖德萨(1794 年建立)结算的进出口贸易账目总对俄国有利——若有例外,也证明规律——而俄国政府总是在国外进行或即将进行大规模行动时要求结算。促进与不发达国家贸易的最好方法是输入贵金属，欧洲商人同意在俄国与在勒旺各商埠或印度一样“出血”。结果也相同：俄国市场逐渐受欧洲贸易体系的统治，真正的利润在返程后，当商品在西方转销或重新利用时实现。此外，通过先在阿姆斯特丹，后在伦敦[293]进行的汇兑交易，俄国得到的钱有时只在账面上存在。

俄国逐渐习惯了使用欧洲的制成品及奢侈品。俄国进入舞场 399
较晚，也就不会很快走出来。当权者认为，眼下发生的变化是他们一手造成的，他们将推动这个变化，帮助它作为一种崭新的结构在俄国安顿下来。他们以为这符合他们的利益，也符合信奉了“启蒙思想”的俄国的利益。然而为此已经付出相当高的代价。一名俄国医生写的呈文（1765 年 12 月 19 日）就提出这个见解，这个几乎力排众议，至少不随大流的文件要求俄国完全关闭或基本上关闭对外国开放的门户。他指出，最好还是模仿印度和中国的做法（是他想象的印度和中国）：“这两个国家与葡萄牙人、法国人、英国人成交巨额贸易。外国人购买他们的各种制成品和多种原料，但是中国人和印度人不买欧洲的任何产品，除了钟表、五金和几种武器。”所以欧洲人不得不用现银购买，“这两个国家有史以来一贯实行这个办法”。[294]呈文作者认为俄国应该恢复彼得大帝时代的淳朴民风；可惜从那以后，贵族习惯了奢侈生活，奢风“绵延四十年”，并且愈演愈烈。最可怕的是法国商船，数目虽然不多，但“装的全是奢侈品”，一条船上的货物价值通常等于别国 10 到 15 条船。奢风如果刹不住，它将使“帝国农业凋敝，使为数不多的制造厂和工场沦于萧条、一蹶不振”。

400 有讽刺意味的是，这份提交沃龙佐夫的，也就是送呈俄国政府的“民族主义”呈文却用法文书写。这个事实恰好从另一方面为欧洲入侵作证，即不仅俄国贵族，而且一部分资产阶级和全体知识分子的生活方式和思想方法都为适应新的环境而发生了改变。知识分子也为建设新俄罗斯出力。风行欧洲的启蒙哲学深入俄国统治集团和知识阶层。诚挚可亲的达什柯娃公主在巴黎觉得需要辩白自己对农民不施任何暴虐。1780 年左右，狄德罗对她谈起“农奴制”，她赶忙解释说，威胁农奴的是“外省官吏”的贪得无厌。农民富有对地主只会有利，只会使地主“日子过得兴旺，收入也能增加”。[295] 十五年后，她庆幸自己在特罗伊茨利耶（奥廖尔附近）的产业经营得法。当地居民人数在 140 年内差不多增加一倍，没有一名女子情愿“嫁到我的领地以外的地方去”。[296]

随着启蒙思想的传播，欧洲的影响也造成了各种时尚，而且对那位俄国医生所抨击的奢侈习气无疑起着推波助澜的作用。闲散的俄国富翁醉心欧洲的生活方式，沉溺于巴黎或伦敦那种精致的享乐之中，就像西方人几百年间曾为意大利城市的犬马声色所陶醉一样。西蒙·沃龙佐夫本人对英国生活的魅力曾有所领略，并大加赞扬，但他于 1803 年 4 月 8 日不无恼怒地从伦敦写信说：“听说我们的大人先生在巴黎挥金如土。杰米多夫这个笨蛋定做了一套瓷餐具，每个碟子值 16 金路易。”[297]

总而言之，俄国的情形与波兰等国对西欧的依附不可同日而语。当欧洲经济势力侵袭俄国时，俄国已走上了工业化的道路，因而有力量保护其国内市场，保护其建于 17 世纪的手工作坊和制造厂，[298] 保护其活跃的贸易。在工业革命的准备时期，俄国的表现甚至十分出色，18 世纪生产普遍高涨。根据国家的命令，并在国家的帮助下，从莫斯科直到乌拉尔，出现了许多矿山、炼铁厂、兵工厂、玻璃厂以及新兴的天鹅绒和丝绸工场。[299]而在基层，庞大的作坊手工业与家庭手工业仍久盛不衰。相反，当真正的工业革命，19 世纪的工业革命来临时，俄国却停步不前，逐渐落后。在 18 世纪，俄国的情况并非如此。照 J.布洛姆的说法，18 世纪俄国工业发展与欧洲其他地区并驾齐驱，有时甚至居领先地位。[300]

这一切不妨碍俄国继续扮演原料和食品供应者的角色：大麻、亚麻、柏油、船桅以及小麦和咸鱼。甚至与波兰的情况一样，俄国出口的物资并不真正出现过剩。例如在“1775 年，虽然帝国部分地区发生饥荒，俄国仍允许外国人买走小麦”。[301]何况，这份 1780 年的备忘录还提到“现金短缺迫使种植者节衣缩食以缴纳赋税”（征收现金）。地主也感到货币匮乏的压力，他们被迫“通常以一年为期赊购物品，在收获前一年或六个月预售农产品”，并“为支付借款的利息而低价脱手农产品”。这里与波兰一样，预购青苗的做法使贸易双方处于不平等地位。

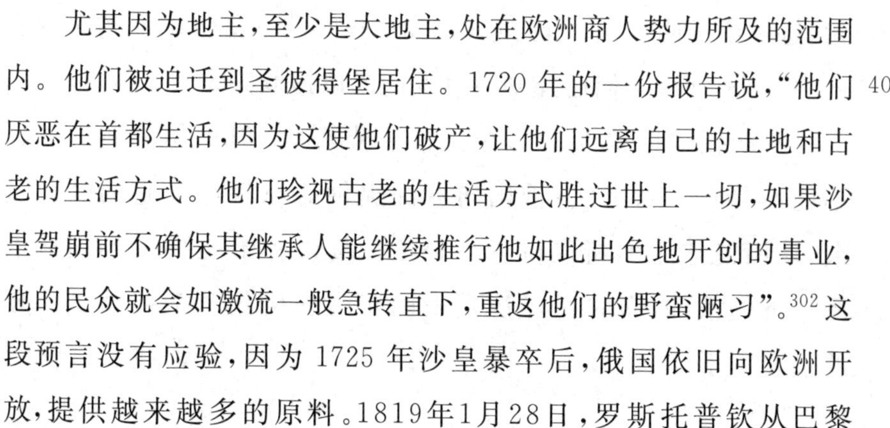

尤其因为地主，至少是大地主，处在欧洲商人势力所及的范围内。他们被迫迁到圣彼得堡居住。1720 年的一份报告说，“他们 401
厌恶在首都生活，因为这使他们破产，让他们远离自己的土地和古老的生活方式。他们珍视古老的生活方式胜过世上一切，如果沙皇驾崩前不确保其继承人能继续推行他如此出色地开创的事业，他的民众就会如激流一般急转直下，重返他们的野蛮陋习”。[302]这段预言没有应验，因为 1725 年沙皇暴卒后，俄国依旧向欧洲开放，提供越来越多的原料。1819年1月28日，罗斯托普钦从巴黎

1778年的圣彼得堡港。根据勒普林斯的素描制作的版画。

写信给他一直在伦敦的朋友西蒙·沃龙佐夫说："俄国是头肥牛，人们又吃它的肉，又用它为别国生产固体牛肉汁。"[303] 顺便说一句，这段话证明，早在李比希（1803—1873年）发明以他的名字命名的方法之前，人们已经知道蒸发肉汤以提取其干汁了。

罗斯托普钦描绘的形象虽然有点夸大，但不尽失真。我们不能不看到下列事实：俄国向欧洲提供的原料保证它的外贸盈余，从而使它能不断取得货币补给。货币补给是把市场引入农民经济的条件，而农民经济是俄国实现现代化及抵抗外国入侵的重要因素。

土耳其帝国的情况 402

土耳其帝国的情况虽与俄国大不相同，但也有类似之处。土耳其帝国建立很早，一开始就很强大，到15世纪已形成一个与基督教世界、与欧洲分庭抗礼的世界。费尔南·格勒那尔正确认为，作为“一场亚洲的、反欧洲的革命”，[304]土耳其征服与5世纪的蛮族入侵不能相提并论。这个帝国建立伊始无疑就组成一个经济世界。这个经济世界继承了伊斯兰的拜占庭同外部的古老联系并由令行禁止的国家权力予以维持。法国大使德·拉埃说(1669年)：“奥斯曼苏丹凌驾法律之上，他不需要履行手续，甚至往往没有司法根据，就处死其臣民，没收他们的财产并随意支配……”[305]不过这一专制权力也有积极的一面，它使土耳其境内久享使西方歆羡不已的和平。它也使国家有能力把不可缺少的欧洲伙伴的活动限制在一定范围内。威尼斯在伊斯坦布尔不得不曲意周旋，寻求妥协。它只能前进到人家允许它抵达的地方。只有当奥斯曼苏丹的权威衰落时，土耳其经济世界才出现混乱的征兆，而史书上津津乐道地说到的土耳其“衰落”实际上“没有人们通常想象的那么迅速、深入”。[306]

经济世界的基础

土耳其自主的首要条件是领土辽阔：奥斯曼帝国的影响遍及全球。对土耳其神话般的广大幅员，西方有谁不加赞叹，不在惊讶之余感到不安？卓万尼·博台洛(1591年)估计土耳其帝国有

3000 海里长的海岸，指出从陶里到布达的距离为 3200 海里，杰尔宾特到亚丁的距离与此相等，巴斯拉到特莱姆森的距离略小于 4000 海里。[307]苏丹君临黑海、白海（我们叫爱琴海）、红海和波斯湾的三十来个王国。哈布斯堡帝国全盛时期的幅员比这还大，但是这个帝国的属地分布世界各地，中间有辽阔的海域阻隔。奥斯曼帝国却是连成一片的陆地，深入其中的海域反倒像是被陆地囚禁了。

处在大规模国际贸易路线之间的陆地构成一个持久的联络和约束体系，它几乎形成壁垒，但也是财富的源泉。陆地奠定了近东作为十字路口的重要位置。土耳其帝国源源不断的活力来自这个十字路口，尤其在 1516 年征服叙利亚，1517 年征服埃及后，土耳其的强盛更达到登峰造极的地步。与拜占庭时代和伊斯兰崛起的初期不同，近东那时已不再是世界最繁忙的要冲。美洲的发现（1492 年）和好望角航道的开通（1498 年）为欧洲广开利源。如果说忙于经营西方的欧洲未用全力对付奥斯曼帝国，那是因为若干有决定性的障碍自动在阻拦土耳其伊斯兰的征服活动。除阿尔及尔沦为属国外，土耳其未能夺得摩洛哥、直布罗陀和通向大西洋的
403 出海口；它也未能主宰整个地中海；在东方，它未能征服波斯，后者形成不可逾越的障碍，使土耳其无法取得面向印度和印度洋的重要据点。夏尔·博克瑟认为土耳其扩张受阻的主要原因是勒班陀战役（1571 年 10 月 7 日）的失利以及阿拔斯大帝统治下的波斯国力强盛。[308]三十多年前，土耳其于 1538 年打赢了普雷韦扎战役，开始在地中海称霸，勒班陀战败结束了土耳其的统治。博克瑟言之有理，但我们不应低估葡萄牙在印度洋的势力对伊斯兰的挑战：

欧洲优胜的航海技术为阻止土耳其怪物闯出波斯湾和红海起了一定的作用。

近东作为地理要冲的价值因此有所丧失，但远没有达到无所作为的地步。宝贵的勒旺贸易长期占据首屈一指的地位，在土耳其占领叙利亚（1516 年）和埃及（1517 年）后并未中断，而邻近的地中海仍有商船来往。红海和黑海（后者对伊斯坦布尔的重要性不亚于“印度”对于西班牙）继续通航。1630 年后，欧洲消费的香料和胡椒肯定已改经大西洋运输，但是丝绸，不久以后的咖啡和药材，再往后的棉花以及印花布或单色布，仍旧由近东运往欧洲。

此外，广阔无垠的土耳其帝国因当地消费水平低下，拥有大量的剩余产品：肉用牲畜、小麦、皮革、马匹乃至纺织品。另一方面，帝国继承了伊斯兰的大城市及其设施，境内遍布各业齐备的商业城市。东方城市几乎都以商业兴旺和人口稠密而使西方旅行者惊叹不已。开罗堪称独具一格，它既是巨大的寄生中心，也是发动机；阿勒颇系风景佳胜之地，四周围着一片沃土，面积与帕多瓦不相上下，“人口众多，几乎没有一点空地”；[309] 罗塞塔也是“一座大城，居民众多，街道两旁的砖房错落有致，高达两丈”；[310] 巴格达市中心极其热闹，“六七条街上，商店和手工作坊鳞次栉比；街坊入口设有街门或粗铁链，天黑后关闭”；[311] 毗邻波斯边境的塔布里兹城“格局宏大，商业繁荣，居民众多，日用常物应有尽有，令人赞叹”。[312] 皇家学会会员爱德华·布朗 1669 年访问贝尔格莱德，说这是“一座占地广阔、实力雄厚、人丁兴旺的大商埠”。[313] 这一评语几乎适用于亚洲、非洲和巴尔干半岛的所有土耳其城市，在巴尔干地区，城市被称为“白城”，与“幽暗的”农村世界适成对照。[314]

404

18 世纪的安卡拉城及其商场。1699 至 1737 年间居留伊斯坦布尔的法国画家让-巴蒂斯特·梵穆尔所作画的细部。

这些城市中有古老而青春重返的，有新建的，甚而也有接近西方城市模式的。正当土耳其处于衰落之中时，人们怎能相信，这些城市居然兴旺发达？城市的兴起在别处都被看作是经济发展的征兆，在这里怎么能是衰败的标志呢？

更加错误的是认为，土耳其帝国的经济史完全遵循政治史的日程表。从土耳其史专家们的犹豫不决，就可以知道，这张日程表有多么不可靠。一位历史学家[315]指出，土耳其帝国从1550年起，在苏里曼大帝（1521—1565年在位）统治的晚年达到鼎盛；另一位同样可信的学者[316]认为，衰落始于1648年（一个世纪以后），但是这一日期对于欧洲历史的重要性大于其对土耳其的重要性：威斯特伐利亚条约于这一年签订，苏丹易卜拉欣一世于同一年被刺身亡。如果非要提出一个日期不可，我宁愿采用1683年。405

维也纳围城战（1683年7月14日至11月12日）刚结束，苏丹派人去贝尔格莱德绞死败绩的首相穆斯塔发·汗。[317]但我不以为任何政治事件可充当绝对可靠的界石。政治和经济并非没有相互关系，但是奥斯曼帝国的“衰落”——就算它衰落了——并不立即引起经济衰落。16至17世纪之间，帝国的人口激增，几乎翻了一番。根据约尔若·塔狄克[318]的说法，土耳其的和平以及伊斯坦布尔的需求使巴尔干地区得以建成真正的民族市场，至少加速了交换。而在18世纪，经济振兴的迹象也很明显。

事实上，土耳其为其霸业付出了代价。“奥斯曼帝国一方面控制了伊斯兰世界在地中海的所有港口（摩洛哥的港口除外），另一方面又控制了朝红海和波斯湾方面销售商品的港口”，[319]以及与俄国展开贸易的黑海诸港口。横贯土耳其帝国的重要商业轴线足以使帝国具有某种明显的整体性。这些轴线可能移动位置，但始终存在着。15 世纪时，庞大的首都伊斯坦布尔需要重建，商业中心与其说在伊斯坦布尔，不如说在布尔萨，那里的商业、转运业以及各种手工业都很活跃。土耳其向叙利亚和埃及的扩张使奥斯曼帝国的经济中心移往阿勒颇和亚历山大，由此造成了奥斯曼帝国的重心在整个 16 世纪偏离伊斯坦布尔，向南倾斜。在 17 世纪，经济中心再次移动，迁到了士麦那，这个事实已众所周知，但尚未得到认真的说明。18 世纪，中心看来又重新回到伊斯坦布尔。透过这些曲折的情节(其内涵未被充分认识)，人们能否想象奥斯曼帝国这个经济世界已随着经济形势的变化，先后曾出现过几个经济中心？

1750 年前后，伊斯坦布尔恢复了经济领导权。这座大城 1747 年向莫斯科通报的海关税则本身不能证明贸易额的巨大，但这一文件有个特点，它区分“已在旧税则登录”的商品与 1738 年后增添的商品。进口产品的单子极长：种类繁多的纺织品、玻璃、镜子、纸、锡、糖、巴西与坎佩切的木材、英格兰啤酒、水银、各种药材和香料、印度靛蓝、咖啡等。“新”产品包括来自法国、英国和荷兰的其他品种织物，如呢绒、丝绸和布匹；钢、铝、皮货、印花布、圣多明各靛蓝、“基督咖啡”；所有这些产品又分许多档次。出口商品的单子较短，列举君士坦丁堡的传统出口货物：水牛皮、“黑牛”皮、羊羔皮、驴皮、山羊毛、驼毛、蜡；仅增加几种新的商品，如细羽纱、丝绸或“制作假发用的加工山羊毛”。也就是说，从远方国家——尤其从欧洲——进口的商品数量和种类越来越多。欧洲向君士坦丁堡输出奢侈品乃至新大陆的产品。相反，出口商品的变化不大。[320]

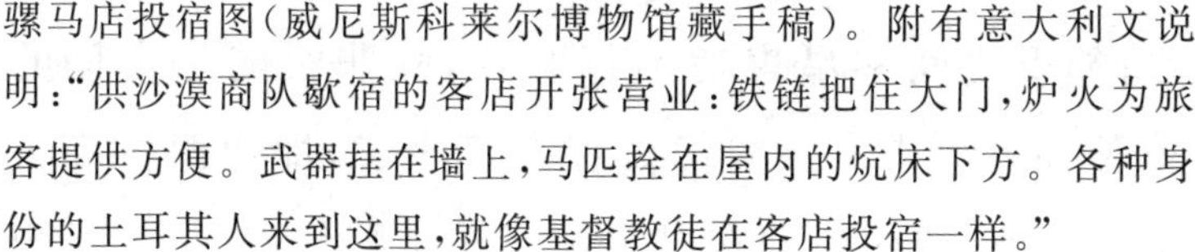
骡马店投宿图(威尼斯科莱尔博物馆藏手稿)。附有意大利文说明:“供沙漠商队歇宿的客店开张营业:铁链把住大门,炉火为旅客提供方便。武器挂在墙上,马匹拴在屋内的炕床下方。各种身份的土耳其人来到这里,就像基督教徒在客店投宿一样。”

法国人写的一份有关勒旺贸易的报告证实这一印象:“法国商船运送君士坦丁堡的商品多于运往勒旺的其他商埠。船上装载的是呢绒、香料、糖果、染料及其他杂货。这些商品的货款不能在君士坦丁堡使用,因为法国商人只买劣质皮革、哔叽、长毛绒、毛皮、印花 406
布、少量的蜡、木材和驴皮。他们把剩下的钱汇到勒旺的其他商埠,由士麦那、阿勒颇和谢伊达的法国商人交给需要向奥斯曼苏丹国库输送财政收入的帕夏。”[321]可见君士坦丁堡是一个获利丰厚的汇兑市场以及巨大的消费中心;总的说来勒旺其他商埠的出口业务相反比较活跃。

欧洲的地位

这里提出的问题关系到欧洲贸易在土耳其交换总额中的相对地位。欧洲贸易往往仅触及奥斯曼经济的表层，或者只是假道经过而已。广大土耳其地区的真正经济活动在基层进行，处
407 于初级阶段，但充满活力。特雷扬·斯托雅诺维奇给它找了个漂亮的名称，叫作“商场经济”，意思是说，这是一种以城市和地区交易会为核心的市场经济，交换遵循传统惯例，按照斯托雅诺维奇的说法，即以诚实无欺为标志。18世纪时信贷活动仍未得到充分的发展，倒是高利贷四处盛行，乡间也不例外。当然此时已不再是勃隆·杜芒在1550年记载的情况：“在土耳其，一切都用现金交易，因而那里没有太多的单据和借贷账目[322]以及逐日流水账；邻里之间零星售货不行赊购，除非买的是古怪的德国货。”[323]然而这一古老风尚部分保存下来了，即便西方商人对转销者实行赊销，即便他们在君士坦丁堡结账后有盈余，可以如我们在上文说过的那样在士麦那或阿勒颇出售在君士坦丁堡兑现的汇票。总的说来，某种古代形态的交换保留下来了，其标志之一是物价与西欧相比出奇地便宜。1648年在塔布里兹，“用一个苏就能买到够一个人吃一星期的面包”。[324]据1672年12月13日的《阿姆斯特丹新闻报》说，在被土耳其人攻克的赫梅利尼茨基，“用四里克斯达尔能买到一匹马，二里克斯达尔买一头牛”。[325]加达纳1807年在小亚细亚的托卡特附近看到“居民的服饰如古代的长者，且如他们一般好客。他们殷勤招待客人食宿，客人付钱竟使他们感到十分惊诧。”[326]

这是因为作为西方贸易的神经的金钱在土耳其地区往往只是路过而已。一部分钱进入苏丹贪婪的国库，另一部分用于促进上层商界的交换活动，其余的大量流向印度洋。这种局面使西方在勒旺市场上利用其货币优势时更加得心应手。根据不同的经济形势，西方甚至利用货币本身赚钱，即利用金银比价的变化或利用勒旺对某些货币，如西班牙的银里亚尔和威尼斯的金色庚的偏爱，后者在勒旺地区始终待价而沽。1671 年，威尼斯造币局长[327]指出，如某人在威尼斯以 17 威尼斯里拉的价格买一个金色庚，或以 16 电拉买一个“翁加洛”，[328]然后在君士坦丁堡出售，他将分别可得 17.5％和 12％的赚头。过几年后，出售色庚的赚头甚至高达 20％。[329]16 世纪末，把黄金从土耳其秘密运到波斯是项有利可图的行当。[330]17、18 世纪期间，威尼斯与东方的贸易日渐减少，威尼斯仍继续铸造色庚，向勒旺地区倾注，以便获得需要的返程货物，而且谋取厚利。

在 18 世纪末，马赛几乎也不再向近东输出商品，而是运去银币，主要是在米兰铸造的玛丽-泰莉莎塔勒。[331]对马赛说来，这是在勒旺市场保住自己地位的最好办法。

土耳其保留的古代经济形态是否导致了经济衰退？不，只要国内市场保持活跃，只要土耳其拥有军事工业、造船业、活跃的手工业、重要的纺织工业（如在希俄斯或布尔萨）以及数目众多的地方织造工场。后者因其规模极小，往往逃过后世观察者的视线，夏尔·索尼尼[332]18 世纪末在黑海做过一次令人惊奇的旅行，他为本地织物开了一张长得没完没了的单子。此外，从当时在君士坦丁堡当大使的夏尔·德·韦尔热纳的一封信（1759年5月8日） 408

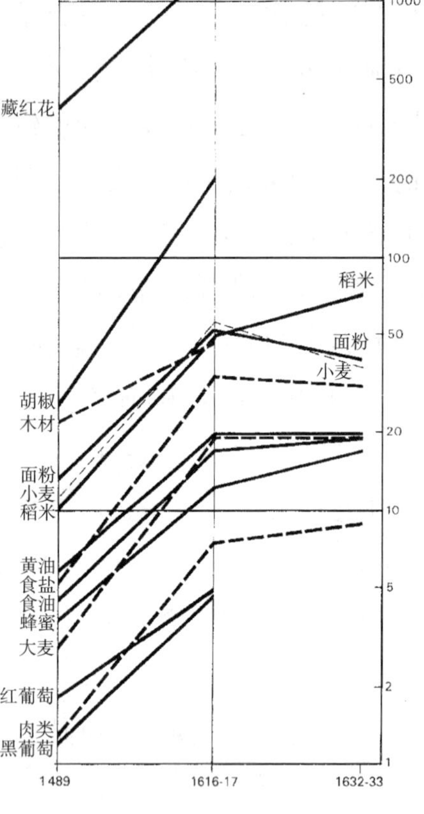

46. 土耳其的物价随着经济形势涨落

引自奥梅尔·吕夫提·巴尔坎的这些物价数字证明，土耳其的物价在16世纪有所上涨。“伊玛莱”是慈善性的基金会组织，为穷人和学生供应膳食。物价用阿斯普尔的面值表示，该货币的贬值因素不计在内。

看来，[333]奥斯曼帝国从西方进口的全部呢料只够80万人穿着，而帝国居民却有2000万到2500万之多。所以帝国境内织造业的产品仍有销路。只是18世纪末来自奥地利和德国的大宗产品曾使它们的日子变得难过。不过，正如奥梅尔·吕夫提·巴尔坎[334]解释的那样，直要等到19世纪工业革命后英国纺织品的倾销才把当地产品彻底挤垮。

可见，如果说奥斯曼经济的门户早就被冲开，这一经济在17世纪既未被征服，也未被绝对排斥到边缘地位。土耳其地域以自

驮马和骆驼商队离开安卡拉。第404页图的细部。

身的生产供养其城市。小麦出口与在俄国一样受当局的控制。粮食走私诚然相当可观,以爱琴海诸岛为基地的希腊水手从中获利。某些“西夫里克”的大庄园主也参与走私,不过这类庄园建立较晚,它们的生产主要供应伊斯坦布尔,不总是为了出口;罗梅利亚生产大米的庄园[335]就属于这种情况。总的说来,土耳其市场依靠古老但始终有效的运输组织确保行使其职能。

驮商的世界 409

奥斯曼世界的特征确实表现为无所不在的骆驼商队。巴尔干各地的马帮运输虽说保留了下来,但在16世纪末,骆驼队的足迹已遍布半岛,所以在某种程度上“勒旺各商埠”转移到了达尔马提亚的斯普利特,而威尼斯的划桨商船当时满足于穿越亚得里亚海,不再前往叙利亚。[336]直到1937年,杜布罗夫尼克的居民还把骆驼队当作富有浪漫情趣的过去来回忆。

在世界地图上，单峰和双峰驼队的活动遍及广大地区，从直布罗陀到印度和中国北部，从阿拉伯和小亚细亚到阿斯特拉罕和喀山。奥斯曼经济的活动地域即以这个天地为背景，它甚至是这个天地的中心。

西方旅行者对这种运输方式常有描写：旅行者成群结队，漫长的路线上“与英国不同，找不到市镇以及每晚投宿的客店”，“天气
410 暖和时搭个帐篷”露宿，或者住进“为行善而建造的供所有过客歇宿”的骡马店。骡马店是宏敞、便利、造价不高的建筑，“但通常萧然四壁，旅客必须自备食物、饮料、铁床和饲料。”[337] 这类骡马店有的已成废墟，有的保存完好，今天在东方仍很多。如阿尔贝·加布里埃尔[338]所做的那样，把骡马店标在地图上，就能再现古代的道路网。

欧洲人虽说利用这些交通路线运输商品，有时也沿线旅行，他们却不可能组织这一运输。骡帮运输为伊斯兰所垄断。西方商人不去阿勒颇、大马士革、开罗、士麦那以远的地方，这在很大程度上是因为他们控制不了商队世界，因为奥斯曼经济是商队运输的唯一主宰。商队运输是奥斯曼帝国的经济命脉，有严格的组织，并受到严密的监视，往返频繁，而且比海路交通更有规律。其效率极为明显，奥斯曼经济保持独立的秘密正在于此。波斯的丝绸不可能轻易离开地中海而从别处转道，英国人和荷兰人做过尝试，都未能成功。荷兰人能挡住胡椒与香料的去路，那是因为丝绸一开始即由商队运输，而胡椒和香料是“海运商品”，必须装船启程。奥斯曼经济的力量和灵活来自这些不知疲倦的商队，它们从四面八方来到伊斯坦布尔或与这座大城隔博斯普鲁斯海峡相望的位于亚洲的

斯库台；也来自以伊斯法罕为枢纽的远方道路，它们深入波斯全境，抵达印度的拉合尔；还来自从开罗出发前往阿比西尼亚、带回宝贵砂金的商队。

长期得以固守的海域

土耳其的海域也防守得相当好，大部分运输由勒旺地区和黑海的近海航运承担，就像是土耳其的“国内贸易”一样。

东地中海沿海一带很早就受到西地中海基督徒海盗的威胁，近海航运终于落到了西方人的手里，尤其受 50 至 60 条法国船的把持。但到 18 世纪末，西地中海的海盗活动有所收敛，近海航运开始摆脱西方船只的支配。可能这应归功于奥斯曼帝国已用帆船代替了划桨船（此事由来已久），帝国舰队在爱琴海一带巡航。[339] 1787 年 12 月，卡普丹帕夏率领破旧不堪的船队驶入伊斯坦布尔，卸下在埃及装船的 2500 万比亚斯特。[340] 在这以前，出于安全考虑，埃及的贡赋常由陆路运达君士坦丁堡。此举是否标志形势真正起了变化？据几名法国证人说，切斯梅战役后十五年，1784 至 1788 年间，土耳其舰队已有 25 艘“装备 60 门以上火炮”的战舰，其中一艘尤为出色，配有 74 门“法国工程师新造不久”的火炮。[341] 虽然在这条漂亮船上的 600 多人中，“只有 8 名水手，其余均未见过大海”，这支舰队仍照常航行，并基本上完成其任务。

至于黑海，为伊斯坦布尔效劳的船只也许没有充分加以利用，
但重要的是，拉丁国家的船只长期被禁止驶入黑海。1609 年，由 411
于英国企图进占特拉布松，土耳其对黑海的防务作了新的布置。历史学家往往指责土耳其政府掉以轻心，但他们应该记得，黑海对

伊斯坦布尔的食品供应和土耳其舰队的武器装备至关重要，因而直到18世纪末，始终未容他人染指。1765年3月，亨利·格伦维尔在致英国政府的一份报告中写道："土耳其人不准别国分享黑海航行之利，外国人概遭排斥。〔……〕黑海是君士坦丁堡名副其实的乳母，该国的食物和必需用品几乎全靠黑海输送，诸如普通小麦和优质小麦、大麦、小米、盐、活牛、活羊、羊羔、鸡、蛋、新鲜苹果和其他水果、黄油（这也是一项大宗消费品，装在巨大的水牛皮口袋里运输，掺杂羊油并带哈喇味，品质低下，但土耳其人对这种黄油的喜爱胜过最好的英国和荷兰黄油）、油脂、廉价蜡烛、羊毛、牛皮、咸牛肉干〔……〕黄蜡、蜂蜜（土耳其人用蜜代糖）、大量钾肥、磨刀石、大麻、铁、钢、铜、建筑用木料、柴薪、煤……鱼子、干鱼和咸鱼"；外加主要由鞑靼人提供的奴隶。贮存在伊斯坦布尔货栈里的商品，诸如棉花、乳香、葡萄酒、柑橘、柠檬、爱琴海各岛的干果、土耳其本国生产的或从基督教国家进口的纺织品，由货船在返航时运往俄国、波斯、高加索或多瑙河。咖啡和大米不准外运，以便"君士坦丁堡取用不匮"。[342]

货物成交额为数甚大，但运输手段却很简陋：陆上使用"无铁木车"，即车轮不箍铁圈的木制货车，既不坚固，又不宜重载，拉车的水牛比黄牛更加健壮，但速度之慢令人失望；海上诚然千舟竞发，但多数是仅挂两片斜帆（行家们称之为"兔子耳朵"）的小船或者名叫"萨伊克"的小型商船，在这风暴频仍的海域，沉船事件经常发生。三桅大船只是载运小麦和木材，船员众多，因为常需拉纤。装木材的船只的船员且需上岸砍树烧炭。[343]人们常说，在黑海航行的三条船中若有一条返航，商人必有赚头，又说君士坦丁堡的房屋皆系木构，如全城每年焚毁一次，黑海运来的木材足以保证重建。格伦维尔说："不必多说，这是夸大其辞。"[344]

俄国在这种情况下进入黑海，1774 年博斯普鲁斯海峡和达达尼尔海峡的对外开放，[345]尤其是 1784 年[346]后威尼斯、法国和俄国首批商船的来临对奥斯曼帝国的强盛以及对伊斯坦布尔城的平衡是个严重的打击。但是新兴的贸易需要等到 19 世纪初期俄国小麦大量输出才显示其重要性。这是欧洲历史上的重大事件，虽然很少被人所承认。[347]

在几乎被土耳其帝国团团围住的红海，土耳其的处境比在黑海更好，同时也更糟。1538 至 1546 年间，土耳其巩固了它在亚丁的地位，从而确立了对红海的控制。在这以前，土耳其意识到红海
在商业、战略、政治和宗教等方面的重要性，已经夺得了麦加及伊 412

斯兰其他圣地。穆斯林的圣海红海从此不对基督徒开放，长期成为伊斯兰的一统天下，并且装载胡椒和香料的船只驶向开罗、亚历山大和地中海的主要航道。但在 1630 年左右，荷兰人似乎已使远东运往欧洲的全部胡椒和香料改道好望角。因此，奥斯曼帝国在这重要的国际海上走廊上所受的打击比在黑海更早。

香料改道并未导致红海的关闭。每年仍有几百条商船和"长型船"(germes)通过艰险的曼德海峡，把埃及的大米和蚕豆，以及开罗商人堆放在苏伊士仓库里的欧洲商品运往南方。每年还有七八条船组成的一支船队通过同一海峡，直接为奥斯曼苏丹把 40 万比亚斯特和 50 万金色庚运往莫卡和亚丁等地；陆路则有一支商队从阿勒颇出发，经过麦加，前往苏伊士，运送数额大致相等的钱币，但以金币为主。据当今的一位历史学家认为，"新大陆的贵金属流

向印度以及更远的东方，以红海为主要通道”，[348] 16 世纪后很长一段时间内仍是这种情况。威尼斯色庚和西班牙比亚斯特[349]正是随同呢绒、珊瑚等欧洲和地中海商品，通过商队的长途运输，陡然变得身价百倍。直到 18 世纪 70 年代，红海贸易主要仍由印度商人把持，向苏拉特输送数额巨大的金银。我们拥有很多这方面的证据。1778 至 1779 年，一条印度船从莫卡带来 30 万金卢比，40 万银卢比和 10 万颗珍珠；另一条船带来 50 万金银卢比。地中海史专家惊讶地发现，18 世纪末的情形竟与 16 世纪相同：作为最佳商品的金银铸币继续通过最短的、可能也是最可靠的途径抵达印度洋。[350]

在相反方向，南阿拉伯的咖啡日益成为贸易的动力。作为咖啡贸易的中心，莫卡一跃而为红海的最大港口，其次才是吉达港。印度洋货船满载远东各地的商人和商品驶入这两个港口。商品中自然少不了香料。1770 年 5 月的一份报告一再说“药材和香料在 1630 年左右”[351]已不再经由红海运输。尽管如此，每年仍有 10 艘船从印度洋、卡利卡特、苏拉特或默苏里珀德姆出发，或有葡萄牙船从果阿启航，运送胡椒、肉桂、肉豆蔻和八角茴香到莫卡。除这类香料外，还有数量越来越多的咖啡抵达吉达和苏伊士。

能否认为香料的旅行到此为止？法国人喜欢开罗胜过亚历山大和罗塞塔。开罗有 30 名法国批发商，其中一位解释说：“印度商人多不胜数，他们经营咖啡、乳香、树胶、各种芦荟树脂、番泻叶、罗望子果实、藏红花、没药、鸵鸟毛、各种棉布、衣料和瓷器”。[352]货单上确实没有食用香料。但是咖啡变成“王牌”商品，红海靠它进入
413 新的繁荣期。咖啡由亚历山大或罗塞塔转口比起装在东印度公司

大货船的底舱里能更快地送达土耳其和欧洲的顾客手中，虽说印度公司的货船在返程往往绕道前往莫卡。勒旺商业复兴的中心莫卡港基本上是个自由市，主宰着咖啡市场，许多印度洋商船常来光顾。尽管今天的历史学家以及过去的文件持相反见解，我们可以打赌说，仍有香料和胡椒经由吉达进入地中海。

总之，苏伊士、埃及和红海再度引得欧洲垂涎三尺。英国人和法国人在君士坦丁堡和开罗的争夺十分激烈。[353] 在法国本土乃至国外，无人不想开凿苏伊士运河。一份未标明日期的备忘录预先设想好了一切："必须把挖河工人集中安置在木板屋里居住，夜间门户紧闭以保安全。全体工人，不分男女老幼，宜穿统一的服装，以便在任何情况下都能辨认。红色上衣、白色包头布、短发。"[354] 法国大使德拉埃要求奥斯曼苏丹同意红海自由通航，以及"设立商行"[355] 的自由，未获允准。审慎但又顽强的英国东印度公司对勒旺商道可能重振雄风深感不安，1786 年派人在开罗打听消息。[356] 同年，法国上校爱德华·狄龙经奥斯曼帝国高级官员特许，前往埃及考察"经由红海和苏伊士地峡开辟与印度的交通"[357] 的可能性。叶卡特琳娜二世驻巴黎的大使西穆兰通报女皇说："据我所知，这位使者绝非见多识广之辈。"事情结果是雷声大雨点小。总之，还要等一个世纪（1869 年），苏伊士运河才动工开凿，地中海到印度的古道重新畅通才成为事实。

商人为土耳其人效劳

土耳其帝国的经济发展以大批商人为后盾，他们遏制、阻挡西方的入侵。法国马赛的商人在勒旺开设的"商站"可能有 40 家，也就是说，至多不过 150 到 200 人在那里负责经营，其他西方国家在勒旺诸港的情形也不相上下。日常商业活动由阿拉伯、亚美尼亚、犹太、印度、希腊（除了地道的希腊人，还包括马其顿人、罗马尼亚人、保加利亚人、塞尔维亚人）乃至土耳其人经营，虽说经商对土耳其人并无很大的吸引力。流动商贩，零售商，守着逼仄铺面的小店主，来自四面八方、属于各种民族、出身于各种社会阶层的经销商充斥帝国各地。此外还少不了财力足以向政府放贷的包税人和巨商大贾。商人、货物和驮畜在兴旺的交易会上川流不息，成交额达几百万比亚斯特。

西方商人在活跃的、商旅云集的土耳其国内市场上施展不开手脚。他们诚然进入了某些商埠，如迈索尼、沃洛斯、塞萨洛尼基、伊斯坦布尔、士麦那、阿勒颇、亚历山大、开罗。但是遵照勒旺贸易
414 的旧规，任何商埠都不准威尼斯、荷兰、法国或英国商人与直接向消费者售货的零售商发生接触。西方商人只得求助于犹太或亚美尼亚中间商，对他们“必须有所提防”。

尤其，东方商人 16 世纪就在亚德里亚海沿岸的意大利城市定居。1514 年，安科纳出让给发罗拉、阿尔塔湾和伊奥尼亚湾的希腊人若干特权：该城的“面粉公所”改为“土耳其人和其他穆斯林的商馆”。与此同时，犹太商人也在当地定居。16 世纪末，东方商人大批涌入威尼斯、贾拉拉、安科纳，乃至佩萨罗[358]、那不勒斯以及意大利南部地区的交易会。其中最引人注目的可能要数希腊商人兼水手。他们的家乡是些几乎无寸土可耕的荒岛，命定必须四出谋生。他们经商不免采用欺诈手段，遇有机会也干海盗营生。二
415 百年过后，俄国驻墨西拿领事于 1787 年 10 月记下每年有“六十多

条希腊船经过海峡驶往那不勒斯、里窝那、马赛和地中海其他港口”。[359]法国革命和拿破仑帝国(1793—1815年)的长期危机摧毁了法国在勒旺的商业势力,希腊商人兼水手便趁机填补空缺。希腊不久后的独立,也与希腊人这一成功有关。

奥匈帝国通过贝尔格莱德和约(1739年)把边境推进到萨沃河和多瑙河。“东正教”侨商18世纪在新转让给哈布斯堡皇室的土地上取得的成就虽然并不引人注目,但同样值得注意。维也纳政府致力于向被征服地区移民:农村又见人烟,一些规模不大的城市开始出现,希腊商人蜂拥而来征服这个新天地。一鼓作气之下,他们甚至超出了这一空间的界限,从此在全欧洲都能见到他们的身影。他们在莱比锡交易会上利用阿姆斯特丹提供的信贷方便,甚至到俄罗斯西伯利亚去活动,此事我们已在上文提及。[360]

伊斯坦布尔托普-哈内广场与喷泉。

经济衰落和政治衰落

于是出现一个问题:这些商人在土耳其帝国境内是否算外国人?他们究竟是维持土耳其经济经久不衰的功臣,还是随时准备离开沉船的老鼠?这个疑问引向让人头痛的另一个问题:土耳其衰落的原因。这个问题可惜没有答案。

我以为,土耳其真正衰落始于19世纪初年。如果一定要提出更确切的日期,我们倾向认为,衰象于1800年在巴尔干半岛出现。巴尔干半岛是帝国最富活力的地区,兵源和税金主要来自这里,但它所受的威胁也最大;埃及和勒旺的衰落可能发生在19世纪的头二十五年,安纳托利亚的衰落可定在1830年左右。这是亨利·伊斯拉摩格鲁和萨格拉尔·凯岱尔[361]一篇值得推崇但又尚可商榷的文章得出的结论。这些日期如果可信,那么欧洲经济世界的扩张(起着除旧布新的作用)是从最活跃的地区(巴尔干半岛)逐渐推进,深入次等活跃地区(埃及和勒旺),最后抵达安纳托利亚,即发达程度是低因而面对这一进程反应最迟钝的地区。

还需要知道,19世纪最初的三分之一是否正值土耳其帝国政治衰落日趋加剧的时期。专攻奥斯曼帝国历史的专家总把“衰落”这个危险的名词挂在嘴上,只因为它牵涉的因素很多,本想用它解释一切,反而把一切都搞混了。如果奥地利、俄国和波斯在维也纳一度采取的联合行动能得到贯彻始终,土耳其或许会像波兰一样被瓜分。但是,土耳其的体格要比波兰共和国强壮得多。并且法国革命和帝国时期的战争给它带来暂时的喘息,虽说拿破仑远征埃及曾是一个危险的插曲。

人们说，土耳其的致命弱点是它不能适应欧洲的作战技术。这一失败其实只是在事后回顾才看得清楚。1785 年 3 月，叶卡特琳娜二世的大使西穆兰[362]在凡尔赛抗议法国不断派遣军官前往土耳其，韦尔热讷回答说，此乃“区区小事”，不值得大惊小怪。这 416
诚然是外交辞令，不过俄国政府之所以惶惶不安，那是因为它并不如历史学家们所说的那样对自己在土耳其的优势有十分把握。1770 年 7 月 5 日，奥尔洛夫的舰队在希俄斯岛对面的切什梅焚毁了全部土耳其战舰，后者浮出水面太高，成为敌方射出的炮弹和扔来的火把的理想靶子。[363]不过俄国舰队配备英国军官，而且它事后未能实现大规模的登陆行动。奥斯曼炮兵诚然有很多缺点，但是肯动脑筋的俄国人，如西蒙·沃龙佐夫，知道他们本国的炮兵也未必高明。土耳其当时真是百病丛生：国家不能令行禁止；官员领取旧时的俸禄，而物价却在上涨，他们于是“贪污自肥”；货币储备大概也嫌不足。总之，经济周转不灵。实行改革，保卫国土以及重整陆军和海军都绝非一日之功，并要求付出与臃肿的躯体相应的巨额开支……

1783 年 2 月，奥斯曼帝国新任首相看到了问题的症结。他的第一个决定是：“把穆斯塔法苏丹于上次战争期间出让的苏丹领地收归国家所有。此举将为政府增加 5000 万比亚斯特收入。但这些出让的领地现在都掌握在帝国最有权势、最富的人手里，他们施展各种影响以挫败这项计划，而苏丹本人又并不坚定。”[364]那不勒斯驻海牙领事从君士坦丁堡得到的这条消息与米歇尔·莫里诺不久前提出的关于土耳其帝国征税基数偏小的见解恰好不谋而合：“……每当军事失利，帝国的财政需求扩大，居民的税收负担即随之增加。由于居民除向外国出售货物外几乎无法得到为纳税必须的比亚斯特，他们就甩卖商品。这一情况与中国20世纪的贸易收支恶化相去不远”。[365]

工业化的欧洲昂首闯入这个困难重重的世界，为所欲为，贪得无厌，步步进逼，最终敲响了土耳其帝国的丧钟。不过，上文提出的时间表还值得商榷，不宜轻信当时人的说法，因为18世纪的欧洲已开始目空一切。1731年，一位不值得在此为他扬名的作者写道：“对付这个在作战中不守任何规矩和法则的国家〔奥斯曼帝国〕，只要等到一个好时机，就能把它如羊群那样逐走〔我猜意思是逐出欧洲〕”。[366]二十五年后，古达尔骑士甚至认为不再有必要等待“好时机”，他写道：“只要商定怎么处理土耳其的善后事宜就行了，这个帝国从此再也不必提起。”[367]真是狂妄到了极点！土耳其帝国空有健壮的体魄，却不能摆脱其因循守旧和沉重的遗产，工业革命最终将要把它整垮。

417 幅员最大的经济世界：远东

就其整体而言，远东[368]包括三大经济世界：伊斯兰、印度和中国。伊斯兰以红海和波斯湾为基地，控制着从阿拉伯到中国的一系列沙漠地区，横亘亚洲大陆的腹地；印度的势力遍及科摩林角以东和以西的全部印度洋；中国既是内陆国家（其影响直达亚洲的心脏），也是海洋国家——太平洋的陆缘海以及沿海各国都在它的势力范围之内。

但是，在15和18世纪期间，能否说这三个经济世界程度不同地属于同一个经济世界呢？由于季风和信风定期提供的动力方便，远东是否形成一个统一的整体，有其轮流占统治地位的中心，范围广大的联系网，以及环环相扣的贸易和价格联系？我们以下所要探讨的问题正是关于这种可能存在的庞大、脆弱、时断时续的联系。

联系之所以时断时续，因为这些面积特大的土地结合在一起是以印度为中心的跷跷板向两端摆动的结果：时而东方得势，时而西方抬头，任务、优势以及政治和经济高涨便随着摆动而重新调整。不过，变来变去，印度的地位始终保持不变；古杰拉特、马拉巴尔海岸与科罗曼德尔海岸的印度商人几个世纪内始终压倒无数竞争者：红海的阿拉伯商人，伊朗海岸和波斯湾的波斯商人，往来南洋群岛的中国商人（他们已使中国帆船适应南洋海域的航行）。但跷跷板也有停止工作或者出故障的时候；亚洲的外围空间那时就比平时更倾向于分裂成各行其是的区域。

这个简单化的模式主要说明双向运动时而对西面的伊斯兰有利，时而对东边的中国有利。位于印度两端的这两种经济的任何发展都会引起幅度极大，往往历时几百年之久的运动。如果西面的重量增加了，红海和波斯湾的水手就侵入和横渡印度洋；例如，他们在18世纪时曾突然出现在被阿拉伯地理学家称作“汉府”[369]的广州大门口。中国素来对航海不很积极，但如果它决心走出国门，中国南方沿海的水手就会抵达他们一直留心的南洋群岛，以及科摩林角以东的所谓“第二个”印度……他们当然也完全可以走得更远。

15世纪以前的一千年间，历史无非是单调的重复：一个活跃的港口在红海兴起，主宰红海沿岸，然后被邻近的另一个港口取代。波斯湾沿岸和印度沿海地区也是如此，南洋群岛和南亚各半岛同样是如此；各个海域也轮流盛衰。尽管港口和海域各领风骚于一时，历史的根本格局却依然如故。

本书涉及的时间起自 15 世纪，这一世纪初的重大事件是中国的复兴（明朝于 1368 年逐走蒙古人）及其规模惊人的海上扩张。对后一事件至今众说纷纭。事情的发端及其在 1435 年中止的原因对我们仍是一个谜。[370]中国帆船远航锡兰、霍尔木兹乃至“贞治
418 人”[371]的非洲东海岸，驱赶了和至少扰乱了穆斯林贸易。东方的嗓门从此比中央或西方更高。我想说的是，正是在这个时期，这一广阔无边的超级经济世界的极点将稳定在南洋群岛，那里出现活跃的城市，如万丹、亚齐、马六甲以及晚起的巴达维亚和马尼拉。

这些城市的规模并不十分大，把如此重要的角色派给它们扮演似乎荒诞不经。但是，在香巴尼交易会时代，特鲁瓦、普罗万、奥布河畔巴尔、拉尼也都是小城市，由于地理位置优越，位于意大利和佛兰德之间的必经之途，它们便成为一个广大的商业体系的中
419 心。南洋群岛作为交通要冲不是长期处于同一地位吗？那里的交易会为等待季风变更方向，把商人送回出发地，一开就是好几个月。南洋群岛的这些城市可能与欧洲中世纪的商业城市一样，得力于它们未被严格纳入某个过分强大的政治实体。尽管受国王或苏丹的统治和管理，这些城市差不多保持自主：它们对外开放，随着商情变化而调整方向。所以，当 1595 年考奈留斯·豪特曼来到万丹时，不管事出偶然还是事先策划，他一开始就在远东复杂的中心站住了脚，真可说一矢中的。

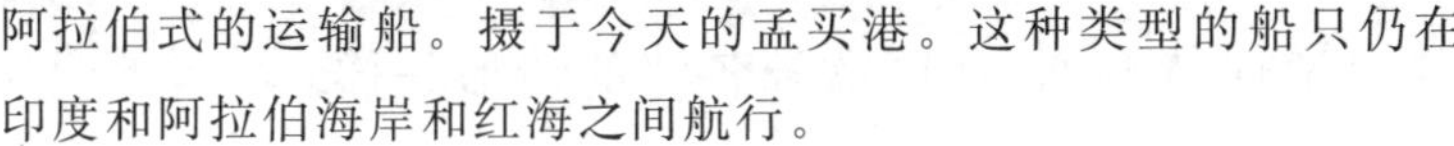
阿拉伯式的运输船。摄于今天的孟买港。这种类型的船只仍在印度和阿拉伯海岸和红海之间航行。

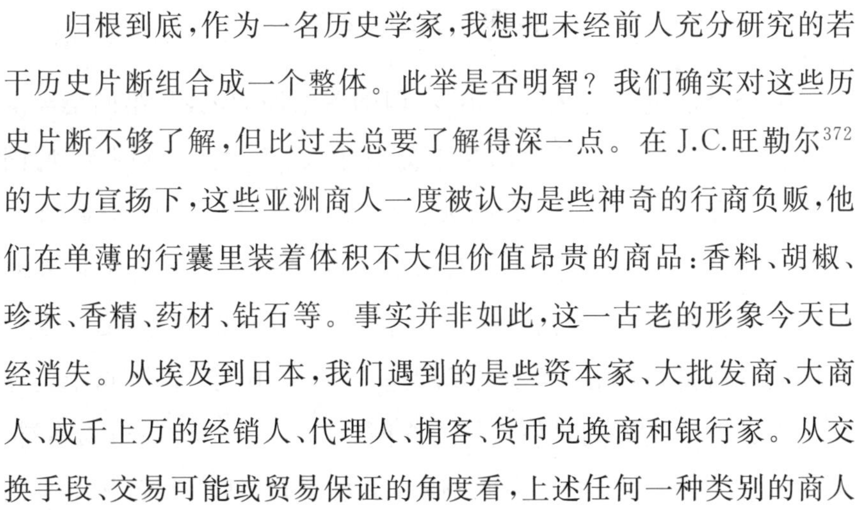
归根到底，作为一名历史学家，我想把未经前人充分研究的若干历史片断组合成一个整体。此举是否明智？我们确实对这些历史片断不够了解，但比过去总要了解得深一点。在J.C.旺勒尔[372]的大力宣扬下，这些亚洲商人一度被认为是些神奇的行商负贩，他们在单薄的行囊里装着体积不大但价值昂贵的商品：香料、胡椒、珍珠、香精、药材、钻石等。事实并非如此，这一古老的形象今天已经消失。从埃及到日本，我们遇到的是些资本家、大批发商、大商人、成千上万的经销人、代理人、掮客、货币兑换商和银行家。从交换手段、交易可能或贸易保证的角度看，上述任何一种类别的商人与他们的西方同行相比，都并不逊色。在印度境内和境外，泰米尔[373]、孟加拉和古杰拉特的商人结成紧密的团体，他们的商务和合同从一帮传给另一帮，如同欧洲的佛罗伦萨商人传给卢卡和热那亚商人，或传给南德意志商人或英国商人一样……早在中世纪初期，开罗、亚丁和波斯湾各港口已有富埒王侯的豪商巨贾。[374]

于是，“一个海上交易网越来越清晰地显现在我们的眼前，其货物品种之多和成交额之大堪与地中海或欧洲北方诸海和大西洋的交易网媲美”。[375]奢侈品和大路货在这里应有尽有，任凭挑选：丝绸、香料、胡椒、黄金、白银、宝石、珍珠、鸦片、咖啡、大米、靛蓝、棉花、硝石、柚木（造船用）、波斯的马、锡兰的象、铁、钢、铜、锡、供贵人使用的精美织物或者供产香料各岛的农民或莫诺莫塔帕的黑人穿着的粗布……[376]在欧洲人到来前，印度洋贸易早已存在，因为各地的产品互相补充，互相吸引，互相调剂；它们促使远东各海的贸易渠道保持畅通，如同欧洲各海的情形一样。

420 第四个经济世界

三个经济世界说来已经不少，但随着欧洲的入侵，第四个经济世界又挤了进来——这要归功于葡萄牙人、荷兰人、英国人、法国人以及其他一些欧洲国家的人。1498 年 5 月 27 日，华斯哥·达·伽马抵达卡利卡特，为欧洲人打开了大门。不过这个世界对他们是陌生的，尽管他们杰出的先辈，几位西方旅行家，留下了耸人听闻的游记，他们还必须去发现这个世界，不能立即在这个世界之中得其所哉。亚洲是使他们为之困惑的另一个星球：植物不同，动物不同，[377]人情不同，文明不同，宗教不同，社会形态和所有制

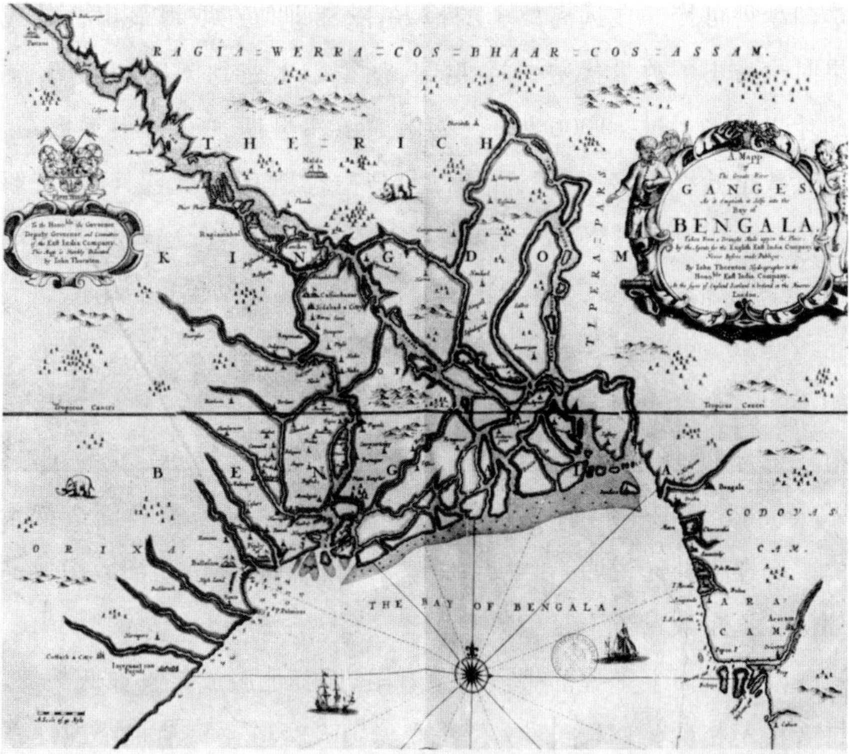

怪模怪样的恒河三角洲。约翰·索恩通 18 世纪初为东印度公司绘制的地图。

形态也不同。[378]一切都以新的面貌出现。甚至那里的河流也与欧洲的不同。在西方已是庞然大物的东亚，在这里更大得漫无边际。亚洲的城市简直人山人海。奇怪的文明，奇怪的社会，奇怪的城市！

何况需要几个月艰难的航行，才能抵达这些遥远的国家。第 421
四个经济世界到那里去碰运气，往往超过理性允许的限度。伊斯兰国家及其商人在近东拥有基地（基督徒在十字军时代曾企图夺取这些基地），因而他们能随意凭借武力在印度洋活动。可是，面对数目众多的亚洲国家及其幅员辽阔的疆域，欧洲商船带来的人员却少得可怜。在远离故土的地方，欧洲即使在取得最出色的成果时也占不了数量优势。16 世纪，从霍尔木兹到澳门和长崎，葡萄牙人最多不过 10 000 人；[379] 英国人虽然早期就获得很大成绩，但人数也始终不多。1770 年前后，马德拉斯有 114 名英国“文职人员”；孟买有 700 到 800 名，加尔各答有 1200 名。[380] 马埃是法国的一个次等据点，1777 年 9 月有 114 名欧洲人和 216 名印度雇佣兵。[381] 1805 年左右，“全印度的英国人不超过 31 000 人”，即使他们能统治这个巨大的国家，但毕竟只是个很小的集团。[382] 18 世纪末，荷兰东印度公司在本土和远东之间往返的人员最多不过 15 万。[383] 就算其中不到半数的人在海外服务，这也已经是创造记录的了。还得补充说明，在杜普雷和克莱夫时代，纯由欧洲人组成的部队在远东数量微不足道。

欧洲表面上掌握的手段如此有限，而其征服成果又如此辉煌，二者极不相称。1812 年，一位法裔美国人写道：“只消一个偶然事件或舆论转向……便能瓦解英国在印度的政权。”[384] 二十年后，维克多・雅克蒙于 1832 年重申这一见解并作进一步的阐发：“英国在印度的政权像是奇怪的制造工场，那里一切都是人为的、不正常的、例外的。”[385]“人为的”这个词没有贬义，人为意味着聪明才智，而在这里即是成功。少数欧洲人不仅迫使印度，而且迫使整个远东承认其权威。他们本无成功之理，然而他们却成功了！

印度被其自身所征服

首先，欧洲人从来不是单枪匹马。在他们还没有当上主人的时候，已有成千上万名奴隶、仆人、助手、合伙人、合作者围着他们转，其人数多过他们几千倍。早在葡萄牙人的时代，从事“区域贸易”的欧洲商船就雇佣不同国籍的船员，其中本地水手占多数。菲律宾商船也雇佣“为数很少的西班牙人，许多马来人、印度人和菲律宾混血儿”。[386]拉斯戈台斯神父 1625 年乘船从马尼拉前往澳门，该船未能抵达目的地，在广州沿海沉没，船员中印度水手不下 37 名。[387]迪凯纳的侄子指挥的法国舰队 1690 年 7 月在锡兰海面俘获荷兰的军需品运输舰“蒙福尔·德·巴达维亚号”，战利品中包括“两名奇丑无比的黑奴。这两个倒霉蛋宁可饿死也不去碰基督徒可能碰过的东西”，这里指的是经过烹制的食物。[388]

同样，在各国的印度公司后来蓄养的军队里，绝大多数兵员是本地人。1763 年左右在巴达维亚，每 1000 到 1200 名“各个国籍”的欧洲士兵配有 9000 至 10000 名马来辅助人员和 2000 名中国兵。[389]究竟是谁发现了(不过真有必要去发现吗?)在印度招募土著士兵为欧洲人效力这个奇妙又简单的办法，以便借助印度人征服印度？是 422
弗朗斯瓦·马丁[390]还是杜普雷？或者根据一位当时人(当然是法国人)的说法，是英国人“仿效杜普雷招募土著雇佣军”?[391]

在远东商业活动的中心，同样也有无数本地人自荐效力。成千土著经纪人包围欧洲人，主动提供服务，其中有埃及的摩尔人，无所不在的亚美尼亚人，婆罗门商人，莫卡的犹太人，广州、澳门和万丹的中国人，还有“古杰拉特”商人，科罗曼德尔沿海商人以及爪哇人。爪哇人尤其眼明手快，葡萄牙人刚到盛产香料的岛屿，就被他们团团包围。不过这也合乎情理。性喜旅行的马埃斯特·芒里克 1641 年来到坎大哈时，一名印度商人误认这位西班牙人为葡萄牙人，提出愿为他效劳。这位印度人解释说：“因为贵国人不会说本地话，如没有人充当向导，必定会遇到困难……”[392]随着时间的流逝，帮助、合作、勾结、共处乃至相依为命，逐渐成为理所当然；本地商人处事精明，自奉甚俭，长途旅行中每餐只吃一点大米，他们犹如绊脚草一般芟除不尽。何况在苏拉特，英国东印度公司的“办事员”(servants)刚来不久就与本地的风险放贷人串通一气。英国公司的分行，无论在马德拉斯或威廉堡，不知多少次得到伦敦上司的授权向印度商人借钱。1720 年，[393]由于“南海骗局”发生，英国银根奇紧，东印度公司为取得现金便在印度借钱。此举对东印度公司大有好处，使它以与陷入困境同样快的速度摆脱困境。法国东印度公司于 1726 年缓过气来，但它避免在苏拉特恢复商业活动，因为它欠着当地婆罗门商人 400 万卢比的巨款。[394]

这些合作者是不可缺少的，也是不能摆脱的，因为他们在当地土生土长，并创造财富。1733 年一份报告说，本地治里“如不设法吸引独立从事贸易的批发商”，[395]就不能成为繁荣的商埠。这里当然包括来自各地的商人，其中主要是印度人。何况，没有祆教商人和婆罗门商人，孟买又怎能建成？马德拉斯少了亚美尼亚人又会成什么样子？英国人在孟加拉和印度其他地区一贯利用本地商人和银行家。只是当大不列颠在孟加拉的统治完全确立后，加尔各答的本地资本家才被从最有利可图的活动领域（银行，对外贸易）排挤出去，被迫转到别的部门，以保全他们的资金（土地、高利贷、税收，乃至 1793 年前后买下英国东印度公司发行的大部分债券）。[396]但在当时，孟买百废俱兴，英国人对祆教商人、“古杰拉特”商人和穆斯林商人还不加排斥，后者得以在对外贸易中并作为本港的商船主积聚巨额财富，直到 1850 年建立蒸汽船航运业为止。[397]最后，尽管英国银行曾多次尝试，但也未能完全取消印度商人使用的汇票(hundi)。这是印度商人拥有行动自由及稳固的银行组织的标志，英国人在企图消灭这一组织前曾长期利用它。

金银究竟体现力量还是软弱？ 423

人们常说欧洲、美洲、非洲、亚洲互相补充。可以同样正确地说，世界性贸易曾努力使各大洲取长补短，而且往往达到了目的。远东接待欧洲产品大体上不如欧洲对胡椒、香料或丝绸那么疯狂。由于贸易平衡要求以一种狂热取代另一种狂热，亚洲从罗马帝国时代起，只同意欧洲用贵金属来进行交换。科罗曼德尔沿海偏爱黄金，但亚洲主要接受白银。我们多次说过，中国和印度已成为在世界各地流通的贵金属的最后归宿。贵金属进入这两个国家后，就再也出不来了。这一奇怪的恒在因素决定了西方的贵金属向东方流失，有人认为这是欧洲的弱点和亚洲的强项，而我已在上文说过，这不过是欧洲为打开特别有利的市场而在亚洲，也在别处乃至在欧洲本土经常使用的手段。到16世纪，由于美洲的发现以及新大陆矿业的高涨，这一手段将发展到空前的弘大规模。

美洲白银通过三条渠道抵达远东：勒旺和波斯湾、好望角、马尼拉大帆船。印度史学家告诉我们，在17与18世纪，勒旺和波斯湾仍是通向印度的最重要途径。日本情况特殊，姑置不论(日本本国的银矿生产在对外贸易中有时起一定作用)；在远东流通的白银几乎都是从欧洲，也就是说从美洲运来的。所以，欧洲商人向印度钱币兑换商或银行家借的卢比，实际上是还了又借，他借到的白银是由以前的欧洲贸易输入印度的。

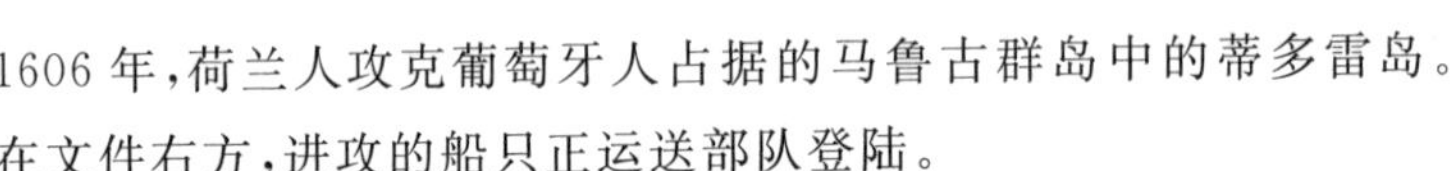

1606年，荷兰人攻克葡萄牙人占据的马鲁古群岛中的蒂多雷岛。在文件右方，进攻的船只正运送部队登陆。

输入的贵金属对于印度最活跃的经济运动——中国想必也是如此——是不可缺少的，我们下文将再谈到这个问题。从苏拉特驶向莫卡的印度商船如果运气不好，没有碰上装载金银的红海商船，长期作为印度经济中心的苏拉特就会发生危机。既然欧洲与亚洲贸易只是为了满足对奢侈品的嗜好，在这种情况下，认为欧洲通过白银拥有对远东各国经济的调节能力，并因此在日后处于实力地位，这并不过分。但欧洲是否清醒地意识到这一优势并充分加以利用，却值得人们怀疑。欧洲商人为了能在亚洲进行有利可图的贸易，必须依赖卡迪斯港的美洲白银到货，而到货总是不准时，有时还数量不足。为了保证亚洲贸易，他们必须不惜任何代价取得白银，这对欧洲商人无异是一种奴役。尤其在1680至1720

年间，[398]白银相对缺少，市价超过铸币局的定价。结果造成英镑和弗洛林等主要铸币事实上的贬值，荷兰和英国对亚洲进出口贸易的交换比率一落千丈。[399]白银既为西方创造优越条件，又给它制造种种困难，使它有惶惶不可终日之感。

与众不同的商人：来者不善 424

欧洲人最初还拥有另一项优势：西方的战舰。这个优势是他们意识到的。而且缺了它什么都无从开始；它几乎决定了其他一切，至少使其他一切有可能实现。西方战舰操纵自如，装着多种帆具，能顶风航行。自从舷墙普遍推广后，火炮更具威力。1498年9月，华斯哥·达·伽马的船队驶离卡利卡特海面后，遇到八艘印度艨艟巨舰前来拦截。后者甫经交火便仓皇逃遁，其中一艘被俘获，另外七艘在沙滩上搁浅。因为水深不够，葡萄牙船未能前往追击。[400]印度人在海上一贯与人无争。这一非战传统只有一个例外为人所知：13世纪的朱罗帝国在科罗曼德尔海岸建立一支强大的舰队，曾几度占领锡兰、马尔代夫和拉克代夫群岛，把印度洋一切两半。16世纪时，这一往事已被遗忘，尽管某些海岸仍有海盗活 425
动，商船不难躲开他们，从来不必武装结队航行。

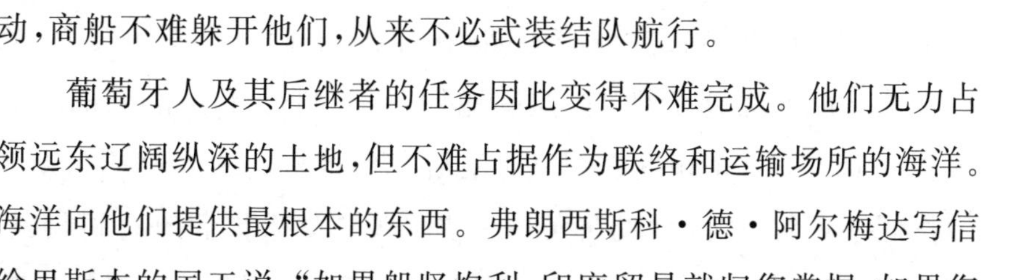

葡萄牙人及其后继者的任务因此变得不难完成。他们无力占领远东辽阔纵深的土地，但不难占据作为联络和运输场所的海洋。海洋向他们提供最根本的东西。弗朗西斯科·德·阿尔梅达写信给里斯本的国王说：“如果船坚炮利，印度贸易就归您掌握；如果您在这方面不够强大，即使在陆地上造了一座堡垒，那也无济于事。”[401]阿尔布克尔克认为，“万一葡萄牙在海上打了败仗，我们

马拉巴尔沿海的土著海盗使用桨、帆、火枪和弓箭。16 世纪一位久居果阿的葡萄牙人所作的水彩画。

在印度的属地能维持多久就全看当地权贵是否予以容忍”。[402] 下一个世纪，1623 年荷兰在日本的平户基地的头目说了类似的话：“如果没有舰队保护，我们没有足够的力量在陆上取得立足之地。”[403] 澳门一位中国人哀叹：“无论葡萄牙人转了什么坏念头，我们都有办法把他们收拾得服服帖帖。但是他们一旦到了海上，我们又怎么能够去惩治他们、控制他们、保护自己不受他们的侵犯呢？”[404] 1616 年，东印度公司驻大莫卧儿皇帝宫廷的大使托马斯·罗持同一见解，因此他劝告英国负责人说：“如果你们想获利，就应坚守这条规则：在海上的和平交易里寻求利润；因为维持驻军并在印度的陆地上作战无疑是大错特错。”[405]

426 这些见解虽然千真万确，但不宜因此认为欧洲人有和平的诚意，而应看作他们逐渐清楚地意识到任何攻城略地的尝试都太危险。不过，只要遇上机会，欧洲在其入侵初期也表现为粗暴的侵略，劫掠和挑衅均在所不免。1586 年，无敌舰队出征前夕，西班牙驻菲律宾总督弗朗西斯科·萨尔多曾自告奋勇率领 5000 人征讨中国；科恩后来在比大陆易于统治的南洋群岛以武力、殖民措施和棍棒推行其建设方略。[406] 再往后，虽然为时略晚，到杜普雷、布西、克莱夫等人则干脆进行了领土征服。

早在大规模殖民扩张前，欧洲已在海上或从海上出发利用其压倒优势。本地海盗猖獗时，欧洲依赖海上优势招揽企求安全的非欧洲商人的货物运输；对拒不听命的港口施加武力胁迫或炮火轰击；强制本地船舶缴纳通行税[407]（葡萄牙人、荷兰人和英国人都干过这种勒索勾当）；甚至在与陆地国家发生冲突时使用禁运这一有效武器。英国东印度公司董事约瑟亚·柴尔德于 1688 年挑起对奥朗则布的战争。他本人解释说："大莫卧儿皇帝的臣民如与英国连续作战 12 个月，势必大批沦为饿殍，因为他们不工作就无钱买米下锅；这不仅由于我们中止与他们贸易，也因为我们既与他们作战，就得封锁他们与所有东方国家的贸易，而这一贸易额十倍于我国及所有欧洲国家与他们的贸易额的总和。"[408]

这段文字极好地说明英国意识到莫卧儿印度的雄厚实力及其强大的商业联系，同时也说明英国决心充分利用自己的优势，如同东印度公司一名办事员主张的那样要"执剑经商"。[409]

支行、分行、分理处、巡回商人

各国的印度公司已具"跨国公司"的性质。它们不仅要处理

“殖民地”问题，还要与创立并支持这些公司的国家作斗争。各大印度公司是国中之国或国外之国。它们与股东斗争，创造了与商业习惯决裂的资本主义。它们必须同时兼顾股东的资本（股东要求分红）、短期债券（英国的 bonds）持有者的资本乃至流动资金（现金），还要维持船只、港口、堡垒等固定资产。它们必须遥控多个国外市场，使之与民族市场的可能和利益，即与伦敦、阿姆斯特丹或别处进行的拍卖相协调。

在所有的困难中，最难克服的困难是距离。勒旺的古老通路被用于传递信件和重要指令，运送人员和金银。1780 年，一名英国人得季风之助创造了航速最高纪录：据说他只花了 72 天时间走完从伦敦经马赛和埃及的亚历山大到加尔各答的旅程。[410]若走大

427 西洋，单程平均需要 8 个月。如果一切顺利，旅行途中不在某个港口过冬，绕过好望角时不出事故，往返一次也至少需要 18 个月。船舶和商品周转太慢，因此伦敦或阿姆斯特丹的公司经理们不可能控制一切。他们只得实行权力下放，与地方领导分享权力。公司在各地（如在马德拉斯、苏拉特）的领导人各自作出紧急决定，负责在当地贯彻总公司的意图，及时签发“合同”[411]和订单（提前六个月到一年），预筹应付款项，汇集待运的货物。

这些远离中心的商业单位名称各异：支行（comptoirs），分行（factoreries），分理处（loges）。前两个名称在日常语言中常被混用，不过我们大致上是根据重要程度的大小排列这些名称的。如英国公司在苏拉特的分行便在果冈、布罗奇、巴罗达、法塔赫布尔西格里、拉合尔、德达、勒赫里港、贾斯克、伊斯法罕、莫卡等地设立了一系列分理处。[412]法国公司在金德讷格尔的分支机构分为三

级：在金德讷格尔总支行周围设有“六家支行：巴拉索尔、巴特那、卡辛巴扎尔、达卡、茹格迪亚和沙蒂甘；设在苏普兹、凯尔普瓦、卡里高尔、蒙高普兹和塞拉姆普兹的则为普通的商行”，派驻后两地的是“无辖区的代理商”。[413]

支行或“总支行”的“辖区”来自地方当局出让的租界，租界不易获得，而且从来都是有偿出让。总的说来，这一体制也是某种纯商业性的殖民扩张：欧洲人在邻近产区和市场的交通要冲安顿下来，利用原有的“基础设施”，不必自己动手，而是让当地人负责把货物运输到输出港口，组织和出资安排生产和初级交换。

欧洲以寄生方式依附在异体之上，因而直到英国征服印度前（如果把荷兰在南洋群岛这一特殊地带的成功视作例外）仅仅占领着零星的据点。零星的点，不大的面。广州前边的澳门不过一个村庄那么大。孟买岛长 3 法里宽 2 法里，刚够容纳港口、造船厂、兵营和住房，没有邻近的萨尔塞特岛的食物供应，孟买的富人甚至不能每天吃到肉。[414]出岛位于长崎港内，无疑比威尼斯的“新犹太人居住区”还小，岛上众多的“洋行”不过是加固防盗的住房，甚至是仓库，住在里面的欧洲人比属于最封闭的种姓的印度人更与外界隔绝。

当然也有例外，果阿岛、巴达维亚、法兰西岛、波旁岛不同于上述情形。欧洲在中国的地位更为脆弱。欧洲商人不得长驻广州，也不准经常进行自由贸易（与印度不同）。各家公司分别派人在自己的船上经商，好比是开设了流动的分行。这些巡回商人（sobrécargues）随船流动，人们为他们选定一名主事。如果他们发生争执，或者不服从主事，就会遇到种种的麻烦。[415]

能否因此作出结论：直到英国征服之前，欧洲的活动只触及亚洲的表层，欧洲限于设立一些对亚洲这个庞然大物几乎不产生影响的商业分支机构，它的占领是浮面的和无足轻重的，不足以改变亚洲的文明和社会，经济上仅涉及出口贸易，即生产的一小部分。
428 国内市场和对外贸易之间的争论在这里以隐蔽的方式再次出现。事实上，欧洲公司的“分行”在亚洲的作用不亚于汉萨同盟各国商站或荷兰商行在波罗的海和黑海的作用，也不逊于热那亚或威尼斯大商行在拜占庭帝国建立的商站。同样可资比较的实例还可举出许多。欧洲派驻亚洲的机构确实很小，是人数极少的小团体，但它们与西方最先进的资本主义相联系。人们尽可以说这少数人只是些“外强中干的上层建筑”，[416]但它们接触的并非亚洲庞大的整体，而是另一些由少数商人组成的、操纵着远东贸易和交换的小集团。正是印度的本地商人集团一半被迫、一半自愿地为他们打开了欧洲人入侵的道路，并把印度洋贸易的诀窍首先传授给葡萄牙人，然后是荷兰人，最后是英国人（乃至法国人、丹麦人和瑞典人）。由此开始的过程最终将使英国垄断印度对外贸易的85％至90％。[417]不过欧洲商业资本主义之所以能侵入远东市场，利用远东市场本身的力量为它服务，那是因为远东地区已经形成一系列结构紧密的经济，并由一个有效的经济世界连成一片。

怎样把握远东的历史底蕴

我们感兴趣的是亚洲的历史底蕴，可是我们得承认这一历史不易把握。伦敦、阿姆斯特丹、巴黎都藏有出色的档案，但借助这些档案，只是使人能透过各国东印度公司的历史瞥见印度和南洋群岛的风貌……欧洲和世界各地都有出色的东方学家。但杰出的伊斯兰问题专家在研究中国、印度、南洋群岛或日本时就并不在行。再说东方学家往往是些优秀的语言学家和文化专家,并不专攻社会史或经济史。

今天,情况有了一些变化。汉学家、日本学家、印度学家和伊斯兰学家比过去更关心社会以及政治和经济结构。有些社会学家甚至从历史学家的角度思考问题,[418]二三十年以来,在已从欧洲统治下解放出来的各国,致力于寻找本国特性的历史学家的队伍日益壮大,他们普查原始资料,并在多项研究中显示了对吕西安·费弗尔称之为“问题史学”的敏感。这些历史学家正在缔造一种新的历史学,其成果将不断见诸他们的专著及一些杰出的刊物。我们正处在用崭新眼光重新考察历史的前夕。

想靠他们把所有问题全都涉及当然是办不到的。材料如此丰富(虽然仍有许多问题悬而未决),作出全面总结尚非其时。不过我还是甘冒失误的风险,试图从一个实例出发,揭示业已涌现出来的问题的广度及其新颖之处。我选中了印度。关于印度,我们拥有几部用英语撰写的基础著作和一批极为优秀的印度历史学家的集体研究成果,幸而用英语写成,我们可以直接阅读。他们好比熟练的向导,带领我们经历所谓中世纪印度的盛衰兴亡。根据一个早已约定俗成的观点,他们把印度的中世纪划到英国统治确立时为止。唯独这个观点尚可商榷,因为它暗示有一些先验的假设(总 429
的说是印度比欧洲落后几个世纪),也因为它把有关“封建主义”的问题引入辩论,而这种封建主义在15和18世纪之间虽日见衰败,却一息尚存。以上批评涉及的只是细节而已。

我选定了印度，并不仅仅由于上述的原因。也并非因为印度的历史比别国的历史更易把握。恰恰相反，从通史的标准来看，我觉得印度历史在政治、社会、文化和经济等方面是个极其复杂的、略微偏离常规的特例。不过，印度地处经济世界中央，一切都以印度为基地。一切的根源都出自它的迁就和软弱。葡萄牙人、英国人、法国人的殖民事业都从印度起家。唯独荷兰人例外，他们把南洋群岛的腹心当作聚宝盆，并且抢先取得垄断地位。但他们既然这样做了，轮到他们也去打印度的主意已为时太晚；来自西方的入侵者，首先是穆斯林，然后是西欧人，他们要建立持久伟业，最终都取决于印度。

印度的村落

印度是成千上万个村落的世界。“村落”[419]一词这里用的是复数，而不是单数。若用单数就等于误认为，对外封闭的、过着集体生活的印度村庄，经过印度历史上的频繁动乱似乎仍保持原状，始终处于自给自足的状态，并且似乎在辽阔次大陆上的村庄竟奇迹般地全都属于同一种类型，尽管各省都有自己的特点（如南方德干地区的特点十分明显）。在某些闭塞的、古风犹存的地区，无疑存在衣食无求于人，只关心自己事情的村庄。但这毕竟是例外。

印度村庄一般说来是对外开放的，受到各种权力的挟制，并被纳入市场体系。村民在市场上出售剩余产品，市场也把货币经济的便利和危险强加给村民。这就是印度全部历史的秘密：在基层摄取的生命力为庞大的社会和政治肌体提供热量和营养。同一时代的俄国经济属于同一种模式，虽然外界环境完全不同。

根据最近的研究成果，我们已看到机器怎样随着收成的好坏、租赋和国税的缴纳情况调整其运行。无孔不入的货币经济是极好的传送带：它给交换带来众多的便利和机会，包括强迫交换在内。畅通商业渠道只应部分地归功于大莫卧儿帝国政府。实际上几百年以来，印度已是货币经济的天下，它与地中海世界的联系是造成这一局面的部分原因所在。地中海世界早在古希腊和古罗马时代就接触到货币，在某种意义上是它发明了并向远方输出货币。按照L.C.杰恩的说法，[420]印度在公元前6世纪已有银行家，比伯里克利的时代约早一百年。总之，在德里苏丹统治印度前若干世纪，货币经济已渗入印度的交换。

德里苏丹在14世纪的主要贡献是建立了强制的行政组织，从省到县直到村庄逐级贯彻行政权力，把村庄置于国家的控制之下。大莫卧儿皇帝于1526年继承了庞大的国家机器及其进行体系，这使他有可能促进农村生产剩余产品并掌握这些产品，
他为此鼓励农村保持并发展剩余产品生产。因为大莫卧儿帝国 431
的穆斯林专制统治包含着“开明专制”的成分，他们避免杀鸡取蛋，顾全农民的“再生产”，注意扩展耕地，推广更有利可图的作物，组织向荒地移民，兴修水井、水库等灌溉设施。此外，村庄还受到流动商贩以及各种市场的包围和渗透。设在邻近市镇的市场自不待言，还有设在大村庄内或在村庄间的旷野上，专门从事以货易货的食品市场，还有远近城市中的市场，以及与宗教节日相联系的交易会。

印度村庄究竟受谁的控制？力图控制村庄的既有省和县的行政当局；也有受大莫卧儿皇帝（普天之下莫非王土）的分封，征收

“封邑”部分租赋（扎吉尔，义为“出息”）的领主；还有称为柴明达尔[421]的勤勉奉职的税吏，他们对土地也享有几种世袭权利；最后是商人、高利贷者和货币兑换商，他们收购、运输、出售农产品，也把用实物交付的税收和租赋换成现金，以便运送。领主本人在德里的朝廷中生活，需要支撑与其身份相称的场面。“扎吉尔”封地的出让期很短，一般只有三年，领主抓紧时间，恬不知耻地进行压榨，他与国家一样希望得到的租赋不是实物，而是现金。[422]因此这一体系的关键是把农业收获转化成钱币。白银和黄金不仅是攒积的目标和手段，而且是这架大机器从基层的农民到上层的社会和商界正常运转所必需的工具。[423]

此外，村庄内部受等级制和种姓制（手工匠和贱民）的束缚。各村有办事认真的村长和人数不多的“贵族”，即“khud-kashta”，是相对富裕或家道小康的农民，拥有村里最好的土地，四五把犁和四五对牛，还享受纳税优惠。他们实际上组成人们常说的所谓“村社”。国家赋予他们某些优惠待遇，他们本人和家庭劳动力耕种的土地也归他们个人所有。作为交换条件，他们需共同负责向国家交纳全村的税金。征收到的钱有一部分归他们所有。需要向荒地移民或建立新的村落时，他们享有优先权。但他们也受到当局的监视，因为当局担心他们推行对他们有利的租金制、分成制乃至雇农制（雇农虽有，为数极少），也就是一种超越常规的所有制，这种所有制若在他们享有的纳税优惠条件下发展起来，最终会减少税收总额。[424]村里其他农民耕种的土地不归自己所有，他们来自外地，有机会就带着牲口和犁迁到别的村庄去。他们的税收负担较重。

430

大莫卧儿宫廷，一名印度领主觐见君主。

村庄还有自己的手艺人。工匠所属的种姓限定他们世代相传；作为劳动报酬，他们有权从集体收获中分成，外加一小块耕地（有些种姓领取工资）。[425]这个制度确实复杂，不过世界上有简单的农民制度吗？“农民不是奴隶，也不是农奴，但是他的身份毋庸置疑具有依附性。”[426]农民收入的三分之一到一半被国家、“扎吉尔”领主以及其他部门提取，富饶地区的比例更高。[427]这种制度怎么能维持下去呢？农民经济怎么能容忍这一制度并且能具有某种
432 扩张能力呢？印度 17 世纪尽管人口有所增长，生产的粮食却仍能满足居民需要。同时还发展了经济作物生产乃至果木生产，后一项用于满足有产者增加水果消费的新时尚。[428]

16 世纪的印度驮牛把巴拉卡德（中央邦境内）的小麦运交果阿的葡萄牙人。

这些成就应归功于农民生活水平低以及农业产量高。

1700 年前后，印度农村只耕种一部分土地。根据相当可靠的统计资料，如恒河流域当时的耕地只等于该地区 1900 年耕地的一半；印度中部只有三分之二到五分之四的土地得到耕种；我们最多只能猜想南部的耕地比例较高。有一桩事实不容怀疑：15 到 18 世纪，印度各地农民几乎都只耕种良田。由于印度没有经历农业革命，由于农具、耕种方法和主要作物直到 1900 年为止没有变化，印度农民 1700 年的人均产量很可能高于 1900 年。[429] 尤其，可资建立新村庄的处女地为农民提供了后备空间，利于发展畜牧业；因此就有更多的力畜，更多的拉犁的牛，更多的奶制品，更多的供烹
饪用的酥油。伊方·哈比勃[430] 认为，由于印度一年收获四季，粮 433
食单产量直到 19 世纪为止始终高于欧洲。即使单产量与欧洲相等，印度也占了便宜。热带地区动动者个人的需要比欧洲温带国家小。印度农民从收获中提取一小部分就足以维持自己的生存，从而腾出更多的剩余产品以供交换。

除了一年两熟（两季大米、一季小麦加一季豆，两季鹰嘴豆或两季油料作物），印度农业的另一优势是供出口的“贵重”作物占重要位置：靛蓝、棉花、甘蔗、罂粟、烟草（17 世纪初引入印度）、胡椒（一种攀缘植物，播种后第三年到第九年结实，但需照料，[431] 并非如人们常说的那样不必管理）。这些作物的收益高于小米、黑麦、大米和小麦。关于靛蓝草，“印度人通常一年割三次”。[432] 从靛蓝草提取靛蓝需经若干道复杂工序，因而如同种植甘蔗一样，靛蓝种植要求大量投资。这项资本主义经营在印度广为推行，大包税人、商人、欧洲公司的代表与大莫卧儿皇帝政府积极合作，咸与其事。

政府并企图通过独家出租土地的办法垄断靛蓝生产。欧洲人偏爱产于阿格拉地区的靛蓝，特别是植株长成后首批收割的呈“鲜紫色”的叶片。由于本地和欧洲的需求量甚大，靛蓝价格不断上涨。[433]1633年，德干的靛蓝产区受到战争的影响，波斯和印度买主对阿格拉靛蓝的需求比平时更加殷切，其价格竟打破每“蒙特”(maund)50卢比的纪录。[434]英国和荷兰公司决定停止收购。也许许是得到了主持靛蓝生意的商人和包税人的通风报信，阿格拉农民随即拔掉靛蓝草，暂时改种其他作物。[435]这一灵活适应性是否表明农民和市场之间存在的直接联系以及资本主义的效率?

尽管如此，广大农民仍然十分贫困。制度的一般性条件已使人预见到这一点。此外，德里的政府提取的收成份额原则上一经确定便不再变更，但是许多地区的行政当局为图方便起见，事先估计出土地的平均产量，然后在这个基础上确定用实物或现金缴纳的“固定税额”，其多寡与种植面积成正比并视作物性质而异(大麦纳税额少于小麦，小麦少于靛蓝，靛蓝小于甘蔗和罂粟)。[436]在这种情况下，如果预期的收成没有达到，如果缺少灌溉，如果从德里出发的运送货物的驮牛或驮象糟践庄稼，如果物价出乎意料地上涨或下跌，倒霉的便是生产者。最后，债务[437]加重了农民的负担。由于租佃制、所有制和税收制极其复杂，由于各省的措施和王公的宽容程度不尽相同，平时和战时也不一样，情形随时有所变化，通常是越变越坏。然而，总的说来，只要莫卧儿帝国强大有力，便尚能保持为它自身的繁荣所必需的最低限度的农村兴旺。整个局面只是到了18世纪才全面恶化：国家腐败，行政官员不再服从和效忠，道路不再安宁。[438]农民起义此起彼伏。

手工工匠及工业 434

印度另一部分劳苦大众由无数手工工匠组成。他们遍布城镇和乡村，某些村庄的居民清一色都是工匠。如果印度17世纪的城市人口确实如某些历史学家所说已增长到总人口的20%——即与法国17世纪的人口大致相等——手工工匠的大批繁殖自在情理之中。即便这个数字略有夸大，印度的手工工匠加上无专门技能的劳动者大军，足有几百万人之众，这些人既为国内消费也为出口而工作。

印度历史学家们渴望总结他们的国家在英国征服前夕的情况，尤其想知道当时的印度工业是否堪与欧洲的工业媲美，是否能够凭借自己的冲力推动一场工业革命。为此，他们所关心的与其说是这无数工匠的历史，不如说是印度旧工业的性质。

工业（或毋宁说原始工业）在印度遇到重重障碍。有些障碍未免被夸大，大概只存在于少数历史学家的想象之中，特别是他们关于种姓制束缚工业发展的见解难以成立。照他们说，种姓制如天罗地网一般笼罩整个印度社会，工匠世界也在网中。根据马克斯·韦伯的推论，种姓似乎阻碍了技术进步，扼杀了工匠的创造力，把一批人死死拴住，专门从事某项工作，任务一经确定，便不再变更，并且世代相传，不得改习任何新的技艺，不得改变自己的社会地位。伊方·哈比勃认为，有充分理由怀疑这一理论。〔……〕首先因为无专门技能的劳动者大众组成后备队伍，需要时可随时担任新的工作。例如农民无疑为开发卡那蒂克的钻石矿提供了需要的劳动力：据说，某些矿山被废弃后，矿工“便回家种地”。某些种姓的手工技艺经过长期演变，可能偏离方向，乃至改弦易辙。如马哈拉施特拉的裁缝种姓，[439]部分工匠转营染布业，另一部分人甚至专门以靛蓝印染为生。[440]劳动力无疑存在某种程度的可塑性。何况旧的种姓制度随着劳动分工的发达也在演变，17 世纪初在阿格拉即有一百多种手工行业。[441]此外，与欧洲一样，印度工人也各地流动，寻找报酬更高的工作。1725 至 1750 年间，艾哈迈达巴德的毁灭促使苏拉特纺织业的兴旺发达。欧洲人开设公司也招募织工，除碍于特殊规定（如某些种姓被禁止航海旅行）外，各省织工纷纷应召而来。

倒是另一些障碍更为严重。印度工匠使用的工具品种极少，而且都很简陋，欧洲人对此往往感到惊讶。索纳拉根据插图解释说，由于“工具贫乏”，一名锯木工“需用三天锯一块木板，而我们的工人只花一小时”。“我们赞赏不已的美丽的平纹细布竟是用埋在
435 土里的四根木棍组成的织机织成”，[442]谁对此不感惊奇？印度工业能制成精妙绝伦的产品，是因为他手艺高超，并且各有专长。荷兰人彼勒赛尔特指出：“荷兰一个人的工作在这里需经四人之手完成。”[443]可见工具十分简单，几乎全系木制，而欧洲早在工业革命前已大量使用铁制工具。其次是因循守旧：直到 19 世纪末，印度农田灌溉始终使用源自伊朗的传统器械：木制齿轮传动，皮袋，陶制水斗，畜力或人力驱动……但伊方·哈比勃[444]认为，原因主要不在技术方面（因为这些木制机械与纺织机械一样，往往极见巧思），而在于成本的考虑：欧洲的金属机械价格太高，对使用丰富廉价劳动力的经济说来并不上算。除了程度有所不同，今天第三世界各国遇到的正是相同的问题。它们难以采用要求许多资金，但占用很少劳力的某些尖端技术，即使采用，效果也令人大失所望。

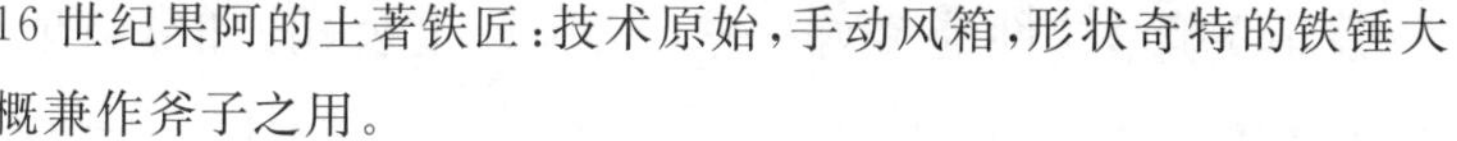

16 世纪果阿的土著铁匠：技术原始，手动风箱，形状奇特的铁锤大概兼作斧子之用。

同样，印度人对采矿技术不甚精通，只能开采地表的矿石，但 436
我们在本书第一卷曾指出，他们用坩埚炼出一种质量极佳的钢，高价出口波斯和其他地区。他们在这方面领先于欧洲的冶金技术。他们也会加工金属，制造船锚，精美的武器，各种式样的马刀和匕首，性能良好的步枪，适用的火炮（虽然不是浇铸成型，而是用铁条焊接而成）。[445] 据一位英国人于 1615 年所见，大莫卧儿皇帝在巴台博尔（位于从苏拉特到德里的途中）的兵工厂生产各种口径的铁炮，“虽说炮筒太短，筒壁太薄”。[446] 但是，这毕竟是一位见惯了船用长筒炮的水手的想法，何况这些火炮后来并非没有改进。无论如何，奥朗则布在 1664 年左右拥有一支重炮队和一支轻炮队。牵

引重炮的牲口数量之多令人难以置信，而且由于重炮队行动迟缓，皇帝总让它先走一程。每门轻炮由两匹马拖拉，随驾行动。[447]在那时候，欧洲炮手已被印度炮手代替；即使印度炮手不如外国人灵巧，技术进步已显而易见。[448]火枪和火炮已在印度全境普遍使用。1783年，迈索尔的末代苏丹提普·萨希普遭法国人抛弃，不得不退守山区，其重炮队在高止山脉的崎岖小路几乎难以行进。在门加洛尔地区，每门炮需用40至50头牛牵引，外加一头象在后面推；大象如不幸失足，一大串人就得跟着它坠入深渊。[449]由此可见，印度在技术上的落后还不到灾难性的地步。印度的铸币厂并不比欧洲逊色：1660年仅为满足英国东印度公司的要求，苏拉特每天即铸造30000卢比。[450]

造船业更堪称尽善尽美。根据一份法国报告，1700年左右在苏拉特建造的船只“性能良好……〔法国印度公司〕如欲订购几艘，殊为有利”，即使造价与法国相等，也仍然有利，因为柚木船身可保航行40年不坏，不比法国船只保“10至12年，最多不过14年”。[451]19世纪前叶，孟买的袄教商人把大量资金投入造船业，在孟买本地或其他港口，特别在科钦[452]建造船舶。孟加拉，包括加尔各答在内，自1760年[453]起也有船厂：“上次战争〔1778—1783年〕以来，英国人仅在孟加拉一地至少装备了四五百艘大小不等，均由他们出资在印度建造的船只。”[454]有的船吨位很大：“苏拉特城堡号”(1791—1792年)吃水为1000吨，配有12门炮和150名船员；“洛基家族号”为800吨，配有125名印度水手；最大的“欣品特号”(1802年)达1300吨。[455]印度建造的最漂亮的船俗称“印度船”(Indiamen)，这在当时属于大型商船，主要从事对华贸易。直到19世纪中期蒸汽机船获胜前，英国人在亚洲海域只使用印度建造的船只。但是没有一条印度船驶向欧洲：英国港口禁止它们进入。1794年，因战争和运输的紧急需要，该项禁令解除了几个月。但是印度船和水手在伦敦出现引起了强烈的敌意，英国商人很快不再让印度船承担运输任务。[456]

印度纺织生产异常发达已为众所周知，不必在这里多费笔墨。438
无论需求有多大增长，英国的呢绒工业都能充分予以满足；印度的纺织业同样拥有这一令人赞叹的能力。村村都有织机；城市里的织匠更比比皆是；从苏拉特到恒河，织布工场密如星云，或自产自销，或接受大出口商的定货；克什米尔的纺织业尤其根深蒂固；织机在马拉巴尔沿海难得见到，但在科罗曼德尔海岸则蔚为大观。欧洲公司试图按照西方的实用模式，首先是仿照我们曾讲得很多的“外包工制度”组织这一生产，但未能成功。最明显的尝试在孟买进行，[457]随着苏拉特和其他地方的印度工匠移居该地，外包工制本有可能从无到有地发展起来。但印度传统的预付款制和合同制却毫不动摇，至少一直维持到18世纪末年英国征服孟加拉并把工匠置于自己的直接控制之下为止。

印度的纺织生产确实不易驾驭，因为它不像欧洲那样纳入单独的一个网络；原料的生产和销售，纺纱（工序很长，尤其是用于织造平纹细布的细纱），织布，漂白，整理，印花各有不同部门和渠道经营其事。在欧洲实行垂直管理（佛罗伦萨在13世纪已做到这一点）的组织系统，在印度却分割成各不相通的部门。大公司的采购员有时也到织匠出售其成品的市场上去购买，但是遇有大笔定货（定货量不断增大），[458]往往还是与印度商人签订合同更好。后

437

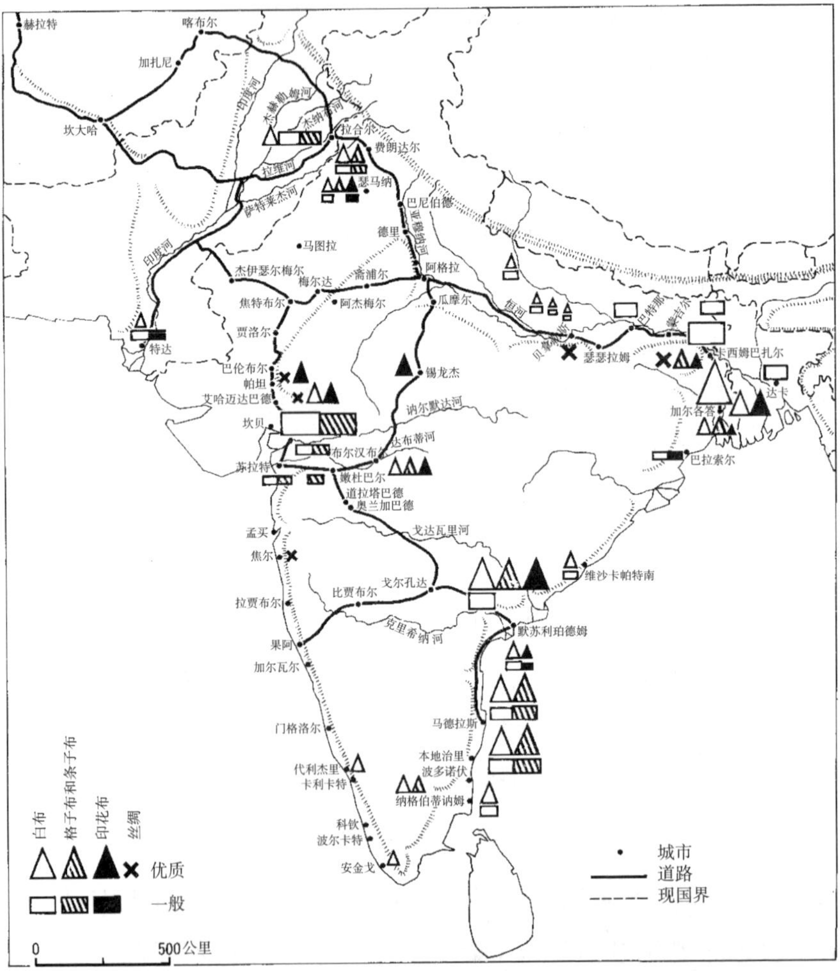

47. 18世纪中期印度的道路及纺织工业

除盛产胡椒的马拉巴尔海岸外，印度各大地区都有纺织工业。图中不同符号表示不同的产品以及估计的产量大小。（引自 K.N.乔杜里著《亚洲的商业世界及英国东印度公司》，1978 年版。）

者雇有若干办事人员走遍各棉布产区，由他们再与工匠签订合同。中间商有义务在预定日期，按照一经商定便不得变更的价格，向某家商行的"办事员"交付一定数量和一定品种的织物。他按照惯例预付织匠一笔现款作为定金，供工匠购买棉纱并维持生产期间的生计。工匠交活后，将根据行市收取价款，预付款自当扣除。棉布价格随行就市，不在预订时定死，是因为它随棉纱和大米的价格而变动。

商人因此要冒一定的风险，其利润率显然大受风险的影响。但织匠的确十分自由，他接受预付定金（不像在欧洲接受的是原料），但可直接在市场出售产品，受包买商制度束缚的欧洲工人则无此回旋余地。另一方面，印度织匠有可能更换工作地点乃至罢工、改行、重新务农或应募当兵。鉴于这种情况，K.N.乔杜里觉得有口皆碑的印度织匠的贫穷令人难以理解。难道是古老的社会结构注定了农民和工匠只能得到最低的报酬？17和18世纪期间需求和生产的巨大增长可以加强工匠的选择自由，但不能打破普遍的低薪制，虽然生产已被直接的货币经济所包围。

一般情况下，实行了以上办法便不必再开办工厂。不过工厂也还存在，宽敞的车间里集中了大量劳力。这就是所谓"卡卡那"（karkhanas），其产品仅供厂主即贵族或皇帝使用。厂主有时也乐
意输出这些高级奢侈品。芒代尔斯罗（1638年）曾说起一种华丽 439
而昂贵的金花棉丝织物，在他路过艾哈迈达巴德城时，当地的工匠才刚开始生产这种织物，"专供御用，但也允许外国人携带出境"。[459]

实际上，印度全国都从事生丝和棉花纺织，出口数量大得令人

难以置信的织物,从最普通的到最豪华的应有尽有。产品远销世界各地,甚至美洲也通过欧洲的媒介得到大量织物。借助旅行者的记述和欧洲公司开列的货单,我们能够想象其品种之繁多。仅以法国一份备忘录中列举的印度各省生产的纺织品为例(照录原文,不加评论):"Toiles de Salem écrues et bleues,guinées bleues de Maduré, bazins de Gondelour, perkales d'Arni, napes de Pondichéry,bétilles,chavonis,tarnatanes,ourgandis,stinkerques de côte,cambayes,nicanias,bajutapeaux,papolis,korotes,branls,boelans,limanas,tapis de lits,chittes,cadées,doulis blancs,mouchoirs de Mazulipatam, sanas, mousselines, terrindins, doréas (mousselines rayées), mouchoirs stinkerques, malmolles unies, brodées en fils or et argent,toiles communes de Patna〔exportées en telle quantité,jusqu'à 100000 pièces,qu'on peut les obtenir sans "les faire contracter"[460]〕,sirsakas (étoffe de soye et coton), baffetas,hamans,casses,toiles à quatre fils,bazins communs,gazas,toiles de Permacody,guinées d'Yanaon,conjous…"[461]* 备忘录作者还补充说:某些品种的织物质量差别很大:如在达卡市场上出售的"精美绝伦的平纹细布中……有的单色细布售价自每 16 法尺 200 法郎至每 8 法尺 2500 法郎不等"。[462]这份货单本已洋洋大观,但与乔杜里那本书附录的 91 种纺织品名单相比,又是小巫见大巫了。

毋庸置疑,直到英国工业革命为止,印度棉布业在产品质量和

* 以上织物名称,作者因无从全部考证清楚,故照录原文,译者这里也循例而行。

数量以及出口额方面均占世界第一位。

一个民族市场

剩余农产品、原料和供出口的制成品无不在印度流通。乡村市场上汇集的粮食经由一系列本地商人、高利贷者和放款人之手抵达小城镇，然后再由专营粮食和盐[463]等重货运输的大商人运往大城市。这种流通方式并非尽善尽美：饥荒突然到来会使人措手不及，而距离过远往往使饥荒酿成大灾。不过在沦为殖民地的美洲，或在古老的欧洲本土，情况不也一样吗？何况印度的商品流通采用各种可能的形式，因而能冲破障碍，把经济结构和生产水平各不相同而又相隔遥远的地区连接起来；结果是各类货物无分贵贱，都畅通无阻，而且运输可享保险，保险费相对低廉。[464]

陆路运输由浩浩荡荡的有武装保护的商队承担。根据不同的地段，这些商队使用牛车以及水牛、驴、骆驼、马、骡和山羊等驮畜， 440
有时也雇用驮夫。雨季商队停止活动，于是水路（河流和运河）运输跃居首位。水运价格低得多，往往速度更快，奇怪的是收取的保险费更高。商队所到之处无不受到热情接待，村庄里乐于为他们提供住宿。[465]

叙述至此，我们不得不想到，“民族市场”这个术语用在这里有点过甚其词。庞大的印度次大陆具有某种严密的结构，货币经济则是形成这种结构的重要和基本因素。这种结构产生出若干发展极点，而极点又造成为活跃的流通所不可缺少的不平衡形态。

谁还会注意不到苏拉特及其所在地区的中心地位？苏拉特地区在商业、工业、出口等物质生活领域都占优势。苏拉特港是进出

644

16 世纪印度行旅图。坎贝王国境内妇女乘坐牛车旅行；武装人员护送商旅。

口货物的大门，远洋贸易使红海的贵金属源源不断地运来，使苏拉特与遥远的欧洲及南洋群岛的港口息息相通。另一个不断壮大的极点在孟加拉，这是印度的奇迹，埃及般的庞然大物。1739 年，一位法国船长驾驶他的 600 吨级的商船溯恒河而上，好不容易才抵达金德讷格尔。他对恒河的看法很有道理："这条河是印度商业的源泉和中心。在河上开展商业甚为方便，因为这里没有在科罗曼
441 德尔沿海所遇到的诸多麻烦[466]〔……〕因为这里土地肥沃，人口极其稠密。这里不但生产质量极佳的工业品，而且还提供小麦、大米以及各种日常生活用品。物产丰富吸引着并将永远吸引大量商人

前来此地，商人们派他们的船只驶往从红海到中国的整个印度洋沿海地区。欧洲和亚洲各民族在这里会合，秉性和习俗各不相同，却相处十分融洽，但有时也彼此不和，他们莫不以利益为唯一准绳。”[467]当然，若要再现商旅云集的印度地理概貌，还得补充其他描述。必须谈到古杰拉特的“工业群落”，这是远东最强大的工业中心；还要谈到卡利卡特、锡兰、马德拉斯；还有各式各样的外国商人和印度商人，他们随时准备拿出资金或货物，租船出海去碰碰运气。除荷兰外，欧洲各国的船只都争相承揽这类货运。同样还应该谈到在水陆两路进行的国内交换（食物、棉花、染料）。这些贸易是对外贸易的补充，不如后者引人注目，但是对于印度生活的总体来说可能更加重要。国内贸易对莫卧儿帝国的结构毕竟具有决定意义。

莫卧儿帝国的重量

大莫卧儿帝国于1526年取代德里苏丹国，接管了一套业已证明行之有效的组织系统。在继承了这笔遗产和重新焕发了活力以后，大莫卧儿帝国这台笨重而有效率的机器将运转很长时间。

它完成的第一件大事（1556至1605年间阿克巴的创业）是顺利地推动了印度教和伊斯兰教和睦共处。伊斯兰教徒皆系权贵，当然备受崇敬，以至欧洲人在印度北部和中部见到无数清真寺后，长期认为伊斯兰教是印度普遍信奉的宗教；商人和农民信奉的印度教是一种正在消失过程中的偶像崇拜，好比欧洲与基督教共存的异教。欧洲思想界晚至18世纪末和19世纪初才发现印度教的存在。

第二项成就是借鉴邻国波斯的艺术、文学和灵感，使波斯文明适应印度的国情并在几乎印度全境发扬光大。由此产生了两种文化的融合,结果是原属少数人的伊斯兰文化被广大印度群众所吸收,虽然印度群众早已主动接纳了许多外来文化因素。[468]波斯语是享有特权的贵族和上层阶级的语言。一名法国人在贝拿勒斯遇到了麻烦(1768 年 3 月 19 日),对金德讷格尔的总督说,“我将叫人用波斯文给本地的王公写信”。[469]行政机构使用印度斯坦语,但其组织形式仍仿照伊斯兰国家。

德里苏丹国及后来的莫卧儿帝国都成功地在印度各省(sarkars)和各县(parganas)建立了行政系统。遍布各地的行政部
442 门负责征收税赋,也以促进税源所出的农业为己任,发展灌溉,推广供出口的高收益作物。[470]行政部门的这一行动有时辅之以国家津贴和巡回宣传,颇见成效。

这一体系的中心是极其强大的军队。作为帝国的心脏,军队确保帝国的生命,同时又靠帝国养活。军队的骨干由皇帝周围的贵族,即“曼沙达尔”(mansabdars)或“欧姆拉赫”(Omerahs)组成,1647 年共有 8000 人,他们根据各自的级别,招募几十、几百乃至几千名雇佣兵。[471]常驻德里“待命”的部队人数之多,为欧洲所难以想象:将近 20 万骑兵,40 多万持枪步兵和炮兵。另一个首都阿格拉的情况相同,每逢大军出征,阿格拉只剩一座空城,唯有婆罗门商人留下不走。[472]如果我们试图统计在帝国各地分散驻防以及卫戍边境的兵员,则人数接近 100 万。[473]“在任何一座小城镇里,至少总有 2 名骑兵、4 名步兵”,[474]他们负责治安,也考察和探听民情。

军队本身就是政府,因为帝国的高官显职首先属于军人。军队也是外国奢侈品,尤其是欧洲呢绒的主要顾客。印度气候炎热,

进口呢绒并非用于衣着，而是供“王公大人为马、象、骆驼等坐骑配备绣帔[475]和鞍垫，制作轿帷、防潮枪套以及步兵的礼服”，[476]当时（1724年）进口的呢绒每年价值高达5万埃居。从波斯或阿拉伯大批进门的马（一名骑兵拥有多匹坐骑）本身就是奢侈品：它们价格极昂，为英国平均价格的四倍。宫廷里“贵庶咸与”的庆典开始前，皇帝的一大乐趣是让“御厩里若干匹上等骏马列队受阅”，继之以“几头洗刷干净的巨象，通体除了两道粗大的红杠都涂上黑色”，并饰以绣帔和银铃。[477]

“欧姆拉赫”的豪华堪与皇帝本人相比。他们与皇帝一样有自己的手工工场（“卡卡那”），其精美的产品专归他们享用。[478]他们也与皇帝一样喜好兴建宫室。他们出入必有大批奴仆随行，有的积聚财宝之多令人瞠目结舌。[479]我们不难想象贵族阶级给印度经济带来多重的负担。他们或由国库直接支付俸禄，或在皇帝赐予的“扎吉尔”封邑收取农民交纳的税赋，“以保持其高贵身份”。

莫卧儿帝国灭亡的政治原因和非政治原因

帝国这架庞大的机器到18世纪显示老化和衰竭的迹象。若要确定所谓莫卧儿帝国衰落的开端，真还不知道选哪一个日期才好：1739年波斯人攻占德里，把全城洗劫一空；1757年英国人打赢
普拉西战役；1761年，正当用近代武器装备的马哈拉施特拉人准 443
备重建大莫卧儿帝国时，披着中世纪甲胄的阿富汗人在第二次巴尼伯德战役中把他们打得一败涂地。历史学家们没有太多争论，长期把奥朗则布去世那一年，即1707年，定为莫卧儿帝国盛极而衰的转折点。如果我们接受他们的看法，那么莫卧儿帝国纯属寿

终正寝，没有让外国人，不管是波斯人、阿富汗人还是英国人，来结果它的性命。

这真是个奇怪的帝国，它以几千名封建主为柱石。称作“欧姆拉赫”或“曼沙达尔”（身份高贵的人）的封建主们既从印度，也从外国招募。沙·贾汗统治（1628—1658年）末年，封建主已从波斯和中亚等17个不同地区前来印度。他们对于自己将在其中生活的国家的陌生程度，不亚于后来的牛津或剑桥毕业生对于他们将去治理的吉卜林笔下的印度。

欧姆拉赫每天上朝两次。与在凡尔赛一样，朝臣务事献媚取宠。“皇帝说的每一句话无不被传诵、赞叹，都使显要的欧姆拉赫举手高呼‘卡拉马特’，意思是‘妙极了’。”[480]不过他们朝见的主要目的是要确信皇帝健在，由于皇帝健在，帝国也就安然无恙。皇帝一不露面，御体违安的消息或者主上驾崩的谣言立时会引起一场继位战争的风暴。所以享高寿的奥朗则布在他生命的最后几年，即便病得要死，也要强打精神接见群臣，以便向公众证明他还活着，帝国也还巍然存在。这一专制体制的弱点是它未能确立可垂之万世的帝位继承方式。角逐帝位之争并非始终十分严重。1658年，奥朗则布打败了他的父亲和他的兄弟达拉·苏柯，结束了皇位继承战争，建立起他的血腥统治，但战败者一方未见特别悲痛。“几乎所有欧姆拉赫都被迫去朝见奥朗则布〔……〕难以置信的是竟没有一个人敢于为老皇帝出面求情，虽然正是老皇帝给了他们今天的地位，把他们从草野贱民，也可能如这个宫廷中常见的那样，从奴隶擢升为达官，享尽富贵荣华。”[481]说这番话的是与柯尔贝尔同时代的法国医生弗朗斯瓦·贝尼埃。他的证词说明他尽管久居德里，还没有忘记自己感受和判断事物的方式。但德里的权贵们另有一套伦理观念，遵循另一个世界的行为准则。他们究竟是何许人呢？不妨说与意大利 15 世纪的雇佣兵队长（condottieri）相像，他们招募步兵和骑兵，实行论功行赏。征募兵员、武装士兵是他们的事，所以莫卧儿部队的装备简直五花八门。[482]作为“雇佣兵队长”，他们久经沙场，完全懂得应该怎样躲开危险；他们对打仗并不起劲，只想着一己的私利，与马基雅弗利时代的军事领袖一样，他们有时故意拖延战争，避免进行决战。过分显眼的胜仗自有其弊病：统帅满意之余，还会横生嫉妒。拖长战争，扩充兵员，多从皇帝那里得到饷银和收入，则有百利无一弊。尤其当战局不太险恶时，只要在被围困的城堡前安营扎寨，坐待城堡内部粮尽弹绝，拖延时间反而更有好处。这种营寨大如一座城市，有几千顶帐篷，几百家铺子，生活方便，甚至还能享受某种奢侈。弗朗斯瓦·贝尼埃对这种帐篷城市作过很好的描写。奥朗则布 1664 年出征克什米尔途中，曾搭建容纳成千上万人的帐篷城市。军营中帐篷 445
林立，井然有序。欧姆拉赫与在朝时一样，按时觐见皇帝。“在一片漆黑的旷野里，只见长长的火把行列在大军宿营的无数帐篷中穿行，引导欧姆拉赫们前往御帐，或把他们送回各自的帐篷，真没有比这更加壮观的景色了……”[483]

总起来看，这是一台惊人的机器，既坚硬又脆弱。要使这台机器运转，必须有一个刚毅、能干的君主，奥朗则布在其统治的前半段可能做到了这一点，也就是说大致上到 1680 年为止，他在那年镇压了自己的亲生儿子阿克巴的反叛。[484]机器运转还有另一项条件，即国家必须不打乱既有的社会、政治、经济和宗教秩序。可是，矛盾重重的大莫卧儿帝国不断在变化。不仅君主在变,变得褊狭、多疑、优柔寡断、笃信神明,整个国家和军队本身同时也跟他一起在变。军队沉湎于奢侈享乐,因此丧失了战斗力。尤其,军队不断扩充,招募了过多的兵员,但扎吉尔"封邑"的数额不以同等速度增长,而且皇帝出让的领地往往不是已备遭蹂躏,便是位于贫瘠地带。扎吉尔受封者通常采取的对策是抓住一切机会谋利。大莫卧儿帝国的贵族仅及自身,他们死后财产例应归还给皇帝,而在无视公益的气氛下,某些贵族就设法隐匿部分财产;有的甚至像同一时期土耳其帝国的贵族那样,成功地把自己的终身财产变成世袭产业。这一体制的另一腐败现象见于 17 世纪中叶:王子公主、后宫妃嫔和贵族领主纷纷从商,或者亲自出面,或者利用商人出名顶替。奥朗则布本人拥有一支船队,从事红海及非洲各港贸易。

莫卧儿帝国臣民的财产不再是对他们为国宣劳的奖赏。各省地方长官不再听命。奥朗则布出兵制服了德干的两个伊斯兰国家:比贾布尔王国(1686 年)和戈尔孔达王国(1687 年);当他凯旋回朝时,一场广泛的抗命浪潮又突然向他袭来。那时候,马哈拉施特拉人已经公开表示与他为敌。马哈拉施特拉人是高止山脉西段贫穷、人数不多的山民。这些出色的骑兵,在大批不逞之徒和不满分子的协助下,四出袭击抢掠,皇帝竟奈何他们不得。他用武力、狡计和收买手段都未能击败马哈拉施特拉人的首领西瓦吉,一个粗野的农民、一头"山老鼠"。皇帝的威望因此大损。1664 年 1 月,马哈拉施特拉人攻占并洗劫苏拉特,皇帝更是丢尽体面,因为苏拉特是大莫卧儿帝国最富的港口,赴麦加贸易和朝圣的出发点,莫卧儿统治和权力的象征。

444

大莫卧儿皇帝出猎图。扈从的臣仆都有坐骑：马、象、骆驼，只有背景右侧的少数步兵是例外。

由于上述原因，N.M.皮尔逊[485]不无道理地把漫长的奥朗则布统治时期包括在大莫卧儿帝国衰落过程之中。他的论据是，面对前所未有的、顽强的内战，帝国已表明未能恪守其天职，忠于其存在理由。这是可能的。但战争的悲剧难道如今天有人所说，[486]仅仅由于奥朗则布 1680 年后推行了以猜疑、杀戮和排斥异教为特点的政策吗？这是否过高估计了这位“印度的路易十一”[487]的作用？印度教的反抗是从深层涌起的巨澜；马哈拉施特拉人的战争，锡克族的异端抬头和殊死斗争，[488]都是这一反抗的外在表现。但我们

446 对反抗的根源并不清楚。根源如果弄明白了，我们很可能就不难解释莫卧儿统治及其使两种宗教和两种文明——穆斯林和印度教——共存的努力何以在深部不可挽救地失败。穆斯林文明以其典章制度、独特的市政建设及宏伟建筑表现它在印度取得了罕见的成功，甚至德干地区也力图进行模仿。但是一旦大功告成，印度却分裂成了两块。正是这一分裂为英国征服铺平了道路。长期担任荷兰东印度公司驻孟加拉代表的荷兰人伊萨克·提津格说得很干脆（1788 年 3 月 25 日）：英国人可能遇到的唯一不能克服的障碍将是穆斯林与马哈拉施特拉的王公结成联盟，“今天英国的政策始终致力于排除这一联盟的可能性”。[489]

肯定无疑的是大莫卧儿帝国解体过程缓慢。普拉西战役（1757 年）发生于奥朗则布故世（1707 年）后五十年。这苦难深重的半个世纪里，印度是否已进入经济衰退时期？衰退又是对谁而言？因为 18 世纪在印度全境，对欧洲的贸易大为增长。这一增长又有什么意义？

印度 18 世纪的真正经济形势实际上很难判断。当时某些地区必定衰退了，另一些地区维持原状，个别地区反有进步。有人把蹂躏印度的历次战争与德国在三十年战争（1618—1648 年）中遭受的苦难相比。[490]同样作比较，不如与法国的宗教战争（1562—1598 年）相比更说明问题，因为宗教战争虽使法国遍体鳞伤，这期间法国的经济形势却是比较好的。[491]正因为经济形势较好，战争才能维持并延续，新教和天主教双方才能给不断招募的外国雇佣军发饷。印度的战争是否依靠相同的有利经济条件？这是可能的：马哈拉施特拉人发动进攻时必有商人合作。

商人来到他们的营地，沿着选定的路线为他们筹集必需的食物和弹药。必须以战养战。

总之，问题已经提了出来。而为了解答问题，就需要进行调查、统计、绘制价格曲线……我想发表由我个人负责的一个见解：18 世纪后半叶的印度似乎处于从广州到红海的上升经济形势之中。各欧洲公司，独立经营的商人和插手“区域贸易”的公司“办事员”生意做得很好，他们的船只的数目与吨位都有所增加，这可能意味着给印度经济带来一定的损害，要求它作出某些调整，但是远东的生产，尤其是始终占据中心位置的印度的生产，必须跟上这一运动。霍尔敦·福伯信笔写道：“印度每生产一匹向欧洲出口的棉布，必须同时为国内消费生产一百匹。”[492] 当时甚至印度洋沿岸的非洲也在古杰拉特商人的推动下再度活跃起来。[493] 印度史专家们对 18 世纪的悲观看法难道只是一种先验的推定？

不管印度由于经济发展还是衰退而敞开大门，印度对外国征服未作很大的抵抗。不仅英国人轻取印度，法国人、阿富汗人、波斯人也跃跃欲试。

印度经济的衰退，究竟是因为政治生活和经济生活的顶层运转失灵，还是由于乡镇密集的经济活动出了毛病？在后者这一初级层次上，并非一切都始终不变，但许多东西保持原状。无论如何，英国人占领的不是一个日暮途穷的国家。1783 年后，苏拉特
虽已破落，英国人、荷兰人、葡萄牙人和法国人仍在该城有重要的 447
商务。[494] 马埃的胡椒价格高于英国收购站出的价钱，1787 年[495] 吸引了大宗胡椒贸易。依靠在印度当地商行供职的法国职员，更赖在波旁岛和法兰西岛定居的法国人出力，法国的印度洋贸易日渐

兴旺，至少也维持旧观。法国人到印度来寻求发财机会已为时太晚，他们无不想好对付英国人的策略和经商方案：印度始终是头猎物，是令人垂涎的征服对象。

印度 19 世纪的落伍

印度在 19 世纪肯定是退步了。既是绝对的退步，也是相对的落伍，因为它跟不上欧洲工业革命的步伐，不能仿效其英国主义的榜样。应该归诸什么原因？是印度十分特殊的资本主义？是以低工资为特征的带有强制性的经济和社会结构？或是政治形势的困难，18 世纪印度境内战争频仍，兼以欧洲特别是英国得寸进尺的侵犯？或是技术进步不足？或是如同俄国那样，致命的打击来自欧洲的机械革命？

印度资本主义显然有其缺陷。但是这一资本主义是一个体系的组成部分，而这个体系说到底运转并不太坏，虽然印度是个硕大无比的实体，比法国大 10 倍，比英国大 20 倍。这个实体为能生存，这个在地理上分割成若干碎块的民族市场为能运作，都需要一定数量的贵金属。我们已看到，不管印度的经济、社会、政治制度是何等僵硬乃至邪恶，却注定了必须实施货币经济，从而具有必要的灵活性和效率。印度本身不产贵金属，但它进口了足够数量的贵金属，以至早在 14 世纪，中部地区的农民就用现金缴纳租税。当时的世界上，包括欧洲在内，哪个国家能超过它？由于货币经济的运转条件是必须留有储备，既有蓄水的时候，也有开闸放水的时候，必须在收获或支付前创造一种人为的金钱，组织交易和信贷，也由于货币经济的广泛发展不能离开商人、批发商、船东、保险商、经纪人、中间商、店主和商贩，商业等级体系必定在印度存在而且发挥其作用。

正因为如此，莫卧儿体系中包含着一定的资本主义成分。批发商和银行家身据要津，掌管着资本积累和再投资。与伊斯兰国家一样，印度没有西方那种在积累财富的同时也积累权势的大地主世家。然而种姓制度促使商人和银行家通过世世代代坚持不懈的努力，使资本的积累过程稳定地继续进行下去。某些家族积聚财富之众，堪与富格尔家族或梅迪契家族相比。苏拉特有的批发商拥有船队：我们知道数以百计的大商人属于婆罗门种姓。同等数目的富商巨贾是穆斯林。到 18 世纪，银行家似乎抵达财富的巅峰。我个人倾向于认为，一方面他们可能在欧洲历史的影响下被推上银行业务的高峰，而另一方面印度经济生活本身的发展逻辑也趋向于在过程的终端创立高级银行业务。根据 T.莱乔杜里的 448
看法，这些商人之所以转入金融领域（收税、银行和高利贷），是因为欧洲的竞争把他们日益排斥在航海活动和远程贸易之外。[496]两种运动可能形成合力，奠定雅加采特家族的财富。“雅加采特”（Jagatseths）原意为“世界银行家”，这家人 1715 年用这个显赫的头衔取代他们的旧姓。

我们相当了解这个家族的情况，他们原籍斋浦尔邦，属于马瓦里种姓的一个分支。他们定居孟加拉后，靠为大莫卧儿皇帝收税、放高利贷、发放银行贷款和经营穆尔希达巴德的铸币厂发了大财。根据几个与他们同时代人的说法，他们单凭确定卢比与旧币的比价就足以致富，他们用汇票把巨额款项交给德里的大莫卧儿皇帝。一支马哈拉施特拉骑兵队攻占穆尔希达巴德后，他们一下子就损失了 2000 万卢比，但是他们的业务照常进行，好像什么事也没有发生……需要补充说，雅加采特家族并非独一无二。我们还知道另一些商人不比他们逊色。[497]从 18 世纪末起，这些孟加拉资本家逐渐破产，但这是由于英国人的意志，并非他们自己无能。[498]相反，在印度西海岸的孟买，19 世纪上半叶，一群富商（包括古杰拉特商人和袄教商人，穆斯林商人和印度教商人）在商业和银行业的各个部门，在造船业、货运业、对华贸易乃至在某些工业部门无不春风得意。袄教商人吉吉勃霍依是最富者之一，他在城里一家英国银行存有 3000 万卢比。[499]在孟买，本地商业网的组织及协作对英国人是不可缺少的，印度资本主义不用费力就证明了它的适应能力。

这是否等于说，资本主义在印度一直发展顺利？肯定不是，因为商人和银行家并非不受约束。早在英国统治者前，压在他们头上的不仅有大莫卧儿皇帝，而且还有印度各邦的专制国家机构。大商人家族的财富注定他们要受到有权势者的敲诈勒索。他们终日担心会遭巧取豪夺或受皮肉之苦。[500]所以，作为商业资本主义和印度经济的灵魂，货币流通虽然十分活跃，婆罗门商人却缺少自由、安全以及政治上的配合，而正是这些因素促成了西方资本主义的兴起。不过，有人从这一点出发，进而指责印度资本主义软弱无能，那又走得太远了。印度不同于中国，自发的资本主义，即财富的积累，并不受国家有意识的阻拦。印度大商人虽然常受敲诈勒索，但他们人数很多，而且始终富有。种姓成员间强大的团结力量保护商人集团的财产，确保他们从南洋群岛到莫斯科的种种协作关系。

因此我不认为资本主义应对印度的落后负责。落后的原因总是包括内部和外部两方面。

在内部原因中，低工资也许是个重要因素。印度工资与欧洲工资相差悬殊，道理不言自明。1736 年，英国东印度公司的董事们认为法国工人的工资（大家知道，法国工资远远低于英国劳动力的报酬）比印度工资高六倍。[501] 乔杜里觉得印度熟练工人报酬极低一事不易解释，并非没有道理，因为印度的社会环境似乎留给他 449
们相当的自由和足够的自卫手段。但低工资难道不是印度一般经济制度历来存在的结构性特征？我的意思是说，低工资是贵金属流向印度的必不可缺的条件。贵金属流向印度由来甚久，早在古罗马时代已是如此。与皇帝及特权人物贪得无厌的攒钱癖好相比，低工资更能解释贵金属似在旋风吸引下从西向东的流动。金币和银币抵达印度后，因当地劳动力价格低廉而自动升值，劳动力便宜必定意味着食物便宜，乃至香料价格也相对低廉。作为回报，印度出口的原料以及棉布和丝绸有力地打入西方市场；与英国、法国或荷兰产品相比，印度出口商品不仅质量高，外观美，而且价格 450
低。今天香港或朝鲜纺织品涌入世界市场，也正是依靠价格低廉。

“外部无产阶级”的劳动是欧洲与印度贸易的基础。托马斯·曼捍卫出口贵金属的原则，1684 年提出一个不容辩驳的论据：东印度公司以 84 万英镑的价格买进的印度产品在欧洲以 400 万镑的价格脱手，这些进口货物最终为大不列颠回笼货币。[502] 从 17 世纪中期起，棉布占进口货物的大宗，其数额迅速增长。1785 至 1786 年，英国公司一年间仅在哥本哈根一地即出售 90 万匹印度纺织品。[503] 从这一事实出发，乔杜里推论说，在一个工匠数以百万计，全世界都争购其产品的国家里，不可能存在钻研技术以求提高

英国东印度公司的职员吸上鸦片，沉溺于享乐生活。迪普·昌德作印度画（18 世纪末）。维多利亚和阿尔贝博物馆藏品。

生产率的刺激。这一推断自有道理。既然一切顺利，一切就都可以维持原状。相反，面临威胁的欧洲工业却受到刺激。在 18 世纪的大部分年代里，英国禁止印度纺织品入境，而把货物转运美洲和欧洲出口。后来，它又竭力占领这个如此丰腴的市场。全亏极度节约劳力，它才达到这个目的。机器革命发端于棉纺织工业并非偶然。

我们这里接触到印度落后的外部原因，而不是内部原因了。一言以蔽之，这第二个原因是英国。光说英国人强占了印度及其资源还不够。印度对于英国人是一个工具，依靠这个工具他们占据了比印度更辽阔的地域，进而统治了亚洲超级经济世界。正是在这个扩大了的框架内，人们很早就看到，印度的内部结构和平衡怎样被扭曲，以便适应一些与它自身不相干的目标。人们还可以看到，在这个过程中，印度怎样在19世纪终于被“非工业化”，沦为原料生产国的地位。

总之，18世纪的印度并不处在诞育革命的工业资本主义的前夜。在它自身的界限内，它呼吸自在，行动有力而且卓见成效。印度拥有传统的农业，劳动力密集，但产量很高；工业是旧式的，但异常活跃、有效（直到1810年为止，印度钢的质量优于英国，仅次于瑞典）；[504]市场经济早就在本国境内运作，它拥有人数众多，讲求效率的商人团体。最后，印度的工商业实力理所当然地建立在强盛的远程贸易之上：它的经济活动地域比它本国的地域更大。

但印度工商业并不主宰这个经济地域。我甚至曾经指出，印度最活跃的贸易有赖于四周的邻国。但印度对这些邻国却又持消极态度。正是由于外部原因，由于亚洲“区域贸易”的渠道被人霸占，印度逐渐陷于贫困，丧失其领导地位。欧洲人前来印度最初刺激了印度扩大出口，最终反过来使印度大受其害。最具讽刺意味的是，印度的巨大力量将被用于完成自身的毁灭。英国从1760年起利用印度的棉花和鸦片撞开中国的大门。英国的实力由此倍增，回过头来正好收拾印度。

451 印度和中国合为一个超级经济世界

以上解释讲过以后，我们又回到一开头提出的问题：整个远东经济生活从1400年起即被纳入到一个极其辽阔、宏大，但是脆弱的超级经济世界之中。这种脆弱性无疑是世界史的重要因素之一。因为远东是个天造地设的侵略目标，其组织形式便于外族入侵，却不利进行自卫，因此欧洲人侵入远东不应由他们独任其咎。何况欧洲入侵之前有过别的入侵，伊斯兰入侵即是其中一例。

这一超级经济世界的合乎逻辑的汇合点和中心只能是南洋群岛。南洋群岛位于亚洲边缘，处在中国和日本前往印度和印度洋国家的中途。然而，地理位置提供的可能性要由历史决定取舍，而且不论接受或者拒绝，还根据印度和中国这两个远东大国的态度，情况会有无数的细微差别。当两个大国处在清平盛世，并致力于对外活动时，远东的重心就大有可能在相当长一段时间内固定在马六甲半岛、苏门答腊岛和爪哇岛一带。但这两个大国觉醒既慢，行动又十分迟缓。

印度在基督纪元初年，也就是说，在较晚的时候才认识南洋群岛并给它注入活力。印度的水手、商人和传教者从事经济开发，促使居民脱离愚昧和皈依宗教，成功地介绍了政治生活、宗教生活和经济生活的高级形态。南洋群岛当时简直被“印度化”了。

中国巨人又晚了好久，到5世纪才来到这里。它没有给已经印度化的国家和城市强行打上中国文明的印记。中国文明本可以在这片大小岛屿上获胜的，正如它已经或将要在日本、朝鲜、越南取胜一样。中国的影响仅限于经济和政治领域；中国多次强迫南洋群岛各国纳贡称臣，接受它的保护和辖制。但这些国家基本上长期保持了他们自己的和最初的一批主子的生活方式。对南洋群岛来说，印度的分量比中国更重。

印度的扩张以及后来中国的扩张大概与它们各自的经济起飞同时发生，经济起飞促成、推动了对外扩张；我们因而必须进一步了解其具体经过，辨认其起因和动力。对于这些为一般历史学家难窥其详的问题，我并不十分在行，但我认为，印度在向东扩张时可能把遥远的西方，即地中海带给它的冲击传到东方。欧洲和印度由来已久的、在各方面都带来创新的携手共存难道不正是世界古代史结构的重大特征之一吗？对中国来说，情况就不同了，它在南洋群岛达到了难以逾越的极限。南洋群岛的大门或栅栏总是容易从西向东和向北跨过，而很少从相反的方向。

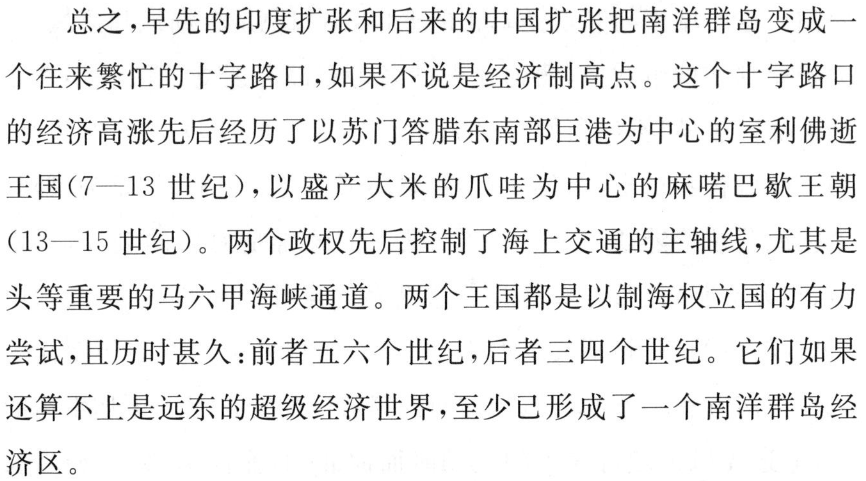

总之，早先的印度扩张和后来的中国扩张把南洋群岛变成一个往来繁忙的十字路口，如果不说是经济制高点。这个十字路口的经济高涨先后经历了以苏门答腊东南部巨港为中心的室利佛逝王国（7—13 世纪），以盛产大米的爪哇为中心的麻喏巴歇王朝（13—15 世纪）。两个政权先后控制了海上交通的主轴线，尤其是 452
头等重要的马六甲海峡通道。两个王国都是以制海权立国的有力尝试，且历时甚久：前者五六个世纪，后者三四个世纪。它们如果还算不上是远东的超级经济世界，至少已形成了一个南洋群岛经济区。

以南洋群岛为中心的超级经济世界大概从马六甲的首次繁荣开始，即从 1403 年马六甲建城算起，或从 1409 年马六甲立国算起，直到 1511 年 8 月 10 日[505]阿方索·德·阿尔布克尔克攻占该城为止。我们应该就近考察这一突如其来的、延续了百年之久的成就。

马六甲早期的繁荣

地理位置对马六甲的兴盛起了促进作用。[506]马六甲濒临海峡一侧（海峡以城市而得名），地形十分有利，扼守连接印度洋和太平洋陆缘海的海上通道。狭长的马来半岛（今天筑有良好的公路，骑自行车也能迅速通过）从前仅在克拉地峡一带有简陋的土路通行，路与路之间则是野兽出没的丛林。半岛环行航线开辟后，马六甲海峡的价值更见重要。[507]

马六甲建在土地“松软”“泥泞”的一个小山丘上（“一锹就能挖出水来”[508]），一条清澈的河流把它分割成两部分，船只可在海岸停泊。这座城市与其说是真正的港口，不如说是个锚地和避风口：大帆船都在城市对面，葡萄牙人命名为石岛和船岛的两个小岛之间下碇。船岛“不如阿姆斯特丹市政厅所在的广场大”。[509]然而，另一位旅行者指出，船只“一年四季均可在马六甲靠岸，是为果阿、科钦或苏拉特港所不及……”[510]唯一的障碍是海峡的潮汐，通常“从东方涨起，在西方降落”。[511]这么多优点好像还嫌不够，马六甲（见 661 页的草图）不仅与两大洋相接，而且处于西方的印度洋季风带与南方和东方的信风带这两大气流区的交汇点。更加幸运的是，赤道无风带随着太阳的运动时而向北，时而向南移动，相当长时间停留在马六甲海域（北纬 2 度 30 分），使船只得以先后自由进入南方和东方的信风带与印度洋季风带。索纳拉赞叹说：“在这得天独厚之国，四季常春。”[512]

南洋群岛当然还有自然条件优越的其他地点，如巽他海峡。室利佛逝王朝和麻喏巴歇王朝的兴盛[513]表明，从苏门答腊东海岸，甚至更往东从爪哇出发，也同样可以控制海上通道。1522 年 1 月，麦哲伦在菲律宾去世，探险队船只返航途中在帝汶岛附近穿过巽他群岛南行，进入东南信风带。德雷克 1580 年做环球航行时也 453
循同一条路线抵达南洋群岛的南侧。

48. 马六甲尽得天时地利之便

赤道无风带随着太阳的运动先朝北，后朝南移动。马六甲因而成为连接印度洋季风、东北和东南信风的纽带或走廊。（据维达尔·德·拉布拉什的《地图集》，第 56 页）

马六甲的兴起诚然可用地理原因作解释，但从当地经济和从亚洲经济的角度来看，历史也起了很大的推动作用。这座新兴城市把邻近海岸的马来水手吸引过来，并在某种程度上把他们置于自己的控制之下。这些水手以沿海航行和捕鱼，更以海上抢劫为生。马六甲一举两得，既使海峡不再受他们的骚扰，又为自己增添小型载货帆船、劳动力、船员乃至它需要的战舰。至于为远程贸易必需的大帆船，它可从爪哇和勃固得到。例如，马六甲苏丹（他十分关心贸易，并在其中占很大份额）出资组织一支远航麦加的船队谋利，就在上述地点购买船只。

454 这座城市的迅速发展很快就产生了问题：它靠什么养活自己？马六甲背靠的半岛多山；林木繁茂，锡矿蕴藏丰富，却不宜粮食种植，除沿海渔产外，没有别的食物来源。它因此必须依赖生产和出售大米的暹罗和爪哇。暹罗是个尚武好斗、不易对付的国家，麻喏巴歇帝国虽然衰老，但尚未灭亡，依旧统治着爪哇岛。如果马六甲不是在1409年向中国输诚纳贡，暹罗和爪哇无疑会一口吞掉这个因地方政治的偶然机遇而诞生的小城市。中国的保护直到15世纪30年代始终有效，在这期间，麻喏巴歇帝国已自行解体，从而使马六甲得以幸存。

马六甲城异乎寻常的幸运也还是印度与中国会合的产物。中国在南洋群岛和印度洋推行令人惊讶的海上扩张，历时三十多年时间，印度所起的作用更大，也更早。16世纪末，在德里苏丹统治的穆斯林印度的推动下，原籍孟加拉、科罗曼德尔和古杰拉特的印度商人及运输业主大力向外发展，同时积极展开传教活动。8世纪阿拉伯航海家在南洋群岛传播伊斯兰教的未竟事业，终于在几百年以后由印度商人借贸易之便完成了。[514]沿海各城市陆续接受了伊斯兰教。于1414年皈依真主的马六甲获此天赐良机，经商传教从此携手并进。此外，麻喏巴歇王朝之所以逐渐解体，不再成为危险，正是因为其沿海城市改奉伊斯兰教，而爪哇内地及其他岛屿仍旧信仰印度教。穆斯林秩序的扩张其实只触及南洋群岛三分之一或四分之一人口。有些岛屿依旧排斥伊斯兰教，如巴厘岛今天仍是绝妙的印度教博物馆。在遥远的马鲁古群岛，伊斯兰的传教活动进展并不顺当；葡萄牙人日后惊奇地发现，岛民名义上是穆斯林，对基督教却毫无敌意。

但是，马六甲的崛起直接渊源于印度的商业扩张。原因不言自明：印度商人给苏门答腊和爪哇带来了胡椒树这份厚礼。从接触马六甲贸易的地点开始，市场经济到处在取代一种以自给自足为特征的仍处于原始状态的生活，一名葡萄牙编年史家在谈到马鲁古岛居民的过去时说："他们很少关心播种、种植，好像生活在太古时代，每天早晨，他们从大海和森林取得他们一天所需的食物。他们以劫掠为生，不会利用八角茴香谋利，也没有人向他们收购。"[515]自从马鲁古群岛被纳入商业网内，岛上陆续开辟了种植园，马六甲与生产香料的各岛屿建立了定期联系。科罗曼德尔的印度商人尼纳·苏里亚·德瓦每年派八条帆船到马鲁古群岛收购八角茴香，到班达群岛收购肉豆蔻。这些岛屿种植单一作物后，全靠爪哇帆船运来的大米为生。爪哇帆船远航直达太平洋中心的马里亚纳群岛。

伊斯兰扩张可见起着组织的作用。马六甲、蒂多雷、特尔纳特以及后来的望加锡纷纷建立了"苏丹国"。最有趣的是形成了一种

为经商必须的通用语言。该语言源自马六甲这个大商埠普遍使用
456 的马来语,一名葡萄牙编年史家说,在南洋群岛及其“内海”,“使用的语言多若牛毛,相邻的两地居民也彼此说不通。如今各岛通行了马来语,大多数人都能说能用,就像欧洲使用拉丁语一样”。人们因此不必奇怪,麦哲伦探险队带回欧洲的马鲁古词汇表上的450个单词都是马来词。[516]

从“通用语言”的推广可以测知马六甲的扩张力量。不过马六甲的扩张与16世纪安特卫普的发迹一样,是由外部促成的。马六甲城虽然提供住房、广场、商店,设置保护商业的机构,颁发殊属珍贵的航海法规,但其贸易无不依赖外国商船、商品和商人进行。外国商人中以古杰拉特和卡利卡特的穆斯林商人居多(据托姆·佩尔斯说,有一千名古杰拉特人,“外加四五千名往返两地的水手”);科罗曼德尔的印度教商人,即所谓“凯令”(keling),也组成重要的集团,他们有自己的居住区,“凯令村”。[517]古杰拉特商人的优势在于,他们在苏门答腊、爪哇与马六甲同样站稳了脚跟,控制了转手销往地中海的大部分香料和胡椒。有人说,坎贝(古杰拉特的另一名称)一手伸向亚丁,另一手伸向马六甲,否则就不能生存。[518]印度就这样再次显示它潜在的优势,它在对外关系方面远比中国开放,并与伊斯兰和濒临地中海的近东地区的商业网连成一片。中国自1430年后彻底放弃航海远征,不管历史学家们作何想象,我们对其原因仍不清楚。再说中国对香料的兴趣不大,消费量也小。除了胡椒例外,中国往往不经马六甲转手,直接在万丹收购胡椒。

阿尔布克尔克率领的葡萄牙小舰队(1400名水兵,其中600名马拉巴尔人)[519]慕马六甲繁华富庶之名(马六甲当时号称“印

455

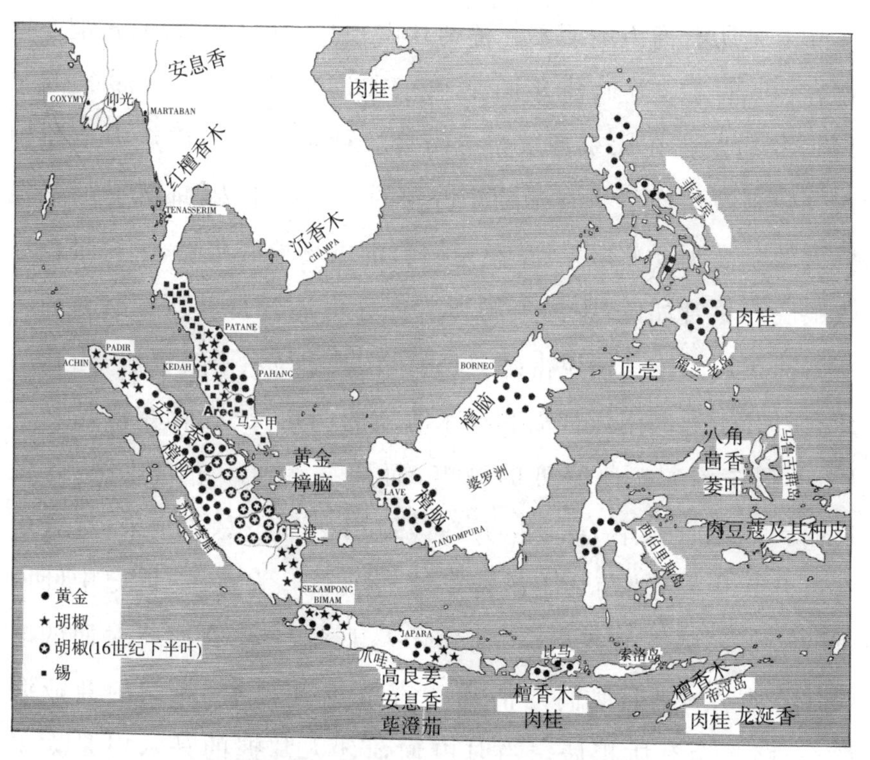

49. 南洋群岛向欧洲人提供其富源

以马六甲为据点的葡萄牙人很快就把南洋群岛的资源调查得一清二楚。首先是胡椒、细香料和黄金。欧洲的初次冲击已相当猛烈，足以使 1550 年后南洋群岛改种新的作物(特别是胡椒)，出现新的市场。印度的马拉巴尔海岸也发生同一现象。根据 V.马加拉埃斯·戈蒂诺绘制的地图，出处同上。

度名声最响的市场”)，[520] 从远道赶来。征服者滥施暴力：河上的桥才刚失守，城市便告陷落——这是 1511 年 8 月 10 日——继之以九天洗劫。不过马六甲的繁华并不在这致命的一天突然告终。阿尔布克尔克在这里一直留到 1512 年 1 月，并在被征服的城市重整秩序。他建造了一座雄伟壮观的要塞；“从暹罗到产香料各岛”，他到处作为穆斯林的敌人出现，但他也宣布自己是异教徒的朋友，实际上是所有商人的朋友。葡萄牙占领马六甲后推行的政策变得宽容、和善。作为葡萄牙国王和东印度的主人，菲力浦二世于1580年后主张在远东务求宗教宽容。他说："不应用武力迫使别人改变宗教信仰。"[521]在葡萄牙占领的马六甲市内，耶稣会的圣保罗大教堂高踞要塞之上，从教堂门口的广场放眼望去，大海景色尽收眼底。尽管如此，中国市场和清真寺也还各得其所。路易斯·菲力浦·F.R.托马斯说得好："1511年8月马六甲被征服，为葡萄牙人打开了通向南洋群岛和远东海域的门户；战胜者夺得马六甲后，不仅统治着一座富庶的城市，而且主宰着一个商业网：各条通商路线以马六甲为枢纽，并在该地相交"。[522]总的说来，尽管曾有过几次中断，葡萄牙人维持了这些联系。为在16世纪中叶困难的经济形势下另找出路，葡萄牙人于1555年在广州对面的澳门建立据点，并把他们的活动一直推进到日本，他们的商业联

457 系、商路甚至有所扩展。当时由葡萄牙人掌握的马六甲是太平洋、印度与欧洲之间的联系枢纽，相当于日后荷兰人手中的巴达维亚。

荷兰人的来到使葡萄牙人在亚洲处境困难。在这以前，葡萄牙人在马六甲安享富贵，里斯本的国王，葡萄牙本土，欧洲的胡椒转销商以及在东方的葡萄牙冒险家全都从中得益。葡萄牙冒险家有时也有与美洲的西班牙征服者相同的半封建心态，虽说并非始终如此。在这期间，曾经有过土耳其人的袭击，不过都是间歇性的，见效甚微。总的说来，葡萄牙人过着太平日子。但是，"由于他们在这些海域横行无阻，他们忽略了为防守所需采用的各种谨慎措施。"[523]例如，1592年两艘英国兰开斯特船经由当年华斯哥·达·

伽马的老路突然闯到,不费力气就俘获相遇的几条葡萄牙船。一切情形很快都将改变:欧洲人把他们在欧洲本土的战争和敌对照搬到印度,马六甲这座葡占城市将丧失它长期保持的优势。1641年荷兰人攻陷马六甲后,立即使它降到次等地位。

远东的新中心

巴达维亚早在马六甲沦陷前已是远东的贸易中心,指挥、组织远东贸易。该城建于1619年,于1638年达到如日之中天的地位;那时候,日本对葡萄牙人关上了大门,但仍向荷兰东印度公司的商船开放。商业王国的首邑以及“区域贸易”的主要网络的控制权因此仍留在南洋群岛;在荷兰东印度公司保持其灵活、审慎和专横的商业优势的情况下,巴达维亚的地位也将保持不变,就是说,为时达一个多世纪之久,尽管曾遇到不少挫折。例如,1662年初,荷兰人被逐出中国大陆对面、位于通往日本的航路中途的台湾岛(他们于1634年在岛上兴建热兰遮城(赤嵌)[524]后,即盘踞该地)。我们已说过,巴达维亚的商业繁荣出现在17世纪,与1650至1750年(大约日期)震撼欧洲经济世界(包括新大陆)的长期经济危机几乎巧合。但远东很可能未受经济危机的影响,因为17世纪在整个印度是经济繁荣、人口增长时期。我们也说过,在欧洲经济危机中,荷兰经济不但安然无恙,并且成了欧洲商业活动最好的避风港,荷兰主宰着远东经济可能是其中的原因之一。

总之,巴达维亚这座新城是荷兰霸业的显赫标志。市政厅建于1652年,以其三层楼房雄踞市中心。几条运河分割全城,街巷垂直相交如棋盘,加固的城墙辟有四门,上设二十二座碉堡。亚洲、遥远的欧洲和印度洋的各国商人如水赴壑般地前来这里汇集。城墙外是爪哇人和安汶人居住区，也有若干乡间别墅，但主要是稻田、甘蔗园和运河；沿着一条经过整治的河流，设有许多水磨，“磨麦、锯木、造纸、造火药”或制糖，还有砖厂、瓦窑……城内整齐清
458 洁，一切井然有序：市场、商店、货栈、肉铺、鱼店、警卫所以及“纺纱场”，妓女在该处罚做纺纱苦工。荷兰殖民社会十分富有，耽于声色，懒散度日，这些不必一一赘述。外科医生格拉夫 1668 年在长途旅行中抵达巴达维亚，他所见到的那种富裕和享乐生活，早先在 1595 年前后的果阿，后来在加尔各答，全都存在，这是经济成就辉煌的标志，千真万确，绝不有误。[525]

然而，从 18 世纪初起，荷兰庞大的商业机器开始运转失灵。有人把这归罪于东印度公司职员日益严重的营私舞弊。英国东印度公司的“办事员”(servants)在这方面比荷兰人有过之而无不及，但这并不妨碍英国公司在 1760 年前后跃居首位。难道因为 18 世纪中叶的趋势逆转在各地促成了规模更大的经济活动，增大了贸易额，为变化、断裂和革命创造了方便条件？这个看法确实颇为诱人。欧洲发生了国际机会的再分配，英国的领先地位迅速奠定。在亚洲，印度把整个远东的经济重心吸引了过来，但印度是在英国的监督下，为着英国的利益才取得首位的。霍尔登·福伯那本问世已久的著作出色地描述了这一转变过程。[526]英国东印度公司(又名“约翰公司”)战胜了荷兰东印度公司(又名“杰安公司”)，
459 因为后者于 18 世纪 70 年代在孟加拉和印度输了棋，也因为当中国逐渐敞开大门时，后者未能在广州的洋商中取得领袖地位。我故意不说“约翰”在广州比“杰安”更聪明，更灵活，更狡猾。有人持这

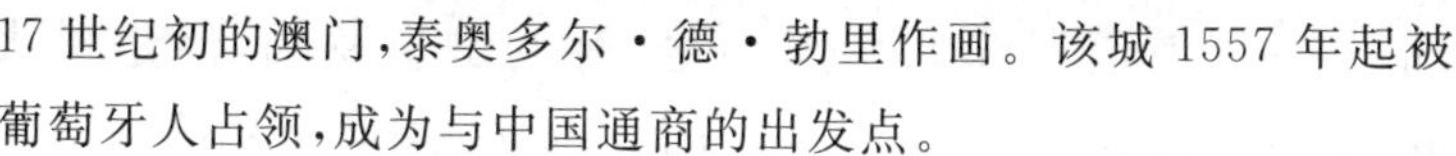
17 世纪初的澳门，泰奥多尔·德·勃里作画。该城 1557 年起被葡萄牙人占领，成为与中国通商的出发点。

种见解，也并非没有道理。但是一位严厉批评法国印度公司的法国证人声称，在 1752 年前后的广州，瑞典公司和丹麦公司比别的公司更善于见风使舵，虽然这两家公司规模最小，最缺乏成功的条件。[527]英国人最终取胜，是因为他们自身的力量再加上印度的巨大重量，如虎添翼。普拉西之战（1757 年）不仅完成了印度的政治征服，而且完成了对印度商业“渠道”的征服。这些商路紧贴次大陆的海岸，一端通往红海与波斯湾，另一端远届南洋群岛，不久就直抵广州。印度船厂不仅为了“区域贸易”的需要，尤其为了远航中国，曾建造了众多别名“印度人”的船舶。根据福伯的说法，[528]

1780 年挂英国旗从事印度洋贸易的船队总吨位为 4000 吨,1790 年即上升到 25000 吨。实际发展速度并没有这么快,因为 1780 年正值战争期间,这是英法两国在法国革命前的最后一场较量。当时英国商船出于谨慎,航行时改挂葡萄牙、丹麦或瑞典旗。战争结束后,它们才亮出真相。

与此同时,经济中心迅速从巴达维亚转移到加尔各答。恒河口上这座大城市的崛起正好说明荷兰东印度公司在一边昏昏欲睡。加尔各答杂乱无章地发展起来。法国旅行家和冒险家莫达夫伯爵[529] 1773 年抵达此地时,瓦伦·黑斯廷斯刚出任总督。莫达夫同时记下了该城的百业俱兴和缺乏秩序。加尔各答没有巴达维亚那些笔直的运河和街道。恒河岸上甚至没有滨河马路;"房屋在岸上随处乱建,有些房屋的墙壁竟泡在水中"。城市四周没有城墙。英国人建造的房屋可能最多只有 500 所,被包围在密集如林的茅顶竹舍之中。街道泥泞如乡间小道,有的倒也宽阔,但是尽头设有厚木板钉成的栅栏。到处是一片混乱。有人说,"这是英国式自由的结果,似乎这种自由与秩序和对称绝不相容。"[530] 我们的法国旅行家接着说:"外国人看到加尔各答时不免感到惊奇而恼火。只要肯花点工夫,进行一番规划,本来很容易就能建成世上最美丽的城市之一。实在不明白英国人何以忽视如此优越的地势提供的方便,反而让各人听任最古怪的趣味,按照最荒诞的布局建造房屋。"加尔各答在 1689 年不过是个聊蔽风雨的栖身之地。1702 年在附近建了一座碉堡(威廉堡),1750 年时还是不足挂齿的小城:普雷沃神父当年发表的游记集中甚至没有提到它。莫达夫伯爵 1773 年见到加尔各答时,它已汇集了世界各地的商人,处于大兴土木的

发展高潮之中；木材从恒河上游漂送，或经勃固海运而来，砖头在附近乡村烧制；房租之高已创纪录。加尔各答此时可能已有30万居民，到18世纪末人口将增加一倍多。城市自生自长，与当地的经济发展，乃至与城市的财富毫不相干。英国人在这里为所欲为，谁妨碍他们，他们就给谁吃点苦头，甚至予以排斥。印度另一侧的孟买与之适成对照：孟买好比是自由的中心，印度资本主义在孟买取得惊人的成就，得到报复或补偿的机会。

能否作个结论？ 460

这长长的一章展现的非欧洲地区的画面显然是不完整的。

本应该多谈谈中国的情况，尤其是福建省的海外扩张。这一扩张过程从未间断，只是到1662年荷兰人放弃台湾，更确切地说，是到1683年清朝攻陷该岛时，才告中止。但是到18世纪，随着广州与欧洲通商，福建又恢复其扩张活动。

还应该再次谈论日本的特殊情形。根据莱奥纳尔·勃吕塞[531]出色的概述，1638年后，日本建立了一个为它所用，适合它的规模的经济世界（朝鲜、琉球、1683年前的台湾，获准通商的中国帆船以及特许荷兰人的“朝贡”贸易）。

还应该多讲一点印度的情况，介绍J.C.希斯特曼[532]提出的崭新解释。希斯特曼认为，莫卧儿帝国衰落的重大原因之一是18世纪城市经济的发展破坏了帝国的统一。

最后还应该介绍波斯萨非王朝的情况，说明波斯的“统制经济”，解释波斯何以不得不在印度、中亚、土耳其（波斯恨之入骨的仇敌)、莫斯科公国以及远在天边的欧洲之间充当中间人角色……

但是,假定展现的画面果真完整无缺,以至本章的篇幅不亚于一部巨著,难道我们就能大功告成,不再留下疑问了吗?肯定不是。为了能对欧洲和非欧洲,即对整个世界作出结论,必须具备有效的尺度和数据。我们这里所做的主要是介绍了和提出了一些问题,也暗示了一些大致可信的解释。不过我们没有就此解开欧洲与非欧洲的关系这个谜。这是因为,如果说非欧洲19世纪前在人口方面无疑超过欧洲,如果说当欧洲尚处在旧经济制度期间,世界的财富也超过欧洲,如果说即使在拿破仑覆灭,英国霸权的曙光升起时,欧洲无疑也还不如遭它剥削的世界富裕,那么,需要提出的问题是:欧洲何以能确立其优势地位?尤其,欧洲何以能推进其优势地位?因为事实是欧洲的优势有增无减。

保尔·贝洛什再次帮了历史学家的忙,他恰好从统计学角度提出这个问题,不仅他的提法与我的立场一致,而且他走得比我更远。可是,他的见解正确吗?我们的见解正确吗?

我不想深究这位日内瓦同行应用的方法,也不想评论它们是否确有道理。为了解释简便起见,我假定他的研究方法有足够的科学根据,因而他得出的近似结果(他本人承认数据会有误差,并且提醒我们注意)可以被认真对待。

他选定的尺度是人均国民收入。为便于测定各国的竞赛成绩,国民收入水平都用同一单位,即用1960年的美元价格作计算。计算结果如下,英国(1700年)为150到190;美洲英国殖民地,即未来的美国(1710年),为250到290;法国(1781—1790年)为170到200;印度(1800年)为160到200(但1900年为140到180)。

我在改本书校样时刚获悉这些数字，它们证实了我以前的论断和 461
假设。日本 1750 年人均国民收入达到 160 美元，我们对这个数字也不会感到惊讶。唯独中国 1800 年的纪录 228 美元令人吃惊，虽然这个高水平后来降下来了（1950 年为 170 美元）。

但我们最感兴趣的还是比较包括美国在内的欧洲与非欧洲这两大集团同一时期的收入水平。在 1800 年，西欧平均国民收入达到 213 美元（美国为 260 美元），这个数字不足为奇；但西欧的水平仅略高于当时“第三世界”的水平，后者为 200 美元左右。这里就有点令人诧异。问题是中国的人均收入估算得很高（1800 年为 228 美元，1860 年为 204 美元），使非欧洲集团的平均值水涨船高。在 1976 年的今天，西欧人均收入达 2325 美元，中国虽然开始回升，仅 369 美元，整个第三世界停留在 355 美元的水平，远远落在富国的后面。

保尔·贝洛什的计算结果表明，在 1800 年，正当欧洲在世界各地所向无敌，科克·拉佩鲁兹和布甘维尔率领的船只完成了在浩瀚无涯的太平洋的探险航行时，欧洲达到的财富水平远不像今天那样把世界其他国家甩在自己的后面。今天的发达国家（西欧、苏联、北美、日本）1750 年的国民生产总值加在一起，按 1960 年的美元计算，共 350 亿，当时世界其他地区的国民生产总值为 1200 亿；到 1860 年，二者分别为 1150 亿和 1650 亿；到 1880 至 1900 年间，前者才超过后者：1800 年分别为 1760 亿和 1690 亿；1900 年分别为 2900 亿和 1880 亿。到 1926 年，如取其整数，二者分别为 30000 亿和 10000 亿。

这一对照促使我们用另一种眼光去重新考察 1800 年前和工

业革命后的欧洲(加上当时享有优越条件的其他国家)在世界的地位,工业革命所起的作用将因此大大提高。毫无疑问,唯独欧洲(可能更多由于社会和经济结构的原因,而不是由于技术领先)能够步英国之后尘,完成机械革命。但工业革命不仅是发展经济的手段,而且是推行国际统治和摧毁国际竞争的工具。欧洲实现了工业机械化,也就能够排斥其他国家的传统工业。当时拉开的距离日后只可能逐渐加大。从 1400 至 1450 年间开始到 1850 至 1950 年间为止的历史,表现为古老的平等关系在几个世纪(从 15 世纪开始)不平衡发展的作用下终于破裂。与这一主线相比,其他一切都退居次要地位。

第 六 章 463

工业革命与经济增长

18 世纪 50 至 60 年代在英国发端或崛起的工业革命是个极其复杂的过程。工业革命可说是若干世纪前早就开始的“工业化”进程的终点。但它不断获得新生,至今还始终在我们周围徘徊。它可被认为是一个新纪元的开端,未来的时代仍将长期属于它。然而,不论工业革命如何波澜壮阔、无孔不入和除旧布新,它单独毕竟不构成,也不可能构成近代世界历史的总和。

我在下文叙述的内容不过是想给工业革命下个定义,如果可能的话,把它放在恰当的位置上。

有益的比较 464

为求得一个初步认识,这里有必要先考察几个定义并进行几项比较。一方面,工业革命自在英国发轫以来,带动了一系列别的革命,而且它本身也尚未完成,眼下还在继续进行,并向着未来奔去:后世发生的事情正好回过头来为工业革命在英国的开端提供见证;另一方面,早在英国工业革命以前,人类社会为实现工业化

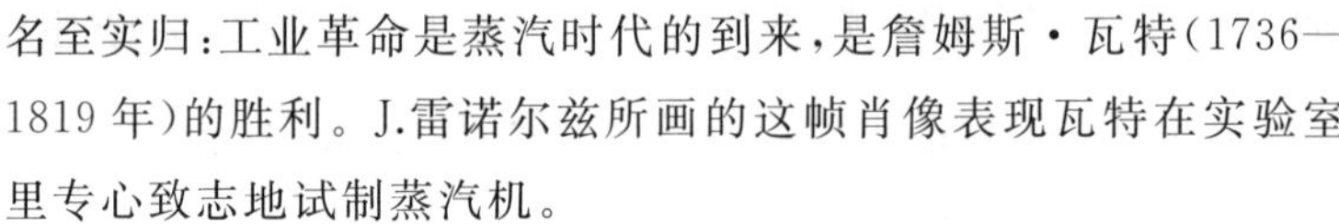

名至实归：工业革命是蒸汽时代的到来，是詹姆斯·瓦特（1736—1819年）的胜利。J.雷诺尔兹所画的这帧肖像表现瓦特在实验室里专心致志地试制蒸汽机。

而努力从事的种种尝试可供我们观察，这些早期努力虽然取得程度不等的进展并开创着未来，但最终都流产了。探索失败的原因实在大有必要，这将有助于我们更好地弄懂后来的成功。

465 革命是个含义复杂而模糊的名词

"革命"（révolution）一词系借用天文学的术语，[1]大概于1688年最早在英语中出现，意思是现存社会的动荡和破坏。[2]弗里德里希·恩格斯1845年[3]创造的"工业革命"这个方便的说法既有这层含义，也有相反方面的"重建"的意思。不过法国经济学家阿道夫·布朗基，即比他远为出名的革命家奥古斯特·布朗基的兄长，已于1837年用过这个说法了。[4]该词的起源或许更早，见诸1820年左右法国其他作家的议论。[5]无论如何，这个名词变成历史学家们的经典用语是阿诺德·汤因比1884年出版《工业革命讲演集》以后的事。该书是汤因比1880至1881年间在牛津大学的讲稿，在他去世后三年由他的门生公开发表。

人们往往责怪历史学家滥用“革命”一词。据其本义，该词应专指猛烈而迅速的变革。但是一涉及社会现象，迅速与缓慢总是不可分离的。任何一个社会无不始终处在维护社会和颠覆社会这双重力量的作用之下。颠覆性力量自觉或不自觉地致力于粉碎这个社会，革命的爆发不过是这一长时段的潜在冲突如火山喷发一般短促而剧烈的表现。我们研究一个革命过程，总要进行长时段的和短时段的比较，确认它们的亲缘关系以及不可分离的依赖关系。英国18世纪末发生的工业革命没有违背这条规律。它既是一系列急剧的事件，也是一个显然十分缓慢的过程。是一支乐曲在两个音域的同时演奏。

所以，不管人们愿意承认与否，长时间和短时间的辩证关系在这里起作用。例如，根据W.W.罗斯托夫[6]的解释，英国经济在1783至1802年间随着投资增长越过临界点而“起飞”。西蒙·库兹涅茨[7]以数据为证对这个解释提出了异议，但“起飞”，即飞机从跑道上升空的形象却保留了下来。也就是说，这是一个准确、短促的事件。话说回来，在英国这架飞机起飞前，英国的建设必须先已初具规模，起飞的条件必须事先已准备完毕。何况，任何社会都不是猛一下子，比如说由于储蓄率的增加，就能如阿瑟·刘易斯[8]说的那样，同时改变其“姿态、体制和技术”。总得先具备某些前提，经历若干阶段，并进行必要的调整才行。菲力斯·迪安正确地提醒我们说，英国 18 世纪末的所有革新乃至间断都可纳入到“一个连续的历史过程”中去，在这囊括过去、现时和未来的连续过程中，间断和断裂便丧失它们作为唯一的或决定性的事件的性质。[9] 根据大卫·朗德[10] 的解释，工业革命是总量达到了临界状态，从而导致革命性的爆炸。他使用的形象倒也贴切，不过应该明白，这个质量必定是由多种必不可缺的成分，经过一个缓慢的积聚过程，然后才形成的。不管我们使用什么推理方式，长时段总在转折的地方守候我们，要求给予它应得的地位。

因此，工业革命至少具有双重意义。它是普通意义上的革命，包括肉眼可见的一系列短时段变革。它也是一个渐进的、不露声
466 色的、往往难以辨认的长时段过程。与罗斯托夫的观点相反，克洛德·福赫伦[11] 强调连续性，认为工业革命“很少可能真正算是一场革命”。

所以，即便在相对具有爆炸性的年代（大致上可从 1760 年算起），这一头等重要的现象竟没有引起当时最负盛名的经济学家的注意，也就不足为奇了。亚当·斯密仅举苏格兰一家生产别针的小工厂为例，在后人眼里，他的观察力实在算不上高明，虽然他晚至 1790 年才去世。大卫·李嘉图（1772—1823 年）比他年轻，因此更不可原谅，他的理论思辨几乎没有提及机器起的作用。[12] 让-巴蒂斯特·萨伊于 1828 年描述了英国的“蒸汽车”以后，又添了一段话，今天读来未免令人解颐：“然而，在人群拥挤的大城市，任何机器都会像最不听使唤的劣马一样，无从承担运送旅客和商品的任务。”[13] 预测本是一门很难保证可靠的学问，伟人们——就算让-

巴蒂斯特·萨伊是名伟人——当然也未必在行。最容易做的莫过于事后指责卡尔·马克思、马克斯·韦伯乃至威纳尔·桑巴特未能正确理解——就是说未能以与我们同样的方式——工业化的长期过程。T.S.艾希通素来立论公正，竟借用克罗伯奈尔的一句话，对前面三位横加指责，[14]我对此实难苟同。

再说，今天专攻工业革命史的许多专家对自己的论断难道就更有把握？一些人主张工业革命过程早在17世纪初已经展开；另一些人认为1688年的光荣革命具有决定意义；再一些人以为英国的彻底变革与18世纪后叶的普遍经济复苏不期而遇……以上观点各有其说服力，就看强调的究竟是农业、人口、对外贸易、工业技术、信贷形式还是其他。但是，难道应该把工业革命看成一系列产业部门的现代化，看成若干个连续的进步阶段，还是应该从整体经济增长的角度进行考察，并赋予“增长”这个词以全部可能的含义？如果说英国18世纪末的经济增长已是大势所趋，或用罗斯托夫[15]的话来说，已成为英国的“正常条件”，这肯定不是某一特殊进步（包括储蓄率或投资率）所赐，而是相反，是一个不可分割的整体，是各部门相互依赖、相互解放的结果。得力于人类智慧或偶然机遇，各个部门的发展可能有早有晚，但每个部门的发展无不为其他部门创造了有利的发展条件。一个真正的“增长”（有人爱说真正的“发展”，不过用词无关紧要！）必定以不可逆转的方式使许多部门的进步互相联系、互相支持，一起上升到更高的水平。

先看下游：不发达国家

英国工业革命为一系列革命敞开了大门。这些革命是它的嫡亲子孙，有的成功，有的失败。早在英国工业革命以前，也曾发生过几次同样性质的革命，有的浅尝辄止，有的进展深入，但在经过一段或长或短的时间后，统统夭折了。我们因而要把目光投向两个方向，既看到过去，也看到现在。我们可以沿两条路线作一系列旅行，借助比较史学的宝贵方法，从两方面去研究同一个课题。

467 朝下游方向，我们不选择欧洲或美国几乎立即仿照英国模式进行的工业革命做例子。今天还处在工业化过程中的第三世界为历史学家提供了一个难得的机会，使他们能研究一些看得到、听得见和摸得着的材料。展现在我们眼前的情景不是灿烂夺目的成就。大体上讲，近30、40、50年来，第三世界并没有取得持续的进步，努力和预测十之八九落空，带来辛酸的失望。这些试验失败或胜败参半的原因也许能从反面印证英国在什么条件下取得了非同寻常的成功。

经济学家，还有历史学家，纷纷警告我们切不可采用从现时出发推测过去的那种推理方法。他们不无道理地说，“拟态模式，即主张重走工业化国家老路的模式，业已过时”，[16]因为环境完全变了，在第三世界的这个或那个国家，今天不可能仿照日本国家专制主义的模式或英国乔治三世时代放任自流的模式去实行工业化。这是肯定不可能的事情。不过，如果按伊尼亚西·萨克斯[17]的说法，“发展的危机也是发展理论的危机”。如果我们再想一想理论的缺点何在，为什么20世纪60年代热情洋溢的计划工作者们对计划的困难竟估计不足，那么发展过程本身出现危机，包括18世纪英国的发展过程在内，也就容易理解了。

人们会毫不犹豫地说，成功的工业革命包含着一个普遍的增长过程，也就是全面的发展过程，这个过程“归根到底表现为经济、社会、政治和文化从结构到体制的彻底改变”。[18]所以，一个社会及一个经济的各个层次全都牵涉在内，并且应该都能伴随、承担乃至忍受所发生的变化。只要在变革过程中出现一点故障，也就是我们今天所说的“瓶颈堵塞”，机器就会卡壳，运动就会停止，甚至可能发生倒退。在今天努力赶上差距的那些国家里，领导人刚刚发现出了毛病，就已经为之付出了代价，他们的发展战略因而变得既审慎又复杂。

针对这种情况，如伊尼亚西·萨克斯那样在行的经济学家能提出什么忠告呢？主要还是不可推行任何先验的经济计划。先入为主的计划绝没有好结果，因为每个国家的经济都是一种特殊的结构组合，不同国家的经济结构容或相似，那也只是大致相似而已。不论哪一个特定社会，计划制订者最好从一个假设出发，即他选定某一增长率（如10%）为假设目标，然后逐项研究“假设的后果”。由此，应从国民收入中提取的投资比重，根据国内外市场的需求可能发展的工业类型，所需劳动力的数量和质量（有专长的或无专长的），为养活雇佣劳力所需的市场食品供应，可予利用的技术（特别从资金以及从劳动力的类型和数量的角度考察），计划增加进口的原料或机床，新增产品对国际收支平衡和对外贸易的最终影响等各方面逐一进行验证。只要一开始假定的增长率有意 468
“定得相当高，足以揭示既定目标将会产生的各种瓶颈堵塞”，[19]上述检验工作就会指出在哪些部门可能出现不可克服的障碍。然后，第二步，人们再设想“在各层次的可变因素”，着手修订计划，直到得出一个有限度的，但原则上可行的计划为止。[20]

萨克斯的著作里提到的实例具体说明今天第三世界遇到的主要瓶颈堵塞：人口增长达到足以抵消经济发展的程度；熟练劳动力不足；国内市场因对普通工业品需求不旺而趋向于发展奢侈品生产，也可能发展出口工业。最后，最主要的障碍在农业，即一个因循守旧的、在很大程度上自给自足的农业缺乏食品供应的伸缩余地，不能满足雇佣劳力的增加必定自动引起的消费增长，农村甚至不能始终养活本身的多余人口，而是向城市输出失业的无产者大军，农村居民因过于贫困不能扩大对基本工业品的需求。与这些重大困难相比，资金需求、储蓄水平、信贷的组织与价格都退居次要地位。但是，以上罗列的种种障碍在18世纪的英国，甚至早在17世纪难道就不存在吗？

由此可见，经济增长所要求的乃是各部门之间的协调发展，当一个启动部门前进时，另一个部门不能停滞不动，以致使整个机器卡壳。我们于是又回到上文论述“民族市场”概念时已经预见的事情：民族市场要求协调的、普遍的商品流通，要求人均收入达到一定的高度。法国之所以起步缓慢（只是在铁路网建成后，流通才达到协调），难道不正是因为国内长期存在与今天不发达国家类似的某种两极分化现象吗？在法国，一个十分现代化的、富有而先进的部门与若干落后地带、“黑暗地区”为邻。有鉴于此，一位工程承包商1752年希望开通阿韦龙河一条小小的支流凡尔河的航道，[21]以便通过交换，开发这类“黑暗地区”中的一个及其丰富的森林资源。

但在民族市场起作用的不单是经济增长的内部条件。当今国际经济的现状及其分工的专断方式也阻碍着落后国家的起飞。本书已反复强调了这些事实。英国全靠其世界中心的地位，因为它是世界的唯一真正中心，才完成了工业革命。第三世界各国也企求和渴望实现工业革命，但它们位于边缘。于是一切都对它们不利，包括它们购买专利后采用的新技术（因为这些新技术不一定适合本国社会的需要），向外国借贷的资金，海上运输（它们无力控制），乃至过剩的原料（有时反而使它们听凭买主摆布）。正因为如此，眼下的情景令人沮丧，工业已经发达的地区更加发达，不发达国家与发达国家之间的差距日益扩大。然而，在当今的世界上，力量对比关系有没有变化的苗头呢？石油和原料生产国以及因其工资低下可以生产价格十分低廉的工业品的国家，不是已从 1974 年 469
开始，对超工业化国家进行报复了吗？今后若干年的历史将对这个问题作出回答。第三世界为了求得进步，只能以这种或那种方式打碎世界的现存秩序。

再看上游：夭折的革命

现时的失败有益地提醒我们：任何工业革命都要依靠众多潮流的汇集，整体经济的协调发展，几股力量的推动，并且要“持之以恒”。我们将逐一考察的发生于英国工业革命成功之前的历次革命运动，正是在与这些必要条件完全具备的情况相比较时，才体现其意义。工业革命前的历次革命无不缺少一项或多项必要因素，因而我们由此及彼，就能看到失败或失误的各种类型。有时孤立地出现一项发明虽然灿烂辉煌，却无实用，成了纯粹的智力游戏，不能带动经济的增长。有时适逢一次能源革命，一个突然的农业或手工业进步，一个商业机遇或人口增长，经济开始起动；生产阔步前进；发动机才刚运行，却又戛然而止。这些先后出现的失败，原因各不相同，我们是否有权利把它们集中起来，从同一个角度予以考察？它们至少有一个相似之处：起动迅猛，接着出现故障。它们都是尚不完善的演习，但演习必定又是反复，因而可资比较之处特别明显。

总的结论不会使任何人惊讶，至少没有一个经济学家会感到惊讶。一场工业革命，甚至可以更广泛地说，生产或贸易的一次起飞，在严格意义上不是也不可能是一个简单的经济过程。经济活动从不是关起门来进行的，它同时要触及生活的所有领域，并与生活的各个领域互为依存。

亚历山大城鼎盛时期的埃及

第一个例子是托勒密时代的埃及，年代实在太久，让人左右为难。能否在接触正题前走一段弯路，先在那里稍作停留？公元前100年至前50年间，即早在德尼·帕潘1700或1800年前，蒸汽已在亚历山大出现。当时一位名叫希罗的“工程师”发明了一种蒸汽动力装置，近似玩具，但是利用它的设备，可从远处打开或关上神庙笨重的大门。这项发明难道无足轻重吗？在这以前还有许多其他发明：抽吸水泵，原始的温度计和经纬仪，理论意义大于实用价值的战争机器（利用空气的胀缩或利用巨大的弹簧力量）。在那遥远的时代，亚历山大城以其发明狂热显示了夺目的光彩。短短一二百年间，革命在文化、商业、科学（欧几里得、天文学家托勒密、厄拉多塞）等各个领域如火如荼地展开；狄凯阿科斯似于公元前3世纪初卜居该城，他是“在地图上标出从直布罗陀海峡沿托罗斯山和喜马拉雅山直到太平洋的纬线”[23]的第一位地理学家。

若要仔细考察亚历山大城鼎盛时期的长段历史，牵涉的范围 470
就太广了，我们就得走遍亚历山大大帝远征后产生的奇怪的希腊化世界。那里的领土国家（如埃及与叙利亚）取代了希腊城邦国家的原有模式，这个变化使我们还不能不看到一桩以后经常重复出现的事实：发明是成群结队地、相携相挽地出现的，或者不如说，好像是在社会的推动下，齐头并进的。

然而，不管亚历山大城的这段历史在知识领域如何灿烂辉煌，但在这段历史行将结束时，各项发明却未能导致工业生产中的一场革命，虽然这些发明以致力于技术应用为特点，亚历山大城甚至在公元 3 世纪创立了工程师学院。这无疑首先应归罪于奴隶制，奴隶制为古代世界提供了它需要的、使用方便的全部劳动力。在东方，卧式水磨因此始终十分简陋，仅适合日常繁重的磨麦工作，而蒸汽仅用于一些精巧的玩具，正如一位技术史专家所说，“当时还不需要有一种比已知动力更强的动力”。[24]希腊化社会因此对“工程师”的杰出发明淡漠视之。

紧随这些发明而来的罗马征服是否也有责任？古希腊社会的经济几百年来一直对外开放。古罗马则相反，它把自己禁锢在地中海的范围内，而且在毁灭迦太基，征服希腊、埃及和东方时，曾三次关闭了通向外部世界的海港。假如安东尼和克莉奥佩特拉打赢亚克兴之战（公元前 31 年），一切是否会改观？换句话说，工业革命是否只在一个开放的经济世界的中心才有可能发生？

欧洲首次工业革命：11、12、13 世纪的马和磨坊

我在本书第一卷花了很长篇幅谈论马、肩轭（从东欧传入，能

增加牲畜的拉力)、燕麦地(爱德华·福克斯[25]认为,查理大帝时代重骑兵飞跃发展,燕麦种植的推广把欧洲活跃的经济中心推向北方广袤的、气候潮湿的产粮平原),三年轮作制(本身就是一次农业革命)等。我也曾谈到水磨和风磨,前者是旧物重现,后者是新发明。所以我在这里可以说得简短些,何况关于这场"首次"革命,由于我们有了让·甘佩尔[26]那部生动明晰的著作和居伊·波瓦[27]那部刚劲有力的、富于战斗性的著作,以及其他专题研究,包括 E.M.卡留斯-威尔逊夫人[28]那篇常被引证的论文(1941 年),一切都还容易理解。卡留斯-威尔逊夫人重新采纳[29]"首次工业革命"这个说法并使之流行,以确指水磨在英国的普遍推广,用于缩绒(12 和13 世纪期间约有 150 台水力缩绒机)、锯木、造纸、磨面等方面。

卡留斯-威尔逊夫人说,"缩绒工序机械化这件事的决定性意
义不亚于 18 世纪的纺织机械化。"[30]呢绒生产是当时最普遍的工
业,采用水轮带动的粗大棒槌,以代替工人脚踩,终于打乱了这个
471 行业的现存秩序,并产生了革命性后果。城市一般位于平原地带,
那里的河流不及山中的溪涧湍急,所以缩绒机逐渐多设在乡间(有
的地方还很荒凉),并且吸引商人前往。城市视作禁脔的手工业特
权就此旁落。城市自然力图保护自己的利益,阻止在城内营业的
织匠把呢料送到城外去缩绒。布里斯托尔市政当局于 1346 年禁
止"任何人把有待缩绒的各种呢料送往城外加工,违者每匹呢料处
472 以 40 德尼埃的罚金。"[31]可是这并不妨碍"磨坊革命"在英国以及
整个欧洲大陆节节推进。欧洲大陆在这方面一点不比与它隔海相
望的岛国落后。

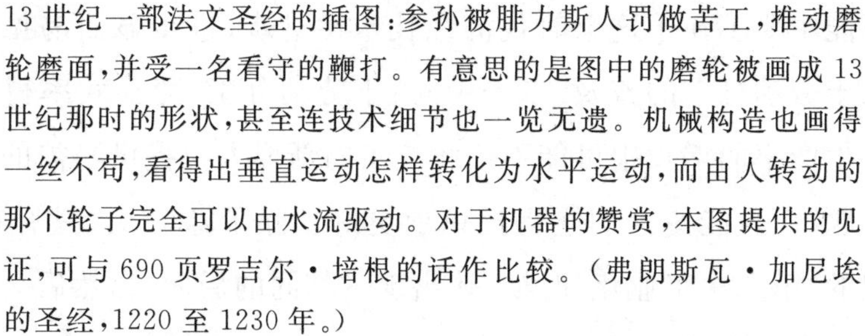

13世纪一部法文圣经的插图：参孙被腓力斯人罚做苦工，推动磨轮磨面，并受一名看守的鞭打。有意思的是图中的磨轮被画成13世纪那时的形状，甚至连技术细节也一览无遗。机械构造也画得一丝不苟，看得出垂直运动怎样转化为水平运动，而由人转动的那个轮子完全可以由水流驱动。对于机器的赞赏，本图提供的见证，可与690页罗吉尔·培根的话作比较。（弗朗斯瓦·加尼埃的圣经，1220至1230年。）

但重要的是，这一革命由若干别的革命相伴随。一场强大的农业革命驱使农民排成密集队形向森林、沼泽、海滩与河岸进军，推动了三年轮作制的飞跃发展；同时，人口增长促成了城市革命：城市数量空前增多，几乎彼此相接。城乡判然分离，形成明确的、间或带有强制性的“劳动分工”。城市攫取了推动积累和增长的工业活动，货币重又在城市露面，市场遍设，交易倍增，随着香巴尼交易会的定期举行，初步形成并最终确立了西方的经济秩序。不仅如此，地中海的航路和通向东方的道路逐渐被意大利城邦再次征服。经济空间由此得到了扩展；不然的话，经济增长也就无从谈起。

690

弗雷德里克·劳恩正是在全面发展的意义上毫不犹豫地使用“增长”这个词。[32]在他看来，12 和 13 世纪期间的佛罗伦萨或威尼斯毋庸置疑都曾出现过持续的增长。意大利当时位于经济世界的中心，情况不可能是别的样子。威廉·阿贝尔甚至认为，整个西方从 10 到 14 世纪都处于普遍发展之中。证据是工资增长速度高于粮价。他写道：“13 世纪以及 14 世纪初年，欧洲经历了首次工业革命。城市及其庇护的手工业和商业活动当时都大大发展，其原因可能主要不在于这个时代的纯技术性进步（进步显而易见），而是在于劳动分工的普及。〔……〕由于劳动分工，劳动效率得以提高。生产率的增长很可能不仅解决了向新增人口提供必需的食物的难题，而且能使他们吃得比以前更好。除了这一次，只有在 19 世纪的‘第二次工业化’时期，才出现过相同的局面，当然后一次的规模要大得多。”[33]

也就是说，虽然在程度上有大小的不同，从 11 世纪起确实有过现代形式的“持续增长”，而且这是英国工业革命发生前绝无仅有的一次。对这一现象作出“综合性”解释是合乎逻辑的，人们不会感到奇怪。在生产方面，在工农业生产率方面，以及在商业和市场扩展方面确实曾发生了一系列相互关联的进步。欧洲处在这个初次觉醒时期，“第三产业”的蓬勃兴起是这一广泛发展的另一迹象：律师、公证人、医生和教员的人数成倍增长。[34]关于公证人，甚至可能提供具体数字：在1288年米兰的60000居民中，有1500名公证人；在1500年波洛尼亚的40000居民中，有1059名公证人；维罗纳1268年有40000居民，公证人有495名；佛罗伦萨1338年有90000居民，公证人为500名（不过佛罗伦萨的情况特殊：商业组织十分完善，账目一清二楚，往往不必求教公证人）。可以预料，随着14世纪的经济衰退，公证人在居民总数中占的比例有所缩小。这一比例到18世纪再度增大，但未能恢复13世纪的盛况。公证业在中世纪异常发达的原因不但与当时的经济高涨有关，无
疑也因为在这些遥远的年代里，居民中文盲占大多数，不得不请公 473
证人书记员代笔。

14和15世纪（大致从1350至1450年）发生的灾难性经济衰退，使欧洲的阔步前进功亏一篑。黑死病可能既是衰退的原因，也是其结果。黑死病猖獗前，1315至1371年间的小麦危机和饥荒[35]对瘟疫流布起到推波助澜的作用。大祸降临时经济大发展已经减速，甚至停顿。所以瘟疫不是葬送经济发展的唯一元凶。

那么该怎样解释在18世纪英国得势前欧洲经历的这一最大的胜利和最大的失败呢？原因十分可能在于农业生产赶不上人口增长的速度。任何农业一旦超越其生产力极限，又缺少能够防止

土壤肥力迅速耗尽的办法和技术时，单产量必定逐渐降低。居伊·波瓦那本书以诺曼底东部为例，分析了这一现象在社会方面的原因：封建制的潜在危机破坏了古老的领主加小自耕农的所谓"双项式"，社会中结构失衡，"乱了章法"，骚动和混战乘虚而起；社会必须寻求新的平衡，确立新的法规。为达此目的，又必须建立领土国家，以挽救领主制。

当然还有别的解释。其中特别要提到水磨和风磨带来的能源革命首先波及的地区，即从塞纳河到须德海、从尼德兰到伦敦平原的欧洲北部地区，这些地区在一定程度上依然脆弱。作为新兴的领土国家，法国和英国已构成强大的政治单位，但还不是操纵自如的经济单位，危机对它们影响极大。加之 14 世纪初，香巴尼交易会衰落以后，一度是西方心脏的法国被排除在获利丰厚的早期资本主义关系之外，地中海城市从此胜过了北方的新兴国家。人们对机器怀有的美妙希望也从此暂时消退。这种美妙的希望在罗吉尔·培根对机器的赞颂中可见一斑。他于 1260 年写道："人们能够制造机器，艨艟巨舰依靠机器只消一人驾驶，航行速度却比满载桨手的划桨船更快；也可能建造飞速行驶的、无须畜力牵引的车辆；也可能生产飞行器，由一人操纵机翼，便能如鸟一般展翅飞翔。另一些机器能潜入海下和河底。"[36]

阿格里哥拉和达·芬奇时代的革命

在这场严酷的长期危机过去之后，欧洲重新活跃起来，交换飞速发展，经济急剧增长，沿着从尼德兰经过德国到意大利的轴线不啻发生了一场革命。原来是次要商业区的德国走在工业发展的最

前列。这可能因为，德国夹在南北两个占统治地位的经济世界之
中，必定要介入国与国之间的交换。但首要的原因还是德国矿业
生产的发展。矿业发展不仅使德国经济从15世纪70年代起早已
复苏，领先于欧洲其他地区。金、银、铜、锡、钴、铁矿的开采还引起
一系列技术革新（试举一例：用铅分离混在铜矿石中的银），促使人 475
们为井下抽水和提升矿石而采用就当时的水平而言极为庞大的机
械装置。从阿格里哥拉那本书气势宏伟的版画插图中可以看到，
当时人们已发展了一套灵巧的工艺。

既然英国后来抄袭了这些技术成就，人们往往把它们看成真正的工业革命的前奏。[37]何况矿业发展推动了德国经济的所有部门：绒布、毛线、皮革加工、矿冶、白铁、铁丝、造纸、新式武器等。商业活动创造了规模可观的信贷网；“大公司”（Magna Societas）[38]等巨型国际商行得以组成。城市手工业繁荣发达：1496年科隆有42个同业公会；吕贝克有50个；美因河畔法兰克福有28个。[39]运输活跃，日趋现代化；若干实力雄厚的公司专营运输业。主宰勒旺贸易的威尼斯需要白银，与上德意志建立了特别优惠的商业联系。不容否认，不管就哪一部门而言，德国城市在半个世纪内呈现着一派欣欣向荣的气象。

不过，正如约翰·内夫所证明，到了1535年左右，美洲白银终于同德国银矿生产相抗衡，于是一切就停顿下来，或者开始停顿；1550年左右，安特卫普的领先地位渐趋衰落，德国大受影响。德国经济的劣势在于它依附威尼斯和安特卫普，并且是根据二者的需要而发展起来的。威尼斯和安特卫普才是欧洲经济的真正中心。说到底，富格尔家族的世纪其实是安特卫普的世纪。

474

15 世纪末的一幅细密画。按照当时的习惯做法，图示库特纳霍拉银矿的一个纵剖面。可见穿白衣服的采掘工，下井用的梯子，提升矿石的绞车。在本图没有复制的那部分中，有一套已很现代化的机械装置（德国人掌握了当时最先进的采矿技术）：用几组马匹驱动的绞车以及抽水和通风系统。奥地利国家图书馆藏品。

在意大利，大致相当于弗朗西斯科·斯福萨在米兰执政时(1450年)，一次更引人瞩目的技术革命取得初步成功。说它更引人瞩目，是因为在这以前，其他领域发生了一系列具有榜样意义的革命。首先是人口革命，人口增长一直持续到16世纪中叶。其次是从15世纪初开始，诞生了若干疆域不大但已具现代形态的领土国家：人们甚至一度设想统一意大利。最后是在运河纵横的伦巴第平原发生的资本主义形态的农业革命。这一切都沉浸在科学和技术发现的普遍气氛之中。当时有几百名意大利人像达·芬奇一样醉心于技术革新，在笔记本上画满各种异想天开的机器设计草图。

当时的米兰经历了一段非同寻常的历史。由于躲过了14与15世纪这场可怕的危机(赞格里认为原因正在于农业先进)，米兰的制造业蓬勃发展。米兰的工业生产14世纪初以织造绒布为主，如今被呢料、金银线挖花织物和武器生产所取代。波澜壮阔的商业运动使米兰与日内瓦和索恩河畔沙隆的交易会，与第戎、巴黎等城市，也与尼德兰联系在一起。[40]与此同时，米兰还完成了对周围农村的资本主义征服，把分散的土地归并成大庄园，发展草地灌溉和畜牧业，开凿兼收灌溉与舟楫之利的运河，引入新作物水稻的种植，乃至借助粮食作物与牧草的不间断轮作逐渐取消休耕地。事实上，尼德兰日后推行的“高级耕作”是在伦巴第发端的。在尼德兰之后，这一耕作方法又传到英国，产生了众所周知的后果。[41]

由此就引出我们的向导雷纳托·赞格里的问题：为什么米兰和伦巴第的农村与工业部门经历的巨大变革竟半途而废，未能导致一场工业革命？说当时技术不够发达，或者说能源不足，似乎都 476

不是令人信服的解释。"英国革命的成功并非取决于科技进步，因为在16世纪，这一进步已如探囊取物。"[42]卡洛·波尼不胜惊奇地发现，意大利当时用于卷丝、纺丝、拈丝的水力机器极其精巧，只用一个水轮就带动几层机械装置和筒管。[43]里恩·怀特断言，在列奥
477 纳多·达·芬奇之前，欧洲已发明了以后四个世纪内（直到电的发明为止）随着需要的产生而逐一付诸应用的各种机械系统。[44]他有一个漂亮的说法：因为"一项新发明只是给人打开一扇门，但不强迫任何人走进去"。[45]事情确实是如此，但为什么在米兰汇集的种种难能可贵的条件未能强制人们产生这一需要呢？为什么米兰的冲刺得不到加速，反而刹车了呢？

根据现有的历史资料，我们拿不出证据来回答这个问题。我们只能作些猜测。首先因为米兰没有归它支配的广阔民族市场。其次因为初期投机热潮过去以后，地产收益有所下降。按照吉诺·巴比里[46]和杰玛·米亚尼的说法，广大工厂主是些小资本家，属于中产阶级。这个论据能够成立吗？棉花革命时期最早一批实业家往往出身寒微。那么米兰的不幸可能应主要归咎于它距威尼斯太近，又离后者控制的地区太远。米兰不是一个对外开放的海港，产品不能直接向外国出口，没有独立行动承担风险的自由。米兰的失败也许适以证明，工业革命作为整体现象不可能仅靠内部，通过经济各部门的和谐发展而实现；它还必须凭借控制外部市场这个必不可缺的条件。我们看到，在15世纪，外部市场已被威尼斯所占有，与西班牙的贸易则归热那亚主宰。

约翰·内夫与1560至1640年的英国首次工业革命

英国1540至1640年间出现了强劲有力的工业飞跃，相形之

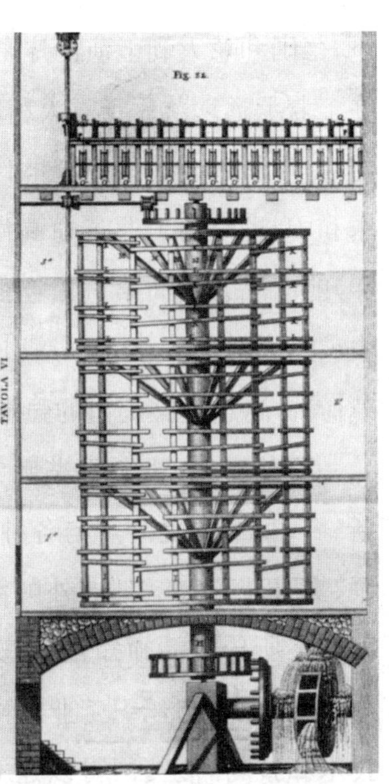

意大利最早出现的机械:两台波洛尼亚式拈丝机的示意图,一台为1607年(图左),另一台为1833年。粗丝线由双股、三股或四股细丝卷绕而成,作丝织品经线之用。1716至1717年间在英国安装的第一台拈丝机是英国人在意大利刺探两年工业情报后仿制的,被誉为"英国拥有的第一台名副其实的加工机械"。几乎完全相同的拈丝机早在17世纪初已在它的故乡波洛尼亚转动(参看卡洛·波尼的研究成果)。该机器完全自动(工人只管照看机器运转和接上断头),机器正中有一个转子,名叫"走马灯",由水轮带动(下方示意图),周围是一圈固定的架子(上方部分示意图),上置数目极多的梭子、筒管和线轴……如果机械化是工业革命的唯一原因,意大利早就走在英国的前面。右图为1833年的复式拈丝机。P.奈格里:《住房与水利实用教科书》,波洛尼亚1833年版。

下，德国和意大利上演的序幕自当逊色。16 世纪中叶，不列颠群岛在工业上远远落后于意大利、西班牙、尼德兰、德国和法国。一个世纪后，形势奇迹般地完全颠倒过来，其变化速度之快，只有 18 世纪末和 19 世纪初工业革命高潮时期可与之比肩。英国在内战(1642 年)前已成为欧洲第一工业强国，而且将保持这一地位。约翰·内夫[47]在 1934 年发表的一篇引起轰动的论文中分析了英国“首次工业革命”。这篇论文提出的强有力的解释至今仍未稍减其锋芒。

为什么英国能领先呢？须知当时英国付诸应用的重大革新——我指的是高炉与各种深井采矿设备：巷道、通风系统、抽水泵、提升装置——都向外国借鉴，有关的新技术都由英国雇用的德国矿工所传授。须知正是德意志、尼德兰以及意大利(玻璃工业)和法国(毛织与丝织工业)等先进地区的工匠和工人带来了必要的技术和技巧，使英国得以建立一系列崭新的工业：造纸和火药(用水磨或风磨为动力)、镜子制造、玻璃器皿、火炮铸造、明矾和水合硫酸盐生产、炼糖、制硝等。

令人惊奇的是，英国一旦引入这些技术与技巧，就为它们创造了前所未有的广阔活动天地：企业规模增大，厂房高大宽敞，工人
478 人数达到几十乃至几百人，投资相对膨胀，动辄以几千英镑计，而当时工人的年工资仅 5 英镑——这一切都是新事物，都标志着英国工业跃进的幅度。

另一方面，这一革命决定性的、纯属英国本土的特征是煤的应用越来越广，烧煤成为英国经济的主要特征。这倒不是深思熟虑后作出的选择，而是因为煤弥补了英国一个明显的弱点。大不列颠的林木逐渐变得稀少，16 世纪中叶木材的价格已极其昂贵，这两个原因迫使英国求助于煤。无独有偶，英国江河的流速太慢，必须修建很长的水渠才能引水推动水轮，以致成本太大，高于欧洲大陆。这一不利条件后来激发人们去研究蒸汽动力，至少约翰·内夫持此见解。

英国因此以纽卡斯尔盆地和众多地区性煤矿为据点，投入大规模的煤田开发(与尼德兰和法国情形相反)。煤矿雇用农民打半工，仅开采表层，当时已采用轮班劳动；煤井深入地下 40 至 100 米。1560 年前后的产量为 35 000 吨，17 世纪初达到 20 万吨。[48]在轨道上滑行的斗车把煤一直运到载货码头；数量越来越多的专用船再把煤运往英国各地，17 世纪末甚至运往较远的欧洲。煤被视作国家的财源，一位英国诗人 1650 年公然声称："英格兰兼有印度，世界堪称完美修改你的地图，纽卡斯尔便是秘鲁。"[49]煤取代木炭，使家家可以生火取暖，使伦敦上空乌烟笼罩。不仅如此，煤也向工业提供燃料，但工业却需要适应这一新的动力，设法解决燃煤带来的难题，特别需要保障加工材料不受新燃料中硫化物的损害。总之，玻璃制造业，啤酒厂，砖窑，明矾生产，炼糖以及蒸发海水制盐业等部门陆续烧煤了。每有一个工业部门采用煤作燃料，便有相应的劳动力集中以及必然的资本集中。制造厂由此诞生，厂房宽敞，刺耳的噪声有时昼夜不停；雇佣的工人人数既多，又往往不掌握专门技能，这使一个惯见手工工匠的世界深感震惊。詹姆斯一世在约克郡沿海地区设立了若干"制矾厂"，每家长期雇佣 60 来名工人。其中一家的一位负责人于 1619 年解释说[50]：制矾是项

“累活”,“单独一人干不了,几个人也干不了;只有让许多出身最低贱、对工作敷衍了事的人去做”。

所以,由于企业的规模增大,由于煤的使用日益推广,英国便在工业领域进行技术革新。但推动工业前进而且很可能引起技术革新的还是国内市场的蓬勃发展。国内市场发达的原因有二:首先是人口激增,估计16世纪的人口增长达60%。[51]其次是农业收入大为提高,把许多农民变成工业品消费者。由于人口不断增长以及城市迅速膨胀,农业面对日益扩大的需求,便以各种方式提高产量:开垦荒地,给公地和草场围上篱笆,生产专门化等,但还没有
479 采用旨在提高土地肥力和单产量的革命性耕作方法。新耕作法要到1640年后才开始出现,到1690年仍进展不大。[52]农业生产因此多少落后于人口增长,农产品价格的上涨就整体而言超过工业品价格的上涨可作证明。[53]农村生活条件因此得到明显的改善。这是所谓“大改建”时期,农家翻造、扩大房舍,改善设施,顶楼改成正式的楼层,窗户镶上玻璃,炉灶经过改装以便烧煤;死者遗产清单开列许多新的物品:家具、内衣、帐幔、锡餐具。这一国内需求肯定刺激了工业生产、商业与进口。

不过,这一急剧的运动虽然前程远大,却未能带动一切。甚至有些重要部门仍落在后面。

如在冶金部门,消耗大量燃料的德国式现代高炉、鼓风炉不仅
480 没有取代所有的旧式吹炼炉(有的到1650年左右仍在开工),它本身也继续使用木炭。1709年才出现第一座用焦炭炼铁的高炉,而且在此后40年间没有第二座。对这一不正常现象,T.S.艾希通

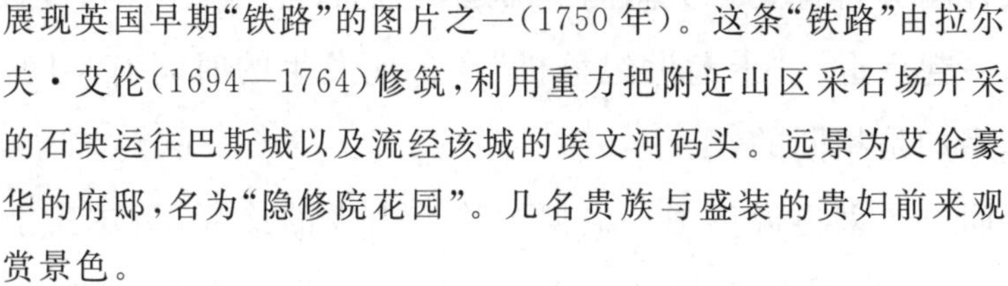

展现英国早期“铁路”的图片之一（1750 年）。这条“铁路”由拉尔夫·艾伦（1694—1764）修筑，利用重力把附近山区采石场开采的石块运往巴斯城以及流经该城的埃文河码头。远景为艾伦豪华的府邸，名为“隐修院花园”。几名贵族与盛装的贵妇前来观赏景色。

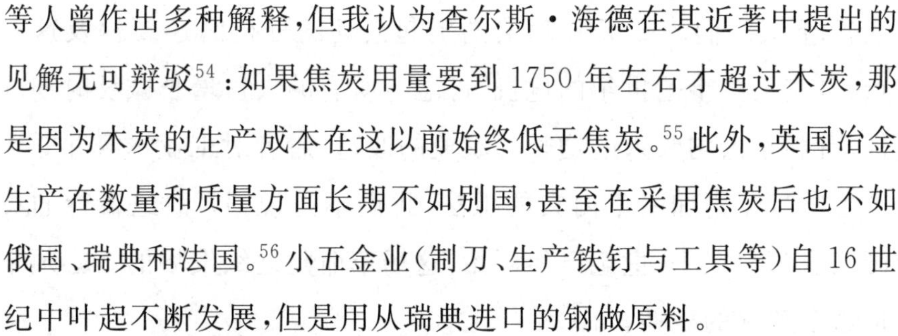

等人曾作出多种解释，但我认为查尔斯·海德在其近著中提出的见解无可辩驳[54]：如果焦炭用量要到 1750 年左右才超过木炭，那是因为木炭的生产成本在这以前始终低于焦炭。[55]此外，英国冶金生产在数量和质量方面长期不如别国，甚至在采用焦炭后也不如俄国、瑞典和法国。[56]小五金业（制刀、生产铁钉与工具等）自 16 世纪中叶起不断发展，但是用从瑞典进口的钢做原料。

另一个落后部门是呢绒工业。因外需求长期不旺迫使这一行业进行艰难的改造，其产量从 1560 年到 17 世纪末几乎停滞不前。[57]大量呢绒加工分散在农村进行，工场不多，生产日益广泛地采用“外包工”制度。呢绒出口在 16 世纪占英国出口总值的 90%，到 1660 年仍占 75%，17 世纪末降为 50%。[58]

但这些困难不能解释英国经济何以在 17 世纪 40 年代后停滞：英国经济没有后退，但也不再前进。人口已停止增长，农业生产的数量有所增加，质量有所提高，农民向未来投资，但是农产品的价格下跌，农业收入随之减少；工业部门照常开工，但是至少直到 1680 年为止不再引入任何革新。[59]假如这仅是英国一国特有的现象，人们就会说，始于 1642 年的内战猛然起着有力的制动作用；人们还会指出，英国国内市场不够兴旺，它在由邻国荷兰主宰的经济世界中处境不利或相对不利。问题是这并非英国特有的现象：北欧各国毋庸置疑与英国同一命运，它们曾经与英国同时前进，如今也一起后退。“十七世纪危机”在各地发生的时间有早晚，所起的作用却是相同的。

回过头来再说英国。根据约翰·内夫的诊断，英国工业发展在 1642 年后诚然放慢了速度，但发展并没有消失，未曾发生后退。[60]下文我们谈到 E.L.琼斯的引起轰动的分析时还要提及这一点：事实上，“十七世纪的危机”可能与所有的人口增长减缓时期一样，有利于人均收入的增长与农业的改造，后者对工业本身并非不产生影响。稍加引申内夫的想法，我们不妨说，17 世纪盛行的英国工业革命在 16 世纪已经开始，这场革命是逐级发展的。必须牢记这个解释的教益。

可是，能否对欧洲作同样的解释呢？欧洲从 11 世纪起此起彼伏的各种试验互有联系，可以说是个经验积累过程。每个地区分别在不同的时期轮流经历了早期的工业发展，以及在各方面（特别在农业领域)必定随之发生的变化。工业化可见是整个欧洲大陆的普遍进程。英国虽然出色地扮演了主角,并实现了工业革命,但工业革命不是英国的发明,也不能仅仅归功于英国。所以,这场革命刚发动,还没有取得决定性的成功,就毫不费力地传到邻近的欧洲大陆,获得一系列相对迅速的成功。今天许多不发达国家遇到的障碍,工业革命时的欧洲却没有遇到。

工业革命在英国各部门的表现 481

英国1750年后的欣欣向荣是万道光线辐辏而成的聚光点。但我们切莫抱过多的幻想:我们这里接触到困难的核心,容易被种种虚假因素所迷惑。R.M.哈特威尔兴致勃勃地在《工业革命与经济增长》(1971年)一书中为我们解释了困难何在。这部富有战斗性的论著实际上是对所有其他书的综合,是作者通过他人想法表达自己见解的讲台。它最终把我们领进一个宏大的博物馆,那里的墙上精心悬挂着千差万别的画作,让我们去选择其中一幅。经过上百次比较和取舍,谁能保证不被搞得昏头昏脑?

1960年4月[61]《今与昔》杂志组织专门研究这个问题的历史学家进行大讨论,专家们确实未能达成一致看法,这在某种意义上倒是令人欣慰的。1970年[62]以此为主题的里昂讨论会也未有进展。皮埃尔·维拉尔[63]在这个讨论会上不加掩饰地承认,他在研究18到19世纪如此迅速地改变了加塔洛尼亚面貌的工业革命时,未能建立一个使他满意的模式;他这番话也许道出了问题的症结。在同一讨论会上,当人们用工业化这个貌似中性,其实同样复杂的名词取代工业革命的提法时，问题也没有变得简单起来。雅克·贝尔丹公然承认："坦白地说，我还没有弄清楚所谓'工业化'指的究竟是什么？是铁路、棉花、煤、冶金、煤气照明还是白面包？"[64]我乐意回答说：这份单子还嫌太短，工业化与工业革命一样涉及一切领域：社会、经济、政治结构、公众舆论等。即使最典型的帝国主义国家的历史也不能概括工业革命的全貌，要用一个自命简单、完整、不容置辩的定义进行概括，当然更不可能。换句话说，先把英国、后把全世界搞得天翻地覆的工业革命，在其进程的任何时刻，不是一个界线明确的课题，不是集中在一个特定时空中的若干特定问题。

所以我不能赞成按部门逐个解释工业革命的方法，即便我自己也不得不使用这个方法。历史学家面临犬牙交错、堆积如山的困难时，确实采用了笛卡尔的分析法：分类以便理解。他们划分了一系列特殊部门：农业、人口、技术、商业、运输等，各部门的变化当然都有重要意义，但是危险在于，这些变化可能被看作是彼此分割的、逐一达到的阶段，不妨说是经济增长的梯级。这个分析模式其实来自最传统的经济学。遗憾的是，经济史的提倡者未能设计出另一种更能有效地引导历史研究的模式供我们使用；他们未能确定一些坐标、尺度与系数，以便我们通过对这些坐标、尺度与系数的观察，看清不同部门怎样同时互相推动、互相促进，或者相反地互为牵制、互为瓶颈。如果人们画出时间跨度相当大的一系列共时切面图，工业增长就能大致无误地显示出工业增长的演进过程。但为做到这一点就必须先确定一个观察模式，历史学家还必须经过协商一致，分别在不同的时间和地点付诸实施。

我们暂且只能利用已在不胜枚举的杰出著作中证明行之有效 482
的分类方法。这一分类法在工业革命的整体中区分一系列特殊的革命：农业革命、人口革命、国内运输革命、技术革命、商业革命、工业本身的革命……我们第一步先试图观察各部门确曾经历过的变化。这是进行解释的习惯途径。人们不免会感到厌倦，但这也是无可奈何之事。

首要因素是农业

农业理应排在首位。但在工业革命涉及的所有问题中，这是最大的难题。摆在我们面前的实际上是个永无止境的长过程，不是一场革命，而是一系列革命，一连串剧变、演变、断裂和平衡。从头到尾去叙述这些革命与变化，就要上溯到13世纪用石灰水处理种子和用泥灰石改良土壤的最初试验，试种不同品种的小麦和燕麦以及寻求最合适的轮作方法。可我们的问题不在研究这条长河
的源头及其流程，而是它归于大海的方式；不是研究英国农村史的 483
各个方面，而是英国农村最终与工业革命的汪洋大海汇合的方式。工业革命的巨大成就得以实现，农业是否起了主要作用？

提出这个问题，就会招来成千种相互矛盾的答案。历史学家有的作出了肯定的回答，有的持否定立场，有的首鼠两端。H.W.弗林认为，“若说农业的发展足以在激发工业革命中起到不容轻视的作用，此论殊属可疑”。[65] H.J.哈巴库进而主张，“农业生产增长不应视作经济增长的先决条件，正因为如此，农业增长往往伴随着经济加速增长的到来，而并非走到经济增长的前面”。[66] 相反，保尔·贝洛什为了找出英国革命的战略变量并确定各个变量的等

18 世纪已有人指责英国农村砖窑的煤烟污染空气。

级，断言农业跃进是工业革命“起动的首要因素”，好比球赛的开球。[67]E.L.琼斯的见解更直截了当：根据对工业化国家的历史的比较研究，他指出这些国家的成功的首要条件是“农业生产增长速度高于人口增长”。[68]就英国而言，他认为 1650 至 1750 年间是“关键时期”。

这个说法不言而喻地否定了把农业革命与农业机械化相等同的论点：持后一种论点的人认为农业革命落后于而不是领先于棉纺织业革命和铁路革命。工业和机械技术 19 世纪中叶以前，在农村生活中所起的作用肯定微不足道。瑞特罗·图尔 1733 年[69]谈到的播种机即便在先进的诺福克郡东部也难得使用（仅在汤恩和科克等地），在别的地区则要迟到 19 世纪方才出现。[70]苏格兰地区 1780 年设计的马拉打谷机肯定未得到迅速推广，蒸汽打谷机的出现自然更晚。同样，以罗特海姆命名的三角犁[71]只用两匹马和一个人便能耕地（矩形犁需用六到八头牛，一名赶牛人和一名犁手），这项发明于1731年取得专利，但在1870年前未见推广。[72]有人甚至算出，包括17世纪从园林移植到田野的高产芜菁在内的许多新作物，从发源地向外传播的速度每年不超过一英里！此外，直到1830年为止，连枷、短柄镰和长柄镰仍是英国农家的常用农具。[73]英国农业在工业革命前虽然取得了毋庸置疑的进步，[74]但进步主要不是来自机器或神奇的作物，而是由于改变土地利用方式，采用多次犁耕和轮作制（实行轮作既取消了休耕地，又促进了畜牧业，后者提供的肥源又使土壤保持肥力），重视选种以及培育优良的牛羊品种，发展能提高单产的专门化农业（各地的自然条件和贸易需求均不相同，这一措施的效果也因地而异）。由此形成的一整套方法在19世纪将被叫作“高级耕作法”。事后有人根据长期观察得出结论说：这是“一门极难掌握的艺术。用篱笆围起来的土地经多次犁耕翻松后，施以大量优质肥料，交替播种消耗肥力与改善肥力的作物，不再实行休耕〔……〕用匍匐生草本作物取代直根生粮食作物，前者消耗土地表层的养分，同时又改善土地肥力，后者从土地深处吸取养分，仅仅消耗，对土地没有丝毫补益”。[75]

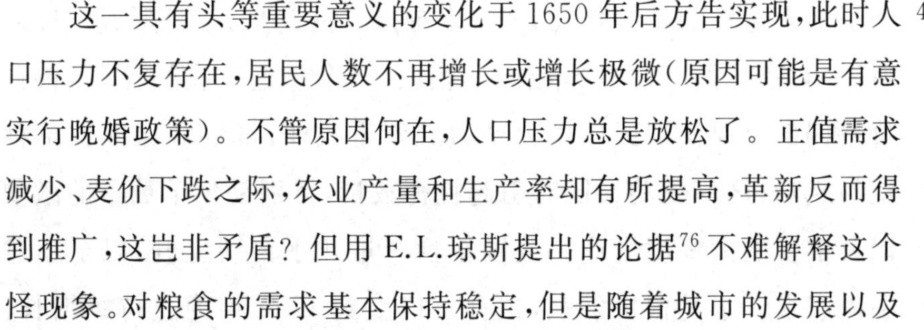

这一具有头等重要意义的变化于1650年后方告实现，此时人 484
口压力不复存在，居民人数不再增长或增长极微（原因可能是有意实行晚婚政策）。不管原因何在，人口压力总是放松了。正值需求减少、麦价下跌之际，农业产量和生产率却有所提高，革新反而得到推广，这岂非矛盾？但用E.L.琼斯提出的论据[76]不难解释这个怪现象。对粮食的需求基本保持稳定，但是随着城市的发展以及

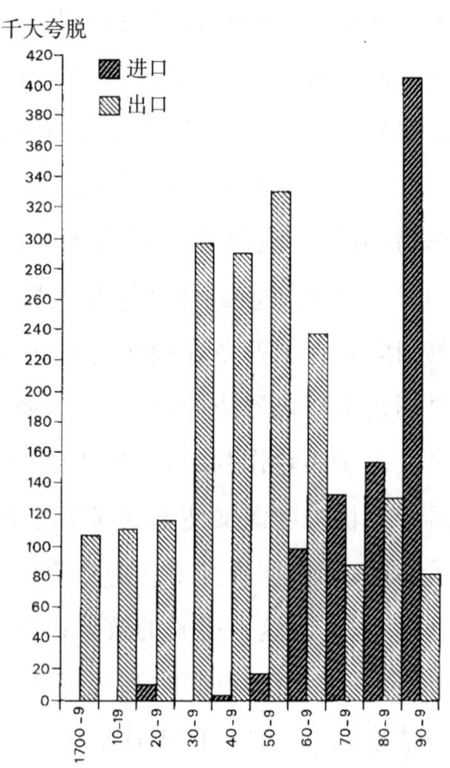

50. 英国小麦和面粉的进出口数量

总的说来，英国到1760年为止只消费本国生产的小麦；1730至1765年间英国出口按当时标准而言数量可观的小麦和面粉（1750年左右出口33万大夸脱，为年产量1500万大夸脱的2%）；进口始于1760年，尽管本国产量从1800年的1900万大夸脱上升到1820年的2500万大夸脱（每大夸脱＝290升），进口量有增无减。（引自彼得・马赛厄斯著《第一个工业国》，1969年版，第70页。）

伦敦的欣欣向荣，对肉类的需求大大增加；畜牧业变得比种植小麦更有利可图，并有取代小麦种植的趋势。人们越来越多地种植苜蓿、驴食草和芜菁等牧草，并采用新的轮作方法。由于力求大量繁殖牲畜，牲畜数量成倍增加，牲畜提供的肥料随之增多，反过来提高了加入轮作的粮食作物，即小麦与黑麦的产量，于是形成了琼斯所说的“良性循环”（与恶性循环相反）。全靠这一良性循环，粮食价格偏低更促使农民以主要精力经营畜牧业，畜牧业保证牧草种植的成功，这一成功又同时引起牲畜数量，特别是牛羊数量的激增以及粮食的大幅度增产。英国粮食产量几乎自动上升，以至超过
485 国内需求。于是粮价下跌，粮食出口直到1760年为止持续增长。

根据 E.A.莱格列的计算，1650 至 1750 年间农业生产率至少增长 13％。[77]

不过，“高级耕作法”还产生另一个后果。饲草种植要求松软的沙土地，这类土地于是在英国被视作良田。人们甚至在历来专供放羊用的、出名贫瘠的土地上种植牧草。相反，容易板结的黏土地宜于种植粮食，历来被公认为是上等良田，却因不宜种植饲草而身价大跌。实行饲草和粮食轮作的沙土地，粮食产量很高，造成粮价偏低，草纯种植粮食的黏土地在竞争中处于劣势，被迫抛荒。于是怨声四起。英格兰中部地区于 1680 年干脆要求颁布法律制止南部实行农业改良！白金汉郡艾尔斯伯里盆地拥有黏性土地农户要求禁止种植苜蓿。[78]

鉴于邻近地区的成功，一些境遇不佳的地区就转而经营畜牧业，尤其是饲养力畜；伦敦附近地区则把赌注押在乳品生产上。但更多的是朝手工业方面发展，以便重新建立平衡。约翰·内夫记录了 16 世纪蓬勃兴起的大型手工工场从 1650 年开始大大放慢发展速度这个事实；尽管如此，当时活跃的农村工业却仍在古老的、始终有效的“外包工制度”的范围内发展壮大。17 世纪末和 18 世纪初在德文郡东部，尤其在贝德福德郡、白金汉郡和北安普顿郡，花边织造业大为发达；麦秸编织草帽业从赫特福德郡传到贝德福德郡；制钉业在白金汉郡乡间得到推广；门迪普丘陵发展了造纸业，1712 年该地区有 200 多家造纸厂开工，厂址往往设在从前的磨坊里；莱斯特郡、德比郡、诺丁汉郡等地则发展针织业。[79]

所以，“十七世纪的危机”正值英国农村日趋成熟的时期，成熟过程十分缓慢，各地的进展也不平衡，但对未来的工业革命具有双重好处：首先它有利于实现农业高产，使农产品在放弃出口后能支持17世纪50年代开始的猛烈人口增长，其次它使贫困地区出现许多小企业主和一个多少习惯了手工操作的无产阶级，也就是说，一批“柔顺的、训练有素的”劳动力。当18世纪末城市大工业兴起时，他们随时准备响应大工业的召唤。工业革命将在他们中间吸收后备劳动力，而不是如不久前还有人根据马克思的说法而相信的那样，在严格意义上的农村劳力中招募工人。农村劳力的人数始终保持稳定。

欧洲大陆的情况之所以完全不同，想必是因为英国农业只有在土地经营面积达到足够规模时，才可能出现如此新颖独特的演变。一个大农庄当时可达200平方弓丈，即80公顷。若要建成这种规模的农庄，先得摧毁和改造顽固的领主制，改变佃农与领主的古老关系。工业革命起步时，英国早就做到了这一点。大地主[80]变成食息者，他不仅把土地看作维护其社会地位的手段，也当作生产的工具，因而交给干练的农场主去经营对他更为有利（按照惯例，年成不好时地主甚至补贴农场主的部分损失）。一块经营得
486 法、租息可观的地产还能保证地主易于取得贷款：地主往往兼任工场主或矿产主，他需要在别的方面投资。至于农场主，法律或者契约保证地主不得任意收回租地，他可以放心进行投资，[81]根据市场法则与资本主义方式从事经营。这一新秩序的突出特征是农场主以真正的企业家的身份而出现。一名法国见证人说，英国农场主是“地道的体面人”。“他们虽然亲手扶犁，但他们的农庄与住宅不比城市的资产者逊色。”[82]此话说于1819年。但在四分之三个世纪前，即1745年，一名法国人已把英国农场主描写为“享有人生一

切舒适”的农民；他的帮工“动身去耕地前先要喝茶”。又说“这个乡下人冬天穿礼服”，他的妻女穿戴俏丽，简直可被当作“我们传奇故事中的牧羊女”。[83]有张出色的小型版画，画的是一名“村姑”骑马赶集，胳膊上挎着一篮鸡蛋，但是鞋帽装束竟是大家闺秀的派头。这幅画可印证上面那个法国人的印象。

法国人莫里斯·留比雄对英、法农村的反差印象极深，他花了许多笔墨去描写不列颠的农业生产组织。据他估计，[84]在英国一万个教区中，每个教区都有二三户土地贵族，他们大致拥有教区辖地的三分之一，并把大块土地租给农场主经营；不依附贵族的小地主（间或也有大地主）拥有的土地也占三分之一；自耕农拥有小块 487

英国农妇赶集图。1623 至 1625 年间一份手稿的插图。

土地，并对公共土地有使用权，二者占耕地面积的最后三分之一。留比雄提出的多半是近似估计。可以肯定的是，早在18世纪前很久，一切都曾促成土地集中。小地主面前只有两条路，不是增加地产从而得以生存下去，就是早晚丧失地产变成雇佣劳动者。通过小地主丧失地产或者通过取消公共地产和便于土地兼并的圈地制，大地产因其适应能力强和经济效益高，逐渐把小地产集中到土地贵族、大自耕农和农场主的手里。法国的演变方向相反。1789年8月4日，“封建”制一夜之间全部崩溃，而土地的资本主义集中当时才刚开始；土地无可挽回地被农民和资产者分得七零八碎，对英国农村秩序赞不绝口的莫里斯·留比雄为此大发雷霆，因为“法国的土地早在革命前已分割成2500万小块，如今更达到11500万小块”。[85]难道仅仅要归罪于拿破仑法典吗？英国的土地得以避免支离破碎，难道要完全归功于土地贵族的长子继承制或资本主义农业的建立？

估量农业在工业革命中的作用时，我们不能忘记，英国农村很早就与岛国的民族市场结为一体了。英国农村被纳入市场网络之中，直到19世纪初为止，它成功地养活城市与工业居民点。这是罕见的例外，但适以证实规律。英国农村形成国内市场的主体，而国内市场是正在起步的英国工业首先与天然的销售场所。这一发展中的农业是炼铁工业的最佳主顾。农具——马蹄铁、犁铧、长柄镰、短柄镰、打谷机、钉耙、土块粉碎机的圆辊——用铁数量极大；1780年有人估计英国每年在这方面消耗的铁达二三十万吨。[86]这些数字对于我们观察的焦点18世纪前叶是否适用尚有待商榷。不过这一时期从瑞典与俄国进口的铁的数量不断增加，这难道不是因为英国冶金业本身的生产能力不足以满足需求，而增长的要求大部分来自农业吗？难道不是因为跃进的农业走到了工业化的前面吗？

人口增长

与欧洲及世界各地一样，18 世纪英国人口在增长。英国人口 1700 年为 583.5 万；1730 年略高于 600 万；1760 年达 666.5 万。随后，增加速度加快：1790 年为 821.6 万；1820 年为 1200 万；1850 年接近 1800 万。[87]死亡率从 33.37‰降到 1800 年的 27.1‰，到 1811 至 1821 年间更降到 21‰，出生率同期达到 37‰这个创纪录的水平，甚至更高。这些数字只是估计数，不同作者提出的数字不尽相同，但差别不大。[88]

急剧的人口增长意味着农村环境改善，所有的城市都在扩大，工业居民点以创纪录的速度在成长。好几位历史人口学家把 1701 年（有人口数字可资比较）的英国郡县分成三组。[89]在 1831 488
年，各郡人口的绝对数字都有所增长，但工业郡的人口该年占总人口的 45%（1701 年仅占总人口的三分之一）。农业郡的人口则相反，从 18 世纪初占总人口的 33.3%下降到 1831 年的 26%。有些郡的发展速度惊人，如诺森伯兰郡和达勒姆郡的人口翻了一番，兰开夏郡、斯塔福德郡和沃里克郡的人口增长了两倍。[90]所以不可能有判断错误：工业化在英国人口增长中起着首要作用。所有的细节研究都证实这一印象。若去考察 17 到 30 岁的年龄组，就会看到，在兰开夏郡的工业区，这一年龄组 1800 年有 40%的人已婚，而同一时期在该郡的农业区，同一年龄组仅 19%的人已婚。可见

工业提供的就业机会促使早婚。这是人口增长的加速剂。

这个被煤烟熏黑了的英格兰，以及它的工业城市和工人住宅，不断在建设，不断在发展。这种景象当然绝不是人们津津乐道的那个快活的英格兰。阿列克西·德·托克维尔继许多人之后在他的游记中描写了这个英国：1835 年 7 月[91]他先在伯明翰逗留，然后前往曼彻斯特，当时这是两个尚未完全建成的大城市。建设仓促、马虎，事先没有规划，但是生机蓬勃。利兹、锡菲尔、伯明翰、曼彻斯特、利物浦这些紧张忙碌的大城市相距密迩，连成一片，它们是英国工业跃进的灵魂。伯明翰还像人间，曼彻斯特则近乎地狱。曼彻斯特的居民从 1760 年的 17000 人上升到 1830 年的 180000 人，增加了十倍。[92]地皮不够，建在山丘上的工厂高达六七层，乃至十三层。豪华的住宅与工人的陋屋分散在城市各个角落，毫无布局可言。到处是水坑、污泥；每有一条铺上石块的大道，就有十条泥泞的小巷。男女老幼挤在污秽不堪的住房里；有些地窖同时住着十五六人。约有五万名爱尔兰人生活在社会的最底层。利物浦的情况相同，托克维尔记下该地有"六万名信奉天主教的爱尔兰人"。他补充说："这些人的贫困程度几乎与曼彻斯特相等，不过有所掩盖而已。"可见在这些由工业化催生的城市中，英格兰本地的人口增长并不总能提供足够数量的工人。来自威尔士和苏格兰，尤其来自爱尔兰的移民便赶来帮忙。由于机械化使不需要专门技巧的工作岗位成倍增加，在工业发展的所有热点城市，人们便使用女工与童工，这批劳动力与移民劳动力同样驯顺，报酬同样低微。

工业革命因此征集了它所需要的全部劳动力：既有工人，也有

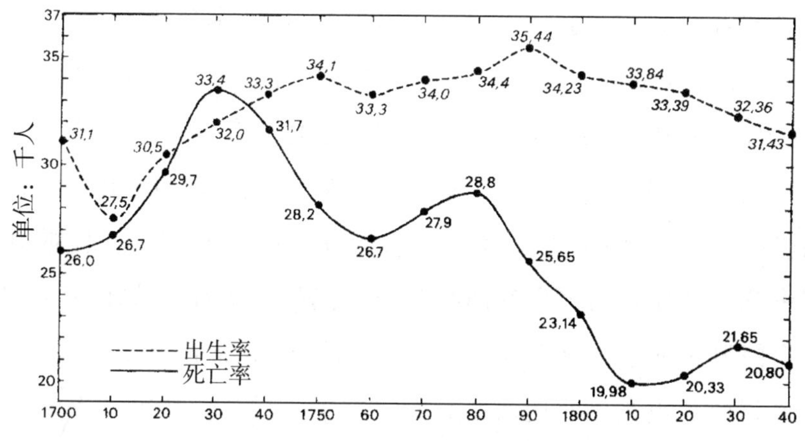

51. 英格兰的死亡率和出生率

图中两条曲线根据相当可信的估计数字（根据不同的统计学家，数字略有不同）绘制。曲线之间拉开的距离表明，从18世纪30年代起，英格兰人口激增。（引自G.M.特里维廉：《英国社会史》，1942年版，第361页。）

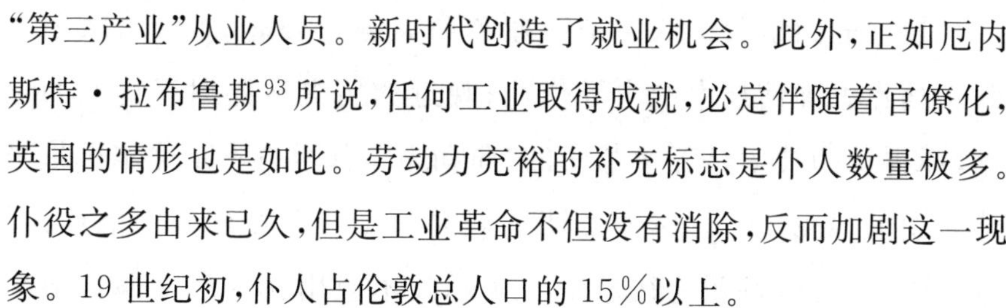

“第三产业”从业人员。新时代创造了就业机会。此外，正如厄内斯特·拉布鲁斯[93]所说，任何工业取得成就，必定伴随着官僚化，英国的情形也是如此。劳动力充裕的补充标志是仆人数量极多。仆役之多由来已久，但是工业革命不但没有消除，反而加剧这一现象。19世纪初，仆人占伦敦总人口的15%以上。 715

英格兰1750年后人口增长之迅速，简直到了人满为患的程度。这么多的人究竟是负担、障碍还是动力？是原因还是后果？不消说，人总是有用的，不可缺少的，人口增加是工业革命的必需因素。没有这几百万人，一切都不可能实现。但真正的问题并不在这里，问题在于人口运动与工业运动的相互关系。两项运动规模宏大，结伴同行。能否说其中的一项决定着另一项？不幸的是， 489
我们所能接触到的文献对二者都语焉不详。英格兰人口史是根据不完整的民事档案编写的。我们提出的全部见解都并不可靠，如果研究者们努力从事巨大的计算和核对工作，这些见解明天将被推翻。同样，人们能声称自己对大体上可表现为生产曲线的工业化进程了如指掌吗？菲力斯·迪安写道：“合理的想法是，没有1740年开始的生产增长，同时发生的人口增长就会因死亡率上升而受阻，因为生活水准下降本会引起死亡率上升。”[94]上面那幅草图中死亡率曲线与出生率曲线分道扬镳的时间恰巧就在1740年：生命战胜了死亡。这个简单的认识如果是正确的，它就足以证明人口革命紧跟在工业运动的后面。至少人口革命在很大程度上是受工业革命的感应而发生的。

技术是必要的条件，但单靠技术还不够

技术的因素曾被认为是工业革命关键的关键，如今已威望大跌。马克思确信技术的主导作用；晚近的历史学界拥有扎实的论据，不再认为技术是工业革命的“原动力”，甚至也不是保尔·贝洛什所说的“导火线”。然而发明一般总是走在工业能力的前面，但也正因为如此，发明往往落空。实际技术应用就其定义而言落后于经济生活的一般运动；它必须等待有明确的、坚决的需要，经过再三的请求，然后才介入经济生活。

例如纺织工业的两大工序是纺和织。17世纪一台织机需要七八名纺纱工向它提供产品，才能持续运转。纺纱工序占用大量
490 劳力，技术革新理应以纺纱为对象。1730年由于凯发明的飞梭，织机得到了改进。这一初步革新（飞梭的弹簧用手操纵）加快了织布速度，但仅在1760年后才逐渐推广。原因可能正是因为在这个时候出现了三项能提高纺纱速度并得到迅速推广的革新：1765年

的珍妮纺纱机因其式样简单，能为家庭织机采用；1769 年的阿克赖特水力纺纱机；十年以后，1779 年的克兰普顿纺纱机又综合了上面两种机器的性能。[95]纺纱的效率从此增加了十倍，从安的列斯群岛、东印度和英属美洲殖民地南部各州进口的棉花数量也增加了。但是纺纱速度与织布速度仍然不相衔接，这一现象一直持续到 19 世纪 40 年代前后。即便蒸汽机于 1800 年前后使纺纱实现了机械化，传统的手动织机照样赶得上纺纱的速度，织匠的人数及其工资有所增加。罗伯茨发明的机器进一步改善了织机，手动织机要到拿破仑战争结束后才慢慢让出位置。这是因为，直到 1840 年为止，用机动织机取代手动织机既无必要，也不合算（由于机器的竞争与失业，织匠的工资大跌）。[96]

保尔·贝洛什确实言之有理："工业革命开头的几十年间，技术与其说是决定经济的因素，不如说是被经济决定的因素。"技术革新显然听从市场的安排：必须在消费者的坚决要求下，技术革新才应运而生。英国国内市场 1737 至 1740 年间每年平均消费棉花 170 万磅；1741 至 1749 年间为 210 万磅；1751 至 1760 年间为 280 万磅；1761 至 1770 年间为 300 万磅。"与英国 20 年后的消费量相比，这些数量不大"；1769 年（机械化之前）的棉花消费量平均每人 300 克，"可供每个居民每年换一件衬衫"。[97]这个数字可能是临界量，因为 1804 至 1807 年间，法国达到同一消费水平后，棉纺织工业便开始实现机械化。

然而，如果说需求创造革新，需求本身又取决于价格水平。英国在 18 世纪初确实拥有一个随时准备吞下大量印度棉布（因其价廉）的大众市场。笛福曾嘲笑伦敦盛行印花布时的种种荒唐行径，他指出，贴身女仆比她们的女主人先穿进口花布。由于花布成为时尚所趋，价格随着提高，花布市场势必有所缩小。不过它主要还是被专制手段扼杀的（这恰好为这一市场的活力提供额外的证明），因为英国政府后来禁止印度棉布输入大不列颠，除非用于转口贸易。在这种情况下，可能主要不是国内需求的压力，而是如K.N.乔杜里[98]主张的那样，是印度廉价产品的竞争刺激了英国技术革新。何况技术革新先在棉纺织部门完成，而不是在产品消费量大、需求殷切的民族工业，即毛、麻纺织部门出现，这就十分说明问题。毛纺织业机械化是很久以后的事情。

英国冶金业的情况也是如此。价格对技术革新的影响与需求
491 的影响相等，甚至可能更大。我们看到，阿伯拉罕、达比完善了焦炭炼铁法，他本人设在什罗普郡科尔布鲁克代尔的高炉群自1709年起即采用此法，但是在18世纪中期前，没有任何企业家追随他走这条路。1775年，45％的生铁仍采用木炭高炉生产。[99]保尔·贝洛什指出，焦炭炼铁法迟迟不被采纳，而需求的压力无疑在不断增加。[100]查尔斯·海德把焦炭炼铁法迟迟才被采纳的情况解释得一清二楚。为什么在1750年前英格兰的70座高炉整整40年间不屑使用焦炭？为什么1720至1750年间新建的至少18座高炉仍使用老办法？[101]无非是因为，一方面炼铁企业获利丰厚，国产生铁成本虽高，却受到下列因素的保护：从瑞典进口的铁需纳税；运
492 输价格极高，以至地区之间不存在竞争；冶金产品出口兴旺。[102]另一方面是因为如采用焦炭（每一吨矿石约需两磅焦炭），生产成本就明显提高，而且焦炭炼出的铁不易精炼，如果产品价格不低于市价，殊难吸引锻造工厂主。[103]

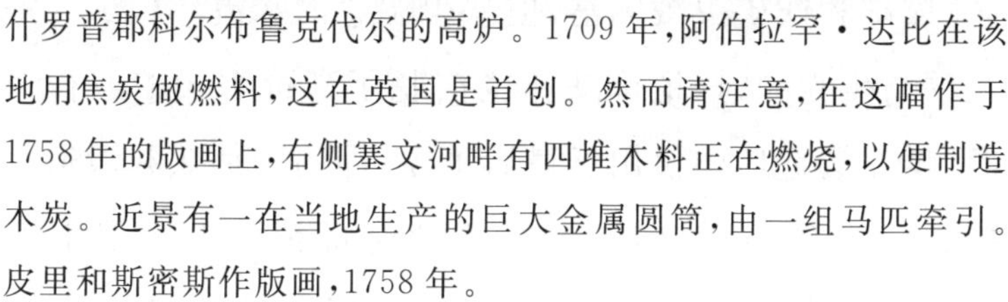

什罗普郡科尔布鲁克代尔的高炉。1709 年，阿伯拉罕·达比在该地用焦炭做燃料，这在英国是首创。然而请注意，在这幅作于 1758 年的版画上，右侧塞文河畔有四堆木料正在燃烧，以便制造木炭。近景有一在当地生产的巨大金属圆筒，由一组马匹牵引。皮里和斯密斯作版画，1758 年。

既然如此，为什么 1750 年后，没有任何新技术问世，却在 20 年内新建了 27 座焦炭炼铁炉，同时关闭了 25 座旧式高炉？为什么锻造工厂主越来越乐于加工焦炭炼出的生铁锭？这是因为对铁的需求增长使木炭价格大大提高（约占铁锭生产成本的一半）。[104] 此外，从 18 世纪 30 年代起，由于煤价下跌，焦炭冶炼的生铁成本相应降低。形势颠倒了过来。1760 年前后，木炭冶炼的生铁成本比焦炭冶炼的生铁高出两英镑多。人们不禁再次要问，既然如此，为什么旧式炼铁法能维持那么长的时间，在 1775 年仍生产几乎半数的生铁？想必是因为需求激增。怪就怪在需求太旺反而保护了跛脚鸭子不被淘汰。需求之大使铁价居高不下，使用焦炭的厂家无意把价格压低到足以淘汰竞争对手的水平。这一情况维持到1775年。这以后，两种方法炼制的生铁的价格差距拉开，木炭很快就被普遍放弃。

可见不是蒸汽动力与博尔顿和瓦特的蒸汽机促成使用焦炭做高炉燃料。早在蒸汽机投入使用前，使用焦炭已成定局：即使没有蒸汽机，焦炭也稳操胜券。[105]这不等于说蒸汽在英国冶金业未来发展中不起作用：一方面，蒸汽推动巨大的鼓风机，使高炉容积有可能大大扩充；另一方面，使用蒸汽使得冶金厂址不必非选在河流附近不可，新的地区得以建立冶金工业，尤其是斯塔福德郡的“黑色地区”煤矿和铁矿蕴藏丰富，但缺少湍急的水流。

几乎与生铁同时，精炼铁业也摆脱了高价木炭的奴役。1760年前后，煤在锻造厂中仅用于最后工序，即用来加热和锻造已经精炼的铁。1780年前后，转炉的采用使全部精炼工序都用煤做燃料。英国铁条产量一下增加了70%。[106]但在这里，查尔斯·海德再次发表与众不同的见解：把木炭从锻造厂赶走的，不是经过1784至1795年的艰难岁月后才臻完善的搅拌法。此事早已完成了。[107]不过搅拌法代表英国冶金业的决定性进步，完成了冶金业在数量和质量两方面的革命。这一次革命把英国冶金业的产品质量乃至历来微不足道的数量一举推到世界最前列，而且保持这一地位达一个世纪之久。

何况，机器的地位在工厂以及整个日常生活中迅猛上升，难道不是全靠金属的优良性能？从这一角度出发，逐一考察蒸汽机技术发展的各个阶段，将会给人强烈的印象。起初，机器以砖木为骨架，仅有几根金属管子，构造极为笨重；1820 年起，机器上的金属管子已密密层层。制造第一批蒸汽机时，锅炉以及承受压力的各部件使人伤透脑筋。纽卡门制造的机器补救了早于他的萨弗里的机器 493
的不足之处，后者的接头易在蒸汽压力下爆裂。不过纽卡门的机器虽说结实，却用砖石砌造支柱的炉膛，用木头做摆杆，铜做锅炉，黄铜做汽缸，铅做管道……生铁和铸铁好不容易才慢慢取代这些昂贵的材料。瓦特本人在苏格兰的卡隆锻造厂里也未能制成密封的汽缸。全亏威尔金森用他发明的一台镗床帮瓦特解决了难题。[108]

所有这些问题到 19 世纪最初几十年就不复存在了，此时制造机器已不使用木材，人们开始生产各种类型的金属小部件，以使“机器的传统形状变得灵便”。[109]约翰·斯米顿 1769 年为卡隆锻造厂制造了第一个用铸铁做轴的水轮。由于铸铁多气孔，不耐冷冻，此举未能成功。前此一年，1768 年伦敦桥上启用的大口径水轮仍是木制的，但于 1817 年被铁轮所取代。[110]

冶金工业虽在长时段起着决定作用，在 18 世纪却尚未扮演头等角色。大卫·朗德写道：“炼铁工匠在工业革命的起源方面受到〔历史学家的〕过分重视。”[111]如果严格以编年史为根据，炼铁业的 494
作用无疑是被夸大了。不过工业革命是个持续的过程，它必须在前进过程中随时有所发明，始终期待着将要来临的、应该来临的发明，而且永远有新发明进行补充。每一项成果都说明前一项进步的理由和意义。煤、焦炭、生铁、熟铁、钢都可说是“大人物”。但最终是蒸汽在某种意义上阐发了它们的重要性，而蒸汽本身在瓦特的发明之前，在铁路尚未问世之时，也久久未能找到自己的位

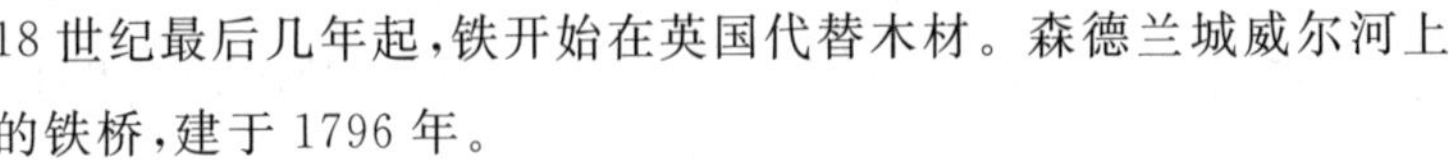

18 世纪最后几年起，铁开始在英国代替木材。森德兰城威尔河上的铁桥，建于 1796 年。

置。到了 1840 年，工业革命已首战告捷，艾米尔·莱瓦索推算，[112]按一个马力相当于 21 人的劳力计算，法国当时拥有 100 万名特殊性质的奴隶，而且这个总数必将以幂数方式增长：1880 年将达到 9800 万，即法国人口的两倍半。法国尚且如此，英国当然更不用说了！

不可小看棉纺织业革命的意义

棉纺织业的勃兴揭开英国工业革命序幕，曾是历史学家们津津乐道的话题。时尚变迁，这已成明日黄花。新的研究成果对棉花不利，人们今天倾向于把它看作小角色：棉织品总产量以百万磅为单位，而煤产量动辄以百万吨计。1800 年，英国加工的原棉首次突破 5000 万磅大关，相当于 23000 吨；E.A.莱格列说，按重量算，大致等于“150 名煤矿工人一年的产量”。[113] 另一方面，由于棉纺织工业的各项技术革新被置于 16 世纪前即已开始的、为古老的纺织工业（毛、棉、丝、麻）特有的长系列变革之中，人们自然而然地认为棉纺织工业属于旧式工业，或者如约翰·希克斯所说，“与其把它看作新工业的开端，不如说它是旧工业演变的最后一章”。极而言之，人们几乎可以认为，15 世纪末的佛罗伦萨已取得了同样的成就。[114] 正是出于以上的考虑，厄内斯特·拉布鲁斯在 1970 年 10 月的里昂讨论会上把凯发明的、当时被人赞不绝口的飞梭比作“儿童的机械玩具”。[115] 可见，棉纺织革命并没有采用大型的现代生产资料。棉花重量轻、价值相对高，因而它可以利用现成的运输手段，也能利用奔宁山脉各河谷和其他地方的水轮动力。棉纺织工业只是在繁荣发展以后，才求助于蒸汽机，放弃数量不多和很不稳定的水力资源。蒸汽机并不是为棉纺织工业而发明出来的。最后一点，纺织工业要求大量的劳动力和相对较少的投资。[116]

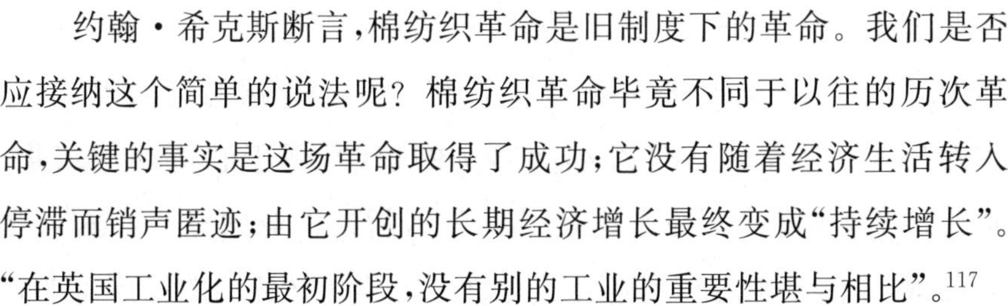

约翰·希克斯断言，棉纺织革命是旧制度下的革命。我们是否应接纳这个简单的说法呢？棉纺织革命毕竟不同于以往的历次革命，关键的事实是这场革命取得了成功；它没有随着经济生活转入停滞而销声匿迹；由它开创的长期经济增长最终变成“持续增长”。“在英国工业化的最初阶段，没有别的工业的重要性堪与相比”。[117]

真正的危险倒是缩小棉纺织革命的意义。欧洲从 12 世纪起就加工棉花，这一革命事先的酝酿进行得十分缓慢，整个过程比人们通常所指出的要长得多。当时用勒旺进口的棉花纺出的纱细则 495
有余，牢度不足。所以这种棉纱不能单独使用，而是作为纬线与亚麻经线混纺。这种混纺织物在法国叫 futaine，在德国城市叫

Barchent，在英国叫 Fustian。在纺织品家族中这是个穷亲戚，外观粗糙，价格相当贵，又难以洗涤。因此，17 世纪商人不仅进口原料，而且输入印度棉布和印花布，后者对欧洲是一大发现。印度的纯棉织物品质极佳，价格低廉，往往印有色彩鲜艳的图案，而且与欧洲织物相反，易于洗涤。欧洲很快就被征服，东印度公司的船只源源不断运来货物，时尚又起到推波助澜的作用。为了保护自己的纺织工业，主要是毛织业而不是棉麻混纺业，英国于 1700 年和 1720 年，法国则早在 1686 年即禁止在本国境内销售印度棉布。印度棉布仍继续到岸，原则上是为了转销第三国，实际上走私盛行。印度棉布赏心悦目，迎合时尚。既然成了时髦，印度棉布便不顾禁令，不怕警察搜查和没收，到处风行。

先在英格兰发生，很快就席卷整个欧洲的棉纺织革命，事实上首先是对印度工业的模仿，然后作为一种报复，赶上并超越印度。问题是要使产品与印度棉布质量相等但价格较低。只有机器才能与印度手工业竞争，生产出价格较低的产品。但也并非马到成功。需要等到 1775 至 1780 年间阿克赖特和克兰普顿的机器问世，才能纺出与印度棉纱一样纤细而结实的棉纱，用于制造纯棉织物。从此以后，印度棉布的市场就受到英国新兴工业的竞争。这可是个巨大的市场，包括英格兰、不列颠群岛、欧洲（各国的民族工业将纷纷争夺市场）、非洲海岸（那里用棉布交换黑奴）、庞大的美洲殖民地市场，还有土耳其、勒旺和印度本身。棉织品一直以出口为主：1800 年棉织品占英国出口商品总值的四分之一，1850 年占一半。[118]

所有这些陆续被征服的国外市场（其中有新增加的，也有先后被取代的，视不同情形而异）说明了英国棉布生产奇迹般地飞速增长：1785 年为 4000 万码，1850 年即达 20.25 亿码。[119]产品的价格同时降低，若以 1800 年的指数为 550，1850 年降为 100，而同一时期小麦与大部分食品的价格仅降低三分之一。初期令人难以置信的高利润（一位英国政治家后来说，“不是 5%，也不是 10%，而是百分之几百或几千”）[120]一落千丈。但产品畅销世界市场足以弥补利润率的下降。1835 年有人写道：“利润仍是以使工场积累大量资金。”[121]

如果说英国经济于 1787 年后起飞，那都是棉纺织工业立下的功劳。埃里克、霍布斯鲍姆甚至认为，棉纺织工业的发展速度基本上持续不断地标志着整个英国经济的发展速度。其他工业随同棉纺织工业上升，也随着它的崩溃而下跌。这个局面一直维持到 20 世纪。[122]同时代人无不感到英国棉纺织工业的空前强大。1820 年左右，机器即将在纺织业普遍推广时，棉纺织业已是名副其实的 496
“蒸汽工业”，使用蒸汽的大户。1835 年，棉纺织业使用的蒸汽机至少提供 30 000 马力，而水力能源仅为 10 000 马力。[123]只消看到曼彻斯特的巨大发展，就能测出这一新兴工业的威力。这是一座现代城市，“数百家工厂都有六七层高〔还有更高的〕的厂房和硕大无朋、浓烟滚滚的烟囱”。[124]邻近城市，包括利物浦在内，都归曼彻斯特控制。利物浦不久前还是英国最大的黑奴贸易港，现在成了进口原棉的重要港口，原棉主要来自美国。[125]

相比之下，老资格的、显赫一时的毛纺织工业长期处于某种因循守旧的状态。一名英国工场主于 1828 年回忆往事，想起珍妮纺纱机于 1780 年间在家庭中出现，老式纺车被束之高阁，纺毛的全

部劳力转而从事纺纱。他说:“毛纺已无影无踪,麻纺也差不多:普遍使用的原料变成棉花,棉花,还是棉花。”[126]珍妮纺纱机后来经过改装,适用于毛纺工业,但是毛纺织业的全部机械化要比棉纺织业晚三十来年。[127]利兹取代诺里奇成为毛纺织业的中心,毛纺(当然不是毛织)的机械化从那里开始,但是整个毛纺业直到1811年仍以乡村手工工场为主体。路易·西蒙报告说,“〔利兹的〕呢绒市
497 场是围成四方形的大型建筑,砖墙及铺地的铁板可以防火。以半农半织为业的2600名乡村工场主每周两次在此设店售货一小时。他们的铺面沿着长长的走廊一字排开。〔……〕他们手执样品,呢料堆在他们背后。主顾巡视两厢的铺面,比较各家的样品,价格几乎划一无二,买卖很快成交。双方不必多费唇舌和时间,生意做得很大。”[128]毫无疑问,这个市场还处在前工业时代。操纵市场的是买主、商人。可见毛纺织业没有紧跟棉纺织业的革命。同样地,锡菲尔的制刀业与伯明翰的五金业仍以无数小作坊为主。且不说其他许多古老的经济活动,有的一直维持到20世纪。[129]

在长期领先的棉纺织工业革命后,炼铁业也发生革命。不过铁路、轮船和各种机械装备要求巨额投资,但提供的利润不丰。英国建造铁路、轮船和各种机械装备的资金难道不是取自国内的大量积累?所以,即便棉纺织业对机械化的高涨和对大型冶金企业的兴起没有直接起到巨大作用,棉纺织工业的利润无疑为工业化支付了第一批账单。一个周期推动另一个周期。

远程贸易的胜利

若说英国18世纪发生了商业革命,一场真正的商业爆炸,这

18 世纪末至 19 世纪初，罗伯特·欧文在爱丁堡东南部新拉纳克的纺纱厂。苏格兰紧跟英格兰实现工业化。

并不过分。在这个世纪里，只为国内市场生产的工业产量从基数 100 增为 150，而为出口生产的工业产量从基数 100 增为 550。对外贸易显然是遥遥领先的赛跑选手。这场“革命”需要从它本身来解释，而这一解释势必牵涉到整个世界。至于商业革命与工业革命的关系，不但十分密切，而且相辅相成，彼此向对方提供强大的帮助。

英国有幸在本土以外建成一个巨大的商业帝国，也就是说，不列颠经济向世界上最辽阔的交换单位开放，这个单位囊括的空间从安的列斯海直到印度、中国和非洲海岸……如果把这一巨大空间分成两块，一块是欧洲，另一块是海外各地，人们就能更好地理解这一特殊命运的起因。

498

每平方英里居民数:
200人以上
150至200
100至150
50至100
50人以下
0 25 50 英里

52. 1700 年英国的两个部分

根据人口疏密和财富多寡，可从塞文河下游的格洛斯特到沃什湾旁边的波士顿划出一条分界线。（摘自前引 H.C.达比的著作，第 524 页。）

499

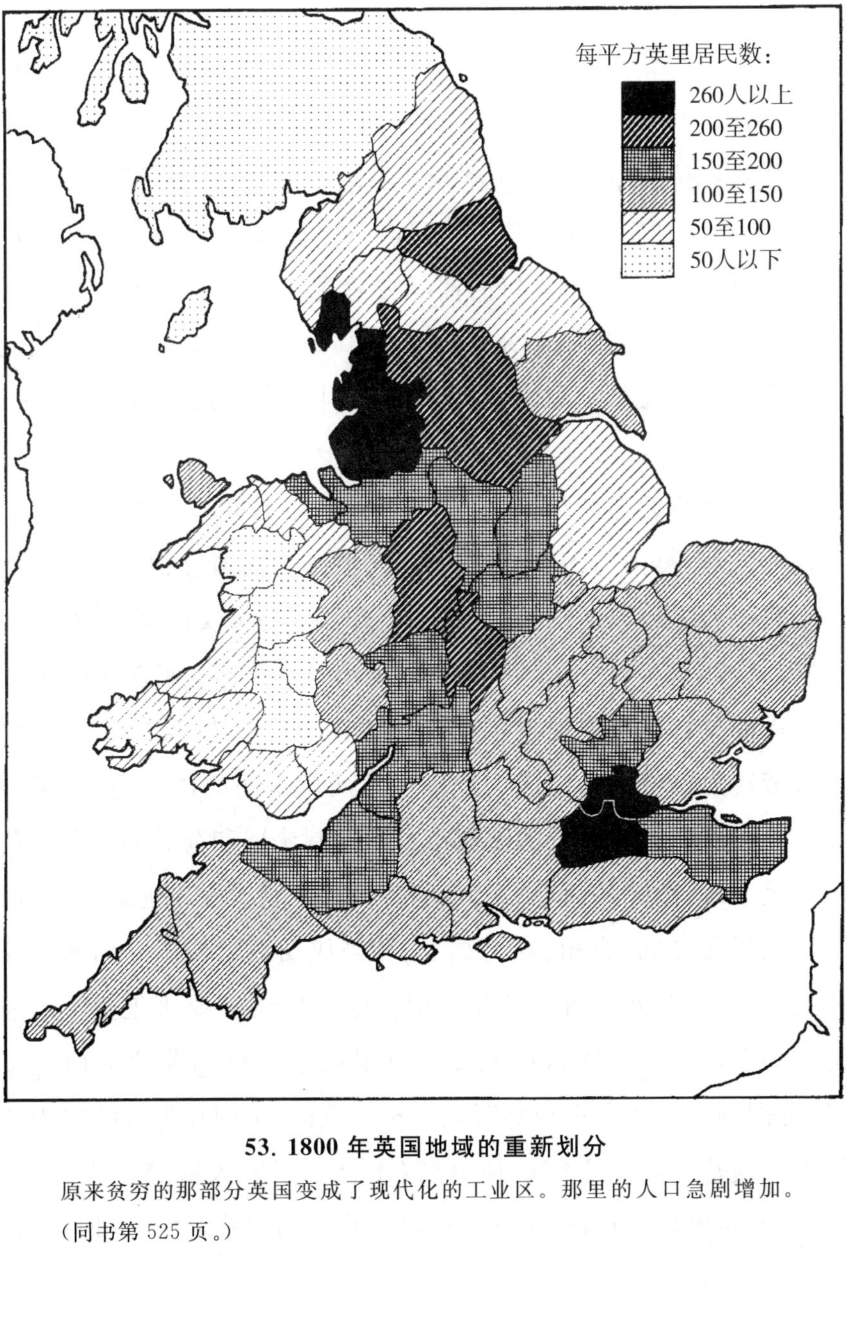

53. 1800 年英国地域的重新划分

原来贫穷的那部分英国变成了现代化的工业区。那里的人口急剧增加。(同书第 525 页。)

1760 年前后，不列颠商业与世界商业基本上都在不断增长，英国与邻近的欧洲的贸易相对下降，而它与海外的交换额却在上升。如把不列颠与欧洲的贸易分成进口、出口和转口三大栏，人们会发现，只有在转口一栏里，英国与欧洲的贸易在 18 世纪占主要份额并且保持基本稳定（1700 至 1701 年度占 85%；1750 至 1751 年度占 79%；1772 至 1773 年度占 82%；1797 至 1798 年度占
500 88%）。而英国从欧洲进口的商品在总进口额中所占的比例有规律地下降，在上述各年度分别为 66%、55%、45%和 43%；英国向欧洲出口商品在总出口额中所占的比例下降更大，分别为 85%、77%、49%和 30%。[130]

这一双重后退意味深长：英国商业的重心在某种程度上趋向于远离欧洲，英国与美洲殖民地（不久便是合众国）以及与印度（尤其在普拉西之战以后）的贸易不断上升。这一事实印证了《荷兰的财富》（1778 年）一书的作者的精辟见解，[131]阿卡里亚斯·德·塞里奥恩的见解很可能提供了正确的解释。他认为，英国因国内物价及劳动力价格高昂已成为欧洲生活费用最高的国家，这一束缚使它不再有能力在邻近的欧洲市场上遏制法国和荷兰的竞争。英国在地中海、勒旺各商埠、意大利和西班牙（至少在卡迪斯失势，但英国以牙买加的“自由港”为据点，相当成功地维持了在西属美洲的贸易优势）都处于落后地位。但在欧洲的两个要害地点——葡萄牙和俄国——英国依旧领先。英国最早夺得葡萄牙的商业市场，英国的势力在那里根深蒂固。至于俄国，英国在那里购得为其海上运输及工业所必需的原材料（木材、桅杆、大麻、铁、沥青、焦油）。不妨概括一点说，英国在欧洲不再稳占鳌头，甚至有所后退，

但在世界其他地区则节节胜利。

对这一胜利应该认真加以分析。总的来讲，我们清楚地看到英国怎样把贸易活动“推向边缘地带”，它经常使用武力达到这一目的：1775 年在印度，1762 年在加拿大，以及在非洲海岸，它都把竞争对手强行逐走。[132]但英国并不仅仅动用武力，并不始终求助于武力，既然新独立的美国大幅度增加了对原来宗主国的购买额（而不是销售额）。[133]自 1793 至 1795 年间的欧洲战争也对英国有利，战争迫使英国去占据世界，而荷兰与法国则被排除在全球角逐之外。一位在革命战争和帝国战争期间寓居英国的法国人日后写道：“众所周知，这十年（1804—1813）中世界上任何一国不获英国的同意都做不成生意。”[134]

英国把贸易重点放在欧洲经济世界的“外围”和后备地带，从中得到的好处显而易见。国内的高物价促使英国改变其生产资料（机器涌现是因为人工太贵），也推动它在物价低的国家购买原料（甚至直接可在欧洲出售的产品）。英国之所以能这样做，难道不是因为英国商业凭借世界最强大的船队赢得了远洋贸易的霸权？包括荷兰在内，世界上没有一个国家能像英国那样在航运领域发展劳动分工，不管涉及造船、装备、筹集启航费还是航海保险业务。到保险商们聚会的咖啡馆里看一眼所得的教益，胜过阅读长篇的论文。保险商们常在“耶路撒冷”“牙买加”和“山姆”咖啡馆碰头，1774 年后常去皇家交易所里新开张的“劳埃德咖啡馆”。保险经纪人接受顾客的委托，从一家咖啡馆到另一家去谋求保险商的合作。甚至外国人也知道该到什么地址办什么事。[135]“劳埃德咖啡馆”是消息最灵通的信息中心。保险商往往比船主更了解他们承

501

18 世纪初布里斯托尔港“大码头”。布里斯托尔市立艺术博物馆藏品。

保的船只的境况，因而承保能十拿九稳。

502　英国依靠其船队经营远程贸易同样十拿九稳。在革命战争与帝国战争期间，当法国力图封锁欧洲大陆时，英国成功地解除了一部分欧洲大陆对它的惊惕和敌意；许多人已经作了叙述，我们这里不必再多啰嗦。英国总能找到缺口，如丹麦的托宁根（直到 1807 年），以及埃姆登与黑利戈兰（直到 1810 年）；一个缺口废弃不用了，另一个缺口立即取而代之。[136]同时，英国在世界范围内继续进行贸易，不受干扰，有时是按老规矩办事。东印度公司在拿破仑战争期间继续信心十足地从印度进口棉布到国内，结果是“几千捆棉布在公司的仓库里闲置了十年，最后才想到送给西班牙的游击队”去做裤子和衬衫。[137]

当然，商业革命单独尚不能解释工业革命。[138]任何一位历史学家都不会否认商业扩张对英国经济的影响，因为商业扩张有助于提高英国经济的实力。但还有许多人低估商业扩张的作用。这个问题实际上与对资本主义发展原因的两种不同见解的激烈争论有关。一些人相信只能用内部演变去解释资本主义的发展，另一些人认为资本主义发展是从外部，通过对世界的一系列剥削而实现的。这场争论不会有任何结果，因为两种解释都有其道理，对英国资本主义发展赞赏不绝的同时代人已经倾向于前一种解释。路易·西蒙于 1812 年写道：“应该看到，国内商品流通和劳动分工的极其发达以及机器的优越才是英国财富的源泉。”[139]“我怀疑人们夸大了〔……〕英国国外贸易的重要性。”[140]另一名证人甚至写道：“有人认为英国的财富来自对外贸易，这种看法与所有凡俗之见一样，既大谬不然，又深得人心。”[141]他充满自信地补充说：“至于对外贸易，不管发明了大陆体系的自命高深的政治家们怎么说，它对任何国家，包括英国，都无足轻重。”所谓“大陆体系”，指的是大陆封锁。这位证人，法国人莫里斯·留比雄认为这是干了傻事，他对革命时期的法国与帝国时代的法国同样憎恨。通过打击英国的商业来打击英国，岂非荒唐？封锁大陆纯属荒唐。1798 年把法国舰队和最精锐的部队派往埃及，踏上可望而不可即的印度之路，也是荒唐。不但荒唐，而且白费时间，因为我们这位喜好辩论的作者问

道:英国从印度又得到什么呢?充其量不过三十来条船,而“船上载运的物资一半是船员在远程航行中必需的淡水和食物”。

这些观点之所以能谬种流传,是因为许多人如康替龙一样认定不存在贸易的顺差和逆差。根据平衡的原则,一个国家出售的商品只能与它购买的商品价值相等。未来的贸易大臣赫斯基森把这种平衡称之为“等价物的相互交换”。[142]难道还有必要说明,英国与爱尔兰、印度、美国以及与其他国家的贸易并非以等价交换为原则?

确实如此,根据海关文件提供的资料虽然能大致不错地测定英国不断增长的贸易额,却不能计算英国的贸易盈亏。菲力斯·迪安[143]长篇大论进行分析说明,这里不可能概述其要点。至于估计数字,它们可能使人以为英国对外贸易盈余甚微,甚至略有亏损。我们再次遇到了上文在谈及牙买加或法属安的列斯群岛的贸易平衡时已经讨论过的问题。海关的数字除了其固有的缺点外,
503 其实只涉及进出英国港口的商品。它们不记录资金的流动,在海关监督之外进行的“三角”黑奴交易,英国商船赚到的运费,牙买加种植园主或在印度发财的英国人寄回来的钱,远东“区域贸易”的利润等……

既然如此,一面承认对外贸易不容否认的重要性及其超比例的增长,另一方面,在比较国内贸易总额和对外贸易总额时又降低后者的相对重要性,这种论据是否站得住脚?根据D.麦克弗森在其《商业年鉴》(1801年)[144]所作的估算,前者约等于后者的二三倍,[145]即使没有可靠的数据,国内贸易占优势却是不成疑问的。但这丝毫不能解决问题,我已说过这一点,不想在这里再次讨论远

洋贸易与国内贸易的相对意义。就英国经济增长和英国工业革命而言，国内贸易的重要性丝毫不排斥对外贸易的重要性。18 世纪不列颠工业的出口生产增长了将近 450%(以 1700 年为 100,1800 年则为 544)，而供国内消费的产品生产仅增长 52%(1700 年为 100,1800 年为 152)：这一事实足以说明国外市场在不列颠生产中所起的作用。1800 年后，这一作用有增无减：1800 至 1820 年，不列颠本土的出口增长 83%。[146] 国内国外的两股动力汇合起来，相加相乘，推动了英国工业革命。二者互为依存，缺了一方就不可能有另一方。

我甚至觉得印度历史学家阿马伦都·古哈[147] 的论证正中要害。他并不比较总额，而是比较余额：例如英国从印度得到的余额和用于投资的英国储蓄余额。根据各种计算的结果，英国 1750 年的投资额约为 600 万镑(国民生产总值的 5%)，1820 年为 1900 万镑(7%)。与这两个数字相比，1750 至 1800 年间英国每年从印度取得 200 万镑是否太不起眼了？我们不知道从印度取得的余额(尤其是在印度发财的英国人的汇款)在英国经济中是怎样分配的。但这笔钱不会流失或闲置不用。这笔余额提高了不列颠岛的财富水平。正是财富的高水平载负了英国的成功之舟。

国内运输的发展

不管对外贸易起了多大的加速作用，本书已就民族市场作了长篇论述，[148] 自然不会忽视其重要性。更何况，如果我们接受国内贸易额大致相当于对外贸易额的二至三倍，[149] 后者(扣除转口贸易额)1760 至 1769 年间平均每年为 2000 万镑(取其整数)，[150]

那么前者应为4000万到6000万镑。如按利润为贸易总数的10%计算,[151]每年利润为400万到600万镑,相当可观。工业革命与这一活跃的经济流通有直接联系。不过要问,为什么英国运输业那么早就发达了起来?

我们已经说过,其部分原因在于伦敦起了具有革命性的集中
504 作用;在于市场增多;在于货币经济得到普及,渗透到一切领域;在于贸易额的增长(其中包括"油水很足"的传统交易会以及相当长时期内无比兴旺的斯陶尔布里奇交易会);在于伦敦周围星罗棋布的设集市镇;在于首都内部的大型专门市场;在于中间人成倍增加,促成收益和利润在经济活动的大量参与者之间重新分配。关于这一切,丹尼尔·笛福已有所记述。总之,原因在于经济关系的精巧化与现代化,越来越趋向于不借外力自动运作。最后也是最主要的原因是运输条件的改善,交通便利迎合贸易的要求,并保证贸易的飞跃发展。[152]

在这里,我们又遇到本书已涉及的一个问题。但在谈到英国运输业这个出色的实例时,再次考察这个问题并非无益。首先是港口与港口之间的近海航运使英国运输业得以兴起并保证其久盛不衰。大海在这一方面与在其他方面一样,是不列颠群岛的第一张王牌。从事近海航运的船舶占英国舰队的四分之三,1800年前后至少雇用十万名水手。[153]在这种情况下,英国大量需要的船员基本上就是通过近海航运业培养出来的。一切货物无不通过沿海贸易流通,其中有巨额的小麦,也有从泰恩河口运到泰晤士河口的纽卡斯尔煤块。沿着英国海岸有二十来个繁忙的港口从事这些几乎连续不断的交换,有的港口位置极佳,进出便利,有的港口进出

困难，但也必须利用。英吉利海峡的港口是良好的避风港，也是（如笛福所说）“走私与舞弊”[154]的渊薮，至少是渊薮之一。

英国运输业的第二张王牌是内河运输。离海岸很远的诺里奇能成为重要的工业城市，难道不是因为从海上可直达该地，“不必经过船闸，也不必中断航行”？[155] T.S.维伦以其惯有的简练文笔[156]在一本书[157]里指出了内河航行的重要革命意义，正是内河航行把海船，至少把海船载运的货物，一直送到岛国的腹地，而围绕不列颠岛的近海航运则好比一条海上河流与内河航运相衔接。

英国的通航河道一般水流滞缓。1600 年后，人们不再满足于既有的天然条件。由于城市需要煤和其他重货（特别是建筑材料），河道逐渐得到整修，可航河段被延长，有些蜿蜒曲折的河段被截直，还设置了船闸。T.S.维伦坚信船闸的发明几乎可与蒸汽机的发明相提并论。[158]整治河流可说是开凿运河的前驱：最早的运河不过用于延长或连接天然水道。反之，有些河流只是因能够起到连接几条新开凿运河的作用，才得到整治（且不说疏通航道）。

所以，兴修运河的狂热不是、也不可能是真正的疯狂，而是一种投机。有人说这是一种事倍功半的投机，也就是说，两次中必有一次成功，条件是路线必须选对，当时起决定性作用的煤应能利用新开辟的水路，建造运河的公司或者单枪匹马冒险的承包商筹资获得成功。

兴修运河的狂热始于 1755 年。那一年在流入默西河的山凯 505
河的一侧开凿了运河，几年后建造了有名的连接曼彻斯特与邻近的沃斯利煤矿的布里奇沃特公爵运河。[159]这后一条运河极为成功。布里奇沃特公爵“独资兴建的工程所需流动资金竟比法兰西

布里奇沃特公爵在他开凿的运河边上。1767 年的版画。

银行这个名称唬人其实捉襟见肘的机构拥有的全部纸币数量还多，但他从未如法兰西银行那样发生票据信用危机；他更不需要如法兰西银行那样窖藏相当于流通票据额四分之一的现金；这对他真是十分幸运，因为他往往没有足够的零钱付给带他去视察工程的马车夫”。[160]这一次承包人极为出色地完成了任务。他拥有一座煤矿，这使他易于得到贷款：大家知道，人们只肯给有钱人贷款。他所兴建的工程设计周密可靠。他把煤矿生产的煤直接运到曼彻斯特，成功地把售价降为原价的一半，每年获利为预垫资金与各项开支的20%。建造运河只有对于那些计划不周的人才是疯狂之举。因为如以海运价格为基数，运河的运价仅为3倍（车载运费为 506
9倍，驮畜运费为27倍）。

然而，各地建造的收费道路（第一条大概于1654年启用）形成了一个殊称人意的陆上交通网。与运河一样由私人出资建造的“收税路”（国家只对通向苏格兰和爱尔兰的战略公路感兴趣）取代了原有的道路。旧路虽然并不像人们所说的那样糟，毕竟不利于车辆行驶，冬天往往不能使用。

不过，新修的硬路面道路[161]（修路技术简单，与罗马时代的大路相比亦无多革新）与节节胜利的运河并不能解决所有的问题，例如从矿山的地面堆矿场到码头的运输问题仍未解决。18世纪最后几年，金属路轨问世了；轨道是铁路的前身，用克拉法姆[162]的说法，是有机车之前的铁路，杜潘男爵[163]把“rail road”（路轨）译成法文的“route-ornière”（路辙），使人联想起一条中间凹下的轨道，矿车狭小的轮子嵌入凹下部分。其实“rail”的本义是“扶手”。最初的“rail”是简单的木杆，供装有木轮的矿车在上面滑行。17世纪起，巴斯采石场、康沃尔郡的矿井和纽卡斯尔周围的煤炭运输就采用此类装置。[164]这种轨道一般配有凸起的外侧，以免轮子出轨，一匹马沿轨道牵引的重量，相当于普通道路的三倍多。仍以马为动力的时代，值得记述的事情是1767年用铁轨代替木轨。1800年后，人们着手研究适合在轨道上做牵引动力的蒸汽机。第一辆蒸汽机车将于 1814 年问世。

这类无机车牵引的铁路的长度，1816 年在纽卡斯尔周围已达 76 法里，[165]在威尔士的格拉摩根郡则达到 100 法里。该郡以加的夫为首府，包括梅瑟蒂德菲尔的煤矿和斯旺西港。苏格兰在格拉斯哥和爱丁堡周围也发展了铁路，在那里“近几年来向资本家提出的有关设计方案为数最多”。[166]杜潘男爵指出，一条“平辙”铁路甚至伸展到格拉斯哥城内。他认为人们可以“在法国城市几条坡度很大的街道，如在巴黎圣女热纳维也夫高地几条街的一侧修建类似的平辙”。[167]1833 年，《乘蒸汽车沿铁路自曼彻斯特至利物浦的游历》备受法国新闻界的称道。这是居什台先生一本书的标题，作者用大量细节描绘了“铺铁条的路”，[168]华特街的车站，[169]以及使用的各种机器，“其中罗伯特·斯蒂芬森先生的机器，人称‘参孙’，是迄今为止最完美的机器”。[170]“体积不比运水夫使用的普通水桶
740 大”。[171]

从木制轨道发展到机车牵引，铁路对英国的运输装备起了应有的作用。不必是行家里手也会确认，运输速度加快为整个英国经济的飞跃打下了基础。直到今天，[172]经济增长与运输便利仍有相互联系。订货单和信息的传递也取决于交通速度，商界离不开交通。如果托马斯·威廉斯从伦敦发往兰开夏和威尔士的商业信函的传递速度当时不是已经和今天一样快，他能在 1790 年前后建立对铜的垄断，并经营分散在康沃尔郡到设得兰群岛一带的各项商业吗？[173]

507 但在谈到英国的运输时，不能仅仅想到经过整治的河流、运河、陆路和铁路组成的越来越密的交通网。难道可以遗漏远程联

系吗？贸易总是一环紧扣一环：一个法国人断言，1800 年，“英国闹粮荒，从印度运来 60 万公担大米，每公担运费为 12 法郎，而在布列塔尼某城镇，当时找不到人肯以每公担低于 40 或 50 法郎的运费运送粮食到洛林某城镇，虽然两地的距离不超过 150 法里”。[174]“在伦敦这里，我们二十年来〔我猜是 1797 至 1817 年〕可以看到，英国自从与意大利发生冲突，不再能像以前那样从意大利取得英国工厂需要的生丝，〔东印度〕公司便在印度种植桑树，每年供应几千包生丝；英国自从与西班牙交战，不再能从西班牙得到英国工厂需要的靛蓝，公司便在印度种植这一植物，每年供应成千箱靛蓝；英国自从与俄国敌对，再也得不到它的船舶必需的大麻，公司立即在印度种植大麻以满足需要；英国如因美国对它怀有敌意而得不到美国的棉花，公司就会向它的纺纱工人和织工提供必要的原料；英国如与它的殖民地敌对〔……〕，公司也会向欧洲提供必要的糖和咖啡……”这些看法确实大可商榷。有意思的是，提出这些见解的就是那位劝我们排除“凡俗之见”[175]的证人。这种俗见认为英国的财富来自对外贸易，而这位证人却认定英国没有对外贸易也能生存。英国当然还活得下去，但其地位则要完全改变，而且得让另一个民族去征服世界……

缓慢的演变

说到这里，我们只是揭示了几个基本事实。首先，在工业革命的场合以及在深层历史遇到的所有场合，时间迅速流逝，具体事件不扮演主角。一切都是慢吞吞地实现的：焦炭炼铁、织布机械化、真正的农业革命、真正的蒸汽机、真正的铁路……工业革命的诞生

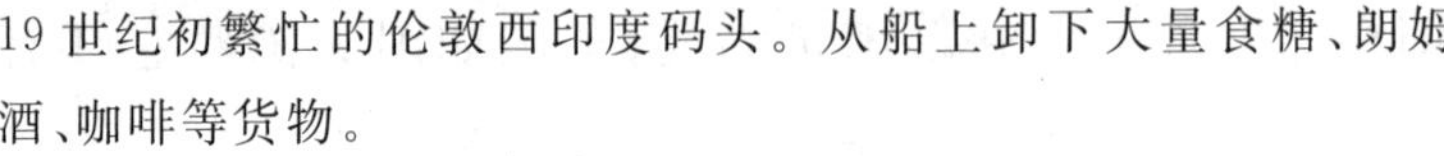

19 世纪初繁忙的伦敦西印度码头。从船上卸下大量食糖、朗姆酒、咖啡等货物。

过程拖得很长，而要使它终于脱胎而出并投入运动，必须先有所破坏，有所建设，先“改组结构”……如果我们接受查理·威尔逊和埃里克·霍布斯鲍姆[176]的看法，工业革命在英国早在复辟(1660 年)初期已经形成潜力。不过一切都是慢慢发生的。事实上，在这个表面上落后到荒谬程度的 17 世纪，旧制度被打翻在地，连根铲除：农业与土地所有制的传统结构正在摧毁之中，或者已经破除殆尽；手工业行会解体，连伦敦的手工业行会在 1666 年大火后也未能幸免；航运法经过修订；旨在保护本国经济的重商主义政策通过一系列建设性措施获得最后的完善。一切都在变动之中，笛福在 1724 年写道，王国的“面貌日新月异”；每天都有新鲜事物出现在旅行家的面前。[177]英国当时已不再是今天意义上的不发达国家：生产增加了，生活水平和福利提高了，经济生活的工具也改进了。尤其，

英国各经济部门之间有着相互联系，每个部门都取得长足的发展，509
不因需求稍旺而变成危险的瓶颈，阻塞整个经济的运转。就这样，不管选定了什么方向或者遇上什么机会，一切都已准备就绪，只待英国迈步前进了。

各种条件已逐渐成熟，各经济部门运转正常，既能为工业革命提供互为联系的全部细件，又能分别满足其他部门的需要：这个形象是否十分令人满意？这个形象使人对工业革命产生错觉，以为工业革命本身是个有意识追求的目的，而英国经济和英国社会的努力终于使新时代——机器的时代——可能来临。根据既定目标从事革命试验，这个形象，严格地讲，可能适用于今天继续进行的工业革命，因为今天已有成功的榜样为人们指引前进的道路。英国的试验却不是这么走过来的。与其说英国朝一个目标前进，不如说它在成长发展过程中遇上了这个目标。英国强大的生命力由许多犬牙交错的潮流汇合而成，这些潮流推动工业革命前进，但也大大超越了狭义的工业革命的范围。

超越工业革命 510

不论工业革命的规模多么宏大，但在一个发生了众多事件的历史时期中，工业革命并不构成唯一的整体运动，也不构成范围最广的整体运动。我们使用的词汇事先说明了这一点。可以肯定，旨在使整个社会转向工业生活方式的工业运动，比工业革命本身范围更广。尤其可以肯定的是，作为从农业优势到工业优势的过渡，具有深远意义的工业化过程也超出了前面所作解释的范围；在某种程度上，工业革命无非加速了工业化的进程。至于现代化，这是比工业化范围更广的一个整体运动："工业的发展并不仅仅等于经济的现代化。"[178]经济增长涉及的范围更广，关系到历史的整体。

虽然如此，我们能否从经济增长的素材和现实出发，试图把工业革命置于一个比它范围更广的运动中，并且从外部和远处加以观察？

各种不同的经济增长

D.C.诺斯和R.P.托马写道："工业革命不是现代经济增长的根源"，[179]这个观点值得我们借鉴。经济增长确实不等于是工业革命，虽然后者以前者为依托。我宁愿接受约翰·希克斯的说法："最近二百年来的工业革命也许不过是一次百年长青的大繁荣。"[180]这里所说的繁荣，不也就是经济增长吗？一次并不局限于工业革命的经济增长，一次实际上在工业革命前早已发生的经济增长。"经济增长"一词只是最近才突然交了好运（从本世纪40年代开始[181]），在今天的语言中，它确指"一个复杂的长期演变过程"。[182]我们对这个概念是否作了恰如其分的衡量？经济学家大体上只是在19世纪才开始谈到"增长"，而且他们对增长机制的解释并不一致。一些人认为，有平衡才有增长，另一些人则认为，增长只能是不平衡的。平衡论者（努斯克、杨格、哈特威尔）认为，增长同时推动各经济部门，使它们协调地向前发展，增长寄一切希望于需求，并促使民族市场在经济发展中发挥推动作用。不平衡论者（伊尼斯、A.O.希尔奇曼、熊彼得、罗斯托夫）认为，增长由一个条件优越的部门开始，进而带动其他部门。因此，增长是落后的部门赶上领先的部门；根据这个观点，供应以及经济中的主观意志（A.范范尼语）便被置于特别突出的地位。总之，在这样的经济增长中，国外市场的意外变化竟比国内市场的膨胀更加举足轻重，即使后者正在演变成为民族市场。

在介绍了以上的区分以后，R.M.哈特威尔[183]接着指出，据他
看，工业革命是平衡增长的产物。他的论据相当完美。但他把经 511
济学家为19世纪构想的增长形式推广到18世纪末年。其实，他完全可以把第二种论断——不平衡论——应用于工业革命的过程，而并不与具体现实（至少是人们了解的现实）有太大的冲突。何况，过去的许多历史学家也宁愿选择第二种论断，虽然他们并不始终清醒地意识到；甚至在经过深思熟虑以后，他们也许还会作出这样的选择。首先，这个论断富于戏剧色彩，迎合“事件史学”，初看起来，似乎简单而有说服力。其次，棉纺织业的“起飞”是千真万确的事实，棉纺织业无可争议是最早的大规模的机械化工业。那么，棉纺织业的增长是否带动其他经济活动呢？

两种论断难道必定互相排斥？为什么它们在长运动和短运动的既重叠又对立的普通辩证关系中不能同时有效或先后有效？两种论断的理论差异难道不是大于实际区别吗？一个经济部门的飞速发展能够带动整个经济的增长，我们在本章中已经援引过许多例子，人们无疑还能在当今世界中举出新的例子。但我们也还看到，这种飞跃如果得不到许多部门的广泛响应，迟早会停顿下来。那么，与其为平衡增长或不平衡增长争论不休，我们还不如改说持续的增长或断续的增长。这种区分合乎实际，因为它反映着一种

深刻的决裂，这种结构性断裂至少曾在19世纪的西方发生。西蒙·库兹涅茨认为有传统的增长和现代的增长之分，[184]我以为他说得完全有理。

现代的增长，也就是持续的增长；弗朗斯瓦·佩鲁[185]很久以前曾经说过，这种增长不受价格起落的影响，从而使惯于观察传统时代（与19世纪有着深刻的差别）的历史学家感到意外、震惊和担心。弗朗斯瓦·佩鲁以及接过这一论断为自己所用的保尔·贝洛什自然都没有错。整个联合王国先后经历了1810至1850年的物价下跌时期，1850至1880年的物价上涨时期，以及1880至1890年的物价下跌时期，而国民总收入和人均收入的增长势头未见衰退，增长率在第一时期分别为2.8％和1.7％，第二时期分别为2.3％和1.4％，最后一个时期为1.8％和1.2％。[186]经济增长持续不断，这是奇迹中的奇迹。甚至在危机时间，高涨也从不完全停止。

在这种变化发生以前，传统的增长时断时续，在长达几个世纪的时间内，表现为一系列的飞跃和卡壳，甚至倒退。这里可以区分几个很长的阶段：1100—1350年；1350—1450年；1450—1520年；1520—1720年；1720—1817年。[187]这些阶段互相矛盾：人口在第一阶段有所上升，在第二阶段改为下降，到第三阶段再次上升，在第四阶段处于停滞状态，到最后一个阶段又飞跃上升。每次人口上升，生产和国民收入均有所增长，似乎适以证实以下的古谚："人丁旺，百业兴。"但与此同时，人均收入则相应衰退，甚至直线下降；只是当人口增长处于停滞状态时，人均收入才有所改善。费尔普斯·布朗和歇拉·霍普金斯就七个世纪的传统增长所画的长段曲线[188]说明了这一点。国民收入和人均收入互相抵触：国民产值的提高有损劳动者的利益，这是旧制度下的法则。同人们历来的主张相反，我以为英国工业革命初期的增长仍然是旧制度下的那种 512
增长。1815 年前，或不如说 1850 年前，有人甚至断言 1870 年前，没有出现奇迹，没有持续的增长。

应该怎样解释增长？

增长的方式虽然各不相同，但它总是带动经济的高涨，就像涨潮把退潮时搁浅的船舶抬高起来一样。它产生一连串互相联系的平衡和不平衡，促成一些或难或易的成功，使人们能够脱离困境，创造就业机会和利润……增长是世界在每次放慢脚步或进行收缩后重振百年宏图的运动。但这个说明一切的运动，我们却很难能说明它。经济增长本身的根源神秘莫测。[189] 即使对拥有大批统计数字的当今经济学家也是如此。我们对经济增长不可捉摸的根源只能提供某种假设，正如我们前面所说，至少出现了平衡增长和不平衡增长这两种说法，虽然人们并不一定需要在二者之间作出选择。

从这个观点看，西蒙·库兹涅茨在“经济增长的成因”和“增长产生的具体方式”之间作出的区分具有决定的意义。[190]“增长的潜力”不正是在不同的生产要素和生产行为之间连续不断的相互作用下，通过改变土地、劳动、资本、市场、国家、社会机构之间的结构性关系，慢慢取得的“平衡”发展吗？这样的增长必定属于长时段的范畴。它使人们能把工业革命的起源不加区分地与 13、16 或 17 世纪相联系。相反，“增长产生的具体方式”属于“经济形势”的范畴，它的孕育时间较短，由种种外因所促成，这些外因可以是一项技术发现，一次民族的或国际的机遇，有时纯粹是偶然。例如，如果印度不是棉纺织业的世界冠军（既是榜样，又是竞争者），工业革命虽然大概仍会在英国发生，但它是否从棉纺织业开始，可能就会成了问题。

如果接受长时段和短时段的这种重叠，我们就能不太困难地把一种平衡的增长同一种“危机接连发生”、时断时续地前进的不平衡增长合在一起解释，同时根据外界条件的需要，随时变换发动机、市场、能源以及压力手段。

为了实现持续的增长，积累了种种缓慢进步的长时段必须业已制造了“经济增长的成因”，并且在经济形势的每个转折关头，保证有一个留作备用、随时准备启动的新发动机能够取代那个出现了故障或即将卡壳的旧发动机。持续的增长是一场永无休止的接力赛。增长在 13 至 14 世纪期间之所以没有持续进行，这是因为磨坊最初赋予增长的一股冲劲十分有限，随后又没有任何能源接力；此外，更重要的是因为农业未能跟上人口的增长，陷于效益递减的困境。直到工业革命发生前，经济增长的冲击始终被我在本书第一卷中所说的“可能性限度”所粉碎，也就是说，未能逾越农业
513 生产、运输能力、能源或市场需求的极限。当限度或极限在不断提高时，现代的增长便随之开始。不过这不等于说某种极限不会在哪一天又重新形成。

劳动分工与增长

经济增长的每一进步都要牵涉劳动分工。分工是个派生过程，一种后随现象：它远远地落在增长的后面，几乎可以说，是被增

长拉着前进。但分工的越来越细归根到底必定是衡量经济增长的极好指示尺度。

马克思在其著作中真诚地以为是亚当·斯密发现了劳动分工。其实不然，亚当·斯密只是把已被柏拉图、亚里士多德和色诺芬隐约地意识到的一个旧概念上升到整体理论的高度，这个旧概念远在亚当·斯密以前，已被威廉·配第（1623—1687）、厄内斯特·路德维希·卡尔（1687—1743）、弗格森（1723—1816）和贝卡里亚（1735—1793）所指出。但在亚当·斯密以后，经济学家们认为，从这个概念得出的定律与牛顿的万有引力定律同样可靠。让-巴蒂斯特·萨伊是最早起来反对这种糊涂思想的经济学家之一，从此以后，劳动分工便成为一个过时的概念。杜尔凯姆断言，“它仅是一个派生的和次等的现象……浮现在社会生活的表层，在涉及经济分工时，尤其如此。它位于皮肤的表层”。[191]这一断言正确吗？谈起分工，我往往想到随同部队前进和安排占领区生活的后勤部门。可是，更好地组织交换，进而扩大交换，难道是那么容易办到的事吗？服务部门（所谓第三产业）的扩展，作为当代的第一位现象，属于劳动分工的范畴，并且成为各种社会经济理论的中心议题。伴随着经济增长而出现的社会结构解体及改组也是如此。经济增长不仅扩大劳动分工，而且改变分工的内容，剔除一些旧工种，添加一些新工种，最终使社会和经济改变面貌。随着工业革命的到来而出现的一次新的大分工保全了原有的社会和经济机制，并使之完善，同时却对社会和人产生众多的灾难性后果。

劳动分工:外包工制的末日

界于城乡之间的工业,其最通行的形式一度曾是“外包工制”(putting out system),[192]这种劳动组织当时在欧洲各地普遍推行,并且很早就使商业资本主义得以利用廉价的乡村剩余劳动力。农村的工匠在自己家里作工,得到家人的帮助,同时还保留一片耕地和几头牲畜。羊毛、亚麻、棉花等原料由城里的商人提供,后者在接受成品或半成品时进行检查,并结清加工费用。“外包工制”因而把城市和乡村,工匠活动和乡村活动,工业劳动和家庭劳动,以及把商业资本主义和工业资本主义结合在一起。这对工匠说来,即使还谈不上生活确有保障,至少能在某种程度上平衡其生
514 计:在包买商方面,他因此能减少固定资本的投资,还能增强对经常出现的需求不旺的承受力:每当产品滞销,他便减少委托加工,甚至暂停业务。在当时的经济中,限制工业生产的因素是需求,而不是供应,家庭劳动恰好赋予工业生产以必要的弹性。停工或复工,只消一句话,一个手势,就能解决问题。[193]

此外,最早实行劳动力集中和最早寻求“规模经济”的手工工场往往为自己保留这一回旋余地,往往仍与广大的家庭劳动相结合。总之,手工工场仅占生产的一个小部分,[194]只是到了后来,在采用了机器以后,现代工厂才最后完成了手工工场的演变,规模经济才取得了胜利。这一过程需假以时日。

除旧布新的过程确实需要慢慢完成。甚至在革命般飞速发展的棉纺织业,家庭作坊也进行了长时间的抵抗,手工织布与机械纺纱竟共存了半个世纪之久。直到 1817 年,一名见证人指出,[195]织

布还是过去那个样子，“唯一的不同，是采用了约翰·凯在1750年左右发明的飞梭”。自动织机(power loom)直要等到19世纪20年代以后，才真正制造成功。现代工厂的快速纺纱和使用传统方法织布之间的长期脱节显然打乱了旧的劳动分工。过去是纺车难以跟上织机的需要，如今机械生产的棉纱越来越多，情形便倒转了过来。从事手工织布的工匠人数激增，劳动节奏加快，工资也随之提高。乡村劳动者于是抛弃农业，加入到全日制工人的行列。随着女工和童工进入工厂，工人人数更明显增多。1813至1814年间，在213000名织工中，14岁以下的童工共130000人，占一半以上。

在当时的社会里，自食其力的工匠经常处于饥饿和营养不良的边缘，儿童跟着父母下地干活，或在家庭作坊和店铺中劳动，无疑是合情合理的事。新建的工厂和企业因而最初在招工时往往接纳的不是个人，而是整个家庭，工人主动表示愿意合家来到矿井或棉纺厂工作。在贝里的罗伯特·皮尔工厂，[196] 1801至1802年间共雇佣136人，其中95人属于26个家庭。家庭作坊就以这种方式进入了工厂，其优点是劳动纪律较好，工作效率较高。既然劳动小组(一名成年工人在一二名童工的帮助下工作)行之有效，这种组织形式便能维持下去。但是技术进步迟早使这种组织形式行不通。例如，在1824年后的纺织业，由于使用理查·罗伯茨改进的自动纺织机，快速纺纱要求在照管新机器的男工或女工身边有9名童工协助，[197]而旧纺纱机只要求有一二名童工协助就足够。家庭劳动小组因此在工厂内部消失，童工劳动从此在另一种氛围中进行，具有另一种意义。

虽然在爱丁堡和格拉斯哥一带早已使用了现代机器(棉纺织业),苏格兰高地的呢绒制造仍十分落后。1772 年,女工们仍用脚踩进行缩绒。在版画左方,两名女工似乎正使用原始的手磨粉碎粮食。

更早一些时候,随着自动织机的推广,开始了另一次后果更加严重的改组。这次改组将使家庭织布作坊消失。自从采用了自动织机,“一名童工能干与二三名成年工人同样多的活”,[198] 这对灾难深重的社会犹如雪上加霜。成千上万名失业者流落街头。工资
515 直线下跌,劳动力变得一文不值,以致贫困工匠必须不合情理地延长手工劳动时间,才能勉强维持生计。

与此同时,新的劳动分工使工人迁往城市,使穷人们四分五裂,他们都在寻找工作,而工作却似乎故意躲开他们。劳动分工使他们在远离家乡的城市意外地重新会面,并终于使他们的生活日

益恶化。在城市居住，丧失菜园、牛奶、禽蛋等传统副业，进大工厂工作，受工头往往声色俱厉的监管，俯首听命，不再有一点行动自由，接受固定的劳动时间，这对他们当然是个严重的考验。他们必须改变生活，改变视野，以至对从前的日子恍如隔世般地感到陌生。这还意味着要改变伙食，从此吃得又少又糟。作为社会学家和历史学家，奈尔·斯梅尔瑟着重研究了棉纺织业发展过程中工人们离别故土的这种痛苦。[199]没有若干年时间，工人们不可能养成新的习惯，得不到诸如联谊会、人民银行这类新组织的保护。[200] 516
英国工联（trade unions）的成立要等更晚一些时候。富人对这些新来的城里人作何想法，我们且不必多问。在富人的眼里，他们“愚昧、卑劣、好斗和狂暴”，外加一个缺陷：“通常贫穷。”[201]工人自己对工厂劳动的看法，可用以下的话作概括：能躲则躲。1838年，纺织业仅23％的工人为成年男子；女工和童工的数量很大，他们比较顺从。[202]1815至1845年间，英国社会的不满情绪空前严重，砸毁机器的事件接连发生，旨在粉碎社会的激进政治主张、工团主义以及乌托邦社会主义[203]等运动风起云涌。

工　业　家

劳动分工不仅在基层，而且在企业的高层进行，甚至在高峰也许进展更加迅速。直到那时，无论在英国或在大陆，重大商业事务照例不实行分工：批发商掌握一切，他既是商人，又是银行家，保险人，船东，工业家……因此，当英国的地方银行（country banks）开始发展时，银行家兼营粮食贸易，酿造啤酒，并从事多种商业活动，只是为了满足自己和邻人的商业活动的需要，他们才开办银行。[204]兼营多种业务的批发商无处不在，作为东印度公司和英格兰银行理所当然的主人，他们对公司和银行的大政方针起着举足轻重的影响；他们当选为下议员，晋升种种体面的职位，不久成了英国的实际统治者，而英国则已顺从地听凭他们的支配。

但在18世纪末和19世纪初，“工业家”开始脱颖而出，早在罗伯特·皮尔第二次组阁以前(1841年)，这些活跃的新人物纷纷登上政治舞台并进入下议院。为争得独立，“工业家”陆续割断前工业和商业资本主义之间的种种联系。同这些新人物一起产生，并逐年加强和扩大自己阵地的，是首先以全部力量投入工业生产的一种崭新的资本主义。彼得·马赛厄斯指出，这些新型“企业家”主要是“组织者”，“很少是重大革新的先驱者或发明家”。[205]他们足以自誉的才能，他们派给自己的任务，就是掌握主要的新技术，牢牢控制工头和工人，精通市场变化，以便利用各种必要的杠杆，亲自指导生产。他们力图摆脱商人的中间环节，亲自掌管原料的采购、运输，保证其质量和均匀供应。为了大批出售产品，他们力求主动了解市场动态和适应供求变化。托德莫登的棉纺业领袖费尔登公司于19世纪初在美国派有自己的经纪人，负责采购本厂所需的棉花。[206]伦敦的啤酒酿造商几乎不在首都市场上(靶子巷或大熊码头)购买麦芽；他们在英格兰东部的大麦产区有自己的代理人，从伦敦一位啤酒酿造商寄给其代理人的以下信件看到，对代理
517 人管束甚严：“我已把你寄给我的最后一种麦芽样品退还给你。样品实在太糟，我不能在我的酿造厂内再多接受一袋……假如我以后还得给你写这样的信，我将完全变更我的采购计划。”[207]

工业家的以上种种作为反映着工业的发展已跨上了一个新的

霍加斯作画：18 世纪英国的一个织布工场。在画的前方，工业家正在查账；背景画着正操作织机的女工。

台阶，其中当然包括啤酒酿造业。一名法国人于 1812 年说道，啤酒酿造厂"确实可算是伦敦市引人入胜的地方之一。巴克莱公司是最大的啤酒厂之一。厂内的机器都由一台 30 匹马力的火力泵带动，虽然啤酒厂使用将近 200 名工人和大量马匹，但几乎只干厂外的杂务；这所庞大的制造厂内杳无人影，一切都靠看不见的手在操作。巨大的刮板在直径为 20 法尺和深为 12 法尺的大锅中一上 518
一下地不停搅动，装满啤酒花的大锅就放在火上。若干提升机每天把 2500 蒲色耳的麦芽渣[208]送到厂房的顶上，从那里通过各种管道送往使用的地点；酒桶运输时不用人去碰它；火力泵作为这一切的动力，建造得十分精密，极少撞击或摩擦，因而噪声简直并不比一只钟大多少，即使针尖落地的声音也到处可闻。最后调制完毕的酒液被倾入体积极大的酒池或酒桶；最大的酒池可装 36 加仑的酒桶 3000 桶，按 8 桶为一吨计算，容量等于一艘载重 375 吨的大船；而这类船只有 40 至 50 艘之多，其中最小的可装 800 桶，也就是说载重量为 100 吨……最小的酒池如装满啤酒价值约 3000 英镑；按这个比例计算其他，仅仅酒池一项，就占资金 30 万英镑，用于把啤酒运往消费者家中的木桶约值 8 万英镑，整个酿造厂使用的资金大概不少于 50 万英镑；厂房用耐火材料建成，地面铺铁板，墙用砖砌；每年出厂啤酒约 25 万桶，足以装满 150 艘载重为 200 吨的船……”。[209] 这些巨型酿造厂不仅在伦敦组织其产品销售（向市内的半数酒铺直接供应），而且通过其代理商主持在都柏林的产品销售。[210] 此事非同小可：工业企业趋向完全独立。从这个观点出发，彼得·马赛厄斯举出一位名叫托马斯·库比特的营造商为例，此人在拿破仑战争期间富了起来，战后在 1817 年左右更飞黄腾达。他的成功丝毫不靠革新技术，而是靠一种新的经营方法：他摆脱营造业中工程转包的旧行规，自己掌管常年劳动力，并设法自己组织信贷业务。[211]

这种独立性成了新时代的象征。工业与其他产业部门之间的分工终于完成。历史学家说这是工业资本主义的兴起，对此我可表示同意。但他们又说，真正的资本主义仅仅从那时开始，这个说法便值得商榷。究竟有没有“真正的”资本主义呢？

英国社会的产业划分

任何社会在长期经济增长的作用下势必被劳动分工搅得天翻地覆。分工在英国到处存在。当1660年王政复辟时，特别在1689年的《权利法案》公布时，社会和国王之间的权力划分不折不扣是一次具有深远意义的分工的开端。文化部门同样逐渐作为一个独立的和有影响的天地而出现（从教育到戏剧、报刊、出版和学术界）。商业方面也出现分工，我在前面已作了简要的介绍。最后，根据费歇（1930年）和柯林·克拉克（1940年）的经典模式，产业结构发生了变化，也就是说，始终占领先地位的农业（第一产业）有所缩小，而第二产业（工业）和第三产业（服务业）
则不断扩大。R.M.哈特威尔[212]在里昂科学讨论会（1970年）所 519
作的出类拔萃的发言吸引我们对这个很少被涉及的问题进行探讨。

确实，三大产业部门之间的区分远不是十分清楚的，有人甚至多次表示怀疑在第一和第二产业之间能否有截然的界线（工业和农业可以混合在一起）；至于第三产业，更是无所不包，关于它的组成和本质，人们很可能争论不休。人们通常把贸易、运输、银行和行政管理等所有的"服务部门"列入第三产业，但难道就应该把家庭仆役排除在外？人数众多的家庭仆役（1850年前后，英国的仆役人数超过100万，[213]成为仅次于农业的第二大职业集团）是否应列入第三产业（从理论上讲，第三产业的生产率高于其他两个产业部门）？回答显然是否。但除了这个限制外，我们根据费歇和克拉克的规律不妨承认，第三产业的不断扩大始终是社会发展的标志。在今天的美国，服务业已占人口的一半，这个空前的纪录证明，美国是世界最先进的社会。

哈特威尔认为，历史学家和经济学家几乎无视第三产业在英国 18 和 19 世纪增长中的重要地位。在工业革命的另一侧，一场“服务业革命”与农业革命互为呼应。

服务业的膨胀是毋庸置疑的事实。同样不成问题的是，运输业在发展，商业在分化；店铺数量不断增多，并且日趋专业化；企业的规模不断在扩大，虽然在总体上讲还不算太大；企业的机构逐渐官僚化，人员的职守在更新或增多：经办、会计、稽查、统计、代理等；银行原来的人员确实少得可怜，现在已迅速变得很多。负责各项行政事务的国家也逐渐官僚化了。机构变得臃肿。尽管英国已把国家的许多职能移交其他机构，国家机构仍然庞大，虽说欧洲大陆还有别的国家更加庞大。我们显然不会把陆军、海军以及家庭仆役算成第三产业的成员。相反，医生、律师等自由职业者在第三产业中占重要地位，此事没有争议。早在格里高利·金的时代，律师这一行已呈上升趋势，并在威斯敏斯特的实用学校里培养出大批人才。[214]到 18 世纪末，自由职业十分风行，趋向于进行革新，破除他们原有的组织。

第三产业在 18 世纪英国经历的这场革命对工业高涨有无影响？这个问题很难回答；正如柯林·克拉克本人所解释的，产业划分早已开始，并且长期进行着，存在着。总之，没有任何事实能说明，第三产业的扩大推动了经济增长，[215]但毫无疑问的是，第三产业的扩大是经济增长的迹象。

劳动分工与英国地理 520

沿着劳动分工的方向走下去，我们还要研究决定着英国经济布局的大变动。这与法国外省在经历了18世纪的高涨后打破自给自足的格局[216]完全不是一码事。这不是渐进，而是剧变，一切都往往被闹了个翻天覆地。英国各地区之间的相互影响（这是岛国地位的延伸，由岛国地位所解释，并在岛国留下随处可见的印记），因而正是为英国的经济增长，以及为增长推动下的工业革命提供了最好和最有说服力的证据。人们感到奇怪，这种相互作用竟至今没有得到全面论证，虽然英国已有一部出色的历史地理简论，[217]以及有关地区史的许多优秀文献。[218]

但问题至少已由E.L.琼斯（1965年在慕尼黑大会）[219]、达维·奥格（1934年）[220]、G.M.特里维廉（1942年）[221]清楚地提出。在我看来，他们已谈到了问题的基本方面，就是说，英国的地域历来被一条主线所横切，这条主线从塞文河下游的格拉斯特郡延伸到波士顿，后者是座小城市，过去在沃什海湾向佛罗伦萨和汉萨同盟的商人出售羊毛。[222]如果把威尔士地区撇开不算，这条主线把英格兰分成面积几乎相等的两个对立部分。英格兰东南部主要是伦敦盆地及其邻近地区，是岛上降雨最少和历史最悠久的地区，那里能遇到“自古以来曾经出现过的各种类型的城市生活：教堂所在地，地方集市，大学发源地，商旅宿站和贸易货栈，〔旧式〕手工工场中心等”。[223]由历史积累起来的各种有利条件在这里汇集：首都的地位，经商而得的财富，重要粮食产区，根据首都的需要而进行了现代化改造的乡村，还有在偏北的伦敦至诺里奇和伦敦至布里斯托尔一带，是英国典型的前工业地区。英格兰西北部是个经营畜牧业为主的、多雨的高原地区。与英格兰东南部相比，这是一个落后的边缘地区。何况，以下的数字可以作证：在17世纪，二者的人口为1与4之比（伦敦不包括在内），财富（按纳税额推算）为5与14之比。[224]

工业革命彻底改变了这种不平衡。在条件优越的东南部，传统工业日渐衰落。尽管资金充裕和商业实力雄厚，该地区未能紧紧抓住新兴的工业。相反，位于主线以北的另一半英格兰则用“几代人的时间”[225]把自己改造成为一个富有的、极其现代化的地区。

从伦敦出发，经北安普顿和曼彻斯特，沿大路朝苏格兰方向前去，今天可抵达奔宁山脉四周的煤矿；在这些互相隔开的煤田，过去曾聚集了大批的工人和机器，英国最悲惨和最有活力的城镇就在那里出现。见证历历在目：每个煤田都有自己的特点和程式，自己的特殊历史和城市，伯明翰、曼彻斯特、利兹、锡菲尔等如雨后春笋般出现，并使英国的重心偏向北方。工业化和城镇化急剧发展：黑色的英格兰曾像是一台搅拌机，把来自各地的人糅合在一起。对于这些大规模的建设，地理当然不能说明一切，但它有助于认识
521 煤的决定性作用，交通的阻隔，人力资源的作用以及历史的持久影响。18和19世纪势如破竹地出现的新事物也许需要在某种社会真空中建设起来。

英格兰西北部不是杳无人烟的荒漠，至多像是记者们今天在谈到我国西部时所说的“法兰西荒漠”。但与伦敦附近相比，这的确就像苏格兰那样，是个边缘地区。然而，包括苏格兰在内的边缘

区这次都赶上了中心区，填平了自己的差距，达到中心区的水平。与理论相对照，这是个例外，几乎引起众人反感的例外。T.C.司莫脱最近在谈到苏格兰时[226]就指出了这种引起众人反感的例外。原因可以用以下的理由作解释：中心区（英格兰东南部）的飞腾之势已传到边缘区（边缘一词虽然对苏格兰的情况完全适用，但对英格兰西北部说来，只是一半适用）。进一步说，英格兰西北部和苏格兰主要通过迅速发展工业，赶上了中心区。每当工业能在最不富有的国家中立足生根时，工业必定繁荣兴旺，贫穷对这些国家是个有利条件。谓予不信，请看今日的韩国、香港地区或新加坡，以及过去意大利以北的欧洲地区。

金融与资本主义

资本的历史大步跨过英国第一次工业革命，它先于工业革命，贯穿其全过程，并超越工业革命。当一次非同寻常的经济增长把一切推向前进时，资本也在变化，不但资本总额增多，而且工业资本主义四处蔓延，逐渐确立其重要地位。难道这是资本主义在人类历史上以及在其自身的历史上赖以诞生的新形式？难道通过这种新形式，资本主义将依靠现代社会的大量产品和固定资本的大量增加，达到其完善的和真实的状态？难道在这以前，一切还处于原始的、幼稚的状态，只能引起博学的历史学家的好奇？历史学家在他们的解释中往往或明或暗地流露出这种看法。这种看法没有错，但也并不对。

在我看来，资本主义是一种古老的尝试，当工业革命开始时，它已有一段很长的经历，而且不单是商业经历。因此，在19世纪

522

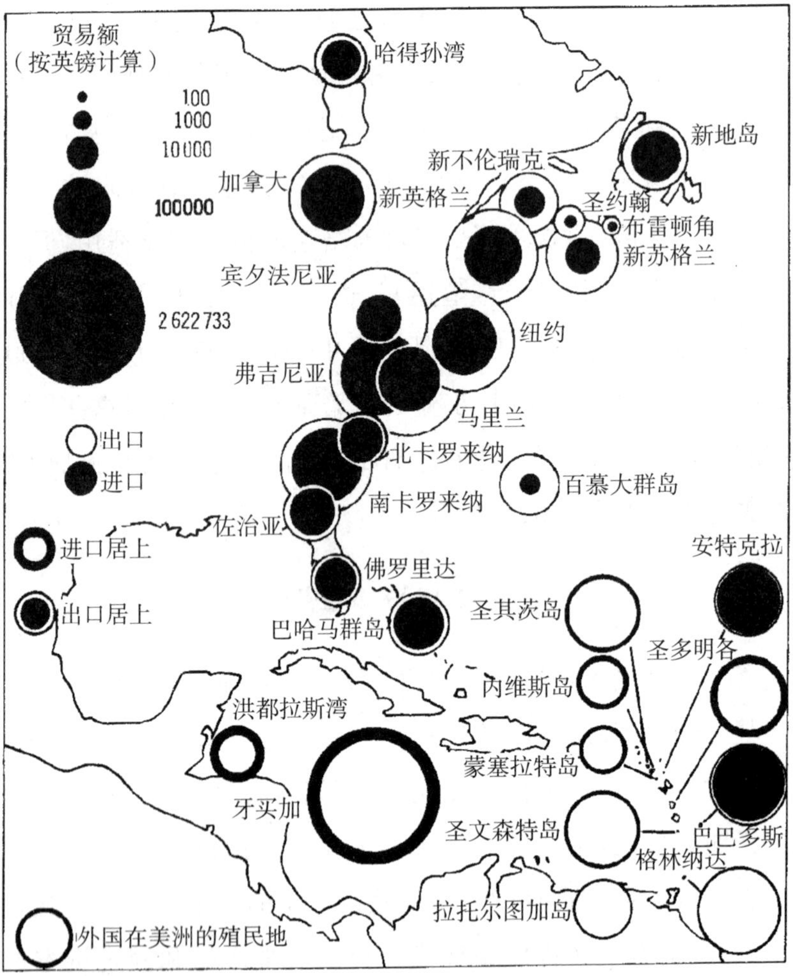

55. 1792 年大不列颠在世界的贸易

图表根据英国统计汇编绘制。代表进口和出口的圆圈，按照其中心为黑色或白色，表示进口额是否高于出口额。空白的圆圈表示进出口平衡：英国对土耳其的进口额为 290 559，出口额为 273 715；对意大利的进口额为 1 009 000，出口额为 963 263；对爱尔兰分别分 2 622 733 和 2 370 866。英国对美洲各国有顺差；与葡萄牙的进出口贸易额分别为 977 820 和 754 612，艾登协定后与法国的贸易额分别为 717 034 和 1 221 666。算笔总账：对欧洲的进出口分别为11 170 860和12 813 435；对美洲分别为5 603 947和

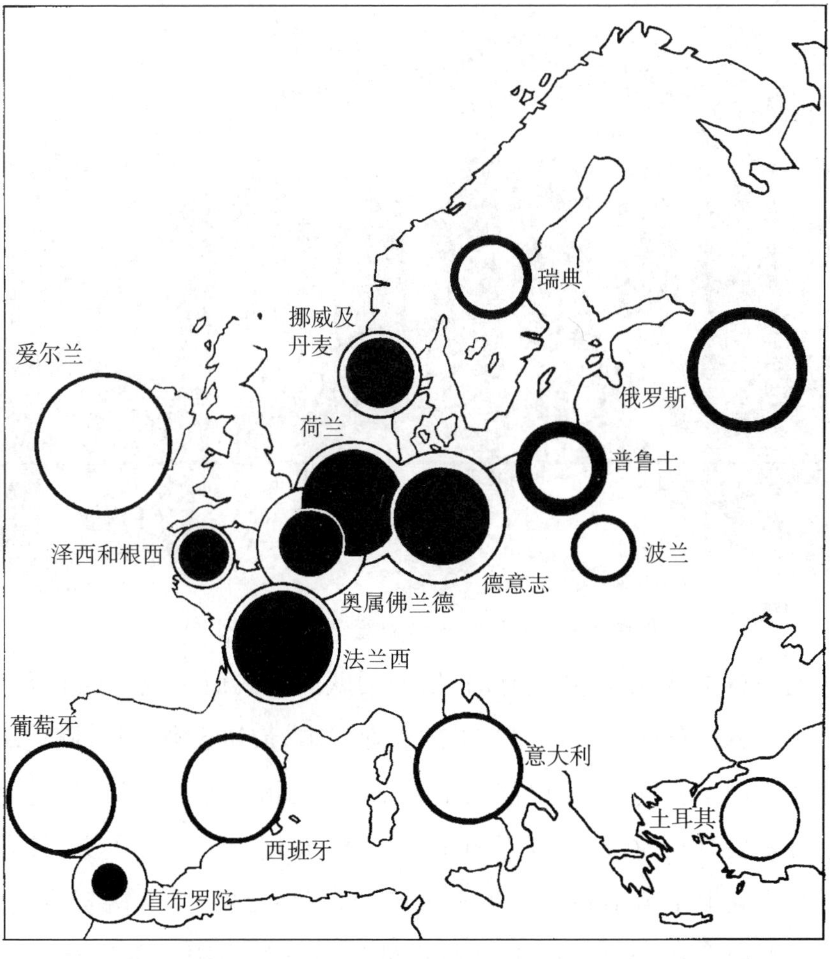

523

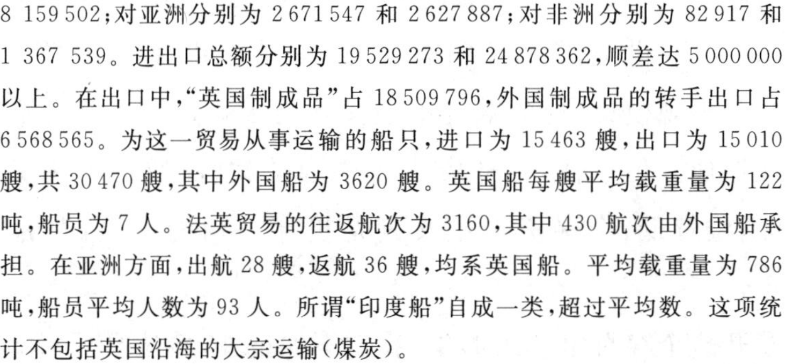

8 159 502；对亚洲分别为 2 671 547 和 2 627 887；对非洲分别为 82 917 和 1 367 539。进出口总额分别为 19 529 273 和 24 878 362，顺差达 5 000 000 以上。在出口中，“英国制成品”占 18 509 796，外国制成品的转手出口占 6 568 565。为这一贸易从事运输的船只，进口为 15 463 艘，出口为 15 010 艘，共 30 470 艘，其中外国船为 3620 艘。英国船每艘平均载重量为 122 吨，船员为 7 人。法英贸易的往返航次为 3160，其中 430 航次由外国船承担。在亚洲方面，出航 28 艘，返航 36 艘，均系英国船。平均载重量为 786 吨，船员平均人数为 93 人。所谓“印度船”自成一类，超过平均数。这项统计不包括英国沿海的大宗运输（煤炭）。

伦敦煤炭交易所。英国版画，劳朗特森作画。

初期的英国，资本以其惯有的、依旧活跃的形式而出现：直到1830年单独就占英国物质财富一半的农业资本；最初逐渐增加，随后突然膨胀的工业资本；历史悠久的商业资本，相对地讲，其地位并不十分重要，但它在世界范围内迅速扩散，并创造了殖民主义（接着就得为它取个名字并找到为它辩解的理由）；最后是金融资本（银行与财政合在一起），在伦敦称霸世界前已经出现。希法亭[227]认为，正是在20世纪，随着股份有限公司的大批出现，以及资金以各种形式的大规模集中，金融资本主义才与工业资本主义和商业资本主义形成三位一体：工业资本主义为圣父，商业资本主义为圣子，其地位较低，金融资本主义则是贯穿一切的圣灵（其地位最高）。[228]

撇开这个存有争议的形象，我们不如记住，希法亭反对单一的

工业资本主义的观点，在他看来，资本世界具有多种形态，其中的 524
金融资本——他心目中最新的形态——趋向于向其他形态渗透，进而控制和压倒其他形态。对于这种见解，我完全可以赞同，但有一项条件，即要承认资本的多样性存在已久。金融资本主义不是 20 世纪的新生儿，早在过去，仅以热那亚和阿姆斯特丹为例，由于商业资本主义的急剧增长，正常投资机会已不足以为积累的资本提供出路，[229]金融资本已经将商埠置于自己的控制之下，并进一步征服——虽说是暂时的——整个商业世界。

至于英国的情形，早在 20 世纪初以前，资本主义已展现了各种形态，其中包括“金融资本主义”的高涨。远在这个时间前，英国在动荡的经济增长过程中经历了一连串的革命，其中就曾发生过与国家工业化紧相联系的一场金融革命。即使不说这场革命由工业化一手促成，至少也应承认，工业化与这场革命结伴同行，并使之成为可能。人们经常说，英国银行没有为工业化提供资金。但
近来一些专题研究证明，长期的和短期的信贷推进了 18 世纪和 525
19 世纪的工业化努力。[230]

创建于 1694 年的英格兰银行是整个体系的主轴。伦敦 1807 年有 23 家私人银行围绕在英格兰银行的四周，取得英格兰银行的支持，到 19 世纪的 20 年代，私人银行的数量增加到一百来家。[231]外省的“地方银行”(country banks)最晚在 18 世纪初即已出现，曾随昙花一现的“南海公司”而成批建立，又随这家公司的倒闭而纷纷垮台，1750 年仅剩十二三家；但在 1784 年，其数量又达 120 家；1797 年前后为 290 家；1800 年为 370 家，1810 年前后至少有 650 家。[232]在 1810 年，据另一名作者的计算，竟有 900 家之多，显然是

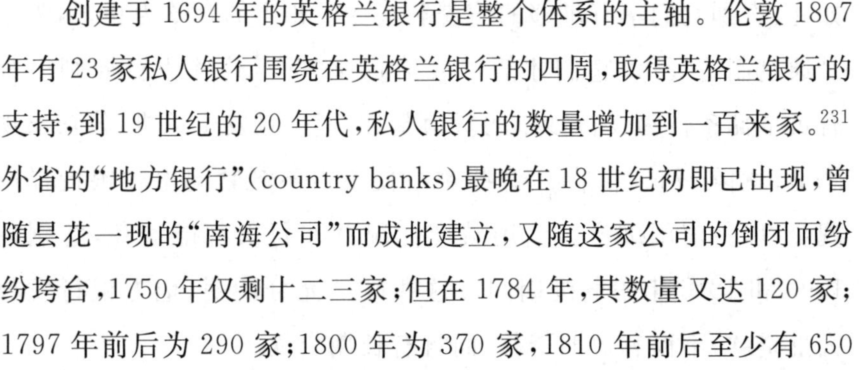

把某些银行的分行也算了进去。地方银行的自发增多无疑是“小人国”(Lilliput)的胜利(银行的合伙人不得超过六名[233]),同时也是投机活动的胜利;投机活动并不仅见于伦敦,地方银行的增多是根据地方的经济形势和地方的需要而产生的。所谓“地方银行”,[234]往往只是在一家早已存在的老企业中增设的一个“写字间”;在那里,发行票证、贴现期票和发放贷款等业务往往只是为邻居助一臂之力。这些“临时客串”的银行家来自各种职业:剑桥的福斯特原是磨坊主和小麦商人;利物浦的大多数银行从商行脱胎;伯明翰的劳埃德原来经营铁的贸易;诺丁汉的史密斯原是针织品商人;诺里奇的古尔奈是纱线商和呢绒制造商;康沃尔郡的银行家绝大多数是采矿主,其他地方的银行家本是麦芽和啤酒花商人或啤酒酿造商、呢绒商、服饰商,以及通行税征收人。[235]

总之,银行是在18世纪根据地方经济形势的需要而产生的,其情形与最早的工业企业基本相同。英国的外省当时需要信贷、现金以及汇票的流通,私人银行履行所有这些职能,既然它们甚至有发行本票的权力。这对他们是个很好的生财之道,至少在初期如此,直到它们享有足够的信誉和接受了相当的存款为止,因为正是通过制造货币,它们才能扩展信贷业务。[236]这些银行原则上都有黄金储备作为发行钞票的货币基金,但一旦发生危机,公众出现恐慌,就像1745年那样,这些银行便不得不赶紧向伦敦银行提取现金,以免信用破产。信用破产何况并非每次都能避免,特别在1793和1816年的危机期间。这些破产充分证明,地方银行发放大批贷款,不仅有短期贷款,而且有长期贷款。[237]

但总的说来,英国的银行体系十分稳固,因为它即使不在名义上，至少也在实际上，得到英格兰银行的支持。后者扮演“最后放款人”[238]的角色，现金储备一般足以应付伦敦或外省的私人银行临时出现的银根短缺。1797 年后，英格兰银行的钞票不再能兑换成黄金，这些钞票便成为地方银行必要时用以兑付本票的货币。作为普遍稳定的明显征象，私人银行逐渐变成储蓄银行，从而反过来也增加了自己发放贷款的能力。借款人不仅有农庄主和地产主，而且有工业家、矿产主或运河开凿者。[239]开凿运河不能缺少贷款：布里奇沃特公爵的负债便是一个典型例子。

从 1826 年起，法律准许设立股份银行(joint stock banks)，[240]
这一批银行比上一批银行资金更加充足，实力更加雄厚。但它们 526
行事是否更加审慎？不，它们必须向原有的银行争夺客户，比原有的银行冒更多的风险。股份银行如雨后春笋般发展起来：1836 年共有 70 家，同年 1 月 1 日至 11 月 26 日，42 家股份银行“履新开业，并开始与原有的银行进行竞争”。[240]过后不久，总数达到百家左右，加上许多支行，其数量与地方银行已并驾齐驱，而地方银行则从此衰态毕露。

伦敦曾长期把股份银行拒之门外，但股份银行最终仍撞开了大门。1854 年，股份银行加入了首都银行业的“票据交换所”。换句话说，股份银行从此以平等身份参加货币和信贷的流通，而伦敦则是货币流通和信贷流通独一无二的和尽善尽美的中心。一位名叫莫里斯·留比雄的法国人于 1811 年对为方便银行间划账在 1773 年成立的这家“票据交易所”赞不绝口。他描写道：“流通机制组织十分巧妙，几乎可以说，在英国没有票据和货币。伦敦的 40 名出纳几乎经办全国所有的付款手续；他们每天晚上聚会，交换各自拥有的商业期票，以至一张一千路易的票据往往足以结清几百万路易的流通。”[241]多么神奇的发明！然而，16和17世纪的观察家正是使用完全相同的话来描绘里昂或贝桑松-皮亚琴察的传统交易会！只有一点不同，而且这一点至关紧要，即伦敦的冲账会议每天举行，而古老的大型交易会则是四年举行一次。

在另一方面，银行起到一种为交易会所不可能有的作用。一名聪明的法国人写道：“在这个国家，任何个人，不论经商与否，都不在家里存钱；他们把钱存在银行或钱庄，又从银行或者钱庄取钱；银行为存户立账，并在信用账上支付其各项支出。”[242]银行因此集中的资金并非被闲置起来，它被投入流通，承担风险，因为银行或钱庄绝不让钱在保险柜内睡大觉。李嘉图曾经说过，银行的特殊职能从“使用别人的钱”[243]开始。此外，资金有时必须在英格兰银行和英国政府之间，在充任“终端”机构的英格兰银行和其他银行（甚至工商企业）之间流通；英格兰银行还借助储蓄银行（saving banks）截夺穷人节省下来的钱；据法国的一封信件指出，这是一项巨大的工程，因为“英国穷人的钱财〔鉴于其人数众多〕比好些国家富人的钱财还多”。[244]

我们还必须谈到伦敦成立的第三种银行，即为汇总经纪人设立的所谓贴现银行（discount houses）。这里还应指出，为地方银行在伦敦市内经办和代理业务的私人银行怎样能重新分配信贷，把英格兰东南部的剩余资金转移到产业发达的英格兰西北部。办法相当简单，资金的流向随着借贷双方以及中间人的利益而转移。

最后，我们应该去参观英格兰银行，从而注意到：

——英格兰银行不仅是政府银行（由于这个职能，拥有多种特

权，承担多项任务），而且是股东组成的私人银行，因而它本身就是
一项很不错的买卖："原价为 100 英镑的股票于 1803 年上涨至
136 英镑，今天每股的价格为 355 英镑"[245]（1817 年 2 月 6 日）。整 527
个 18 世纪期间，英格兰银行的股票曾是伦敦和阿姆斯特丹的交易
所投机的对象。

——英格兰银行钞票的流通范围在不断扩大，不再停留于首都及其邻近地区（那里一开始就是英格兰银行的一统天下），而且在全国通行。在兰开夏、曼彻斯特和利物浦，工人领取工资时拒绝接受私人银行的银行券，因为这些银行券在购物时容易贬值。[246]伦敦加上兰开夏，这在当时已是一块不小的活动地盘。但在 1797 年后，英格兰银行的钞票在全国成了金币的代用品。

我们还应去参观交易所，新发行的证券陆续进入交易所。牌价的名目逐渐增多：1825 年共增加挂牌股票 114 种，其中铁路 20 种，债券和银行券 22 种，国外矿产（以西属美洲为主）17 种，照明煤气公司 11 种。仅这 114 种新挂牌的股票相当于一亿英镑[247]的投资。至少是名义上的投资，因为并不是所有的资金从一开始就完全付清。

此外，英国资金的大量外流已经开始。资金外流自 1815 年起已广泛出现，[248]其境遇不尽相同，1826 年一度曾爆发可怕的危机，而在 19 世纪末，则达到令人难以置信的程度。交易所投机和资本输出仍通过十分活跃的金融市场继续进行。19 世纪 60 年代，工业生产仍在急剧增长（产量在十年内几乎增加一倍，高速增长的势头至少保持到 1880 年为止[249]），国民投资大概达到英国历史上的最高水平，[250]而自 19 世纪中叶开始大幅度增长

的对外金融投资，有几年已与整个国内投资不相上下。[251]此外，商业和运输业在国民收入中的比例持续增长，分别由1801年的17.4％和1821年的15.9％，上升到1871年的22％和1907年的27.5％。[252]

那么，能否说工业资本主义是“真正的”资本主义，它在顺利取代了商业资本主义（虚假的资本主义）以后，终于违心地屈服于最现代化的金融资本主义？银行资本主义、工业资本主义和商业资本主义（资本主义始终首先具有商业性质）在整个19世纪期间以及在19世纪以前和以后都处于共存的状态。

不同地区和不同部门获利的机遇，以及利润率的大小，随着时间的流逝而不断发生变化，正是根据这些变化，各自的投资额也发生了变化。约在1830至1870年期间，就在英国的大规模工业化阶段，资本同收益的比率达到了英国历史上最高的水平。[253]这究竟仅仅由于工业资本主义本身的功劳，还是由于英国独霸了庞大的世界市场，英国工业才得以相应地扩大？事实上，就在同一个时期，巴黎的资本主义却朝金融方面发展，这是巴黎能从英国手里争夺得来的，又是对自己最有利和最方便的投资场所。巴黎几乎已被公认为欧洲各地资金流转的组织者。塞吉耶骑士1818年9月自伦敦写信说：“二十年来，巴黎已成为欧洲银行业务的主要中心，而伦敦则算不上是名副其实的银行城市。因此，每当英国资本家
528 要办银行手续时，例如把资金从一国转到另一国，就不得不求助于欧洲的金融城市，由于巴黎离得最近，英国大部分银行业务今天都由巴黎代办。”[254]以上说法或许值得仔细推敲。但有一点没有疑问，巴黎背靠伦敦的大树乘凉，并且推行大体上卓有成效的竞争，

如果交易所历史的专家 W.白哲特所说确实，不利于巴黎的变化仅在 1870 年后才明显地出现。他说，只是在法德战争以后，英国人才成了全欧洲的银行家。[255]

经济形势起什么作用？

这个问题是本章的最后一个问题，也是不能作出明确回答的一个问题；既然我们的本意是想超脱工业革命的历史范围，探讨这个问题是否会使我们与自己的愿望背道而驰？这在一定程度上会是的，因为我们这里考察的经济形势是比较短促的中期形势（不超过一个康德拉捷夫周期）。我们将抛开长时段，转而从更接近被观测实在的瞭望台上察看现象。现象的细节将在我们眼前变得大了起来。

长期和中长期经济运动如同水面的波浪一样不停地上下起伏，这是世界历史的一条自古流传至今并将代代相传的规律。这种有节奏的反复运动，夏尔・莫拉泽称之为“能动性结构”，像是根据预定程序进行的运动。中期经济形势必定把我们引向以上讨论过的各个问题的核心，但要通过价格史的特殊途径；而揭开价格史的秘密又是历史学界近四五十年以来悬而未决的重大问题之一。在这方面，英国历史学家丝毫不比他们的外国同行逊色。他们最早收集价格数据，而且收集得最有系统。但他们对中期经济形势的认识却不同于别国的历史学家（特别是法国历史学家）。

简单地说，在英国历史学家看来，经济形势并不像我们认为的那样是一种外源力；我们的观点已由厄内斯特・拉布鲁斯、皮埃尔・维拉尔、勒内・巴雷尔或让・默弗莱讲述清楚，他们和我都认为，经济形势决定相伴的过程，并制造人的历史。我们的英国同事则认为，正是过程和事件造成每个国家的特殊经济形势。1778 至 1791 年间的市场停滞和价格下跌，我们认为由国际性的拉布鲁斯跨界周期所决定，他们则认为是美洲殖民地战争（1774—1783 年）的结果。至于我个人，我相信两种原因有着相辅相成的关系，因而认为它们全都有理，并且解释实际上也应该朝两个方向进行。但根据你朝这个或那个方向走去，事情的起因（或者用哲学的语言，其动力因）很可能就变了方位和性质。

T.S.艾希通[256]以及接受其观点的历史学家[257]列举了影响经济波动的一系列因素，这当然都言之成理。他们所说的第一种力量是战争。任何人不会对此提出异议。更确切地说，是在战争与和平之间的摇摆（1756 至 1763 年的七年战争，1775 至 1783 年英国在美洲的殖民地战争，1793 至 1802 年和 1803 至 1815 年的两
529 次对法战争）。其次是乡村经济（我们在这里再说一遍，乡村经济直到 19 世纪 30 年代仍是英国的首要经济活动）在丰收、平常年景和歉收之间的摇摆，歉收的年头（1710 年，1725 年，1773 年，1767 年，1792—1793 年，1795—1796 年，1799—1800 年）是使整个经济生活出现动荡的所谓旧制度危机[258]的开端。甚至在 19 世纪，越加频繁地大量进口外国小麦使英国经济始终动荡不定；为了让小麦和面粉早日到货，必须立即付讫货款（据有关信件说，应付现金），即此一项就足以造成动荡。

英国经济动荡的其他因素为商业周期：英国贸易的涨潮和退潮也表现为经济形势的上下起伏。还有货币流通，一方面是金银铸币，另一方面是来源不一的票据。伦敦交易所（照例处在“过敏

状态”，恐惧心理总是比希望更加缠人[259]）不但是记录各种经济震波的指示器，而且具有制造经济地震的神奇力量，例如在1825至1826年，在1837年，以及在1847年。每隔十年一次，18世纪的最后三十年也大体上遵守了这条规律；在经济生活的上层，除了传统类型的所谓旧制度危机外，还有信贷的危机。[260]

以上是我们的英国同行的见解。法国历史学家认为，经济形势是个独立的实在，虽然从它本身很难得到解释；这种看法是对是错还有待讨论。我们赞同莱昂·杜普里埃和威廉·阿贝尔的见解，认为价格组成一个整体。杜普里埃甚至有“价格结构”的提法。价格互有联系，整个价格的摆动是各项特殊变动的总和。尤其，价格的变动不是只限于一国经济的“振动”，无论该国的经济多么重要。英国的物价，英国贸易的上下起伏，以及英国的货币流通，并不由英国单独所造成；世界其他各国的经济也助了一臂之力，世界各国的经济几乎以相同的步伐在前进。我们历史学家从一开始研究时感受最深的正是这件事。请看勒内·巴雷尔在惊诧之余写下的发人深省的话语。

促使英国价格上涨、停滞或下跌的中期经济形势并不是英国特有的时间，而是“世界的时间”，这一时间局部地在英国形成，伦敦甚至还是它的中心，这是可能的，几乎是肯定的，但世界也在起作用，并且改变着不属于岛国专有的经济形势。后果相当明显；价格的谐振区就是以英格兰为中心的整个经济世界。可见，英国的经济形势部分地受外因的影响，英国外部发生的事，特别在附近的欧洲发生的事，都为英国的历史充当见证。欧洲和英国被相同的经济形势所包围，但这不等于说二者完全祸福与共。我在谈到中期经济危机在一般经济中的作用时，相反曾强调指出，这种危机对弱国和强国（例如 17 世纪的意大利和荷兰）的打击不尽相同，而且不可能相同，这种危机造成国际经济任务的调整和国际经济关系的改组，从而加强了强国的活力，加剧了弱国的衰落。所以，我不敢苟同彼得·马赛厄斯[261]的论据。为了否定一个康德拉捷夫周期的下降期（1873—1896 年）的作用及其对这段时间里英国出现
531 大衰退的影响，彼得·马赛厄斯振振有词地说，虽说在此期间德国和美国的增长率有所下降，但德国、美国和英国的境遇却很不相同，不列颠群岛出现相对的衰退，在世界经济中所占的比重有所减少。这无疑是确实的。在 1929 年危机期间将变得明显的事，当时已初露端倪。但是经济增长率在德国、美国、英国以及法国同时下降，这却是一个事实。当然，这不过是一种和谐的曲线运动，而并非水平运动；这个事实也难以否认，虽说确实令人惊讶。

经济形势在广大的地域上表现十分接近，并几乎对各地同时施加影响；这种情形在 19 世纪是显而易见的，在当代世界更变得有目共睹，在 18 世纪以及更早的时候也已经相当明显。既然我们拥有厄内斯特·拉布鲁斯的详尽考证，我们很想就 1770—1780 年至 1812－1817 年期间英法两国的情形作一比较。然而，我们且别怀过高的幻想：一旦越过英吉利海峡，法国的形象就不再有价值。现成可用的曲线很多，但它们不一定都使用共同的语言。如果有关价格、工资和生产的状况都用统一的标准逐国进行研究，相同和相异之处就会更加清楚地表现出来，异同问题也将得到解决。事情偏偏不是如此。试把英法两国生产资料和消费资料的价格曲线作了比较，我们立即看到，法国的价格曲线比英国的更加起伏不平。

这也许是正常的：锅子中心的水不如别处沸腾。参照菲力斯·迪安和A.柯尔所画的英国价格曲线，人们很难认出1780至1792年的跨界周期；莱昂·杜普里埃说，不如说这是一个“稳定的”平台，在他看来，这个停滞的阶段从1773年开始。相反，关于随后的康德拉捷夫周期，曲线恰相会合，没有任何争论：1791年为起点，1812年上升到顶点，1851年下降至终点。

由此得出的结论是，自1781至1815年（大致日期），英国工业

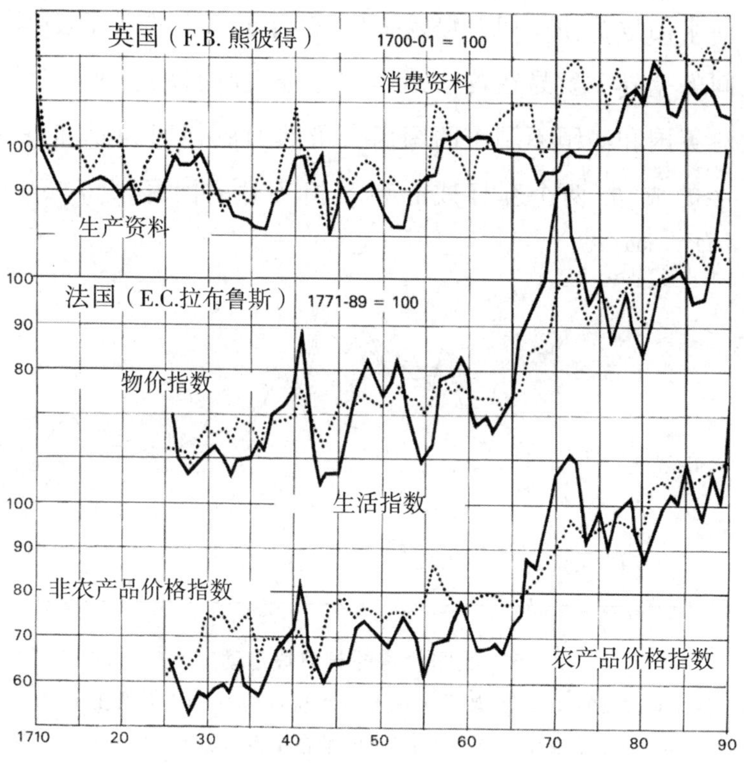

56. 1710至1790年间英法两国的价格

拉布鲁斯的跨界周期已由法国的价格曲线画得十分清楚，但从英国的价格曲线是否能看得出来？（根据加斯东·安贝尔：《康德拉捷夫长时段运动》，1959年版，第207页。）

革命经历了两次呼吸运动，前一次困难，后一次轻松。大体上讲，这也是法国和欧洲大陆的呼吸节奏：路易十六统治下苦难深重的法兰西将为未来的政治风暴敞开大门，与此同时，乔治三世统治下的英国也因经济萧条而局势不稳。在英国，经济困难并未导致政治动乱，但困难毕竟存在。至此一帆风顺的英国经济停顿了十来年。我们不是说，一切都出了毛病，而只是说，一切不如以往好。如同法国一样，英国为美洲战争的巨额开支和惊人努力偿付代价。接踵而来的危机使一切变得复杂化，打乱了原有的秩序，加剧了部门之间的差异。贸易在英法两国均有令人瞩目的发展，但贸易结算竟对英国和法国不利。两国商人虽然力图挽回局面，但只是获得一半的成功。两个互怀戒心和互相敌对的国家于1786年签署

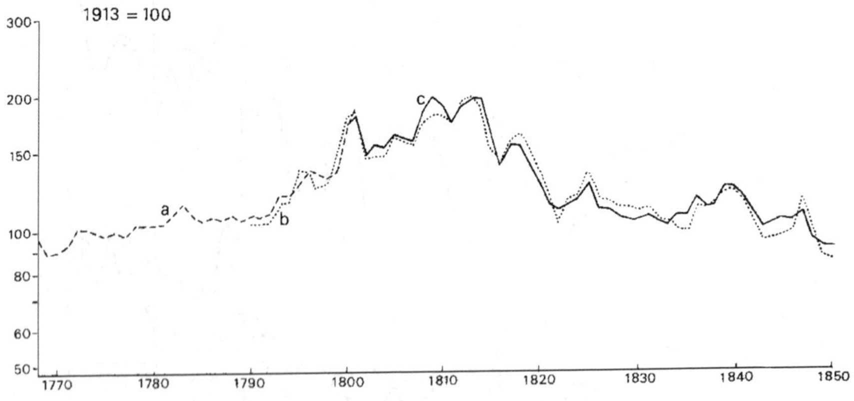

57. 英国价格的长时段运动

在这条长时段的线条上，莱昂·杜普里埃所说的“稳定”不难在1772至1793年间辨认出来。1780至1790年的平台至多与法国的跨界周期相呼应。康德拉捷夫周期在英国与法国一样，约于1791年开始，于1810至1812年登峰造极（在法国是1817年前后），于1850至1851年降到最低点。三条线（一条实线和两条虚线）反映不同的计算。（根据菲力斯·迪安和W.A.柯尔：《英国的经济增长，1688—1959年》，1962年版，全页插图。）

了艾登协定，它们的接近不正是为了寻求安全吗？

萧条为时过长的结果通常是在企业之间实行一次选择，使适应性和抵抗力较强的企业继续发展，使实力单薄、不宜生存的企业归于淘汰。英国的幸运是，当它踏上这一困难的历程时，“第二代”的革新正在其国内成批诞生：珍妮机（1768 年），水力纺纱机（1769 532
年），钻床（1775 年），回旋蒸汽机（1776—1781 年），搅拌冶金（1784 年），轧制金属板材的压辊（1786 年），经改善的车床（1794 年）。这在经济复苏前夕是一笔巨大技术投资。

到了 1791 年，经济形势有所好转：价格上涨，生产活动扩大，分工更加细密，生产率相应提高。直到滑铁卢战役为止，英国农业深受其益，中等农庄全靠价格有利，得以继续经营。正是这种有利的经济形势，才使英国能应付法国革命期间和帝国期间为对抗法国而支付的庞大军费开支（达 10 亿英镑[262]）。不过经济形势并非英国独好，大陆各国也陆续建立起近代的工业，虽然速度较慢。

然而，在经济形势蒸蒸日上的情况下，英国价格上涨比工资更加迅速。由于人口的增长，1770 至 1820 年间按市价计算的人均收入有所减少，生活水平跟着有所下降[263]：1688 年为 9.1 英镑；1770 年为 19.1 英镑；1798 年为 15.4 英镑；1812 年为 14.2 英镑；1822 年为 17.5 英镑。费尔普斯·布朗和歇拉·霍普金斯就 13 至 19 世纪英国泥瓦工的工资所画的曲线给我们提供了一个更好的证据。我们在下面将复制这一曲线，同时并指出它是根据什么标准绘制而成的。这条曲线具有决定的意义。它在几百年的距离上显示出物价上涨和实际工资下降之间的规律性关系：价格的提高决定着生产和人口的增长（两种现象有着相辅相成的关系），但工资却每次都相应减少；在旧制度条件下的经济进步都以损害劳动者的生活水平为代价。根据费尔普斯·布朗和歇拉·霍普金斯的计算，这条给旧制度打下不可磨灭烙印的规律在1760至1810—1820年间仍起着显著的作用；就在19世纪第一个十年，当记录整个经济形势的曲线接近其巅峰时，工资却跌到最低的水平。[264] 1820年后工资有所改善，同时物价下跌，这无非是以往规律的重演。奇迹和变化只是在1850年后，（这是对英国和欧洲大陆的另一个意义深远的日期），随着一个新的康德拉捷夫周期的开始，才终于发生。这一次，紧随物价的上升，工资跟着提高：持续增长从此登上历史舞台。

许多历史学家往往有意无意地避而不谈英国为向现代化过渡所付出的代价，而我这里却偏偏要探究这个问题的核心所在。我赞成最早研究这个问题的那些历史学家的意见，认为英国人民大众的物质福利当时有所下降，农业工人、工厂工人或运输工人的实际工资有所减少。我甚至认为（我对这个时期的历史并不十分熟悉，所冒的风险应由我承担），1760至1815年的工业化第一阶段要比紧接着滑铁卢战役以后的阶段更加困难，虽然英国工人和农民的骚动在这场战役胜利后变得比以往更加激烈，更加顽强。但骚动不正是经济状况好转或尚属良好的一个证明吗？确实（这也正是工业增长同以往其他形态的增长相比所付出的额外代价），由布朗和霍普金斯曲线记录的1817至1850年间实际工资和人均收入的提高，对广大工人来说，部分地被城市发展过快带来的种种灾
533 难性结果所抵销，这里包括居住条件恶劣，食物不卫生（由于运输力量不足，甚至出现腐烂变质）以及因离乡背井而使个人失去家庭

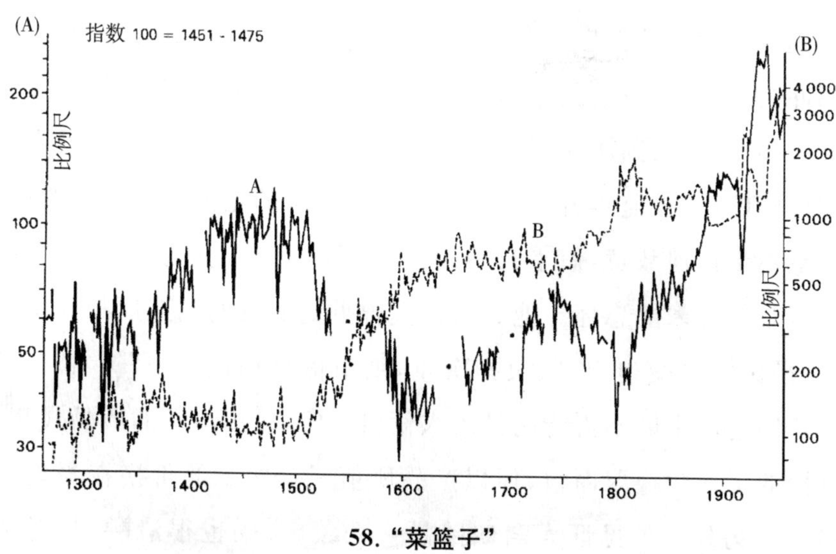

58. “菜篮子”

这张曲线图，同阿贝尔的以及同符拉斯蒂埃和格朗达米的曲线图（见本书第一卷第 109 页）一样，表明经济史学家竭力要从价格和工资的辩证关系中推导出某种类似人均收入的数据。英国泥瓦工领取一定的工资，消费一定数量的基本产品。在这些基本产品中，挑选出了一组具有代表性的产品，称之为“菜篮子”。这里的虚线表现“菜篮子”的价格演变；实线则表现所得工资与同期菜篮子价格之间的关系（1451 至 1475 年间的指数被确定为 100）。通过两条曲线的比较，可以看出，凡价格稳定或下降的时期（1380—1510 年；1630—1750 年），消费和福利便有所改善。在物价上涨的情况下，生活水平必定降低。例如从 1510 至 1630 年，以及处在工业革命前夕的 1750 至 1820 年。在这以后，实际工资和物价同步上涨。（根据费尔普斯·布朗和歇拉·霍普金斯的材料，见 E.M.卡留斯-威尔逊：《经济史初探》，第 2 卷，第 183 和 186 页。）

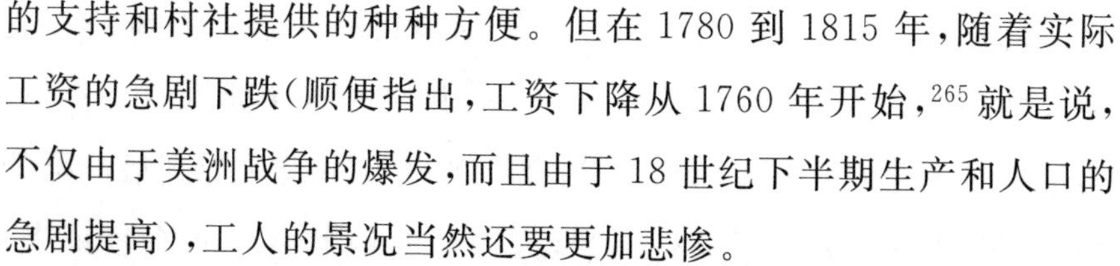
的支持和村社提供的种种方便。但在 1780 到 1815 年，随着实际工资的急剧下跌（顺便指出，工资下降从 1760 年开始，[265] 就是说，不仅由于美洲战争的爆发，而且由于 18 世纪下半期生产和人口的急剧提高），工人的景况当然还要更加悲惨。

“为奠定工业的基础，牺牲了两代人。”今天的历史学家根据当时英国人的评断作出这个结论，[266]与比野对当时英国的认识[267]不相冲突。此人先任营长，后任团长，1707 年在葡萄牙的辛特拉受伤被俘，他在英国居住多年，直到获释离境。他对英国诚然没有太多好感（哪有被监禁者喜欢狱卒！）但以清醒的见证人身份说的话，丝毫不带任何敌意，似乎自然地采取不偏不倚的立场。他对英国的苦难年月未能忘怀。他写道："我曾见到所有的制造厂都开不了工，平民饥寒交迫，税收负担沉重，纸币信誉扫地……"[268]在 1811 年，"制造厂主因不再能向其工人偿付工资，使用本厂的产品代替；可怜的工人为换取面包，便以产品所值三分之二的价格在当地卖出"。[269]另外一位见证人名叫路易·西蒙，头脑也很清醒，且对英国十分钦佩，他在同一时期[270]指出："工人用自己的普通工资不再能为自己及家人取得必要的面包、肉食和衣服。"至于农业工人，
534 "他们的工资很难跟上物价上涨的幅度"。1812 年，他在格拉斯哥[271]指出，"棉纺织厂工人的工资仅等于 19 年前的四分之一，虽然在这期间，各种物品的价格涨了一倍"。人们对数字或许还有怀疑，但对揭示的贫困化则肯定无疑。

但我觉得，比野营长看得更远，因为作为军人，他意识到英国的巨大军事努力。为了保证部队的兵源充足，英国政府的征兵"比例要比我国的任何一次招兵不知高多少"[272]。供养为数达二十多万人的军队（英国步兵的军饷等于法国步兵的四倍[273]），维持一支庞大的舰队，这是一个沉重的负担。也许由于这个原因，出身于社会最贫苦阶层（即所谓"渣滓的渣滓"）的陆海军士兵受到最严酷的待遇。[274]世家子弟如果品行不端，家人便给他购置一张军官证书，人们议论说："这混蛋本该上绞架；他只配穿制服。"[275]英国最下层

的无产阶级就这样从贫苦的工人、农民或流浪者中补充人员。这是谁的过错？过错不在工业化，也不在正在攀登财富巅峰的资本主义，甚至也不在战争或经济形势（经济形势只是一层外壳），但所有这些同时都有责任。

许多历史学家不愿正视这个痛苦的现实。他们拒不接受这个现实。一人说，生活水平的测定方法既不可靠又不准确。另一人说，在机械化的最初胜利前，工人的状况如果不是更坏，至少也是相同。第三人表示，他不相信物价竟在1790至1830年间曾下降过。但他所说的物价，究竟指的是名义价格还是实际价格？价格曲线不是已充分说明价格先涨后降吗？工资的情形又怎样？显而易见，英国人民为自己的胜利付出了沉重的代价，不仅为军事胜利（陆军、海军以及滑铁卢），而且也为农业进步（只是少数农庄主因此发财），尤其还为机器的推广，技术的革新，商业的优势，伦敦的中心地位，以及工业家和英格兰银行股东们的发迹付出了代价。但为不失公允起见，应该补充说，后来，在1850年后，整个英国人民（尽管存在着社会不平等）都分享了英国在世界的胜利成果。处于经济世界中心的各国人民，由他们的命运所决定，总是相对地富有，最少受贫穷的煎熬。17世纪的荷兰人，今天的美国人，包括自上而下的社会各阶层在内，都像19世纪的英国人一样，分享这种得天独厚的特权。

物质进步和生活水平

通过对经济形势的观察，我们对18和19世纪期间的英国工业革命得出一种新的认识。从这个新观测点出发，我们可以在比较远的位置上，眺望增长的复杂概貌。工业革命在其如江河般奔腾向前、势不可挡的发展过程中，提出了一系列相互纠缠、难分难解的问题，然后又超出这些问题的范围。鉴于工业革命的宏大规
535 模，人们势必要就世界通史以及经济增长的动因和真实演变，就持续增长的开端（1850 年这个日期似乎比往往被当作第一次工业革命结束的 1830 至 1832 年更加合理），提出种种问题。工业革命还促使人们对欧洲的长时段增长进行思考，而工业革命本身正是这长期增长中最引人瞩目的时刻，介于长期不稳定的过去和可能重新变得不稳定的现时之间。

如果从国民产值和人均收入这两项变数（我更愿意采用国民产值以及布朗和霍普金斯提到的泥瓦工的实际工资）衡量经济增长，我们可以根据威廉·阿贝尔的计算，[276]认为两项变数在 12 和 13 世纪都同时在增长，几乎已经可算作“持续增长”的类型。在 1350 年后到 1450 年止，国民生产总值、产量和人口均有所减少，但人的生活却有所改善：他们毕竟卸下了物质进步压在自己肩上的担子，乐得借此过几年舒坦日子。在被吹得天花乱坠的整个 16 世纪（专攻 16 世纪史的专家对他们研究的时代过分偏爱），直到 1620 至 1650 年为止，欧洲的生产突飞猛进，人口增长也大步跟上，但生活水平不断下降。物质进步的取得不能不付出代价，这是规律。1650 年过后，发生了“十七世纪的危机”，这场为严谨的历史学家描绘为漆黑一团的危机一直持续到 1720、1730 乃至 1750 年。那时出现了与 1350 年相同的现象：物质进步停滞，个人的生活却有所改善。在这个问题上，勒内·巴雷尔的见解[277]是正确的。随后，在 18 世纪，一切又周而复始：经济日益繁荣，实际工资

逐渐减少。

到了19世纪中叶旧制度的特殊增长节奏被打破以后，我们似乎进入了另一个时代：百年趋势表明人口、价格、国民产值和工资呈同步增长的趋势，这种增长仅被一些意外的短周期所切断，似乎“持续的增长”已向我们许下了永不更改的诺言。

但从1850到1970年，仅仅一百二十年时间才刚过去。百年趋势的长期危机难道随着现代的到来而永远消失了吗？这个问题很难回答，因为我们对百年趋势的秘密起因以至各项运动的相互关系实际上并不清楚，因而也不能作出详尽的历史解释。于是，许多历史学家，包括最出类拔萃的在内，往往对这种周期性历史表现无可奈何：只能进行观察和测定，却不能作出解释。周期性历史果真存在吗？人们能否认为，人类的历史遵循一些用普通逻辑无从解释的、专横的整体节奏？在我这方面，我坚信以上的说法是事实，虽然这种现象同气候周期一样有令人茫然不解之处；关于气候周期，我们今天根据事实，不能不承认它的存在，虽然科学家们对它的起因，还不能超越假设的阶段。我相信世界的经济史和物质史是一种有节奏的潮汐运动，即使产生这些运动的种种有利的或不利的关系至今仍神秘莫测。我对以上的观点坚信不疑，因而当世界在1972至1974年后开始遇到困难时，我经常向自己提出以下的问题：我们莫非进入了一个康德拉捷夫周期的下降阶段，或者进入了为时更长的百年趋势的下降阶段？假如事情确是如此，人们为克服危机而日复一日地采用的种种办法岂不是纯属幻想？百年趋势的逆转运动是一种结构危机，解决危机的办法只能是把结构摧毁和重建。

几年以前，我在一次讲演中照此推论，断定一次长期危机业已
536 来临，曾受与会听众的窃笑。因为以往的历史存在着人们只能确认而不能解释的百年周期，就据以作出这样的判断，这肯定太冒险了。但今天的经济学家，徒然得现实经历之助，似乎也只能提出假说而已。对于我们正日益深陷其中的危机，经济学家们不是同我们一样，不能预见其期限和解释其本质吗？

权充结论： 537
历史实在和现时实在

我把“资本主义”一词及其清晰的和模糊的含义引入世界近代史的宽广领域，这并没有什么了不起，只是提出了不少问题。我这样做究竟有无道理？是否应该把资本主义当作可供几个世纪使用的基本模式：所谓模式，也就等于说，那是先在陆地建造、然后送下海去的一条船。这条船能浮在水面吗？能破浪航行吗？如能航行，根据模式作出的解释可能就站得住脚。

785

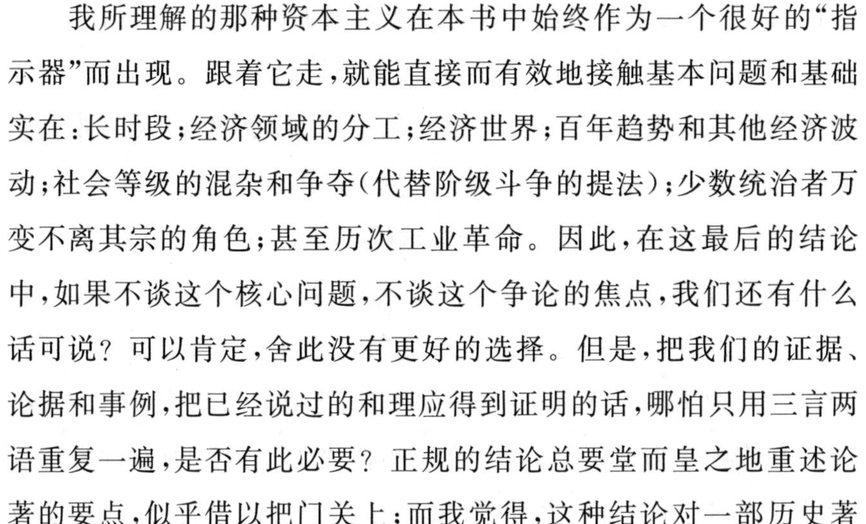

我所理解的那种资本主义在本书中始终作为一个很好的“指示器”而出现。跟着它走，就能直接而有效地接触基本问题和基础实在：长时段；经济领域的分工；经济世界；百年趋势和其他经济波动；社会等级的混杂和争夺（代替阶级斗争的提法）；少数统治者万变不离其宗的角色；甚至历次工业革命。因此，在这最后的结论中，如果不谈这个核心问题，不谈这个争论的焦点，我们还有什么话可说？可以肯定，舍此没有更好的选择。但是，把我们的证据、论据和事例，把已经说过的和理应得到证明的话，哪怕只用三言两语重复一遍，是否有此必要？正规的结论总要堂而皇之地重述论著的要点，似乎借以把门关上；而我觉得，这种结论对一部历史著作并不合适，因为历史著作从来都不是一劳永逸地写完了的。

在完成了一次长途旅行后，我感到更需要打开门窗，让房间通风，甚至走出屋子。在本书写作过程中，我提出了一个可能性假设，并认为它不仅对前工业化时期有效（如其不然，它就不会触及历史的深层），我很想把模式放到另一个时期中去验证。那么，既然要更换舞台，何不来到当今的世界？就是说，来到我们亲眼目睹的和亲身经历的现实和经验中来。我们将走出朦胧的历史世界，前来观赏现时的景色：现时不需复原，它那五光十色、丰富多彩的形象活生生地展现在我们的眼前。

回到现时绝不会违背任何逻辑：历史的秘密目标和深邃动机不就是要说明现时[1]吗？当今的历史学在与其他人文科学的接触中，正逐渐像其他人文科学一样，成为一门不完善的、近似的科学，但它随时准备提出问题和解决问题，充当衡量现时和过去的尺度。这就鼓励我去从事一次冒险，一次在我看来是切实可行的、十分有
538 益的、甚至不乏兴趣的冒险。我们不必因害怕犯颠倒时序的错误，便缩手缩脚地不敢进行比较。我认为，对我们这些长期埋头从事历史研究的人来讲，现时是一张方位图，我甚至敢说，是一张真值表。

当然，我并不坚持要用历史来解释现时。我仅仅希望考察，我所采用的解释和叙述方法在世事纷杂的今天会变成什么样子。19世纪以前的资本主义建造的模式对今天是否还行得通？它是否抵挡得住种种明显而激烈的反驳？我相信今天并不否定昨天，相反，今天和昨天互为说明；二者有许多相似之处。但这种连续性仅仅涉及西方，即所谓自由世界，自由世界已不再像1917年以前那样

覆盖全球。由于社会主义国家进行了引人瞩目的试验,资本主义已在很大一部分土地上消失。当今的世界因而是持续和间断同时存在,在我逐个研究以下问题时,将始终注意到这个矛盾:资本主义是个长时段结构;资本主义是复杂的社会结构的组成部门;资本主义继续存在的可能(假如资本主义行将消灭,社会的各种不平等是否将随之消灭,人们有权对此表示怀疑);最后,资本主义与市场经济的不同,这是我经过漫长的研究得出的基本认识。

长　时　段

我在本书中坚决主张,早在人类历史的初期,一种"潜在的"资本主义便逐渐形成,千百年来不断发展,一直延续至今。泰奥多尔·蒙森[2]、米卡埃尔·罗斯托夫采夫[3]和昂利·比兰纳[4]全都说得有理。很早以前就有征兆预告资本主义的诞生:城市和交换蓬勃发展,劳动市场开始出现,社会交往日渐稠密,货币广泛流通,生产不断提高,远程贸易及国际市场先后问世……印度于公元1世纪渗入乃至侵占遥远的南洋群岛,罗马帝国在其鼎盛时期的势力范围大于整个地中海地区,中国在公元9世纪发明纸币,西方于11至13世纪期间夺回地中海;一个世界市场于16世纪初具规模,这一切都以不同的方式表明"资本的传记"业已开始。不少历史学家为审慎起见不愿追溯到16世纪以前,甚至不愿超过18世纪的界线,从而把资本主义的诞生同工业革命的爆发当作是一码事。但是,即使从这种"短浅"的眼光来看,资本主义也有三百或五百年的历史;可见资本主义是一种长时段的结构,但这不等于说是一种绝对静止不动的实在。所谓长时段,就是一系列的反复运动,其中包

括变异、回归、衰变、整治和停滞，或用社会学的术语来说，构成、解构、重构……。有时也会出现重大的断裂，虽然这种机会很少。工业革命肯定是一次断裂。但我坚持认为，不论有无道理，资本主义通过这场大变革基本上仍与自己相似。资本主义的本质难道不正是通过变化而维持自己的存在吗？资本主义从变化中吸取养料，
539 随时准备根据外界的条件而扩大或缩小自己命定的活动范围；我们已经看到，发展经济的可能性在任何时候和任何地方都受外界条件的限制。

那种把资本主义设想为分阶段发展或跳跃式发展——商业资本主义，工业资本主义，金融资本主义——的看法是错误的。根据这种认识，虽然有从一阶段到另一阶段的持续进步，“真正的”资本主义却要等到资本控制了生产以后才姗姗来迟。在这以前，至多只能算是商业资本主义，甚至“前资本主义”。其实，我们已经看到，以往的大“商人”从不专营商业，他们同时或先后兼营贸易、银行、金融、交易所投机、“工业”生产和包买商业务，在个别情况下，甚至开办手工工场。商业、工业、银行等多业并举，也就是说，几种资本主义形式同时共存，这在 13 世纪的佛罗伦萨，在 17 世纪的阿姆斯特丹，以及在 18 世纪前的伦敦，都曾出现过。到了 19 世纪初，机器的广泛采用无疑使工业生产成为一个高利润部门，资本因而就大量涌向这个部门。但资本主义并不把那里当作永久的基地。在英国，当棉纺织业腾飞初期的高额利润因竞争而降到 2% 和 3% 时，已积累的资本即另找出路，转往钢铁工业和铁路；尤其，金融资本主义和银行又重振旗鼓，交易所投机空前活跃，国际大宗贸易、殖民开发和公债买卖更为风气所趋。而且又一次不考虑专

业化:法国的温代尔家族既是孚日地区的冶炼业巨头、银行家和呢绒商,又是 1830 年远征阿尔及尔的军需供应商。[5]

另一方面,关于 19 和 20 世纪的资本主义自由竞争,尽管曾经有过种种渲染,垄断却并没有丧失其权利。它不过采用了从托拉斯和控股公司到跨国公司的一系列其他形式;在本世纪的 60 年代,美国公司在外国子公司数量增加了两倍。其中的 187 家公司,至少分设在五个国家,于 1973 年“不仅实现美国在国外投资的四分之三,而且占美国出口额的二分之一和制成品在美国市场销售总额的三分之一”。这些公司多年来一再受到美国参议院的调查,指责它们的罪名是在国外办工厂,从而使本国工人失业,导致贸易逆差增加,在国际货币投机中起着恶劣的和不利于美元的作用,但这些公司今天的发展相当健康。它们也从几方面展开活动:不但理所当然在工业方面(在低工资国家进行投资),而且也必定在金融方面(鉴于可供它们支配的短期拆资为数很大,“等于各国中央银行和国际货币机构的货币储备的两倍以上”,因而据美国参议院小组委员会的意见,哪怕调动它们拥有现金的 2%,就足以在任何地方兴起一场尖锐的货币危机),甚至还在商业方面:为了给跨国公司辩护,有人指出,在 1971 年,跨国公司承担着美国的绝大部分出口(62%),而在生产方面只占 34%而已。[6]

总之,资本主义的主要特权,无论在今天或昨天,还是选择的自由。资本主义取得这一特权的原因不仅在于它有高人一等的社会地位,雄厚的财力,筹集资金的能力,四通八达的信息网,而且还因为,尽管少数实力派人物因互相竞争而存在很大分歧,他们之间的联系却制造出一系列的规则和默契。资本主义的活动领域无疑 540

有了很大的扩展，因为它能适应所有的经济部门，特别它广泛地向生产渗透。但是，正如它过去不能抓住全部商业经济一样，它今天还让大量经济活动留在它的控制之外，听任市场经济自行其是，让小企业主发挥主动性，让手工业者和工人互相竞争，让一般的人自找出路。资本主义有它的营地和禁脔：大地产投机和交易所投机，大银行，工业大生产（其规模和产量足以左右价格的确定），国际贸易；在特殊情况下，它有时还插手农业生产或运输业：例如创办海运公司，利用一些国家的通融船旗，躲开一切税收，从而大发横财。资本主义既然能够选择，它就能随风使舵：这是它具有充沛生命力的秘密。

当然，资本主义的适应能力、灵敏性和再生力，并不保证它不冒风险。每当重大危机发生时，许多资本家栽了跟斗，但别的资本家则挺了过来，更有人取而代之。解决问题的新方法往往不在资本家的范围内找到，革新经常来自基层。但革新几乎自动地要归拥有资本的人掌握。一种经过革新的，往往强化了的资本主义终于出现，同以前的资本主义一样矫健有力。随着时间的流逝，财富不断从一人之手转到另一人之手，因而在同一块地产上，曾有几“代”不同的地产主先后更替；阿韦内尔子爵对此感到惊讶，其实也为之欣慰。[7]这是有道理的，因为地产主的先后更替归根到底并不废除个人财产或私人所有制。资本主义的情形也正是如此：资本主义的变化，万变不离其宗。这里，我们可把阿姆斯特丹大商人昂利·霍普1784年在第四次英荷战争后就贸易所说的话转用到资本主义身上：“它经常犯病，但从不病死。”[8]

无所不包的社会

最大的错误莫过于硬说资本主义只是“一种经济制度”。其实,资本主义是社会组织的寄生物,它同国家这个始终碍手碍脚的庞然大物几乎势均力敌;资本主义还利用文化为加固社会大厦而提供的全部支持,文化虽然并非为社会各阶层平均享受,而且其内部派别丛生和矛盾众多,但归根到底总是竭尽最大努力去支持现秩序;资本主义拥戴统治阶级,统治阶级在维护资本主义的同时,也就维护了自己。

在金钱、国家和文化这些既互相冲突又互相支持的不同社会等级制中,究竟哪一种等级制占据首位?大家或许会同意我们作出的答复:有时是这一种,有时在那一种。

商人们喜欢说,政治目前占据首位,国家权力之大,无论银行 791
或大工业资本都不能与之抗衡。事情显然确实如此,不少严肃的
评论家谈到,在国家这个庞然大物面前,一切都矮了一截,国家压 541
抑私营部门的主动性,剥夺“革新者”的创新精神。必须把这一怪兽驱赶回它的巢穴。但相反的言论同样可以读到,比如说,经济和资本到处钻营,无孔不入,践踏个人的自由。实际上,我们应该明白,国家和资本,或至少某一种资本,即大公司和垄断企业的资本,无论今天和昨天,始终和睦共处,特别在眼下,资本相当巧妙地处理好它同国家的关系。如同以往一样,资本把耗资巨大而收益不多的事留给国家去做:公路和交通基础设施,军队,教学和科研工作。公共卫生以及社会保险的一大部分开支也由国家承担。资本尤其恬不知耻地依赖国家的通融、豁免、资助和捐赠为生。国家机

器汇集大批经费,并加以再分配,由于支出大于收入,必须经常举债。资本在国家中占着近水楼台的地位,总是较早得利。“同所谓私人部门志在创业,而政府的行动却妨碍它发挥活力这种神话相反,晚到的资本主义〔今日的资本主义,或称“成熟的资本主义”〕在国家的种种特殊行动中找到确保其整个体系继续存在的条件”,这里所说的体系当然是指资本主义体系。以上的见解是我从菲台里哥·卡费[9]那里借用的,这位意大利经济学家对 G.奥夫关于当今的德意志[10]和J.奥康纳关于 1977 年的美国[11]这两部相近的著作进行评述,得出了这个见解。总之,“垄断资本主义”(J.奥康纳把它同“竞争的领域”相对立)的繁荣正是依靠了它同国家相依为命的良好关系,国家给予税收优惠(以促进神圣不可侵犯的投资),发下巨额定单,制定打开国外市场的措施。因此,奥康纳断言,“国有部门〔包括国家出钱兴办的事业〕的增长对私营工业的扩展,特别对垄断性工业,是必不可少的”。“在经济权力和政治权力之间,除开有形的分隔以外,还存在无形的密切联系。”[12]这无疑说得很对。但资本与国家的融洽合作不自今日始。这种关系经历过近代的几个世纪,以致每当国家失脚绊倒时(1557 年的卡斯蒂利亚国家,1558 年法国的君主制国家),人们看到资本主义跟着受到打击。

资本主义与文化的关系更加难以捉摸,因为反差十分明显:文化同时是支撑和挑战,传统和反抗。确实,反抗情绪一经猛烈爆发,往往逐渐消竭。在路德时代的德意志,针对富格尔、韦尔瑟等大垄断公司的抗议行动终告失败。文化几乎每次都转而保护现存秩序,资本主义的安全可以说部分地有赖于文化。

直到今天，还有人对我们说，资本主义如果不是最好的制度，至少也是坏处最少的制度，它比社会主义制度更有效率，同时又不触动所有权，它有利于调动个人的积极性（光荣归于熊彼得的所谓“创新”！）。为资本主义辩护的论据犹如众多齐发炮弹在一个宽广地区散开，甚至表面上远离目标。例如，金钱本质上就是明显的不公正，为社会不平等辩护的一切论断都偏袒金钱。凯恩斯[13]于1920年主张无条件拥护“财富分配中的不平等”，在他看来，这是扩大资本积累的最好办法，而资本又为活跃经济生活所不可缺少。有人不久前在《世界报》[14]（1979年8月11日）上写道：“各种各样的不平等都是天然的现象，又何必去否认它们？” 542

在以上这些争论中，各种说法都能成为一种武器，甫斯特尔·德·库朗歇或若尔日·杜梅齐尔的无可奈何，康拉德·洛伦兹[15]的学说，或某人对米希勒的咒骂，对自由派的攻击，莫不如此。有人说，人的本性永不改变；因此，社会的本性也不能改变，它始终是不公正的，有等级的和不平等的。历史也为此助了一臂之力。市场自动调节一切，其效能胜过人的意志，所谓“看不见的手”的陈旧神话并未死去。它宣称，“为个人谋利也就是为大众谋利”；于是，“听其自然，优胜劣败！”美国陶醉于“个人奋斗”（self made men）的口号，就是说，单枪匹马去开创自己的事业，这是全民族的光荣和榜样。成功的事例在美国和在别处当然都有，但除了其中不免狡诈要滑以外，实有的成功事例比人们所说的要少得多。希格门·狄亚蒙[16]津津乐道地揭露，美国的所谓“个人奋斗”成功者怎样隐瞒自己利用了几代人积累的家产（如欧洲的资产者从15世纪开始积聚财产一样），作为获得成功的跳板。

然而，有一种东西已经消失，这就是19世纪初期资本主义的自得其乐和心安理得，而这种防御态势是对新生社会主义猛烈攻击的回答，就像16世纪的反改革运动是对宗教改革的答复一样。攻击和反击合乎逻辑地你来我往。既然一切都有连带关系，我们现时社会和经济中日益扩展的危机便涉及文化的深刻危机。1968年的经验对我们深有教益。埃贝尔·马尔库塞[17]身不由己地充当了这场革命的精神领袖，他完全有权声称（1979年3月23日），“把1968年事件说成一场失败是愚蠢的”。这场革命动摇了社会大厦，破除了一些习惯、束缚乃至逆来顺受的心理；社会机体和家庭机体都受到相当大的撕裂，以至在从上到下的各个社会层次都创造出新的生活方式。正因为如此，这是一场真正的文化革命。自那以后，在备受嘲弄的社会的中心，资本主义所处的地位今不如昔，不仅受到社会主义者和正统马克思主义者的攻击，而且受到摒弃任何形式的国家权力的新集团的攻击，他们的口号是：打倒国家！

时间流逝；十年来时间与社会的漫长历史相比不值一提，但对个人的一生来说就举足轻重。1968年事件的活动家被富有耐心的社会重新接纳；唯其迟钝，社会有一股十分奇妙的抗拒力和吸附力。社会最不缺少的东西正是惰性。可以肯定，这不是一次失败；至于说是完全的成功，那还必须仔细研究一番。何况，完全的成功，彻底的断裂，在文化方面是否存在？文艺复兴和宗教改革是意义深远和成果辉煌的两次文化革命。在基督教文明中重新引入古罗马和古希腊，这已是一次爆炸性行动，而让统一的教会出现分裂，则是威力更大的另一次爆炸性行动。这一切终于都作为历史陈迹被纳入到现存秩序之中，伤口终于愈合。文艺复兴的结果是出现了马基雅弗利的《君主论》以及反改革运动。宗教改革为实现统治世界，并为资本主义达到巅峰的新欧洲扫清了障碍；但在德意志，宗教改革却促成了王公的割据，这是十分糟糕的结果。就在农民战争期间（1525 年），路德不是叛卖了起义者的事业吗？

资本主义是否将继续存在？ 543

波里斯·鲍什涅夫[18]在前几年曾友好地批评我以及其他的“资产阶级”历史学家（即西方历史学家），说我们大谈特谈资本主义的起源和初期发展，而只字不提资本主义末日。我至少有一点辩解的理由。我的研究范围只到近代历史的初期为止，因而资本主义在 18 世纪末的蓬勃高涨不能算是我的过错。另一方面，虽然西方资本主义今天正经历种种危机和曲折，但我并不认为它是明天就会断气的“病夫”。资本主义今天肯定已不再像当年那样，甚至连马克思本人也不能不对当年的资本主义表示钦佩；而且，人们不再像马克斯·韦伯或威纳尔·桑巴特那样认为，资本主义是社会演变的最后阶段。但这不等于说，经过温和的演变最终取代资本主义的那个制度，同资本主义将不会如亲兄弟那么相像。

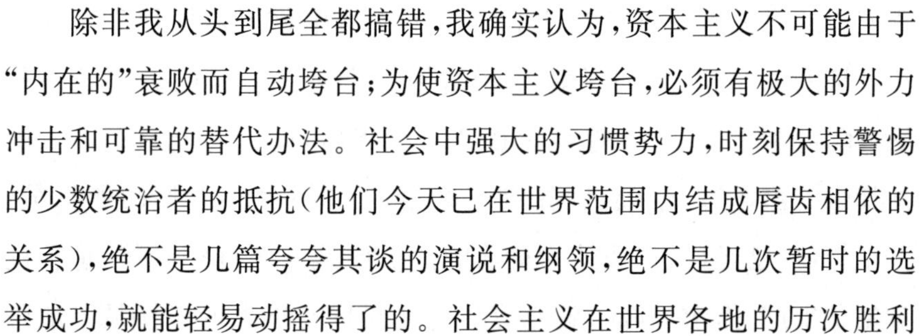

除非我从头到尾全都搞错，我确实认为，资本主义不可能由于“内在的”衰败而自动垮台；为使资本主义垮台，必须有极大的外力冲击和可靠的替代办法。社会中强大的习惯势力，时刻保持警惕的少数统治者的抵抗（他们今天已在世界范围内结成唇齿相依的关系），绝不是几篇夸夸其谈的演说和纲领，绝不是几次暂时的选举成功，就能轻易动摇得了的。社会主义在世界各地的历次胜利都依靠强大的外力所推动，如1917年的俄国革命，1945年东欧各社会主义国家的成立，1949年中国革命的成功，1959年古巴游击队的胜利，1976年越南的解放。这些运动当时还依靠了对社会主义未来的绝对信赖，而信心今天已经开始动摇。

大概任何人都不会否认，从70年代开始至今的这场危机威胁着资本主义的存在。它比1929年的危机更要严重得多，一些最大的大公司可能因此呜呼哀哉，但资本主义作为制度完全有希望继续存在下去。从经济方面讲（不是从意识形态方面讲），资本主义在危机后甚至会变得更加强大。

我们已经看到危机在前工业时期的欧洲通常起到什么作用。那就是消灭小企业（与资本主义大企业相对而言的小企业）、弱企业（在经济发展顺利时期所建立）或者衰老的企业，减轻（不是加强）竞争，把主要经济活动集中到少数人的手里。从这个角度看，资本主义今天没有丝毫的变化。无论在国家和国际的水平上，都在进行重新发牌，但都有利于强者；不久前，在同雅克·埃伦斯坦的一次辩论中，埃贝尔·马尔库塞[19]断言："危机对资本主义的发展至关重要，通货膨胀、失业等〔今天〕都有助于资本的集中和资本主义集中化。这是一个崭新发展阶段的开端，但这绝不是资本主义的最终危机"；我赞成他的意见。资本的集中和资本主义集中化正悄悄地破坏社会和经济的旧结构，同时并建造新结构。菲亚特公司的董事长乔伐尼·阿涅利于1968年曾经预言："二十年后，世界可能只剩下六七种牌子的汽车"。今天，世界汽车产量的80％由九大集团所瓜分。百年趋势（已经说过，我认为目前的危机便是一次百年趋势）惩罚的
544 对象是生产、需求、利润、就业等结构之间日益扩大的不协调。故障

开始产生,由于必须作出调整,某些活动逐渐萎缩或消失。但新的获利门路正陆续形成,由剩下的经济部分所分享。

此外,重大的危机正促使在国际上出现另一次重新发牌。其结果也还是弱的更弱,强的更强,虽然世界霸权可能易手或改变地点。近几十年期间,世界以多种方式经历了深刻的变化:美国经济向南部和西部各州的滑动(这个现象是纽约衰落的重要原因之一)。雅克·阿塔利[20]认为据此可以断言(1979 年),“世界中心正从大西洋向太平洋转移”,并将形成一个美日经济轴心。随着石油生产国一跃登上富国地位,而其他不发达国家则更加贫穷和更加困难,第三世界中发生了绝对的分化。但是,也有一些历来扮演原料供应者角色的落后国家,由于得到巨大的外力推动(一些西方企业,特别是跨国公司),实现了工业化。总之,资本主义应该在长期受西方经济世界统治的世界一大部分地区修改自己的政策。在这些生活水平低下的被剥削地区中,有幅员广大的拉丁美洲,有已获得所谓自由的非洲,还有印度。印度无疑刚越过了一个关键的阶段;惯受饥饿威胁的印度(1943 年饥荒在孟加拉造成三四百万人丧命)取得了很大的农业进步,因而依靠连续两三年丰收,印度于 1978 年首次出现小麦大量过剩,并由于意想不到的储存困难,可能将被迫出口。虽然如此,现在也还没有实现决定性的转折,终于促使广大印度农民购买印度制造的工业品;贫困仍旧普遍存在,人口每年增加 1300 万![21]因此,面对新兴的第三世界,我们敢于断言,资本主义将在一段时期内还能改变其统治形式,或选择其他的统治形式。例如,它可以再次利用令人望而生畏的旧势力,利用既得阵地的力量。

马克思写道："一切已死的先辈们的传统，像梦魇一样纠缠着活人的头脑"，我们同样也还可以说，困扰着活人的生存。让-保尔·萨特可以幻想有这样一个社会，不平等在那里将归于消灭，不再有人对人的统治。但在现今的世界里，没有一个社会放弃了传统以及使用特权。为要做到这一点，必须推翻各种社会等级制，不仅是金钱、国家、社会特权，而且是历史和文化的各种影响。社会主义国家的实例证明，单是消灭经济等级制就导致了成堆的困难，而且这样做不足以实现平等、自由乃至物质充裕。能不能头脑清醒地搞一场革命？且不说有没有头脑清醒的革命，假如它出于奇迹而存在，在环境的压迫下，它也不能长期保持清醒；更何况，这场革命将很难破除必须破除的东西，保存应该保存的东西！起码的自由，独立的文化，诚实无欺的市场经济，外加一点诚挚友爱。这个要求未免太高。尤其，资本主义总是在经济困难的时期遇到挑战，而一场广泛的结构改革总是困难重重，并难免会造成创伤，必
545 须物质充裕乃至极大丰富才能实现。目前的人口数量正以几何级数增长，这也不利于对剩余财富的公平分配。

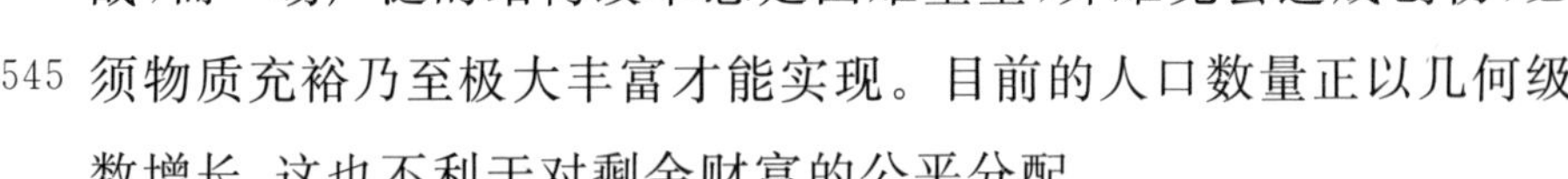

真正的结论：面对市场经济的资本主义

我认为，形形色色的资本主义与"市场经济"之间存在着毋庸置疑的区别。这种区别归根结蒂首先在政治方面表现其充分的意义。

19 世纪资本主义的高速发展无疑以竞争为特征，即使在马克思和列宁的叙述里，这种竞争也被认为是正常的和健康的。能说这是人云亦云、以讹传讹或胡思乱想的结果吗？在 18 世纪，同"游手好闲"、坐享其成的贵族相比，商人的特权似乎是他们正当劳动

的报酬;到了19世纪,在印度公司这类国家垄断大公司普遍出现后,简单的商业自由似乎已变成名副其实的竞争。在另一方面,工业生产(仅是资本主义的一个部门)往往由那些至今在很大程度上仍受竞争制约的小企业承担。由此出现了为公众谋利的企业家的传统形象,这个形象在整个19世纪十分流行,自由贸易和听之任之的种种好处也同时得到宣扬。

奇怪的是,这类形象目前还在政治和报刊语汇中以及在经济学的普及读物中出现,而在专家们的学术讨论中,则于1929年以前,已对这类形象提出了疑问。至于凯恩斯,他曾谈到不完美的竞争;当今的经济学家看得更远,他们认为有市场价格和垄断价格的存在,也就是说,有垄断的部门和"竞争的部门"这两个层次。J.奥康纳和加尔勃雷斯[22]全都采用这双重的形象。那么,把今天某些人所说的"竞争部门"统称为市场经济,又有什么过分?顶上是垄断的领域,下面是留作中小企业进行竞争的场所。

这种区分在我们的讨论中还并不十分常见,但习惯会逐渐养成,用资本主义一词专指最高的层次。资本主义逐渐登上塔尖的一级。例如在法国,公众的怨恨矛头针对谁?针对着托拉斯,还有跨国公司;企望虽然很高,但目标瞄得很准。我常去买报的那家小店不属于资本主义,而只属于它所属的那个联营组织,联营组织才是资本主义。手工作坊和独立的小企业,即法国的所谓"四十九"(由于工会和税收方面的原因,这些企业雇工的数字不愿达到五十,故得名),也不属于资本主义。这些小企业,小单位,为数甚多。遇有大规模的冲突发生,人们就能看到这类小企业大量存在;这些冲突正好说明它们的性质,正好说明我们关心的那个问题。

纽约曾是世界第一工业城市，在70年代危机开始前的20年期间，那里有许多小企业陆续垮台，这些企业往往不过二十来人，是纽约工商业的主体，兼营工业和商业，如成衣、印刷、各种食品制
546 造，以及大批小建筑公司……它们合在一起，既互相依赖又互相冲突，真是一个“竞争”的世界。早先，消费者所希望得到的一切都能在市内就地制造和就地储存。这几千家小企业被排斥的结果是把纽约的一切全都打乱了。大企业在消灭了这个“竞争”的世界后，便在市外另设大型生产单位来代替。原由一家老企业为纽约各学校烤制的面包，今天要从新泽西州运来。[23]

以上的例子说明，在世界最“先进”国家的中心，竞争的经济可能起什么作用；它虽然显得过时，人数很少，管理带有个人特色，但它的消失却使纽约出现一块不可替代的真空。当然，也还有一些竞争的世界至今依然存在。佛罗伦萨附近的纺织中心普拉托是据我所知的最好例子，是培育小企业的真正温床，由于使用的劳动力能适应各种工作和各种必要的变化，这些小企业通过与“包买商制度”类似的某种老办法，能随时顺应经济和时尚的潮流。意大利的大纺织公司目前陷于衰退之中，而普拉托却还能保证充分就业。

我这里不想举出更多的例子，但想指出，在资本主义之下还有一个相当厚的低级经济层次，不管叫它什么都行；它确实存在着，由一些独立的单位所组成。所以不忙断言，资本主义作为社会成分的集合体，囊括我们整个社会。普拉托的小企业以及今天业已破产的纽约某印刷厂不应该列入真正资本主义的范畴。这从社会方面或从经济管理方面来讲都是不对的。

最后，必须补充说，竞争的领域并不把上层资本主义所放弃或

抛开的东西统统接受下来。直到今天，如同18世纪一样，经济大厦还有宽广的底层，据经济学家说，在当今世界的工业化国家里，这个底层约占全部经济活动的30％至40％。这个数字是最近估算得出的，比例之大令人吃惊；它是脱离市场和不受国家监督的各项活动的总和，包括走私，物资和服务的交换，“黑工”，家务劳动；托马斯·阿奎那认为属于“纯经济活动”的家务劳动至今依然存在。我通过历史曾确认其重要性的经济层次“三分法”也是适用于现时的一个模式，是破译现时密码的一种格式。如果统计数字忽略了社会的这个底层，据此作出的分析便是不全面的。

因此，关于资本主义“体系”自上而下地贯穿于整个社会的许多观点都不能不加以修改。简单说来，资本主义有一种活生生的辩证关系：它同位于它下方的非资本主义因素相矛盾。人们常说大公司容忍小企业的存在，不然只消一口就足以把小企业吞下。请看它们是多么宽容！斯汤达曾同样想到，在文艺复兴时代的意大利，大城市因出于善心，给中小城市留下一线出路。我曾说过（我大概说得不错），没有小城市为大城市服务，大城市也就不能生存。至于大公司，加尔勃雷斯认为，它们不会去妨碍小企业的存在，因为小企业的规模小，生产成本较高，由此确定的市场价格能
使大公司多得一份利润。照他这么说，似乎大公司单独就不能随 547
意确定价格和扩大它们的利润。其实，大企业之所以需要有比自己小的单位存在，首先是为了推卸为任何社会的生存所必需，但为资本主义不屑一顾的成千种低级活计。另一方面，如同18世纪的制造厂不断求助于分散在自己四周的手工作坊一样，大公司也把某些活计交给提供成品或半成品的加工商去完成。萨瓦地区设备

简陋的金属切削工厂今天为遥远的外地工厂加工。另外还有转卖商、中间人的活动场所。所有这些中间环节显然都直接附属于资本主义，但它们只构成小企业的一个特殊部门而已。

此外，假如资本主义与位于其下方的市场经济的冲突纯属经济性质（事实并非如此），二者的共存也就根本不成问题，这是不久前举行的一个经济学研讨会得出的结论。[24]但政府的政策在这里插了一脚。第二次世界大战结束后，许多欧洲国家有意识地推行了一项旨在像在纽约那样铲除小企业的政策，后者被认为是旧经济的残余和经济落后的征象。国家创立了一些垄断机构，例如法兰西电力公司，人们今天指责它已成为国中之国和妨碍某些新能源的发展。在私营部门中，大企业过去和现在都得到国家信贷方面的优惠，而银行则奉命紧缩它们发放给小企业的信贷，这等于使小企业必定日子难过，迟早要被消灭。

再没有比这更加危险的政策了。这是以另一种形式重复社会主义国家的根本错误。列宁曾说过："小生产是经常地、每日每时地、自发地和大批地产生着资本主义和资产阶级的……凡在有小企业和交换自由的地方，资本主义便应运而生。"[25]有人甚至认为列宁说过这样的话："资本主义以村子的集市为开始"。由此得出的结论：为了摆脱资本主义，必须根除个体生产和交换自由。列宁的以上见解实际上是对市场的巨大创造力，对交换的低级形式，对手工业以及对我常说的"小事不求人"的一种推崇。市场的创造力对经济不仅是一种基本的富源，而且是当经济遇到危机、战争和严重故障而需要实行结构变革时的一条退路。作为经济大厦的底层，市场没有机构臃肿和运转不灵的毛病，而是始终能够随机应变；市场是一切经济活动的源泉，各种应急的、革新的办法都首先从这里出现，虽然最好的发现后来总归落到资本家的手里。棉纺织业的首次革命不是由资本家发动的，而是由一些生气勃勃的小企业带了头。今天的情形难道就有很大的不同了吗？法国大资本家的一名代表不久前对我说：“发明家从来发不了财！”发明家虽然搞成了发明，却必须把发明的成果交出！美国麻省理工学院的一份报告指出，近十五年以来，美国一半以上的新就业机会是由不到五十人的小企业创造的。

最后，我们若毫无保留地接受市场经济和资本主义的区分，就能避免政治家必定向我们建议的极端立场。照他们看来，似乎不放手让垄断发展便不可能保存市场经济，不拼命实行“国有化”便不可能摆脱垄断。布拉格之春的纲领——上层实行社会主义，基层推广自由的、“自发的”经济——显然是旨在面对双重实在的双重解决方案。但社会主义在什么情况下能维护企业的自由和能动 548
呢？既然提出的办法实质上只是用国家的垄断取代资本的垄断，并且在资本垄断的缺点之上再增加国家垄断的缺点，左翼的传统方案引不起选民的热情，也就不足为奇的了。如果认真去找，自会找到不少扩展市场领域，并且把为一个统治集团独占的经济利益转为市场服务的经济方案。但困难主要不在那里，而在社会方面。正如人们不能期待作为经济世界中心的国家在国际上放弃其特权一样，在一国之内，谁能指望掌握着资本和国家并获得国际支持的统治集团愿意接受竞争和放弃自己的统治地位？

1979年10月30日

注　释

前言

1. *Conquerors and Rulers. Social Forces in Medieval China*, 2ᵉ éd. 1965, pp. 13 *sq.*, cité par Immanuel WALLERSTEIN, *The Modern World System*, 1974, p. 6.
2. Ashin DAS GUPTA, «Trade and Politics in 18th Century India», *in*: *Islam and the Trade of Asia*, p. p. D. S. RICHARDS, 1970, p. 183.
3. René BOUVIER, *Quevedo «homme du diable, homme de Dieu»*, 1929, p.83.
4. Jean IMBERT, *Histoire économique des origines à 1789*, 1965; Hans HAUSHERR, *Wirtschaftsgeschichte der Neuzeit*, 1954; Hubert RICHARDOT et Bernard SCHNAPPER, *Histoire des faits économiques jusqu'à la fin du XVIIIᵉ siècle*, 1963; John HICKS, *A Theory of Economic History*, 1969, trad. fr. 1973.
5. *Allgemeine Wirtschaftsgeschichte des Mittelalters und der Neuzeit*, 2 vol., 1958.
6. Frédéric NOVALIS, *L'Encyclopédie*, 1966, p. 43.
7. René CLEMENS, *Prolégomènes d'une théorie de la structure économique*, 1952, notamment p. 92.
8. Witold KULA, d'après une conversation ancienne. Cf. *On the Typology of Economic Systems. The Social Sciences. Problems and orientation*, 1968, pp. 109-127.
9. José GENTIL DA SILVA, référence égarée et que l'auteur consulté n'a pu retrouver.
10. *Les Étapes du développement politique*, 1975, p. 20.
11. *Le Monde*, 23 juillet 1970, article de K. S. CAROL.
12. Cité par Cyril S. BELSHAW, *Traditional Exchange and Modern Markets*, 1965, p. 5.
13. Joseph SCHUMPETER, *History of Economic Analysis*, 2ᵉ éd. 1955, I, p. 6.
14. Jean POIRIER, «Le commerce des hommes», *in*: *Cahiers de l'Institut de science économique appliquée*, nº 95, nov. 1959, p. 5.
15. Marc GUILLAUME, *Le Capital et son double*, 1975, p. 11.
16. Jean-Baptiste SAY, *Cours complet d'économie politique pratique*, I, 1828, p. 7.
17. Fernand BRAUDEL, «Histoire et sciences sociales: la longue durée», *in*: *Annales E.S.C.*, 1958, pp. 725-753.
18. J. SCHUMPETER, *op. cit.*, ch. II *passim*. D'après Mme Élisabeth BOODY-SCHUMPETER, la quatrième façon eût

été la méthode sociologique.

第一章

1. Cf. *supra*, II, ch. v.
2. SIMONDE DE SISMONDI, *Nouveaux Principes d'économie politique*, p. p. Jean Weiller, 1971, p. 19.
3. *Ibid.*, p. 105, n. 1.
4. Mot que j'ai trouvé dans ce sens restreint chez Fritz RÖRIG. *Mittelalterliche Weltwirtschaft, Blüte und Ende einer Weltwirtschaftsperiode*, 1933. Pour son compte, Hektor AMMANN, *Wirtschaft und Lebensraum der mittelalterlichen Kleinstadt*, s. d., p. 4, dit avec raison: « *eine Art Weltwirtschaft* », une sorte d'économie mondiale.
5. Léon-H. DUPRIEZ, « Principes et problèmes d'interprétation », p. 3, *in*: *Diffusion du progrès et convergence des prix. Études internationales*, 1966. Les considérations qui suivent dans ce chapitre rejoignent les thèses d'I. WALLERSTEIN, *op. cit.*, bien que je ne sois pas toujours d'accord avec lui.
6. Fernand BRAUDEL, *La Méditerranée et le monde méditerranéen à l'époque de Philippe II*, 1949, pp. 325,328 *sq.*
7. F. BRAUDÉL, *Médit.*, 1966, I, p. 354.
8. A. M. JONES, «Asian Trade in Antiquity». *in*: *Islam and the Trade of Asia*, *op. cit*, p. 5.
9. J'emploie l'expression *règles tendancielles*, selon l'exemple de Georges Gurvitch, pour ne pas parler de «lois».
10. Paul M. SWEEZY, *Le Capitalisme moderne*, 1976, p. 149.
11. L'expression est de Wallerstein.
12. Georg TECTANDER VON DER JABEL, *Iter persicum ou description d'un voyage en Perse entrepris en 1602...*, 1877. pp. 9. 22-24.
13. Pedro CUBERO SEBASTIÁN, *Breve Relación de la peregrinación que ha hecho de la mayor parte del mundo*, 1680, p. 175.
14. Louis-Alexandre FROTIER DE LA MESSELIÈRE, *Voyage à Saint-Pétersbourg ou Nouveaux Mémoires sur la Russie*, 1803, p. 254.
15. *Médit...*, I, p. 259.
16. Philippe de COMMYNES, *Mémoires*, III, 1965, p. 110.
17. René DESCARTES, *Œuvres*, I, *Correspondance*, 1969, p. 204.
18. Charles de BROSSES, *Lettres familières écrites d'Italie en 1739 et 1740*, 1858, p. 219.
19. Jacques de VILLAMONT, *Les Voyages...*, 1607, p. 203.
20. *Ibid.*, p. 209.
21. Au sens, bien entendu, d'*esprits libres*.
22. Brian PULLAN, *Rich and Poor in Renaissance Venice*, 1971, p. 3.
23. *Voyage d'Angleterre, de Hollande et de Flandres*, 1728, Victoria and Albert Museum, 86 NN 2, f°. 177. Par «brownistes», il faut entendre une secte religieuse protestante, née durant les années 1580 des enseignements de Robert Browne; par «millénaires», des millénaristes.

24. *Ibid.*, f°s 178-179.
25. Hugo SOLY, «The 'Betrayal' of the Sixteenth Century Bourgeoisie: a Myth? Some considerations of the Behaviour Pattern of the Merchants of Antwerp in the Sixteenth Century», *in*: *Acta historiae neerlandicae*, 1975, pp. 31-49.
26. Louis COULON, *L'Ulysse françois ou le voyage de France, de Flandre et de Savoie*, 1643, pp. 52-53 et 62-63.
27. Alonso MORGADO, *Historia de Sevilla*, 1587, f° 56.
28. Roi de Portugal jusqu'en 1640.
29. Evaldo CABRAL DE MELLO, *Olinda restaurada. Guerra e Açucar no Nordeste, 1630-1654*, 1975, p. 72.
30. *Ibid.*
31. Charles CARRIÈRE, Marcel COURDURIÉ, *L'Espace commercial marseillais aux XVIIe et XVIIIe siècles*, dactyl., p. 27.
32. A.N., Marine, B^{7} 463, 11 (1697).
33. Patrick CHORLEY, *Oil, Silk and Enlightenment. Economic Problems in XVIIIth century Naples*, 1965. Voir aussi Salvatore CIRIACONO, *Olio ed Ebrei nella Repubblica veneta del Settecento*, 1975, p. 20.
34. Voir *supra*, II, ch, iv.
35. *Médit...*, 1966, I, p. 113 *sq.*
36. *Ibid.*, p. 358.
37. Ernst WAGEMANN, *Economia mundial*, 1952, II, p. 95.
38. Johann Heinrich von THÜNEN, *Der isolierte Staat in Beziehung auf Landwirtschaft und Nationalökonomie*, 1876, I, p. 1.
39. E. CONDILLAC, *Le Commerce et le gouvernement*, 1776, éd. 1966, pp. 248 *sq.* met en scène une économie située dans une île imaginaire.
40. *Siedlungsgeographische Untersuchungen in Niederandalusien*, 1935.
41. Voir *supra*, II, pp. 22-27.
42. *Recherches sur la nature et les causes de la richesse des nations*, II, 1802, pp. 403 *sq.*, cité par Pierre DOCKÈS, *L'Espace dans la pensée économique*, 1969, pp. 408-409.
43. Voir *infra*, p. 36.
44. H. PIRENNE, *Histoire de Belgique*, III, 1907, p. 259.
45. A. EMMANUEL, *L'Échange inégal*, 1969, p. 43.
46. Dans une communication à la Semaine de Prato, avril 1978.
47. *Ibid.*
48. Johann BECKMANN, *Beiträge zur Œkonomie...* 1781, III, p. 427. Vers 1705, 84 maisons de commerce, dont 12 espagnoles, 26 génoises, 11 françaises, 10 anglaises, 7 hambourgeoises, 18 hollandaises et flamandes; François DORNIC, *op. cit.*, p. 85, d'après Raimundo de LANTERY, *Memorias*, 2e partie, pp. 6-7.
49. Jean GEORGELIN, *Venise au siècle des Lumières*, 1978, p. 671.
50. Tibor WITTMAN, «Los metales preciosos de América y la estructura agraria de Hungria a los fines del siglo XVI», *in*: *Acta historica*, XXIV, 1967, p. 27.
51. Jacques SAVARY, *Dictionnaire universel de commerce...*, 1759-1765, V, col. 669.
52. Jacques DOURNES, *Pötao une théorie du pouvoir chez les Indochinois Jörai*, 1977, p. 89.
53. Abbé PRÉVOST, *Histoire générale des voyages*, VI, p. 101.

54. J. PAQUET, «La misère dans un village de l'Oisans en 1809», *in*: *Cahiers d'histoire*, 1966, 3, pp. 249-256.
55. Germaine LEVI-PINARD, *La Vie quotidienne à Vallorcine au XVIIIe siècle*, 2e éd. 1976.
56. «Cervières, une communauté rurale des Alpes briançonnaises du XVIIIe siècle à nos jours», *in*: *Bulletin du Centre d'histoire économique et sociale de la région lyonnaise*, 1976, n° 3, pp. 21. *sq*.
57. Cité par Isaac de PINTO, *Traité de la circulation et du crédit*, 1771, pp. 23-24.
58. H. C. DARBY, *An Historical Geography of England before a. d. 1800*, 1951, p. 444.
59. E.NARNI-MANCINELLI, Matteo PAONE, Roberto PASCA, «Inegualanzia regionale e uso del territorio: analisi di un' area depressa della Campania interna», *in*: *Rassegna economica*, 1977.
60. Christiane KLAPISCH-ZUBER, *Les Maîtres du marbre. Carrare 1300-1600*, 1969, pp. 69-76.
61. Moscou, A.E.A., 705/409, f° 12, 1785.
62. *Le Monde*, 27 juin 1978.
63. et 64. Voir *supra*, II, ch. v, p. 408.
65. T. S. WILLAN, *Studies in Elizabethan Foreign Trade*, 1959, p. v.
66. Pierre BRUNEL, *L'État et le Souverain*, 1977, p. 12.
67. Le *Dogado* désigne la zone de lagunes, de petites îles et d'estuaires de la côte septentrionale de l'Adriatique, constituant les abords de Venise (*Enc. it.*, XIII, p. 89).
68. Elena FASANO, *Lo Stato mediceo di Cosimo I*, 1973.
69. Georges LIVET, *L'Équilibre européen de la fin du XVe à la fin du XVIIIe siècle*, 1976.
70. Claude MANCERON, *Les Vingt Ans du roi*, 1972, p. 121.
71. Ragnar NURSKE, *Problems of Capital Formation in Underdeveloped Countries*, 1953, p. 4.
72. P. CHAUNU, *Séville et l'Atlantique*, VIII, 1, 1959, p. 1114.
73. A. EMMANUEL, *op. cit.*, p. 32.
74. David RICARDO, *Principes de l'économie politique et de l'impôt*, pp. Christian SCHMIDT, 1970, pp. 101-102.
75. G. TOMASI DI LAMPEDUSA, *Le Guépard*, 1960, p. 164.
76. Maurice LÉVY-LEBOYER, François CROUZET, Pierre CHAUNU.
77. Jusqu'à la création, le 24 mars 1776, de la Caisse d'Escompte.
78. Voir *infra*, pp. 93-94.
79. *Op. cit.*, p. 10.
80. I. WALLERSTEIN, *The Modern World System*, II, ch, II., dactylogramme.
81. J. GEORGELIN, *Venise au siècle des Lumières op. cit.*, p. 760.
82. *Ibid.*, p. 14 et *passim*.
83. *Médit.*, II, p. 41.
84. Jacques GERNET, *Le Monde chinois*, 1972, p. 429.
85. Voir *infra*, p. 383.
86. Cité par H. R. C. WRIGHT, *Congrès de Léningrad 1970*, V, p. 100.
87. W. KIENAST, *Die Anfänge des europaïschen Staatensystems im späteren Mittelalter*, 1936.
88. *Geschichte der Kriegskunst...*, 1907.
89. Je cite de mémoire cet épisode emprunté aux papiers de Diego

Suárez, conservés autrefois aux Archives du Gouvernement Général de l'Algérie.

90. E. CABRAL DE MELLO, *Olinda restaurada...*, *op. cit.*, *passim*.

91. *Ibid.*, p. 246.

92. J'ai eu à ce sujet un échange de correspondance avec le Professeur CRUZ COSTA de l'Université de São Paulo.

93. Sur l'introduction de la baïonnette, voir J. U. NEF, *La Guerre et le progrès*, 1954, pp. 330-333.

94. Cité par J. U. NEF, *La Guerre et le progrès humain*, 1954, p. 24.

95. Pasquale VILLANI, «La società italiana nei secoli XVI e XVII», *in Ricerche storiche ed economiche in memoria di C. Barbagallo*, 1970, I, p. 255.

96. Philippe Auguste d'ARCQ, *La Noblesse militaire*, 1766, pp. 75-76; les italiques sont de moi.

97. B. G. ZANOBI, *in*: Sergio ANSELMI, *Economia e Società: le Marche tra XV et XX° secolo*, 1978, p. 102.

98. I. WALLERSTEIN, *op. cit.*, p. 87.

99. Federico BRITO FIGUEROA, *Historia económica y social de Venezuela*, I, 1966, *passim*.

100. G. MACARTNEY. *Voyage dans l'intérieur de la Chine et en Tartarie, fait dans les années 1792, 1793 et 1794...*, II. p. 73.

101. Louis-Narcisse BAUDRY DES LOZIÈRES, *Voyage à la Louisiane et sur le continent de l'Amérique septentrionale fait dans les années 1794-1798*, 1802, p. 10.

102. Peter LASLETT, *Un Monde que nous avons perdu*, 1969, pp. 40 *sq*.

103. *Médit...*, 1966, I, p. 426.

104. Voir *supra*, p. II, p.124.

105. *Ibid.*

106. A.d.S. Venise, Senato Zecca, 42, 20 juillet 1639.

107. Abbé Jean-Bernard LE BLANC, *Lettres d'un François*, 1745, II, p. 42.

108. *Ibid.*, p. 43.

109. *Ibid.*, p. 1.

110. *Ibid.*, III, p. 68.

111. Jacques ACCARIAS DE SERIONNE, *La Richesse de l'Angleterre*, 1771, p. 61.

112. Les discussions qui suivent, de SMOUT sur l'Écosse, d'H. KELLENBENZ et de P. BAIROCK, présentées au cours de là Semaine de Prato, 1978.

113. A. DAS GUPTA, art. cit., *in*: *Islam and the Trade of Asia*, pp. D. S. RICHARDS, 1970, p. 206.

114. *Précis de sociologie d'après W. Pareto*, 2e éd., 1971, p. 172.

115. G. IMBERT, *Des Mouvements de longue durée Kondratieff*, 1959.

116. *Théorie économique du système féodal: pour un modèle de l'économie polonaise*, 1970, p. 48.

117. Discussion récente sur le *Kondratieff*: W. W. ROSTOW, «Kondratieff, Schumpeter and Kuznets: Trend Periods Revisited», *in*: *The Journal of Economic History*, 1975, pp. 719-753.

118. W. BRULEZ, «Séville et l'Atlantique: quelques réflexions critiques», *in*: *Revue belge de philologie et d'histoire*, 1964, n° 2, p. 592.

119. P. CHAUNU, *Séville et l'Atlantique*, VIII, 1, 1959, p. 30.

120. Dietrich EBELING et Franz IRSIGLER, *Getreideumsatz, Getreide und Brotpreise in Köln, 1368-1797*, 1976.

121. F. BRAUDEL et F. SPOONER, «Prices in Europe from 1450 to 1750», *in*: *The Cambridge Economic History of*

Europe, IV, 1967, p. 468.

122. P. CHAUNU, *op. cit.*, p. 45.
123. *Gazette de France*, p. 489.
124. Pierre CHAUNU, *Les Philippines et le Pacifique des Ibériques*, 1960, p. 243, n.1.
125. L. DERMIGNY, *La Chine et l'Occident. Le commerce à Canton au XVIII*e *siècle, 1719-1833*, I, 1964, p. 101, n.1.
126. «En Inde, aux XVIe et XVIIe siècles: trésors américains, monnaie d'argent et prix dans l'Empire mogol», *in*: *Annales E.S.C.*, 1969, pp. 835-859.
127. Cité par Pierre VILAR, Congrès de Stockholm, 1960, p. 39.
128. Rondo CAMERON, «Economic History, Pure and Applied», *in Journal of Economic History*, mars 1976, pp. 3-27.
129. *Il Problema del trend secolare nelle fluttuazioni dei prezzi*, 1935.
130. G. IMBERT, *op. cit.*
131. *Ibid.*
132. «Les implications de l'emballement mondial des prix depuis 1972», *in*: *Recherches économiques de Louvain*, septembre 1977.
133. *In*: *Annales E.S.C.*, 1961, p. 115.
134. P. LÉON, *in*: *Cogrès de Stockholm, 1960*, p. 167.
135. *La Crise de l'économie française à la fin de l'Ancien Régime et au début de la Révolution*, 1944, pp. VIII-IX.
136. *Théorie économique du système féodal...*, op. cit., p. 84.
137. «Gazettes hollandaises et trésors américains» *in*: *Anuario de historia económica y social*, 1969, p. 333.
138. P. VILAR, *L'Industrialisation en Europe au XIX*e *siècle*, Colloque de Lyon, 1970, p. 331.
139. *Hérésies économiques*, 1972, p. 50.
140. P. BEYSSADE, *La Philosophie première de Descartes*, dactylogramme, p. 111.
141. Earl J. HAMILTON «American Treasure and the Rise of Capitalism», *in*: *Economica*, nov. 1929, pp. 355-356.
142. Phelps BROWN, S.V. HOPKINS «Seven Centuries of Building Wages», *in*: *Economica*, août 1955, pp. 195-206.
143. Charles SEIGNOBOS *Histoire sincère de la nation française*, 1933.

第二章

1. Cette remarque et les précédentes d'après le texte dactylographié de Paul ADAM, *L'Origine des grandes cités maritimes indépendantes et la nature du premier capitalisme commercial*, p. 13.
2. Paul GROUSSET, préface à Régine PERNOUD, *Les Villes marchandes aux XIV*e *et XV*e *siècles*, 1948, p. 18.
3. *Studi di storia economica*, 1955, I, p. 630.
4. Impôt sur le revenu instauré par le Second Pitt en 1799.
5. Henri PIRENNE, *La Civilisation occidentale au Moyen Age du XI*e *au milieu du XV*e *siècle*, *Histoire générale*, de G. GLOTZ, VIII, 1933, pp. 99-100.
6. *Cours complet d'économie politique pratique*, *op*, *cit.*, I, p. 234.
7. *Traité de la circulation et du crédit*, *op. cit.*, p.9.

8. Renée DOEHAERD, *Le Haut Moyen Age occidental, économies et sociétés*, 1971, p. 289.
9. P. ADAM, *op. cit.*, p. 11.
10. Expression d'Henri PIRENNE au cours d'une conférence tenue à Alger en 1931.
11. «The Closing of the European Frontier», *in*: *Speculum*, 1958, p. 476.
12. Wilhelm ABEL, *Agrarkrisen und Agrarkonjunktur*, 1966, p. 19.
13. Johannès BÜHLER, *Vida y cultura en la edad media*, 1946, p. 204.
14. J. H. SLICHER VAN BATH, *The Agrarian History of Western Europe, A.D. 500-1850*, 1966, p. 24.
15. Yves RENOUARD, *Les Villes d'Italie de la fin du X*e *au début du XIV*e *siècle*, 1969, I, p. 15.
16. Karl BOSL, *Die Grundlagen der modernen Gesellschaft im Mittelalter*, 1972, II, p. 290.
17. Réflexion souvent faite devant moi. *Cf.* Armando SAPORI, «Caratteri ed espansione dell' economia comunale italiana», *in*: *Congresso storico internazionale per l'VIII° centenario della prima Lega Lombarda*, Bergame, 1967, pp. 125-136.
18. «What accelerated technological Progress in the Western Middle Ages», *in*: *Scientific Change*, p. p. CROMBIE, 1963, p. 277.
19. «Les bases monétaires d'une suprématie economique: l'or musulman du VIIe au XIe siècle», *in*: *Annales E.S.C.*, 1947, p. 158.
20. *L'Économie rurale et la vie des campagnes dans l'Occident médiéval*, 1962, I, p. 255.
21. *La Nascità dell' Europa, sec. X-XIV*, 1966, pp. 121 et sq.
22. «La civiltà economica nelle sue esplicazionidalla Versilia alla Maremma (secoli X-XVII)», *in*: *Atti del 60° Congresso Internazionale della «Dante Alighieri»*, p. 21.
23. *Wirtschaftsgeschichte Deutschlands von 16. bis 18. Jahrhundhert*, 1951, I, p. 327.
24. *Mittelalterliche Weltwirtschaft...*, 1933, p. 22.
25. Des remarques analogues à propos du rayonnement de Francfort-sur-le-Main *in*: Hans MAUERSBERG, *Wirtschafts-und Sozialgeschichte zentraleuropäischer Städte in neuerer Zeit*, 1960, pp. 238-239.
26. H. PIRENNE, *in*: G. GLOTZ, *Histoire générale*, VIII, *op. cit.*, p. 144.
27. *Ibid.*, p. 11.
28. *Ibid.*, p. 90; Henri LAURENT, *Un Grand Commerce d'exportation. La draperie des Pays-Bas en France et dans les pays méditerranéens, XII*e*-XV*e *siècles*, 1935, pp. 37-39.
29. H. PIRENNE, *op. cit.*, p. 128.
30. Le 13 janvier 1598, par ordonnance d'Elizabeth, dont le texte est donné par Philippe DOLLINGER, *La Hanse* (*XII*e*-XVII*e *siècles*), 1964, pp. 485-486.
31. Tibor WITTMAN, *Les Gueux dans les «bonnes villes» de Flandre (1577-1584)*, 1969, p. 23; Hippolyte FIERENS-GEVAERT, *Psychologie d'une ville, essai sur Bruges*, 1901, p. 105; E.LUKCA, *Die Grosse Zeit der Niederlande*, 1936, p. 37.
32. Archives Datini, Prato, 26 avril 1399.
33. H. PIRENNE, *op. cit.*, p. 127.

34. J. A. VAN HOUTTE, «Bruges et Anvers, marchés "nationaux" ou "internationaux" du XIVe au XVIe siècle», *in*: *Revue du Nord*, 1952, pp. 89-108.
35. *Brügges Entwicklung zum mittelalterlichen Weltmarkt*, 1908, p. 253.
36. *Op. cit.*, p. 16.
37. Pour tout ce paragraphe, P. DOLLINGER, *op. cit.*
38. H. PIRENNE, *op. cit.*, pp. 26-27.
39. P. DOLLINGER, *op. cit.*, p. 42.
40. Witold HENSEL, Aleksander GIEYSZTOR, *Les Recherches archéologiques en Pologne*, 1958, pp. 54 *sq.*
41. P. DOLLINGER, *op. cit.*, p. 21.
42. Renée DOEHAERD, «A propos du mot "Hanse"», *in*: *Revue du Nord*, janvier 1951, p. 19.
43. P. DOLLINGER, *op. cit.*, p. 10.
44. *Médit...*, I, p. 128.
45. P. DOLLINGER, *op. cit.*, p. 177.
46. *Ibid.*, p.54.
47. Voir *supra*, II, p. 314.
48. P. DOLLINGER, *op. cit.*, p. 39.
49. *Ibid.*, p. 148.
50. *Ibid.*, p. 39.
51. *Ibid.*, p. 59.
52. *Ibid.*, p. 86.
53. Henryk SAMSONOWICZ, «Les liens culturels entre les bourgeois du littoral baltique dans le bas Moyen Age», *in*: *Studia maritima*, I, pp. 10-11.
54. *Ibid.*, p. 12.
55. *Ibid.*
56. *Ibid.*
57. P. DOLLINGER, *op. cit.*, p. 266.
58. *Ibid.*, p. 55.
59. *Ibid.*, p. 130.
60. *Ibid.*, p. 95.
61. *Ibid.*, pp. 100-101.
62. Marian MALOWIST, *Croissance et régression en Europe*, *XIVe-XVIIe siècles*, 1972, pp. 93,98.
63. P. DOLLINGER, *op. cit.*, p. 360.
64. M. MALOWIST, *op. cit.*, p. 133.
65. *Ibid.*, p. 105.
66. Eli F. HECKSCHER, *Der Merkantilismus*, trad. esp.: *La Epoca mercantilista*, 1943, p. 311.
67. *Histoire des prix et des salaires dans l'Orient médiéval*, 1969, p. 237.
68. Robert-Henri BAUTIER, «La marine d'Amalfi dans le trafic méditerranéen du XIVe siècle, à propos du transport du sel de Sardaigne», *in*: *Bulletin philologique et historique du Comité des Travaux historiques et scientifiques*, 1959, p. 183.
69. M. del TREPPO, A. LEONE, *Amalfi medioevale*, 1977. Protestation contre une histoire traditionnelle d'Amalfi, uniquement marchande.
70. M. LOMBARD, art cit., *in*: *Annales E.S.C.*, 1947, pp. 154 *sq.*
71. Armando CITARELLA, «Patterns in Medieval Trade: The Commerce of Amalfi before the Crusades», *in*: *Journal of Economic History*, déc. 1968, p. 533 et n. 6.
72. R.-H. BAUTIER, art. *cit.*, p. 184.
73. R. S. LOPEZ, *op. cit.*, p. 94.
74. Y. RENOUARD, *op. cit.*, p. 25, note 1.
75. Elena C. SKRZINSKAJA, «Storia della Tana», *in*: *Studi veneziani*, X, 1968, p. 7. «*In mari constituta, caret totaliter vineis atque campis.*»
76. M. CANARD, «La Guerre sainte dans le monde islamique», *Actes du IIe Congrès des sociétés savantes d'Afrique*

du Nord, Tlemcen, 1936, *in*: II, pp. 605-623.

77. La chrysobulle d'Alexis Comnène de mai 1082 exempte les Vénitiens de tout paiement (H. PIRENNE, *op. cit.*, p. 23).
78. Giuseppe TASSINI, *Curiosità veneziane*, 1887, p. 424.
79. Gino LUZZATTO, *Studi di storia economica veneziana*, 1954, p. 98.
80. Benjamin DAVID, «The Jewish Mercantile Settlement of the 12th and 13th century Venice: Reality or Conjecture?», *in A.J.S Review*, 1977, pp. 201-225.
81. Wolfgang von STROMER, «Bernardus Tauronicus und die Geschäftsbeziehungen zwischen der deutschen Ostalpen und Venedig vor Gründung des Fondaco dei Tedeschi», *in*: *Grazer Forschungen zur Wirtschafts-und Sozialgeschichte*, III.
82. G. LUZZATO, *op. cit.*, p. 10.
83. *Ibid.*, pp. 37-38.
84. Giorgio GRACCO, *Società e stato nel medioevo veneziano* (*secoli XII-XIV*), 1967.
85. Heinrich KRETSCHMAYR, *Geschichte von Venedig*, 1964, I, p. 257.
86. W. HEYD, *Histoire du commerce du Levant au Moyen Age*, 1936, p. 173.
87. Pas si affreuse que cela selon Donald E. QUELLER et Gerald W. DORY, «Some Arguments in Defense of the Venetians on the Fourth Crusade», in: *The American Historical Review*, n° 4, oct. 1976, pp. 717-737.
88. R. S. LOPEZ, *op. cit.*, pp. 154 *sq*.
89. Jacques MAS-LATRIE, *Histoire de l'île de Chypre sous le règne des princes de la maison de Lusignan*, 1861, I, p. 511.
90. Sur les frappes monétaires, voir *supra*, II, p. 170.
91. Richard HENNIG, *Terrae incognitae*, 1950-1956, III, pp. 109 *sq*.
92. Opinion rejetée par F. BORLANDI, «Alle origini del libro di Marco Polo», *in*: *Studi in onore di Amintore Fanfani*, 1962, I, p. 135.
93. Elizabeth CHAPIN, *Les Villes de foires de Champagne des origines au début du XIV*e *siècle*, 1937, p. 107, n. 9.
94. Henri PIRENNE, *op. cit.*, I, p. 295.
95. H. LAURENT, *op. cit.*, p. 39.
96. Robert-Henri BAUTIER, «Les foires de Champagne», *in*: *Recueil Jean Bodin*, V, 1953, p. 12.
97. H. PIRENNE, *op. cit.*, p. 89.
98. Félix BOURQUELOT, *Étude sur les foires de Champagne*, 1865, I, p. 80.
99. Hektor AMMANN, «Die Anfänge des Aktivhandels und der Tucheinfuhr aus Nordwesteuropa nach dem Mittelmeergebiet», *in*: *Studi in onore di Armando Sapori*, p. 275.
100. L'origine de ce nom est inexpliquée. Il s'agit *peut-être* d'une rue de Florence portant ce nom, siège des entrepôts de l'*Arte di Calimala* (*Dizionario enciclopedico italiano*).
101. *Médit.*, I, p. 291.
102. *Ibid.*
103. H. LAURENT, *op. cit.*, p. 80.
104. Henri PIGEONNEAU, *Histoire du commerce de la France*, I, 1885, pp. 222-223.
105. *Ibid.*
106. Mario CHIAUDANO, «I Rothschild del Duecento: la Gran Tavola di Orlando Bonsignori», *in*: *Bulletino senese di storia patria*, VI, 1935.

107. R.-H. BAUTIER, *op. cit.*, p. 47.
108. F. BOURQUELOT, *op. cit.*, I, p. 66.
109. H. LAURENT, *op. cit.*, p. 38.
110. *Ibid.*, pp. 117-118.
111. R.-H. BAUTIER, *op. cit.*, pp. 45-46.
112. Vital CHOMEL, Jean EBERSOLT, *Cinq Siècles de circulation internationale vue de Jougne*, 1951, p. 42.
113. Voir *infra*, p. 102.
114. Wolfgang von STROMER, « Banken und Geldmarkt: die Funktion der Wechselstuben in Oberdeutschland und den Rheinlanden », Prato, 18 avril 1972, 4e semaine F.-Datini.
115. Augusto GUZZO, Introduction au *Secondo Colloquio sull'età dell' Umanesimo e del Rinascimento in Francia*, 1970.
116. Giuseppe TOFFANIN, *Il Secolo senza Roma*, Bologne, 1943.
117. Guy FOURQUIN, *Les Campagnes de la région parisienne à la fin du Moyen Age*, 1964, pp. 161-162.
118. A noter cependant une tentative de Philippe VI de Valois pour renouveler les privilèges des foires de Champagne, en 1344-1349. Cf. M. de LAURIÈRE, *Ordonnances des rois de France*, 1729, II, pp. 200, 234, 305.
119. *Banca e moneta dalle Crociate alla Rivoluzione francese*, 1949, p. 62.
120. *Ibid.*
121. Raymond DE ROOVER, «Le rôle des Italiens dans la formation de la banque moderne», *in*: *Revue de la banque*, 1952, p. 12.
122. Voir *supra*, II, p. 102.
123. Carlo CIPOLLA, *Money, Prices and Civilization*, 1956, pp. 33-34.
124. H. KRETSCHMAYR, *op. cit.*, II, p. 234.
125. *Ibid.*, pp. 234-236.
126. *Ibid.*, p. 239.
127. *Foundation of Capitalism*, 1959, pp. 29 *sq*.
128. Hannelore GRONEUER, «Die Seeversicherung in Genua am Ausgang des 14. Jahrhunderts», *in*: *Beiträge zur Wirtschafts-und Sozialgeschichte des Mittelalters*, 1976, pp. 218-260.
129. H. KRETSCHMAYR, *op. cit.*, II, p. 300.
130. Christian BEC, *Les Marchands écrivains à Florence 1375-1434*, 1968, p. 312.
131. *Médit.*, I, p. 310.
132. *Ibid.*, p. 311.
133. *Bilanci generali*, 1912 (édités par la Reale Commissione per la pubblicazione dei documenti finanziari della Repubblica di Venezia, IIe série).
134. Voir *infra*, pp. 262 *sq*.
135. *Bilanci generali*, 2e série I, 1, Venise, 1912.
136. *Ibid.*, Documenti n. 81, pp. 94-97. Le texte en est donné par H. KRETSCHMAYR, *op. cit.*, II, p. 617-619.
137. *Médit.*, I, p. 452.
138. On accepte *d'habitude* que la proportion entre la frappe annuelle monétaire et la monnaie en circulation est de 1 à 20.
139. Pierre-Antoine, comte DARU, *Histoire de la République de Venise*, 1819, IV, p. 78.
140. Oliver C. Cox, *Foundation of Capitalism*, 1959, p. 69, et note 18 (d'après MOLMENTI).
141. Voir *infra*, pp. 103 *sq*.
142. A.d.S. Venise, Notario del Collegio, 9, f° 26 v°, n° 81, 12 août 1445.

143. *Ibid.*, 14 f° 38 v°, 8 juillet 1491; Senato Terra, 12, f° 41, 7 février 1494.
144. *Médit.*, II, pp. 215-216.
145. A.d.S. Venise, Senato Terra, 4, f° 107 v°.
146. P. MOLMENTI, *La Storia di Venezia nella vita privata...*, 1880, I, pp. 124, 131-132.
147. Piero PIERI, «Milizie e capitani di ventura in Italia del Medio Evo», *in*: *Atti della Reale Accademia Peloritana*, XL, 1937-1938, p. 12.
148. H. KRETSCHMAYR, *op. cit.*, II, p. 386.
149. Girolamo PRIULI, *Diarii*, ed. A. Segre, 1921, I, p. 19.
150. Federico CHABOD, «Venezia nella politica italiana ed europea del Cinquecento», *in*: *La Civiltà veneziana del Rinascimento*, 1958, p. 29. Les arrivées des ambassadeurs d'Espagne et du «roi» Maximilien. Archivio Gonzaga, série E, Venezia 1435, Venise, 2 janvier 1495.
151. H. HAUSHERR, *op. cit.*, p. 28.
152. *Bilanci...*, I, pp. 38-39. Non pas en 1318, comme l'écrit William MAC NEILL, *Venice, the Hinge of Europe 1081-1797*, 1974, p. 66, mais avant même 1228, *Bilanci...*, I, pp. 38-39, location du *Fondaco dei Tedeschi «qui tenent fonticum Venetie ubi Teutonici hospitantur»*.
153. J. SCHNEIDER, «Les villes allemandes au Moyen Age. Les institutions économiques», *in*: *Recueil de la Société Jean Bodin*, VII, *La Ville, institutions économiques et sociales*, 1955, 2e partie, p. 423.
154. Antonio H. de OLIVEIRA MARQUES, «Notas para a historia da Feitoria portuguesa da Flandes no seculo XV», *in*: *Studi in onore di Amintore Fanfani*, 1962, II, pp. 370-476, notamment p. 446. Anselmo BRAACAMP FREIRE, «A Feitoria da Flandes», *in*: *Archivio historico portuguez*, VI, 1908-1910, pp. 322 *sq*.
155. *Médit.*, I, p. 428.
156. G. LUZZATTO, *op. cit.*, p. 149.
157. *Médit.*, I, p. 277.
158. Alberto TENENTI, Corrado VIVANTI, «Le film d'un grand système de navigation: les galères marchandes vénitiennes, XIVe-XVIe siècles», *in*: *Annales E.S.C.*, 1961, p. 85.
159. *Op. cit.*, pp. 62 *sq*.
160. Federigo MELIS, *La Moneta*, dactyl., p.8.
161. Federigo MELIS, «Origenes de la Banca Moderna», *in*: *Moneda y Credito*, mars 1971, pp. 10-11.
162. Federigo MELIS, *Storia della ragioneria, contributo alla conoscenza e interpretazione delle fonti più significative della storia economica*, 1950, pp. 481 *sq*.
163. Federigo MELIS, *Sulle fonti della storia economica*, 1963, p. 152.
164. Voir *supra*, II, pp. 252 *sq*.
165. R. HENNIG *op. cit.*, III, p. 119 *sq.*, et IV, p. 126.
166. G. TASSINI *op. cit.*, p. 55.
167. E. LATTES, *La Libertà delle banche a Venezia*, 1869, chapitre II.
168. Gino LUZZATTO, *Storia economica di Venezia dal XIe al XVIe s.*, 1961, p. 101.
169. G. LUZZATTO, *op. cit.*, p. 212.
170. G. LUZZATTO, *op. cit.*, p. 78.
171. G. LUZZATTO, *Studi...*, *op. cit.*, pp.

135-136.

172. *Ibid.*, p. 130.

173. Reinhold C. MUELLER, «Les prêteurs juifs à Venise», *in*: *Annales E.S.C.*, 1975, p. 1277.

174. G. LUZZATTO, *Studi*..., *op. cit.*, p. 104.

175. *Ibid.*, p. 104.

176. *Ibid.*, p. 106, note 67.

177. «Le rôle du capital dans la vie locale et le commerce extérieur de Venise entre 1050 et 1150», *in*: *Revue belge de philologie et d'histoire*, XIII, 1934, pp. 657-696.

178. «Aux origines du capitalisme vénitien», compte rendu de l'article précédent, *in*: *Annales E. S. C.*, 1935, p. 96.

179. R. MOROZZO DELLA ROCCA, A. LOMBARDO, *I Documenti del commercio veneziano nei sccoli XI-XIII*, 1940, cité par G. LUZZATTO, *Studi*..., p. 91, n.9.

180. G. LUZZATTO, *Storia economica*..., *op. cit.*, p. 82.

181. *Ibid.*, pp. 79-80.

182. Raymond DE ROOVER, «Le marché monétaire au Moyen Age et au début des temps modernes», *in*: *Revue historique*, juilletseptembre 1970, pp. 7 *sq*.

183. *Médit.*, I, p. 347.

184. *Ibid*.

185. F. MELIS, *La Moneta*, *op. cit.*, p. 8.

186. Frédéric C. LANE, *Venice, a maritime republic*, 1973, p. 166.

187. *Ibid.*, p. 104.

188. *Industry and Economic Decline in 17th Century Venice*, 1976, pp. 24 *sq*.

189. A.d.S. Venise, Senato Terra, 4, f° 71, 18 avril 1458.

190. Domenico SELLA, «Les mouvements longs de l'industrie lainière à Venise aux XVIe et XVIIe siècles», *in*: *Annales E.S.C.*, janviermars 1957, p. 41.

191. B. PULLAN, *Rich and Poor in Renaissance Venice*, 1971, p. 33 *sq*.; Ruggiero MASCHIO, «Investimenti edilizi delle scuole grandi a Venezia (XVI-XVII sec.)», Semaine de Prato, avril 1977.

192. A.d.S. Venise, Senato Mar, II, f° 126, 21 février 1446.

193. D. SELLA. art. cit., pp. 40-41.

194. Ömer Lutfi BARKAN, «Essai sur les données statistiques des registres de recensement dans l'Empire ottoman aux XVe et XVIe siècles», *in*: *Journal of economic and social history of the Orient*, août 1957, pp. 27, 34.

195. Une délibération du Sénat, le 18 février 1453, affirmait sans détour la nécessité «*ob reverentiam Dei, bonum christianorum honorem, nostri dominii et pro commodo et utilitate mercatorum et civium nostrorum*» de secourir Constantinople, cette ville dont on peut dire qu'elle «est réputée être une partie de notre État et qui ne doit pas tomber aux mains des infideles», «*civitas Constantinopolis que dici et reputari potest esse nostri dominii, non deveniat ad manos infidelium*» A.d.S. Venise, Senato Mar, 4, 170.

196. A.d.S. Venise, Senato Secreta, 20, f° 3, 15 janvier 1454.

197. H. KRETSCHMAYR, *op. cit.*, II, pp. 371 *sq*.

198. Damião PEREZ, *Historia de Portugal*, 1926-1933. 8 vol.

199. Ralph DAVIS, *The Rise of the Atlantic Economies*, 2e éd., 1975, p. 1.

200. Avant tout, les ouvrages de Vitorino MAGALHAÊS-GODINHO.
201. R. DAVIS, *op. cit.*, p. 4.
202. Gonzalo de REPARAZ hijo, *La Epoca de los grandes descubrimientos españoles y portugueses*, 1931.
203. Prospero PERAGALLO, *Cenni intorno alla colonia italiana in Portogallo nei secoli XIV*[e], XVe, *XVI*[e], 2e éd., 1907.
204. Virginia RAU «A Family of italian Merchants in Portugal in the XVth century: the Lomellini», *in*: *Studi in onore di A. Sapori*, *op. cit.*, pp. 717-726.
205. Robert RICARD « Contribution à l'étude du commerce génois au Maroc durant la période portugaise, 1415-1550», *in*: *Annales de l'Inst. d'Etudes orientales*, III, 1937.
206. Duarte PACHECO PEREIRA, *Esmeraldo de situ orbis...*, 1892, cité par R. Davis, op. cit., p. 8.
207. *Op. cit.*, p. 11.
208. Vitorino MAGALHAÊS-GODINHO, «Le repli vénitien et égyptien et la route du Cap, 1496-1533», *in*: *Eventail de l'histoire vivante*, 1953, II, p. 293.
209. Richard EHRENBERG, *Das Zeitalter der Fugger*, 1922, 2 volumes.
210. Hermann VAN DER WEE, *The Growth of the Antwerp Market and the European Economy* (*14th-16th Centuries*), 1963, II, p. 127.
211. Henri PIRENNE, *Histoire de Belgique*, 1973, II, p. 58.
212. G. D. RAMSAY, *The City of London*, 1975, p. 12.
213. Émile COORNAERT, «Anvers a-t-elle eu une flotte marchande?», *in*: *Le Navire et l'économie maritime*, p. p. Michel MOLLAT, 1960, pp. 72 *sq*.
214. *Ibid.*, pp. 71,79.
215. G. D. RAMSAY, *op. cit.*, p. 13.
216. H. PIRENNE, *op. cit.*, II, p. 57.
217. G. D. RAMSAY, *op. cit.*, p. 18.
218. Lodovico GUICCIARDINI, *Description de tous les Pays-Bas*, 1568, p. 122.
219. H. VAN DER WEE, *op. cit.*, II, p. 203.
220. Emile COORNAERT, «La genèse du système capitaliste: grand capitalisme et économie traditionnelle à Anvers au XVIe siècle», *in*: *Annales d'histoire économique et sociale*, 1936, p. 129.
221. Oliver C. Cox, *op. cit.*, p. 266.
222. *Op. cit.*, 3 vol.
223. *Ibid.*, II, p. 128.
224. *Ibid.*, II, p. 120.
225. J. VAN HOUTTE, *op. cit.*, p. 82.
226. Renée DOEHAERD, *Études anversoises*, 1963, I, pp. 37 *sq.*, pp. 62-63.
227. Anselmo BRAACAMP FREIRE, art. cit., pp. 322 *sq*.
228. Hermann VAN DER WEE, *op. cit.*, I, Appendice 44/1.
229. *Ibid.*, II, p. 125.
230. *Ibid.*, II, pp. 130-131.
231. *Ibid.*, II, p. 131.
232. *Ibid.*, II, p. 129.
233. *Ibid.*,
234. Anselmo BRAACAMP FREIRE, art. cit., p. 407.
235. Vitorino MAGALHAES-GODINHO, *L'Économie de l'Empire portugais aux XV*[e] *et XVI*[e] *siècles*, 1969, p. 471.
236. John U. NEF, «Silver production in central Europe, 1450-1618», *in*: *The Journal of Political Economy*, 1941, p. 586.
237. *Médit.*, I, p. 497.

238. Richard GASCON, *Grand Commerce et vie urbaine au XVIe siècle. Lyon et ses marchands*, 1971, p. 88.
239. H. VAN DER WEE, *op. cit.*, II, p. 156.
240. Earl J. HAMILTON, «Monetary inflation in Castile, 1598-1660», *in*: *Economic History*, 6, janvier 1931, p. 180.
241. 1529: la Paix des Dames; 1535: occupation de Milan par Charles Quint.
242. Fernand BRAUDEL, «Les emprunts de Charles Quint sur la place d'Anvers», *in*: Colloques Internationaux du C.N.R.S., *Charles Quint et son temps*, Paris, 1958, p. 196.
243. H. VAN DER WEE, *op. cit.*, II, p. 178 note 191.
244. Pierre CHAUNU, *Séville et l'Atlantique*, VI, pp. 114-115.
245. Voir *infra*, pp. 174 *sq*.
246. J. VAN HOUTTE, *op. cit.*, p. 91.
247. *Médit.*, I, pp. 436-437.
248. H. VAN DER WEE, *op. cit.*, II, p. 179 note 195.
249. Hugo SOLY, *Urbanisme en Kapitalisme te Antwerpen in de 15 de Eeuw*, résumé en français, pp. 457 *sq*.
250. T. WITTMAN, *op. cit.*, p. 30.
251. P. DOLLINGER, *op. cit.*, pp. 417-418. Voir gravure, p. 86.
252. H. VAN DER WEE, *op. cit.*, II, pp. 228-229.
253. *Ibid.*, p. 238.
254. *Ibid.*, II, p. 186.
255. Charles VERLINDEN, Jan CRAEYBECKX, E. SCHOLLIERS, «Mouvements des prix et des salaires en Belgique au XVIe s.», *in*: *Annales E. S. C.*, 1955, pp. 184-185.
256. John LOTHROP MOTTLEY, *La Révolution des Pays-Bas au XVIe siècle*, II, p. 196.
257. *Ibid.*, III, p. 14.
258. *Ibid.*, III, ch. I.
259. *Médit.*, I, p. 438, note 6. Le dernier état de la question dans William D. PHILLIPS et Carla R. PHILLIPS, «Spanish wool and dutch rebels: the Middelburg Incident of 1574», *in*: *American Historical Review*, avril 1977, pp. 312-330.
260. Hermann VAN DER WEE, «Anvers et les innovations de la technique financière aux XVIe et XVIIe siècles», *in*: *Annales E.S.C.*, 1967, p. 1073.
261. *Ibid.*, p. 1071.
262. *Ibid.*, p. 1073, note 5.
263. *Ibid.*, p. 1076.
264. Raymond DE ROOVER, *L'Évolution de la lettre de change, XIVe-XVIIIe siècles*, 1953, p. 119.
265. *Les Gueux dans les «bonnes villes» de Flandre, 1577-1584*, Budapest, 1969.
266. B.N., Ms. Fr. 14666, f° 11 v°, Relation de 1692.
267. Giovanni BOTERO, *Relationi universali*, 1599, p. 68.
268. *Ibid.*
269. Comtesse DE BOIGNE, *Mémoires*, 1971, I, p. 305.
270. Jacques HEERS, *Gênes au XVe siècle*, 1961, p. 532.
271. Jérôme de LA LANDE, *Voyage d'un Français en Italie...*, 1769, VIII, pp. 492-493.
272. *Voyage* inédit du comte d'ESPINCHAL, Bibliothèque de Clermont-Ferrand, 1789.
273. *Ibid.*
274. *Ibid.*

275. Vito VITALE, *Breviario della storia di Genova*, 1955, I, p. 148.
276. *Ibid.*, p. 163.
277. *Médit.*, I, p. 357, note 2.
278. V. VITALE. *op. cit.*, I, p. 346.
279. *Ibid.*, p. 349.
280. *Ibid.*, p. 421.
281. Hannelore GRONEUER , art. cit., pp. 218-260.
282. *Ibid.*
283. A.N., K 1355, 21 mai 1684.
284. A.N., A.E., B[1] 529, 12 avril 1710.
285. B.N., Ms. Fr., 16073, f° 371.
286. Giuseppe FELLONI, *Gli Investimenti finanziari genovesi in Europa tra il Seicento e la Restaurazione*, 1971, p. 345.
287. Fernand BRAUDEL, «Endet das 'Jahrhundert der Genuesen' im Jahre 1627?», *in*: *Mélanges Wilhelm Abel*, p. 455.
288. Roberto S. LOPEZ, *Studi sull' economia genovese nel Medio Evo*,1936, pp. 142 *sq*.
289. Roberto S. LOPEZ dans ses habituels propos, et dans une de ses anciennes conférences non publiée.
290. *Médit.*, I, p. 313.
291. Selon la thèse souvent soutenue dans ses conférences par Carmelo TRASSELLI.
292. Se reporter au texte et aux références de V. VITALE, *op. cit.*, (note 275).
293. R. S. LOPEZ, *Genova marinara del Duecento*: *Benedetto Zaccaria, ammiraglio e mercante*, 1933, p. 154.
294. Carmelo TRASSELLI, «Genovesi in Sicilia», *in*: *Atti della Società ligure di storia patria*, IX (LXXXIII), fasc. II, p. 158.
295. *Ibid.*, pp. 155-178.
296. *Ibid.*, et selon ses explications orales.
297. *Ibid.*
298. Carmelo TRASSELLI, «Sumario duma historia do açucar siciliano», *in*: *Do Tempo e da Historia*, II, 1968, pp. 65-69.
299. Voir *supra*, II, pp. 370-371.
300. Geronimo de UZTÁRIZ, *Théorie et pratique du commerce et de la marine*, 1753, p. 52.
301. Renée DOEHAERD, *Les Relations commerciales entre Gênes, la Belgique et l'Outremont*, 1941, I, p. 89.
302. R. RICARD, art. cité (note 205).
303. Ramón CARANDE, «Sevilla fortaleza y mercado», *in*: *Anuario de historia del derecho español*, II, 1925, pp. 33, 55 *sq*.
304. Virginia RAU, «A Family of Italian Merchants in Portugal in the XVth century: the Lomellini», *in*: *Studi in onore di Armando Sapori*, pp. 717-726.
305. André-E. SAYOUS, « Le rôle des Génois lors des premiers mouvements réguliers d'affaires entre l'Espagne et le Nouveau Monde», *in*: *C. r. de l'Académie des Inscriptions et Belles-Lettres*, 1930.
306. Felipe RUIZ MARTÍN, *Lettres marchandes...*, p. XXIX.
307. *Ibid.*
308. *Médit.*, I, p. 310.
309. F. BRAUDEL, « Les emprunts de Charles Quint sur la place d'Anvers», art. cit., p. 192.
310. R. CARANDE art. cit.
311. Henri LAPEYRE, *Simón Ruiz et les asientos de Philippe II*, 1953, pp. 14 *sq*.

312. *Médit*., I, p. 315.
313. Felipe RUIZ MARTÍN, *Lettres marchandes...*, p. XXXVIII.
314. Giorgio DORIA, «Un quadriennio critico: 1575-1578.Contrasti e nuovi orientamenti nella società genovese nel quadro della crisi finanziaria spagnola» *in*: *Mélanges Franco Borlandi*, 1977, p. 382.
315. Communication de Giorgio DORIA, dactyl., Colloque de Madrid, 1977.
316. *L'Économie mondiale et les frappes monétaires en France 1493-1680*, 1956, pp. 13 *sq*.
317. Felipe RUIZ MARTÍN, *Lettres marchandes...*, p. XLIV.
318. *Ibid*., p. XXXII.
319. *Ibid*., pp. XXX-XXXI.
320. *Médit*., I, p. 457.
321. Cette ordonnance crée l'*escudo*, écu d'or, substitué à l'*excellente* de Grenade. Cf. *Médit*., I, p. 429 et note 5.
322. Henri PIRENNE, *Histoire de Belgique*, IV, 1927, p. 78.
323. *Médit*., I, pp. 458-461.
324. *Ibid*., I, pp. 463, 464; Felipe RUIZ MARTÍN, *El Siglo de los Genoveses*, à paraître.
325. Fernand BRAUDEL, «La vita economica di Venezia nel secolo XVI», *in*: *La Civiltà veneziana del Rinascimento*, p. 101.
326. F. BRAUDEL, *ibid*.
327. *Médit*., I, p. 295 et note 1, et p. 457 et note 1.
328. Voir *supra*, ch. I, note 48.
329. F. BRAUDEL, «Endet das 'Jahrhundert...»,art. cit., pp. 455-468.
330. A. E. FEAVEARYEAR, *The Pound Sterling*, 1931, pp. 82-83.
331. A. E., M. et D. Hollande, 122, f° 248 (mémoire d'Aitzema, 1647).
332. José-Gentil DA SILVA, *Banque et crédit en Italie au XVII*ᵉ *siècle*, 1969, I, p. 171.
333. F. BRAUDEL, «Endet das 'Jahrhundert...»,art. cit., p. 461.
334. Michel MORINEAU, «Gazettes hollandaises et trésors américains», *in*: *Anuario de Historia económica y social*, 1969, pp. 289-361.
335. J. de LA LANDE, *Voyage en Italie...*, *op. cit*., IX, p. 362.
336. *Ibid*., IX, p. 367.
337. *Gli Investimenti finanziari genovesi in Europa tra il Seicento e la Restaurazione*, 1971.
338. *Ibid*., p. 472.
339. *Ibid*., p. 168, note 30.
340. *Ibid*., p. 249.
341. *Ibid*., pp. 392, 429, 453.
342. B.N., Ms. Fr. 14671, f° 17, 6 mars 1743.
343. G. FELLONI, *op. cit*., p. 477.
344. Car Gênes accepte chez elle l'installation de marchands protestants.
345. Selon la thèse de Carmelo TRASSELLI.
346. José-Gentil DA SILVA, *op. cit*., pp. 55-56.

第三章

1. Dans tout ce chapitre, le mot *Hollande* sera souvent, selon le mauvais usage courant, employé pour l'ensemble des Provinces-Unies.
2. Violet BARBOUR, *Capitalism in Amsterdam in the Seventeenth Century*,

1963, p. 13.

3. Voir *supra*, pp. 130 *sq*.

4. Richard TILDEN RAPP, «The Unmaking of the Mediterranean Trade...», *in*: *Journal of Economic History*, septembre 1975.

5. G. de UZTÁRIZ, *op. cit.*, p. 97. Rappelons que la surface des Provinces-Unies est de l'ordre de 34 000 km^2.

6. *Œuvres complètes*, I, p. 455. Josiah TUCKER (1712-1799), économiste anglais dont Turgot a traduit *Les Questions importantes sur le commerce*.

7. A.N., K 1349, 132. f° 20.

8. *The Complete English Tradesman...*, 1745, II, p. 260, selon, dit-il, «ce qu'écrit un bon auteur», mais il ne dit pas lequel.

9. A.N., Marine, B[7], 463, f° 30.

10. G. de UZTÁRIZ, *op. cit.*, p. 98.

11. Jean-Baptiste d'ARGENS, *Lettres juives*, 1738, III, p. 192.

12. Jacques ACCARIAS DE SÉRIONNE, *Les Intérêts des nations de l'Europe développés relativement au commerce*, 1766, I, p. 44.

13. Jean-Nicolas de PARIVAL, *Les Délices de la Hollande*, 1662, p. 10.

14. A.E. M. et D. 72, Hollande, novembre 1755.

15. L. GUICCIARDINI, *op. cit.*, p. 288.

16. GAUDARD DE CHAVANNES, *Voyage de Genève à Londres*, 1760, non paginé.

17. *Viaje fuera de España*, 1947, p. 1852.

18. C. R. BOXER, *The Dutch Seaborne Empire*, 1969 p. 7.

19. J.-N. de PARIVAL, *op. cit.*, p. 76.

20. *Ibid.*, p. 56.

21. *Ibid.*, p. 82.

22. *Ibid.*, p. 13.

23. *Ibid.*, p. 26.

24. *Ibid.*, p. 12.

25. «The Role of the Rural Sector in the Development of the Dutch Economy, 1500-1700», *in*: *Journal of Economic History*, mars 1971, p. 267.

26. Jean-Claude FLACHAT, *Observations sur le commerce et sur les arts d'une partie de l'Europe, de l'Asie, de l'Afrique et des Indes orientales*, 1766, II, p. 351.

27. Charles WILSON, *England's Apprenticeship 1603-1763*, 1965, 3e éd. 1967, p. 71; *La République hollandaise des Provinces-Unies*, 1968, p. 31; Immanuel WALLERSTEIN, *The Modern World System*, II, ch, II, dactylogramme.

28. Barry SUPPLE, *Commercial Crisis and Change in England 1600-1642*, 1959, p. 34.

29. Jean-Claude BOYER, «Le capitalisme hollandais et l'organisation de l'espace dans les Provinces-Unies», *Colloque franco-hollandais*, 1976, dactylogramme, notamment p.4.

30. J.-N. de PARIVAL, *op. cit.*, p. 83.

31. Jan de VRIES, «An Inquiry into the Behavior of wages in the Dutch Republic and the Southern Netherlands, 1500-1800», dactyl., p. 13.

32. Pieter de LA COURT, *Mémoires de Jean de Witt*, 1709, pp. 43-44.

33. *Op. cit.*, p. 216.

34. Abbé SCAGLIA, in Hubert G. R. READE, *Sidelights on the Thirty Years' War*, Londres, 1924, III, p. 34, cité par John U. NEF, *La Guerre et le progrès humain*, 1954, pp. 29-30.

35. Ivo SCHÖFFER, « Did Holland's Golden Age co-incide with a Period

of Crisis?», *in*: *Acta historiae neerlandica*, 1966, p. 92.

36. *Journal de Verdun*, novembre 1751, p. 391.
37. A.N., K 879, 123 et 123 *bis*, n° 18, f° 39.
38. J. L. PRICE, *The Dutch Republic during the 17th Century*, 1974, pp. 58 *sq*.
39. P. de LA COURT, *op. cit.*, p. 28.
40. J.-N. de PARIVAL, *op. cit.*, p. 104.
41. Johann BECKMANN, *Beiträge zur Œkonomie*... 1779-1784, II, p. 549.
42. *Op. cit.*, p. 37.
43. A.N., A.E., B^1 619, 6 mars 1670.
44. J. SAVARY, *op. cit.*, I, p. 84.
45. J.-B. d'ARGENS, *op. cit.*, III, p. 194.
46. *Le Guide d'Amsterdam*, 1701, pp. 2 et 81.
47. *Ibid.*, pp. 82-83.
48. *Gazette d'Amsterdam*, 1669, 14, 21, 28 février et 18 juin.
49. *Le Guide d'Amsterdam*, *op. cit.*, p. 1.
50. J. ACCARIAS DE SÉRIONNE, *op. cit.*, I, p. 173.
51. J. L. PRICE, *op. cit.*, p. 33.
52. J.-N. de PARIVAL, *op. cit.*, p. 41.
53. W. TEMPLE, *Observations upon the Provinces of the United Netherlands*, 1720, p. 59.
54. *Le Guide d'Amsterdam*, 1701, pp. 1-2.
55. G. V. MENTINK et A. M. VAN DER WOUDE, *De demografische outwikkeling te Rotterdam en Cool in de 17e en 18e eeuw*, 1965.
56. J.-N. de PARIVAL, *op. cit.*, p. 33.
57. Friedrich LÜTGE, *Geschichte der deutschen Agrarverfassung vom frühen Mittelalter bis zum 19. Jahrhundert*, 1967, p. 285. Ivo SCHÖFFER, *in*: *Handbuch der europäischen Geschichte*, ed. p. Theodor SCHIEDER, IV, 1968, p. 638. *Hannekemaaier* signifie tâcheron en hollandais, *poepen* et *moffen* désignent, de façon familière et péjorative, les Allemands.
58. A.N., Marine, B^7, 463, f° 39 (1697).
59. Plus importants que les Juifs allemands, les Séphardites sont avant tout des Portugais qui ont leur cimetière à part à Ouwerkerque (*Le Guide d'Amsterdam*, 1701, p. 38; voir aussi la bibliographie de Violet BARBOUR, *op. cit.*, p. 25, n.42). Sur les Juifs portugais, voir l'article de E. M. KOEN, «Notarial Records relating to the Portuguese Jews in Amsterdam up to 1639», *in*: *Studia Rosenthaliana*, janvier 1973, pp. 116-127.
60. *Die Juden und das Wirtschaftsleben*, 1911, p. 18; *Médit.*, I, pp. 567 *sq*.
61. *Médit.*, I, pp. 567 *sq*.
62. Ernst SCHULIN, *Handelsstaat England*, 1969, p. 195.
63. Voir *supra*, II, p. 134.
64. Léon VAN DER ESSEN, *Alexandre Farnèse, prince de Parme, gouverneur général des PaysBas, 1545-1592*, IV, 1935, p. 123.
65. C. R. BOXER, *op. cit.*, p. 19, note 5.
66. *Voyage en Hollande*, *in*: *Œuvres complètes*, 1969, XI, p. 336, cité par C. MANCERON, *op. cit.*, p. 468.
67. J.-N. de PARIVAL, *op. cit.*, p. 36.
68. J. ALCALA ZAMORA Y QUEIPO DE LLANO, *España, Flandes y el Mar del Norte (1618-1639), La última ofensiva europea de los Austrias madrileños*, 1975, p. 58.

69. W. TEMPLE, *op. cit.*, p. 26.
70. J.-N. de PARIVAL, *op. cit.*, p. 19.
71. A.N., K 1349, 132, f° 162 v° *sq.* (1699).
72. A.N., M 662, dos. 5, f° 15 v°.
73. A.N., K 1349, 132, f° 168.
74. Jacques ACCARIAS DB SÉRIONNE, *La Richesse de la Hollande*, 1778, I, p. 68.
75. A.E., C.P. Hollande, 94, f° 59.
76. J. ACCARIAS DE SÉRIONNE, *op. cit.*, I, p. 69.
77. Réservé finalement à de gros marchands, A.N., M 662, dos. 5, f° 13 v°.
78. A.N., K 1349, 132, f° 174 et 174 v°.
79. Est-ce une omission fortuite, il ne nous est pas parlé de l'huile.
80. A.N., A.E., B[1], 624.
81. J. ACCARIAS DE SÉRIONNE, *op. cit.*, I, p. 255.
82. *Ibid.*, II, p. 54.
83. C. WILSON, *Anglo-Dutch Commerce and Finance in the Eighteenth Century*, 1941, p. 3.
84. P. de LA COURT, *op. cit.*, p. 28.
85. Cité par C. WILSON, *Profit and Power. A Study of England and the Dutch Wars*, 1957, p. 3.
86. I. de PINTO, *op. cit.*, p. 263.
87. Jacques ACCARIAS DE SÉRIONNE, *La Richesse de l'Angleterre*, 1771, notamment pp. 42 et 44.
88. J.-B. d'ARGENS, *op. cit.*, III, p. 193.
89. A.N., A. E., B[1], 619, correspondance de Pomponne, La Haye, 16 mai 1669. Les 20 000 navires dont parle Colbert sont une exagération pure et simple. En 1636, les effectifs de la flotte seraient de 2 300 à 2 500 unités, plus les 2 000 grosses barques de la pêche au hareng. Cf. J. L. PRICE, *op. cit.*, p. 43. Notre estimation (600 000 tonnes) rejoint celle de W. VOGEL, «Zur Grösse der Europaischen Handelsflotten...», *in*: *Forschungen und Versuche zur Geschichte des Mittelalters und der Neuzeit*, 1915, p. 319.
90. W. TEMPLE, *op. cit.*, p. 47.
91. J.-B. TAVERNIER, *Les Six Voyages...*, 1676, II, p. 266.
92. A.N., Marine, B[7], 463, f° 45, 1697.
93. A.N., M 785, dos, 4, f°s 68-69.
94. *Ibid.*,
95. Dont on a ouvert la coque arrière pour permettre le chargement des mâts.
96. *Le Guide d'Amsterdam*, 1701, p. 81.
97. Archives de Malte, 65-26.
98. L. DERMIGNY, *Le Commerce à Canton... op. cit.*, p. 161, note 4.
99. A.N., G[7], 1695, f° 52, 15 février 1710.
100. Sur cette expédition, cf. Isaac DUMONT DE BOSTAQUET, *Mémoires*, 1968.
101. A.N., K 1349, n° 132, f° 130.
102. Moscou, A.E.A., 50/6, 537, 1, 12/23 janvier 1787.
103. «Dutch Capitalism and the European World economy», *in*: *Colloque franco-hollandais*, 1976, dactyl. p. 1.
104. «Les interdépendances économiques dans le champ d'action européen des Hollandais (XVIe-XVIIIe siècles)», *in*: *Colloque francohollandais*, 1976, dactyl., p. 76.
105. Francisco de SOUSA COUTINHO, *Correspondencia diplomatica... durante a*

sua embaixada en Holanda, 1920-1926, II, 227, 2 janvier 1648: « *que como he de tantas cabeças e de tantos juizos differentes, poucas vezes se acordão todos inda pera aquillo que milhor thes està* ».

106. A. R. J. TURGOT, *op. cit.*, I, p. 373.
107. C'est-à-dire exerçant un contrôle supérieur.
108. A.N., K 1349, f° 11.
109. W. TEMPLE, cité par C. BOXER, *The Dutch Seaborne Empire*, *op. cit.*, p. 13.
110. A.N., K 1349, f° 35 v°. La Hollande fournit à elle seule plus de 58% des contributions des Provinces-Unies.
111. I. SCHÖFFER, *in*: *Handbuch...*, *op. cit.*, p. 654.
112. C. PROISY D'EPPES, *Dictionnaire des girouettes ou nos contemporains d'après eux-mêmes*, 1815.
113. «The Low Countries», *in*: *The New Cambridge Modern History*, IV, 1970, p. 365.
114. K. D. H. HALEY, *The Dutch in the 17th Century*, 1972, p. 83.
115. A.N., K 1349, f° 7 et 7 v°.
116. B. M. VLEKKE, *Evolution of the Dutch Nation*, 1945, pp. 162-166, cité par C. R. BOXER, *op. cit.*, p. 11, note 4.
117. De calfat, calfateur, un homme de rien.
118. Avec discernement et discrétion (LITTRÉ).
119. J.-N. de PARIVAL, *op. cit.*, p. 190.
120. *Le Guide d'Amsterdam*, *op. cit.*, p. 21.
121. *Op. cit.*, p. 39.
122. I. de PINTO, *op. cit.*, pp. 334-335.
123. J. L. PRICE, *op. cit.*, p. 220.
124. *Ibid.*, p. 224.
125. A.N., K 849, f° 34.
126. Marcel MARION, *Dictionnaire des institutions de la France aux XVIIe et XVIIIe siècles*, 1923, p. 521.
127. Sur la précocité de la culture des pommes de terre aux Pays-Bas, voir Chr. VANDENBROEKE, « Cultivation and Consumption of the Potato in the 17th and 18th Century», *in*: *Acta historiae neerlandica*, V, 1971, pp. 15-40.
128. A.N., K 849, n° 18, f° 20.
129. I. de PINTO, *op. cit.*, p. 152.
130. J.-N. de PARIVAL, *op. cit.*, p. 41.
131. A.N., K 1349, 132, f° 215.
132. A.N., K 849, f°s 17-18.
133. *Ibid.*
134. *Ibid.*
135. I. de PINTO, *op. cit.*, p. 147.
136. *Journal du commerce*, janvier 1759.
137. Varsovie, Archives Centrales, fonds Radzivill, 18 août 1744.
138. I. de PINTO, *op. cit.*, p. 94.
139. Terme de jeu. Au figuré, «faire paroli» signifie renchérir sur, dépasser.
140. J. de VRIES, «An Inquiry into the Behavior of Wages...», art. cit., p. 13.
141. Jules MICHELET, *Histoire de France*, XIV, 1877, p. 2.
142. A.E., C.P. Hollande, 35, f° 267 v°, 15 mai 1646.
143. Sigle désignant la Compagnie hollandaise des Indes orientales.
144. A.N., K 1349, 50 v°.
145. *Ibid.*
146. *Op. cit.*, p. 53.
147. A.E., C.P. Hollande, 46, f° 309.
148. Les 17 directeurs de la V.O.C.
149. C. BOXER, *op. cit.*, p. 46, cité par G. PAPAGNO, art. cit., pp. 88-89; Voir

infra, note 271.
150. A.N., M 785, dos. 4, f°s 16-17.
151. J. G. VAN DILLEN, «Isaac Le Maire et le commerce des Indes orientales», *in*: *Revue d'histoire moderne*, 1935, pp. 121-137.
152. A.N., A.E., B^1, 619, 18 juin 1665.
153. J. DU MONT, *Corps universel diplomatique du droit des gens, contenant un recueil des trailez...*, 1726, IV, p. 274.
154. José Gentil DA SILVA, «Trafics du Nord, marchés du "Mezzogiorno", finances génoises: recherches et documents sur la conjoncture à la fin du XVIe siècle», *in*: *Revue du Nord*, avril-juin 1959, p. 146.
155. I. WALLERSTEIN, *The Modern World System*, *op. cit.*, I, p. 211; P. JEANNIN, art. cit., p. 10.
156. *Moeder* dans le sens de commerce maternel, nourricier.
157. Cité par I. WALLERSTEIN, *op. cit.*, pp. 198-199.
158. *Médit.*, I, p. 128; V. VAZQUEZ DE PRADA, *Lettres marchandes d'Anvers*, 1960, I, p. 48.
159. J. G. DA SILVA, *Banque et crédit en Italie...*, I, p. 593, note 183.
160. *Ibid.*
161. Germaine TILLION, *Les Ennemis complémentaires*, 1960.
162. A. Grenfeld PRICE, *The Western Invasions of the Pacific and its Continents*, 1963, p. 29.
163. Simancas, E°-569, f° 84 (s.d.); Virginia RAU, «Rumos e vicissitudes do comércio do sal portuguès nos seculos XIV à XVIII», *in*: *Revista da Faculdade de Letras* (Lisboa), 1963, n° 7, pp. 5-27.

164. Felipe RUIZ MARTÍN, dans son ouvrage non encore publié.
165. *Médit.*, I, p. 535.
166. *Médit.*, I, p. 574.
167. *Médit.*, I, p. 575; Jean-Pierre BERTHE, «Les Flamands à Séville au XVIe siècle», *in*: *Fremde Kaufleute auf der iberischen Halbinsel*, p. p. H. KELLENBENZ, 1970, p. 243.
168. Jacob VAN KLAVEREN, *Europäische Wirtschaftsgeschichte Spaniens im 16. und 17. Jahrhundert*, 1960; *Médit.*, I, pp. 573 *sq*.
169. J. VAN KLAVEREN, *op. cit.*, pp. 116-117.
170. A.N., K 1349, n° 133. Mémoire touchant le gouvernement des Provinces des Pays-Bas, f°s 3 et 4; H. PIRENNE, *op. cit.*, 1973, III, p. 60.
171. «Gazettes hollandaises et trésors américains», *in*: *Anuario de Historia económica y social*, 1969, pp. 289-361.
172. Earl J. HAMILTON, art. cit., *in*: *Economic History*, 1931, pp. 182 *sq*.
173. *Médit.*, I, p. 463.
174. *Médit.*, I, 577-578.
175. *Navigatio ac itinerarium Johannis Hugonis Linscotani in Orientalem sive Lusitanorum Indiam...*, 1599.
176. Abbé PRÉVOST, *op. cit.*, VIII, p. 75.
177. *Ibid.*
178. Voir la bonne mise au point qui ouvre le livre classique de W. H. MORELAND, *From Akbar to Aurangzeb*, 1922, pp. 1 à 44.
179. Simancas, Estado Flandes 619, 1601.
180. Abbé PRÉVOST, *op. cit.*, VIII, pp. 75-76.
181. A.N., K 1349.

182. W. H. MORELAND, *op. cit.*, p. 19, note 1.
183. A.N., K 1349, f° 36.
184. R DAVIES, *op. cit.*, p. 185.
185. A.d.S. Gênes, Spagna, 15.
186. C.S.P. East Indies, p. 205, Cottington à Salisbury, 18 février 1610.
187. L. DERMIGNY, *op. cit.*, I, p. 107.
188. *Ibid.*, I, p. 106.
189. David MACPHERSON, *Annals of Commerce*, 1805, II, p. 233.
190. L. DERMIGNY, *op. cit.*, I, p. 105, note 1.
191. A.N., Marine, B[7], 463, f° 145; J. SAVARY, *op. cit.*, V, col. 1196.
192. A.N., K 1349, f° 44.
193. C. G. F. SIMKIN, *The Traditional Trade of Asia*, 1968, p. 188.
194. W. H. MORELAND, *op. cit.*, p. 63.
195. C. G. F. SIMKIN, *op. cit.*, p. 225.
196. C. R. BOXER, *op. cit.*, p. 143.
197. *Ibid.*, p. 196.
198. W. H. MORELAND, *op. cit.*, p. 32.
199. *Ibid.*, p. 38.
200. C. G. F. SIMKIN, *op. cit.*, pp. 199 *sq.*; A.N., K 1349.
201. Constantin RENNEVILLE, *Voyage de S. van Rechteren...*, 1703, II, p. 256.
202. D. MACPHERSON, *op. cit.*, II, p. 466.
203. Hermann KELLENBENZ, « Ferdinand Cron», *in*: *Lebensbilder aus dem Bayerischen Schwaben*, 9, pp. 194-210.
204. Duarte GÓMES SOLIS, *Mémoires inédits de...* (1621) éd. Bourdon, 1955, p. 1; J. CUVELIER, L. JADIN, *L'Ancien Congo d'après les archives romaines, 1518-1640*, 1954, p. 499. 10 avril 1632.
205. A.N., K 1349, 132, f° 34.
206. *Voyage curieux faict autour du monde par Francis Drach, admiral d'Angleterre*, 1641, p. p. F. de LOUVENCOURT, 1859, pp. 306-307.
207. *Médit.*, I, pp. 277 et 279.
208. Lors du « massacre » des Anglais, arrêtés pour conspiration et exécutés après un simulacre de justice. W. H. MORELAND, *op. cit.*, p. 23.
209. Abbé RAYNAL, *Histoire philosophique et politique des établissements et du commerce des Européens dans les deux Indes*, 1775, III, p. 21.
210. C. RENNEVILLE, *op. cit.*, V, p. 119.
211. Kristof GLAMANN, *Dutch asiatic Trade, 1620-1740*. 1958, p. 68.
212. *Ibid.*, p. 168.
213. W. H. MORELAND, *op. cit.*, p. 64.
214. K. GLAMANN, *op. cit.*, p. 58.
215. A. LIOUBLINSKAIA, *Lettres et mémoires adressés au chancelier P. Séguier, 1633-1649*, 1966. Lettre de Champigny, Aix, octobre 1647, pp. 321-322.
216. F. de SOUSA COUTINHO, *op. cit.*, II, p. 313. Lettre au marquis de Niza, 17 février 1648.
217. K. GLAMANN, *op. cit.*, p. 120.
218. *Ibid.*, p. 131.
219. A.N., Marine, B[7], 463, f° 253, rapport de 1687.
220. *Ibid.*
221. K. GLAMANN, *op. cit.*, pp. 91-92.
222. A.N., Marine, B[7], 463, f°s 177-178.
223. *Ibid.*, f°s 161 *sq.*
224. *Ibid.*
225. L. DERMIGNY, *op. cit.*, I, p. 281.
226. A.N., Marine, B[7], 463, f°s 158-160.
227. *Ibid.*
228. François PYRARD DE LAVAL, *Seconde Partie du voyage... depuis l'arrivée à Goa jusques à son retour en France*, 1615, II, p. 353.

229. Abbé PRÉVOST, *op. cit.*, VIII, pp. 126-129.
230. Ou en jetant «dans la mer la quantité superflue de poivre» (Ernst Ludwig CARL, *Traité de la richesse des princes et de leurs États et des moyens simples et naturels pour y parvenir*, 1722-1723, p. 236).
231. C. RENNEVILLE, *op. cit.*, V, p. 124.
232. A.N., Marine, B^7, 463, 251-252.
233. C. G. F. SIMKIN, *op. cit.*, p. 197.
234. W. H. MORELAND, *op. cit.*, p. 77.
235. C. G. F. SIMKIN, *op. cit.*, p. 197.
236. K. GLAMANN, *op. cit.*, pp. 19 et 207.
237. *Ibid.*, p. 166.
238. *Ibid.*, p. 265.
239. *Ibid.*, p. 231.
240. L. DERMIGNY, *op. cit.*, III, p. 1164.
241. *Op. cit.*, p. 265.
242. A.N., G^7, 1697, f° 117, 21 août 1712.
243. G. de UZTÁRIZ, *op. cit.*, p. 103.
244. K. GLAMANN, *op. cit.*, p. 6; J. SAVARY, *op. cit.*, V, col. 1606 *sq*.
245. C. G. F. SIMKIN, *op. cit.*, p. 192.
246. A. E., Mémoires, Hollande, 72, 243.
247. K. GLAMANN, *op. cit.*, p. 60.
248. Abbé PRÉVOST, *op. cit.*, IX. p. 55.
249. A.N., Marine, B^7, 463, f° 205.
250. Les navires de guerre comptaient des équipages bien supérieurs: en 1605, au départ du Texel, les 11 navires qu'accompagne Matelief totalisent 1 357 hommes d'équipage, soit une moyenne de 123 hommes par navire. Si bien que notre appréciation peut flotter entre 8 000 (50 par navire) et 16 000 hommes (100 par navire). C. RENNEVILLE, *op. cit.*, III, p. 205.
251. A.N., Marine, B^7, 463, f° 205.
252. J.-P. RICARD, *op. cit.*, p. 376.
253. *Essai politique sur le commerce*, 1735, p. 51.
254. Moscou, A. E. A., 50/6, référence incomplète.
255. Sous la direction d'Ivo SCHÖFFER.
256. C. G. F. SIMKIN, *op. cit.*, p. 182.
257. J. SAVARY, *op. cit.*, V, col. 1610-1612.
258. A.N., A.E., B^1, 619, La Haye, 25 juin 1670.
259. J. SAVARY, *op. cit.*, I, col. 25 et V, col. 1612.
260. K. GLAMANN, *op. cit.*, pp. 244 *sq*.
261. *Ibid.*, pp. 252 *sq*.
262. *Ibid.*, p. 248.
263. Moscou, A. E. A., 50/6, 539, 57, Amsterdam, 25 juillet-5 août 1788.
264. *Op. cit.*, p. 249.
265. *Ibid.*, p. 265.
266. *Ibid.*, pp. 229-231.
267. *Op. cit.*, I, p. 465.
268. C. BOXER, *The Dutch Seaborne*, *op. cit.*, p. 52; *Les Six Voyages*..., 1681, II, p. 420.
269. W. H. MORELAND, *op. cit.*, p. 315.
270. A.N., Marine, B^7, 463, f°s 245 et 257-258.
271. Giuseppe PAPAGNO, «Struttura e istituzioni nell' espansione coloniale: Portogallo e Olanda», *in*: *Dall' Età preindustriale all'età del capitalismo*, p.p. G. L. BASINI, 1977, p. 89.
272. Francesco CARLETTI, *Ragionamenti del mio viaggio in torno al mondo*, 1958, pp. 213 *sq*.
273. K. GLAMANN, *op. cit.*, pp. 33 *sq*.
274. *Ibid.*, p. 34. Cornelis Bicker, en 1622, est *bewindhebber* dans la Compagnie des Indes occidentales, son frère Jacob dans celle des Indes ori-

entales.
275. *Ibid.*, pp. 35-36.
276. W. H. MORELAND, *op. cit.*, p. 61.
277. *Grande Enciclopedia portuguesa brasileira*, III, au mot «Baïa».
278. R. HENNIG, *op. cit.*, p. 8; Victor von KLARWILL, *The Fugger News Letters*, 1924-1926, I, p. 248.
279. Au sens de concession accordée.
280. A.N., K 1349, 132, f° 107 v°.
281. A.d.S. Florence, Correspondance de Gênes, V, 32.
282. J. ACCARIAS DE SÉRIONNE, *Richesse de la Hollande*, *op. cit.*, pp. 137-138.
283. J. CUVELIER, L. JADIN, *op. cit.*, pp. 501-502.
284. K. GLAMANN, *op. cit.*, p. 155.
285. Cf. *supra*, pp. 45-46.
286. British Museum, Sloane, 1572, f° 65.
287. A.N., K 1349, 132, f° 117 v°.
288. J. DU MONT, *op. cit.*, VI, p. 215.
289. Labrousse. La traduction française par *bled* est amusante mais pas tout à fait juste.
290. *Journal du voyage de deux jeunes Hollandais*, *op. cit.*, p. 377.
291. A.N., Marine, B[7], 463, f°s 216-217.
292. B.N., Ms. Portugais, 26, f° 216 et 216 v°, Lisbonne, 8 octobre 1668.
293. P. de LA COURT, *op. cit.*, p. 52.
294. J. DU MONT, *op. cit.*, I, p. 15.
295. Simancas, Estado Flandes, 2043.
296. A.N., K 1349, 132, f° 34 v°.
297. Archives de Malte, 6405, début XVIIIe siècle.
298. A.N., K 1349, 132, f° 135.
299. L. GUICCIARDINI, *op. cit.*, p. 108.
300. C. WILSON, *Anglo-Dutch commerce...*, *op. cit.*, p. 20.
301. 1748, I, pp. 339-340.
302. *Ibid.*
303. A.N., B[1], 619, correspondance de Pomponne, 1669. Konrad Van Beuningen était ambassadeur des Provinces-Unies auprès du roi de France.
304. *Ibid.*, D'Estrades, La Haye, 5 février 1665.
305. D. DEFOE, *A Plan of the English Commerce*, 1728, p. 192.
306. LE POTTIER DE LA HESTROY, A. N., G[6], 1687 (1703), f° 67.
307. A.N., B[1], 619, 27 juin 1669.
308. *Ibid.*, 30 octobre 1670.
309. J.-F. MELON, *op. cit.*, p. 237.
310. *Ibid.*, p. 238.
311. *Ibid.*, p. 239.
312. Au sens de monnaie courante.
313. Moscou, A. E. A., 50/6, 490, 17 avril 1773.
314. J. ACCARIAS DE SÉRIONNE, *Les Intérêts des nations...*, *op. cit.*, II, p. 200.
315. J. SAVARY, *op. cit.*, I, col. 331 *sq.*; J. ACCARIAS DE SÉRIONNE, *op. cit.*, I, p. 278.
316. J. ACCARIAS DE SÉRIONNE, *op. cit.*, II, p. 250.
317. *Ibid.*, II, p. 321.
318. *Ibid.*, I, p. 226.
319. *Ibid.*
320. A.N., A. E., B[1], 165, 13 février 1783.
321. J. ACCARIAS DE SÉRIONNE, *op. cit.*, I, p. 278.
322. *Ibid.*
323. *Ibid.*
324. *Manias*, *Bubbles*, *Panics and Crashes and the Lender of Last Resort*, dactylogramme, ch. II, pp. 1 *sq.*
325. J. SAVARY, *op. cit.*, I, col. 8.
326. Transport au sens de transfert.
327. J. ACCARIAS DE SÉRIONNE, *op. cit.*,

II, pp. 314-315.

328. Le mot retraite est pris pour remise.

329. Giulio MANDICH, *Le Pacte de Ricorsa et le marché étranger des changes*, 1953.

330. C. WILSON, *Anglo-Dutch Commerce*..., *op. cit.*, p. 167.

331. J. ACCARIAS DE SÉRIONNE, *op. cit.*, I, p. 226.

332. *Ibid.*, II, p. 210.

333. *Ibid.*, I, p. 397.

334. Monnaie d'or anglaise, frappée d'abord en 1489 par Henry VII, de valeur égale à la livre sterling.

335. A.d.S. Naples, Affari Esteri, 804.

336. C'est le cours des changes à partir duquel il est plus avantageux d'envoyer de l'or à l'étranger que de payer par traite (R. BARRAINE, *Nouveau Dictionnaire de droit et de sciences économiques*, 1974, p. 234).

337. A.N., Marine, B^7, 438, Amsterdam, 13, 26 décembre 1774.

338. *In*: *L'Express*, 28 janvier 1974.

339. J. ACCARIAS DE SÉRIONNE, *op. cit.*, II, p. 201.

340. A. N., Marine B^7, 438, f° 6, Amsterdam 17 mars 1774, lettre de Maillet du Clairon.

341. F. RUIZ MARTÍN, *Lettres marchandes*..., p. XXXIX.

342. *Médit.*, II, p. 44.

343. Eric J. HOBSBAWM, *The Age of Revolution*, pp. 44-45.

344. C. WILSON, *Anglo-Dutch Commerce*..., *op. cit.*, pp. 88-89.

345. Obligation a ici le sens actuel de titre.

346. A.E., C.P. Hollande, 513, f° 360, La Haye, 9 mars 1764.

347. Moscou, A.E.A., 480, 50/6.

348. Moscou, A. E. A., 12/23, mars 1784, 50/6, 522. f° 21 v°. A noter l'expression de prime. Un texte français (A.E., C.P. Hollande, 577, f° 358, 12 décembre 1788) parle simplement de « bénéfice ». Ce bénéfice, à propos d'un emprunt russe de 3 millions de florins, s'élève à 120 000 florins, c'est-à-dire 4%.

349. Voir *supra*, pp. 86 *sq*.

350. Moscou, A.E.A., 480, 50/6, f° 13, Amsterdam, 2-13 avril 1770.

351. *Ibid.*, f° 6, Amsterdam, 29 mars-9 avril 1770.

352. Moscou, A. E. A., 472, 50/6, f° 3 v°-4, Amsterdam, 18-29 mars 1763, et 25 mars-5 avril 1763.

353. Moscou, A.E.A., 539, 50/6, 62 v°, 26 août 1788.

354. A.E., C. P., 578, f° 326, 2 juin 1789.

355. *Ibid.*, 579, f° 3, 3 juillet 1789.

356. *Ibid.*, f°s 100 v° *sq.*, 18 août 1789.

357. Suéde 448 000 km^2, Norrland 261 500, Suède méridionale 186 500.

358. Maurice ZIMMERMAN, *États scandinaves, régions polaires boréales*, *in*: P. VIDAL DE LA BLACHE, L. GALLOIS, *Géographie universelle*, III, 1933, p. 143.

359. Ce sont les distinctions bien connues de K. Bücher: l'économie de la maison, l'économie de la ville, l'économie territoriale.

360. Voir *supra*, pp. 25-26.

361. P. DOLLINGER, *La Hanse*..., *op. cit.*, p. 52.

362. Claude NORDMANN, *Grandeur et liberté de la Suède (1660-1792)*, 1971, p. 93.

363. *Ibid.*, p. 17.

364. Soit, au total, si l'on ne compte que

les terres, pas plus de 3 hab. au km^2.

365. *Op. cit.*, p. 17.
366. On distingue d'habitude: avant 1721, la «grandeur» de l'histoire suédoise, puis, au XVIIIe siècle, sa «liberté».
367. *Ibid.*, p. 94.
368. *Ibid.*, p. 45.
369. P. DOLLINGER, *op. cit.*, pp. 527-528.
370. V. BARBOUR, *op. cit.*, p. 102.
371. C. NORDMANN, *op. cit.*, p. 50.
372. *Ibid.*, p. 453.
373. Eli F. HECKSCHER et E. F. SÖDERLUND, *The Rise of Industry*, 1953, pp. 4-5.
374. C. NORDMANN, *op. cit.*, p. 243.
375. J. SAVARY, *op. cit.*, V, col. 1673 *sq*.
376. Généralement un navire de pavillon neutre naviguant pour le compte de belligérants.
377. C. NORDMANN, *op. cit.*, pp. 63-64.
378. L. DERMIGNY, *op. cit.*, I, pp. 173 *sq*.
379. «The Economic Relations between Peasants, Merchants and the State in North Eastern Europe, in the 17th and 18th Centuries», dactyl., Colloque de Bellagio, 1976.
380. Voir *supra*, II, p. 194.
381. Les *Bücher von Bauernschulden* qui font foi en justice.
382. Pierre JEANNIN, *L'Europe du Nord-Ouest et du Nord aux XVIIe et XVIIIe siècles*, 1969, p. 93.
383. L'*hemman* est la propriété héréditaire des paysans suédois. L'orthographe *heman* se trouve dans A.N., K 1349.
384. C. NORDMANN, *op. cit.*, p. 15.
385. Maria BOGUCKA, « Le marché monétaire de Gdansk et les problèmes du crédit public au cours de la première moitié du XVIIe siècle», *dactyl.*, *Semaine de Prato*, 1972, p. 5.
386. *Op. cit.*, V. col. 579-580.
387. M. BOGUCKA, art, cit., p. 3.
388. Walter ACHILLES, « Getreidepreise und Getreidehandelsbeziehungen europäischer Räume im 16. und 17. Jahrhundert», *in*: *Zeitschrift für Agrargeschichte und Agrarsoziologie*, avril 1959, p. 46.
389. Marian MALOWIST, *Croissance et régression en Europe*, 1972, p. 172.
390. Sven-Erik ASTRÖM, communication au colloque de Bellagio, 1976 (citée note 379).
391. Comme l'a montré Witold KULA, *Théorie économique du système féodal*, 1970, pp. 93 *sq*.
392. J. SAVARY, *op. cit.*, V. col. 578.
393. LE POTTIER DE LA HESTROY, *doc. cit.*, f° 17.
394. Père MATHIAS DE SAINT-JEAN (alias Jean ÉON), *Le Commerce honorable...*, 1646, pp. 89-90.
395. P. BOISSONNADE, P. CHARLIAT, *Colbert et la Compagnie de commerce du Nord (1661-1689)*, 1930, pp. 31 *sq*.
396. LE POTTIER DE LA HESTROY, *doc. cit.*, f°. 18.
397. A.N., A.E., B[1], 619, La Haye, 5 sept. 1669.
398. A.N., G[7], 1695, 52.
399. A.N., M 662, n° 5, f° 1 v°.
400. *Ibid.*, f° 98.
401. *Ibid.*, f° 59 v°.
402. *Ibid.*, f° 115.
403. C. NORDMANN, *op. cit.*, pp. 54-55.
404. LE POTTIER DE LA HESTROY, *doc. cit.*, f°. 25.
405. Père MATHIAS DE SAINT-JEAN (alias

Jean ÉON), *op. cit.*, pp. 30 *sq.*, pp. 87 *sq.*

406. Voir *supra*. p.

407. *Anglo Dutch Commerce..*, *op. cit.*, pp. 6-7.

408. *Ibid.*

409. *Ibid.*, p. 10 et note 5.

410. *A Plan of the English commerce*, 1728, p. 163.

411. C. WILSON, *op. cit.*, pp. 7-10.

412. E. SCHULIN, *op. cit.*, p. 230. «*All our merchants must turn Dutch factors.*»

413. C. WILSON, *op. cit.*, pp. 16-17.

414. *Ibid.*, p. 11.

415. C. WILSON, *England's Apprenticeship...*, *op. cit.*, p. 322.

416. *La République hollandaise des Provinces-Unies*, 1968, p. 33.

417. *Op. cit.*, pp. 223 *sq.*

418. Constantin RENNEVILLE, *Voiage de Paul van Caerden aux Indes orientales*, 1703, II, p. 133.

419. Compagnie antérieure à la création de la V.O.C.

420. C. RENNEVILLE, *op. cit.*, pp. 170-173.

421. Jean MEYER, *Les Européens et les autres*, 1975, p. 253.

422. Art. cit., août 1763.

423. C. H. E. de WIT, cité par J. L. PRICE, *op. cit.*, p. 220 et note 9.

424. A.N., Marine, B^7, 435, f° 2.

425. *Gazette de France*. 24 avril 1772.

426. *Ibid.*

427. A.N., Marine, B^7, 434, f° 30; 435, f°s 1 *sq.* «La faillite de la maison Clifford et fils vient d'être suivie de deux ou trois autres moins considérables. mais qui ne laissent pas d'augmenter les craintes et de faire perdre absolument la confiance.»

428. Moscou. A.E.A., 50/6, 506, f° 49.

429. Contraste déjà remarqué par Ch. CARRIÈRE, M. COURDURIÉ, *op. cit.*, I, p. 85,: «Le cycle agricole ne s'adapte pas exactement à l'activité du grand port international»(il s'agit de Marseille).

430. *Anglo-Dutch Commerce...*, *op. cit.*, p. 176.

431. J. ACCARIAS DE SÉRIONNE, *Les Intérêts de l'Europe...*, *op. cit.*, II, p. 205.

432. M. G. BUIST, *At Spes non fracta. Hope and Co*, *1770-1815*, 1974, pp. 12-13.

433. M. TORCIA, *Sbozzo del commercio di Amsterdam*, 1782, p. 9.

434. A.E., C.P. Hollande, 513, f° 64 v°.

435. C. WILSON, *op. cit.*, p. 168.

436. M. TORCIA *op. cit.*, p. 9.

437. A. d. S. Venise, Inghilterra 119, f° 92, 92 v°.

438. C. WILSON, *op. cit.*, pp. 167-168.

439. *Gazette de France*, 584, Hambourg, 22 août 1763.

440. *Ibid.*, 624, Copenhague, 3 septembre 1763.

441. Moscou, A.E.A., 50/6, 472, f° 50, 12 août 1763.

442. *Ibid.*

443. *Ibid.*, f° 51 v°.

444. *Ibid.*

445. Dans le sens d'escompte.

446. Moscou, A.E.A., 50/6, 472, f° 44.

447. A.N., A.E., C.P. Hollande, 513, f° 64 v°.

448. Temps pendant lequel une affaire est sursise.

449. A.d.S. Naples, Affari Esteri 800, La Haye, 2 août 1763.

450. *Ibid.*, avis de Berlin du 16 août

transmis le 26.

451. *Gazette de France*, 544, 4 août 1763.

452. A.d.S. Naples, Affari Esteri 800.

453. *Gazette de France*, 296, La Haye, 22 avril 1763.

454. M. TORCIA, *op. cit.*, p. 9.

455. Moscou, A.E.A., 50/6, 490, 1/2.

456. *Ibid.*

457. *Ibid.*

458. *Ibid.*

459. *Anglo-Dutch Commerce...*, pp. 169 *sq.*

460. A.N., Marine, B^7, 435, Amsterdam, 7, 5 avril 1773.

461. A.N., Marine, B^7, 438, Amsterdam, 7, 28 mars 1774.

462. A.N., Marine, B^7, 435, Amsterdam, 3, 4 février 1773.

463. Le jeudi 24 octobre 1929. Cf. J. K. GALBRAITH, *The Great Crash, 1929*, 1955.

464. Intercycle ou *cycle* interdécennal. Voir *supra*, p. 57.

465. C. E. LABROUSSE, *La Crise de l'économie française...*, *op. cit.*, p. XXII.

466. Robert BESNIER, *Histoire des faits économiques jusqu'au XVIIIe siècle*, 1962-1963, p. 249.

467. Moscou, A.E.A., 50/6, 539, f° 47.

468. C. P. THURNBERG, *Voyage en Afrique et en Asie, principalement au Japon, pendant les années 1770-1779*, 1794, p. 30.

469. A.E., C.P. Hollande, 543, Amsterdam, 28 décembre 1780.

470. Expression prise au livre de Pieter GEYL, *La Révolution batave (1783-1798)*, 1971.

471. I. SCHÖFFER, *op. cit.*, pp. 656 et 657.

472. Moscou, A.E.A., 50/6, 531, f° 51.

473. *Ibid.*, 534, f° 126 v°.

474. *Ibid.*, 530, f° 62.

475. *Ibid.*, 531, f° 92-93, Amsterdam, 18/29 décembre 1786.

476. *Ibid.*, 50/6, 531, f° 66.

477. *Ibid.*

478. M. G. BUIST, *op. cit.*, p. 431.

479. C'est-à-dire le stathouder.

480. A.E., C.P. Hollande, 565, f°s 76-83.

481. P. GEYL, *op. cit.*, p. 90.

482. A.E., C.P. Hollande, 575, f° 70.

483. P. GEYL, *op. cit.*, pp. 94 *sq.*

484. *Ibid.*, p. 95.

485. A.E., C.P. Hollande, 575, f°s 253 *sq.*, La Haye, 14 décembre 1787; cf. aussi A.E., C.P. Hollande, 578, f° 274, La Haye, 15 mai 1789.

486. *Ibid.*

487. A.E., C.P. Hollande, 576, f° 46, 3 avril 1788.

488. A.E., C.P. Hollande, 575, f° 154 v°, 25 octobre 1787.

489. Moscou A.E.A., 50/6, 533, f° 60.

第四章

1. Jean ROMEUF, 1958; Alain COTTA, 1968; H. TEZENAS DU MONTCEL, 1972, et même BOUVIER-AJAM et divers, 1975.

2. Cf. Pierre VILAR, «Pour une meilleure compréhension entre économistes et historiens. 'Histoire quantitative' ou économétrie rétrospective?», *in*: *Revue historique*, 1965, pp. 293-311.

3. Jean MARCZEWSKI, *Introduction à l'historie quantitative*, 1965; R. W. FOGEL, notamment *The Economics of*

slavery, 1968; parmi ses nombreux articles, «Historiography and retrospective econometrics», *in*: *History and Theory*, 1970, pp. 245-264; «The New Economic History. I. Its finding and methods», *in*: *The Economic History Review*, 1966, pp. 642-656.

4. Voir *supra*, II.
5. D'après l'expression de Pierre CHAUNU, «La pesée globale en histoire», *in*: *Cahiers Wilfredo Pareto*, 1968.
6. François PERROUX, «Prises de vues sur la croissance de l'économie française, 1780-1950», *in*: *Income and Wealth*, V, 1955, p. 51.
7. W. SOMBART, *Der moderne Kapitalismus*, 1928, II, pp. 188-189, avance que le marché local élémentaire et le marché international sont plus précoces que les marchés intermédiaires dont le marché national.
8. Voir *supra*, pp. 25-26.
9. Louis CHEVALIER, *Démographie générale*, 1951, notamment p. 139.
10. «Études sur l'ancienne communauté rurale en Bourgogne. II. La structure du manse», *in*: *Annales de Bourgogne*, XV, 1943, p. 184.
11. Ces minuscules unités sont de vieilles réalités. Frédéric HAYETTE pense que les villages d'Europe se sont coulés dans les cadres du peuplement d'époque romaine dont ils commenceraient à se dégager seulement aux XIIIe et IXe siècles. «The Origins of European Villages and the First Europansion», *in*: *The Journal of Economic History*, mars 1977, pp. 182-206 et, à la suite, le commentaire de J. A. RAFTIS, pp. 207-209.
12. GUY FOURQUIN, *in*: Pierre LÉON, *Histoire économique et sociale du monde*, 1977, I, p. 179, la commune en France aurait une superficie inférieure à 10 km^2 dans les zones riches mais pourrait atteindre 45 km^2 dans les zones pauvres.
13. LEVI-PINARD, *La Vie quotidienne à Vallorcine*, *op. cit.*, p. 25.
14. Michaël WEISSER, «L'économie des villages ruraux situés aux alentours de Tolède», dactyl., 1971, p. 1.
15. *Crises agraires en Europe* (*XII*[e]-*XX*[e] *siècle*), 1973, p. 15.
16. Cf. Pierre CHEVALIER, *La Monnaie en Lorraine sous le règne de Léopold* (*1698-1729*), 1955, p. 126, note 3 (1711).
17. Lucien GALLOIS, *Paris et ses environs*, s.d. (1914), p. 25.
18. Lettre de R. BRUNET, 25 novembre 1977: «Il semble bien qu'il y ait une dimension type, d'environ 1 000 km^2, qui ne me paraît pas être le fait du hasard.»
19. D'après R. BRUNET, dans l'ordre, le Beauvaisis: 800 km^2 (discutable); la Woëvre: 800 km^2; le pays d'Auge: de 1200 à 1400 km^2; le Valois: 1000 km^2; l'Othe: 1000 km^2.
20. Guy CABOURDIN, *Terre et hommes en Lorraine du milieu du XVI*[e] *siècle à la guerre de Trente Ans*, *Toulois et comté de Vaudémont*, 1975, I, p. 18.
21. Jean NICOLAS, *La Savoie au XVIII*[e] *siècle*, 1978, p. 138. Tarentaise: 1 693 km^2, Maurienne: 1 917 km^2, Chablais: 863 km^2, Genevois: 1 827 km^2.

22. Avant 1815, d'après les renseignements que me communique Paul GUICHONNET.
23. Marco ANSALDO, *Peste, fame, guerra, cronache di vita valdostana del sec. XVII*, 1976.
24. Émile APPOLIS, *Le Diocèse civil de Lodève*, 1951, pp. V et VI, 1 et 1 note 2.
25. G. CABOURDIN, *op. cit.*
26. Marzio ROMANI, conférence, Paris 8 décembre 1977.
27. Lucien FEBVRE, *in*: *Annales E. S. C.*, 1947, p. 205.
28. Armand BRETTE, *Atlas des bailliages ou juridictions assimilées, ayant formé unité éleclorale en 1789*, s.d., p. VIII. «Sur plus de 400 bailliages qui ont formé circonscription électorale en 1789, il n'en est peut-être pas un seul qui n'ait avec les bailliages voisins des paroisses mi-parties, indécises ou contestées.»
29. Dans tout ce long paragraphe, les mots de province, de région, de région naturelle et par conséquent de marché provincial, de marché régional sont employés les uns pour les autres. Sur ces problèmes, André PIATIER, *Existe-t-il des régions en France?* 1966; *Les Zones d'attraction de la région Picardie*, 1967; *Les Zones d'attraction de la région Auvergne*, 1968.
30. «Tableau de la France», dans *Histoire de France*, II, 1876, p. 79.
31. «Ritratti di cose di Francia», *in*: *Opere, complete* 1960, pp. 90-91.
32. J. DHONT, «Les solidarités médiévales. Une société en transition: la Flandre en 1127-1128», *in*: *Annales E.S.C.*, 1957, p. 529.
33. P. CHEVALIER, *op. cit.*, p. 35.
34. 1712-1770, Marie-Thérèse le désigna comme administrateur des Pays-Bas autrichiens, de 1753 à sa mort.
35. A.d.S. Naples, Affari Esteri 801, La Haye, 2 septembre 1768. Sur les facilités données par le gouvernement de Bruxelles pour les importations de laines à Ostende, cf. *ibid.*, 27 mai 1768.
36. *The Opposition to Louis XIV*, 1965, p. 217.
37. P. CHAUNU, *in*: F. BRAUDEL et E. LABROUSSE, *Histoire économique et sociale de la France*, I, vol. I, p. 28.
38. Joseph CALMETTE, *L'Élaboration du monde moderne*, 1949, pp. 226-227.
39. Ernest GOSSART, *L'Établissement du régime espagnol dans les Pays-Bas et l'insurrection*, 1905, p. 122.
40. Eli F. HECKSCHER, *La Epoca mercantilista*, 1943, pp. 30 *sq*.
41. Thorold ROGERS, *History of agriculture and prices in England*, 1886, cité par E. HECKSCHER, *op. cit.*, pp. 32-33.
42. *Op. cit.*, p. 30.
43. Abbé COYER, *Nouvelles Observations sur l'Angleterre par un voyageur*, 1749, pp. 32-33.
44. A.N., Marine, B^7, 434, vers 1776.
45. A. PONZ, *op. cit.*, I, p. 1750.
46. Marcel REINHARD, «Le voyage de Pétion à Londres (24 novembre-11 décembre 1791)», *in*: *Revue d'histoire diplomatique*, 1970, pp. 35-36.
47. Otto STOLZ, «Zur Entwicklungsgeschichte des Zollwesens innerhalb des alten deutschen Reiches», *in*:

Vierteljahrschrift für Sozial-und Wirtschaftsgeschichte, 1954, 46, I, pp. 1-41.

48. *Bilanci...*, *op. cit.*, I, p. CI, 20 décembre 1794.
49. Ricardo KREBS, *Handbuch der europäischen Geschichte*, p.p. Theodor SCHIEDER, 1968, vol. 4, p. 561.
50. E. HECKSCHER, *op. cit.*, p. 93.
51. Charles CARRIÈRE, *Négociants marseillais au XVIII*[e] *siècle*, 1973, pp. 705 et 710-712. Vers 1767.
52. A.N., H 2940; L.-A. BOITEUX, *La Fortune de mer*, 1968, p. 31, d'après Philippe MANTELLIER, *Histoire de la communauté des marchands fréquentant la rivière de Loire*, 1867.
53. J. SAVARY, *op. cit.*, I, col. 22-23.
54. A.d.S. Gênes, Lettere Consoli 1/26, 28(Londres, 11/12 décembre 1673).
55. A.N., F 12, 65, f° 41 (1er mars 1719).
56. A.N., H 2939 (imprimé).
57. *Ibid.*
58. P. DOCKÈS, *op. cit.*, p. 182.
59. R. BESNIER, *op. cit.*, p. 99.
60. Moscou. A.E.A., 93/6, 439, f° 168. Paris, 20 novembre-1er décembre 1786.
61. *Gazette de France*, 3 janvier 1763 (Londres, 24 décembre 1762).
62. I. de PINTO, *op. cit.*, p. 2.
63. D'après un dactylogramme de Traian STOIANOVICH.
64. Michel MORINEAU, «Produit brut et finances publiques: analyse factorielle et analyse sectorielle de leurs relations», *dactyl.*, Semaine de Prato, 1976.
65. «Zur Entwicklung des Sozial Produckts in Deutschland im 16. Jahrhundert», *in*: *Jahrbuch für Nationalökonomie und Statistik*, 1961, pp. 448-489.
66. Art. cit., p. 18.
67. «L'unité économique des Balkans et la Méditerranée à l'époque moderne», *in*: *Studia historiae oeconomicae*, Poznan, 1967, 2, p. 35.
68. *La Catalogne dans l'Espagne moderne...*, 1962, III, p. 143.
69. B.N., Ms. fr. 21773, f° 31.
70. *Die Entstehung der Volkswirtschaft*, 1911, p. 141.
71. J'emploie ce mot de façon abusive pour évoquer à l'avance les Banques de France, d'Angleterre...
72. *Manias*, *Babbles*, *Panics and Crashes and the Lender of Last Resort*, dact. cit.
73. Irfan HABIB, «Potentialities of capitalist development in the economy of the Mughal India», International Economic History Congress, dactylogramme, pp. 10-12 et notes p. 12; I. HABIB, «Usury in Medieval India», *in*: *Comparative studies in Society and History*, VI, juillet 1964.
74. «Commercial Expansion and the Industrial Revolution», *in*: *The Journal of European Economic History*, IV, 3, 1975, pp. 613-654.
75. *Cádiz y el Atlántico, 1717-1778*, 1976.
76. P. DOCKÈS, *op. cit.*, p. 157.
77. Emmanuel LE ROY LADURIE, «Les comptes fantastiques de Gregory King», *in*: *Annales E.S.C.*, 1968, pp. 1085-1102.
78. Pierre de BOISGUILBERT, *Détail de la France*, 1699, éd. I.N.E.D., 1966, II, p. 584.

79. *Op. cit.*, pp. 153 *sq.*
80. François PERROUX, cité par Jean LHOMME, *in*: Georges GURVITCH, *Traité de sociologie*, 3e éd., 1967, I, p. 352, note 2.
81. Date de la parution du livre pionnier de Arthur Lyon BOWLEY et Josiah C. STAMP, *National Income*.
82. «Europe's Gross National Product, 1800-1875», *in*: *The Journal of European Economic History*, 1976, p. 273.
83. *Comptabilité nationale*, 1965, pp. 3, 6, 28, 30. Cf. F. FOURQUET, *Histoire quantitative. Histoire des services collectifs de la comptabilité nationale*, 1976, p. v.
84. Il semble que ce terme ait été employé pour la première fois par William PETTY, *Political Arithmetick*, 1671-1677.
85. Lettre de Louis JEANJEAN, 9 janvier 1973.
86. Voir *supra*, II.
87. *Croissance et structure économique*, 1972, p. 58.
88. Jacques ATTALI, Marc GUILLAUME, *L'Antiéconomique*, 1974, p. 32.
89. La réflexion est de F. PERROUX, citée par C. VIMONT, *in*: Jean ROMEUF, *Dictionnaire des sciences économiques*, 1958, II, p. 984.
90. *Ibid.*, p. 982.
91. *Dictionnaire économique et financier*, 1975, p. 1014.
92. *In*: Jean ROMEUF, *op. cit.*, p. 985.
93. «Estimations du revenu national dans les sociétés occidentales pré-industrielles et au XIXe siècle», *in*: *Revue économique*, mars 1977.
94. *Ibid.*
95. *Ibid.*, p. 193.
96. A.d.S. Venise, Senato Mar, 23, f° 36, 36 v°, 29 septembre 1534.
97. Soit la population de Venise plus le Dogado.
98. En partant de la masse salariale annuelle des ouvriers de la laine (20 000 personnes, 5 000 ouvriers, soit 740 000 ducats) et en supposant 200 000 habitants à Venise.
99. P. MANTELLIER, *op. cit.*, p. 388. Pour les calculs de F. SPOONER, cf. *infra*, pp. 266-267.
100. VAUBAN, *Projet d'une dixme royale*, 1707, pp. 91-93.
101. Charles DUTOT, *Réflexions politiques sur les finances et le commerce*, 1738.
102. *Ibid.*, I, pp. 366 *sq.*
103. J. D. GOULD, *Economic Growth in History*, 1972, p. 4.
104. *Ibid.*, p. 5.
105. Voir *supra*, I, 1re édit., pp. 139-141.
106. H. VAN DER WEE, «Productivité, progrès technique et croissance économique du XIIe au XVIIIe siècle», dactyl., Semaine de Prato, 1971.
107. Sur *Produit brut et finances publiques, XIIIe XIXe siècles*.
108. 2e éd., 1952.
109. J. de VRIES, *The Dutch Rural Economy in the golden Age*, *op. cit.*, p. 95.
110. Cf. P. BAIROCH, «Population urbaine et taille des villes en Europe de 1600 à 1700», *in*: *Revue d'histoire économique et sociale*, 1976, n° 3, p. 21.
111. M. REINHARDT, «La population des villes, sa mesure sous la Révolution et l'Empire», *in*: *Population*, 1954, p. 287.
112. *Op. cit.*, I, 1952, pp. 61 *sq.*

113. Classement de la population mondiale en secteurs primaire, secondaire et tertiaire: en 1700, 81% de la population active sont dans le primaire (agriculture, sylviculture, pêche, forêt) et 54,5 en 1970, cf. Paul BAIROCH, «Structure de la population active mondiale de 1700 à 1970», *in*: *Annales E.S.C.*, 1971, p. 965.
114. Pieter de LA COURT, *Mémoires de Jean de Witt*, 1709, pp. 30-31.
115. Gregory KING, *An Estimate of the Comparative Strength of great Britain and France...*, 1696.
116. François QUESNAY, *Tableau oeconomique*, 1758.
117. K. GLAMANN, Lettre informative du 12 octobre 1976. Cf. figure p. 253.
118. *François Quesnay et la physiocratie*, 1958, I, pp. 154 *sq*.
119. «Zur Entwicklung des Sozialprodukts...», art. cit., p. 489.
120. Jean MARCZEWSKI, «Le produit physique de l'économie française de 1789 à 1913», *in*: *Histoire quantitative de l'économie française*, *Cahiers de l'I.S.E.A.*, n° 163, juillet 1965, p. XIV.
121. *Ibid*.
122. *Ibid*.
123. *Médit.*, 1966, I, pp. 384 *sq*.
124. Robert E. GALLMAN et E. S. HOWLE, «The Structure of U. S. Wealth in the Nineteenth Century», Colloque de la Southern Economic Association; Raymond W. GOLDSMITH, «The Growth of Reproducible Wealth of the United States of America from 1805 to 1950», *in*: *Income and Wealth of the United States*: *Trends and Structure*, II, 1952.
125. *Op. cit.*, p. 58.
126. «La fortune privée de Pennsylvanie, New Jersey, Delaware (1774)», *in*: *Annales E.S.C.*, 1969, p. 245.
127. Hubert BROCHIER, Pierre TABATONI, *Économie financière*, 2e éd., 1963, p. 131.
128. J. H. MARIÉJOL, *in*: Ernest LAVISSE, *Histoire de France*, 1911, VI, 1re partie, p. 37.
129. P. G. M. DICKSON, «Fiscal Need and National Wealth in 18th Century Austria», dactyl., Semaine de Prato, 1976.
130. *Op. cit*.
131. VAUBAN, *op. cit.*, p. 153.
132. «Taxation in Britain and France 1715-1810», Semaine de Prato, 1976, publié *in*: *The Journal of European Economic History*, 1976, pp. 608-609.
133. Museo Correr, Fonds Donà delle Rose, 27.
134. A.N., K 1352.
135. Voir *supra*, note 98 et p. 257.
136. Lucien FEBVRE, «Un chapitre d'histoire politique et diplomatique: la réunion de Metz à la France», *in*: *Revue d'histoire moderne*, 1928, p. 111.
137. Jacques BLOCH-MORHANGE, *Manifeste pour 12 millions de contribuables*, 1977, p. 69; et l'article suggestif de deux journalistes, économistes et historiens, David WARSH et Lawrence MINARD, «Inflation is now too serious a matter to leave to economists», *in*: *Forbes*, 15 novembre 1976, p. 123.
138. En Angleterre, KALDOR, Dudley JACKSON, H. A. TURNER, Frank WILKINSON; aux États-Unis, John

HOTSON; en France, J. BLOCH-MORHANGE et l'article cité *supra* de David WARSH et Lawrence MINARD.

139. J. ROBINSON, *L'Accumulation du capital*, *op. cit.*, p. 18.
140. *An Economic History of Sweden*, 1954, pp. 61, 69, 70, 116.
141. «Le revenu national en Pologne au XVIe siècle», *in*: *Annales E. S. C.*, 1971, n° 1, pp. 105-113.
142. «L'urbanisation de la France au XIXe siècle», *in*: Colloque des historiens français de l'économie, 1977.
143. E. A. WRIGLEY, «The Supply of Raw Materials in the Industrial Revolution», *in*: *The Economic History Review*, 1962, p. 110.
144. *The International Economy and Monetary Movements in France 1493-1725*, 1972, p. 306.
145. *Op. cit.*, II, p. 587.
146. *Staat und Staatsgedanke*, 1935, p. 62.
147. *Le Bourgeois*, 1911, p. 106.
148. Article à paraître dans les *Annales E. S.C.*
149. P. ADAM, *op. cit.*, dactyl., p. 43.
150. René GANDILHON, *Politique économique de Louis XI*, 1941, p. 322.
151. *In*: F. BRAUDEL et E. LABROUSSE, *Histoire économique et sociale de la France*, II, 1970, pp. 166-167.
152. Ce document est la propriété personnelle de Paul Guichonnet. Une reproduction photographique se trouve à la Maison des Sciences de l'Homme, Paris.
153. B.N., Ms. fr. 21773, fos 133 *sq.*
154. Régine ROBIN, *La Société française en 1789*: *Semur-en-Auxois*, 1970, pp. 101-109.
155. B.N., Ms. fr. 21773, fos 133 *sq.*
156. *Ibid.*
157. *Histoire économique de la France*, 1939, p. 232.
158. R. GASCON, *in*: F. BRAUDEL et E. LABROUSSE, *op. cit.*, I, p. 256.
159. Cardinal François MATHIEU, *L'Ancien Régime en Lorraine et en Barrois*, 1907, p. XIII.
160. René BAEHREL, *Une Croissance*: *la Basse-Provence rurale* (*fin du XVIe siècle-1789*), 1961, *passim* et notamment pp. 77 *sq.*
161. J. ACCARIAS DE SÉRIONNE, *Les Intérêts des nations de l'Europe*..., *op. cit.*, I, p. 224.
162. J. HUGUETAN, *Voyage d'Italie curieux et nouveau*, 1681, p. 5.
163. A.N., 129, A.P., 1.
164. A.N., 125, A.P., 16 (1687).
165. B.N., Ms. fr. 21773, fos 73 à 75 v°.
166. Arthur YOUNG, *Voyages en France*, *1787*, *1788*, *1789*, 1976, I, p. 89.
167. A. PONZ, *op. cit.*, p. 1701.
168. E. LABROUSSE, *in*: F. BRAUDEL et E. LABROUSSE, *op. cit.*, II, p. 173.
169. A. N., G7, 1674, f° 68, Paris, 17 décembre 1709; A.N., G7, 1646, f° 412, Orléans, 26 août 1709.
170. *Ibid.*, fos 371, 382; 1647, f° 68, Orléans, 1er, 22 avril, 17 décembre 1709.
171. Moscou, A.E.A., 93/6, 394, f° 24 et 24 v°, 30 septembre 1783.
172. H. RICHARDOT, *op. cit.*, p. 184, cité par P. DOCKÈS, *op. cit.*, p. 20.
173. *In*: F. BRAUDEL et E. LABROUSSE, *op. cit.*, I, p. 22.
174. *Ibid.*, I, p. 39.
175. P. DOCKÈS, *op. cit.*, p. 156.
176. *Ibid.*, p. 308.

177. *Ibid.*, pp. 25 et 353.
178. Cité par Marcel ROUFF, *Les Mines de charbon en France au XVIIIe siècle*, 1922, p. 83, note 1.
179. 9 avril 1709, Cité par Claude-Frédéric LÉVY, *Capitalistes et pouvoir au siècle des Lumières*, 1969, p. 325.
180. Cité par P. DOCKÈS, *op. cit.*, p. 298.
181. Raymond COLLIER, *La Vie en Haute-Provence de 1600-1850*, 1973, p. 36.
182. R. GASCON, *in*: F. BRAUDEL, E. LABROUSSE, *op. cit.*, I, vol. I, p. 328.
183. José Gentil DA SILVA, *Banque et crédit en Italie*..., *op. cit.*, p. 514.
184. *Ibid.*, pp. 94, 285, 480, 490.
185. M. MORINEAU, « Lyon l'italienne, Lyon la magnifique», *in*: *Annales E.S.C.*, 1974, p. 1540; F. BAYARD, «Les Bonvisi, marchands banquiers à Lyon», *in*: *Annales E.S.C.*, 1971.
186. A.N., G[7], 1704, 111.
187. R. GASCON, *in*: F. BRAUDEL, E. LABROUSSE, *op. cit.*, I, p. 288.
188. F. C. SPOONER, *L'Économie mondiale et les frappes monélaires en France 1493-1680*, 1956, p. 279.
189. Denis RICHET, *Une Société commerciale Paris-Lyon dans la deuxième moitié du XVIe siècle*, 1965, conférence à la Société de l'histoire de Paris et de l'Ile-de-France, dactylogramme, p. 18.
190. *Histoire de Marseille*, III, pp. 236-237.
191. D. RICHET, *op. cit.*, p. 19.
192. *Œuvres*, p. p. G. SCHELLE, 1913, I, p. 437.
193. P. DOCKÈS, *op. cit.*, p. 247.
194. Jules DELABORDE, *Gaspard de Coligny, amiral de France*, 1892, III, p. 57.
195. *Mémoires de Jean Maillefer, marchand bourgeois de Reims*, 1890, p. 52.
196. E. BRACHENHOFFER, *Voyage en France 1643-1644*, 1925, pp. 110 et 113.
197. Lewis ROBERTS, *The Merchants Mapp of Commerce*, 1639, cité par E. SCHULIN, *op. cit.*, p. 108.
198. B.N., Ms. fr. 21773, f°s 31 *sq*.
199. *Ibid.*
200. *Ibid.*
201. André RÉMOND, « Trois bilans de l'économie française au temps des théories physiocratiques», *in*: *Revue d'histoire économique et sociale*, 1957, pp. 450-451.
202. Avant tout A.N., G[7].
203. C.-F. LÉVY, *op. cit.*, p. 332.
204. Jacques SAINT-GERMAIN, *Samuel Bernard, le banquier des rois*, 1960, p. 202.
205. C.-F. LÉVY, *op. cit.*, p. 338.
206. Mathieu VARILLE, *Les Foires de Lyon avant la Révolution*, 1920, p. 44.
207. A.N., KK 1114, f°s 176-177, Mémoire de M. d'Herbigny, intendant de Lyon, avec les observateurs de M. de la Michodière, intendant à Lyon en 1762.
208. M. VARILLE, *op. cit.*, p. 45.
209. A.N., G[7], 359-360.
210. P. de BOISLISLE, *Correspondance des contrôleurs généraux*..., 1874-1897, II, p. 445.
211. A.N., G[7], 363, 25 juillet 1709.
212. *Ibid.*, 15 juillet.
213. *Ibid.*, 2 août 1709.
214. M. VARILLE, *op. cit.*, p. 44.
215. Guy ANTONIETTI, *Une Maison de banque à Paris au XVIIIe siècle, Greffulhe, Montz et Cie, 1789-1793*, 1963, p. 66.

216. A.D. Loire-Atlantique, C 694, document communiqué par Claude-Frédéric LÉVY.
217. Edgar FAURE, *La Banqueroute de Law*, 1977, p. 55.
218. *Op. cit.*, carte n° 1.
219. Henri HAUSER, « La question des prix et des monnaies en Bourgogne», *in*: *Annales de Bourgogne*, 1932, p. 18.
220. *The Elizabethans and America*, cité par I, WALLERSTEIN, *The Modern World System*, *op. cit.*, p. 266, note 191.
221. Fritz HARTUNG, Roland MOUSNIER, «Quelques problèmes concernant la Monarchie absolue», *in*: *Congrès intern. des sc. hist.*, Rome, 1955, vol. IV, p. 45.
222. *In*: F. BRAUDEL, E. LABROUSSE, *Histoire économique et sociale de la France*, II, p. 525.
223. R. BESNIER, *op. cit.*, p. 35.
224. *Beauvais et le Beauvaisis de 1600 à 1730. Contribution à l'histoire sociale de la France du XVII*e *siècle*, 1960, pp. 499 *sq*.
225. Jean DELUMEAU, « Le commerce extérieur de la France», *in*: *XVII*e *siècle*, 1966, pp. 81-105; du même auteur, *L'Alun de Rome*, 1962, pp. 251-254.
226. Emmanuel LE ROY LADURIE, préface d'A. d'ANGEVILLE, *Essai sur la statistique de la population française*, 1969, p. xx.
227. Michel MORINEAU, «Trois contributions au Colloque de Göttingen», *in*: *Vom Ancien Régime zur französischen Revolution*, p. p. Albert CREMER, 1978, p. 405, note 61.
228. *Ibid.*, pp. 404-405.
229. J.-C. TOUTAIN, dactylog., Congrès international d'Edimbourg, 1978, A 4, p. 368.
230. De 1702 à 1713, la course française a fiat 4 543 prises sur l'ennemi, E. LABROUSSE, *in*: F. BRAUDEL, E. LABROUSSE, *op. cit.*, II, p. 191.
231. Cité par Charles FROSTIN, «Les Pontchartrain et la pénétration commerciale française en Amérique espagnole (1690-1715)», *in*: *Revue historique*, 1971, p. 310.
232. Michel AUGÉ-LARIBÉ, *La Révolution agricole*, 1955, p. 69.
233. Abbé Ferdinando GALIANI, *Dialogues sur le commerce des bleds*, 1949, p. 548.
234. A.N., F^{12}, 724.
235. M. MORINEAU, «Produit brut et finances publiques...», art. cit., dactylogramme, p. 18.
236. *L'Autre France*, 1973.
237. B.N., Ms. fr. 21773.
238. *Ibid.*, f°s 127 v°-131.
239. A.N., G^7, 1685, 67.
240. *Op. cit.*, p. 75.
241. *Les Négociants bordelais, l'Europe et les iles au XVIII*e *siècle*, 1974, pp. 381 *sq*.
242. B.N., Ms. fr. 21773, f° 148.
243. A.N., G^7, 1692, f° 146.
244. Louis TRENARD, *Histoire des Pays-Bas français*, 1972, p. 330.
245. Art. cit., p. 437.
246. Jean MEYER, *L'Armement nantais de la seconde moitié du XVIII*e *siècle*, 1969, p. 62.
247. A.N., G^7, 1686, f°s 59 et 60.
248. *Gazette d'Amsterdam*, 1672.
249. A.N., Colonies, F 2A, 16 et F 2A,

15 (4 mars 1698).

250. A.N., 94 AQ 1 (8 janvier 1748).

251. A. N., G[7], 1698, 224 (19 février 1714).

252. *Ibid.*, 223 (7 février 1714).

253. D'après Victor HUGO, *En voyage: Alpes et Pyrénées*, 1890.

254. Les généralités sont des divisions administratives dirigées par un intendant.

255. François de DAINVILLE, « Un dénombrement inédit au XVIIIe siècle: l'enquête du contrôleur général Orry, 1745 », *in*: *Population*, 1952, pp. 49 *sq*.

256. Art. cit., pp. 443 et 446.

257. E. LABROUSSE, *in*: F. BRAUDEL, E. LABROUSSE, *op. cit.*, II, p. 362.

258. Marcel MARION, *Les Impôts directs sous l'Anrien Régime principalement au XVIIIe siècle*, 1974, pp. 87-112; impôt créé en 1749, qui procède du dixième; « ne fut guère réellement qu'un impôt sur les revenus fonciers et très inférieurs à un vingtième réel», *in*: M. MARION, *Dictionnaire des institutions*, p. 556.

259. Jean-Claude PERROT, *L'Age d'or de la statistique régionale française, an IV-1804*, 1977.

260. A.N., F[12], 721 (11 juin 1783).

261. *Toulouse et la région Midi-Pyrénées au siècle des Lumières, vers 1670-1789*, 1974, p. 836 et conclusion générale.

262. Sur ce problème, cf. Anne-Marie COCULA, « Pour une définition de l'espace aquitain au XVIIIe siècle», *in*: *Aires et structures du commerce français*, p. p. Pierre LÉON, 1975, pp. 301-309.

263. Philippe de VRIES, «L'animosité anglo-hollandaise au XVIIe siècle», *in*: *Annales E.S.C.*, 1950, p. 42.

264. *Letters and Papers, Foreign and Domestic, of the Reign of Henry VIII*, p. p. BREWER, III/II, 1867, p. 1248, cité par E. HECKSCHER, *op. cit.*, p. 693, note 1.

265. Abbé J.-B. LE BLANG, *op. cit.*, I, p. 137.

266. *Voyages en France...*, *op. cit.*, I, p. 73.

267. A. L. ROWSE, «Tudor Expansion: the Transition from Medieval to Modern History», *in*: *William and Mary Quaterly*, 1957, p. 312.

268. SULLY, *Mémoires*, III, p. 322.

269. Abbé J.-B. LE BLANC, *op. cit.*, III, p. 273.

270. Jean-Gabriel THOMAS, *Inflation et nouvel ordre monétaire*, 1977, p. 58.

271. J. SAVARY, *op. cit.*, III, col. 632.

272. J.-G. THOMAS, *op. cit.*, pp. 60-61.

273. L'expression courante parmi les historiens anglais sert de titre au livre de J. D. GOULD, *The Great Debasement*, 1970.

274. *Dwt*, abréviation pour le penny-poids qui est la vingtième partie de l'once. Le lecteur pourra se livrer au calcul du rapport de 11 onces 2 dwt à 12, la réponse est 222/240, soit 37/40.

275. J. D. GOULD, *op. cit.*, tableau de la page 89.

276. Raymond de ROOVER, *Gresham on Foreign Exchange*, 1949, p. 67.

277. *Ibid.*, p. 68.

278. *Ibid.*, pp. 198 *sq*. et 270 *sq*.

279. A. E. FEAVEARYEAR, *The Pound Sterling, A History of English Money*, 1963, pp. 82-83.

280. J. Keith HORSEFIELD, *British Mone-*

tary Experiments 1650-1710, 1960, pp. 47-60.

281. Créée par Charles II en 1663.

282. A.E., C.P. Angleterre, 173, f° 41.

283. *Ibid.*, f° 132, 8 octobre 1696.

284. J. K. HORSEFIELD, *op. cit.*, p. 50.

285. Jacques E. MERTENS, *La Naissance et le développement de l'étalon-or, 1696-1922*, 1944, p. 91.

286. J.-G. THOMAS, *op. cit.*, pp. 68-69.

287. J. K. HORSEFIELD, *op. cit.*, p. 85.

288. *Op. cit.*, p. 80. « On confond en France tous les fonds sous le nom de papier [...] cette expression est vicieuse.»

289. Louis SIMOND, *Voyage d'un Français en Angleterre pendant les années 1810 et 1811*, 1816, II, pp. 228 *sq*.

290. Maurice RUBICHON, *De l'Angleterre*, 1815-1819, p. 357. « A partir de 1808, les guinées ont totalement disparu», L. SIMOND, *op. cit.*, I, p. 319 et II, p. 232.

291. L. SIMOND, *op. cit.*, pp. 227-228.

292. Arnold TOYNBEE, *L'Histoire*, 1951, p. 263.

293. Bartolomé BENNASSAR, *L'Angleterre au XVII*[e] *siècle (1603-1714)*, s.d., p. 21.

294. Voir *supra*, II, ch. I.

295. T. S. WILLAN, *The Inland Trade*, 1976.

296. Daniel DEFOE, *The Complete English Tradesman*, 5e ed. 1745, I, pp. 340-341.

297. *Ibid.*

298. *Ibid.*, I, p. 342.

299. T. S. WILLAN, *Rivers Navigation in England, 1600-1750*, 1964, p. 133.

300. Cité par Ray Bert WESTERFIELD, *Middlemen in English Business particularly between 1660 and 1760*, 1915, p. 193.

301. T. S. ASHTON, *An Economic History of England: the 18th century*, 1972, pp. 66-67.

302. René-Martin PILLET, *L'Angleterre vue à Londres et dans ses provinces pendant un séjour de dix années*, 1815, p. 23.

303. J. K. HORSEFIELD, *op. cit.*, p. 15.

304. Eric J. HOBSBAWM, *Industry and Empire*, 1968, p. 11, et Sydney POLLARD, David W. CROSSLEY, *The Wealth of Britain, 1085-1966*, 1968, pp. 165-166.

305. J. ACCARIAS DE SÉRIONNE, *Les Intérêts de l'Europe*..., *op. cit.*, I, p. 46.

306. E. HOBSBAWM, *op. cit.*, p. 253.

307. S G. E. LYTHE et J. BUTT, *An Economic History of Scotland, 1100-1939*, 1975, pp. 70 *sq*.

308. T. C. SMOUT, *A History of Scottish People*, 1973, p. 225.

309. *Ibid.*, pp. 153 *sq.*, notamment p. 155.

310. T. C. SMOUT, Communication à la Semaine de Prato, 1978.

311. J. ACCARIAS DE SÉRIONNE, *La Richesse de l'Angleterre. op. cit.*, p. 52.

312. T. C. SMOUT, *op. cit.*, p. 226.

313. Charles BAERT-DUHOLANT, *Tableau de la Grande-Bretagne, de l'Irlande et des possessions angloises dans les quatre parties du monde*, Paris, an VIII, I, p. 202.

314. «Palissades dont les limites avançaient ou reculaient suivant la fortune de la guerre.»P. VIDAL DE LA BLACHE, *États et nations de l'Europe*, 4e éd., s.d., p. 307.

315. Ainsi J. H. PLUMB dans un chapitre

de son livre, *England in the Eighteenth Century*, 1973, pp. 178 *sq.*, sous le titre inattendu: «The Irish Empire».

316. Christopher HILL., *in*: M. POSTAN et C. HILL, *Histoire économique et sociale de la grande Bretagne*, I, 1977, p. 378.

317. J. H. PLUMB, *op. cit.*, p. 179.

318. *Épocas do Portugal económico*, 1929. Les cycles, ce sont les activités successives du Brésil: cycle du bois de teinture, cycle du sucre, cycle de l'or, etc.

319. C. BAERT-DUHOLANT, *op. cit.*, I, pp. 320-355.

320. I. de PINTO, *op. cit.*, p. 272.

321. A.N., A.E., B[1], 762, f° 253. Les italiques sont de moi.

322. *Ibid.*

323. Moscou, A. E. A., 35/6, 312, f° 162, 9 décembre 1779, 2 février 1780.

324. A.E., C.P. Angleterre, 533, f° 73, 14 mars 1780.

325. J. H. PLUMB, *op. cit.*, p. 164.

326. États et nations de l'Europe, *op. cit.*, p. 301.

327. Pablo PEBRER, *Histoire financière et statistique générale de l'Empire britannique*, 1834, II, p. 12.

328. Jonathan SWIFT, *History of the Four Last Years of the Queen*, écrit en 1713, publié en 1758, après la mort de l'auteur en 1745, cité par P. G. M. DICKSON, art. cit., pp. 17-18.

329. D. DEFOE, *op. cit.*, II, p. 234.

330. A.N., 257 AP 10.

331. *Journal du Commerce*, 1759, pp. 105-106; cité en partie par I. de PINTO, *op. cit.*, p. 122.

332. Cité par P. G. M. DICKSON, art. cit., p. 23.

333. A.N., 257 AP 10.

334. L. C. A. DUFRESNE DE SAINT-LÉON, *Études sur le crédit public*, 1824, p. 128.

335. J.-B. SAY, *op. cit.*, VI, 1829, p. 187.

336. I. de PINTO, *op. cit.*, pp. 41-42.

337. P. G. M. DICKSON, *op. cit.*, p. 16.

338. *Ibid.*

339. Moscou, A.E.A., s.d., 35/6, 3190, f° 114.

340. Archives de Cracovie, fonds Czartoryski, 808, f° 253.

341. Moscou, A. E. A., 3301, f° 11 v°, Simolin, 5-16 avril 1782.

342. Museo Correr, P.D., C 903/14.

343. Orville T. MURPHY, «Du Pont de Nemours and the Anglo-French Commercial Treaty of 1786», *in*: *The Economic History Review*, 1966, p. 574.

344. D. GUÉRIN, *La Lutte des classes sous la Première République, bourgeois et «bras nus» 1793-1797*, 1946, p. 51.

345. A.N., A. E., B[1], 762, f° 151, 26 juin 1787.

346. A.E., M. et D. Angleterre, 10.

347. A.N., A.E., B[1], 762.

348. J. SAVARY, *op. cit.*, V, col. 744.

349. M. RUBICHON, *op. cit.*, II, p. 354.

350. A.N., A.E., B[1], 762, f° 161.

351. *Ibid.*, f° 162.

352. *Ibid.*, f° 255.

353. A.E., M. et D. Angleterre, 10, f°s 96 et 106.

354. Dans le sens de «il est évident», voir: J. DUBOIS, R. LOGANE, *Dictionnaire de la langue française classique*, 1960, p. 106.

355. Archives VORONTSOV, Moscou, 1876, IX, p. 44, Londres, 4/15 novembre 1785.
356. J. VAN KLAVEREN, «Die historische Erscheinung der Korruption», II, *in*: *Vierteljahrschrift für Sozial und Wirtschaftsgeschichte*, 1958, p. 455.
357. A.N., A.E., B[1], 762, f° 255, 18 décembre 1789.
358. R. BESNIER, *op. cit.*, p. 38.
359. P. MATHIAS et P. O'BRIEN, art. cit., pp. 601-650.
360. T. J. MARKOVITCH, *Histoire des industries française*: *les industries lainières de Colbert à la Révolution*, 1976.
361. A.N., G[7], 1692, f° 34.
362. Albert CREMER, «Die Steuersystem in Frankreich und England am Vorabend der französische Revolution», *in*: *Von Ancien Régime zur französischen Revolution*, 1978, pp. 43-65.
363. *Op. cit.*, I, pp. 31 et 275.

第五章

1. Pour ce chapitre, deux livres m'ont servi de guides: Michel DEVÈZE, *L'Europe et le monde à la fin du XVIIIe siècle*, 1970, et Giorgio BORSA, *La Nascità del mondo moderno in Asia orientale*, 1977.
2. Expression imparfaite puisqu'elle inclut dans la non-Europe l'est du continent. Mais pouvait-on dire non-Occident? Charles VERLINDEN, *in*: *L'Avènement des temps modernes*, p. p. Jean-Claude MARGOLIN, 1977, p. 676, parle de «l'Europe vraiment européenne».
3. Giuliano GUOZZI, *Adamo e il Nuovo Mondo. La nascità dell'antropologia come ideologia coloniale*: *dalle genealogie bibliche alle teorie razziali*, 1977.
4. Edmundo O'GORMAN, *The Invention of America*, 1961. Même expression chez François PERROUX, *L'Europe sans rivage*, 1954, p. 12: «L'Europe qui a — en plusieurs sens du mot — inventé le monde...»
5. Francisco LÓPEZ DE GÓMARA, *Historia general de las Indias*, *Primera Parte*, 1852, p. 156.
6. Friedrich LÜTGE, *Deutsche Sozial- und Wirtschaftsgeschichte*, 1966, p. 288; H. BECHTEL, *op. cit.*, II, p. 49.
7. *Les Fonctions psychologiques et les œuvres*, 1948.
8. C. MANCERON, *op. cit.*, p. 524.
9. B. N., Ms. fr. 5581, f° 23, 2 décembre 1717.
10. P. CHAUNU, *Séville et l'Atlantique...*, *op. cit.*, VIII, p. 48.
11. Alonso de ERCILLA, *La Araucana* (publiée en 1569), 1910, ch. XXVII, p. 449.
12. Alvaro JARA, *Tierras nuevas*, *expansión territorial y ocupación del suelo en América* (*s. XVI-XIX*), 1969; Pierre MONBEIG, *Pionniers et planteurs de São Paulo*, 1952.
13. François CHEVALIER, *La Formation des grands domaines au Mexique. Terre et société aux XVIe-XVIIe siècles*, 1952, p. 4.
14. Frédéric MAURO, *Le Brésil du XVe à la fin du XVIIIe siècle*, 1977, p.

145.

15. Roland MOUSNIER, *in*: Maurice CROUZET, *Histoire générale des civilisations*, V, 1953, p. 316.
16. D. PEDRO DE ALMEIDA, *Diario*, p. 207, cité par Oruno LARA, *De l'Atlantique à l'aire caraïbe: nègres cimarrons et révoltes d'esclaves, XVI*ᵉ-*XVII*ᵉ *siècles*, s.d., II, p. 349.
17. Le *quilombo*, mot brésilien, désigne le lieu de refuge des nègres fugitifs.
18. Frédéric MAURO, dactyl., communication à la Semaine de Prato, 1978.
19. D. A. BRADING, *Mineros y commerciantes en el Mexico borbonico 1763-1810*, 1975, p. 138.
20. «Introduction à l'histoire de Guadalajara et de sa région», colloque C.N.R.S., *Le Rôle des villes dans la formation des régions en Amérique latine*, pp. 3 *sq*.
21. *Les Mécanismes de la vie économique dans une société coloniale: le Chili (1680-1830)*, 1973, notamment pp. 262 *sq*.
22. Pedro CALMÓN, *Historia social do Brasil*, 1937, p. 191. Cet exode se situe en 1871.
23. Georg FRIEDERICI, *El Caracter del Descubrimiento y de la Conquista de América*, 1973, p. 113.
24. D. A. BRADING, *op. cit.*, p. 20.
25. *Capitalism and Slavery*, 4ᵉ éd., 1975.
26. *Ibid.*, p. 30.
27. Karl MARX, *Le Capital*, 1938, I, p. 785, cité par Pierre VILAR, «Problems of the formation of capitalism», *in*: *Past and Present*, 1956, p. 34.
28. Marcel BATAILLON, *Etudes sur Bartolomé de Las Casas*, 1965, p. 298.
29. M. DEVÈZE, *op. cit.*, p. 358.

30. M. DEVÈZE, *Antilles, Guyanes, la mer des Caraïbes de 1492 à 1789*, 1977, p. 173.
31. Nicolás SÁNCHEZ ALBORNOZ, *La Población de América latina*, 2ᵉ éd., 1977, pp. 62 *sq*.
32. J. L. PHELAN, *The Millenial Kingdom of the Franciscans in the New World*, 1956, p. 47.
33. Juan A. et Judith E. VILLAMARIN, *Indian Labor in Mainland Colonial Spanish America*, 1975, p. 17.
34. Jean-Pierre BERTHE, «Aspects de l'esclavage des Indiens en Nouvelle-Espagne pendant la première moitié du XVIᵉ siècle», *in*: *Journal de la société des américanistes*, LIV-2, p. 204, note 48.
35. Alvaro JARA, dactyl., communication à la Semaine de Prato, 1978.
36. Le P. ALJOFRIN, 1763, cité par D. A. BRADING, *op. cit.*, p. 369.
37. Anibal B. ARCONDO, «Los precios en una economia en transición. Cordóba durante el siglo XVIII», *in*: *Revista de economia y estadística*, 1971, pp. 7-32.
38. C'est ce que dit Daniel DEFOE, *Moll Flanders*, Abbey Classics ed., p. 71, cité par E. WILLIAMS, *op. cit.*, p. 18.
39. M. DEVÈZE, *Antilles, Guyanes*..., *op. cit.*, p. 185.
40. Édouard FOURNIER, *Variétés historiques et littéraires*, 1855-1863, VII, p. 42, note 3.
41. R. MOUSNIER, *op. cit.*, p. 320.
42. Giorgio SPINI, *Storia dell' età moderna*, 1960, p. 827.
43. E. WILLIAMS, *op. cit.*, p. 19.
44. D. W. BROGAN, Introduction au livre d'E. WILLIAMS, *op. cit.*, p. VIII.

45. En 1860, avec le chemin de fer, Cuba développe de monstrueuses plantations de canne à sucre de 11 000 acres, alors que dans l'île de la Jamaïque, les plus vastes atteignaient difficilement 2 000, E. WILLIAMS, *op. cit.*, pp. 151-152.
46. E. WILLIAMS, *op. cit.*, p. 26.
47. Adam SMITH, *La Richesse des Nations*, 1976, p. 289.
48. « Sociedad colonial y sublevaciones populares: el Cuzco, 1780», dactyl., p. 8.
49. Émile-G. LÉONARD, *Histoire générale du protestantisme*, III, 1964, pp. 6, 692 *sq.*, «L'Église presbytérienne du Brésil et ses expériences ecclésiastiques », *in*: *Études évangéliques*, 1949.
50. J. LYNCH, *The Spanish American Revolutions, 1803-1826*, 1973, p. 128, cité par Nicole BOUSOUET, *La Dissolution de l'Empire espagnol au XIX*[e] *siècle*, thèse dactyl., 1974, p. 106.
51. François COREAL, *Voyages aux Indes occidentales*, 1736, I, p. 244.
52. P. CHAUNU, *Séville et l'Atlantique...*, *op. cit.*, t. VIII_1, p. 597.
53. C. FREIRE FONSECA, *Economia natural y colonizacão do Brasil (1534-1843)*, 1974, thèse dactylographiée.
54. Voir *supra*, I, 1re édit., p. 45.
55. J. ACCARIAS DE SÉRIONNE, *Les Intérêts des nations de l'Europe...*, I, 1766. p. 56.
56. F. COREAL, *op. cit.*, I, pp. 220-221.
57. F. MAURO, *Le Brésil...*, p. 138.
58. J. ACCARIAS DE SÉRIONNE, *op. cit.*, I, p. 85. *Bravos* au sens de sauvages.
59. Marcel GIRAUD, *Histoire de la Louisiane française*, 1953, I, pp. 196-197.
60. Cité par J. M. PRICE, *in*: PLATT et SKAGGS, *Of Mother Country and Plantations*, 1972, p. 7.
61. Charles M. ANDREWS, *The Colonial Period of American History. The Settlements*, I, 1970, pp. 518-519.
62. Enrique FLORESCANO, *Precios del maíz y crisis agrícolas en Mexico (1708-1810)*, 1969, p. 314.
63. Russell WOOD, *in*: *Journal of Economic History*, mars 1977, p. 62, note 7.
64. D. A. BRADING, *op. cit.*, pp. 457-458.
65. Germán ARCINIEGAS, *Este Pueblo de América*, 1945, p. 49, compare cette crise à une sorte de Moyen Age.
66. F. COREAL, *op. cit.*, I, pp. 353-354. Le Popayan, province de Colombie, au sud-est de Bogota.
67. N. BOUSQUET, *op. cit.*, p. 42. Socorro, ville de Colombie, dans la province de Santander.
68. François CHEVALIER, « Signification sociale de la fondation de Puebla de Los Angeles», *in*: *Revista de historia de América*, 1947, n° 23, p. 127.
69. Reginaldo de LIZARRAGA, « Descripción del Perú, Tucuman, Río de la Plata y Chile», *in*: *Historiadores de Indias*, 1909, II, p. 465.
70. D. A. BRADING, *op. cit.*, p. 36.
71. A.N., Marine, B[7], 461, f° 39. William Pitt (1708-1778) reçut en 1766 le titre de comte de Chatham.
72. M. DEVÈZE, *L'Europe et le monde...*, *op. cit.*, p. 331, d'après M. L. HANSEN, *The Atlantic Migration (1607-1860)*, et H. COWAN, *British Emigration to North America*, 1961.

73. *Ibid.*
74. A. N., A. E., B III, 441. Palatins, c'est-à-dire originaires du Palatinat.
75. *Ibid.*
76. C'est-à-dire pour le compte de l'armateur.
77. Payés à l'armateur.
78. A.N., Colonies, C 11 4 11, f°s 205 *sq*.
79. A.N. Colonies, C 11 4 11.
80. R. MOUSNIER, *op. cit.*, p. 320.
81. A.N., A.E., B III, 441, 1782.
82. A.N., A.E., C.C.C. Philadelphie, 7, f° 358, New York, 27 octobre 1810.
83. Fawn BRODIE, *Thomas Jefferson: an Intimate History*, 1976.
84. A.N., A.E., B III, 441, 1781.
85. *Ibid.*
86. J. F. JAMESON, *The American Revolution considered as a Social Movement*, 1925, tr. ital., 1960, pp. 34 *sq*.
87. *Ibid.*, p. 36.
88. *Ibid.*, p. 23.
89. P. J. GROSLEY, *Londres*, 1770, p. 232.
90. J. F. JAMESON, *op. cit.*, p. 23.
91. Michel FABRE, *Les Noirs américains*, 2e éd., 1970.
92. A.N., Marine, B[7], 467, 17 février 1789.
93. A. SMITH, *op. cit.*, p. 286.
94. Bernard BAILYN, *The New England Merchants in the 17th Century*, 1955, pp. 16 *sq*.
95. A.N., Marine, B[7], 458.
96. A.N., A.E., B III, 441.
97. P. J. GROSLEY, *op. cit.*, p. 232.
98. J. ACCARIAS DE SÉRIONNE, *Les Intérêts des nations...*, I, pp. 211-213.
99. E. WILLIAMS, *op. cit.*, p. 147; J. W. FORTESCUE, *A History of the British Army*, 1899-1930. IV, 1re partie, p. 325.
100. R. MOUSNIER, *op. cit.*, p. 327.
101. A. d. S. Naples, Affari Esteri, 801, La Haye, 21 octobre 1768.
102. J. ACCARIAS DE SÉRIONNE, *Les Intérêts des nations...*, *op. cit.*, I, p. 73, note a.
103. J. ACCARIAS DE SÉRIONNE, *La Richesse de l'Angleterre*, *op. cit.*, p. 96.
104. A.E., C.P. États-Unis, 53, f°s 90 *sq*. Fondée en 1786, Georgetown est aujourd'hui un faubourg élégant de Washington.
105. Le terme habituellement retenu est la victoire de Sucre à Ayacucho le 9 décembre 1824. Je préfère la date de 1825 (voir *infra*, p. 364), c'est-à-dire le premier engouement de la place de Londres à l'égard des investissements en Amérique espagnole.
106. Earl Diniz Mac CARTHY MOREIRA, «Espanha e Brasil: problemas de relacionamento (1822-1834)», *in*: *Estudos ibero-americanos*, juillet 1977, pp. 7-93.
107. Jacob VAN KLAVEREN, *Europäische Wirtschaftsgeschichte Spaniens...*, *op. cit.*, 1960, p. 177.
108. LE POTTIER DE LA HESTROY, *doc. cit.*, f° 34.
109. Ernst Ludwig CARL, *op. cit.*, II, p. 467.
110. A.E., C.P. Angleterre, 120, f° 237.
111. Cité par Lewis HANKE, «The Portuguese in Spanish America», *in*: *Revista de historia de América*, 1962, p. 27.
112. British Museum, Add. 28370, f°s 103-104, El duque de Medina Sidonia à Matheo Vázquez, San Lucar,

17 septembre 1583.

113. *Ibid.*, f° 105.

114. A.N., Marine, B[7], 232, f°325, cité par E. W. DAHLGREN, *Relations commerciales et maritimes entre la France et les côtes de l'océan Pacifique*, 1909, p. 37.

115. Les historiens ont même parlé pour la fin du XVIIe siècle d'une quote-part de 4% seulement. On y croira difficilement. A. GARCIA-BAQUERO GONZALEZ, *op. cit.*, I, p. 82.

116. Chiffre sans doute exagéré.

117. F. COREAL, *op. cit.*, I, p. 308.

118. CARRIÈRE, *Négociants marseillais...*, op. cit., I, p. 101.

119. A. E., M. et D. Amérique, 6, f°s 287-291.

120. A.N., F[12], 644, f° 66, mars 1722.

121. A.N., A.E., B[1], 625, La Haye, 19 février 1699.

122. N. BOUSQUET, *op. cit.*, p. 24; Simon COLLIER, *Ideas and Politics of Chilean Independence, 1808-1833*, 1963, p. 11.

123. Alice CANABRAVA, *O Comércio português no Rio da Prata (1580-1640)*, 1944; Marie HELMER, «Comércio e contrabando entre Bahia e Potosi no século XVI», *in*: *Revista de historia*, 1953, pp. 195-212.

124. H. E. S. FISHER, *The Portugal Trade*, 1971, p. 47.

125. J. ACCARIAS DE SÉRIONNE, *Les Intérêts des nations...*, *op. cit.*, I, p. 86.

126. Cité par J. VAN KLAVEREN, «Die historische Erscheinung der Korruption, in ihrem Zusammenhang mit der Staats- und Gesellschaftsstruktur betrachtet», I, *in*: *Vierteljahrschrift für Sozial- und Wirtschaftsgeschichte*, décembre 1957, pp. 305-306, note 26.

127. Gonzalo de REPARAZ, «Los caminos del contrebando», *in*: *El Comercio*, Lima, 18 février 1968.

128. A.N., K 1349, f° 124 et 124 v°.

129. A.N., G[7], 1692, mémoire de Granville-Locquet, f° 206 v°.

130. N. BOUSQUET, *op. cit.*, p. 17. d'après Pierre CHAUNU, «Interpretación de la Independencia de América Latina», *in*: *Perú Problema*, n° 7, 1972, p. 132; J. VICENS VIVES, *An Economic History of Spain*, 1969, p. 406.

131. Claudio SÁNCHEZ ALBORNOZ reconnaît que cette réflexion est de lui, mais nous n'avons ni l'un ni l'autre retrouvé la référence exacte.

132. A.E., M. et D. Amérique, 6, f° 289.

133. L'asiento, monopole de la fourniture des esclaves noirs dans les colonies espagnoles d'Amérique, fut pratiqué dès le XVIe siècle. Au début de la guerre de Succession d'Espagne (1701), il passa à la France. Il prit en 1713 la forme d'un traité international quand Philippe V l'accorda à l'Angleterre: l'accord signé avec la *South Sea Company* prévoyait pour 30 ans l'introduction annuelle de 48 000 esclaves et l'autorisait à envoyer aux foires coloniales deux navires de 500 tonneaux, les *navios de permiso*. Bien que l'article 16 du traité d'Aix-la-Chapelle l'ait renouvelé, en 1748, pour 4 ans, la Compagnie anglaise l'abandonna en 1750.

134. M. DEVÈZE, *L'Europe et le monde...*, pp. 425-426.

135. Décret du 18 mai 1756, A. GARCIA-BAQUERO GONZALEZ, *op. cit.*, I, p.

84.

136. N. BOUSQUET, *op. cit.*, p. 8.

137. Des navires en principes isolés, mais dont les marchandises au départ ont été enregistrées, *registradas*.

138. A. de Indias, E 146, cité par G. DESDEVISES DU DÉZERT, *L'Espagne de l'Ancien Régime*, III, 1904, p. 147.

139. *Ibid.*, p. 148. Le quatorzième port est ouvert en 1788 au profit de Saint-Sébastien.

140. Moscou, A. E. A., 50/6, 500, 3, Amsterdam, 12/23 janvier 1778.

141. Oscar CORNBLIT, «Society and Mass Rebellions in Eighteenth Century Peru and Bolivia», *in*: *St Antony's Papers*, 1970, pp. 9-44.

142. Chambres de commerce, qui organisent et contrôlent le commerce extérieur et jouissent de privilèges considérables.

143. Cf. J. R. FISHER, *Government and Society in Colonial Peru*, 1970, principalement pp. 124 *sq*.

144. D. A. BRADING, *op. cit.*, pp. 304, 312.

145. *Ibid.*, p. 38; traduction française de ce mémoire, A.E., C.C. Mexico, 1, f°s 2-15.

146. «Obstacles to Economic Growth in 19th Century Mexico», *in*: *American Historical Review*, février 1978, pp. 80 *sq*.

147. *Ibid.*, p. 82.

148. A HANSON JONES, art. cit.

149. J. VICENS VIVES, *Historia social y económica de España y América*, *op. cit.*, IV, p. 463.

150. Selon le calcul, lui aussi aléatoire, auquel aboutit Holden FURBER, *John Company at work*, 1948, p. 309. Ce calcul ne tient pas compte de la contrebande.

151. A.E., C.P. États-Unis, 59, f° 246 v°.

152. Jurgen SCHNEIDER, « Le commerce français avec l'Amérique latine pendant l'âge de l'indépendance (première moitié du XIXe siècle)», *in*: *Revista de historia de América*, 1977, pp. 63-87.

153. Nico PERRONE, « Il manifesto dell'imperialismo americano nelle borse di Londra e Parigi », *in*: *Belphagor*, 1977, pp. 321 *sq*. Les capitaux se réfugient en Europe, «la plus grande partie [...] envoyée en France», situation définie en novembre 1828, A.E., M. et D. Amérique, 40, 501, f°s 4 *sq*.

154. A.N., A.E., B III, 452.

155. «Feudalismo y capitalismo in América latina», *in*: *Boletín de estudios latino-americanos y del Caribe*, décembre 1974, pp. 21-41.

156. Pour tout ce qui suit dans le paragraphe, se reporter à A.N., Marine, B^7, 461, Mémoire sur la situation des États-Unis relativement à l'industrie intérieure et au commerce étranger, daté de février 1789.

157. *Op. cit.*, p. 49.

158. Cité par B. H. SLICHER VAN BATH, art. cit., p. 25.

159. Voir *supra*, II.

160. E. FLORESCANO, *op. cit.*, p. 433.

161. C. GIBSON, *The Aztecs under Spanish Rule*, 1964, p. 34.

162. M. BATAILLON, *op. cit.*, p. XXXI.

163. *Ibid.*, p. XXX.

164. *Der Charakter der Entdeckung und Eroberung Amerikas durch die Europäer*, 1925, I, pp. 453-454.

165. *Op. cit.*, pp. 30 *sq.*, 126.
166. « Lo zucchero e l'Atlantico », *in*: *Miscellanea di Studi sardi e del commercio atlantico*, III (1974), pp. 248-277.
167. M. DEVÈZE, *L'Europe et le monde*..., pp. 263 *sq*.
168. Robert CHALLES, *Voyage aux Indes d'une escadre française (1690-1691)*, 1933, pp. 85-87.
169. Contra Costa: en gros l'ensemble du littoral sud-africain de l'océan Indien.
170. W. G. L. RANDLES, *L'Empire du Monomotapa du XVe au XVIIIe siècle*, 1975, p. 7.
171. Roland OLIVER et G. MATTHEW, *History of East Africa*, 1966, p. 155, cité par M. DEVÈZE, *L'Europe et le monde*..., *op. cit.*, p. 301.
172. Auguste TOUSSAINT, *L'Océan Indien au XVIIIe siècle*, 1974, p. 64.
173. Moscou, A.E.A., 18 octobre 1774, référence complète égarée.
174. K. G. DAVIES, *The Royal African Company*, 1957, pp. 5 et 6.
175. D'après N. SÁNCHEZ ALBORNOZ, *op. cit.*, p. 66.
176. W. G. L. RANDLES, *L'Ancien Royaume du Congo des origines à la fin du XIXe siècle*, 1968; J. CUVELIER et L. JADIN, *op. cit.*, G. BALANDIER, *La Vie quotidienne au royaume de Kongo du XVIe au XVIIIe siècle*, 1965.
177. J. SAVARY, *op. cit.*, article « manille », III, col. 714.
178. J. CUVELIER et L. JADIN, *op. cit.*, p. 114.
179. Pierre POIVRE, *Voyages d'un philosophe, ou Observations sur les mœurs et les arts des peuples de l'Afrique, de l'Asie et de l'Amérique*, 1768, p. 22.
180. *La Cosmographie universelle*..., 1575, f° 67.
181. Philip CURTIN, *Economic Change in Precolonial Africa. Senegambia in the Era of the Slave Trade*, 1975, pp. 235, 237-247.
182. Voir *supra*, I, 1re éd., p. 36.
183. B. BAILYN, *op. cit.*, p. 16.
184. Père Jean-Baptiste LABAT, *Nouvelle Relation de l'Afrique occidentale*, 1728, IV, p. 326, à propos de la Gambie.
185. P. CURTIN, *op. cit.*, p. XXIII.
186. *Ibid.*, p. 4.
187. W. G. L. RANDLES, *L'Ancien Royaume du Congo*..., *op. cit.*, p. 69.
188. *Ibid.*, p. 87.
189. O. LARA, *op. cit.*, II, pp. 291-292.
190. J. BERAUD-VILLARS, *L'Empire de Gao. Un Ètat soudanais aux XVe et XVIe siècles*, 1942, p. 144.
191. W. G. L. RANDLES, *L'Ancien Royaume du Congo*..., *op. cit.*, p. 132.
192. *Ibid.*
193. *Ibid.*, p. 135.
194. W. G. L. RANDLES, *L'Empire du Monomotapa*..., *op. cit.*, p. 18.
195. W. G. L. RANDLES, *L'Ancien Royaume du Congo*..., *op. cit.*, p. 216.
196. *Konkwistadorzy Portugalscy*, 1976.
197. Paul MILIOUKOV, Charles SEIGNOBOS, Louis EISENMANN, *Histoire de Russie*, I, 1932, p. 158, note 1; *Médit.*, I, p. 174.
198. J.-B. LABAT, *op. cit.*, V, p. 10.
199. Au sens d'aventuriers.
200. W. G. L. RANDLES, *L'Ancien Royaume du Congo*..., *op. cit.*, pp.

217 *sq.*; C. VERLINDEN, *in* J.-C. MARGOLIN, *op. cit.*, p. 689. Le mot *pombeiro* viendrait de *pumbo*, le marché actif de l'actuel Stanley Pool.

201. Gaston MARTIN, *Nantes au XVIII*[e] *siècle. L'ère des négriers (1714-1774)*, 1931, pp. 46 *sq.*
202. P. CURTIN, *op. cit.*
203. *Ibid.*, pp. 334 *sq.*
204. Y. BERNARD, J.-C. COLLI, D. LEWANDOWSKI, *Dictionnaire*..., *op. cit.*, p. 1104.
205. M. DEVÈZE, *L'Europe et le monde*..., *op. cit.*, p. 310, et ses références à C. W. NEWBURY, Reginald COUPLAND, C. LLOYD, D. CURTIN, H. BRUNSCHWIG.
206. A.E., C.C.C. Londres, 12, f°s 230 *sq.*, Lettre de Séguier, 12 mai 1817.
207. *Considérations... sur l'abolition générale de la Traite des Nègres adressées aux Négociateurs qui doivent assister au Congrès de Vienne, par un Portugais*, septembre 1814, pp. 17-18. (B.N., Paris, LK 9, 668.)
208. Tout ce paragraphe doit beaucoup au livre de Jacqueline KAUFMANN-ROCHARD, *Origines d'une bourgeoisie russe, XVI*[e]*-XVII*[e] *siècles*, 1969.
209. C. VERLINDEN, *op. cit.*, voir note 2 de ce chapitre, pp. 676 *sq.*
210. I. WALLERSTEIN, *op. cit.*, p. 320.
211. Walther KIRCHNER, «Über den russischen Aussenhandel zu Beginn der Neuzeit», *in*: *Vierteljahrschrift für Sozial- und Wirtschaftsgeschichte*, 1955.
212. B. H. SUMMER, *Survey of Russian History*, 1947, p. 260. cité par R. M. MATTON, *in*: *Russian Imperialism from Ivan the Great to the Revolution*, pp. Taras HUNCZAK, 1970, p. 106.
213. George VERNADSKY, *The Tsardom of Moscow, 1547-1682*, V, 1969, p. 166.
214. Artur ATTMAN, *The Russian and Polish Markets in International Trade 1500-1650*, 1973, pp. 135 *sq.*
215. *Ibid.*, pp. 138-140.
216. Le *rijksdaaler*, ou *rigsdaler*, ou rixdollar, thaler royal et officiel des Pays-Bas, frappé depuis les États-Généraux de 1579.
217. M. V. FECHNER, *Le Commerce de l'État russe avec les pays orientaux au XVI*[e] *siècle*, 1952, en russe; j'en dois le résumé et la traduction de passages importants à Léon Poliakof.
218. A. GERSCHENKRON, *Europe in the Russian mirror*, 1970, p. 54.
219. Marian MALOWIST, «The economic and social Development of the Baltic Countries, xvth-xviith century», *in*: *Economic History Review*, décembre 1959, pp. 177-189.
220. A.N., K 1352, f° 73, vers 1720.
221. *Ibid.*
222. Samuel H. BARON, «The Fate of the Gosti in the reign of Peter the Great», *in*: *Cahiers du monde russe et soviétique*, octobredécembre 1973, pp. 488-512.
223. J. KAUFMANN-ROCHARD, *op. cit.*, p. 88.
224. *Ibid.*, pp. 87 et 227.
225. *Ibid.*, pp. 227-228.
226. J. KULISCHER, *Wirtschaftsgeschichte Russlands*, I, p. 447.
227. Ou *riad*: galerie marchande.
228. 1 *poud* = 16,38 kg.
229. J. KULISCHER, *op. cit.*, I, pp. 447 *sq.*
230. Pour tout ce qui suit, cf. J. BLUM,

Lord and Peasant in Russia from the 9th to the 19th century, pp. 106 *sq*.
231. Michael CONFINO, *Systèmes agraires et progrès agricole. L'assolement triennal en Russie aux XVIIIe-XIXe siècles*, 1970, p. 99.
232. Frédéric LE PLAY, *L'Ouvrier européen*, 1877-1879, cité par J. BLUM, *op. cit.*, pp. 316-317.
233. Archives VORONTSOF, *op. cit.*, XXI, p. 327.
234. J. BLUM, *op. cit.*, p. 283; Roger PORTAL, « Manufactures et classes sociales en Russie au XVIIIe siècle», *in*: *Revue historique*, avriljuin 1949, p. 169.
235. Peter Simon PALLAS, *Voyages... dans plusieurs provinces de l'Empire de Russie et dans l'Asie septentrionale*, Paris, 1794, I, p. 14, note 1.
236. J. BLUM, *op. cit.*, pp. 302-303.
237. *Ibid.*, pp. 293-294.
238. *Ibid.*, pp. 300-301.
239. *Ibid.*, p. 288.
240. *Ibid.*, p. 290.
241. *Ibid.*, p. 473.
242. J. KAUFMANN-ROCHARD, *op. cit.*, p. 191.
243. Louis Alexandre FROTIER DE LA MESSELIÈRE, *Voyage à Saint-Pétersbourg ou Nouveaux Mémoires sur la Russie*, *op. cit.*, p. 116.
244. Auguste JOURDIER, *Des forces productives, destructives et improductives de la Russie*, 1860, p. 118.
245. J. P. KILBURGER, *Kurzer Unterricht von dem russischen Handel*, cité par J. KULISCHER, *op. cit.*, p. XII, pp. 248 et 329.
246. J. KAUFMANN-ROCHARD, *op. cit.*, p. 46.
247. Adam OLEARIUS, *Voyage en Moscovie, Tartarie et Perse*, 1659, p. 108, cité par J. KAUFMANN-ROCHARD, *op. cit.*, p. 46.
248. J. KULISCHER, *op. cit.*, p. 338.
249. J. BLUM, *op. cit.*, p. 286.
250. J. KAUFMANN-ROCHARD, *op. cit.*, pp. 39 *sq*.
251. Archives VORONTSOF, *op. cit.*, XXI, p. 333.
252. J. KAUFMANN-ROCHARD, *op. cit.*, p. 65.
253. François BARRÊME, *Le Grand Banquier*, 1685, p. 216.
254. A.N., Marine, B[7], 457, 1780.
255. A.E., M. et D. Russie, 7, f° 298, vers 1770.
256. A.E., M. et D. Russie, 2, f° 176, 1773.
257. P. Philippe AVRIL, *Voyage en divers États d'Europe et d'Asie, entrepris pour découvrir un nouveau chemin à la Chine...*, 1692, p. 103.
258. Eugenio ALBERI, *Relazioni degli ambasciatori veneti durante il secolo XVI*, 1839-1863, III, 2, Giac. Soranzo, p. 199.
259. A.d.S. Venise, Inghilterra, Londres, 18-19 juin 1703.
260. J. SAVARY, *op. cit.*, V, col. 658 *sq*.
261. Boris NOLDE, *La Formation de l'Empire russe*, 2 vol., 1952-1953.
262. François-Xavier COQUIN, *La Sibérie, peuplement et immigration paysanne au XIXe siècle*, 1969, pp. 9-10.
263. *Ibid.*
264. P. CAMENA D'ALMEIDA, *in*: *Géographie universelle*, V, 1932, p. 258.
265. Ces détails pris à F.-X. COQUIN, *op. cit.*, p. 109.
266. A.E., M. et D. Russie, 2, f°s 187 v°-

188.

267. F.-X. Coquin, *op. cit.*, p. 11.

268. *Ibid.*, p. 12.

269. A. E., M. et D. Russie, 7, f°s 246-249. Observations pour l'abbé Raynal.

270. P. Camena d'Almeida, *op. cit.*, p. 217.

271. J. G. Gmelin, *Voyage en Sibérie...*, 1767, II, p. 50.

272. *Ibid.*, II, 123.

273. J. Kaufmann-Rochard, *op. cit.*, p. 200.

274. *Gazette de France*, 4 avril 1772, p. 359.

275. W. Lexis, «Beiträge zur Statistik der Edelmetalle nebst einigen Bemerkungen über die Wertrelation», *in*: *Jahrbuch für Nationalökonomie und Statistik*, XXXIV, 1908, p. 364.

276. C. M. Foust, «Russian Expansion to the East through the 18th Century», *in*: *Journal of Economic History*, 1961, p. 472.

277. Maurice-Auguste de Benyowsky, *Voyages et mémoires...*, 1791, p. 63.

278. P. S. Pallas, *Voyage à travers plusieurs provinces de l'Empire russe*, 1771-1776, III, p. 490.

279. *Ibid.*, p. 487.

280. M.-A. de Benyowsky, *op. cit.*, p. 48.

281. A.E., M. et D. Russie, 2, f° 188.

282. James R. Gibson, *Feeding the Russian Fur Trade: provisionment of the Okhotsk seaboard and the Kamtchatka peninsula, 1689-1856*, 1970.

283. Ernst Hoffmann, *Reise nach den Goldwäschen Ostsiberiens*, 1847, nouvelle édition 1969, pp. 79 *sq*.

284. En 1728, 1732, 1741, 1746, 1755. — A. E., M. et D. Russie, 2, f°s 183-185.

285. *Ibid.*

286. J. Savary, *op. cit.*, V, col. 659 *sq*.

287. C. M. Foust, art. cit., p. 477.

288. J. G. Gmelin, *op. cit.*, I, p. 49.

289. C. M. Foust, art. cit., p. 477; A. N., A. E., M. et D. Russie, 2, f° 182.

290. Archives Vorontsof, *op. cit.*, IX, pp. 32-33.

291. Gino Luzzatto, *Storia economica dell'età moderna e contemporanea*, II, 1952, p. 16.

292. A.N., A.E., B[1], 485.

293. A. d. S. Naples, Affari Esteri, 800; *Gazette de Cologne*, 23 septembre 1763. Le change russe est coté à Londres, semble-t-il, à partir de 1762.

294. Moscou, A. C., Fonds Vorontsof, 1261, 4-446.

295. Archives Vorontsof, *op. cit.*, XXI, p. 137.

296. *Ibid.*, p. 315.

297. *Ibid.*, X, p. 201.

298. J. Blum, *op. cit.*, p. 293.

299. R. Portal, art. cit., pp. 6 *sq*.

300. J. Blum, *op. cit.*, p. 294.

301. A.N., Marine, B[7], 457.

302. A.N., K 1352.

303. Archives Vorontsof, *op. cit.*, VIII, p. 363.

304. Fernand Grenard, *Grandeur et décadence de l'Asie*, 1939, p. 72.

305. A.E., M. et D. Turquie, 36, f° 16.

306. G. Tongas, *Les Relations de la France avec l'Empire ottoman, durant la première moitié du XVIIe siècle*, 1942, p. 141.

307. Giovanni Botero, *Relationi univer-*

sali, 1599, II, pp. 117-118.

308. C. BOXER, «The Portuguese in the East, 1500-1800», *in*: *Portugal and Brazil, an Introduction*, éd. par H. V. LIVERMORE, 1953, p. 221.
309. A.d.S. Venise, Relazioni, B 31.
310. François SAVARY DE BRÈVES, *Relation des voyages de...*, 1628, p. 242.
311. Maestre MANRIQUE, *Itinerario de las misiones que hizo el Padre F. Sebastian Manrique...*, 1649, p. 460.
312. Abbé PRÉVOST, *op. cit.*, IX, 1751, p. 88 (Voyage d'A. de Rhodes, 1648).
313. Edward BROWN, *A Brief Account of Some Travels...*, 1673, pp. 39-40.
314. T. STOIANOVITCH, dactylogramme, *in*: *Conférence de la Commission d'histoire économique de l'Association du Sud-Est européen*, Moscou et Kiev, 1969.
315. W. PLATZHOFF, *Geschichte des europäischen Staatensystems, 1559-1660*, 1928, p. 31.
316. Herbert JANSKY, *in*: *Handbuch der europäischen Geschichte*, p. p. T. SCHIEDER, *op. cit.*, IV, p. 753.
317. *Ibid.*, p. 761.
318. Jorjo TADIC, «Le commerce en Dalmatie et à Raguse et la décadence économique de Venise au XVIIe siècle», *in*: *Aspetti e cause della decadenza economica veneziana nel secolo XVII*, 1961, pp. 235-274.
319. Robert MANTRAN, «L'Empire ottoman et le commerce asiatique au XVIe et au XVIIe siècle», *in*: *Islam and the Trade of Asia*, p. p. D. S. RICHARDS, *op. cit.*, p. 169. Occupation de Bagdad en 1534, de Bassorah en 1535, puis en 1546.
320. Moscou, A. C., 276-1-365, f°s 171-175.
321. A.E., M. et D. Turquie, 11, f°s 131-151.
322. Registres sur lesquels on inscrit les opérations au fur et à mesure qu'elles se font (LITTRÉ).
323. Pierre BELON, *Les Observations de plusieurs singularitez et choses mémorables trouvées en Grèce, Asie, Judée, Égypte, Arabie et autres pays estranges*, 1553, f°. 181 v°.
324. Abbé PRÉVOST, *op. cit.*, IX, p. 88.
325. *Gazette d'Amsterdam*, 13 décembre 1672. Kaminiec, aujourd'hui Kamenec Podolsk, en Ukraine, fut successivement turque, tartare, polonaise jusqu'en 1793, puis russe.
326. Paul-Ange de GARDANE, *Journal d'un voyage dans la Turquie d'Asie et la Perse, fait en 1807 et 1808*, 1809, p. 13.
327. Bibliothèque Marciana, Scritture, Oro e argento, VII, MCCXXVIII, 55.
328. Nom du ducat d'or frappé par les rois de Hongrie, souvent imité à l'étranger.
329. Ugo TUCCI, « Les émissions monétaires de Venise et les mouvements internationaux de l'or», *in*: *Revue historique*, juillet 1978, p. 97, note 23.
330. *Ibid.*, p. 109, note 65.
331. F. REBUFFAT, M. COURDURIE, *Marseille et le négoce marseillais international (1785-1790)*, 1966, pp. 126 *sq*.
332. C. SONNINI, *Traité sur le commerce de la mer Noire*, s.d.
333. A.N., A. E., B^{1}, 436, cité par T.

STOIANOVITCH, dact. cité, p. 35.
334. Lors de ses conférences à Paris en 1955.
335. *Médit.*, II, p. 64.
336. *Ibid.*, I, p. 263.
337. Henri MAUNDRELL, *Voyage d'Alep à Jérusalem*, 1706, p. 2 (voyage de 1696).
338. Dans une revue locale que j'ai malheureusement égarée.
339. A.d.S. Naples, Affari Esteri, 800, La Haye, 21 août 1761.
340. Moscou, A.E.A., 4113, 158, f° 4, Venise, 4/15 décembre 1787.
341. A.E., M. et D. Turquie, 15, f°s 154-159.
342. *Observations sur l'état actuel de l'Empire ottoman*, p. p. Andrew S. EHRENKREUTZ, 1965, pp. 49-50.
343. *Ibid.*, p. 53.
344. *Ibid.*, p. 54.
345. Au traité de Kučuk Kajnardži.
346. Au traité de Constantinople (janvier 1784) reconnaissant la cession de la Crimée à la Russie.
347. Voir *supra*, I.
348. K. N. CHAUDHURI, *The Trading World of Asia and the English East India Company, 1650-1760*, 1978, p. 17.
349. A.E., M. et D. Turquie, 11, f°s 131-151, 1750.
350. H. FURBER, *op. cit.*, p. 166.
351. A.E., M. et D. Turquie, 11, f° 162.
352. *Ibid.*, f° 151, 1750.
353. H. FURBER, *op. cit.*, p. 66.
354. A.E., M. et D. Turquie, 11, f°s 70 et 70 v°.
355. *Ibid.*, f° 162.
356. Moscou, A.E.A., 35/6, 371, f° 32.
357. *Ibid.*, 93/6, 438, f° 81.

358. Luigi CELLI, Introduction à *Due Trattati inediti di Silvestro Gozzolini da Osimo, Economista e Finanziere del sec. XVI*, 1892, p. 8.
359. Moscou, A. E. A., octobre 1787, référence incomplète.
360. M.-A. de BENYOWSKY, *Voyages et mémoires...*, *op. cit.*, I, p. 51.
361. «Agenda for Ottoman History», *in*: *Review*, 1, 1977, p. 53.
362. Moscou, A. E. A., mars 1785, référence incomplète.
363. *Handbuch der europaïscher Geschichte*, p. p. T. SCHIEDER, *op. cit.*, p. 771.
364. A.d.S. Naples, Affari Esteri, 805.
365. Michel MORINEAU, dactyl., Communication à la Semaine de Prato, 1977, p. 27.
366. J. ROUSSET, *Les Intérêts présens des puissances de l'Europe*, 1731, I, p. 161.
367. Ange GOUDAR, *Les Intérêts de la France mal entendus...*, 1756, I, p. 5.
368. J'ai particulièrement utilisé pour ce paragraphe Giorgio BORSA, *La Nascità del mondo moderno in Asia Orientale*, 1977, et Michel DEVÈZE, *L'Europe et le monde...*, *op. cit.*
369. Maurice LOMBARD, *L'Islam dans sa première grandeur*, 1971, p. 22.
370. Voir *supra*, I, 1re éd., p. 309.
371. Nom donné par les Arabes (signifiant *hommes noirs*) à la côte du Sud de la Somalie jusqu'au Mozambique.
372. *Indonesian Trade and Society*, 1955.
373. Les Tamouls vivent dans le Sud de l'Inde et à Ceylan.
374. Archibald R. LEWIS, «Les marchands dans l'océan Indien», *in*: *Revue d'histoire économique et sociale*, 1976, p. 448.

375. *Ibid.*, p. 455.
376. *Ibid.*, pp. 455-456.
377. Donald F. LACH, *Asia in the Making of Europe*, 1970, I, p. 19.
378. Franco VENTURI, *L'Europe des Lumières, recherches sur le XVIII*e *siècle*, 1971, pp. 138-139.
379. C. G. F. SIMKIN, *op. cit.*, p. 182.
380. Giorgio BORSA, *op. cit.*, p. 31.
381. A.N., Colonies, C², 254, f° 15 v°.
382. L. DERMIGNY, *La Chine et l'Occident…*, *op. cit.*, II, p. 696.
383. Voir *supra*, p. 189.
384. L. SIMOND, *Voyage d'un Français en Angleterre…*, *op. cit.*, II, p. 280.
385. Victor JACQUEMONT, *Voyage dans l'Inde…*, 1841-1844, p. 17.
386. M. DEVÈZE, *op. cit.*, p. 223.
387. British Museum, Sloane 1005.
388. R. CHALLES, *Voyage aux Indes…*, *op. cit.*, p. 436.
389. A.N., Colonies, C², 105, f° 233.
390. François Martin, 1640-1706, gouverneur général de la Compagnie des Indes à partir de 1701.
391. A. N., Colonies, C² 105, f°s 256 v° et 257.
392. Maestre MANRIQUE, *op. cit.*, p. 398.
393. K. N. CHAUDHURI, *op. cit.*, pp. 447-448.
394. A.N., A.E., B III, 459.
395. A.N., Colonies, C², 75, f° 165.
396. Sans doute les *bonds*, les emprunts à court terme de la Compagnie. Saha PANCHANAM, « Einige Probleme der kapitalistichen Entwicklung Indiens im 19. Jahrhundert », *in*: *Jahrbuch für Wirtschaftsgeschichte*, 1970, I, pp. 155-161.
397. V. I. PAVLOV, *Historical Premises for India's Transition to Capitalism*, 2e éd., 1978, pp. 326-332.
398. K. N. CHAUDHURI, *op. cit.*, p. 455.
399. *Ibid.*, p. 456.
400. Abbé PRÉVOST, *op. cit.*, I, pp. 35, 48, 49.
401. Carlo M. CIPOLLA, *Velieri e Cannoni d'Europa sui mari del mondo*, 1969, pp. 116-117.
402. *Ibid.*
403. *Ibid.*
404. T. T. CHANG, *Sino-Portuguese Trade from 1514 to 1644*, 1934, p. 120, cité par C. M. CIPOLLA, *op. cit.*, p. 117.
405. *The Embassy of Sir Thomas Roe to the Court of the Great Moghol*, 1899, II, p. 344, cité par G. BORSA, *op. cit.*, p. 25.
406. C. M. CIPOLLA, *op. cit.*, p. 119, note 17.
407. K. N. CHAUDHURI, *op. cit.*, pp. 457 et 461.
408. I. Bruce WATSON, « The Establishment of English Commerce in North-Western India in the Early Seventeenth Century », *in*: *Indian Economic and Social History*, XIII, n° 3, pp. 384-385.
409. K. N. CHAUDHURI, *op. cit.*, p. 461.
410. A.N., A.E., B III, 459, Mémoire de Bolts, 19 messidor an V.
411. Par lesquels marchands et artisans s'engagent à livrer des marchandises.
412. I. B. WATSON, art. cit., pp. 385-389.
413. A.N., A.E., B III, 459.
414. A.N., Colonies, C², 105, f°s 218 v°-220.
415. A.N., Colonies, C¹¹, 10, 31 décembre 1750. Voir la querelle de Pierre Poivre avec le commandant du vaisseau *Le Mascarin* à Canton (juin

1750).

416. C. BOXER, *The Portuguese Seaborne Empire, 1415-1825*, 1969, p. 57, cité par I. WALLERSTEIN, *op. cit.*, p. 332.

417. V. I. PAVLOV, *op. cit.*, p. 243.

418. Ainsi Norman JACOBS, *Modern Capitalism and Eastern Asia*, 1958.

419. B. R. GROVER, «An Integrated Pattern» of Commercial Life in the Rural Society of North India during the 17th-18th centuries», *in*: *India Historical Records Commission*, XXXVII, 1966, pp. 121 *sq*.

420. L. C. JAIN, *Indigenous Banking in India*, 1929, p. 5.

421. Pour une discussion du sens du mot, Irfan HABIB, *The Agrarian System of Mughal India*, 1963, pp. 140 *sq*.

422. Irfan HABIB, «Potentialities of Capitalistic Development in the Economy of Mughal India...», cit., p. 10.

423. Satish CHANDRA, «Some Institutional Factors in Providing Capital Inputs for the Improvement and Expansion of Cultivation in Medieval India», *in*: *Indian Historical Review*, 1976, p. 85.

424. *Ibid.*, p. 89.

425. B. R. GROVER, art. cit., p. 130.

426. S. CHANDRA, art. cit., p. 84.

427. I. HABIB, «Potentialities...», cit., p. 8.

428. *Ibid.*, pp. 18-19.

429. *Ibid.*, pp. 3-4.

430. *Ibid.*, p. 4, note 2.

431. Abbé PRÉVOST, *op. cit.*, XI, pp. 661-662.

432. *Ibid.*, pp. 651-652.

433. *Ibid.*, p. 652.

434. Le maund du Bengale = 34, 500kg, celui de Surate = 12, 712 kg (K. N. CHAUDHURI, *op. cit.*, p. 472).

435. B. R. GROVER, art. cit., pp. 129-130.

436. I. HABIB, «Potentialities...», cit., p. 7-8; W. H. MORELAND, *op. cit.*, pp. 99-100, 103-104.

437. I. HABIB, «Usury in Medieval India», art. cit., p. 394.

438. B. R. GROVER, art. cit., p. 138.

439. État de l'Inde dont Bombay est la ville principale.

440. I. HABIB, «Potentialities...», cit., pp. 46-47.

441. *Ibid.*, p. 43.

442. SONNERAT, *Voyage aux Indes Orientales et à la Chine*, 1782, I, pp. 103 et 104.

443. *Jahangir's India*: *the Remonstrantie of Francisco Pelsaert*, 1925, p. 60, cité par I. HABIB, «Potentialities...», cit., p. 43, note 2.

444. I. HABIB, «Potentialties...» cit., pp. 44-45.

445. *Ibid.*, p. 45.

446. Abbé PRÉVOST, *op. cit.*, X, p. 1.

447. *Ibid.*, X, p. 93.

448. *Ibid.*, X, p. 237.

449. H. FURBER, *op. cit.*, p. 10.

450. I. HABIB, «Potentialities...», cit., p. 55 et n. 2.

451. A.N., Marine, B^7, 443, f° 254.

452. V. I. PAVLOV, *op. cit.*, p. 329.

453. H. FURBER, *op. cit.*, p. 187.

454. A.N., Colonies, C^2, 105, f° 291 v°.

455. H. FURBER, *op. cit.*, pp. 189-190.

456. V. I. PAVLOV, *op. cit.*, p. 233.

457. K. N. CHAUDHURI, *op. cit.*, p. 260.

458. *Ibid.*, p. 258.

459. Abbé PRÉVOST, *op. cit.*, X, p. 65.

460. Sans conclure un contrat de livraison obligatoire avec les artisans.

461. A.N., A.E., B III, 459, avril 1814, Mémoire sur le commerce de l'Inde... que fesoit l'ancienne compagnie des Indes et celle établie en 1785, f°s 1-32, *passim*.
462. *Ibid.*, f° 12.
463. Satish CHANDRA, «Some Aspects of the Growth of a Money Economy in India during the Seventeenth Century», *in*: *The Indian Economic and Social History Review*, 1966, p. 326, et B. R. GROVER, art. cit., p. 132.
464. B. R. GROVER, art. cit., pp. 128, 129, 131.
465. *Ibid.*, p. 132.
466. Où se trouve la factorerie française de Pondichéry qui souffre d'une certaine rareté d'approvisionnement en vivres comme en marchandises.
467. A.N., Colonies, C^2, 75, f° 69.
468. Percival SPEAR, *The Nabobs*, 1963, pp. XVI *sq*.
469. A.N., C^2, 286, f° 280.
470. I. HABIB, «Potentialities...», *cit.*, p. 12 et note 1.
471. *Ibid.*, p. 32.
472. Abbé PRÉVOST, *op. cit.*, X, p. 232.
473. Roland MOUSNIER, *in*: Maurice CROUZET, *Histoire générale des civilisations*, IV, 1954, p. 491.
474. Abbé PRÉVOST, *op. cit.*, X, p. 235.
475. Manteaux pliés qu'on attache derrière la selle.
476. A. N., Colonies, C^2, 56, f°s 17 v° *sq.*, 1724. Cette importation de draps à cette époque se monte à 50 000 écus par an.
477. Abbé PRÉVOST, *op. cit.*, X, p. 245.
478. I. HABIB, « Potentialities...», cit., pp. 38 *sq*.
479. *Ibid.*, pp. 36-37.
480. Abbé PRÉVOST, *op. cit.*, X, p. 146.
481. François BERNIER, *Voyages... contenant la description des États du Grand Mogol...*, 1699, I, p. 94.
482. Abbé PRÉVOST, *op. cit.*, X, p. 235.
483. *Ibid.*, X, p. 95.
484. P. SPEAR, *op. cit.*, p. XIII.
485. M. N. PEARSON, «Shivaji and the Decline of the Mughal Empire», *in*: *Journal of Asian Studies*, 1970, p. 370.
486. A. K. MAJUMDAR, «L'India nel Medioevo e al principio dell'età moderna», *in*: *Propyläen Weltsgeschichte*, tr. it., VI, 1968, p. 191.
487. *Ibid.*, p. 189.
488. Secte hindoue vichnouiste fondée au début du XVIe siècle. Les Sikhs constituèrent le royaume de Lahore.
489. H. FURBER, *op. cit.*, p. 303.
490. A. K. MAJUMDAR, *op. cit.*, p. 195.
491. *Médit...*, I, p. 340.
492. H. FURBER, *op. cit.*, p. 25.
493. Giuseppe PAPAGNO, « Monopolio e libertà di commercio nell'Africa orientale portoghese alla luce di alcuni documenti settecenteschi », *in*: *Rivista storica italiana*, 1974, II, p. 273.
494. A.N., A.E., B III, 459, Mémoire de Louis Monneron, 1er prairial an IV.
495. A.N., 8 AQ 349.
496. T. RAYCHAUDHURI, *Readings in Indian Economy*, 1964, p. 17, cité par V. I. PAVLOV, *op. cit.*, p. 87.
497. V. I. PAVLOV, *op. cit.*, pp. 86-88.
498. *Ibid.*, pp. 239 *sq*.
499. *Ibid.*, pp. 324-335.
500. *Ibid.*, pp. 99 *sq*.
501. K. N. CHAUDHURI, *op. cit.*, p. 273.
502. V. I. PAVLOV, *op. cit.*, p. 215.

503. *Ibid.*, p. 216.

504. *Ibid.*, p. 217; c'est sans doute la raison pour laquelle, si les Anglais importent en Inde de l'acier au XVIIIe siècle, particulièrement pour les chantiers navals indiens, c'est toujours de l'acier suédois, et non pas britannique.

505. Armando CORTESÃO, *in*: *The Suma Oriental* de Tome PIRES, 1944, II, pp. 278-279; V. MAGALHAËS GODINHO, *op. cit.*, p. 783.

506. M. A. P. MEILINK-ROELOFSZ, *Asian Trade and European Influence*, 1962, pp. 13 *sq*.

507. O. W. WOLTERS, *Early Indonesian Commerce*, 1967, pp. 45 *sq*.

508. Abbé PRÉVOST, *op. cit.*, VIII, p. 316.

509. *Ibid.*, VIII, p. 312.

510. *Ibid.*, IX, 74 (1622).

511. *Ibid.*, XI, p. 632.

512. SONNERAT, *op. cit.*, II, p. 100.

513. Sur ces questions, le livre classique de G. COEDES, «Les États hindouisés d'Indochine et d'Indonésie», 1948, *in*: *Histoire du monde*, de M. E. CAVAIGNAC, t. VII.

514. M. A. P. MEILINK-ROELOFSZ, *in*: *Islam and the Trade of Asia*, p. p. D. S. RICHARDS, *op. cit.*, pp. 137 *sq*.

515. Luis Filipe F. R. THOMAZ, «Maluco e Malaca», *in*: *A Viagem de Fernão de Magalhaës e a questão das Molucas*, p. p.A. TEIXERA, 1975, pp. 33 *sq*. Remarquable mise au point.

516. *Ibid.*, p. 33.

517. Cité par PAVLOV, *op. cit.*, p. 221.

518. *Ibid.*

519. Abbé PRÉVOST, *op. cit.*, I, p. 116.

520. *Ibid.*, I, p. 115.

521. M. A. Hedwig FITZLER, «Der Anteil der Deutschen an der Kolonialpolitik Philipps II von Spanien in Asien» *in*: *Vierteljahrschrift für Sozial-und Wirtscheftsgeschichte*, 1935, p. 251.

522. L. F. F. R. THOMAZ, art. cit., p. 36.

523. Abbé PRÉVOST, *op. cit.*, I, p. 336 (1592).

524. *Ibid.*, VI, pp. 62-63.

525. *Ibid.*, VIII, pp. 480 *sq*.

526. *Op. cit.*, pp. 160 *sq*.

527. A.N., Colonies, C[11], f° 10 v°.

528. *Op. cit.*, p. 176.

529. *Voyage en Inde du comte de Modave, 1773-1776*, pp. J. DELOCHE, 1971, p. 77.

530. *Ibid.*

531. «I. Wallerstein et l'Extrême-Orient, plaidoyer pour un XVIe siècle négligé», Colloque de Leyde, octobre 1978 dactyl.

532. «Littoral et intérieur de l'Inde», Colloque de Leyde, octobre 1978 dactyl.

第六章

1. Cf. LITTRÉ, *Révolution*: « Retour d'un astre au point d'où il était parti.»

2. Hannah ARENDT, *On Revolution*, 1963, traduction française, *Essai sur la Révolution*, 1967, p. 58.

3. Jürgen KUCZYNSKI, «Friedrich Engels und die Monopole», *in*: *Jahrbuch für Wirtschaftsgeschichte*, 1970, 3, pp. 37-40.

4. Adolphe BLANQUI, *Histoire de l'économie politique en Europe depuis*

les Anciens jusqu'à nos jours, 1837, II, p. 209. «Cependant, à peine éclose du cerveau de ces deux hommes de génie, Watt et Arkwright, la Révolution industrielle se mit en possession de l'Angleterre»; cf. R. M. HARTWELL, *The Industrial Revolution and economic growth*, 1971, p. 111; Peter MATHIAS, *The First Industrial Nation. An Economic History of Britain 1700-1914*, 1969, p. 3.

5. Maurice DOBB, *Études sur le développement du capitalisme*, 1969, p. 274, note 3; A BESANCON, *in*: *Quarterly Journal of Economics*, XXXVI, 1921, p. 343.
6. *Les Étapes de la croissance économique*, 1967, p. 55.
7. *Croissance et structures économiques*, *op. cit.*, pp. 247 *sq.*
8. Simon KUZNETS, «Capital formation in Modern Economic Growth», *in*: *Troisième Conférence internationale d'histoire économique*, Munich, 1965, I, p. 20. note 1.
9. Phyllis DEANE, *The First Industrial Revolution*, 1965, p. 117.
10. «Encore la révolution anglaise du XVIIe siècle», *in*: *Bulletin de la Société d'histoire moderne*, 1961, p. 6.
11. Préface à la traduction française de Thomas S. ASHTON, *La Révolution industrielle*, 1955, p. x.
12. J. HICKS, *A Theory of Economic History*, *op. cit.*, pp. 151-154.
13. J.-B. SAY, *Cours complet d'économie politique*, *op. cit.*, II, p. 170.
14. T. S. ASHTON, «The Treatment of Capitalism by Histórians», *in*: *Capitalism and the Historians*, ed. F. A. HAYEK, 1954, p. 60.
15. P. Deane, *op. cit.*, pp. 116, 117 et note 1, d'après W. W. ROSTOW, *The Economics of Take off into Sustained Growth*, 1963.
16. Ignacy SACHS, *Pour une économie politique du développement*, 1977, p. 9.
17. *Ibid.*
18. Cette citation d'un économiste chilien, Oswaldo SUNKEL, est empruntée au livre d'I. SACHS, *op. cit.*, p. 34.
19. Ignacy SACHS, *La Découverte du Tiers Monde*, 1971, pp. 18-30.
20. *Ibid.*
21. A.N., F[12], 1512 C, liasse 5.
22. Lynn WHITE, *Medieval Technology and Social Change*, 1962, p. 80; M. ROSTOVTZEFF, *The Social and Economic History of the Hellenistic World*, 1967, I, p. 365.
23. Stephen Finney MASON, *Histoire des sciences*, 1956, p. 34.
24. A. VIERENDEL, *Esquisse d'une histoire de la technique*, 1921, I, p. 38.
25. *L'Autre France. L'histoire en perspective géographique*, 1971, pp. 51-53.
26. *La Révolution industrielle du Moyen Age*, 1975.
27. *La Crise du féodalisme*, 1976.
28. «An Industrial Revolution of the thirteenth Century», *in*: *Economic History Review*, 1941.
29. L'expression avait été créée pour l'Allemagne, soit par G. F. von SCHMOLLER, soit par F. PHILIPPI.
30. Eleonora M. CARUS WILSON, «The Woollen Industry», *in*: *The Cambridge Economic History*, II, 1952, p. 409.
31. *Little Red Book of Bristol*, ed. F. B. BICKLEY, 1900, 58, II, 7.

32. Frédéric C. LANE, «Units of Economic Growth historically considered», *in*: *Kyklos*, XV, 1962, pp. 95-104.
33. W. ABEL, *Agrarkrisen und Agrarkonjunktur*, *op. cit.*, p. 51.
34. C. M. CIPOLLA, «The Professions, The Long View», *in*: *The Journal of European Economic History*, printemps 1973, p. 41.
35. G. BOIS, *op. cit.*, p. 246.
36. Roger BACON, cité par L. WHITE, *Medieval Technology*..., *op. cit.*, p. 134.
37. Jacob Cornelius VAN LEUR, *Indonesian Trade and Society*, 1955, p. 20.
38. Voir *supra*, II.
39. Herman KELLENBENZ, *Deutsche Wirtschaftsgeschichte*, I, 1977, p. 167.
40. Gemma MIANI, «L'économie lombarde aux XIVe et XVe siècles», *in*: *Annales E.S.C.*, maijuin 1964, p. 571.
41. Renato ZANGHERI, «Agricoltura e sviluppo del capitalismo», *in*: *Studi storici*, 1968, p. 539.
42. Eric J. HOBSBAWM, «Il secolo XVII nello sviluppo del capitalismo», *in*: *Studi storici*, 1959-1960, p. 665.
43. Carlo PONI «All' origine del Sistema di fabbrica...», *in*: *Rivista storica italiana*, 1976, pp. 444 *sq*.
44. L. WHITE, *op. cit.*, p. 129.
45. *Ibid.*, p. 28.
46. Gino BARBIERI, *Le Origini del capitalismo lombardo*, 1961; G. MIANI, art. cit.
47. John U. NEF, «The Progress of Technology and the Growth of Large-Scale Industry in Great Britain, 1540-1640», *in*: *Economic History Review*, octobre 1934, p. 23.
48. S. POLLARD and D. W. CROSSLEY, *Wealth of Britain*..., *op. cit.*, 1968.
49. John CLEVELAND, *Poems*, 1650, p. 10.
50. John U. NEF, art. cit., pp. 3-24.
51. S. POLLARD and D. W. CROSSLEY, *op. cit.*, p. 85.
52. *Ibid.*, p. 130.
53. *Ibid.*, pp. 84 et 95.
54. Charles HYDE, *Technological Change and the British Iron Industry*, *1700-1820*, 1977.
55. Voir *infra*, pp. 491-492.
56. C. HYDE, *op. cit.*, pp. 42 *sq.*, 144.
57. S. POLLARD et D. W. CROSSLEY, *op. cit.*, pp. 105 et 136-137.
58. *Ibid.*
59. *Ibid.*, pp. 142-143.
60. John U. NEF, *The Conquest of the Material World*, 1964, pp. 141-143.
61. «The Origins of the Industrial Revolution», *in*: *Past and Present*, avril 1960, pp. 71-81.
62. *L'Industrialisation en Europe au XIXe siècle*, pp. Pierre LÉON, François CROUZET, Richard GASCON, Lyon, 7-10 octobre 1970, 1972.
63. Pierre VILAR, «La Catalogne industrielle. Réflexions sur un démarrage et sur un destin», *in*: *L'Industrialisation en Europe au XIXe siècle*, *op. cit.*, p. 421.
64. Jacques BERTIN, *Ibid.*, p. 477.
65. H. W. FLINN, *The Origins of the Industrial Revolution*, 1965.
66. H. J. HABAKKUK, «Historical Experience of Economic Development», *in*: E. A. G. ROBINSON ed., *Prob-*

lems of Economic Development, 1955, p. 123.

67. Paul BAIROCH, *Révolution industrielle et sousdéveloppement*, 1974, p. 73.
68. E. L. JONES, « Le origini agricole dell'industria », *in*: *Studi storici*, IX, 1968, p. 567.
69. Jethro TULL, *The Horse Hoeing Husbandry*, 1733.
70. Jonathan David CHAMBERS et Gordon Edmund MINGAY, *The Agricultural Revolution 1750-1880*, 1966, pp. 2-3.
71. *Ibid.*
72. *Ibid.*
73. *Ibid.*
74. P. BAIROCH, *op. cit.*, tableaux pp. 222 et 226; P. MATHIAS, *The First Industrial Nation*, *op. cit.*, tableau p. 474.
75. Charles-Alexandre de BAERT-DUHOLANT, *Tableau de la Grande-Bretagne*..., *op. cit.*, IV, pp. 242-243.
76. E. L. JONES, art. cit., pp. 568 *sq*.
77. E. A. WRIGLEY, *in*: *Past and Present*, 1967, cité par E. L. JONES, art. cit., p. 569.
78. E. L. JONES, art. cit., p. 570.
79. *Ibid.*, pp. 572-574.
80. J. D. CHAMBERS et G. E. MINGAY, *op. cit.*, p. 18.
81. *Ibid.*, pp. 199-201.
82. M. RUBICHON, *op. cit.*, II, p. 13.
83. Abbé J.-B. LE BLANC, *Lettres d'un Français*, *op. cit.*, II, pp. 64 et 66-67.
84. M. RUBICHON, *op. cit.*, II, pp. 12-13.
85. *Ibid.*, II, p. 122.
86. P. BAIROCH, *op. cit.*, p. 87.
87. *Ibid.*, p. 215.
88. R. REINHARD, A. ARMENGAUD, J. DUPAQUIER, *Histoire générale de la population mondiale*, 1968, pp. 202 *sq*.
89. Roland MARX, *La Révolution industrielle en Grande-Bretagne des origines à 1850*, 1970, pp. 57-58.
90. *Ibid.*
91. Alexis de TOQUEVILLE, *Voyages en Angleterre*, 1958, pp. 59 et 78.
92. E. HOBSBAWM, *Industry and Empire*, *op. cit.*, p. 40.
93. *In*: *L'Industrialisation en Europe au XIX*[e] *siècle*, *op. cit.*, p. 590.
94. P. DEANE, *op. cit.*, p. 34.
95. E. HOBSBAWM, *op. cit.*, p. 42.
96. *A History of Technology*, ed. C. SINGER, E. J. HOLMYARD, A. R. HALL, T. L. WILLIAMS, 1958, IV, pp. 301-303.
97. P. BAIROCH, *op. cit.*, p. 20.
98. *The Trading World of Asia and The English East India Company 1660-1760*, *op. cit.*, pp. 273 *sq*.
99. 10% seulement en 1791, Ch. HYDE, *Technological Change*..., *op. cit.*, p. 66.
100. P. BAIROCH, *op. cit.*, p. 249.
101. C. HYDE, *op. cit.*, p. 219.
102. *Ibid.*, pp. 47-51.
103. *Ibid.*, pp. 37-40.
104. *Ibid.*, pp. 57 et 79.
105. *Ibid.*, p. 71.
106. *Ibid.*, p. 93.
107. *Ibid.*, pp. 83-94.
108. Francis K. KLINGENDER, *Art and the Industrial Revolution*, 1968, pp. 9-10.
109. *Histoire générale des techniques*, sous la direction de M. DAUMAS, 1962, III, p. 59.

110. *Ibid.*, p. 13.
111. David S. LANDES, *L'Europe technicienne*, 1969, p. 127.
112. Émile LEVASSEUR, *La Population française*, 1889-1892, III, p. 74.
113. E. A. WRIGLEY, «The Supply of Raw Material in the Industrial Revolution», *in*: *The Economic History Review*, art. cit., p. 13.
114. J. HICKS, *op. cit.*, 2e éd., 1973, p. 147.
115. E. LABROUSSE, *in*: *L'Industrialisation de l'Europe au XIXe siècle*, *op. cit.*, p. 590.
116. P. DEANE, *op. cit.*, pp. 90-91.
117. E. HOBSBAWM, *Industry and Empire*, *op. cit.*, p. 51.
118. P. MATHIAS, *op. cit.*, p. 250.
119. E. HOBSBAWM, *L'Ère des révolutions*, 1969, p. 54 et note.
120. *Ibid.*, p. 52.
121. *Ibid.*, p. 58.
122. *Ibid.*, p. 55.
123. J. H. CLAPHAM, *An Economic History of Modern Britain*, 1926, pp. 441-442.
124. Cité par E. HOBSBAWM, *Industry and Empire*, *op. cit.*, p. 40.
125. L. SIMOND, *op. cit.*, I, p. 330; la première balle de coton américain est arrivée vers 1791.
126. Cité par P. DEANE, *op. cit.*, p. 87.
127. Après 1820 pour le coton, après 1850 pour la laine; S. POLLARD and D. W. CROSSLEY, *op. cit.*, p. 197.
128. L. SIMOND, *op. cit.*, II, pp. 102-103.
129. P. MATHIAS, *op. cit.*, p. 270.
130. P. DEANE, *op. cit.*, p. 56.
131. J. ACCARIAS DE SÉRIONNE, *La Richesse de la Hollande*, *op. cit.*
132. François CROUZET, *L'Économie britannique et le blocus continental 1806-1813*, 1958, I, p. 157.
133. P. DEANE, *op. cit.*, p. 56.
134. M. RUBICHON, *op. cit.*, II, p. 312.
135. Thomas S. ASHTON, *An Economic History of England. The 18th Century*, 1955, pp. 132 *sq*.
136. F. CROUZET, *op. cit.*, pp. 294 *sq*.
137. M. RUBICHON, *op. cit.*, II, p. 382. J'ai remplacé le mot de *guérillas*, dans le texte, par *guérilleros*.
138. W. W. ROSTOW, *op. cit.*, p. 560.
139. L. SIMOND, *op. cit.*, II, p. 284.
140. *Ibid.*, p. 282.
141. M. RUBICHON, *op. cit.*, I, p. 575.
142. *On Depreciation*, p. 69; L. SIMOND, *op. cit.*, II, p. 24, traduit comme suit: « le commerce n'est qu'un échange réciproque de choses équivalentes».
143. P. DEANE, *op. cit.*, pp. 58 *sq*.
144. D. MACPHERSON, *op. cit.*, III, p. 340.
145. T. S. ASHTON, *op. cit.*, p. 63.
146. P. MATHIAS, *op. cit.*, p. 466.
147. AMALENDU GUHA, compte rendu du livre de P. MATHIAS, «The First Industrial Nation...», *op. cit.*, *in*: *The Indian Economic and Social History Review*, vol. 7, septembre 1970, pp. 428-430.
148. Voir *supra*, ch. IV.
149. Comme le dit D. MACPHERSON, cf. note 144.
150. P. DEANE, W. A. COLE, *British Economic Growth*, 1688-1959, 1962, p. 48.
151. Proportion courante, cf. M. RUBICHON, *op. cit.*, I, p. 574.
152. T. S. WILLAN, *The Inland Trade*, *op. cit.*, ch. I.

153. R.-M. PILLET, *L'Angleterre vue à Londres et dans ses provinces*, *op. cit.*; les *colliers* navires charbonniers.
154. *Historical Geography of England before 1800*, 1951, pp. H. C. DARBY, p. 522.
155. D. DEFOE, *Tour*..., I, p. 63, cité par H. C. DARBY, *op. cit.*, p. 498.
156. T.S.WILLAN, *Rivers Navigation in England*..., *op. cit.*
157. *Ibid.*, p. 94.
158. C. DUPIN, *op. cit.*, p. 163, note.
159. *Ibid.*, p. 171.
160. M. RUBICHON, *op. cit.*, II, p. 111.
161. T. S. WILLAN, *The Inland Trade*, *op. cit.*
162. J. H. CLAPHAM, *op. cit.*, pp. 381-382.
163. C. DUPIN, *op. cit.*, pp. 148 *sq.*
164. P. MATHIAS, *op. cit.*, p. 277.
165. C. DUPIN, *op. cit.*, p. 149.
166. *Ibid.*, p. 144.
167. *Ibid.*, p. 157.
168. M. CUCHETET. *Voyage de Manchester à Liverpool par le Rail Way et la voiture à vapeur*, 1833, p. 6.
169. *Ibid.*, p. 11.
170. *Ibid.*, p. 9.
171. *Ibid.*, p. 8.
172. Charles P. KINDLEBERGER, *Economic Development*, 1958, p. 96.
173. J. R. HARRIS, *in*: *L'Industrialisation de l'Europe au XIX*e *siècle*, *op. cit.*, p. 230.
174. M. RUBICHON, *op. cit.*, I, pp. 529-530.
175. Voir *supra*, p. 502.
176. *Op. cit.*
177. D. DEFOE, *Tour*..., *op. cit.*, éd. 1927, I, p. 2.
178. P. ADAM, dactylogramme, p. 92.
179. D. C. NORTH et R. P. THOMAS, *The Rise of the Western World*. 1973, p. 157.
180. John HICKS, *Value and Capital*, 1939, p. 302, cité par R. M. HARTWELL, *op. cit.*, p. 114.
181. Jean ROMEUF, *Dictionnaire*..., I, p. 354.
182. Italiques de moi, Y. BERNARD, J.-C. COLLI, D. LEWANDOWSKI, *Dictionnaire*... *op. cit.*, p. 401.
183. *Op. cit.*, pp. 185 *sq.*
184. S. KUZNETS, *Croissance et structure économiques*, 1972, *passim* et notamment pp. 248 *sq.*
185. «Prise de vues sur la croissance de l'économie française...», art. cit., pp. 46-47.
186. P. BAIROCH, *op. cit.*, p. 44, tableau IV.
187. Gaston IMBERT, *Des mouvements de longue durée Kondratieff*, 1959.
188. E. H. PHELPS BROWN, Sheila V. HOPKINS, « Seven Centuries of Building Wages », *in*: *Economica*, août 1955, p. 197.
189. R. M. HARTWELL, *op. cit.*, p. XVII.
190. Les italiques sont de S. KUZNETS, *op. cit.*, pp. 92-94.
191. Cité par Raymond ARON, *Les Étapes de la pensée sociologique*, 1967, p. 321.
192. Voir *supra*, II.
193. J. HICKS, *op. cit.*, p. 155 «... *It was casual labour that was the typical condition of the preindustrial proletariat.*»
194. Voir, *supra* II.
195. Neil J. SMELSER, *Social Change in the Industrial Revolution. An Applica-*

tion of Theory to the Lancashire Cotton Industry 1770-1840, 3e éd. 1967, p. 147.

196. P. MATHIAS, *op. cit.*, p. 202.
197. *Ibid.*, p. 203.
198. A.E., C.C. Londres, fos 146-151, 13 mars 1817.
199. Neil J. SMELSER, *op. cit.*, pp. 129 *sq*.
200. *Ibid.*, p. 165.
201. L. SIMOND, *op. cit.*, II, p. 103.
202. E. HOBSBAWM, *Industry and Empire*, *op. cit.*, p. 51.
203. *Ibid.*, p. 55.
204. P. MATHIAS, *op. cit.*, p. 170.
205. *Ibid.*, p. 151.
206. *Ibid.*, p. 152.
207. *Ibid.*, pp. 152-153.
208. Résidu de l'orge fermentée qui a servi à faire la bière.
209. L. SIMOND, *op. cit.*, pp. 193-194.
210. P. MATHIAS, *op. cit.*, p. 153.
211. *Ibid.*, p. 154.
212. R. M. HARTWELL, « The Tertiary Sector in English Economy during the Industrial Revolution », *in*: *L'Industrialisation de l'Europe*..., *op. cit.*, pp. 213-227.
213. P. MATHIAS, *op. cit.*, p. 263.
214. R.-M. PILLET, *op. cit.*, p. 000.
215. Cf. discussions du Colloque de Lyon, *L'Industrialisation de l'Europe*, *op. cit.*, notamment p. 228.
216. Voir *supra*, p. 273.
217. H. C. DARBY, *op. cit.*
218. Que l'on songe entre autres aux ouvrages classiques de A. N. DODD. *The Industrial Revolution in North Wales*, 1933; H. HAMILTON, *The Industrial Revolution in Scotland*, 1932; J. D. CHAMBERS, *Nottinghamshire in the Eighteenth Century*, 1932; W. H. B. COURT, *The Rise of the Middland Industries*, 1938; T. C. SMOUT, *A History of the Scottish People 1560-1830*, *op. cit.*
219. E. L. JONES, «The constrainsts of Economic Growth in Southern England 1660-1840», *in*: Congrès de Munich, 1965.
220. *England in the Reign of Charles II*, 1934.
221. *English Social History*, 1942, p. 298.
222. Albert DEMANGEON, « Iles Britanniques», *in*: *Géographie universelle*, I, 1927, p. 219.
223. *Ibid.*, p. 149.
224. G. M. TREVELYAN, *op. cit.*, p. 298 et note 1. Ces chiffres, remarquons-le, indiquent un revenu *pro capite*. plus élevé dans l'Angleterre non privilégiée (10 contre 7), ce qui signifie que pour les masses il faisait sans doute meilleur vivre au nord qu'au sud de la ligne Gloueester-Boston.
225. A. DEMANGEON, *op. cit.*, p. 149.
226. T. S. SMOUT, dactyl., Semaine de Prato, 1978.
227. Rudolf HILFERDLNG, *Das Finanzkapital*, 1ere éd. 1910, trad. française: *Le Capital financier*, 1970.
228. *Ibid.*, pp. 311-312.
229. Voir *supra*, ch. II et III.
230. R. HILFERDING, *op. cit.*, pp. 175-177.
231. François CROUZET, *L'Économie de la Grande-Bretagne victorienne*, 1978, p. 280.
232. P. MATHIAS, *op. cit.*, p. 169.
233. En 1826, sur 552 banques, 49 ont un «titulaire»; 157, 2; 108, 4; 43, 5; 26, 6. A.E., C.C., Londres, 21, fos

168-177, 22 mars 1826.

234. Banque de comté: c'est la façon dont on traduit parfois *Country Bank* dans les correspondances diplomatiques françaises.

235. P. MATHIAS, *op. cit.*, p. 170.

236. *Ibid.*, p. 171.

237. *Ibid.*, p. 176.

238. *Ibid.*, pp. 172-173.

239. *Ibid.*, pp. 171-172.

240. A.E., C.C., Londres, 27, 319-351, 12 juin 1837.

241. M. RUBICHON, *op. cit.*, II, p. 259.

242. Chevalier Séguier, Londres 5 août 1818; A.E., C.C. Londres, 13, f° 274.

243. W. BAGEHOT, *Lombard Street, ou le Marché financier en Angleterre*, 1874, p. 21.

244. A.E., C.C., Londres, 22, f° 275, Londres, 24 juillet 1828.

245. A.E., C.C., Londres, 12, f° 38 v°.

246. T. S. ASHTON, « The Bill of Exchange and Private Banks in Lancashire 1790-1830 », *in*: *Papers and English Monetary History*, pp. T. S. ASHTON et R. S. SAYERS, 1953, pp. 37-49.

247. A.E., C.C. Londres, 20, f° 29, Londres, 10 février 1825.

248. T. S. ASHTON, *La Révolution industrielle… op. cit.*, p. 141.

249. P. DEANE et W. A. COLE, *op. cit.*, p. 296.

250. *Ibid.*, p. 305.

251. S. POLLARD et D. W. CROSSLEY, *Wealth… op. cit.*, p. 199.

252. P. DEANE et W. A. COLE, *op. cit.*, pp. 166 et 175.

253. *Ibid.*, pp. 304-305.

254. A.E., C.C. Londres, 13, f° 357, 6 septembre 1818.

255. W. BAGEHOT, *Lombard Street ou le marché financier en Angleterre*, 1874, p. 31.

256. *Economic Fluctuations in England 1700-1800*, 1959.

257. P. MATHIAS, *op. cit.*, pp. 227 *sq*.

258. Selon la terminologie d'E. LABROUSSE familière aux historiens français.

259. A.E., C. C. Londres, 101, 14 novembre 1829.

260. Voir *supra*, ch. III, pp. 227 *sq*.

261. P. MATHIAS, *op. cit.*, p. 404.

262. *Ibid.*, p. 144.

263. P. BAIBOCH, *Révolution industrielle*, *op. cit.*, p. 271, tableau n° 28.

264. E. H. PHELPS BROWN et S. HOPKINS, art. cit., pp. 195-206.

265. S. POLLARD et D. W. CROSSLEY, *op. cit.*, p. 185.

266. *Ibid*.

267. R.-M. PILLET, *op. cit*.

268. *Ibid.*, p. 30.

269. *Ibid.*, p. 24.

270. L. SIMOND, *op. cit.*, I, p. 223.

271. *Ibid.*, II, p. 285.

272. R.-M. PILLET, *op. cit.*, p. 31.

273. *Ibid.*, p. 350.

274. *Ibid.*, p. 337.

275. *Ibid.*, p. 345.

276. W. ABEL, *Agrarkrisen und Agrarkonjunktur op. cit.*,

277. R. BAEHREL, *Une Croissance: la Basse-Provence rurale (fin du XVIe-1789)*, 1961.

结论

1. Émile CALLOT, *Ambiguïtés et antinomies de l'histoire et de sa philosophie*, 1962, p. 107, citant Marc BLOCH, *Apologie pour l'histoire ou métier d'historien*, 5e éd., 1964, p. 10.
2. Theodor MOMMSEN, dans sa *Römische Geschichte*, et plus encore à travers des critiques de Marx (à l'égard de *Herr* Mommsen), *Das Kapital*, Berlin, Dietz Verlag, 1947-1951, II, p. 175, note 39, III, p. 359, note 47 et p. 857, note 45. La phrase essentielle: «Les exploitations agricoles de l'Antiquité qui présentent le plus d'analogies avec l'agriculture capitaliste, celles de Carthage et de Rome, ressemblent davantage au mode d'exploitation pratiqué sur les plantations qu'à celui de la véritable exploitation capitaliste. Il y a là une analogie formelle, mais qui, sur tous les points essentiels, apparaît comme une simple illusion à quiconque a compris le système de la production capitaliste et ne le découvre pas, comme M. Mommsen dans n'importe quelle économie fondée sur l'argent...» (*Le Capital*, Éditions Sociales, 1960, 1. III, t. III, p. 168.)
3. Notamment in *Storia economica e sociale dell'impero*, 1933, p. 66, mise en cause par Paul VEYNE, «Vie de Trimalcion», *in*: *Annales E.S.C.*, XVI (1961), p. 237.
4. Prise répétée de position et notamment dans *Les Étapes sociales du capitalisme*.
5. Théodor ZELDIN, *Histoire des passions françaises*, I, *1848-1945*, 1978, p. 103.
6. Jacqueline GRAPIN, *in*: *Le Monde*, 11-12 novembre 1973.
7. *Découvertes d'histoire sociale*, 1920, p. 58.
8. Marteng BUIST, *At Spes non fracta*, 1974, p. 431.
9. «Appunti sull'economia contemporanea: il dibattito attorno all'azione dello Stato nel capitalismo maturo», *in*: *Rassegna Economica*, 1978, pp. 279-288.
10. C. OFFE, *Lo Stato nel capitalismo maturo*, 1977.
11. J. O'CONNOR, *La Crisi fiscale dello Stato*, 1977.
12. *Op. cit.*, p. 13.
13. Cité par Paul MATTICK, *Marx et Keynes*, 1972, p. 11.
14. François RICHARD, *Injustice et inégalité*.
15. René RÉMOND, ««Nouvelle droite» ou droite de toujours», *in*: *Le Monde*, 20 juillet 1979.
16. Avant tout: *The Reputation of the American Businessman*, 1955, *et The Image of the American Entrepreneur: transformation of a Social Symbol*, 1963.
17. *Match*, 23 mars 1979.
18. Dans nos conversations et dans un texte dactylographié en ma possession, traduit du russe.

19. Voir note 17.
20. *L'Express*, 9-15 juin 1979.
21. Alain VERNHOLES, *in*: *Le Monde*, 21 juillet 1979, mais déjà *ibid*., 5 septembre 1979, une famine menace l'Uttar Pradesh.
22. Pour O'Connor, d'après F. CAFFÉ, art. cit., pp. 285-286; pour J. K. GALBRAITH, *La Science économique et l'intérêt général*, 1973, *passim*. «L'univers du marché concurrentiel, p.12.»
23. Jason ERSTEIN, «The Last Days of New York», *in*: *New York Review of Books*, 19 février 1976.
24. Colloque de Paris organisé par la Maison des Sciences de l'Homme et l'Université Bocconi de Milan, 22-23 fèvrier 1979: Petites et moyennes entreprises dans le système économique européen. La démonstration invoquée est celle du Professeur Francesco BRAMBILLA.
25. Cité par Basile KERBLAY, *Les Marchés paysans en U. R. S. S.*, 1968, pp. 113-114. Les citations de Lénine, en langue russe. *Œuvres*, t. XXXI, pp. 7-8 et t. XXXII, pp. 196, 268, 273.
26. *Temps Modernes*, octobre 1957, p. 681.
27. Communication Inédite encore à la Semaine de Prato (1978).
28. Wilhelm DILTHEY, *Gesammelte Schriften*, t. VI, 1924, p. 57; t. VII, 1927, pp. 250, 279; t. VIII, 1931, p. 166; t. IX, 1934, p. 173.

索　　引

（索引条目后的页码为法文原书页码，即本书边码）

Abel (Wilhelm)　威廉·阿贝尔 70，240，250，257，261，472，529，535

Aberdeen　阿伯丁（英）317

Abo　奥博（丹）213

Abyssinie　阿比西尼亚 331，369，410

Acadie　阿卡迪亚（加）352

Accarias de Serionne　阿卡里亚斯·德·塞里奥恩 147，205，207，324，330，344，354，357，500

Achem (royaume d')　亚齐王国 181，222，418

Açores　亚速尔群岛（葡）22，117，198，218

Actium　亚克兴（希）470

Adam (Paul)　保尔·阿达姆 62

Aden　亚丁（也门）402，412，419，456

Adriatique (mer)　亚得里亚海 14，25，26，72，89，90，95，96，97，100，103，131，212，409，414

Afghans　阿富汗人 443，447

Afrique　非洲 14，16，19，29，42，114，115，117，198，218，228，321，332，338，341，369，370，371，372，373，374，375，376，377，379，380，403，423，445，446，495，497，500

Afrique Noire　黑非洲 16，102，117，135，185，196，331，353，369，370，373，375，378

Afrique du Nord　北非 14，52，74，102，103，105，115，135，143，146，369，375

Afrique du Sud　南非 185，331，370

Aftalion (Albert)　阿尔贝·阿富塔里翁 237

Agis (capitaine)　亚基斯船长 376

Agnelli (Giovanni)　乔伐尼·阿涅利 543

Agra　阿格拉（印）181，433，434，442

Agricola (Georg)　格奥尔格·阿格里哥拉 473，475

Agrigente　阿格里真托（意）135

Ahmedabad　艾哈迈达巴德（印）181，434，439

Aigues-Mortes 埃格莫特（法） 91,94
Aix 艾克斯（法）243
Aix-la-Chapelle 艾克斯拉沙佩勒（德）80,124,323
Akhbar 阿克巴 441,445
Alaska 阿拉斯加（美）392
Albany 奥尔巴尼（美）336
Albe (duc d') 阿尔巴公爵 127
Albuquerque (Alfonso de) 阿方索·德·阿尔布克尔克 425,452,456
Alemtejo 阿连特茹（葡）117
Alençon 阿朗松（法）288,298
Alep 阿勒颇（叙）139,403,405,406,407,410,412,414
Alès 阿莱斯（法）240
Alexandre Ier de Russie 亚历山大一世 212,386
Alexandre Ⅲ 亚历山大三世 89
Alexandrie 亚历山大（埃）22,72,78,104,107,108,118,405,412,413,414,427,469,470
Algarve 阿尔加维（葡）115,117
Alger 阿尔及尔（阿尔及）125,280,403,539
Algérie 阿尔及利亚 175
Alicante 阿利坎特（西）153
Allemagne 德意志 29,54,80,86,87,89,91,93,94,97,100,102,103,123,125,136,155,205,207,208,220,221,227,228,229,242,245,250,261,264,283,285,293,313,349,389,407,408,473,475,477,529,531,541
Allemagne du Nord 北德意志 201,212
Allemands 德国人 84,102,156,284,342,348,349,419
Allen (Ralph) 拉尔夫·艾伦 479
Almeida (Francisco de) 弗朗西斯科·德·阿尔梅达 425
Alpes 阿尔卑斯山 91,102,105,130,288,293
Alsace 阿尔卑斯（法）272,288,289,293,294
Alsaciens 阿尔萨斯人 348
Altaï 阿尔泰（苏）392,393,397
Altona 阿尔托纳（德）204,228,229
Amalfi 阿马尔菲（意）87,88
Amazonie 亚马孙地区 344
Amboine 安汶（印尼）179,182,184,198
Amboiniens 安汶人 457
Américains 美国人 26,349,352,392
Amérindiens 美洲印第安人 343,371
Amérique 美洲 17,41,60,63,

114,117,123,124,125,136,141,143,174,175,176,177,178,183,186,196,197,198,204,208,209,218,223,228,231,261,266,276,294,296,306,319,321,327,331,332,333,335,336,337,338,340,341,342,343,344,345,346,347,348,351,352,353,354,355,356,357,358,359,360,361,362,363,364,365,366,367,368,370,371,373,379,382,385,392,393,396,402,423,439,450,457,490,500,508,527,528,531

Amérique anglaise　英属美洲 207,320,344,349,350,352,353,354,460,490,500,528

Amérique coloniale　殖民地美洲 48,495

Amérique latine　拉丁美洲 258,361,364

Amérique du Nord　北美 318,321,334,337,353,357,396,461

Amérique du Sud　南美 26,334,364

Amiens　亚眠（法）288,293

Amman (Hektor)　埃克托尔·阿曼 79

Amour　黑龙江 392,397

Amoy　奥姆岛（挪）422

Amsterdam　阿姆斯特丹（荷）10,20,21,22,24,28,33,39,51,52,63,79,88,103,112,115,118,122,125,129,143,144,145,146,147,148,149,150,152,153,154,156,157,158,160,162,163,166,167,170,173,174,177,178,185,186,189,191,194,197,199,200,201,202,203,204,205,206,207,208,209,210,212,213,214,216,217,218,220,221,226,227,228,229,230,231,232,234,237,245,251,252,264,276,277,280,284,285,293,301,303,305,307,308,312,316,318,327,338,353,377,389,398,415,426,427,428,452,524,539

Anatolie　安纳托利亚（土）415

Anchioli　安乔里（土）42

Ancône　安科纳（意）25,26,89,102,113,146,414

Andalousie　安达卢西亚（西）26,141,355

Andes　安第斯山 342,344,365,366

Andrinople　安德里诺波尔（土）101

Angermünde (famille)　安格尔门德家族 84

Angeville (comte Adolphe d')　阿道夫·德·安吉维尔伯爵 288,289

Angevins　安茹人 135

Anglais　英格兰人 26,53,56,73,80,85,118,123,127,146,148,154,172,173,175,177,179,182,185,187,189,196,198,200,213,218,220,221,228,231,277,285,295,303,304,306,308,312,317,318,319,321,323,326,330,338,340,354,357,361,376,379,380,391,397,398,399,410,413,419,420,421,422,426,428,429,436,443,446,447,448,450,459,477,528,534

Angleterre　英格兰 10,20,22,28,29,31,33,34,36,38,39,41,46,48,52,53,55,63,73,80,82,85,91,94,98,103,108,109,111,113,116,125,127,129,135,138,140,143,145,148,153,156,158,161,163,170,171,172,177,178,189,196,197,198,207,209,210,212,213,220,221,222,223,230,233,237,240,245,246,247,248,249,250,251,253,254,255,257,260,261,262,263,264,266,269,274,275,277,282,292,294,296,302,303,304,305,306,307,308,309,312,313,314,316,317,318,319,320,321,322,323,324,325,326,327,329,330,332,341,343,345,348,351,353,354,360,361,363,364,365,366,377,379,405,409,414,422,423,442,447,450,458,459,460,461,463,464,465,466,467,468,471,472,473,475,477,478,480,481,483,484,485,486,487,488,489,490,491,494,495,497,500,502,503,504,506,508,511,512,516,517,518,519,520,521,524,525,526,527,528,529,531,532,533,534,539

Angleterre (Banque d')　英格兰银行 221,230,283,305,308,309,312,316,322,516,524,525,526,527,534

Angola　安哥拉 197,370,375,377,379

Ankara　安卡拉（土）404,409

Annam　安南 30

Annecy　阿讷西（法）243,272

Anvers　安特卫普（比）20,21,24,28,29,43,60,69,79,80,82,86,103,112,113,118,119,120,121,122,123,124,125,126,127,128,129,130,136,138,139,145,146,156,170,174,177,179,200,226,276,280,284,293,297,303,304,306,312,456,475

Antilles　安的列斯群岛 185,295,296,338,340,341,346,352,357,

490,497
Antilles françaises 法属安的列斯群岛 502
Apennin 亚平宁山脉 130
Aquitaine 阿基坦（法）243,288,289
Arabes 阿拉伯人 179
Arabie 阿拉伯 182,183,369,409,412,417,442
Aragon 阿拉贡（西）112
Aragon（Monsieur d'） 达拉贡先生 326
Aragonais 阿拉贡人 90,135
Arakan 若开（缅）187
Araucans 阿劳干人 345
Arbellot（G.） G. 阿培洛 239,270—271
Arciniegas（German） 赫尔曼·阿尔西涅加斯 366
Argenson（Voyer d'） 阿尔让松侯爵 292
Argentine 阿根廷 335,337,346
Arica 阿里卡（智）340
Aristote 亚里士多德 94,513
Arkhangelsk 阿尔汉格尔斯克（苏）153,320,380,381,383,384,390,391,397,398
Arles 阿尔（法）274
Arméniens 亚美尼亚人 179,397,422
Arminiens 阿明尼乌教派 20,162
Arni 阿尔尼（印）439
Aron（Joseph） 约瑟夫·阿隆 228
Arpajon 阿尔帕容（法）326
Arta（golfe d'） 阿尔塔湾（希）414
Artois 阿图瓦（法）293
Ashton（T. S.） T. S. 艾希通 466,479,528
Ashtor（E.） E. 阿斯托尔 87
Asie 亚洲 19,178,179,182,183,186,187,189,192,194,268,332,380,392,395,396,403,417,420,421,423,427,428,436,441,451,457,458,460
Asie centrale 中亚 14,382,443
Asti 阿斯蒂（意）91
Astrakhan 阿斯特拉罕（苏）381,382,383,391,393,396,397,409
Aström（Sven Erik） 斯汶·埃里克·阿斯特隆 214
Atacama 阿塔卡马（智）334
Atjeh 亚齐特区（印尼）222,418
Atlantique（océan） 大西洋 16,17,43,66,103,113,117,122,123,125,140,174,175,178,179,287,288,333,338,343,344,345,346,353,355,356,359,368,371,373,377,392,403,427
Attali（Jacques） 雅克·阿塔利 544

Auge 奥热（法）240

Augsbourg 奥格斯堡（德）102，123,124,125,293

Aulard（Alphonse） 阿尔丰斯·奥拉尔 277

Aunis 欧尼斯（法）340

Aureng Zeb 奥朗则布 426，436，443,445,446

Australie 澳大利亚 327,343

Autriche 奥地利 47，48，80，113，143,247,262,408,415

Autrichiens 奥地利人 131

Auvergne 奥弗涅（法）244，258，289,298

Auxerre 欧塞尔（法）272

Auxois 奥克索河 272

Avallon 阿瓦隆（法）272

Aveyron 阿韦龙（法）468

Avignon 阿维尼翁（法）274

Aylesbury（vallée d'） 艾尔斯伯里（英）485

Azevedo（Lucio de） 吕齐欧·德·阿塞维多 320

Azof 亚速（苏）78,381

Aztèque（Empire） 阿西德克帝国 338,370

Bacon（Roger） 罗吉尔·培根 473

Baehrel（René） 勒内·巴雷尔 265,528,529,535

Bagdad 巴格达（伊拉）403

Bagehot（W.） W. 白哲特 528

Bagnuolo 巴格努洛（意）45

Bahia 巴依亚（巴西）196，337，342,366,368,379

Baïkal（lac） 贝加尔湖（苏）391

Bairoch（Paul） 保尔·贝洛什 28，254，255，257，258，460，461，483，489,490,491,511

Balassor 巴拉索尔（印）427

Bâle 巴塞尔（瑞士）102,136

Bali 巴厘（印尼）454

Balkans 巴尔干 17，29，49，101，250,380,397,403,405,415

Baltique（mer） 波罗的海 18，42，74，82，83，84，88，93，116，123，125，127，150，158，160，163，170，174，176，185，206，210，212，213，221，228，294，309，380，390，398，428

Balzac（Guez de） 盖茨·德·巴尔扎克 20

Banda 班达（印）184，186，198，454

Bantam 万丹（印尼）178，181，182，187，222，223，418，419，422，456

Banyans 婆罗门 422

Bar-sur-Aube 奥布河畔巴尔（法）90,419

Barbaresques　柏柏尔人 172
Barbarie　柏柏尔地区 201，353，379
Barbieri (Gino)　吉诺·巴比里 477
Barbour (Violet)　维奥莱·巴布尔 145，195
Barcelone　巴塞罗那（西）107，116
Barclay et Cie　巴克莱公司 517
Baring (maison)　巴林商行 220
Barneweldt (Grand Pensionnaire)　巴纳威尔特（荷兰省督）179
Barroda　巴罗达（印）427
Barrois　巴鲁瓦（法）272
Basse-Auvergne　下奥弗涅（法）298
Basse-Volga　下伏尔加（苏）382，384
Basses-Alpes　下阿尔卑斯（法）278
Batavia　巴达维亚（印尼）52，181，185，186，187，188，191，192，194，222，418，421，427，457，458，459
Bassora　巴斯拉（伊拉）402
Baterpore　巴台博尔（印）436
Bath (carrières de)　巴斯采石场 506
Baudet (Pierre)　皮埃尔·博代 153
Baudouy (Colette)　科莱特·博都瓦 31
Baudry des Lozières (Louis-Narcisse)　博德里·台·洛齐埃尔 49
Bavière　巴伐利亚（德）143，243
Bayonne　贝荣纳（法）217，284，287，289，293，295
Beaucaire (foire de)　博盖尔交易会 285
Beauregard (comte de)　博雷加德伯爵 218
Beauvais　博韦（法）204
Beauvaisis　博韦齐（法）240
Beccaria (Cesare)　切扎雷·贝卡里亚 513
Bechtel (Heinrich)　亨利希·贝希特尔 78，333
Bedford (comté de)　贝德福德郡 485
Behring (détroit de)　白令海峡 392
Belem　贝伦（巴西）356
Belfast　贝尔法斯特（爱）321，348
Belgrade　贝尔格莱德（南）403，405
Belgrade (Paix de)　贝尔格莱德和约 415
Bénarès　贝拿勒斯（印）441
Bengale　孟加拉（印）181，183，184，185，187，230，422，436，438，440，446，448，454，459
Bengalis　孟加拉人 179
Benyowski (Móric Agost)　别理欧

斯基 394
Berbères 柏柏尔人 30
Berg op Zoom (foires de) 贝亨奥普佐姆交易会 123,128
Bergame 贝加莫(意)97
Bergen 贝尔根(德)78,84
Bergslag 贝尔斯拉格(瑞典)213
Berkeley (George) 亨利·贝克莱 324
Berlin 柏林(德)228,245
Bernard (Samuel) 萨缪尔·贝尔纳 267,283,284
Bernard (Y.) Y. 贝尔纳 255
Bernier (François) 弗朗斯瓦·贝尼埃 443,445
Berry 贝里(地区)(法)327
Berthe (Jean-Pierre) 让-皮埃尔·贝尔特 336
Bertin (Jacques) 雅克·贝尔丹 481
Besançon (foires) 贝桑松 312
Besançon-Plaisance (foires de) 贝桑松-皮亚琴察交易会 305,526
Besnier (Michel) 米歇尔·贝尼埃 325
Besnier (Robert) 罗伯特·贝尼埃 327
Beyrouth 贝鲁特(黎)102
Béziers 贝济耶(法)240
Bicker (Cornelius) 利纳留斯·别克 195
Bijapur 比贾布尔(印)445
Bilbao 毕尔巴鄂(西)125,153,174
Billon (I. de) 德·比永 45
Bintam 宾坦(印尼)376
Birmingham 伯明翰(英)266,485,488,497,520,525
Biscaye 比斯开(西)125,346
Blanc (cap) 艾卜耶德角(突)117
Blanche (mer) 白海 380,391
Blanqui (Adolphe) 阿道夫·布朗基 278,465
Bleu (fleuve) 长江 22
Bloch (Marc) 马克·布洛赫 52,107
Blommaert (marchands) 布洛马埃尔(商人)213
Blum (J.) J. 布洛姆 400
Blussé (Léonard) 莱奥纳尔·勃吕塞 460
Bohême 波希米亚 29,85,384
Bois (Guy) 居伊·波瓦 470,473
Boisguilbert (Pierre Le Pesant, sieur de) 比埃尔·布阿吉尔贝尔 254,267,273
Boissy 布瓦西(法)94
Bojador (cap) 博赫阿多尔角 114
Bolivie 玻利维亚 336,339
Bologne 波洛尼亚(意)69,472

Bolzano (foires de)　博尔扎诺交易会 284
Bombay　孟买（印）56,418,421,422,427,436,438,448,459
Bonaparte　波拿巴 131,312,460
Bonne-Espérance (cap de)　好望角 16,17,90,114,178,369,402,412,423,427
Bonneville　博纳维尔（法）269,272
Bonrepaus (ambassadeur)　蓬勒波（专使）182
Bordeaux　波尔多（法）80,153,204,205,217,219,220,226,243,274,287,289,293,295,297,298,300,301,317,338
Borelli (Luigi)　路伊治·波莱里 368
Borlandi (Franco)　佛朗哥·博尔朗迪 140
Bornhöved　博恩赫沃德（德）83
Bosc (négociant)　博思克（商人）248
Bosnie　波斯尼亚（南）397
Bosphore　博斯普鲁斯（土）410
Boston　波士顿（美）344,346,348,350,351,352,353,520
Botero (Giovanni)　卓万尼·博台洛 130,402
Bougainville (Louis-Antoine de) 路易-昂都约·德·布甘维尔 461
Boukhara　布哈拉（苏）382
Boulogne　布洛涅（法）47,48,74
Bourbon (île)　波旁岛 369,427,447
Bourbons　波旁家族 169,170,285,358,360
Bourgneuf　布尔纳夫湾（法）175,218
Bourgogne　勃艮第（法）128,238,242,243,272,273,287,289,297,298
Bousquet (G. H.)　G. H. 布斯盖 56
Bousquet (Nicole)　尼科尔·布斯盖 361
Bouvier (Jean)　让·布维埃 268,275
Boxer (C.)　夏尔·博克瑟 403
Boyle (Roger)　罗杰·博伊尔 47
Braams (Daniel)　丹尼尔·勃劳姆 183,194
Brabant　布拉邦特（比）91,122,123,128,209,234
Brading (D. A.)　D. A. 勃拉丁 345
Brandebourg　勃兰登堡（德）84,153,245
Bray (pays de)　勃雷地区 240
Breda　布雷达（荷）46,47

Brême 不来梅（德）212,228

Brenner 勃伦纳（意）89,93

Brenta 布伦塔（意）109,150

Brescia 布雷西亚（意）97

Brésil 巴西 22,46,48,50,60,117,185,196,197,198,259,309,335,338,340,341,342,344,350,355,356,357,361,362,363,364,366,405

Brésiliens 巴西人 38,46,346

Bretagne 布列塔尼（法）31,272,275,287,288,289,295,297,298,508

Briançonnais 布里扬索内地区（法）31

Briare (canal de) 布里亚尔运河 274,275

Bridgewater (duc de) 布里奇沃特公爵 505

Brie (foires de) 布里交易会 90,276

Brill 布里尔（荷）153

Bristol 布里斯托尔（英）313,316,321,330,338,340,471,501,520

Britanniques (îles) 不列颠群岛 8,24,28,74,248,303,312,316,317,495,531

Broach 布罗奇（印）181,427

Brosses (Charles de) 夏尔·德·勃洛斯 20

Brouage 布罗阿日（法）175,218

Brousse 布尔萨（土）405,407

Brown (Edward) 爱德华·布朗 403

Brown (Phelps) 费尔普斯·布朗 70,257,512,532,533,535

Bruges 布鲁日（比）29,78,80,81,82,83,84,86,87,93,95,102,112,116,118,123,125,128,129,135,136,391

Brugmans (Izaäk Johannes) 伊萨克·若昂·勃吕格门 201

Brunel (Pierre) 皮埃尔·勃吕内尔 34

Bruxelles 布鲁塞尔（比）80,122,127,149,234,285

Bryansk 布良斯克（苏）390

Buckinghamshire 白金汉郡（英）485

Buda 布达（罗）402

Bücher (Karl) 卡尔·布歇尔 251

Buenos Aires 布宜诺斯艾利斯（阿根廷）346,355,359,360,361,366

Bulgares 保加利亚人 413

Bull (John) 约翰·布尔 330

Bussy (Charles-Joseph Pâtissier, marquis de) 布西侯爵 426

Butel (Paul) 保尔·布代尔 219,

295
Byzance　拜占庭 74,77,78,87,88,89,109,402

Cabral (Alvarez)　阿尔瓦雷斯·卡布拉尔 115,295
Cabral de Mello (Evaldo)　艾瓦尔多·卡布拉尔·德·梅卢 46
Cachemire　克什米尔 438,445
Cadix　卡迪斯（法）29,140,141,175,176,218,285,295,296,338,346,356,359,423,500
Caen　卡昂（法）243,288,293,297
Caffa　卡法（苏，今费奥多西亚）113,135,223
Caffe (Federico)　菲台里哥·卡费 541
Calabre　卡拉布里亚（意）135
Calais　加来（法）153,178,248,294,302,303
Calcutta　加尔各答（印）20,421,422,427,436,458,459
Calicut　卡利卡特（印）369,412,420,424,441,456,
Cambaye　坎贝（印）181,456
Cambodgien　柬埔寨人 30
Cambridge　剑桥（英）443,525
Cameron (Rondo)　隆多·卡梅伦 61
Campanie　坎帕尼亚（意）31
Campêche　坎佩切（墨）405
Canada　加拿大 22,38,46,354,500
Canadiens　加拿大人 47
Canaries (îles)　加那利群岛 115,117,125,357,373
Candie　康提亚（希）22,72,73,89,111,223
Cantacuzène (Michel)　米歇尔·康塔库杰恩 42
Cantillon (Richard de)　理查·康替龙 280,502
Canton　广州 179,279,417,422,427,446,456,459,460
Cantons Suisses　瑞士各州 282,293,294
Cap (colonie du)　好望角殖民地 369
Cap-Vert (îles du)　佛得角群岛 117
Capponi (firme)　卡波尼商行 280
Caracas　加拉加斯（委）344
Carcassonne　卡尔卡松（法）327
Cardiff　加的夫（英）506
Carl (Ernst Ludwig)　厄内斯特·路德维希·卡尔 356,513
Carmagnani (Marcello)　马塞罗·加玛尼尼 336
Carnatic　卡纳蒂克（印）434
Carolines (les)　卡罗利纳（美）

338,350,351
Caron (Noel) 诺埃尔·卡龙 178
Carrare 卡拉拉(意)33
Carricole 卡里高尔(印)427
Carrière (Charles) 夏尔·卡里埃尔 247
Carron (forges de) 卡隆锻铁厂 493
Carthage 迦太基 14,470
Carthagène des Indes 卡塔赫纳(哥伦)296
Carus-Wilson (Mme E. M.) 卡留斯·威尔逊 470,471
Caspienne (mer) 里海 382,391,392,393,397
Cassimbazar 卡辛巴扎尔(印)427
Castan (Bertrand) 贝特朗·卡斯当 283
Castellane 卡斯台拉纳(法)278
Castillans 卡斯蒂利亚人 117
Castille 卡斯蒂利亚地区 22,124,125,136,177,243,245,337
Catalogne 加塔洛尼亚(西)141,253,481
Catherine Ⅱ 叶卡特琳娜二世 113,161,208,209,325,386,387,413,415
Caucase 高加索(苏)411
Cavazzi (Giovanni Antonio) 吉奥·安东尼奥·卡瓦齐 374
Célèbes (îles) 西里伯斯(印尼,今苏拉威西)185
Cervières 赛尔维埃尔(法)31
Ceuta 休达(西)102,114,117
Ceylan 锡兰 179,181,184,185,186,223,231,418,419,421,424,441
Chabod (Federico) 费德里哥·夏博 43
Châlons-sur-Marne 马恩河畔沙隆(法)288,293,294
Chalon-sur-Saône 索恩河畔沙隆(法)91,475
Chambéry 尚贝里(法)243
Chamonix 沙莫尼(法)238
Chamonix (vallée de) 沙莫尼山谷(法)31
Champagne 香巴尼(法)78,93,95,200,239,243,258,272,287,298
Champagne (foires de) 香巴尼交易会 38,52,63,78,90,91,93,94,95,102,223,276,390,419,472,473
Chandernagor 金德讷格尔(印)427,440,441
Charcas 查尔卡斯(墨)336
Charles Ier d' Angleterre 查理一世(英格兰的)140

Charles Ⅱ d'Angleterre　查理二世（英格兰的）198,220,322,356
Charles Ⅳ d'Espagne　查理四世（西班牙的）250
Charles Ⅵ　查理六世 98
Charles Ⅶ　查理七世 252,276,384
Charles Ⅷ　查理八世 43,101
Charles Quint　查理五世皇帝 12,21,43,55,124,125,136,139,174,276
Charleston　查尔斯顿（美）335
Charleville　夏尔维尔（法）274,293
Clark (Colin Grant)　科兰·克拉克 519
Chatam (lord)　恰撒姆勋爵 347
Chatigan　杰蒂甘（印）427
Chaudhuri (K. N.)　K. N. 乔杜里 437,438,439,449,450,490
Chaunu (Pierre)　皮埃尔·谢努 38,57,60,276,335,363
Cheremetiev (famille)　切列梅捷夫家族 387,388
Chesapeake (baie de)　切萨皮克湾（美）366
Chevreuse (duc de)　谢弗勒兹公爵 277
Chicago　芝加哥（美）343
Child (Josiah)　约瑟亚·柴尔德 426
Chili　智利 197,334,336,337,344,345,346
Chine　中国 14,15,17,22,29,30,42,48,63,88,89,179,183,185,187,192,194,223,279,309,331,348,382,383,386,394,397,399,409,416,417,423,426,427,428,436,441,448,450,451,454,456,457,459,460,461,497,538
Chinois　中国人 29,179,187,193,399,422,425
Chio　希俄斯岛（希）135,223,407,416
Chioggia　基奥贾（意）95,96,98,136
Chiraz　设拉子（伊朗）382
Chola (Empire de)　朱罗王朝 424
Cholet　绍莱（法）204
Chrétienté　基督教 14,52,63,87,88,89,90,94,98,101,405,411,421
Chypre　塞浦路斯 22,72,73,89,100,111,223
Cinque Terre　五土岗（意）130
Cintra　辛特拉（葡）533
Circassie　切尔克西亚（苏）383
Clapham (John Harold)　约翰·哈罗德·克拉法姆 506
Clifford et fils　克利福特父子公司

209,220,227,228,230
Clive (lord) 克莱夫爵士 421,426
Cloyne 克洛因（爱）320
Cluses 克吕兹（法）269
Coalbrookdale 科尔布鲁克代尔（英）491
Coatsworth (J. A.) J. A. 库茨华斯 361,362
Cobenzel (comte de) 科本茨尔伯爵 244
Cochin 科钦（印）181,185,436,452
Cœur (Jacques) 雅克·克尔 10,42
Colbert 柯尔贝尔 161,218,220,247,248,269,277,293,327,443
Cole (W. -A.) W. -A. 柯尔 530
Colli (J. -C.) J. -C. 考利 255
Cologne 科隆（德）57,95,102,293,475
Colomb (Christophe) 克里斯托弗尔·哥伦布 43,114,117,136,333
Colombie 哥伦比亚 338,339
Colonia do Sacramento 科洛尼亚德尔萨克拉门托（乌拉）357
Comacchio 科马基奥（意）89
Commynes (Philippe de) 菲力浦·德·科明尼斯 20,101
Compagnie anglaise des Indes orientales 英国东印度公司 182,187,189,192,221,227,228,230,307,348,420,422,426,436,448,449,450,458,502,508,516
Compagnie danoise des Indes orientales 丹麦东印度公司 459
Compagnie écossaise d'Afrique 苏格兰非洲公司 317
Compagnie espagnole de Caracas 西班牙加拉加斯公司 359
Compagnie espagnole du Honduras 西班牙洪都拉斯公司 359
Compagnie espagnole de La Havane 西班牙哈瓦那公司 359
Compagnie française du Nord 法国北方公司 220
Compagnie française des Indes orientales 法国东印度公司 273,376,422,427,459
Compagnie française du Sénégal 法国塞内加尔公司 376
Compagnie hollandaise des Indes occidentales 荷兰西印度公司 172,196,197,198,218,376
Compagnie hollandaise des Indes orientales 荷兰东印度公司 153,166,172,173,179,181,182,183,185,186,187,188,189,191,192,194,195,196,198,201,214,218,369,421,425,446,457,458,459
Compagnie des Indes 印度公司 123,172,413,421,426,427,428,

438,439,446,495
Compagnie des Indes de Suède　瑞典印度公司 213,459
Compagnie de Jésus　耶稣会 358
Compagnie de la Mer du Sud　南海公司 296
Compagnie d'Ostende　奥斯坦德公司 172
Compagnie royale anglaise d'Afrique　英国皇家非洲公司 376
Congo　刚果 114,117,373
Congolais　刚果人 374
Connecticut　康涅狄格（美）349,351
Constantinople　君士坦丁堡（土）12,52,73,87,89,101,102,107,112,113,135,281,405,406,407,408,410,411,413,416
Contarini (famille) 孔塔里尼家族 101
Contra Costa　南部非洲的印度洋沿岸 369
Cook (James)　詹姆斯·科克 461
Coornaert (E.)　E.科内埃尔 129
Copenhague　哥本哈根（丹）229,450
Cordoba　科尔多瓦（阿根）340
Coreal (Francisco)　弗朗西斯科·科雷尔 344
Corée　朝鲜 14,449,451,460
Corée du Sud　韩国 521
Corfou　科孚（希）25,72,73,97,115,223
Cork　科克（英）320,321
Cornouailles　康沃尔郡 250,317,506,525
Coromandel　科罗曼德尔（印）8,181,183,185,187,417,422,423,424,438,441,454
Corse　科西嘉（法）131,244
Cosaques　哥萨克人 383,392,394
Cottington (Sir Francis)　弗兰西斯·科廷顿爵士 140
Couesnon　库埃农河（法）297
Courlande　库尔兰（苏）17
Coventry　考文垂（英）314
Cox (Olivier C.)　奥利维·柯克斯 97,105
Coxinga (corsaire)　国姓爷（郑成功）183
Coyer (abbé)　古阿耶教士 246
Cracco (G.)　G.格拉古 89
Crimée　克里米亚（苏）113,375,381
Crivijaya (royaume de)　室利佛逝王国 451,452
Croatie　克罗地亚 100
Croisades　十字军东征 63,74,87,114,421
Cromwell (Olivier)　奥利弗·克伦

威尔 158,220,341
Cromwell (Thomas) 托马斯·克伦威尔 302
Cron (Ferdinand) 费迪南·克隆 181
Cronström (marchands) 克隆斯特朗 213
Crozat (Antoine) 昂都纳·克罗查 267
Cuba 古巴 379
Cubitt (Thomas) 托马斯·库比特 518
Cuchetet (Charles) 夏尔·居什台 506
Curtin (Philip) 菲力浦·柯廷 371,377,378
Cumberland (duc de) 坎伯兰公爵 324
Curaçao 库拉索岛 198,205,357
Curzola, voir Korčula 科尔丘拉(南)
Cuzco 库斯科(秘) 346
Czartoryski (prince) 查托里斯基亲王 34

Daca 达卡(孟) 427,439
Dainville (P. François de) 弗朗斯瓦·德·丹维尔 297
Dal elf (vallée du) 达尔河谷 210
Dalmatie 达尔马提亚(南) 73,111,408,409
Damas 大马士革(叙) 78,410
Damme 达默(比) 80
Danemark 丹麦 84,85,88,127,148,163,169,170,172,174,201,208,211,253,261,502
Danois 丹麦人 83,428
Dantzig 但泽 33,37,51,84,215,216,317,382,394
Danube 多瑙河 15,47,48,51,243,250,397,411,415
Darby (Abraham) 阿伯拉罕·达比 491
Darby (H. -C.) H. -C. 达比 498-499
Darien (isthme de) 达连地峡(巴拿) 318,357
Darnétal 达尔纳塔勒(法) 326
Daru (Pierre) 皮埃尔·达吕 100
Dashkaw (Princesse) 达什柯娃公主 386,400
Da Silva (José Gentil) 胡塞·让迪·达·希尔瓦 9,280
Datini (Francesco di Marco) 弗朗赛斯科·达蒂尼 78,82
Dauphiné 多菲内(法) 243,275,287,293,294,298,300
Davis (Ralph) 拉尔夫·戴维斯 114,117
Davis (détroit de) 戴维斯海峡

158
Deane (Phyllis)　菲力斯·迪安 465,489,502
Debret　德勃莱 50,342
Defoe (Daniel)　丹尼尔·笛福 147,202,221,313,314,315,316,323,490,504,508
Dekkan　德干（印）429,433,445,446
Delaware　特拉华（美）350
Delbrück (Hans)　汉斯·德尔布吕克 44
Delft　德尔夫特（荷）153
Delhi　德里（印）8,36,43,252,429,431,433,436,441,442,443,448,454
Delumeau (Jean)　让·德吕莫 287
Demidoff (Prince)　杰米多夫亲王 387,400
Derbent　杰尔宾特（苏）402
Derby (comté de)　德比郡 485
Dermigny (Louis)　路易·戴米尼 60
Descartes　笛卡儿 20
Des Cazeaux du Hallays　戴加佐·杜·哈莱 285
Deshima　出岛（日）195
Desmaretz (Nicolas)　尼古拉·德马雷 189,283,284
Detroit　底特律（美）343
Devonshire　德文郡（英）147,205
Dhont (Jean)　让·董特 242
Diano　迪亚诺（意）130
Diamond (Sigmund)　希格门·狄亚蒙 542
Diaz (Barthélemy)　巴特勒米·迪亚斯 114,117
Diderot　狄德罗 112,157,400
Dieppe　迪耶普（法）287
Dijon　第戎（法）243,273,293,294,475
Dillon (Édouard)　爱德华·狄龙 413
Disraëli　迪斯累里 73
Djedda　吉达（沙特）412
Dogger Bank　多格滩 88,158
Dolfin (Andrea)　安德列阿·多尔芬 325
Doljani　多尔雅尼（德）250
Don (vallée du)　顿河流域 381
Dordogne　多尔多涅（法）274
Dordrecht　多德雷赫特（荷）153
Doria (André)　安德烈·多里亚 136
Doubs　杜河（法）272
Dournes (Jacques)　雅克·杜恩 30
Douvres　多佛（英）246
Downing (Sir George)　乔治·唐宁 158
Drake (Francis)　弗朗西斯·德雷

克 182,453

Dublin 都伯林（英）319,320,321,348,349,518

Dubouchet（chevalier） 杜布歇骑士 324

Dubrovnik 杜布罗夫尼克（南）26,89,113,409

Duby（Georges） 乔治·杜比 77

Dufresne de Saint-Léon（Luis-César-Alexandre） 杜弗雷恩·德·圣莱昂 324

Dundee 邓迪（英）317

Dunkerque 敦刻尔克（法）172,189,293,294,295,391

Dupeaux（Georges） 乔治·杜菩 265

Dupin（François-Pierre-Charles, baron） 杜潘男爵 274,506

Dupleix 杜普雷 181,421,422,426

Dupont de Nemours（Pierre-Samuel） 杜邦·德·纳穆尔 34,327

Dupriez（Léon H.） 莱昂·杜普里埃 61,65,66,529

Duquesne 迪凯纳 131,421

Durham（comté de） 达勒姆郡（英）488

Durkheim（David-Émile） 达维·艾米尔·杜尔凯姆 513

Dutot（Charles） 夏尔·杜铎 258

Eberhard（Wolfram） 沃尔弗朗·埃贝哈德 7

Écluses（Sluis） 斯勒伊斯船闸 80,104

Écossais 苏格兰人 318,348,349,357

Écosse 苏格兰 55,80,113,245,248,249,250,303,317,318,319,320,321,329,483,488,493,506,520,521

Édimbourg 爱丁堡（英）289,317,318,319,506

Égée（mer） 爱琴海 402,408

Égypte 埃及 14,63,74,87,97,102,113,157,402,403,405,410,412,413,415,419,422,440,469,470,502

Ehrenberg（Richard） 理查德·埃伦贝格 130

Elbe（île d'） 易北河 83,375,384

Elbeuf 埃尔伯夫（法）327

Elizabeth Ire 伊丽莎白一世 38,127,138,176,303,305,308

Ellenstein（Jacques） 雅克·埃伦斯坦 543

Elseneur 埃尔西诺（丹）398

Emden 埃姆登（德）502

Encerro 昂采洛（墨）365

Engels（Friedrich） 弗里德里希·

恩格斯 465
Enissei　叶尼塞河 392
Enkhuizen　恩克赫伊曾（荷）153
Éon（négociant）　埃昂（批发商）248
Ephraim（marchand）　依法莲（商人）229
Équateur　厄瓜多尔 336,339
Erceira（duc d'）　埃尔切拉公爵 38
Ermak（chef cosaque）　叶尔马克 392
Escaut　斯凯尔特河 60,118,123,125,169,170,174,306
Espagne（ou Empire espagnol）　西班牙 12,22,24,41,43,45,46,63,69,94,98,103,114,117,123,125,127,134,136,137,139,140,141,143,154,161,162,173,174,175,176,177,195,196,198,201,204,205,213,223,240,243,245,247,250,253,267,275,276,279,282,283,285,287,294,295,296,303,307,312,313,317,327,337,340,343,346,348,353,354,355,356,358,359,360,361,363,364,368,371,403,477,500,508
Espagnols　西班牙人 46,118,131,141,149,175,179,198,304,333,338,352,356,357,358,360,367,379,421
Española, voir Haïi　西班牙岛
Esthonie　爱沙尼亚 214,380
Estrades（comte d'）　埃斯特拉德伯爵 173
États-Unis　美国 24,33,36,38,39,41,48,50,63,153,201,207,223,261,264,277,327,335,338,343,345,348,349,350,351,354,355,361,364,366,460,461,467,500,502,516,519,529,531,539,541
Eugène de Savoie　欧根（萨瓦的）113
Europe　欧洲 10,14,16,17,24,25,28,29,34,36,38,39,41,42,43,44,46,47,48,49,50,51,52,53,54,58,60,62,63,69,73,74,75,77,78,79,82,83,87,90,91,93,94,95,98,101,103,112,113,114,115,117,122,123,124,125,128,129,136,138,140,141,144,145,148,149,156,157,158,161,163,167,170,174,177,182,183,184,185,186,187,189,197,198,199,201,202,205,206,207,221,223,227,229,231,238,240,242,250,259,261,266,267,268,269,276,279,280,282,284,287,293,

302,303,306,307,313,316,322,324,325,330,331,332,333,337,338,339,340,341,343,344,345,347,348,353,355,356,358,361,363,364,365,366,367,368,370,371,373,375,376,377,378,379,380,381,382,386,391,392,394,397,398,399,400,401,402,403,405,412,413,415,416,419,421,422,423,428,429,433,434,436,438,439,440,441,442,446,447,448,450,451,456,457,458,460,461,467,470,472,473,477,478,487,495,497,500,508,513,527,528,529,535

Europe du Centre　中欧 62,93,97,123

Europe de l'Est　东欧 48,74,93,245,337,470

Europe du Nord　北欧 25,118,124,306,355,473,521

Europe occidentale　西欧 14,62,91,285,335,390,407,461

Européens　欧洲人 36,52,182,183,279,303,325,370,371,374,375,393,399,410,414,419,420,421,423,424,426,427,433,434,439,441,451,457

Évreux　埃夫勒（法）288

Extrême-Orient　远东 15,22,52,123,161,178,179,182,183,185,186,187,189,191,194,196,197,206,331,376,412,417,419,421,422,423,425,428,441,446,451,452,456,457,458,503

Fairfax (famille)　费尔法克斯家族 351

Falun (mines de)　法隆矿 213

Famagouste　法马古斯塔（塞浦）72,108

Fanfani (Amintore)　阿明托尔·范范尼 510

Farnèse (Alexandre)　亚历山大·法尔内塞 118,156

Farolfi (Compagnie des)　法罗尔费公司 105

Fatehpur Sikri　法塔赫布尔西格里（印）427

Faucigny　福西尼（法）240,269

Faulkner (H. U.)　H. U. 福克纳 353

Febvre (Lucien)　吕西安·费弗尔 264,428

Fechner (M. V.)　M. V. 费契奈 381

Felloni (Giuseppe)　朱泽培·范洛尼 143

Fels (André et fils)　安德烈·费尔斯父子公司 209
Fénelon　费奈隆 277
Fens　费恩（英）31
Fergusson (Adam)　亚当·弗格森 513
Fernando Po (île)　费尔南多波岛（比奥科岛）117
Ferrare　费拉拉（意）25,89,414
Fez　费斯（摩洛）78
Fielders　费尔登 516
Fini (Compagnie des)　费尼公司 105
Finlandais　芬兰人 212
Finlande　芬兰 82,83,211,212,213,214,216
Firth (Raymond)　雷蒙·弗恩 9
Fischer　费歇 519
Fiume,voir Rijeka　阜姆,见里耶卡（南）
Flamands　佛兰德人 117,156
Flandre (comté de)　佛兰德伯爵领地 93
Flandre (foires de)　佛兰德交易会 90,95
Flandres　佛兰德 44,45,46,80,82,83,105,108,111,115,123,125,148,217,242,287,293,294,390,419
Fleury (cardinal)　费勒里主教 324
Flinn (H. W.)　H. W. 弗林 483
Florence　佛罗伦萨（意）12,14,24,34,52,63,82,88,90,91,93,95,97,98,102,105,108,116,128,129,135,139,140,243,252,438,472,494,539
Florentins　佛罗伦萨人 117,135,144,280,282,419,520
Flores Galindo (Alberto)　阿尔倍托·弗罗雷斯·加林多 343
Floride　佛罗里达（美）354,379
Fogel (Robert-William)　罗伯-威廉·福吉尔 237
Fohlen (Claude)　克洛德·福赫伦 466
Fontainebleau　枫丹白露（法）233
Ford (société)　福特公司 153
Forsters (banquiers)　福斯特（银行家）525
Foscari (Francesco)　弗朗赛斯科·福斯卡里 98
Foukien　福建 460
Fouquet (Nicolas)　尼古拉·富凯 42
Fourastié (Jean)　让·符拉斯蒂埃 70,257
Fox (Edward C.)　爱德华·福克斯 292,293,295,470

Français 法国人 20,22,53,118,159,170,182,185,189,213,218,221,263,287,302,303,304,312,326,338,340,357,358,359,361,369,376,399,412,413,420,428,429,436,446,447,528

France 法国 10,22,29,31,33,34,36,38,41,42,43,48,54,57,63,69,80,91,93,94,95,98,101,112,113,125,126,127,131,134,136,138,140,143,153,167,169,170,171,172,173,175,196,200,201,206,207,208,210,212,217,218,220,221,222,226,228,230,231,232,233,234,240,241,242,244,245,247,248,249,250,254,258,259,260,261,262,263,264,265,266,267,268,269,270-271,273,274,275,276,277,278,279,280,281,283,285,286,287,288,289,290-291,292,293,294,295,297,298,300,301,302,303,307,312,313,320,321,324,325,326,327,328,329,330,332,340,344,349,353,354,356,358,359,364,366,369,377,391,397,398,405,413,414,427,434,336,446,447,459,460,468,473,477,478,479,487,490,494,495,500,502,520,528,531

Francfort-sur-le-Main 美因河畔法兰克福 177,220,245,475

Franche-Comté 弗朗什-孔代 272,287,289,293,294

François Ier 弗朗斯瓦一世 136,138,276

François de Guise 弗朗斯瓦·德·吉兹 302

Frank (Gunder) 巩特·弗兰克 366

Frêche (Georges) 乔治·弗莱什 300,301

Frédéric (négociants) 弗里德里希（商人）230

Frédéric Ⅱ,empereur 弗里德里希二世（弗里德里希大帝）73

Frédéric Ⅱ de Prusse 弗里德里希二世，普鲁士国王 47,229

Frédéric Barberousse 弗里德里希·巴巴罗萨 89

Frescobaldi (marchands) 弗雷斯科巴尔第（商人）124

Freyre (Gilberto) 吉尔贝托·弗雷里 350

Friederici (Georg) 乔尔格·弗里德里契 368

Friis (Astrid) 阿斯特里·弗里斯 174

Frise 弗里西亚 148,150,153,

155,234
Fromont (Nicolas)　尼古拉·弗洛蒙 220
Fromont (Pierre)　比埃尔·弗洛蒙 220
Fugger　富格尔 10,42,118,123,124,125,126,130,136,138,181,447,475
Furber (Holden)　霍尔登·福伯 446,458,459

Gabriel (Albert)　阿尔贝·加布里埃尔 410
Gagarine (prince)　加加林亲王 42,383
Galiani (abbé)　加里阿尼教士 277,292
Galice　加利西亚（西）147,153
Galles (pays de)　威尔士 250,303,317,320,488,506,508,520
Gallman (C.)　C. 加尔曼 261
Gama (Vasco de)　华斯哥·达·伽马 29,43,90,103,114,117,369,420,424,457
Gambie　冈比亚 376
Gand　根特（比）80,82,129
Gange　恒河（印）8,420,432,438,440,459
Gao (Empire de)　加奥帝国 373
Garcia-Baquero-Gonzàlez (Antonio)　安托尼奥·加西亚-巴克洛-贡萨雷兹 253
Gardane (Paul-Ange-Louis de)　加达纳 407
Garibaldi (Giuseppe)　朱泽培·加里波第 46
Garonne　加龙（法）274,300
Gascon (Richard)　理查·加斯贡 279
Gdansk　格但斯克（波），见但泽
De Geer (marchands)　德·海尔（商人）213
Gênes　热那亚（意）12,21,22,24,43,52,60,63,69,73,82,88,89,90,91,93,95,96,97,98,102,103,105,112,113,116,122,124,127,130,131,132,133,134,135,136,137,138,139,140,141,143,144,145,161,196,205,208,223,226,227,231,251,273,276,279,280,282,285,293,338,524
Genève　日内瓦（瑞士）69,143,147,154,243,272,284,288,289,460; (foire de—),91,475
Genevois　日内瓦人 207,267,284
Génois　热那亚人 43,60,80,93,96,97,111,116,117,126,130,135,136,138,139,140,141,143,

144,174,175,207,221,223,357,419
Genovesi (Antonio) 安东尼奥·詹诺韦西 8
George Ⅲ 乔治三世 467,531
Georgie 乔治亚州（美）335,341,350
Germanie 日耳曼 74,75
Germanique (Empire) 日耳曼帝国 80,113,125
Ghana 加纳 373
Ghâtes 高止山脉（印）436,445
Gibraltar 直布罗陀（西）38,73,74,93,105,114,177,325,403,409,470
Giese (famille) 吉埃斯家族 84
Gimpel (Jean) 让·甘佩尔 470
Girondins 吉伦特党 292
Givet 吉威（法）234
Glamann (Kristof) 克里斯托夫·格拉曼 187,188,191,192,195,253
Glamorgan (comté de) 格拉摩根郡 506
Glasgow 格拉斯哥（英）316,317,319,506,533
Glendower (Owen) 欧文·格伦道尔 303
Gloucester 格洛斯特郡（英）520
Gmelin (Jean-Georges) 约翰-乔治·格墨林 393
Goa 果阿（印）178,181,186,194,412,427,435,452,458
Gobi (désert de) 戈壁沙漠 391
Godounov (Boris) 鲍利斯·戈东诺夫 383
Goga 果冈（印）427
Golconde 戈尔孔达（印）185,445
Goldsmith 戈德斯密斯 261
Gomaristes 戈马尔派 20,162
Gondelour 贡德鲁尔（印）439
Gonzague (famille) 贡扎格家族 240
Göteborg 哥德堡（瑞典）213
Gotland (île de) 哥得兰岛（瑞典）82
Gotlandie 哥得兰（瑞典）212
Goubert (Pierre) 比埃尔·戈贝尔 287
Goudar (chevalier) 古达尔骑士 416
Goudjérate 古杰拉特（巴基）179,181,369,417,441,446,454,456
Gould (A.) A. 古尔德 259,511
Gourou (Pierre) 比埃尔·古鲁 548
Goyaz 戈亚斯（巴西）335,342
Grand Moghol 大莫卧儿 425,

426,429,431,433,436,441,443,445,448
Grandamy (René)　勒内·格朗达米 70,257
Grande-Bretagne　大不列颠 31,38,163,246,251,264,314-315,317,319,347,450,478,490; voir aussi Angleterre
Granville (lord)　格兰维尔勋爵 351
Gras (N.)　N. 格拉 313
Gratchev (manufacturier)　格拉切夫(工场主) 388
Grèce　希腊 73,415,470
Grecs　希腊人 29,397,413,414
Grenade　格列纳达(西) 115,137,140
Grenard (Fernand)　费尔南·格勒那尔 402
Grenoble　格勒诺布尔(法) 243,293
Grenville (Henri)　亨利·格伦维尔 411
Gresham (Thomas)　托马斯·格雷欣 127,304,305,306,309
Grill (négociants)　格里尔(批发商) 230
Griziotti Krestehmann (Jenny)　詹妮·格里齐奥蒂·克雷斯特曼 61
Groningue　格罗宁根(荷) 148,150,153
Groot (Pieter de)　彼得·德·格洛特 167
Grousset (Paul)　保尔·格鲁赛 73
Guadalajara　瓜达拉哈拉(墨) 336
Gualterotti (marchands)　瓜特罗蒂(商人) 124
Guanajuato　瓜纳华托(墨) 339,345,365
Guayaquil　瓜亚基尔(厄) 346
Gueldre　盖尔德斯(荷) 148,150,153
Guha (Amalendu)　古哈(阿马伦都) 503
Guicciardini (Lodovico)　罗杜维科·圭哈尔迪尼 122,147,200
Guichonnet (Paul)　保尔·吉肖奈 242
Guillaume Ⅱ (stathouder)　威廉二世(陆海军统领) 162
Guillaume Ⅲ (stathouder)　威廉三世(陆海军统领) 162,163
Guillaume Ⅳ (stathouder)　威廉四世(陆海军统领) 162,168
Guillaume Ⅴ de Hollande　荷兰的威廉五世 162,233
Guillaume d'Orange　奥伦治的威廉 156,161,308,322

Guinée 几内亚 197,373,376,377,379

Gurneys (marchands) 古尔奈(商人) 525

Gustave Adolphe 古斯塔夫·阿道夫 42,212

Guzzo (Augusto) 奥古斯托·古佐 94

Haarlem 哈勒姆(荷) 153,156,220,229

Habakkuk (H. J.) H. J. 哈巴库 483

Habib (Irfan) 伊方·哈比勃 433,434,435

Habsbourg 哈布斯堡 43,63,124,125,127,170,276,285,402,415

Hainan 海南岛 30

Hainaut 埃诺(法) 294

Haïti 海地 338

Hambourg 汉堡 80,83,102,127,204,208,226,228,229,318

Hambourgeois 汉堡人 295

Hamilton (Earl J.) 依尔·汉密尔顿 69,70

Hanfou, voir Canton

Hanse 汉萨 80,82,83,84,85,86,87,127,212,215

Hanséates 汉萨城邦 80,83,84,118,123,127,174,304,520

Hanson Jones (Alice) 阿里斯·汉森·琼斯 261,362

Häpke (Richard) 里哈尔特·哈普克 20,82

Harris (James) 詹姆士·哈里斯 234

Hartwell (R. M.) R. M. 哈特威尔 481,510,519

Harwick 哈维克(英) 246

Hastings (Warren) 瓦伦·里斯廷斯 459

Hazan (Aziza) 阿齐查·哈藏 60

Heckscher (Éli) 艾利·赫克谢尔 87,246,265

Heesterman (J. C.) J. C. 希斯特曼 460

Heligoland 黑利戈兰(德) 502

Henri II 亨利二世 126,138

Henri III 亨利三世 306

Henri IV 亨利四世 281,303

Henri VII Tudor 亨利七世 245

Henri VIII 亨利八世 138,302

Henri le Navigateur 航海家亨利 30,114

Hertford (comté de) 赫特福德郡 485

Heshen (ministre) 和珅(大臣) 42

Hicks (John)　约翰·希克斯 42, 494, 510
Highlands　苏格兰高地 319, 515
Hilferding　希法亭 521
Himalaya　喜马拉雅山 470
Hintze (Otto)　奥托·兴茨 248
Hirado　平户（日）425
Hirschman (A. O.)　A. O. 希尔奇曼 510
Hobsbawm (Éric)　埃里克·霍布斯鲍姆 495, 508
Hochstetter (marchands)　赫希斯泰特尔（商人）123
Hoffman (W.)　瓦尔特·霍夫曼 66
Hogarth　霍加斯 517
Hollar (W.)　W. 霍拉尔 236
Holker (inspecteur des manufactures)　霍尔克（工场督察）327
Hollandais　荷兰人 45, 46, 85, 97, 148, 155, 158, 159, 161, 170, 172, 175, 176, 177, 179, 180, 181, 182, 183, 184, 185, 186, 189, 191, 193, 194, 196, 197, 198, 199, 201, 202, 203, 205, 208, 212, 213, 215, 218, 220, 221, 222, 223, 228, 230, 274, 277, 285, 295, 308, 338, 349, 352, 357, 359, 369, 380, 398, 410, 412, 420, 426, 428, 429, 441, 447, 457, 460, 534
Hollande (ou Empire hollandais)　荷兰 25, 29, 33, 39, 41, 47, 55, 63, 79, 123, 125, 140, 147, 148, 150, 153, 154, 155, 156, 158, 160, 161, 162, 163, 166, 168, 170, 173, 174, 176, 177, 178, 181, 182, 185, 186, 194, 196, 197, 198, 200, 204, 205, 206, 207, 208, 209, 210, 212, 217, 218, 220, 221, 222, 223, 228, 229, 230, 231, 232, 233, 234, 251, 252, 253, 254, 260, 277, 282, 294, 296, 302, 304, 309, 322, 323, 325, 327, 340, 348, 354, 391, 405, 414, 423, 435, 457, 480, 500, 529
Holstein　荷尔斯泰因 148
Honfleur　翁弗勒尔（法）287
Hong-Kong　香港 449, 521
Hongrie　匈牙利 29, 85, 100, 101, 143, 245, 384
Honschoote　翁斯科特（法）156
Hope (firme)　霍普（商行）203, 209, 220, 234
Hope (Henri)　亨利·霍普 233, 540
Hopkins (Sheila)　歇拉·霍普金斯 70, 257, 512, 532, 533, 535
Houtman (Cornelius)　考奈留斯·豪特曼 178, 419
Howe (W.)　W. 豪 362

Hudde (Johannes) 若昂·许德 191
Hudson 哈得孙河 351
Humboldt (Alexandre de) 亚历山大·洪堡 365
Hume (David) 大卫·休谟 31,324
Huskisson (William) 威廉·赫斯基森 502
Hyde (Charles) 查尔斯·海德 479,491,492

Ibérique (péninsule) 伊比利亚半岛 46,91,125,156,174
Ibn Madjib (Pilote) 伊本·马吉伯(领航员) 369
Ibrahim Ier 易卜拉欣一世 405
Ienisseisk (foire de) 叶尼塞斯克(交易会) 394
Imbert (Gaston) 加斯东·安贝尔 61,64,530
Imhof (marchands) 英霍夫 124
Inca (Empire) 印加帝国 338,370
Incarnati (Lamberto) 朗贝尔托·印卡纳迪 95
Inde 印度 8,14,15,24,29,33,36,38,42,48,63,89,178,179,181,182,183,185,187,192,194,223,227,230,251,328,363,364,368,369,373,374,375,382,394,397,403,409,410,417,418,419,421,422,423,426,427,428,429,432,433,434,435,436,438,439,440,441,443,445,446,447,448,449,450,451,454,456,457,458,459,460,495,497,500,502,503,508,512,538
Inde anglaise 英属印度 52,327
Indes 印度人 108,123,140,141,175,178,181,182,183,187,233,316,318,321,357,359,369,377,398,399,403,405,412,413,425,426,436,440,447,495,502
Indes néerlandaises 荷属印度 194
Indes occidentales 西印度 117,321,355
Indes orientales 东印度 178,183,222,456
Indien (océan) 印度洋 14,15,16,42,88,97,117,123,177,179,181,182,309,369,375,391,403,407,412,413,417,421,424,446,451,452,454,457
Indiens 印第安人 46,49,182,337,338,339,340,341,342,345,346,360,367,368,396,399,424,427,433,436
Insulinde 南洋群岛 14,36,42,178,179,181,182,192,210,222,223,251,331,417,418,419,426,

427,428,429,440,448,451,452,453,454,455,456,457,459
Innis (Harold Adams)　哈罗德·亚当斯·伊尼斯 510
Invincible Armada　无敌舰队 22,23,426
Iran　伊朗 42,183,382,391,397
Irbits　伊尔比特（英）390,394
Irkoutsk　伊尔库茨克（苏）393,394,395,397,398
Irlandais　爱尔兰人 319,320,348,349,488
Irlande　爱尔兰 31,115,248,249,250,303,317,319,320,321,329,348,488,502,506
Irlande (mer d')　爱尔兰海 74,82
Irtys　额尔齐斯河 392
Islam　伊斯兰 14,17,50,52,63,74,77,78,86,87,88,89,90,102,113,114,135,331,369,373,375,397,402,403,405,410,412,417,421,428,441,447,451,454,456
Islamoglu (Henri)　亨利·伊斯拉摩格鲁 415
Islande　冰岛 158
Ispahan　伊斯法罕（伊朗）20,42,43,398,410,427
Istanbul　伊斯坦布尔（土）14,20,42,43,112,177,375,397,398,402,403,405,408,410,411,414
Istrie　伊斯特里亚 26,100,101
Italie　意大利 20,22,34,38,41,43,44,47,52,53,54,63,73,74,77,78,79,80,87,90,91,94,95,101,105,125,127,135,136,139,140,144,145,146,172,177,201,206,208,240,242,245,250,264,274,276,277,282,283,285,288,293,294,313,390,398,419,472,473,475,476,477,500,508,521,529
Italie du Nord　北意大利 12,43,78,90,91,245,293
Italie du Sud　南意大利 33,73
Italiens　意大利人 29,94,118,128,230,279,282,357,443,475
Ivan Ⅳ (Ivan le Terrible)　伊凡四世 85,384,385,392
Ivanovo　伊万诺沃（苏）387,388

Jacquemont (Victor)　维克多·雅克蒙 421
Jacques Ier d'Angleterre　英格兰的詹姆斯一世 317,478
Jacques Ⅱ　詹姆斯二世 161
Jacques Ⅵ d'Écosse　苏格兰的詹姆斯六世 317
Jain (L. C.)　L. C. 杰恩 429

Jaipour 斋浦尔（印）448
Jalapa 哈拉帕（墨）336
Jamaïque 牙买加 49,51,343,344,345,350,354,357,377,500,502,503
Jameson (Franklin) 富兰克林·詹姆森 351
Janina (golfe de) 伊奥尼亚湾 414
Japon 日本 14,179,181,182,183,184,185,264,331,381,419,423,425,428,451,457,461,467
Japonais 日本人 183
Jasques 贾斯克（伊朗）427
Java 爪哇（印尼）178,186,198,222,223,451,452,453,454,456
Javanais 爪哇人 179,422,457
Jean I[er] de Portugal 胡安一世 114
Jean Ⅱ de Portugal 胡安二世 114
Jean Ⅵ 胡安六世 355
Jeannin (Pierre) 皮埃尔·让南 161
Jeejeebhoy (J.) J. 吉吉勃霍依 448
Jefferson (Thomas) 托马斯·杰弗逊 345,350
Jizig (marchand) 杰切格（商人）229
Jones (E. L.) E. L. 琼斯 480,483,484,520
Jougdia 茹格迪亚（印）427
Joulfa 朱尔法（伊朗）42
Juifs 犹太人 17,20,156,179,422
Julitabroeck 于利塔布鲁埃克（瑞典）210
Jutland 日德兰半岛（丹）82,148

Kalmouks 卡尔梅克人 394
Kaminec 赫梅利尼茨基（苏）407
Kamtchatka 堪察加 392
Kan Mustapha (Grand Vizir) 穆斯塔发·汗 405
Kandahar 坎大哈（印）422
Kandy 康提（斯里）186
Karls Krona 卡尔斯克鲁纳（瑞典）212
Kasvin 卡斯文（伊朗）382
Kattegat 卡特加特海峡 213
Kazan 喀山（苏）381,382,397,409
Kellenbenz (Hermann) 赫尔曼·凯伦本兹 28
Kerpoy 凯尔普瓦（印）427
Keyder (çaglar) 萨格拉尔·凯岱尔 415
Keynes 凯恩斯 65,68,261,541,545
Kiatka 恰克图（苏）394,395,397
Kienast (W.) W. 吉纳斯特 43
Kiev 基辅（苏）390

Kilburger (J. P.)　J. P. 基尔伯格 389
Kilwa　基卢瓦岛（坦桑）369
Kindleberger (Charles P.)　查理·金特尔伯吉 205,251,253
King (Charles)　查理·金 200
King (Gregory)　格里高利·金 254,257,261,262,519
Kiou Siou　九州（日）179
Kipling (Rudyard)　鲁迪亚尔·吉卜林 443
Kirghizes　吉尔吉斯人 393
Kitchin　基钦 57
Klein (P. W.)　P. W. 克莱茵 161
Kœnigsberg　坎尼斯堡 245
Kongo　刚果 371,374,375,379
Korčula　科尔丘拉（南）90,95
Kossmann (E. H.)　E. H. 科斯曼 163
Koweit　科威特 259
Kra (isthme de)　克拉地峡 452
Krasnoïarsk (foire de)　克拉斯诺亚尔斯克交易会 394
Krœbner　克罗伯奈尔 466
Kula (Witold)　维托德·库拉 9,57,68
Kulischer (Joseph)　约瑟夫·库里谢 8
Kutna Hore　库特纳霍拉（捷）474
Kuznets (Simon)　西蒙·库兹涅茨 237,255,261,465,511,512

Labat (Jean-Baptiste)　让-巴蒂斯特·拉巴神甫 376
Labrousse (Ernest)　厄内斯特·拉布鲁斯 68,231,269,488,494,528,531
La Court (Pieter de)　彼得·德·拉古尔 149,150,158,173,198
Ladoga (lac)　拉多加湖 387,390
La Faille (Jacques de)　雅克·德·拉法伊 156
Lagny-sur-Marne　马恩河畔拉尼 90,419
La Havane　哈瓦那（古）172,357,359,379
La Haye　海牙（荷）153,161,162,163,168,169,170,207,218,227,229,244,416
Lahore　拉合尔（巴基）427
Lahribandar　勒赫里港（巴基）427
La Mecque　麦加（沙特）412,445,453,
Lami (Eugène)　欧仁·拉米 249
Lancashire　兰开夏（英）488,506,527
Lancaster　兰开斯特（英）457
Lancaster (James)　詹姆斯·兰开

斯特 182

Landes (David) 大卫·朗德 465, 493

Lane (Frédéric C.) 弗雷德里克·劳恩 109,472

Lange (Lorents) 洛伦茨·朗奇 398

Langres 朗格勒(法)293,294

Languedoc 朗格多克(法)240, 243,244,287,289,295,298

La Pérouse (Jean-François de Galaup, comte de) 拉佩鲁兹伯爵 461

Lappstrand 拉普斯特朗(苏)214

Laquedives 拉克代夫岛 424

Laredo 拉雷多(西)174

La Rochelle 拉罗歇尔(法)287, 289,293,298,317,340

Las Casas (Barthélemy de) 巴托洛美·德·拉斯卡萨斯 337

Las Cortes (Père de) 拉斯戈台斯神甫 421

Laslett (Peter) 彼得·拉斯莱脱 51

Las Navas de Tolosa 托洛萨的拉斯纳瓦斯(西)74

La Thuillerie (ambassadeur) 拉杜依勒里(专使)173

Laval 拉瓦尔(法)186

Lavisse (Ernest) 厄内斯特·拉维斯 241

Lavoisier 拉瓦锡 254

Law (John) 约翰·劳 38,189, 286,359

Leake (marchands) 利克(商人) 60

Le Blanc (abbé) 勒勃朗教士 52, 53

Le Caire 开罗(埃)139,403,410, 412,413,414,419

Leeds 利兹(英)205,266,488, 496,497,520

Le Havre 勒阿弗尔(法)293,303

Leicester (comte de) 莱斯特伯爵 176

Leicester (comté de) 莱斯特郡(英)485

Leipzig 莱比锡(德)29,177,209, 220,228,284,398,415

Leith 利斯(英)317

Le Maire (Isaac) 伊萨克·勒美尔 173

Léman (lac) 莱芒湖(日内瓦湖)(瑞士)212

Léna 勒拿河(苏)392

Lénine 列宁 547

Léon (Pierre) 皮埃尔·莱翁 66, 287

Leontieff (Wassily)　瓦西里·列昂捷夫 207,237
Le Play (Pierre-Guillaume-Frédéric)　勒普拉 386
Le Pottier de la Hestroy　勒波蒂埃·德·拉海斯特罗瓦 202,220,355
Lergue (bassin de la)　莱尔格河 240
Le Roy Ladurie (Emmanuel)　勒鲁瓦·拉杜里 289
Lescure (Jean)　让·莱斯库尔 237
Levant　勒旺地区 17,52,60,63,80,89,92,97,102,103,108,111,112,113,116,124,130,139,146,161,181,183,195,201,251,284,309,403,405,407,410,413,414,415,423,426,475,495
Levant Company　勒旺公司 321
Levasseur (Émile)　艾米尔·莱瓦索 494
Lewis (Archibald)　阿契波德·刘易斯 74
Lewis (Arthur)　阿瑟·刘易斯 465
Leyde　莱顿（荷）125,148,153,155,228,234
Liebig (Justus, baron de)　尤斯图斯·李比希 401
Liège　列日（比）80,213
Lille　里尔 288,293,294
Lima　利马（秘鲁）357,358,360,368
Limagne　利马涅（法）298
Limoges　利摩日（法）298
Limousin　利穆赞（法）244,289,298,300
Lisbonne　里斯本（葡）22,29,43,46,51,78,83,103,115,116,117,118,123,124,129,136,141,174,179,182,197,243,280,338,355,364,425,457
Lithuanie　立陶宛（苏）29,210
Liverpool　利物浦（英）266,316,321,338,377,488,506,525,527
Livonie　里伏尼亚 49,212,214,380
Livourne　里窝那（意）20,60,146,177,204,415
Lizarraga (évêque)　里扎哈加 346
Lloyds (marchands)　劳埃德（商人）525
Locke (John)　约翰·洛克 308,309
Lodévois　洛代沃瓦（法）240
Lofoten (îles)　罗弗敦群岛（挪）84
Loire (fl.)　卢瓦尔河 36,217,245,248,274,275,289
Lombard (Maurice)　莫里斯·隆巴

尔 77

Lombardie 伦巴第（意）91,97,141,143,475

Londres 伦敦（英）19,20,21,22,26,28,33,39,51,52,53,78,80,83,84,93,102,112,129,140,145,202,205,208,220,221,222,226,227,228,230,245,252,255,274,277,280,282,285,296,301,303,304,306,307,308,309,310-311,313,314,315,316,317,318,321,323,325,326,327,338,344,345,352,353,355,364,366,391,398,400,403,422,426,427,428,436,473,478,484,485,490,493,500,503,504,506,508,516,517,518,519,520,521,525,526,527,529,534;—（Bourse de），127，228，304,364,365,529,539

Lopez（Roberto） 罗伯托·洛佩斯 77,135

Lorient 洛里昂（法）289

Lorraine 洛林地区（法）34,244,272,287,288,289,293,294,508

Louis Ⅸ 路易九世 89,94,276

Louis Ⅺ 路易十一 242,245,252,269,276,279,384,445

Louis Ⅻ 路易十二 268

Louis ⅩⅣ 路易十四 33,41,47,69,113,131,140,147,161,170,171,172,182,189,212,218,267,269,283,287,292,327,344,358

Louis VX 路易十五 258,261,268,269

Louis VIX 路易十六 231,262,286,531

Louisiane 路易斯安那（美）345,359

Loundes（William） 威廉·朗迪斯 308

Louvain 卢万（比）66,80

Lowlands 苏格兰低地 245,317,319

Lübeck 吕贝克（德）80,82,83,84,85,86,87,102,212,213,398,475

Lublin 卢布林（波）84

Lucques 卢卡（意）48,129

Lucquois 卢卡人 135,280,419

Lufti Barkan（Omer） 奥梅尔·吕夫提·巴尔坎 408

Lukacs（Giörgy） 格奥尔基·卢卡奇 9

Lünebourg 吕讷堡（德）83

Lutfalla（Michel） 米歇尔·吕特法拉 61

Lütge（Friedrich） 弗里德里希·吕特格 333

Luxembourg (Rosa) 罗莎·卢森堡 50
Luzzatto (Gino) 吉诺·吕扎托 77,103,107
Lwow 利沃夫（波兰,今苏联）398
Lyon 里昂（法）29,124,126,143,204,247,273,274,278,279,280,281,282,283,284,287,288,289,293,295,301,306,313,391;—(foires de),91,280,283,284,305,526
Lyonnais (le) 里昂地区 272,293,298

Macao 澳门 60,116,179,181,186,222,421,425,427,456,458
Macarek 马卡雷克（苏）394
Macassar 望加锡（印尼）180,181,185,187,189,454
Machiavel 马基雅弗利 241,245,443
Mâconnais (le) 马孔内（法）273
Macpherson (D.) 麦克弗森 503
Madagascar 马达加斯加 178,394
Madère 马德拉岛（葡）117,218,353,373
Madras 马德拉斯（印）421,422,427,441
Madrid 马德里（西）22,29,36,46,52,69,108,139,140,179,243,338,358
Magalhães Godinho (V.) 马加拉埃斯·戈蒂诺 124,372,455
Maffei (comte Francesco Scipione) 马费伊伯爵 41
Magellan 麦哲伦 16,452,456
Mahan (Amiral) 马汉（海军上将）22
Maharashtra 马哈拉施特拉（印）434
Mahé 马埃（印）421,447
Mahrattes 马哈拉施特拉人 443,445,446
Maillet du Clairon 马耶·杜·克莱隆 227,231
Maine 曼恩（法）287,335
Majopahit 麻喏巴歇王朝 452
Makar′ev 马卡列夫（苏）390
Malabar 马拉巴尔（印）8,181,417,438
Malabars 马拉巴尔人 456
Malacca 马六甲 20,179,181,182,183,186,418,451,452,453,454,456,457
Malais 马来人 421
Mälar (lac) 梅拉伦湖（瑞典）212,213,245
Maldives 马尔代夫 178,424

Malfante (marchand) 马尔方特(商人) 105
Mali 马里 373
Malines 马林(今比利时之梅赫伦) 80
Malouins 圣马洛商人 276,295,296,297
Malowist (Marian) 马里安·马洛威斯特 375
Malte 马耳他 73,161
Manche (mer) 英吉利海 47,74,82,127,217,286,287,302,303,329,504,531
Manchester 曼彻斯特(英) 266,313,488,496,505,506,520,527
Mandchous 清朝 397,460
Mandelslo (Johann Albrecht) 约翰·阿尔勃莱希特·芒代尔斯罗 439
Mandingues 芒丹格人 377
Mangalore 门格洛尔(印) 436
Manille 马尼拉(菲) 60,179,183,418,421;— (galion de),17,60,348,423
Manrique (marchand) 芒里克(商人) 422
Mantoue 曼图亚(意) 240,241
Maracaïbo 马拉开波(委) 359
Marcello (Bartholomeo) 巴托罗缪·马尔切罗 113
Marchal (André) 安德烈·马夏尔 61
Marches 马尔凯(意) 48
Marcuse (Herbert) 埃贝尔·马尔库塞 542,543
Marczewski (Jean) 让·马克祖斯基 237,254
Marguerite de Parme 帕尔马的玛格丽特 127
Mariannes (îles) 马里亚纳群岛 454
Marie-Thérèse 玛丽·泰莉莎 143,262,407
Marie Tudor 玛丽·都铎 303
Marignan 马里尼亚诺(法) 276
Markovitch (T. J.) T. J. 马科维奇 329
Marne 马恩河 80,91,274
Maroc 摩洛哥 115,116,117,335,403,405
Marquises (îles) 马克萨斯群岛 278
Marro 马罗河(意) 130
Marseille 马赛(法) 25,94,107,131,134,141,183,243,248,274,275,280,284,287,289,293,295,300,301,391,398,407,415,427
Martigny 马蒂尼(法) 240

Martin (François)　弗朗斯瓦·马丁 422
Marx (Karl)　卡尔·马克思 16,26,42,44,337,466,485,489,513,543,544
Maryland　马里兰（美）341,350,351
Mascareignes　马斯克林群岛 178
Massachusetts　马萨诸塞（美）338,349,351
Masse (Massa)　马萨（意）130
Massif Central　中央高原 272,273,287,288
Mataran　马塔兰（印尼）187
Mathias (Peter)　彼得·马赛厄斯 263,328,484,516,518,529
Maurice de Nassau　拿骚的莫里斯 154,162,163,179,197
Mauro (F.)　F. 莫罗 363
Maximilien d'Autriche　奥地利的马克西米利安 112,245
Mazarin　马扎林 29,170,173
Mazaron　马萨龙（西）137
Mazulipatam　默苏利泊德姆（印）181,412,439
Mc Cartney (George)　乔治·麦卡特内 49
Mecklembourg　梅克伦堡（德）29,212
Mecklembourg-Strelitz (prince de)　梅克伦堡-施特雷利茨亲王 208
Médicis　梅迪契 177,447
Medina del Campo　坎波城（西）280
Medina Sidonia (duc de)　梅迪纳西多尼亚公爵 175
Méditerranée (mer)　地中海 12,14,18,22,25,43,63,78,79,80,83,84,86,87,88,89,90,93,94,95,96,102,103,104,115,116,125,128,145,146,156,174,175,177,248,261,293,296,309,353,375,403,410,411,412,413,415,419,451,456,472,473,500
Melinde　梅兰德（肯）369
Melis (Federigo)　费德里哥·梅利斯 78
Melon (Jean-François)　让-弗朗斯瓦·默隆 189,202
Memling　梅姆灵 80
Mendips　门迪普（英）485
Mendoza　门多萨（阿根）346
Mersey　默西河（英）505
Merthyr Tydfil (mines de)　梅瑟蒂德菲尔矿 506
Messine　墨西拿（意）33,135,243,280,415
Methuen (lord)　梅森爵士 26,38,

309
Metz 麦茨（法）200，243，264，293，294
Meuse 默兹（法）157，200，272，274
Meuvret (Jean) 让·默弗莱 528
Mexicains 墨西哥人 362
Mexico 墨西哥城 336，337，339，348，360，365，368
Mexique 墨西哥 63，335，336，337，338，339，345，346，361，363，364，365
Meyerson (Ignace) 伊格纳斯·迈耶松 333
Mezières 梅齐埃尔（法）274，293
Mezzogiorno 意大利南部地区 38，414
Miani (Gemma) 杰玛·米亚尼 477
Michel Ange 米开朗琪罗 33
Michelet (Jules) 茹尔·米希勒 241
Michiel (Vitale) 维塔尔·米奇尔 89
Mickwitz (G.) G. 米克维茨 214
Middelburg 米德尔堡（美）196
Middlebourg (Banque de) 米德尔堡银行 153
Midi (canal du) 米迪运河 300
Midlands 英格兰中部地区 485
Milan 米兰（意）12，95，97，98，101，102，129，131，136，141，143，293，407，472，475，477
Milanais 米兰人 144
Milanais (le) 米兰地区 130，242
Minas Geraes 米纳斯吉拉斯（巴西）342
Ming 明朝 21，417
Mittau 米塔瓦（苏）17
Mocenigo (Tomaso) 托马索·莫塞尼戈 97，98，99，102
Modave (comte de) 莫达夫伯爵 459
Modon 迈索尼（希）414
Moghol (Empire) 莫卧儿帝国 42，48，252，397，431，441，442，443，445，460
Moghols 莫卧儿人 431
Mojopahit (Empire de) 麻喏巴歇王朝 452，454
Moka 莫卡（毛里求）183，412，413，422，423，427
Moluques 马鲁古（印尼）179，181，184，231，454，456
Mombasa 蒙巴萨（肯）369
Mommsen (Theodor) 泰奥多尔·蒙森 538
Monaco 摩纳哥 130

Mongolie　蒙古 14,397
Mongols　蒙古人 393,417
Mongorpoze　蒙高普兹（印）427
Monomotapa　莫诺莫塔帕（莫）29,369,371,375,419
Mons　蒙斯（比）294
Montauban　蒙托邦（法）300
Mont-Cenis　塞尼山 93
Monte Gargano　加尔加诺山 26
Montesquieu　孟德斯鸠 20
Montets (Col)　蒙泰山口 31
Monticello　蒙蒂塞洛（美）350
Montpellier　蒙彼利埃（法）82,240,243
Morazé (Charles)　夏尔·莫拉泽 528
Moreland (W. H.)　W. H. 莫尔朗 222
Moret-sur-le-Loing　卢万河畔莫雷（法）272
Moreyra (M.)　M. 莫莱拉 362
Morgado (Alonso)　阿朗索·莫高铎 21
Morineau (Michel)　米歇尔·莫里诺 68,176,250,289,292,416
Mortimer (Thomas)　托马斯·莫蒂默 324
Morzine (vallée de)　莫尔济讷峪（法）31
Moscou　莫斯科 17,43,54,245,381,382,384,387,389,391,394,397,398,400,405,448
Moscovie　莫斯科公国 14,17,42,52,85,153,211,331,380,382,384,390,391,398,460
Moscovy Company　莫斯科公司 380
Moustafa (sultan)　穆斯塔法（苏丹）416
Mozambique　莫桑比克 178,181,369
Msta　姆斯塔河 387
Mun (Thomas)　托马斯·曼 307
Munich　慕尼黑（德）243
Munnich (comte)　门尼克伯爵 388
Münster　明斯特（德）169
Murano　穆拉诺岛 89,111
Murshidabad　穆尔希达巴德（印）448
Mysore　迈索尔（印）436

Näf (Werner)　威纳尔·纳夫 268
Nagasaki　长崎（日）421,427
Nancy　南锡（法）243,293,294
Nankin　南京 21
Nantes　南特（法）204,217,280,285,287,288,289,293,295,338,

377
Naples 那不勒斯（意）25，33，101，134，136，141，285，414，415；—（royaume de），8，250
Narbonne 纳博讷（法）293
Narva 纳尔瓦（苏）380，391
Naves（île des，Ilha das Naos） 船岛 452
Necker 奈克尔 282，288
Néerlandais 尼德兰人 115，146，174，178，187，206，213，217
Nef（John U.） 约翰·内夫 475，477，478，480，485
Négrepont 埃维亚（希）22，89
Negri（P.） P. 奈格里 476
Nertchinsk 涅尔钦斯克（苏）393，394，397
Neufville 纳夫维尔（法）282
Neufville（maison） 纳夫维尔商行 220，227，228，229
New Amsterdam 新阿姆斯特丹岛（圭）198
Newcastle 纽卡斯尔（英）313，478，504，506
New Hampshire 新罕布什尔（美）349，350
New Jersey 新泽西州（美）350，351，546
Newton（Isaac） 伊萨克·牛顿 309，513
New York 纽约 20，21，24，198，226，231，336，341，343，349，350，544，546
New York（État de） 纽约州 338，349，351
Neys（Pieter） 彼得·奈依斯 194
Nice 尼斯（法）130，131
Nicolas Ier 尼古拉一世 392
Niemeier（G.） G. 尼埃梅耶 26
Niger 尼日尔 375
Niitemaa（V.） V. 尼特马 214
Nijni-Novgorod，voir Novgorod 下诺夫哥罗德，见诺夫哥罗德（苏）
Nikitnikov（Gregor） 格里高利·尼基特尼可夫 384
Nîmes 尼姆（法）141
Noire（mer） 黑海 63，89，102，113，135，381，392，397，398，403，405，407，410，411，412
Noirs 黑人 29，319，338，340，341，342，343，351，371，373，374，376，396，419
Nombre de Dios 农布雷·德迪奥斯 336
Nord（mer du） 北海 47，63，74，78，80，82，83，84，93，94，95，116，127，153，157，172，212，293，302，303，428

Nordeste 诺德什蒂（葡）46，51，196，197，341，350
Nordmann（Claude） 克洛德·诺尔特曼 212
Nordthumberland（lord） 诺桑伯兰伯爵 324
Normandie 诺曼底 80，243，244，297，326，473
Normands 诺曼底人 80，87
Norrland 诺尔兰（瑞典）210，211
North（D. C.） 道格拉斯·诺斯 510
Northampton 北安普敦（英）315，520
Northampton（comté de） 北安普敦郡 485
Northumberland（comté de） 诺森伯兰郡 488
Norvège 挪威 18，83，84，154，201，214，317
Norvégiens 挪威人 82，84
Norwich 诺里奇（英）496，504，520，525
Nottingham 诺丁汉（英）525
Nottingham（comté de） 诺丁汉伯爵领地 485
Nouveau Monde 新大陆 48，52，75，125，156，174，196，197，198，279，295，306，327，333，337，338，340，341，343，344，346，347，348，355，359，366，367，368，378，393，405，412，423，457
Nouvelle-Angleterre 新英格兰 349，351，352，354，366，371
Nouvelle Compagnie des Brabançons 布拉邦特新公司 222
Nouvelle-Espagne 新西班牙 60，296，306，335，337，339，342，345，359，360，361
Nouvelle-Galice 新加里西亚 336
Nouvelle-Grenade 新格列纳达 346
Nouvelle-Orléans 新奥尔良（美）379
Novalis（Frédéric） 弗里德里希·诺瓦利斯 9
Novasemble（côtes de） 新地岛沿海 158
Novgorod 诺夫哥罗德（苏）78，82，83，84，85，384，386，388，391，392
Novi 诺维（南）284
Nuremberg 纽伦堡（德）85，95，102，280，293
Nurske（Ragnar） 雷格那尔·努斯克 38，510

O′Brien（P.） 帕特里克·奥布赖

恩 263,328

O′ Connor (J.) J. 奥康纳 541

Odessa 敖德萨（苏）391,398

Offe (G.) G. 奥夫 541

Ogg (David) 达维·奥格 520

Oglethorpe (John) 约翰·奥格尔索普 341

Oisans (massif de) 瓦桑高原（法）31

Oise 瓦兹（法）274

Oldecop (J. H. F.) J. H. F. 奥尔特考普 189,209,229,230,233,234

Olinda 奥林达 196

Olivarès (comte-duc d′) 奥利瓦雷斯大公 69,140,170,177

Omrahs (les) 欧姆拉赫 443

Omsk (foire de) 鄂木斯克交易会 394

Omsk 鄂木斯克（苏）394

Ona 奥纳河 393

Oneglia 奥内利亚（意）130

Oost Indische Compagnie, voir Compagnie hollandaise des Indes orientales 荷兰东印度公司

Oran 奥兰（阿尔及）44,52

Orel 奥廖尔（苏）400

Orientaux 东方人 13

Orléans 奥尔良 258,274,275,277,281

Orloff (Alexis Grigorievitch) 阿列克西·格里哥列维奇·奥尔洛夫 416

Orly 奥利（法）94

Ormuz (île d′) 霍尔木兹岛 382,418,421

Orna (île d′) 奥尔纳岛 359

Orrery 奥兰利 47

Orry (Philibert) 菲利贝尔·奥利 297,298

Osmanlis 奥斯曼苏丹 112,113,380,402

Ostende 奥斯坦德 285

Othe 奥脱森林 240

Ottomans 奥斯曼帝国 405

Oural 乌拉尔 392,400

Ours (îls aux) 熊岛（挪）158

Overyssel 上艾瑟尔（荷）150,153

Owen (Robert) 罗伯特·欧文 496

Oxford 牛津（英）443,465

Pacheco (Duarte) 图瓦特·帕谢库 117

Pacifique (océan) 太平洋 16,197,266,346,397,417,452,454,457,461,470

Padoue 帕多瓦（意）97,403

Palatins　帕拉丁人 348
Palembang　巨港（印尼）452
Paléologues　帕莱奥洛格家族 90，135
Palerme　巴勒莫（意）33，135，221，243，280
Pallas (Pierre Simon)　皮埃尔·西蒙·帕拉斯 387
Palmares　帕尔马里斯共和国 335
Palomba (Giuseppe)　朱泽培·帕隆巴 66
Pampa　阿根廷大草原 366
Pampius　潘皮斯（荷）152
Panama　巴拿马 336，343，345，346，357，360
Papagno (Giuseppe)　朱泽培·帕巴诺 194
Papin (Denis)　德尼·帕潘 469
Parahyba　帕拉伊巴（巴西）46，197
Paraiba　帕拉伊巴（巴西）339
Parana　巴拉那河 344
Paris　巴黎（法）26，29，53，82，91，94，198，226，230，246，274，275，277，278，279，280，281，282，283，284，285，286，287，288，289，295，297，312，313，321，325，335，340，349，364，391，400，401，413，428，475，506，527，528
Parsis　祆教商人 422，436，448
Partecipazio (Justinian)　尤斯丁尼·帕脱希巴齐奥 88
Passamans　帕萨芒（印尼）222
Passarowitz　帕萨罗维茨（今波扎雷瓦茨，南斯拉夫）41，113
Patna　巴特那（印）427，439
Paul Ier　保罗一世 386
Paulistas　圣保罗探险队 333，344
Pays-Bas　尼德兰 28，38，43，73，78，80，84，85，90，94，95，102，112，117，123，124，125，127，128，129，139，140，141，149，156，162，163，170，171，174，176，177，244，245，272，274，277，285，287，293，294，302，307，309，473，475，477，478
Pearson (N. M.)　N. M. 皮尔逊 445
Pedro Ier　佩德罗一世 355
Peel (Robert)　罗伯特·皮尔 514，516
Pégou　勃固（缅）185，453，459
Pékin　北京 22，43，383，391，394，397，398
Pels (André et fils)　安德烈·佩尔 231
Pelsaert (Francus)　弗朗库斯·彼勒赛尔特 435
Pennine (chaîne)　奔宁山脉 494，

520
Pennsylvanie 宾夕法尼亚（美）338,348,350,351
Périgord 佩里戈尔（法）300
Perm 彼尔姆（苏）383
Permacody 439
Pernambouc 伯南布哥（巴西）45,46
Peroti 彼洛蒂（墨）365
Pérou 秘鲁 197,306,334,336,339,340,344,346,347,357,359,360,364,368,478
Perrot (Jean-Claude) 让-克洛德·佩罗 300
Perroux (François) 弗朗斯瓦·佩鲁 34,511
Persans 波斯人 179,443,446
Perse 波斯 17,113,182,183,185,369,391,394,397,403,407,410,411,415,419,436,441,442,460
Persique (golfe) 波斯湾 102,402,403,405,417,419,423,459
Pesaro 佩萨罗（意）414
Peste Noire 黑死病 62,85,93,95,115,268,338,473
Pétrarque 佩特拉克 106
Petty (William) 威廉·配第 254,277,513
Phénicie 腓尼基 14
Philadelphie 费城（美）335,349,353,366
Philippe Ⅱ 菲力浦二世 22,29,43,113,127,136,175,245,357,456
Philippe Ⅳ 菲力浦四世 22
Philippe Ⅴ 菲力浦五世 358
Philippe Auguste 菲力浦·奥古斯特 94,276
Philippe le Bel 美男子菲力浦 93
Philippe le Hardi 大胆汉菲力浦 93
Philippines 菲律宾 421,426,452
Philipps (commodore) 菲力浦斯（海军准将）327
Phocée 福西亚（希）135
Picardie 皮卡第（法）287,326
Pichegru (Charles) 夏尔·皮什格吕 47
Piémont 皮埃蒙特（意）206,243,245
Pierre (île de la, Ilha da Pedra) 石岛 452
Pierre le Grand 彼得大帝 113,331,380,384,385,386,387,397,398,399
Pieterszoon Coen (Jean) 约翰·彼得松·考恩 181,426
Pillet (commandant) 比野（营长）

533,534
Pinto (Isaac de)　伊萨克·品托 74,149,167,168,222,249,254,312,324
Pirenne (Henri)　昂利·比兰纳 28,80,82,118,538
Pires (Tome)　托姆·佩尔斯 456
Pisani (Vettor)　费托尔·皮萨尼 95
Pisans　比萨人 87
Pise　比萨 88,89,90,97,135,398
Pitt (William)　威廉·皮特 312,326,327
Pitt (William, dit le Second)　威廉·皮特（小皮特）321,324
Pizarre (frères)　皮萨罗兄弟 368
Plaisance (foires de)　皮亚琴察交易会 139,144,280
Plantagenêts　金雀花王室 43,302
Plassey (bataille de)　普拉西战役 443,446,459,500
Plymouth　普利茅斯（英）352
Poirier (Jean)　让·普瓦利埃 9
Poitou　普瓦图（法）287,289,298,300,340
Polanyi (Karl)　卡尔·波拉尼 214
Polo (marco)　马可·波罗 90,107
Pologne　波兰 17,29,36,41,85,101,127,177,211,215,216,240,245,265,320,341,380,382,383,384,400,415
Pombal　蓬巴尔 259
Poméranie　波美拉尼亚 84,212
Pomponne (Simon Arnaud de)　西蒙·阿尔诺·德·蓬博纳 159,170,171,191,201,202,218
Pondichéry　本地治里（印）422,439
Poni (Carlo)　卡洛·波尼 476
Pontchartrain (Jérôme, comte de)　热洛姆·蓬夏特朗伯爵 292
Pontorson　蓬托尔松（法）297
Ponz (Antonio)　安东尼奥·邦斯 147,274
Popayan　波帕扬（哥伦）346
Porchnev (Boris)　波里斯·鲍什涅夫 543
Port-Louis　路易港 284
Porto　波尔图（葡）51
Portugais　葡萄牙人 46,97,103,114,117,118,123,139,156,172,174,177,179,181,182,186,197,198,304,344,352,357,369,371,373,374,376,377,379,399,420,421,422,425,426,428,429,447,452,454,456,457
Portugais (Empire)　葡萄牙帝国 178,181,182

Portugal 葡萄牙 17,22,26,30,36,38,45,46,80,103,113,114,115,116,117,122,123,124,125,174,175,178,197,198,201,204,205,243,259,309,312,317,327,335,350,353,354,361,372,374,425,456,457,500,533
Potosi 波托西(玻)340,344,357
Pougatchev 布加乔夫 386
Pouilles 普利亚(意)25,26
Pragues 布拉格(捷)548
Prato 普拉托(意)78,328,546
Prescot (marchand) 普雷斯科特(商人)60
Prevesa 普雷韦扎(希)403
Prévost (abbé) 普雷沃神甫 459
Priuli (doge) 普里乌利总督 112
Priuli (Domenico) 多梅尼科·普里乌利 101
Proche-Orient 近东 124,402,407,421,456
Provençaux 普罗旺斯人 273
Provence 普罗旺斯 243,287,289,293
Provinces-Unies 联合省 24,28,34,39,45,141,147,148,149,150,152,153,154,155,156,157,159,161,162,166,168,169,170,171,173,174,175,178,179,194,196,197,198,201,220,229,232,233,244,250,254,256,261,269,274,277,293,307
Provins 普罗万(法)90,91,93,419
Prusse 普鲁士 201,229,234
Prussiens 普鲁士人 234
Pskov 普斯科夫(苏)389
Puerto Belo 贝洛港(巴西)336,357
Puerto Rico 波多黎各 359
Pyrard (François) 弗朗斯瓦·皮拉德 186

Qianlong (empereur) 乾隆皇帝 42
Quesnay 魁奈 261
Quiros (José Maria) 胡塞·玛丽亚·基洛斯 361
Quito 基多(厄)336,342,346

Radziwill (princes) 拉济维乌亲王 34
Ragusains 拉古萨人 397,398
Raguse, voir Dubrovnik 拉古萨,见杜布罗夫尼克(南)
Raguzinskii (Sava Lukich Vladislavich) 萨瓦·路基奇·弗拉迪斯拉维奇·拉古琴斯基 397

Rapp (Richard Tilden)　理查·蒂尔登·拉普 109,112,177,226
Ratisbonne　雷根斯堡（德）102,243,317
Raychaudhuri (T.)　T. 莱乔杜里 448
Raynal (abbé)　雷纳尔教士 182,194
Rayneval (Joseph-Mathias-Gérard de)　雷纳瓦尔 325
Rechberg (C. de)　雷希贝尔格 395
Recife　累西腓（巴西）45,46,172,196,197,366,368
Reconcavo　低洼平原（巴西）196
Redslob (Erwin)　埃尔温·雷德斯洛勃 245
Reims　兰斯（法）91,243,281,294
Rembrandt　伦勃朗 167
Rémond (André)　安德烈·雷蒙 288,295,298,300
Rennes　雷恩（法）273,287,297
Resende (Garcia de)　加西亚·德·雷森迪 344,374
Reuss　罗伊斯（瑞士）93
Reval　雷瓦尔（苏）83,84,380
Rhénanie　莱茵地区 93
Rhin　莱茵河 15,51,80,148,153,157,177,200,220,245,293
Rhode Island　罗得岛（美）349,351
Rhône　罗纳河 91,247,248,274,275,279,289,298;—(vallée du) 罗纳河谷 287
Ricard (J.-P.)　让-比埃尔·里卡尔 189
Ricardo (David)　大卫·李嘉图 36,38,466,526
Rich (négociant)　里奇（批发商）230
Richardson (J. M.)　J. M. 理查森 247
Richelieu　黎塞留 169,170,265
Richet (Denis)　德尼·里谢 280
Riga　里加（苏）83,216,380,398
Rijé (négociant)　里吉（批发商）230
Rijeka　里耶卡（南）26
Rio de Janeiro　里约热内卢（巴西）342,346,366,379
Rio de la Plata　拉普拉塔 340,357,359
Riom　里永（法）298
Riou Kiou　琉球群岛 460
Roanne　罗阿讷（法）274,275
Roberts (Richard)　理查·罗伯茨 490,514
Robinson (Joan)　若昂·鲁宾逊 68,265

Roche-sur-Foron　洛什絮福隆（法）272

Roe（Thomas）　托马斯·罗 425

Rogers（Thorold）　骚罗德·罗杰斯 246

Romagne　罗马尼阿（意）134

Romain（Empire）　罗马帝国 15，43，51，74，423

Romains　罗马人 42，74

Romanov（Michel）　米哈伊尔·罗曼诺夫 383

Rome　罗马 14，15，22，36，50，52，69，74，87，89，94，131，143，149，268，303，375，449，470，538

Rörig（Fritz）　弗里茨·勒里希 78，82

Roover（R. de）　雷蒙·维·罗维尔 81

Rosette　罗塞塔（埃）403，412，413

Rostopchine（Fedor Vasiljevitch）　费多尔·华西列维奇·罗斯托普钦 401

Rostow（W. W.）　W. W. 罗斯托夫 9，465，466，510

Rostowtzeff（Michael）　米卡埃尔·罗斯托夫采夫 538

Rothkrug（Lionel）　利奥内尔·洛特克鲁格 245

Rotschild　路特希尔德家族 91

Rotterdam　鹿特丹（荷）150，153，154，178，200，221，229，234，317，483

Rouen　鲁昂（法）129，200，243，280，287，288，289，293，300，317，326，391

Rouennais　鲁昂人 220

Rouge（mer）　红海 15，42，102，331，369，402，403，405，411，412，413，417，418，423，440，441，445，446，459

Roumélie　罗梅利亚（土）408

Roussillon　鲁西永（法）298

Rowse（A. L.）　A. L. 罗斯 287

Rubichon（Maurice）　莫里斯·留比雄 486，502，526

Ruiz Martin（Felipe）　菲力浦·吕兹·马丁 130

Russes　俄罗斯人 380，382，389，391，392，397，398，400，411，416

Russie　俄罗斯 15，17，42，113，177，201，208，212，221，245，309，327，331，332，380，381，382，383，384，386，387，388，389，390，391，392，393，394，398，399，400，401，402，408，411，415，479，487，500，508

Ruyter（Michel de）　米歇尔·德·勒

伊特 167

Saardam　萨尔丹（荷）156,160
Sachs（Ignacy）　伊尼亚西·萨克斯 467,468
Safévides（dynastie）　萨非王朝 113,460
Sagres　萨格里什（葡）114
Sahara　撒哈拉 16,30,373
Saïgon　西贡（越）139
Saint-Chamond　圣夏蒙（法）282
Saint-Domingue　圣多明各 295,296,354,357,405
Saint-Étienne　圣艾蒂安（法）282
Saint-Eustache（île de）　圣厄斯塔什岛（加）357
Saint-Gothard　圣戈塔（法）93,293
Saint-Jacob（Pierre de）　皮埃尔·德·圣雅科布 238
Saint-Jacques-de-Compostelle　圣地亚哥-德孔波斯特拉（西）91
Saint Jean（père Mathias de）　马蒂约·德·圣让神甫 220
Saint-Jean-d'Acre　圣让达克尔（法）63,89,108
Saint-John（Mylord）　圣约翰勋爵 189
Saint-Laurent（estuaire du）　圣洛朗（法）352
Saint-Malo　圣马洛（法）248,287,288,289,292,295,296,297
Saint-Mihiel　圣米耶勒（法）274
Saintonge　圣通日（地区）（法）340
Saint-Paul de Loanda　圣保罗·德罗安达岛（安哥）197,198
Saint-Pétersbourg　圣彼得堡（苏）60,205,209,230,391,393,398,400,401
Saint-Quentin　圣康坦（法）293
Saint-Vincent（cap）　圣维森特角（葡）114
Salem　塞勒姆（印）439
Sallanches　萨朗什（法）272
Salonique　塞萨洛尼基（希）414
Salsette（île de）　萨尔塞特岛（印）427
Saltillo　萨尔蒂约（墨）336
Samarkande　撒马尔罕（苏）382
Samoyèdes　萨莫叶特人 8,393
Sanchez Albornoz（Claudio）　克洛第奥·桑切斯·阿尔波诺斯 358
San Juan de los Lagos　圣胡安-德洛斯拉戈斯 336
Sankey　山凯河 505
San Luis de Potosi　圣路易斯波托西（墨）339

San Pier d'Arena　圣皮耶尔·达雷纳 131,136
San Salvador　圣萨尔瓦多（巴西）196
San Salvador du Kongo　圣萨尔瓦多（刚）377
Santa Fe de Bogota　波哥大的圣菲 364,365
Santander　桑坦德（西）174
São Francisco (vallée du)　圣弗朗西斯科河谷 344
São Jorge da Mina (fort de)　圣乔治达米纳要塞 117,197,375
Saône　索恩河（法）91,272,273,274,298
São Paulo　圣保罗（巴西）335,344,355
São Paulo (État de)　圣保罗州 341
São Tome (île)　圣多美岛 117,197,198,373,377
Sapori (Armando)　阿尔芒多·萨波利 73,77
Sardaigne　撒丁（意）29,134
Sardes　撒丁人 131
Sardi (César et Cie)　凯撒·萨迪股份公司 230
Sardo (Francisco)　弗朗西斯科·萨尔多 426
Sartre (Jean-Paul)　让-保尔·萨特 544
Savannah　萨凡纳（美）336
Savary des Bruslons　萨瓦里·台布吕斯龙 189,205,206,216,326
Save　萨沃河 415
Savoie　萨瓦 242,243,244,249,269,287,298
Savone　萨沃纳（意）97
Saxe　萨克森（德）250
Say (Jean-Baptiste)　让-巴蒂斯特·萨伊 9,65,73,324,466,513
Sayous (André-E.)　安德列·赛约 107
Schetz (marchands)　谢茨（商人）124
Schorin (marchand)　肖林（商人）384
Schumpeter (Josef)　约瑟夫·熊彼得 9,10,258,510
Scutari　斯库台（阿尔巴）410
Seafort　锡福德（美）343
Sedan　色当（法）143,293,295,327
Sée (Henri)　亨利·塞 273
Segna　塞那（南）26
Ségovie　塞哥维亚（西）137
Séguier (chevalier)　塞吉耶骑士 527
Séguier (Pierre)　皮埃尔·塞吉耶

183
Seignobos (Charles)　夏尔·瑟涅博斯 70
Seine　塞纳河（法）36,80,91,274,275,473
Semblançay (Jacques de Beaune, baron de)　雅克·德博恩·桑布朗赛男爵 42
Sénégal　塞内加尔 371,376
Sénégambie　塞内冈比亚 377,378
Sept Ans (guerre de)　七年战争 228,229,262,285,302,324,528
Serampoze　塞拉姆普兹（印）427
Serbe (Empire)　塞尔维亚帝国 101
Serbes　塞尔维亚人 413
Servien (Abel)　阿贝尔·塞尔维安 170
Sète　塞特（法）293
Sétubal　锡图巴尔（葡）175,198,218
Severn　塞文河（英）520
Séville　塞维利亚（西）26,43,60,66,108,116,117,124,136,139,140,141,174,175,176,204,324,338,357,359,371,394
Seyde　谢伊达（苏）406
Sforza (Francesco)　弗朗西斯科·斯福萨 475
Sforza (les)　斯福萨家族 245
Shampinder　"欣品特号" 436
Sheffield　锡菲尔（英）266,488,497,520
Shepherd (W. R.)　W. R. 谢泼德 247
Shetland　设得兰群岛 506
Shropshire　什罗普郡（英）491
Siam　暹罗 185,454,456
Sibérie　西伯利亚（苏）14,15,29,42,383,385,390,392,393,394,396,397,398,415
Sibériens　西伯利亚人 394
Sicile　西西里（意）14,29,47,87,88,90,103,117,134,135,140,143,242,243,341
Sienne　锡耶纳（意）52,91
Sikhs　锡克人 446
Silésie　西里西亚 204
Simancas　锡曼卡斯（西）69
Simiand (François)　弗朗斯瓦·西米昂 61,65,237,531
Simolin (J.)　J. 西穆兰 325,413,415
Simond (Louis)　路易·西蒙 330,497,502,533
Simplon　辛普朗（瑞士）93
Singapour　新加坡 521
Sismondi (Jean-Charles-Léonard Si-

monde de) 让-沙尔·列奥纳尔·西蒙德·德·西斯蒙第 12
Slicher van Bath (B. H.) B. H. 斯利谢·旺·巴士 77,365
Smeaton (John) 约翰·斯米顿 493
Smelser (Neil J.)奈尔·斯梅尔瑟 516
Smith (Adam) 亚当·斯密 28,342,352,466,513
Smiths (marchands) 史密斯(商人)525
Smolensk 斯摩棱斯克(苏)17,83
Smout (T. C.) T. C. 司莫脱 318,319
Smyrne 士麦那 405,406,407,410,414
Söbberei "朋友交往"214
Socorro 索科罗(美)346
Soest (famille von) 苏斯特家族 84
Sofala 索法拉(莫)369,374
Soissons 苏瓦松(法)288
Soliman le Magnifique 苏里曼大帝 403
Sol'vycegodskaja (foire) 索利维切戈茨克交易会 390
Soly (Hugo) 雨果·索利 129
Sombart (Werner) 威纳尔·桑巴特 8,44,99,156,268,466
Somme 索姆河 74,245
Sonde (détroit de la) 巽他海峡 178,452
Sonde (îles de la) 巽他群岛 453
Sonnerat (Pierre) 比埃尔·索纳拉 434
Sonnini (Charles) 夏尔·索尼尼 407
Soom (A.) A. 索恩 214
Soopoze 苏普兹(印)427
Soranzo (Giovanni) 乔万尼·索朗佐 88
Souabes 施瓦本 348
Soudan 苏丹 105
Sousa Coutinho (Francisco de) 苏查·库提诺 161
Soute Sea Company 南海公司 221,359
Southampton 南安普敦(英)102
Southwark 萨瓦克(英)313
Spalato, voir Split 斯普利特(南)
Spierinck (marchands) 斯皮林克(商人)213
Spinola 斯皮诺拉 47
Spire 施派尔(德)174
Spitzberg 斯匹次卑尔根(荷)158
Split 斯普利特(南)89,409
Spooner (Frank C.) 弗朗克·斯普纳 59,69,138,258,265,266,267,

268,280,287
Staffordshire　斯塔福德郡（英）488,492
Stendhal　斯丹达尔 546
Stephenson（Robert）　罗伯特·斯蒂芬森 506
Stettin　斯德丁（今波兰的什切青）82
Stockholm　斯德哥尔摩（瑞典）210,212,214,215,216,228,317,390
Stoianovich（Traian）　特雷扬·斯托雅诺维奇 250,407
Stolz（Otto）　斯托尔兹 250
Stoob（Heins）　海因·斯托伯 75
Stralsund　施特拉尔松德（德）153
Stralsund（traité de）　施特拉尔松德条约 84
Strasbourg　斯特拉斯堡（法）102,284,293,294
Stroganov（marchands）　斯特罗加诺夫（商人）383,384,392
Stroumitsa　斯特鲁米查（德）250
Stuarts　斯图亚特王朝 352
Suárez（Diego）　迪戈·苏亚雷斯 44
Suchten（famille von）　苏什吞家族 84
Sucy-en-Brie　叙西昂布里（法）94
Sud（mer du）　南海 16,17,292,357,359
Suède　瑞典 42,83,127,143,163,169,170,171,172,195,201,208,209,210,211,212,213,214,216,218,230,245,317,390,479,487
Suédois　瑞典人 212,213,380,428
Suez　苏伊士 412,413
Suisses　瑞士人 284
Sully　苏利 277,303
Sumatra　苏门答腊（印尼）178,181,183,185,222,451,452,454,456
Sund　松德（丹）174,317
Surate　苏拉特（印）8,20,56,181,183,185,412,422,423,427,434,436,438,440,447,452
Suria Deva（Nina）　尼纳·苏里亚·德瓦 454
Surinam　苏里南（南美）198
Swansea　斯旺西（英）506
Sweezy（P. M.）　保尔·斯威泽 16
Swift（Jonatham）　乔纳森·斯威夫特 322
Syrie　叙利亚 14,63,87,97,100,102,104,108,113,402,403,405,409,470
Szepsi Combor（Martino）　马提诺·斯泽普西·康波尔 29

Tabriz 塔布里兹（伊朗）403,407
Tachkent 塔什干（苏）382
Tadić（Jorjo） 约尔若·塔狄克 250,405
Tamise 泰晤士 313,504
Tana 塔纳（挪）107
Tanninges 塔宁日（法）272
Tarentaise 塔朗台芝（法）240
Tartares 鞑靼族 375,384,393,397,411
Tatta 德达（巴基）427
Tauris 陶里（即塔布里兹）（伊朗）402
Taurus 托罗斯山脉（土）470
Tavernier（Jean-Baptiste） 让-巴蒂斯特·塔维尼叶 52,194
Tchesmé 切什梅（土）410,416
Tempêtes（cap des） 风暴角 114
Temple（William） 威廉·坦普尔 157,162,167
Ternate 特尔纳特岛 179,454
Terre Ferme 意大利半岛 24,34,98,103,105,112,115,150,346,357
Terre-Neuve 纽芬兰 117,295,296,346,352
Terre Sainte 圣地 63,74,89
Texel 泰瑟尔岛（荷）150,153,158,222
Tey 泰瑟尔水道 150
Thevet（André） 安德烈·特凡 371
Thomas d'Aquin 托马斯·阿奎那 546
Thorner（Daniel） 达尼埃尔·托尔内 252
Thourout 图鲁（今比利时的托尔豪特）80
Thünen（Johann Heinrich von） 约翰·亨利希·冯·屠能 26,28,34
Tibet 西藏 14
Tidore 蒂多雷岛（印尼）179,424,454
Tikhim 季赫温（苏）390
Tillion（Germaine） 热尔曼·蒂永 175
Timor 帝汶岛 185,453
Titsingh（Isaac） 伊萨克·提津格 446
Tlemcen 特莱姆森（阿尔及）52,402
Tobolsk 托博尔斯克（苏）29,382,390,393,394
Tocat 托卡特（土）407
Tocqueville（Alexis de） 阿列克西·德·托克维尔 488
Todmorden 托德莫登（英）516
Toffanin（Giuseppe） 朱泽培·托法南 94

Tolède　托莱多（意）240,243
Tombouctou　廷巴克图（马里）373
Tomsk　托木斯克（苏）393,394
Tonningen　托宁根（丹）502
Torùm　托伦（波）216
Toscane　托斯卡纳（意）97,105,115,242,243,250,252
Toul　图勒（法）240
Toulois　图洛阿（法）240
Toulouse　图卢兹（法）243,300,301
Toungouses　通古斯人 393
Tournay　图尔奈（法）294
Tourny　图尔尼 297
Tours　图尔（法）204,295
Tous les Saints (baie de)　万圣湾 196
Toutain (J. -C.)　儒尔·杜坦 289
Town　汤恩（英）483
Toynbee (Arnold)　阿诺德·汤因比 313,465
Trafalgar　特拉法尔加（西）38
Trasselli (Carmelo)　卡梅洛·特拉赛利 135
Trave (marais)　特拉沃沼泽地 82
Trébizonde　特拉布松（土）411
Trente Ans (guerre de)　三十年战争 46,170,261,446
Trevelyan (G. M.)　G. M. 特里维廉 489,520
Trieste　的里雅斯特 25,26
Trip (marchands)　特里普（商人）213
Tripoli de Lybie　的黎波里（利）135
Tripoli de Syrie　特里波利（叙）102
Troie　特洛伊 325
Trois-Évêchés　三主教区 288
Troïtskoé　特罗伊茨科耶（苏）400
Tron (Andrea)　安得列阿·特隆 325
Troyes　特鲁瓦（法）90,91,93,243,295,419
Trudaine (intendant)　特鲁台纳巡按使 284
Tucker (Josias)　约瑟亚·塔克尔 147
Tull (Jethro)　瑞特罗·图尔 483
Tunis　突尼斯 52,103,125,135,276
Tunisie　突尼斯 14
Tupac Amaru　图帕克·阿马鲁 359
Turc (Empire)　土耳其帝国 12,42,73,112,113,331,380,397,402,403,405,408,413,415,416,445

Turcs 土耳其人 12,102,112,113,135,179,403,407,411,413,416
Turgot 杜尔哥 147,161,248,254,277,280
Turin 都灵（意）143,243,287
Turkestan 土耳其斯坦 397
Turquie 土耳其帝国 381,282,391,403,407,408,410,411,413,415,416,460,495
Tver 特维尔（苏）387
Tverza 特维尔扎河 387

Ukraine 乌克兰（苏）383
Ulm 乌尔姆（德）102
Ulster 阿尔斯特（英）319,348
Uppsala 乌普萨拉（瑞典）212
Uri（Pierre） 皮埃尔·乌里 275
U. R. S. S. 苏联 50,461
Uruguay 乌拉圭 357
Usselinck（marchands） 乌斯林克（商人）213
Ustariz（Gerónimo de） 赫罗尼莫·乌斯达里茨 135,147,189
Utrecht 乌得勒支（荷）80,150,153,233

Valence 巴伦西亚（西）116,247
Valenciennes 瓦朗西安（法）288
Valladolid 巴利阿多里德（西）243
Vallorcine 瓦洛西（法）238,240
Valois 瓦洛河（法）240
Valois（les） 瓦洛阿家族 124,127,276
Valois de Bourgogne 勃艮第的瓦洛阿 85
Valona 发罗拉（阿尔及）414
Van Beuningen 旺·伯宁根 201
Van Caerden（Paul） 保尔·旺卡埃顿 222
Van den Hagen（Étienne） 旺顿·哈根 179
Van der Capellen 旺代尔·卡佩伦 232
Van der Oudermeulen（B.） 旺代尔·欧台尔墨伦 192
Van der Spieghel（Grand Pensionnaire） 旺代尔·斯皮格尔 226
Van der Wee（Hermann） 赫尔曼·旺代尔·维 122,123,128
Van Eyck（Jean） 让·旺艾克 80
Van Faerelink（bourgmestre） 旺·法埃林克镇长 228
Van Faerelink（firme） 旺·法埃林克商行 227
Van Graaf（Nikolaas） 尼古拉·旺·格拉夫 458
Van Houtte（J. A.） 让·旺伍特 82

Van Lennep (maison) 旺赖内普 220
Van Leur (J. C.) J. C. 旺勒尔 419
Van Linschotten (J. H.) J. H. 旺·林兹肖滕 178
Van Neck (maison) 旺奈克商行 220
Van Neck (Jacob Cornelius) 雅各布·科内利斯·旺奈克 178
Van Notten (maison) 旺诺吞商行 220
Van Oldenbarnevelt (Johan) 约翰·旺·奥尔登巴内费尔德 154, 162,163
Van Schoonbecke (Gilbert) 吉尔贝尔·旺·斯孔贝克 129
Varsovie 华沙(波)317
Vauban 沃邦 248,254,258,263, 280,282
Veckinghusen (famille) 魏金古森家族 84
Veere 费勒(荷)317
Velásquez 委拉斯开兹 46,47
Vénétie 威尼西亚(意)243
Venezuela 委内瑞拉 49,334,359, 366
Venise 威尼斯(意)10,12,13, 18,20,21,22,24,25,26,27,29, 33,34,39,41,52,55,63,69,71, 72,73,78,82,84,86,87,88,89, 90,91,93,95,96,97,98,99,100, 101,102,103,104,105,106,107, 108,109,110,111,112,113,115, 117,118,122,123,124,128,131, 134,135,139,140,141,146,150, 161,181,200,202,212,223,226, 243,245,247,250,251,257,258, 264,276,305,309,325,391,394, 397,402,407,414,415,427,472, 475,477
Vénitiens 威尼斯人 88,101,103, 106,108,112,115,144,398
Vera Cruz (la) 韦拉克鲁斯(墨) 60,336,358,360,361,365,368
Verden 费尔登(德)212
Verdun 凡尔登(法)272,274
Verdun-sur-le-Doubs 杜尔畔凡尔登(法)272
Vère 凡尔河 468
Vergennes (Charles de) 夏尔·德·韦尔热讷 331,408,416
Vérone 维罗纳(意)89,97,472
Versailles 凡尔赛(法)53,233, 297,415,443
Vert (cap) 佛得角 114
Vespucci (Amerigo) 阿米里克·韦斯普奇 295

Viborg 维堡（丹）214,215
Vicence 维琴察（意）141
Vidal de La Blache（Paul） 维达尔·德·拉布拉什 241,321
Vieira（Antonio） 安东尼奥·维埃拉 356
Vienne 维也纳（奥）102,230,285,324,405,415
Vietnam 越南 14,29,451
Vila Rica 比亚里卡（墨）345
Vilar（Pierre） 皮埃尔·维拉尔 66,68,250,481,528
Villamont（seigneur de） 雅克·德·维亚蒙 20
Vilna 维尔纽斯（苏）17
Vimont（Claude） 克劳德·维蒙 255
Ninci（Léonard de） 列奥纳多·达·芬奇 473,475,477
Vintimille 文蒂米利亚（意）130
Virginie 弗吉尼亚（美）341,344,345,350,351
Virieu 维里欧（法）282
Vischnei Volotschok 上沃洛乔克 387
Vistule 维斯杜拉河（波）37,216
Vivaldi（frères） 维瓦尔迪兄弟 90,105
Vlekke（B. M.） B. M. 佛莱克 166
Vlie 弗利（荷）150
V. O. C. voir Compagnie hollandaise des Indes orientales 荷兰东印度公司
Volga 伏尔加河（苏）381,383,384,387,388,391
Volo 沃洛斯（希）414
Voltaire 伏尔泰 20
Voronin（marchand） 伏洛宁（商人）384
Vorontsov（Alexandre） 亚历山大·沃龙佐夫 398,400
Vorontsov（Simon） 西蒙·沃龙佐夫 398,400,401,416
Vosges 孚日（法）539
Vries（Jan de） 让·德弗里斯 148,152,153,169,170
Vries（Philippe de） 菲力浦·德弗里斯 302
Vries（Y. de） Y. 德弗里斯 226

Wagemann（Ernest） 厄内斯特·瓦杰曼 237,259,260,300
Wakenitz（marais） 瓦肯尼茨沼泽地 82
Walcheren（île de） 瓦尔赫伦岛 118,124
Wallertstein（Immanuel） 伊曼纽尔·沃勒斯坦 15,28,39,42,43,

44,50,55,60,61,68,333,380
Wallons　瓦隆 156
Warminster　沃明斯特 315
Warwickshire　沃里克郡 488
Wasa (dynastie des)　瓦塞王朝 212
Wash (golfe de)　沃什湾(英) 31,520
Washington　华盛顿 153
Waterford　沃特福德(爱) 321
Waterloo　滑铁卢(比) 38,365,532,534
Watt (James)　詹姆斯·瓦特 464
Weber (Max)　马克斯·韦伯 434,466
Wellington (Arthur Wellesley, duc de)　阿瑟·威尔斯里·威灵顿公爵 364,365
Welser (marchands)　韦尔瑟商人 123,124,125,181
Wewester (marchands)　韦威斯台商人 213
White (Lynn)　里恩·怀特 77,476
Wilkiesons (négociant)　维尔吉松批发商 230
Willan (T. S.)　T. S. 维伦 34,504
Williams (Eric)　埃里克·威廉斯 337,341,368
Williams (Thomas)　托马斯·威廉斯 506
Wilson (Charles)　查理·威尔逊 220,221,228,508
Wiltshire　威尔特郡(英) 315
Wiquefort (Abraham de)　亚伯拉罕·德·维克福尔 167
Witebsk　维捷布斯克(苏) 83
Witt (Jean de)　约翰·德·维特 162,163,167,170,171,201,218
Wittelsbach (les)　维特尔斯巴赫家族 243
Wittman (Tibor)　提博尔·维特曼 129
Woëvre　伏埃弗尔(法) 240
Worsley (mines de)　沃斯利矿 505
Wren (Christopher)　克利斯托弗·瑞恩 52
Wrigley (E. A.)　E. A. 莱格列 485,494
Wyczanski (Andrezcj)　安德烈契·维赞斯基 265

Yakoutes　雅库特人 393
Yanaon　雅农(法) 439
Yaracuy (mines de)　亚拉奎矿 49
Yemen　也门 375
Yonne　荣纳(法) 274
Yorkshire　约克郡 314,478

Young (Arthur) 阿瑟·杨格 274, 275,277,303
Ypiranga 伊比朗加（巴西）355
Ypres 伊普尔（比）80,82,126, 129,156,294
Yucatan 尤卡坦（墨）338
Yunnan 越南 14

Zadar 扎达尔（南）89
Zambèze 赞比西亚 369
Zangheri (Renato) 雷纳托·赞格里 475
Zanzibar 桑给巴尔 369
Zara,voir Zadar 扎拉,见扎达尔
Zélande 泽兰（荷）123,125,150, 153,157,158,196,198
Ziani (famille) 齐亚尼家族 106
Zocodover 佐科道维尔（意）240
Zuydersee 须德海 80,83,150,473
Zwin 泽温（比）80,118

图书在版编目(CIP)数据

十五至十八世纪的物质文明、经济和资本主义. 第3卷,世界的时间 /(法)费尔南·布罗代尔著;顾良,施康强译. —北京:商务印书馆,2017
(汉译世界学术名著丛书:120年纪念版:珍藏本)
ISBN 978-7-100-14399-8

Ⅰ. ①十… Ⅱ. ①费… ②顾… ③施… Ⅲ. ①资本主义社会—历史—15-18世纪 Ⅳ. ①K13②K14

中国版本图书馆CIP数据核字(2017)第153145号

汉译世界学术名著丛书
(120年纪念版·珍藏本)
十五至十八世纪的物质文明、经济和资本主义
第三卷
世界的时间
〔法〕费尔南·布罗代尔 著
顾良 施康强 译

商 务 印 书 馆 出 版
(北京王府井大街36号 邮政编码100710)
商 务 印 书 馆 发 行
北京中科印刷有限公司印刷
ISBN 978-7-100-14399-8

2017年12月第1版　　开本 710×1000 1/16
2017年12月北京第1次印刷　　印张 59½
定价:280.00元